Konzeptvergabe zur nachhaltigen Wohnraumversorgung

Verteilungsverfahren, Realisierung, Rechtsschutz

Inaugural-Dissertation

zur Erlangung der Doktorwürde
der Hohen Juristischen Fakultät
der Ludwig-Maximilians-Universität
zu München

vorgelegt von

Alexander Christian Hohm

2023

Referent: Prof. Dr. Martin Burgi
Korreferent: Prof. Dr. Jens Kersten

Tag der mündlichen Prüfung: 27. April 2023

Recht der Nachhaltigen Entwicklung

herausgegeben von

Wolfgang Kahl

29

Alexander Hohm

Konzeptvergabe zur nachhaltigen Wohnraumversorgung

Verteilungsverfahren, Realisierung, Rechtsschutz

Mohr Siebeck

Alexander Hohm, geboren 1993; Studium der Rechtswissenschaft an der Ludwig Maximili-
ans Universität München; Referendariat am OLG München; Bezirksjurist des Referats für
Stadtplanung und Bauordnung der Landeshauptstadt München.
orcid.org/0009-0007-4539-628X

Diss., Ludwig-Maximilians-Universität München, 2023.

ISBN 978-3-16-162655-5 / eISBN 978-3-16-162755-2
DOI 10.1628/978-3-16-162755-2

ISSN 1862-0426 / eISSN 2569-4227 (Recht der Nachhaltigen Entwicklung)

Die Deutsche Nationalbibliothek verzeichnet diese Publikation in der Deutschen National-
bibliographie; detaillierte bibliographische Daten sind über *https://dnb.dnb.de* abrufbar.

© 2024 Mohr Siebeck Tübingen. www.mohrsiebeck.com

Das Buch wurde von Gulde Druck in Tübingen auf alterungsbeständiges Werkdruckpapier
gedruckt und gebunden.

Printed in Germany.

Meiner Schwester Stephanie

Vorwort

Die Juristische Fakultät der Ludwig-Maximilians-Universität München hat die vorliegende Arbeit im Sommersemester 2023 als Dissertation angenommen.

Herzlich danken möchte ich allen voran Prof. Dr. Martin Burgi, meinem Doktorvater und akademischem Lehrer im öffentlichen Recht, der diese Forschungsarbeit stets unterstützt hat. Meinen rechtswissenschaftlichen Werdegang hat er entscheidend mitgeprägt.

Prof. Dr. Jens Kersten danke ich für die rasche Erstellung des Zweitgutachtens. Seit den ersten Semestern meines Studiums lehrte er mich, das öffentliche Recht zu lieben.

Bei Prof. Dr. Wolfgang Kahl bedanke ich mich für die Aufnahme dieser Arbeit in die Schriftenreihe *Recht der Nachhaltigen Entwicklung*.

Mit Anregungen und Ratschlägen unterstützten mich besonders meine Kollegen Patrick Voshagen, Dr. Christoph Kehrer, Thomas Gäßl und Koray Cavusoglu. Meine liebe Franziska Imhoff schenkte mir stets ein offenes Ohr und erweiterte meinen wissenschaftlichen Horizont über rechtliche Gefilde hinaus. Ebenso wie meinen Eltern Angelika und Christian gebührt auch euch mein Dank.

Abgesehen von vereinzelten Aktualisierungen befindet sich diese für die Drucklegung hergestellte Fassung der Arbeit auf dem Stand der Einreichung der Dissertation bei der Juristischen Fakultät im November 2022.

Penzberg in Oberbayern, im Oktober 2023   *Alexander Hohm*

Inhaltsübersicht

Inhaltsverzeichnis

Einleitung

„Wir selber bauen unsere Stadt"

so lautet der Titel eines Buchs, das die Autoren Lucius Burckhardt und Markus Kutter bereits im Jahr 1953 erstmals veröffentlichten. Denn mehrere Fragen lagen ihnen, ihre schweizerische Heimatstadt Basel im Mark betreffend, am Herzen: „Warum überlässt die Gesellschaft die Stadtplanung den Liegenschaftsspekulanten und Beamten der Bauverwaltung"? Und „[w]oher kommt es, dass die Stadtentwicklung so stark von verborgenen Kapitalinteressen, und nicht von den Anforderungen der Bewohnerschaft gelenkt wird"[1]?

Nun schreiben wir das Jahr 2023. 70 Jahre sind vergangen. Doch wie sieht es mit diesen Fragen *heute* aus? Wie viel tragen wir als Gesellschaft hierzulande selbst zu Gestaltungsprozessen unserer gebauten Umwelt bei – besonders wenn es um den Bau von Wohnraum geht?

Ziehen Bauträger[2] und Immobilieninvestoren immer größere und auf Gewinnmaximierung getrimmte Wohnanstalten aus dem Boden, kann die Beziehung zu unseren eigenen Räumen verloren gehen und der prägende Eindruck der nicht nur städtebaulichen, sondern auch individuellen Entfremdung entsteht.

Themen wie die des Bauens, des Wohnens und des Gestaltens von Räumen sind dabei schon seit mehreren Jahren nicht mehr allein der fachlichen Diskussion vorbehalten. Sie haben Einzug in unser aller Leben erhalten. Immerzu steigt die Akzeptanz, aber auch die Empfindsamkeit für die Qualität des Raums, in dem wir uns täglich aufhalten.

---

[1] Nochmals neu hrsg. im Jahr 2015 von *Ritter*, *Markus*/*Schmitz*, *Martin*, Berlin: Wir selber bauen unsere Stadt: Ein Hinweis auf die Möglichkeiten staatlicher Baupolitik. Zit. nach der Kurzinhaltsangabe.

[2] Das in dieser Arbeit gewählte generische Maskulinum bezieht sich zugleich auf die männliche, die weibliche und andere Geschlechteridentitäten. Zur besseren Lesbarkeit wird auf die Verwendung männlicher und weiblicher Sprachformen verzichtet. Alle Geschlechteridentitäten werden ausdrücklich mitgemeint, soweit die Aussagen dies erfordern.

Die Herstellung von bezahlbarem Wohnraum im Besonderen, die Gestaltung lebenswerter Städte und die Förderung eines gemeinschaftsorientierten Bauens sind schließlich Herkulesaufgaben der Kommunalpolitik. Stetig weiterentwickelte Instrumente stellen aber auch die Rechtswissenschaft wieder und wieder vor neue Herausforderungen. Ein solches neu entwickeltes Instrument ist dabei die Konzeptvergabe, die den Untersuchungsgegenstand dieser Arbeit bilden wird.

Bei dieser Konzeptvergabe handelt es sich um ein kommunales Grundstücksvergabemodell, das sich zur Verwirklichung oben genannter Ziele bewusst von althergebrachten Veräußerungsformen unterscheidet: Grundstücke einer Kommune werden nämlich nicht mehr zu Höchstpreisen veräußert. Vielmehr sollen bauwillige Kaufinteressenten durch ihr die Grundstücksbebauung und -nutzung betreffendes Konzept überzeugen, um die Veräußerung des Grundstücks an sich zu erreichen. Im wetteifernden Vergleich werden kreative Kräfte herausgefordert[3]: Nach vorab festgelegten Kriterien behauptet sich das beste Konzept durch seine Qualität und leistet damit einen Beitrag zu einem innovativen, nachhaltigen und zukunftsgerechten Städtebau. Besonders mag die Konzeptvergabe ein probates Mittel zur Bekämpfung von Missständen am Wohnungsmarkt darstellen.

Ziel dieser Untersuchung ist zu klären, ob sich die in der städtebaulichen Praxis entwickelte Konzeptvergabe auch im Einklang mit deren rechtlichen Vorgaben durchführen lässt und ob bestimmte Rechts-, Verfahrens- oder Vertragsgestaltungen für die Konzeptvergabe besonders ergiebig (oder heikel) sind. Auch wenn sich die Bearbeitung auf das Anliegen der Wohnraumschaffung beschränkt, führt ihr Weg zwischen dem öffentlichen Recht und dem Zivilrecht hindurch. Die folgenden Kapitel beschäftigen sich noch dazu mit allen rechtlichen Hierarchieebenen: Vom Primärrecht der Europäischen Union bis zur kommunalen Verwaltungsvorschrift[4].

In der Sache und in der Zeit begründete Vielschichtigkeiten machen die rechtliche Beurteilung durchaus kompliziert. Und dass konditionale „wenn-dann-Sätze" aus einem das Verteilungsverfahren konstruierenden Blickwinkel keine große Rolle spielen, trägt weiterhin seinen Teil dazu bei.

---

[3] Damit in der Wirkungsweise ähnlich dem Architektenwettbewerb, weshalb die aktuelle RPW 2013 (Richtlinie für Planungswettbewerbe) in ihrer Präambel mit ganz ähnlichen Worten beginnt bzw. diesen einleitenden Sätzen als Vorbild dient.

[4] Zum unionalen Sekundärrecht bspw. Kap. 5 A. I. 5.; zum Bundesverfassungsrecht bspw. Kap. 5 A. V.; zum Bundesrecht bspw. Kap. 12 B.; zum Landesverfassungsrecht bspw. Kap. 1 B. II.; zum Landesrecht bspw. Kap. 5 A. VI.; zur Verwaltungsvorschrift bspw. Kap. 4 B. Hierneben sind auch Bekanntmachungen der Europäischen Kommission sowie der bayerischen Ministerialebene relevant, vgl. Kap. 5 A. III. 1. und Kap. 5 A. VI. 1.

Einführung: Konzeptvergaben als rechtswissenschaftliche Herausforderung

Das kommunalpraktisch längst eingesetzte Grundstücksmodell „Konzept-vergabe" bedarf der eingehenden rechtlichen Bearbeitung. Denn überlastete Wohnungsmärkte zwingen die Gemeinden zur Schaffung von angemessenem Wohnraum (A.). Hierzu dient das städtebauliche Instrument der Konzept-vergabe schon heute (B.). Dabei leiten mehrere offene Rechtsfragen zu den rechtswissenschaftlichen Untersuchungszielen dieser Arbeit (C.).

A. Wohnraumschaffung als Gebot der Stunde

Die deutschen Großstädte platzen aus ihren Nähten. Ein urbanes Leben ist (wieder[1]) angesagt. Doch nicht nur in den Metropolen und den sich hierum bildenden Ballungsgebieten ist die Wohnraumfrage akut[2]. Auch Universitäts-städte und der „gefragte" ländliche Raum haben seit Jahren mit einem Anstieg auf der Nachfrageseite am Wohnungsmarkt zu kämpfen. Schlichtweg lässt sich feststellen: Wohnraum ist vielerorts knapp und wird immer teurer. Gerade das Leben in den eigenen vier Wänden ist für manche (und in manchen Regionen für viele) Bevölkerungsschichten nicht mehr bezahlbar[3].

Die Gründe für diese Preissteigerungen sind vielfältig und resultieren auch in den Gegebenheiten vorgelagerter Märkte. Zum einen war Bauland in

---

[1] Noch vor einigen Jahren musste man sich (kaum mehr vorstellbar) um den Wegzug vor allem einkommensstärkerer Bevölkerungsschichten in das Umland sorgen, vgl. *Hintzsche*, in: Wollmann/Roth (Hrsg.), Kommunalpolitik, S. 801 (802).

[2] Dass sich diese Arbeit (mit ihren verbundenen Forschungsanliegen) am Puls der Zeit bewegt, zeigen nicht zuletzt die jüngsten Gutachten von *Kment* und *Baumgart*, die für die öffentlich-rechtliche Abteilung des 73. Deutschen Juristentags (2020/2022) erstattet wurden: „Die nachhaltige Stadt der Zukunft – Welche Neuregelungen empfehlen sich zu Ver-kehr, Umweltschutz und Wohnen?" (Gutachten E und D).

[3] Nach neueren Erhebungen (*Accentro Real Estate AG in Zusammenarbeit mit dem Institut der deutschen Wirtschaft Köln e.V. (IW)*, Wohnkostenreport 2022, S. 14) zahlt man in München für sein Wohneigentum durchschnittlich 9.285 Euro/qm. In Hamburg muss man für sein Wohneigentum nun durchschnittlich 7.270 Euro/qm aufbringen. In Frankfurt a.M. sind es durchschnittlich 6.222 Euro/qm), online anzufordern über https://accentro.de/wohn-kostenreport (Stand: 01.11.2023).

Deutschland noch nie so teuer wie in den letzten Jahren[4]. Im Jahr 2020 kostete ein Quadratmeter Wohnbauland hierzulande durchschnittlich 165 Euro[5]. In Bayern lag der Marktpreis für Bauland insgesamt bei 348 Euro, in München bei 2.674 Euro und in den Umkreisgemeinden stellenweise über 1.000 Euro[6]. Lukrativen Spekulationschancen ist damit schon lange Tür und Tor geöffnet. Übersteigen Preissteigerungen am Grundstücksmarkt die Renditen, die sich durch den Wohnungsbau erwirtschaften lassen, so lohnt es sich finanziell nicht selten, ein Grundstück brach liegen oder eine sanierungsbedürftige Wohnung unvermietet zu lassen[7]. Zum anderen ist auch der Baukostenanstieg der letzten Jahre enorm. Kletterten die Kosten ohnehin schon länger nach oben, ließen sich besonders die Auswirkungen der weltweiten Coronapandemie bemerken. Der Baupreisindex schoss allein in den Quartalen 2020/4 und 2021/2 von 115,6 auf 125,2. Er liegt aktuell, noch wesentlich angeheizt durch den Krieg in der Ukraine, bei 160,6[8].

---

[4] Der Boden- und damit Grundstücksmarkt stellt einen dem Wohnungsmarkt vorgelagerten und diesen beeinflussenden Markt dar, vgl. *Kolck/Lehmann/Strohmeier*, Volkswirtschaftslehre, S. 237. Hinzuweisen ist allerdings auf die Marktlage, die sich seit der Einrichung dieser Forschungsarbeit abzeichnet: Erstmals seit Jahren sinken nun die Immobilienpreise deutschlandweit, vgl. etwa https://www.destatis.de/DE/Themen/Wirtscha ft/Preise/Baupreise-Immobilienpreisindex/_inhalt.html (Stand: 01.11.2023). Inwiefern sich diese „Wende" auch auch explizit am Grundstücksmarkt niederschlägt, kann mangels nachprüfbarer Datengrundlage noch nicht gesagt werden. Was die Preisentwicklung für den Wohnraummakrt angeht, bedeutet der aktuelle Preisrückgang in der Gesamtschaut aber ohnehin noch nichts Gutes, denn rapide gestiegene Zinsen verhindern derzeit jedes kostengünstige Bauen und damit auch die Herstellung von freifinanziertem und zugleich bezahlbarem Wohnraum. An Brisanz hat das behandelte Forschungsthema also nicht verloren.

[5] Quadratmeter Bauland für ein Eigenheim in mittlerer Wohnlage im Jahr 2020 (Bau von Ein- und Zweifamilienhäusern), Bundesministerium des Innern und für Heimat im „Deutschlandatlas", https://www.deutschlandatlas.bund.de/DE/Karten/Wie-wir-wohnen/043-Baulan dpreise.html#_gtp9kdla7 (Stand: 01.11.2023). Diese Baulandpreise sind in den Jahren 2015 bis 2020 dabei im Durchschnitt um jährlich 8 Prozent gestiegen, ebd. (neuere Werte zu den Jahren 2021, 2022 und 2023 sind hier nicht verfügbar).

[6] Bezogen auf baureifes Land: Bayerisches Landesamt für Statistik, Fürth 2023, https:// www.statistikdaten.bayern.de/genesis//online?operation=table&code=61511-111r&bypass =true&levelindex=0&levelid=1660210773280#abreadcrumb (Stand: 01.11.2023) (aktuellere Werte sind hier noch nicht verfügbar).

[7] Vgl. *Lichtenberg*, in: Schönig/Vollmer (Hrsg.), Wohnungsfragen ohne Ende?!, S. 69 (70).

[8] Preisindex (2015 = 100) für den Neubau von Wohngebäuden (aktuell vorliegend bis ins Quartal 2023/3), Statistisches Bundesamt Deutschland, abrufbar unter https://www-gene-sis.destatis.de/genesis/online (Baupreisindizes: Deutschland, Berichtsmonat im Quartal, Messzahlen mit/ohne Umsatzsteuer, Gebäudearten, Bauarbeiten [Hochbau]) (Stand: 01.11.2023).

Auf der Nachfrageseite konzentriert sich die (pro Person immer mehr Wohnraum in Anspruch nehmende[9]) Bevölkerung Deutschlands in dessen Großstädten und prosperierenden Regionen, wobei sich Haushaltsgrößen konstant verringern. Diese Entwicklung ist Folge einer arbeits- und bildungsbedingten Binnenmigration, die zu einer Auseinanderdrift von Nachfrage- und Angebotsüberhängen im Bundesgebiet führt[10].

Werden zur Symptombekämpfung schließlich Mietwohnungen gebaut, dann häufig am Bedarf vorbei[11]: Wenn Grundstücks- und Baupreise steigen, ist ein freifinanzierter Wohnungsbau zu bezahlbaren Mieten vielfach nicht mehr möglich. Dass die Bautätigkeit dann den hochpreisigen Sektor bedient, ist eine absehbare Reaktion, deren Leidtragende die Mieter sind[12]. Auch wenn sich die Politik der aktuellen Legislaturperioden wieder um die soziale Wohnungsraumförderung bemüht[13], war in den Jahren nach der Jahrtausendwende ein deutlicher Abbau an öffentlichen Wohnungen zu vermerken. In mehreren deutschen Städten entledigte man sich des Bestands an eigenen Wohnungen[14] und ebenso der Gesamtbestand an Mietwohnungen, die an die soziale Wohnraumförderung gebunden sind, verringerte sich in dramatischer Weise[15].

---

[9] Während der Wohnflächenverbrauch im Jahr 1960 noch bei 19qm pro Person lag, bewegt sich dieser heute um die 47qm pro Person; würde man heute noch zu den historischen Verhältnissen wohnen, stünde in Deutschland rechnerisch Wohnraum für 200 Millionen Personen zur Verfügung, *Böcker et al.*, Wie wird weniger genug?, S. 52.

[10] Zu Schwarmverhalten, Reurbanisierung und Suburbanisierung: *Simons/Weiden* Informationen zur Raumentwicklung 2016, S. 263 ff. Die vier größten deutschen Städte haben ein enormes Wachstum zu verzeichnen, vgl. zu den Entwicklungen der Jahre 2006 bis 2018 *Holm et al.*, Muster sozialer Ungleichheit der Wohnversorgung in deutschen Großstädten, 176 f.

[11] Auch mit dem freifinanzierten Wohnungseigentumsbau können gewinnorientierte Immobilienentwickler immer noch große und schnelle Renditen erzielen, weshalb Wohnraumförderprogramme oftmals unattraktiv bleiben, vgl. *Bunzel* ZfBR 2019, S. 640 (640).

[12] Eine Größe, die im europäischen Vergleich nicht zu unterschätzen ist: Denn obwohl die Eigentumsquote seit Jahren steigt, werden in Deutschland allein 50 Prozent der bewohnten Wohnungen von deren Eigentümern selbst bewohnt, vgl. Statista Research Department, 2021, https://de.statista.com/statistik/daten/studie/155734/umfrage/wohneigentumsquoten-in-europa/ (Stand: 01.11.2023).

[13] Vgl. zum politischen Bewusstsein hins. dieses Handlungsbedarfs etwa die Einf. des Art. 104d GG, BGBl. 2019 I S. 404. Hierzu krit. *Battis/Eder* NVwZ 2019, S. 592 ff.

[14] Ebenso die im Eigentum des Bundes stehenden Wohnungen verringerten sich allmählich, vgl. BT-Drs. 19/12786, 10. Den Ausverkauf kommunalen Wohneigentums auf einen Verstoß gegen staatliche Gewährleistungsverantwortungen untersuchend *Traub*, Der Ausverkauf kommunalen Wohneigentums. *Dullien/Krebs* IKM Report 156 (2020), S. 7 nennen einige Vorteile des öffentlichen Wohnungsbaus.

[15] Der Gesamtbestand an gebundenen Mietwohnungen verringerte sich in den Jahren 2006 bis 2017 um beinahe die Hälfte: Von ehemals 2.094.170 Wohnungen sank die Anzahl auf 1.226.347 Wohnungen ab, vgl. BT-Drs. 19/12786, 4. Vgl. zur Entwicklung im sozialen Wohnungsbau auch *Schönig* BÜRGER & STAAT, S. 166 ff.

Auch im ländlichen Raum setzt seit einiger Zeit ein neues städtebau- und wohnungspolitisches Bewusstsein ein. Vormals fast ausschließlich mit dem überhandnehmenden Flächenverbrauch beschäftigt, sehen sich nun auch Kommunen im „gefragten" ländlichen Raum mit der Schaffung von ausreichendem, aber gleichzeitig preiswertem Wohnraum konfrontiert, wobei sie hierneben (wie auch die größeren Gemeinden) Zweckentfremdungen des baulichen Bestands entgegenzuwirken haben[16]. Platz zur Neuerschließung ganzer Baugebiete ist in vielen Fällen nicht mehr vorhanden. Dies zwingt zum sparsamen Umgang mit kommunalen Grundstücken, zur Nachverdichtung[17] und hierbei auch generell zur Überlegung, wie mit dem kostbaren Gut „Boden" umzugehen ist.

Längst hat sich bei alldem die Erkenntnis durchgesetzt, dass eine allein ökonomisch ausgerichtete Handhabe des Wohnungsmarkts den Bedarf an angemessenem Wohnraum nicht erfüllen kann. Gezielt wird auf kommunaler Ebene deshalb aktive Wohnungspolitik betrieben[18]: Eingebettet in einen städtebaulichen Rahmen stellt die hier untersuchte Konzeptvergabe ein Instrument auch zur Wohnraumschaffung dar.

B. Konzeptvergaben als städtebauliches Instrument

Bei der Konzeptvergabe, also der Vergabe kommunaler Grundstücke nach Konzeptqualität, handelt es sich um ein Instrument des Städtebaus, das dem preisorientierten Grundstücksmarkt ein Stück weit entgegentritt. Diese Form der Grundstücksvergabe soll beitragen zu einer lebhaften, charakterfesten und sozial gemischten Stadt.

Bundesweit wird die Konzeptvergabe bereits von den Kommunen eingesetzt (I.). Innovativ ist besonders deren Wirkungsweise (II.), weshalb das Grundstücksmodell auch hochkarätig empfohlen wird (III.). Während ein themenbezogener Fachdiskurs stattfindet (IV.), werden stellenweise auch bereits die rechtlichen Implikationen der Konzeptvergabe behandelt (V.), an welche diese Untersuchung anknüpft.

---

[16] Rechtliche Abhandlungen sind zu dieser Thematik bereits ausreichend erschienen, vgl. *Weigelt*, Die wachsende Stadt als Herausforderung für das Recht, S. 258 ff.; *Siegel* LKV 2019, S. 399 ff.; *Schröer/Kullick* NZBau 2013, S. 624 ff.

[17] Als Anwendungsfall des städtebaulichen Ziels der „Innenentwicklung", vgl. in dieser Terminologie bereits im BauGB: § 1 Abs. 5 Satz 3, § 1a Abs. 2 Satz 1, § 9 Abs. 2a Satz 1 Hs. 1, § 13a, § 176a.

[18] Zur Definition des Begriffs der Wohnungspolitik etwa *Holm*, in: Schönig/Kadi/Schipper (Hrsg.), Wohnraum für alle?!, S. 135 (139) m.V.a. *Schubert/Klein*, Das Politiklexikon, 5. Aufl. 2011, S. 322. Ebenso hierzu *Kolck/Lehmann/Strohmeier*, Volkswirtschaftslehre, S. 213.

I. Praktischer Einsatz

Die Konzeptvergabe kam bereits in etlichen Gemeinden zum Einsatz. Die Liste reicht von den Städten Berlin, Hamburg, München, Frankfurt am Main, Stuttgart, Hannover, Münster, Heilbronn, Tübingen und Landau in der Pfalz[19] über Leipzig[20] und Kassel[21] bis hin zu Göttingen[22] und Jena[23]. Auch nahmen manche Städte die Konzeptvergabe in deren wohnungspolitische Handlungsprogramme auf und verankerten diese somit als festen Bestandteil des städtebaulichen Werkzeugkastens[24].

Betrachtet man bisherige Konzeptvergaben, wird das Grundstücksmodell mehrheitlich zur Quartiersentwicklung eingesetzt, wobei die städtebauliche Eingliederung von Brach-[25] und Konversionsflächen[26] einen besonderen

---

[19] *Temel*, Baukultur für das Quartier, S. 9. Diese Konzeptvergaben werden unten noch näher betrachtet, vgl. Kap. 2 B.

[20] *Rink*, in: Rink/Egner (Hrsg.), Lokale Wohnungspolitik, S. 177 (187).

[21] *Altrock*, in: Rink/Egner (Hrsg.), Lokale Wohnungspolitik, S. 253 (267).

[22] *Mießner*, in: Rink/Egner (Hrsg.), Lokale Wohnungspolitik, S. 273 (280).

[23] *Jacobs*, in: Rink/Egner (Hrsg.), Lokale Wohnungspolitik, S. 291 (302). Zumindest wurden Regularien für die Konzeptvergabe beschlossen.

[24] Etwa sind Konzeptvergaben (mehrheitlich „Konzeptausschreibung" genannt) im Münchner Leitfaden „Wohnen in München VI (2017–2021)" zu finden (*Landeshauptstadt München, Referat für Stadtplanung und Bauordnung*, Wohnungspolitisches Handlungsprogramm „Wohnen in München VI" 2017–2021, S. 37, https://www.muenchen.de/rathaus/dam/jcr:006dc878-e452-4033-b962-1b8dee336f53/Handlungsprogramm_WiM%20VI _Web.pdf (Stand: 01.11.2023). Auch in Stuttgart wird die Konzeptvergabe zur Erreichung städtebaulicher Ziele im Programm „Wohnen in Stuttgart" Einzug (*Landeshauptstadt Stuttgart*, Wohnen in Stuttgart, S. 13 f., http://www.stuttgart.de/medien/ibs/INT_Wohnen-in-Stuttgart.pdf [Stand: 01.11.2023]). In Leipzig soll mit der Konzeptvergabe („Konzeptveräußerung") gem. der Aufnahme in das „Integrierte Stadtentwicklungskonzept Leipzig 2030" eine zielgerichtete Entwicklung und Bebauung auf städtischen Flächen initiiert werden (*Stadt Leipzig*, Integriertes Stadtentwicklungskonzept Leipzig 2030, S. 9, http://static.leipzi g.de/fileadmin/mediendatenbank/leipzig-de/Stadt/02.6_Dez6_Stadtentwicklung_Bau/61_St adtplanungsamt/Stadtentwicklung/Stadtentwicklungskonzept/INSEK_2030/Brosch%C3% BCrenteile/Leipzig-2030_Fachkonzept-Wohnen.pdf [Stand: 01.11.2023]). In der Stadt Köln ist im „Stadtentwicklungskonzept Wohnen" dargestellt, dass die Gemeinde auf die späteren Nutzungsqualitäten der städtischen Flächen Einfluss üben und zudem bestimmten Zielgruppen privilegierten Zugang zu geeigneten städtischen Grundstücken gewähren soll, wozu das Instrument der Konzeptvergabe eingesetzt werden kann (*Stadt Köln, Amt für Stadtentwicklung und Statistik*, Stadtentwicklung Köln Stadtentwicklungskonzept Wohnen, S. 40, https://www.stadt-koeln.de/mediaasset/content/pdf15/stadtentwicklungskonzept_wo hnen_ 2015.pdf [Stand: 01.11.2023]).

[25] Als Brachflächen (auch „Brachen") bezeichnet werden können „*Flächen, deren bisherige, in der Regel bauliche Nutzung aufgegeben wurde und die für einen gewissen Zeitraum nicht aktiv einer definierten Folgenutzung zugeführt werden*", *Rößler/Mathey*, in: Blotevogel (Hrsg.), Handwörterbuch der Stadt- und Raumentwicklung, S. 293 (293).

[26] Als Konversionsflächen wurden ursprünglich „ehemals militärisch genutzte Brachflächen" verstanden. Heute ist diese Bezeichnung „auch für großflächige Industrie- und

Anwendungsbereich darstellen kann[27]. Geht man von einer Hemmnis der baulichen Stadterweiterung nach außen aus, stellen diese Flächen häufig auch die einzig verfügbaren Entwicklungsräume dar[28].

Neben der möglichen Integration von Bestandsbauten in den Veräußerungs- und anschließenden Umgestaltungsprozess[29] hält auch der ländliche Raum für die Konzeptvergabe Einsatzfelder parat: Selbst auf Grundstücken für den Ein- und Zweifamilienhausbau kann sie angewandt werden[30].

II. Wirkungsweise der Konzeptvergabe

Das städtebauliche Instrument der Konzeptvergabe wird teilweise nicht ohne Euphorie beschrieben als „zentraler Schlüssel auf dem Weg zu einer lebendigen, sozial gerechten und funktional gemischten Stadt und damit zur Schaffung von Urbanität"[31]: Ganz eng verknüpft ist dieser Befund mit der besonderen Wirkungsweise der Konzeptvergabe.

Eine reine Angebotsplanung der Gemeinde reicht zur bodenbezogenen Kommunalentwicklung nämlich nicht aus[32]. Diese Art und Weise, das

---

Infrastrukturbrachflächen üblich", *Rößler/Mathey*, in: Blotevogel (Hrsg.), Handwörterbuch der Stadt- und Raumentwicklung, S. 293 (293).

[27] *Peters*, in: Etezadzadeh (Hrsg.), Smart City – Made in Germany, S. 415 (419).

[28] *Rößler/Mathey*, in: Blotevogel (Hrsg.), Handwörterbuch der Stadt- und Raumentwicklung, S. 293 (294).

[29] *Peters*, in: Etezadzadeh (Hrsg.), Smart City – Made in Germany, S. 415 (419). Etwa ist dabei eine Konzeptvergabe der Stadt Frankfurt a. M. hervorzuheben, bei der zwei Bürobauten aus den 1970er Jahren erhalten und in Wohngebäude transformiert werden sollten, hierzu *Temel*, Baukultur für das Quartier, S. 35.

[30] *Peters*, in: Etezadzadeh (Hrsg.), Smart City – Made in Germany, S. 415 (419); vgl. auch *Weiß* BayGT 2021, S. 12 (14 f.). Bspw. ist dabei eine Konzeptvergabe des Markts Garmisch-Partenkirchen zu nennen, bei der das Ziel verfolgt wurde, mittels der Grundstücksveräußerung Wohnraum für den lokalen Bedarf zu schaffen, vgl. hierzu *Bayerisches Staatsministerium für Wohnen, Bau und Verkehr*, Zukunftsweisender Städtebau, S. 86, München 2021. Entstanden ist schließlich ein Gebäudekomplex aus Reihenhäusern. Weiterhin kann bspw. die (geplante) Konzeptvergabe der Gemeinde Bad Heilbrunn (ca. 4.000 Einw.) genannt werden, vgl. *Schieder*, in: Süddeutsche Zeitung vom 21.07.2022, S. R9 (Lkr. TÖL/WOR).

[31] *Peters*, in: Etezadzadeh (Hrsg.), Smart City – Made in Germany, S. 415 (416).

[32] Bei der Angebotsplanung wird ein der Bauleitplanung zugeschriebener Entwicklungs- und Ordnungsauftrag vor allem durch „die Schaffung eines bestimmten Angebots für die Nutzung der Grundstücke" verwirklicht, *Battis*, in: Battis/Krautzberger/Löhr, BauGB, § 1 Rn. 10. Als „die Schwäche des „klassischen" Bauplanungsrechts" bezeichnen es *Däuper/Braun* KommJur 2022, S. 165 (166) erst neulich, dass die reine Angebotsplanung den Bebauungswillen der Grundstückseigentümer zur Vorhabenrealisierung voraussetze: „Letztlich steht es ihnen aber frei, ob und wann sie ihr Grundstück bebauen und ob sie einen städtebaulichen Vertrag mit der Kommune schließen wollen". Ebenso *Kment* rät zum Abschluss städtebaulicher Verträge nach § 11 BauGB in Ergänzung zur klassischen Angebotsplanung

Baurecht an den Markt zu bringen, wird den immer komplexer werdenden, häufig kleinteiligen, aber auch auf Effektivität getrimmten Zielsetzungen im Städtebau (allein) nicht mehr gerecht. Hinzu kommt, dass eine Kommune bei der Angebotsplanung wegen des Planungs- und Erschließungsaufwands grundsätzlich einen enormen Vorfinanzierungsaufwand eingehen muss. Noch dazu verliert die Gemeinde nach der Planung ihren umfänglichen Einfluss auf die zukünftige Grundstücksnutzung[33].

Über die Angebotsplanung hinaus kann ein effektives Mittel zur Umsetzung städtebaulicher Ziele aber auch in der Möglichkeit liegen, Kaufverträge über kommunale Liegenschaften abzuschließen und den erstrebten Eigentumsübergang an bestimmte, vom Erwerber zu erfüllende Voraussetzungen zu knüpfen[34]. Die Konzeptvergabe reiht sich in diesen Kontext ein, verbunden mit einer innovativen Idee: Das Grundstücksmodell zeichnet sich dadurch aus, dass durch den Wettbewerb um das beste Bewerberkonzept gemeindliche Ziele mit einer möglichst hohen Qualität erfüllt werden. Oftmals entstehen dabei Bebauungs- und Nutzungskonzepte, die man sich vorab nicht hätte erdenken können. Zur Richtungsvorgabe steht es der Gemeinde offen, verschiedene Ziele in Vergabekriterien zu übersetzen.

Diese Wirkungsweise der Konzeptvergabe erschließt sich besonders im Vergleich zur klassischen Vergabeform der „Höchstpreisvergabe", die zwischen den Grundstücksnachfragern allein einen Preiswettbewerb erzeugt. Zwar lassen sich kommunale Haushalte hierdurch recht effektiv konsolidieren und oftmals ist die Höchstpreisvergabe auch vor rechtlichen Erwägungen „mustergültig"[35]. Nicht zu übersehen sind aber die damit einhergehenden negativen Dimensionen: Einerseits treiben hohe Erwerbskosten die Preisspirale auch für den Wohnraumbedürftigen nach oben. Investoren bleibt zur Refinanzierung nichts anderes übrig, als selbst hohe Weiterverkaufspreise oder Mieten zu verlangen. Andererseits bestehen im Nachgang der Veräußerung (ohne eine

---

(S. D 74 f.), gerade um (sozialen) Wohnraum zu schaffen (Empf. 18), Gutachten D zum 73. DJT.

[33] Statt vieler *Bremke*, Wettbewerbliche Ausschreibung kommunaler Investorenprojekte, S. 25.

[34] Vgl. *Mäding*, in: Wollmann/Roth (Hrsg.), Kommunalpolitik, S. 530 (537) m.w.N. und zugleich auf die Vorteile der Eigentümerstellung der Gemeinde und die sich hierdurch ergebenden zivilrechtlichen Verhandlungs- und Vereinbarungsmöglichkeiten hinweisend. Vgl. auch *Bremke*, Wettbewerbliche Ausschreibung kommunaler Investorenprojekte, S. 44 f. u.a. mit dem Verweis auf *Burgi* NVwZ 2008, S. 929 (933). Erst neulich auch *Däuper/Braun* KommJur 2022, S. 165 (168), die Konzeptvergabe in der Folge als Handlungspotenzial für eine nachhaltige Quartiersentwicklung darstellend, selbst wenn sie „vor dem Hintergrund des Vergaberechts, des europäischen Beihilferechts und des kommunalen Haushaltsrechts im konkreten Einzelfall nicht immer das einfachste Mittel der Wahl" sei.

[35] Vgl. noch bspw. die Anforderungen des unionalen Beihilfenrechts (Kap. 5 A. III. 1. a.) oder des kommunalen Haushaltsrechts (Kap. 5 A. VI. 1.).

besondere Ausgestaltung) nur geringe Einwirkungsmöglichkeiten auf die bauliche Verwirklichung und die anschließende Grundstücksnutzung. Diese Defizite sind es, die das Instrument der Konzeptvergabe schließlich überwinden will. Wirkt sich (zwar) allein schon die Fixierung des Kaufpreises häufig positiv aus, dient die Konzeptvergabe aber vor allem der zielgerichteten Einwirkung auf die besagte Qualität eines Bauvorhabens: Der Wettbewerb um das beste Konzept kann insgesamt eine hohe städtebauliche Wertigkeit erzeugen.

Eine Vielzahl von Zielen kann durch die Konzeptvergabe erreicht werden. Die Palette reicht von bestimmten wohnungspolitischen Vorstellungen[36] über die Städtebau- und Quartiersqualität bis hin zu Funktion und Architektur, Ökologie, Energie und Verkehr[37]. Durch einen „Kriterienkanon" aus mehreren Vergabekriterien können gleichzeitig unterschiedliche Ziele verfolgt werden. Im Lichte der erhofften Urbanität, welche die funktional gemischte Stadt als Wesenskern enthält, kann das besonders vorteilhaft sein.

Dass bei vielen Konzeptvergaben die Möglichkeit für die künftigen Nutzer oder Eigentümer der Grundstücke besteht, die Planung mitzubeeinflussen, dient weiterhin als identitätsstiftender Erfolgsfaktor für eine nachfrageorientierte Bautätigkeit[38]. Besonders für private Grundstücksinteressenten (oder Gemeinschaften aus solchen) wird eine derartige Vergabeform deshalb ansprechend sein; doch profitieren sie auch in finanzieller Hinsicht von der Konzeptvergabe. Weil liquiditätsschwächeren Akteuren die Abgabe von Höchstgeboten nämlich oftmals schlichtweg nicht möglich ist, kommt es ihnen besonders zugute, dass nicht der gebotene Preis, sondern das beigebrachte Konzept über die Grundstücksvergabe entscheidet und dazu noch eine zielgruppengerechtere Verteilung stattfinden kann[39].

---

[36] Hierzu unten noch ausführlich Kap. 2 C. V.

[37] *Peters*, in: Etezadzadeh (Hrsg.), Smart City – Made in Germany, S. 415 (418 f.). Mit der sog. *Umweltgerechtigkeit*, als einem Leitkonzept sozio-ökologisch gerechter Entscheidungsfindung, setzte sich erst neulich *Ehemann* auseinander (Diss., gleichnamig). Auch div. Verteilungsfragen kamen i.R. dieser Arbeit zur Sprache. Zu bundesverfassungsrechtlichen Grundlagen, „die Vorgaben für die Handhabe umweltgerechtigkeitsrelevanter Tatbestände liefern" (S. 210), insb. die S. 213 ff. (Sozialstaatsprinzip des Art. 20 Abs. 1 GG) und die S. 223 ff. (allgemeiner Gleichheitssatz des Art. 3 Abs. 1 GG) nebst anderer Impulse.

[38] Vgl. *Gauggel/Gütschow* QUARTIER 2019 (Heft 3), S. 52 (55); danach *Weiß* BayGT 2021, S. 12 (14). Bereits seit Jahren wird die Unterentwicklung bei der Beteiligung der künftigen Nutzer am Planungs- und Bauprozess kritisiert, vgl. *Hintzsche*, in: Wollmann/Roth (Hrsg.), Kommunalpolitik, S. 801 (809).

[39] Vgl. generell *Böcker et al.*, Wie wird weniger genug?, S. 55 (zielgruppengerechter Wohnungsbau).

III. Empfehlungen zur Konzeptvergabe

Auch in etlichen Programm- und Leitsätzen wird die Konzeptvergabe empfohlen. Die nationale Ebene betreffend sind hierbei vor allem der Münchner Ratschlag zur Bodenpolitik[40], die Gemeinsame Wohnoffensive[41] und die Empfehlungen der Baulandkommission[42] zu nennen. Diese Kommission (für „Nachhaltige Baulandmobilisierung und Bodenpolitik") nahm etwa als konkrete Handlungsempfehlungen auf: „Die Baulandkommission empfiehlt Bund, Ländern und Kommunen, eigene Liegenschaften vergünstigt für bezahlbaren Wohnungsbau bereitzustellen" (S. 4), „Die Baulandkommission empfiehlt, dass qualitativ ausgerichtete Vergabeverfahren, wie insbesondere Konzeptvergaben, von Bund, Ländern und Kommunen stärker als Steuerungsinstrument genutzt werden" (S. 4) und „Die Baulandkommission empfiehlt den Kommunen, wirtschaftlich tragfähige, verbindliche und transparente Kriterien für die Vergabe von Grundstücken in Kombination mit der Schaffung von Baurechten einzuführen, um bei angemessener Flexibilität eine Gleichbehandlung der Investoren zu erzielen" (S. 5).

Ebenfalls nicht unterbleiben darf in diesem Kontext die Erwähnung der (auf europäischer Ebene entwickelten) Leipzig Charta[43]. Zunächst im Jahr 2007

---

[40] *Münchner Initiative für ein soziales Bodenrecht*, Kommunaler Impuls zu einer gemeinwohlorientierten Bodenpolitik: I.R.d. „Empfehlungen an die Kommunen" wurde die Anregung aufgenommen, „kommunale Grundstücke für den Wohnungsbau in der Regel auf der Grundlage von Konzeptausschreibungen zu vergeben, um Zielsetzungen der Gemeinden insbesondere im Hinblick auf Nachhaltigkeit, Mobilität, soziale Mischung, Architektur und Quartiersbelange langfristig zu sichern" (S. 6). Weiterhin sollen kommunale Grundstücke bevorzugt im Erbbaurecht vergeben werden (S. 6).

[41] Hiernach (*Bundesministerium des Innern, für Bau und Heimat*, Gemeinsame Wohnraumoffensive von Bund, Ländern und Kommunen) sollen Bund, Länder und Gemeinden darauf hinwirken, „dass öffentliche Grundstücke in der Regel auf der Grundlage der Konzeptausschreibung für den Wohnungsbau vergeben werden" (S. 20). Zur Bilanz *Bundesministerium des Innern, für Bau und Heimat*, Die Wohnraumoffensive und ihr Umsetzungsstand.

[42] *Baulandkommission (Kommission „Nachhaltige Baulandmobilisierung und Bodenpolitik"*), Empfehlungen auf Grundlage der Beratungen vom 02.07.2019, https://www.bmi.bun d.de/SharedDocs/downloads/DE/veroeffentlichungen/nachrichten/Handlungsempfehlungen -Baulandkommission.pdf?__blob=publicationFile&v=1 (Stand: 01.11.2023). Zur Bilanz *Baulandkommission (Kommission „Nachhaltige Baulandmobilisierung und Bodenpolitik"*), Bericht des Bundesministeriums des Innern, für Bau und Heimat, zur Zwischenbilanzkonferenz am 28. September 2020, https://www.bmwsb.bund.de/SharedDocs/downloads/Webs /BMWSB/DE/veroeffentlichungen/bauen/blk-bericht-20200924.pdf?__blob=publicationFil e&v=2 (Stand: 01.11.2023).

[43] Zunächst *Bundesministerium für Umwelt, Naturschutz, Bau und Reaktorsicherheit*, Leipzig Charta zur nachhaltigen europäischen Stadt, https://www.bmuv.de/fileadmin/Daten _BMU/Download_PDF/Nationale_Stadtentwicklung/leipzig_charta_de_bf.pdf (Stand: 01.11.2023). Mit der Neuverabschiedung *Bundesinstitut für Bau-, Stadt- und Raumforschung (BBSR)*, Neue Leipzig-Charta, https://www.bbsr.bund.de/BBSR/DE/veroeffentlich

angefertigt und im Jahr 2020 weiterentwickelt, handelt es sich hierbei um das Leitdokument für eine zeitgemäße Städtebaupolitik in Deutschland und Europa. Neben der Erwähnung mehrerer Maximen (beispielsweise der „gerechten Stadt", der städtebaulichen Qualität von Nutzungsmischungen mit Wohnbestandteilen sowie einem gemeinwohlorientierten Handlungsanstoß) wird zur „aktiven und strategischen Bodenpolitik" als einem kommunalen Handlungsfeld hervorgehoben (ohne die Konzeptvergabe direkt zu benennen): „In vielen Städten sind Flächen nur in begrenztem Maße verfügbar, was häufig Interessenskonflikte zur Folge hat. Die Kommunen brauchen nachhaltige, transparente und gerechte Strategien der Flächennutzung und Bodenpolitik. Dazu zählen auch der Grundbesitz und die Steuerung der Flächennutzung durch Kommunen"[44].

IV. Themenbezogener Fachdiskurs

Den praktischen Einsatz begleitend, erfährt die Konzeptvergabe (über die rechtliche Behandlung hinaus[45]) eine rege wissenschaftliche Diskussion: An erster Stelle ist hier die Untersuchung des Stadtforschers *Temel* zu nennen[46], die das BBSR (Bundesinstitut für Bau-, Stadt- und Raumforschung) in Auftrag gab. Auf diese Abhandlung wird in der vorliegenden Arbeit maßgebend Bezug genommen[47]. *Temel* untersucht dabei aus einem städtebauwissenschaftlichen Blickwinkel heraus die Frage, wie Konzeptvergaben („Konzeptverfahren") auf die Baukultur im Quartier Einfluss nehmen. Daneben sind noch andere Publikationen erschienen: Das Thema „Konzeptvergabe" wird in der städtebauwissenschaftlichen Fachliteratur behandelt[48], hält in Studien parteinaher Stiftungen Einzug[49] und auch die akademische Forschung setzt sich hiermit auseinander[50]. Das Grundstücksmodell ist auch schon in der Zivilgesellschaft angekommen. Vereinigungen, die sich im Bereich des (gemeinschaftlichen) Bauens und Wohnens engagieren, beschäftigen sich mit dieser Liegenschaftsvergabe-

---

ungen/sonderveroeffentlichungen/2021/neue-leipzig-charta-pocket-dl.pdf?__blob =publicationFile&v=3 (Stand: 01.11.2023), hierzu *Battis* DVBl. 2022, S. 193 ff.

[44] *Bundesinstitut für Bau-, Stadt- und Raumforschung (BBSR)*, Neue Leipzig-Charta, a.a.O., S. 11.

[45] Hierzu sogleich Einf. B. V.

[46] Temel, Baukultur für das Quartier.

[47] Vgl. insb. noch zur Methodik i.R.d. Charakterisierung, Kap. 2 B.

[48] Hierzu etwa *Gauggel/Gütschow* QUARTIER 2019 (Heft 3), S. 52 ff. oder *Peters*, in: Etezadzadeh (Hrsg.), Smart City – Made in Germany, S. 415 ff.

[49] Hierzu etwa *Heinz/Belina*, Die kommunale Bodenfrage, insb. S. 23 f. (hrsg. v. d. Rosa-Luxemburg-Stiftung); auch die Website https://nds.rosalux.de/news/id/42890/konzept-vergabe (Stand: 01.11.2023).

[50] Hierzu etwa *Gennies*, Konzeptverfahren als Instrument einer gemeinwohlorientierten Stadtentwicklung (veröffentlichte Masterarbeit).

form[51]. Auf ehrenamtlicher Basis fanden bereits mehrere bundesweite Austauschveranstaltungen „zum Konzeptverfahren" statt[52].

V. Behandlung rechtlicher Implikationen

Die Konzeptvergabe wurde in rechtlicher Hinsicht schon vereinzelt behandelt: So war es bisher vor allem *Weiß*, der teilweise zusammen mit *Reuße*, zu den rechtlichen Implikationen der Konzeptvergabe ausführte. Nicht nur auf Vorträgen stellten beide Anwälte die Konzeptvergabe vor[53]. Es existieren mittlerweile auch einzelne kurze Abhandlungen über die rechtlichen Anforderungen des städtebaulichen Instruments[54], die sich inhaltlich weitgehend gleichen. Ebenso die übrige Anwaltspraxis scheint sich dem „Thema Konzeptvergabe" allmählich anzunehmen, wovon der Aufsatz von *Osseforth* und *Lamert* zeugt[55]. Neben diesen Abhandlungen existieren aber auch veröffentlichte „Handlungsratgeber", die es mitunter versuchen, die rechtlichen Implikationen der Konzeptvergabe zu behandeln; ohne das aber zum Abschluss zu bringen[56]. Den

---

[51] Nur bspw. das Netzwerk Immovielien e.V., vgl. https://www.netzwerk-immovielien.de/?s=Konzeptvergabe (Stand: 01.11.2023), das FORUM Gemeinschaftliches Wohnen e.V., vgl. https://verein.fgw-ev.de/service-und-informationen/informationen-konzeptverfahren/ (Stand: 01.11.2023), oder der Bundesverband Baugemeinschaften e.V., vgl. https://www.bv-baugemeinschaften.de/konzeptvergabe.html (Stand: 01.11.2023).

[52] Deren Protokolle abrufbar sind unter: https://www.netzwerk-immovielien.de/wp-content/uploads/2018/08/dokumentation_bundesweiter_austausch_konzeptverfahren_171110 .pdf (1. Bundesweiter Austausch Konzeptverfahren), https://www.netzwerk-immovielien.de /wp-content/uploads/2019/05/dokumentation_2.bundesweiter_austausch_konzeptverfahren 190410.pdf (2. Bundesweiter Austausch Konzeptverfahren), https://www.netzwerk-immovielien.de/wp-content/uploads/2020/05/Dokumentation_final_ohne Anhang.pdf (3. Bundesweiter Austausch Konzeptverfahren) (Stand: 01.11.2023).

[53] Vgl. aus dem Tagungsbericht von *Arndt* NVwZ 2020, S. 37 (38). Soweit es sich um Vorträge handelt, die auf die Konzeptvergabe zugeschnitten sind, liefert *Weiß* einen bedeutenden Beitrag zur Beleuchtung deren rechtlichen Rahmenbedingungen, vgl. bspw. das Online-Seminar „Konzeptvergabe von Grundstücken für bezahlbares Wohnen" am 28.09.2021 (veranstaltet durch das *Institut für Städtebau und Wohnungswesen, München*).

[54] *Weiß*, in: Brandl/Dirnberger/Simon/Miosga (Hrsg.), Wohnen im ländlichen Raum - Wohnen für alle, S. 263 ff.; *Weiß/Reuße* QUARTIER 2019 (Heft 4), S. 52 ff.; *Weiß* BayGT 2021, S. 12 ff.

[55] *Osseforth/Lampert* FWS 2021, S. 190 ff. In aller Kürze ebenfalls bspw. GSK Stockmann, GSK Update 13.06.2019, https://www.gsk.de/de/gsk-update-wohnungsbaujuristischer-werkzeugkasten-fuer-die-oeffentliche-hand, S. 5 ff. (Stand: 01.11.2023).

[56] Hierzu zählt der im Jahr 2017 vom Hessischen Ministerium für Umwelt, Klimaschutz, Landwirtschaft und Verbraucherschutz herausgebrachte Leitfaden „Grundstücksvergabe nach der Qualität von Konzepten – Verfahren und Praxisbeispiele", der die rechtlichen Anforderungen auf neun Seiten andeutet (S. 14 ff.). Die hessische Architekten- und Stadtplanerkammer veröffentlichte die „Orientierungshilfe zur Vergabe öffentlicher Grundstücke nach Konzeptqualität", wobei die rechtliche Beschäftigung mit dem Thema auf drei Seiten erfolgt (S. 12 ff.). Aus dem Land Rheinland-Pfalz stammt die Orientierungshilfe „Mehr Konzept",

rechtlichen Schwierigkeiten bei der Handhabe des Instruments geschuldet, beschäftigten sich weiterhin schon die Wissenschaftlichen Dienste des Deutschen Bundestags mit vergaberechtlichen[57] und haushaltsrechtlichen[58] Aspekten der Konzeptvergabe, während der Fachbereich Europa des Deutschen Bundestags EU-beihilfenrechtliche Gesichtspunkte[59] des Vergabeverfahrens behandelte. Zuletzt reihen sich in diesen Kontext nun auch vereinzelte Entscheidungen der Rechtsprechung und der Vergabekammern, die sich konkret mit der Konzeptvergabe beschäftigen[60].

C. Rechtliche Untersuchungsziele und Gang der Untersuchung

Die einleitenden Erwägungen und die Erkenntnis, dass bisher keine eingehende rechtliche Bearbeitung der Konzeptvergabe erfolgte, bringen ein rechtswissenschaftliches Untersuchungsinteresse zutage. Mitsamt den Fragen, denen diese Arbeit nachgeht, sollen die Untersuchungsziele im Rechtlichen zunächst abgebildet werden (I.), bevor dann der Gang der Untersuchung beschrieben wird (II.). Um das Verständnis der Arbeit zu erleichtern, folgen im Anschluss noch einige wesentliche Begriffsbestimmungen (III.).

I. Rechtswissenschaftliche Untersuchungsziele

Angesichts der kommunalpraktischen Relevanz der Konzeptvergabe, die mit erheblichen Rechtsunsicherheiten einhergeht, ist eine ausführliche rechtliche

---

die auf der vorgenannten hessischen Veröffentlichung beruht. Neuerdings reiht sich hierneben noch die Dokumentation Nr. 167 („Das neue Baulandmobilisierungsgesetz"), die in der Neuauflage 2022 vom Deutschen Städte und Gemeindebund sowie der Anwaltskanzlei REDEKER SELLNER DAHS Rechtsanwälte PartmbB herausgegeben wurde. Hierneben existiert ein Schreiben des Bayerischen Staatsministeriums des Innern, für Sport und Integration vom 28.11.2019 zur rechtlichen Zulässigkeit von Konzeptvergaben (Zeichen B3-1514-7-5), abgedruckt in FStBay 2020, 123 (S. 395 ff.).

[57] *Wissenschaftliche Dienste Deutscher Bundestag*, Vergaberechtliche Beurteilung von Konzeptverfahren (Az. WD 7 - 3000 - 176/19), https://www.bundestag.de/resource/blob/6753 04/0b008f38d439b0f7c04cd85c3c980731/WD-7-176-19-pdf-data.pdf (Stand: 01.11.2023).

[58] *Wissenschaftliche Dienste Deutscher Bundestag*, Haushaltsrechtliche Aspekte der Konzeptvergabe öffentlicher Grundstücke (Az. WD 4 - 3000 – 146/19), https://www.bundes tag.de/resource/blob/673618/5884632508753c6f29219d4a741c6bbf/WD-4-146-19-pdf-da ta.pdf (Stand: 01.11.2023).

[59] *Unterabteilung Europa Fachbereich Europa Deutscher Bundestag*, Konzeptvergabe und EU-Beihilferecht (Az. PE 6 - 3000 - 102/19), www.bundestag.de/resource/blob/676596 /01e17273c50b309 9e1a64a386e866485/PE-6-102-19-pdf-data.pdf (Stand: 01.11.2023).

[60] Bspw. VK Berlin ErbbauZ 2022, S. 23 ff.; VK Berlin ErbbauZ 2022, S. 75 ff. Weiterhin VG Sigmaringen Az. 4 K 4006/21, BeckRS 2022, 18530 und im Anschluss VGH Mannheim ZfBR 2022, S. 715 ff. Hinzu tritt ebenso das VG Trier BeckRS 2021, 58227, das sich mit Informationsbegehren betreffend eine Konzeptvergabe beschäftigt.

Behandlung des Grundstücksmodells angezeigt. Auch nach Sichtung sämtlicher zum Untersuchungsgegenstand erschienener Literatur bestehen weiterhin erhebliche Erkenntnislücken[61], die das Untersuchungsinteresse offenbaren. Alle bisherigen Vorarbeiten zum rechtlichen Querschnittsthema der Konzeptvergabe kommen aufgrund ihrer Pauschalität und Begründungsknappheit nämlich zu keinen hinreichend befriedigenden Antworten. Bisher allenfalls rudimentär behandelt wurden Aspekte des öffentlichen Baurechts, des Erbbaurechts und des Rechtsschutzes.

Auch *Temel*, der sich aus städtebauwissenschaftlicher Sicht mit der Konzeptvergabe befasste, stellt in seinem Endbericht einen konkreten rechtlichen Forschungsbedarf fest. Insbesondere wäre es wert, folgende Aspekte vertiefend zu bearbeiten: „Methoden der Qualitätssicherung in der Umsetzungsphase nach dem Verfahren", „Kooperative Stadtentwicklung und Konzeptverfahren (Widerspruch zwischen konkurrierendem Verfahren und der Notwendigkeit, Nutzungen und Planung kooperativ zu entwickeln)", „Konzeptverfahren und Erbbaurecht", „Möglichkeiten der Preisreduktion im Konzeptverfahren" sowie allgemein die „Rechtlichen Rahmenbedingungen für Konzeptverfahren (Vergaberecht, Preisbildung, Planungsrecht etc.)"[62].

Die Vielschichtigkeit einer Konzeptvergabe erhöht dabei die Schwierigkeit, das Grundstücksmodell rechtmäßig auszugestalten: Denn zusätzlich zur sowieso anspruchsvollen, kautelarrechtlichen Vertragsgestaltung tritt für die Kommunen auch noch die Herausforderung der verwaltungsrechtlichen Verfahrensgestaltung hinzu. Und wie sich zeigen wird, kann ein Vermögensveräußerungsprozess (zumindest prima facie) in weitgehend „freien Bahnen" stattfinden, da hierzu nur wenige konkrete Rechtsvorgaben existieren. Doch an welcher Stelle sind die rechtlichen Grenzlinien zu ziehen?

Auf eine Fragestellung hin konkretisiert, ist zuvörderst erörterungswürdig, ob eine im Bestreben der Wohnraumschaffung konzipierte Konzeptvergabe auch unter Einhaltung aller rechtlichen Rahmenbedingungen (als wirksames städtebauliches Instrument) eingesetzt werden kann. Ohne Weiteres ist hiervon nicht auszugehen; schließlich verfolgen doch einige potenziell einschlägige Rechtsregime eine „Ausrichtung anhand vorrangig ökonomischer Rationalitäten"[63], mit der die Konzeptvergabe nicht vereinbar ist.

Erst wenn eine rechtskonforme Durchführung der Konzeptvergabe möglich erscheint und dazu noch ein (durch Gestaltungs- oder Wahlmöglichkeiten begründeter) Ausgestaltungsspielraum besteht, stellt sich die weitere Frage, wie die Konzeptvergabe in rechtlicher Hinsicht zu entwerfen ist, damit diese

---

[61] Der dargestellte, über bisherige Behandlungen hinausreichende Forschungsbedarf wurde vom *Bayerischen Staatsministerium für Wohnen, Bau und Verkehr* und vom *Bayerischen Gemeindetag* zugesagt.

[62] *Temel*, Endbericht: Baukultur für das Quartier, S. 4 f.

[63] *Jarass Cohen*, Vergaberecht und städtebauliche Kooperation, S. 101.

möglichst wirkungsvoll zur Wohnraumschaffung eingesetzt werden kann. Juristische oder verwaltungspraktische Erwägungen können sich hier auswirken; doch wird sich oftmals zeigen, dass die Kommunalverwaltung bei der Ausfüllung bestehender Freiräume selbst gefragt ist. Geht es um eine möglichst effektive Sicherung der erreichten Konzeptqualität, müssen städtebauliche Kaufvertragsabreden rechtlich beurteilt werden.

Weiterhin ist die „Spielart" der Konzeptvergabe zu behandeln, bei der dem erfolgreichen Bewerber ein Erbbaurecht bestellt wird. Um die Konzeptvergabe im Gesamtrechtssystem einzufügen, ist die Konzeptrealisierung hierneben (unabhängig von weiteren Rechtsfragen[64]) anhand der Vorgaben des öffentlichen Baurechts auszurichten. Weil das Auswahlergebnis vor dem Hintergrund des Art. 19 Abs. 4 GG bzw. des Art. 20 Abs. 3 GG[65] überprüfbar bleiben muss, sind weiterhin die Rechtsschutzmöglichkeiten der Konkurrenten darzustellen.

Auch wenn die Gemeinden bei der Ausgestaltung einer Konzeptvergabe heute noch weitgehend auf sich gestellt sind und sich diese Arbeit daher ausdrücklich zum Ziel setzt, Rechtssicherheiten zu schaffen, um Hemmnisse beim Grundstücksmodell abzubauen, sei bereits an dieser Stelle voranzuschicken, dass das Ergebnis der Untersuchung allenfalls als „rechtswissenschaftlicher Wegweiser", nicht aber als „kommunalpraktischer Detailreiseplan" dienen kann: Bei der Konzeptvergabe handelt es sich um einen häufig auf den Einzelfall hin konzipierten Veräußerungsprozess, der seine Prägung durch situative Gegebenheiten und individuelle Zielvorstellungen erfährt. Zwar bietet das noch   genügend   Spielräume   für   wissenschaftliche   und   praktische

---

[64] Anspruch auf eine „ganzheitliche Rechtsbehandlung" erhebt diese Arbeit demnach nicht: Während erklärte Schwerpunkte etwa im Verteilungsrecht liegen, bleibt bspw. das Steuerrecht unbearbeitet. Hins. der Integration datenschutzrechtlicher Aspekte bei kommunalen Grundstücksverkäufen sei auf bereits vorliegende Bearbeitungen verwiesen, vgl. *Der Bayerische Landesbeauftragte für den Datenschutz*, Transparenz bei Grundstücksverkäufen bayerischer Gemeinden (Arbeitspapier), https://www.datenschutz-bayern.de/datenschutzreform2018/AP_Grundstuecksverkaeufe.pdf (Stand: 01.11.2023).

[65] Zumindest in Gefolgschaft des BVerfG könnte davon auszugehen sein, dass die Rechtsschutzgarantie des Art. 19 Abs. 4 GG für den Rechtsschutz betreffend das Verteilungsverfahren nicht durchgreift. Nicht überzeugend spricht das Gericht einer Vergabestelle im haushaltsvergaberechtlichen Konkurrentenstreit nämlich ab, als Trägerin öffentlicher Gewalt i.S.d. Art. 19 Abs. 4 GG zu handeln, NJW 2006, S. 3701 (3702) Rn. 50 ff. Stattdessen verweist das BVerfG den bei der Vergabe unterlegenen Bewerber allein auf den im Rechtsstaatsprinzip des Art. 20 Abs. 3 GG verbürgten allgemeinen Justizgewährungsanspruch, ebd. Rn. 52 f. Weil der öffentlichen Hand heute allerdings ein wachsendes Arsenal an zivilrechtlichen Handlungsformen neben den „klassischen" öffentlich-rechtlichen Einwirkungsmöglichkeiten zukommt, sollte der Schutzbereich des Art. 19 Abs. 4 GG nach der hier vertretenen Rechtsansicht weitreichender aufzufassen sein, weshalb in den folgenden Untersuchungskapiteln allein auf diese Norm abgestellt wird. Dieser rechtlichen Überzeugung ist auch *Burgi*, Vergaberecht, § 4 Rn. 12.

Entwicklungen; in der vorliegenden Abhandlung werden Einzelfallgestaltungen aber nicht bearbeitet.

Die *Grundstücksvergabe an Baugemeinschaften* wird dabei den thematischen Untersuchungsschwerpunkt darstellen; wobei es sich bei einer „Baugemeinschaft" nach dem hiesigen Verständnis um eine Gemeinschaft privater Bauherren handelt, die ein Gebäude oder ein Gebäudeensemble errichten, das ihnen (mindestens hauptsächlich) als selbstgenutzter Wohnraum dienen soll[66]. Der Bauwerksrealisierung in Baugemeinschaften kommen nicht nur individuelle, weil etwa finanzielle, Vorteile zu, sondern auch in städtebaulicher Hinsicht sollen Baugemeinschaften gewinnbringend sein[67]. Trifft die Konzeptvergabe nämlich mit den Vorteilen des gemeinschaftlichen Bauens zusammen, lassen sich (wünschenswert) kleinteilige und individuelle Bauten, aber auch an Bewerberwünschen orientierte Nutzungen auf den veräußerten Grundstücken erreichen, für die ansonsten nicht immer ein Markt existiert[68]. Weiterhin ermöglicht dieses auf Selbstnutzung abzielende Verfahren den Gemeinden, ihre Grundstücke zielgruppenorientiert (ausgerichtet an der Bedürftigkeit) zu verteilen. Tendenziell wird es bei dieser Schwerpunktsetzung also um eher „kleinere bis mittelgroße Konzeptvergaben" gehen, die vom ländlichen bis in den urbanen Raum in das städtebauliche Instrumentarium der Kommunen mitaufgenommen werden können: Nicht dagegen um die Realisierung von Großbauvorhaben, bei denen Baugemeinschaften häufig keine Rolle spielen. Vorbehaltlich etwaiger anderer Vorgaben ist es dabei unerheblich, ob die Baugemeinschaft ihr Gebäude vertikal gegliedert im Geschosswohnungs- bzw. Mehrfamilienhausbau oder horizontal gegliedert etwa im Reihenhausbau realisieren will.

II. Gang der Untersuchung

Zur Bearbeitung im Hauptteil ist nicht nur ein strukturiertes, abgestuftes Vorgehen vorauszusetzen, sondern es ist zunächst auch eine gewisse Vorarbeit nötig. Im *Teil 1* der Untersuchung wird deshalb die Ausgangslage zur rechtlichen Behandlung der Konzeptvergabe beleuchtet: Einerseits sind bereits im *Kapitel 1* Impulse zur Wohnraumschaffung aus dem Unions- und Verfassungsrecht herauszuarbeiten, mit denen an späterer Stelle Abwägungs- und Abgrenzungsfragen zugänglich sind. In mehreren Rechtsbereichen werden sich hierzu Einfallstore bieten. Andererseits bedarf es der Erörterung, um was es sich bei der

---

[66] Ebenfalls *Müller*, Baugemeinschaften als städtebauliches Entwicklungsinstrument, S. 19.

[67] Vgl. nur *Kompetenzzentrum der Initiative „Kostengünstig qualitätsbewusst Bauen" im Bundesinstitut für Bau-, Stadt- und Raumforschung*, Baugemeinschaften, 2009, S. 9.

[68] Vgl. *Müller*, Baugemeinschaften als städtebauliches Entwicklungsinstrument, S. 357 f. Zu dieser Kombination ausführlich *FORUM Gemeinschaftliches Wohnen e.V.*, Grundstücksvergabe für gemeinschaftliches Wohnen, https://verein.fgwev.de/media/forum_konzeptverfahren_1.pdf (Stand: 01.11.2023).

(in der Lebenswirklichkeit angewandten) Konzeptvergabe überhaupt handelt: Denn ohne Kenntnis darüber, was unter einer Konzeptvergabe konkret zu verstehen ist, kann nicht beurteilt werden, ob sich eben diese Konzeptvergabe im Rahmen des rechtlich Zulässigen halten kann. Hiermit setzt sich *Kapitel 2* auseinander, in welchem eine Charakterisierung erfolgt. Mittels einer Abbildung des Geschehens der Konzeptvergabe werden dessen Wesensmerkmale herausdestilliert. Das Instrument ist hiernach in seiner Rechtserscheinung als Grundstücksmodell einzuordnen. Dem Umstand, dass der Kommune als „langer Hebel" zunächst das veräußerbare Grundstückseigentum zukommen muss, ist weiterhin noch das *Kapitel 3* gewidmet.

Die Untersuchung im Hauptteil soll dann grundsätzlich in der Weise erfolgen, dass zunächst die rechtlichen Determinanten des Instruments der Konzeptvergabe aufgezeigt werden. Unter diese Rechtsvorgaben ist anschließend das zuvor in abstrakter Form herausgearbeitete Konzeptvergabegeschehen zu subsumieren, um die Vereinbarkeit des Instruments der Konzeptvergabe mit den bestehenden rechtlichen Determinanten feststellen oder Gestaltungsspielräume herausarbeiten zu können. Eine „ganzheitliche Rechtsbewertung" kann dabei aber nicht zu erwarten sein. Die Konzeptvergabe ist ein mehrphasiges und vielschichtiges Verfahrensmodell, das auf verschiedenste Rechtsbereiche einwirkt und hiermit unterschiedliche rechtliche Anforderungen heraufbeschwört. Zur Strukturierung des Prüfungsvorgehens wird die rechtliche Beurteilung deshalb vorwiegend sequenziell anhand der einzelnen, zuvor herausgearbeiteten Wesensmerkmale der Konzeptvergabe durchgeführt. Dieser gesamte Untersuchungsabschnitt bildet in den *Teilen 2 und 3* den Schwerpunkt der Arbeit.

Aus dem in *Kapitel 4* eingenommenen Blickwinkel der konzeptvergabeentwerfenden Gemeinde werden die folgenden Fragen zum Verteilungsverfahren und zu den Vergabekriterien beantwortet. In *Kapitel 5* (bei der gebotenen Ausführlichkeit): Wie muss das Konzeptvergabeverfahren prozedural ablaufen? Und wer hat über den Grundstücksverkauf zu entscheiden? In *Kapitel 6*: Sind die zur Wohnraumschaffung eingesetzten Vergabekriterien rechtlich problematisch? In *Kapitel 7*: Welche Bewertungsmethoden darf die Kommune aus der Rechtssicht einsetzen? Und schließlich in *Kapitel 8*: Wie ist die getroffene Verteilungsentscheidung nach außen kundzutun?

Im Anschluss an die Behandlung der vertraglich fixierbaren Anhandgabephase in *Kapitel 9* folgt dann in *Kapitel 10* die wesentliche Behandlung des Kaufvertrags samt der vertragsrechtlichen Überprüfung mitenthaltener Konzeptsicherungsabreden. Folgende Aspekte werden die Untersuchung zur Realisierung noch vervollständigen: In *Kapitel 11* wird die Beurteilung der Vergabe von Erbbaurechten als Spielart der Konzeptvergabe anknüpfen. Dem Zusammenspiel mit den Anforderungen des öffentlichen Baurechts ist das *Kapitel 12* gewidmet.

Im abschließenden Teil 4, der das Kapitel 13 enthält, wird auf Fragen des konkurrentenbezogenen Rechtsschutzes eingegangen.

Der chronologische Gesamtablauf der Konzeptvergabe (von der Herstellung der Ausgangslage bis zum Rechtsschutz hin) zeichnet sich dabei auch auf die folgende Bearbeitung ab. Wegen zeitlicher und sachlicher Vielschichtigkeiten wird in dieser Bearbeitung auch die rechtliche Konstruktion sukzessive weiterentwickelt: Immer wieder werden Weichenstellungen vorgenommen, sodass auf vorangehende Untersuchungsergebnisse aufzubauen ist.

Thematisch ist diese Untersuchung in zweifacher Hinsicht begrenzt: Zum einen wird es nur um Konzeptvergaben gehen, die zur Schaffung von Wohnraum konzipiert werden. Konzeptvergaben zu (möglichen) anderen Zwecken bleiben damit bei der Behandlung außenvor[69]. Zum anderen erfolgt ein Zuschnitt auf gemeindliche Konzeptvergaben. Hierbei wird das bayerische Landesrecht angewandt.

III. Grundlegende Begriffsbestimmungen

Zur bestmöglichen Wissensvermittlung folgt eine kurze Einführung in den Sprachgebrauch, der für diese Untersuchung gewählt wurde. Das betrifft den Begriff der Konzeptvergabe selbst (1.) und auch sonstige Begriffe zum Grundstücksmodell (2.).

1. Konzeptvergabe als Begriff

Schon die Betitlung „Konzeptvergabe" wird nicht einheitlich verwandt, wobei alle gängigen Bezeichnungen das Veräußerungsmodell als immergleiches Phänomen nur deskriptiv beschreiben: Exemplarisch kursieren noch die Begriffe „Konzeptvergabeverfahren", „Konzeptausschreibung", „Konzeptverfahren" und „offenes Konzeptverfahren". Durchzusetzen scheint sich allerdings die Bezeichnung „Konzeptvergabe"[70], weshalb sie auch dieser Arbeit zugrunde liegt.

2. Begriffsbestimmungen zum Grundstücksmodell

Um das Verständnis bei der Lektüre der Arbeit zu erleichtern, sollen weiterhin einige themenbedingte Begrifflichkeiten erläutert werden, ohne im Folgenden allerdings auf Umschreibungen zu verzichten.

Bei einem *(Grundstücks)Interessenten* handelt es sich um eine Person (oder eine Personengruppe), die sich für das Grundstück interessiert bzw. mutmaßlich interessiert. Ein *Bewerber* (auch *Grundstücksbewerber*) ist eine Person (oder eine Personengruppe), die sich bereits für das Grundstück beworben hat.

---

[69] Dies ist auch der Grund, weshalb an späterer Stelle (Kap. 6 B.) allein solche Vergabekriterien der rechtlichen Kontrolle unterzogen werden, die der Wohnraumverschaffung dienen.

[70] Anders bspw. *Schaller* GuG 2021, S. 84 (84): „Konzeptverfahren" setzt sich als Begriff durch.

Eine *Baugemeinschaft* (auch *Baugruppe,* auch *Bauherrengemeinschaft*)[71] stellt (nach dem bereits dargelegten Verständnis[72]) eine Gemeinschaft privater Bauherren dar, die ein Gebäude oder ein Gebäudeensemble errichten, das ihnen (mindestens hauptsächlich) als selbstgenutzter Wohnraum dienen soll. Bei *etablierten Akteuren des Immobilienmarkts* handelt es sich im hier verwandten Begriffsverständnis um sowohl gewinnorientierte als auch gemeinnützige Teilnehmer am Immobilienmarkt, die sich durch eine gewisse Professionalität auszeichnen. Etablierte Akteure des Immobilienmarkts können auch *Investoren* sein. Als *Ankernutzer* wird ein Bewerber bezeichnet, der bereit ist, eine koordinierende Rolle für eine Gemeinschaftsanlage zu übernehmen, wenn mehrere Grundstücke gleichzeitig veräußert werden. Ankernutzer erhalten die Zusage zur Grundstücksvergabe früher als die anderen Bewerber. Bei Letzteren handelt es sich um *Anlieger,* weshalb von *Anker- und Anliegerverfahren* die Rede ist. Durch eine solche Verfahrensgestaltung ist es selbst bei einer Grundstücksvergabe an verschiedene Bewerber möglich, übergreifende Gemeinschaftseinrichtungen (wie etwa Tiefgaragen oder einen gemeinsamen Hof) zu errichten[73]. Bei der *Anhandgabe* handelt es sich um die (Zwischen-)Verfahrensphase zwischen einerseits der Grundstückszuteilung nach der Auswertung der Bewerberkonzepte sowie andererseits dem Kaufvertragsabschluss[74].

In der Untersuchung werden weiterhin folgende Begriffe mit einheitlichem Aussagegehalt benutzt: Die *Ausgestaltung der Konzeptvergabe* bedeutet die Ausgestaltung der Konzeptvergabe nach Vergabegegenstand, Vergabeverfahren und Vergabekriterien. Die *Konzepte* (auch *Bewerberkonzepte*) sind der wesentliche Inhalt der Bewerbungen in Bezug auf die Bebauung und die zukünftige Nutzung, die von der Gemeinde abgefragt werden. Eingereichte Konzepte sind demnach nichts anderes als der Versuch der bestmöglichen Erfüllung vorangestellter Vergabekriterien an Bebauung und Nutzung seitens der Bewerber. Die *bewerberbezogenen Kriterien* sind Kriterien, die sich in erster Linie auf die Bewerber selbst beziehen und nicht die Nutzung oder Bebauung des Grundstücks betreffen. Eine *bewerberoffene Konzeptvergabe* meint eine Grundstücksvergabe, bei welcher der zugelassene Bewerberkreis nicht auf eine bestimmte Personengruppe beschränkt ist. Konzeptvergaben können aber auch

---

[71] Hierzu insb. *Müller,* Baugemeinschaften als städtebauliches Entwicklungsinstrument, S. 19 ff.; *Keinert/Büsching,* Hdb. Baugemeinschaften; *May/Ullrich/Steiger,* Gemeinsam bauen; *Menzl,* in: Depenheuer/Hertzsch/Voigtländer (Hrsg.), Wohneigentum für breite Schichten der Bevölkerung, S. 287 ff.; *Wonneberger,* Neue Wohnformen, S. 73 ff.; sowie aus rechtswissenschaftlicher Sicht hierzu *Heinzmann,* Die freie Bauherrengemeinschaft.

[72] Siehe hierzu eben schon Einf. C. I.

[73] Vgl. *Gauggel/Gütschow* QUARTIER 2019 (Heft 3), S. 52 (55 f.); *Böcker et al.,* Wie wird weniger genug?, S. 58; *Soehlke,* in: FORUM Gemeinschaftliches Wohnen e.V., Grundstücksvergabe für gemeinschaftliches Wohnen, S. 3 (13); *Weiß* BayGT 2021, S. 12 (14).

[74] Vgl. nur Temel, Baukultur für das Quartier, S. 114 sowie i.R.d. Charakterisierung unten Kap. 2 C. XI.

auf bestimmte Personengruppen ausgerichtet sein. Die *baugemeinschaftsbezogene Konzeptvergabe* reduziert den potenziellen Bewerberkreis auf Baugemeinschaften (auch *Baugemeinschaftsverfahren*). Die *investorenbezogene Konzeptvergabe* verengt den Bewerberkreis auf etablierte Akteure der Immobilienwirtschaft, die als Investoren auftreten. Die *parzellierungsoffene* Konzeptvergabe gestaltet sich derart, dass Grundstücksparzellierungen bei der Durchführung der Konzeptvergabe (in der Bewerbungsphase) noch nicht vorgegeben sind[75]. *Mindestanforderungen (auch Zulassungskriterien)* sind solche Anforderungen, die der Bewerber zu erfüllen hat und deren Nichterfüllung das Ausscheiden aus dem Bewerbungsverfahren bewirkt. Die *Auswahlkriterien* sind dagegen solche Kriterien, deren Erfüllung dem Bewerber bei der Auswahl unter allen Bewerbern zugutekommt. Auf die Nichterfüllung von Auswahlkriterien folgt nicht das Ausscheiden aus dem Bewerbungsverfahren: Die Nicht- oder Schlechterfüllung wirkt sich nur negativ in Relation zu anderen Bewerbungen aus. Eine *Bauerrichtungsverpflichtung* meint die primäre Leistungspflicht des Erwerbers zur Bauerrichtung, also zur Herstellung des baulichen Erfolgs. Die *Bauverpflichtung* überschneidet sich nicht unbedingt mit der genannten „Bauerrichtungsverpflichtung". Bei dem Begriff der „Bauverpflichtung" handelt es sich vielmehr um einen rechtlichen Überbegriff, der durch die Helmut-Müller-Entscheidung des EuGH mitgeprägt wurde und sich in direkte und indirekte bzw. intensitätsbezogen in unmittelbare oder mittelbare Bauverpflichtungen aufgliedern lässt.

---

[75] Anderenorts wird diese Verfahrensoption als Teil der (besonderen) „offenen Konzeptvergabe" begriffen, bspw. *Gauggel/Gütschow* QUARTIER 2019 (Heft 3), S. 52 (53): „Der Zuschnitt der Grundstücke – sofern es sich nicht um Einzelgrundstücke handelt – wird nicht vorgegeben. Die Parzellierung entwickelt sich im Zuge der Vergabe aus dem Bedarf der verschiedenen Bewerbungen. Erst bei einem ‚Vergabepuzzle' werden die Parzellengrenzen festgelegt". Anknüpfend *Schaller* GuG 2021, S. 84 (85).

Teil 1

Ausgangslage

Kapitel 1

Impulse zur Wohnraumschaffung

Thematisch beschäftigt sich diese Untersuchung mit Konzeptvergaben, die Wohnraum schaffen sollen. Oftmals wird es sich bei diesem Ziel, den lokalen Bedürfnissen am Wohnungsmarkt geschuldet, um ein kommunalpolitisches Interesse handeln.

Zusätzlich kann es aber Rückenwind verschaffende Rechtsimpulse geben, welche die Gemeinden als Teile der mittelbaren Staatsverwaltung dazu anhalten, der Herstellung von Wohnraum nachzukommen. Die Konzeptvergabe dient dann als Mittel zur Erreichung dieses vorgegebenen Anliegens. Zu erwägen sind solche Impulse sowohl im Unionsrecht (A.) als auch im Bundes- und Landesverfassungsrecht (B.).

Besonders ein vieldiskutiertes „Recht auf Wohnen" könnte Auswirkungen auf die Auflösung der multipolaren Grundrechtssituation haben, die im Verteilungsverfahren zu Tage tritt. Hierneben ist es möglich, dass die Nichtbeachtung einer solchen Gewährleistung Rechtsschutzmöglichkeiten für einen im Konkurrenzverhältnis unterlegenen Bewerber eröffnet. Ganz allgemein werden die herausgearbeiteten Impulse zu berücksichtigen sein (etwa) bei der Aufstellung der Vergabekriterien durch die Gemeinde; also können sie ebenso beim Entwurf der Konzeptvergabe „intern" wirken.

A. Unionsrechtliche Impulse

Auch wenn sich die Europäische Union heute mit Wohnraumfragen und Belangen der Stadtentwicklung auseinandersetzt[1], sind unionsrechtliche Impulse zur Wohnraumfrage nur spärlich vorhanden. In Betracht kämen auf

---

[1] Vgl. den Internetauftritt https://ec.europa.eu/info/eu-regional-and-urban-development /topics/cities-and-urban-development_de der EuKo (Stand: 01.11.2023) sowie schon „Wege zur Stadtentwicklung in der Europäischen Union", KOM(97) 197 endg. Heute gründet „die Förderung einer nachhaltigen Stadtentwicklung auf Unionsebene" auf Art. 3 Abs. 3 UAbs. 3 EUV und Art. 174 Abs. 1 AEUV sowie dem (hieraus hervorgehenden) Kohäsionsziel, den wirtschaftlichen, sozialen und territorialen Zusammenhalt der Mitgliedstaaten zu stärken und so eine harmonische Entwicklung der Union zu fördern, *Nowak*, in: Immenga/Mestmäcker, Wettbewerbsrecht Bd. 5, Art. 16 AGVO Rn. 2. Aus der aktuellen Diskussion *Europäisches Parlament*, Angemessener und erschwinglicher Wohnraum für alle (P9TA(2021)0020).

Primärrechtsebene Regelungen der GRCh, des EUV und des AEUV. Eine handfeste, richtungsweisende Wirkung geht von den zu erwägenden Bestimmungen aber ebenso wenig aus wie ein Recht auf Wohnen.

Inhaltlich wird in Art. 34 Abs. 3 GRCh eine Gewährleistung zur „sozialen Unterstützung" anerkannt, wobei die „Unterstützung für eine Wohnung" bei Mittellosigkeit explizit aufgeführt ist[2]. Von einem „allgemeinen Grundrecht auf Wohnung" (bzw. Wohnen) kann gleichwohl nicht ausgegangen werden. Schließlich wird Art. 34 Abs. 3 GRCh mehr als objektive Zielverpflichtung und nicht als subjektives Recht eingestuft[3].

Die Art. 2 und 3 EUV nennen die grundlegenden Werte und Ziele der Europäischen Union, führen aber gleichwohl nichts explizit zur Wohnraumfrage aus: Die allgemeinen Verpflichtungen zur Achtung der Menschenwürde sowie zur Wahrung der Menschenrechte nach Art. 2 Satz 1 EUV können nicht derart konkret interpretiert werden, dass hieraus ein Impuls gerade zur (sozialen) Wohnraumpolitik zu schlussfolgern wäre[4].

Auch die Kompetenzvorschriften des AEUV lassen keine Regelung erkennen, die sich mit der Gewährleistung von angemessenem Wohnraum beschäftigen würde. Zwar stehen der Europäischen Union Kompetenzen im Bereich der Sozialpolitik zu. Diese betreffen aber weitgehend die Arbeits- und Beschäftigungspolitik[5]. Die Art. 9 und 151 AEUV konkretisieren die schon in Art. 3 EUV genannten sozialpolitischen Ziele, lassen hierbei aber keine expliziten rechtlichen Verpflichtungen folgen[6].

B. Verfassungsrechtliche Impulse

Das Verfassungsrecht kann einen Anstoß zur Herstellung von Wohnraum liefern. Für die (bayerischen) Gemeinden können solche Impulse sowohl vom Grundgesetz (I.) als auch von der Bayerischen Verfassung (II.) ausgehen.

I. Grundgesetz

Zunächst sind etwaige grundgesetzliche Impulse zu erwägen. Auf bundesverfassungsrechtlicher Ebene existieren dabei einige, dem Bund eingeräumte Gesetzgebungskompetenzen, die zur Wohnraumschaffung genutzt werden können (1.). Die Impulswirkung der Grundrechte fällt materiell schwach aus (2.).

---

[2] Hierzu auch *Jarass* GRCh, Art. 34 Rn. 7.

[3] Vgl. nur *Jarass* GRCh, Art. 34 Rn. 3; *Schollmeier*, Wohnraum als Verfassungsfrage, S. 100 m.w.N.

[4] Im Ergebnis (wohl) auch *Schollmeier*, Wohnraum als Verfassungsfrage, S. 104 f.

[5] *Schollmeier*, Wohnraum als Verfassungsfrage, S. 105.

[6] *Schollmeier*, Wohnraum als Verfassungsfrage, S. 105 m.V.a. *Eichenhofer*, in: Streinz, EUV/AEUV, Art. 9 AEUV Rn. 2 (hins. der Konkretisierungswirkung).

Vor allem das Sozialstaatsprinzip nach Art. 20 Abs. 1 GG kann die Gemeinden zur Herstellung von Wohnraum anhalten (3.).

1. Gesetzgebungskompetenzen

Das Grundgesetz weist dem Bund an mehreren Stellen Gesetzgebungskompetenzen für Regelungen mit Wohnraumbezügen zu: Zu nennen sind etwa die Kompetenztitel des Art. 74 Abs. 1 GG in Nr. 1 (bürgerliches Recht und so auch das Kauf-, Miet-, Gesellschafts- und Sachenrecht), Nr. 4 (Aufenthalts- und Niederlassungsrecht der Ausländer), Nr. 7 (öffentliche Fürsorge), Nr. 14 (Enteignungen) und Nr. 30 (Bodenverteilung)[7].

Besondere Erwähnung verdient im vorliegenden Untersuchungszusammenhang der Kompetenztitel des Art. 74 Abs. 1 Nr. 18 GG. Dieser enthält mehrere „Einzelzuständigkeiten für Teilbereiche des Umgangs mit Grund und Boden sowie näher bezeichnete Unterfälle des Wohnungswesens"[8], wobei hier besonders die Kompetenz für den „städtebaulichen Grundstücksverkehr" interessiert. Unter dem Grundstücksverkehr wird dabei der Erwerb, die Veräußerung, die Belastung und die Verpachtung von Grundstücken begriffen[9], was die (vom Verfassungstext ungelöste) Abgrenzungsfrage zum Kompetenztitel des Art. 74 Abs. 1 Nr. 1 GG eröffnet. Hierbei muss der erwähnte städtebauliche Grundstücksverkehr des Art. 74 Abs. 1 Nr. 18 GG in übereinstimmender Auffassung zumindest in einem ausgeprägten öffentlich-rechtlichen Verhältnis stehen[10].

Wie man sich zur Kompetenzabgrenzung zwischen Art. 74 Abs. 1 Nr. 18 GG und Art. 74 Abs. 1 Nr. 1 GG aber entscheidet, kann letztendlich auch dahinstehen. Denn einen Impuls zur Wohnraumschaffung leisten die Gesetzgebungskompetenzen nicht, weshalb der reformierte Art. 74 Abs. 1 Nr. 18 GG eben insoweit keine Rolle spielt. Richtigerweise beinhalten Gesetzgebungszuständigkeiten nämlich keine materielle Wirkung, aus der etwa ein Gesetzgebungsauftrag hergeleitet werden könnte[11]. Folglich kommt den Kompetenztiteln auch keine (oder allenfalls eine marginale) materielle Impulswirkung für die Kommunen zu. Vielmehr sind die verfassungsrechtlichen Kompetenzbestimmungen als ein formeller Rahmen eines ohnehin nur bundesgesetzgeberischen Tätigwerdendürfens zu begreifen.

---

[7] *Schollmeier*, Wohnraum als Verfassungsfrage, S. 106.

[8] *Seiler*, in: BeckOK GG, Art. 74 Rn. 64. Zum Wohnungswesen zählen nach BVerfGE 3, 407 (416) „Angelegenheiten […], die sich auf Wohnzwecken dienende Gebäude beziehen".

[9] *Oerter*, in: v. Mangoldt/Klein/Starck, GG, Art. 74 Rn. 128; *Seiler*, in: BeckOK GG, Art. 74 Rn. 65.

[10] Vgl. *Seiler*, in: BeckOK GG, Art. 74 Rn. 64; *Broemel*, in: v. Münch/Kunig, GG, Art. 74 Rn. 66; *Oerter*, in: v. Mangoldt/Klein/Starck, GG, Art. 74 Rn. 128; *Degenhart*, in: Sachs, GG, Art. 74 Rn. 72; *Wittreck*, in: Dreier, GG, Art. 74 Rn. 80 („zum Erlaß von spezifisch öffentlich-rechtlichen Grundstückverkehrsvorschriften").

[11] Vgl. *Wittreck*, in: Dreier, GG, Vorb. zu Art. 70–74 Rn. 54.

2. Grundrechte

In der Bundesverfassung findet sich keine Bestimmung, die ein „Recht auf Wohnen" explizit enthält[12]. Aber auch sonst existiert keine Norm, welche die öffentliche Hand auf eine andere Weise direkt zur Wohnraumschaffung verpflichtet: Dies gilt auch für die Grundrechte, die mancherorts (etwa über das Untermaßverbot[13]) auf die Tätigkeit der öffentlichen Hand einwirken. Zwar könnte dabei zuvorderst auf Art. 1 Abs. 1 GG und das „Grundrecht auf Gewährleistung eines menschenwürdigen Existenzminimums" abgestellt werden. Wegen inhaltlicher Verflechtungen erfolgen diesbezügliche Ausführungen aber weiter unten bei der Behandlung des Sozialstaatsprinzips[14]. Und während Art. 2 Abs. 1 GG schon nicht einschlägig ist, gibt Art. 3 Abs. 1 GG zunächst kein besonderes inhaltliches Ziel vor[15]. Weil sich aus der Wesenseigenschaft des allgemeinen Gleichheitssatzes, Relationen zwischen Personen und Sachen zu wahren, weiterhin noch ergibt, dass allenfalls ein derivatives, nicht aber ein originäres Teilhaberecht gewährleistet sein kann, bleibt hieraus auch nur abzuleiten, dass zumindest die „neue" Herstellung von Wohnraum für den Grundrechtsträger nicht von Art. 3 Abs. 1 GG gewährleistet wird[16]. Da die Eigentumsgarantie des Art. 14 GG nur das „erworbene" Eigentum[17] schützt, nicht aber einen Anspruch auf Eigentumsverschaffung folgen lässt, kann ebenso diese Garantie nicht für die Eigentumsbildung weiter Kreise der Bevölkerung ins Feld geführt werden. Die nicht in den Grundrechten behandelte Wohnraumfrage bestätigt sich schließlich mit dem Befund, dass auch von den Art. 3

---

[12] Nur in drei EU-Mitgliedstaaten (Belgien, Portugal und Spanien) sind solche materiellen Verfassungsverbürgungen vorzufinden, vgl. u.a. *Wissenschaftliche Dienste Deutscher Bundestag*, Recht auf Wohnen (Az. WD 3 - 3000 - 120/19), S. 4 ff., https://www.bundestag.de/resource/blob/651544/50f6cb8ef28a8b472f0fa00add53d78a/WD-3-120-19-pdf-data.pdf (Stand: 01.11.2023). Die Verbürgung eines „Rechts auf Wohnen" ist aktuell politisch umstritten, vgl. hierzu etwa den mehrheitlich von der Partei *Die Linke* eingebrachten „Entwurf eines Gesetzes zur Änderung des Grundgesetzes – Grundrecht auf Wohnen", BT-Drs. 19/16479, wodurch der Wohnungsnot mit der „Schaffung eines Artikels 14a im Grundgesetz, der ein subjektives und einklagbares Recht auf angemessenen bezahlbaren Wohnraum beinhaltet", entgegengetreten werden soll (S. 2). Hierzu auch schon *Derleder* WuM 2009, S. 615 ff., der dafür eintritt, in Art. 14a GG ein Jedermannsgrundrecht auf Wohnen zu verankern.
[13] Hierzu etwa *Maurer*, Staatsrecht I, § 8 Rn. 58 mit weiterführenden Nachw.
[14] Siehe noch Kap. 1 B. I. 3. Anders, weil isoliert behandelnd, verfährt *Schollmeier*, Wohnraum als Verfassungsfrage, S. 107 ff. und S. 120 ff.
[15] Zur Einwirkung des allg. Gleichheitssatzes des Art. 3 Abs. 1 GG auf das Verteilungsverfahren, die Vergabekriterien und den Rechtsschutz noch Kap. 5 A. V. 3. c., Kap. 6 A. II. 1. und Kap. 13 C.
[16] Im Ergebnis auch *Schollmeier*, Wohnraum als Verfassungsfrage, S. 135.
[17] Vgl. nur BVerfG NJW 1971, S. 1255 (1260).

Abs. 3, 6 Abs. 1, Abs. 4, 11, 13 GG im Ergebnis keine Impulse in diese Richtung ausgehen[18].

3. Sozialstaatsprinzip

Allein aus dem Sozialstaatsprinzip, das in Art. 20 Abs. 1 GG normiert und mit Art. 79 Abs. 3 GG fest im Grundgesetz verankert ist, lässt sich kein Recht auf Wohnraum herleiten. Denn als Staatszielbestimmung hält es den Staat (und seine Untergliederungen[19]) nur objektiv-rechtlich auf das Ziel der Sozialstaatlichkeit hin an[20], weshalb es zur „Versubjektivierung" zumindest einer Verknüpfung mit einem anderen Grundrecht bedarf.

Gleichwohl ist die Bestimmung im untersuchten Kontext als relevanteste Verfassungsverbürgung anzusehen. Denn zwar ist das Sozialstaatsprinzip inhaltlich äußerst unbestimmt und „eine allgemeine Definition stößt daher auf erhebliche Schwierigkeiten"[21], doch werden aus Art. 20 Abs. 1 GG zumindest verschiedene Teilgehalte hergeleitet. Anerkannt sind etwa die Gewährleistungen der sozialen Sicherheit, der sozialen Gerechtigkeit sowie der Chancengleichheit[22]. Ebenfalls kann man eine Existenzsicherungskomponente aus dem Sozialstaatsprinzip herleiten, wobei sich diese in der Verknüpfung mit Art. 1 Abs. 1 GG nun eben versubjektivieren lässt[23], woraus ein „Grundrecht auf Gewährleistung eines menschenwürdigen Existenzminimums" erwächst[24].

---

[18] Vgl. zur detaillierten Auseinandersetzung *Schollmeier*, Wohnraum als Verfassungsfrage, S. 137 ff.

[19] Legislative, Exekutive und Judikative sind vom Sozialstaatsprinzip des Art. 20 Abs. 1 GG angesprochen, vgl. *Sommermann*, Staatsziele und Staatszielbestimmungen, S. 483 ff. zu Staatszielbestimmungen im Allgemeinen; *Schollmeier*, Wohnraum als Verfassungsfrage, S. 109.

[20] Dem Wesen nach handelt es sich bei Staatszielbestimmungen um „Verfassungsnormen mit rechtlich bindender Wirkung, die der Staatstätigkeit die fortdauernde Beachtung oder Erfüllung bestimmter Aufgaben – sachlich umschriebener Ziele – vorschreiben", *Sachverständigenkommission Staatszielbestimmungen, Gesetzgebungsaufträge*, im gleichnamigen Bericht zur Verankerung von Staatszielbestimmungen und Gesetzesaufträgen im Grundgesetz (S. 21). Meist politische Forderungen werden durch eine Kodifikation zur verfassungsrechtlichen Pflicht gemacht, *Maurer*, Staatsrecht I, § 6 Rn. 14. Derweil bezeichnet *Reimer* die Wortlautauslegung bei Art. 20 Abs. 1 GG („sozial") als „extrem" herausfordernd, Juristische Methodenlehre, Rn. 520.

[21] *Sodan/Ziekow*, Grundkurs Öffentliches Recht, § 10 Rn. 3.

[22] *Sodan/Ziekow*, Grundkurs Öffentliches Recht, § 10 Rn. 3.

[23] Vgl. nur *Herdegen*, in: Dürig/Herzog/Scholz, GG, Art. 1 Abs. 1 Rn. 121.

[24] BVerfG NJW 2010, S. 505 (507) Rn. 133. Der relevanteste Aspekt unter der Gewährleistung der „sozialen Sicherheit" sei die Sicherung des Existenzminimums, so *Sodan/Ziekow*, Grundkurs Öffentliches Recht, § 10 Rn. 9 (hierzu auch *Leisner*, Existenzsicherung im Öffentlichen Recht). Das BVerfG unterstreicht derartige Tendenzen schon lange damit, dass die „Fürsorge für Hilfsbedürftige" zu den „selbstverständlichen Pflichten eines Sozialstaats" gehöre, vgl. nur BVerfG NJW 1975, S. 1691 (1692).

Übertragen auf die Wohnraumfrage will *Schollmeier* aus dem Sozialstaatsprinzip damit dreierlei herleiten: Erstens erschließt sie in einer freiheitsfunkti-
onalen Auslegung des Sozialstaatsprinzips bestimmte Verpflichtungen des
Staates, zu denen es auch zähle, „Leistungen bereitzustellen, die es ermöglichen, eine Unterkunft zu beziehen, die dem gesellschaftlichen Standard entspricht"[25]. Zweitens will diese dem Sozialstaatsprinzip den Auftrag entnehmen, „regulierend auf den privaten Wohnungsmarkt einzuwirken, sofern sich
auf diesem Ausbeutungs- und wirtschaftliche Missverhältnisse zeigen", was
sich aus der Pflicht ergebe, für eine gerechte Sozialordnung zu sorgen[26]. Drittens soll aus dem Sozialstaatsprinzip noch die Aufgabe folgen, „generell woh-
nungspolitisch tätig zu werden und auf eine alle Bevölkerungsschichten erfassende Versorgung mit angemessenem Wohnraum hinzuwirken"[27].

Diesen einzelnen Forderungen muss man sich in ihrer Konkretheit nicht
zwingend anschließen. Doch sind es zumindest letztere impulssetzende Erkenntnisse zum Sozialstaatsprinzip des Art. 20 Abs. 1 GG im Allgemeinen, die
im vorliegenden Zusammenhang bei der Wohnraumfrage bedeutsam sind. Und
wenn von einem „sozialstaatlichen Auftrag des Städtebaus" gesprochen wird[28],
so fügt sich das der Konzeptvergabe zugrundeliegende Anliegen zur Herstellung von Wohnraum in dieses Umfeld ein. Schließlich wird die Norm des § 11
BauGB auch als „Einfallstor des Sozialstaatsprinzips in das kommunale Städtebaurecht" erachtet[29].

II. Bayerische Verfassung

Die Bayerische Verfassung kommt zur Wohnraumfrage mit großen Worten da-
her, denen die Rechtsauslegung allerdings nicht folgt. Gleichwohl liefert die
Landesverfassung mehrere Impulse für die Gemeinden zur Herstellung von
Wohnraum.

Der Verfassungstext des Freistaats sähe prinzipiell schon in Art. 106 Abs. 1
BV ein explizites „Recht auf eine Wohnung" vor, da es in diesem schließlich
heißt: „Jeder Bewohner Bayerns hat Anspruch auf eine angemessene Wohnung". Gleichwohl wird dieser Bestimmung, trotz deren sprachlichen Fassung

---

[25] *Schollmeier*, Wohnraum als Verfassungsfrage, S. 119 (im Ergebnis) bei Nennung einiger Standards einer heutigen Wohnung in Deutschland auf S. 115.

[26] *Schollmeier*, Wohnraum als Verfassungsfrage, S. 119 (im Ergebnis). Zur Herleitung
ebd. S. 116.

[27] *Schollmeier*, Wohnraum als Verfassungsfrage, S. 119 (im Ergebnis).

[28] Wobei dieser Auftrag durch das in § 1 Abs. 5 Satz 1 BauGB genannte Ziel einer dem
Wohl der Allgemeinheit entsprechenden sozialgerechten Bodennutzung verdeutlicht ist,
Battis, in: Battis/Krautzberger/Löhr, BauGB, § 1 Rn. 45 (der allerdings auch Art. 14 Abs. 1
Satz 2, Abs. 2 GG zur verfassungsrechtlichen Herleitung heranzieht).

[29] *Schollmeier*, Wohnraum als Verfassungsfrage, S. 372 und vorangehend *Weigelt*, Die
wachsende Stadt als Herausforderung für das Recht, S. 132 m.w.N (§ 11 Abs. 1 Satz 2 Nr. 2
BauGB „trägt dem grundgesetzlich vorgegebenem Sozialstaatsprinzip Rechnung").

und Normstellung im Grundrechtsteil der Art. 98 ff. BV, keine subjektive Qualität zugeschrieben. Nach der Rechtsprechung des BayVerfGH verbürgt die Verfassungsnorm für den Einzelnen damit kein Grundrecht, sondern diese wird lediglich als objektiv-rechtliche Staatszielbestimmung interpretiert[30]. Mit seiner objektiven Formulierung „Die Förderung des Baues billiger Volkswohnungen ist Aufgabe des Staates und der Gemeinden" gibt Art. 106 Abs. 2 BV wiederum nur eine weitere Staatsziel- bzw. Staatsaufgabenbestimmung vor[31].

Geht es allerdings (lediglich) darum, objektiv-rechtliche Impulse zur Wohnraumschaffung zu setzen, so wirken die behandelten Art. 106 Abs. 1 BV und Art. 106 Abs. 2 BV nach dem BayVerfGH in einem schlagkräftigeren Verbund: Zusammen begründen sie nicht nur für den Staat, sondern auch für die Gemeinden „die Verpflichtung, den Wohnungsbau mit dem Ziel zu fördern, dass alle Bewohner Bayerns angemessene Wohnungen erhalten können"[32]. Unter allen zur Verfügung stehenden Instrumenten, dieser handlungsleitenden Verfassungsvorgabe nachzukommen, mag auch die Konzeptvergabe ein probates Mittel darstellen.

Obwohl auch Art. 125 Abs. 3 BV wieder mit großen Worten voranschreitet („Kinderreiche Familien haben Anspruch auf angemessene Fürsorge, insbesondere auf gesunde Wohnungen"), kommt dieser Norm nach der Rechtsprechung des BayVerfGH (ebenso wie Art. 125 Abs. 1 BV[33]) keine subjektive Rechtsqualität zu[34]. Gleichwohl mag sich eine Kommune bei der Konzeptvergabe und besonders auch bei deren Ausgestaltung (etwa im Hinblick auf bestimmte Vergabekriterien) von dieser Verfassungsbestimmung leiten lassen. Zumindest erteilt Art. 125 Abs. 3 BV den Gemeinden doch „den Auftrag, bei

---

[30] BayVerfGH NVwZ 2020, S. 1429 (1433) Rn. 76 (zumindest „kein Grundrecht des Einzelnen") sowie vorangehend BayVerfGH VerwRspr 1964, S. 1 (4). A.A. allerdings *Lindner*, in: Lindner/Möstl/Wolff, Verfassung des Freistaates Bayern, Art. 106 Rn. 3, der davon ausgeht, dass es sich bei Art. 106 Abs. 1 BV um ein Grundrecht handelt.

[31] Vgl. etwa *Schollmeier*, Wohnraum als Verfassungsfrage, S. 203 (Staatszielbestimmung), die der Bestimmung entnimmt, dass sie den Freistaat „verbindlich und dauerhaft zu einem konkreten wohnungspolitischen Handeln in Form der Förderung des Neubaus billiger Wohnungen, die nicht nur für privilegierte Personengruppen, sondern für die breite Masse zugänglich sind", verpflichtet, wobei sie allerdings „billig" nicht im Preissinne interpretiert. Dbzgl. („billig") a.A. *Lindner*, in: Lindner/Möstl/Wolff, Verfassung des Freistaates Bayern, Art. 106 Rn. 4. Zur Unterscheidung der Staatszweck-, Staatsziel- und Staatsaufgabenbestimmungen *Burgi*, Funktionale Privatisierung und Verwaltungshilfe, S. 29 f. m.w.N. in Fn. 51.

[32] BayVerfGH NVwZ 2020, S. 1429 (1433) Rn. 76, wiederum verweisend auf BayVerfGH VerwRspr 1964, S. 1 (3), mit der seinerzeitigen Ausführung: „In Verbindung mit Art. 106 Abs. 1 BV werden durch Art. 106 Abs. 2 BG vom Bayerischen Staat und von den bayerischen Gemeinden besonders intensive Anstrengungen, angemessene Wohnungen für alle Bewohner Bayerns zu schaffen, gefordert".

[33] BayVerfGH Entsch. v. 11.12.1968, Az. Vf. 40-VI-68 (Juris): Art. 125 Abs. 1 BV enthält nur einen Programmsatz.

[34] BayVerfGH VerwRspr 1964, S. 1 (9).

ihren Maßnahmen auf dem Gebiet des Wohnungswesens [...] vor allem auch den Bedarf kinderreicher Familien zu bedenken"[35].

Im Verteilungskontext steht insbesondere noch Art. 161 Abs. 1 BV, der in seinem Satz 1 vorgibt, dass die Verteilung und Nutzung des Bodens von Staats wegen überwacht wird, und in Satz 2 nennt, dass Missbräuche in dieser Hinsicht abzustellen sind. Dass diesen Vorgaben nur eine programmatische Bedeutung zukommen kann[36], ergibt sich bereits aus dem insoweit klaren Wortlaut.

C. Aus der Zuordnung zur sog. Daseinsvorsorge?

Mit den folgenden Worten beginnt eine Abhandlung, die sich dem Handlungsfeld der kommunalen Wohnraumversorgung annimmt: „Probleme des Wohnungsmarktes zählen für die Städte und Gemeinden zu den wichtigsten Fragen kommunaler Daseinsvorsorge. Sie sind es, die mit den Problemen der Wohnungssuchenden unmittelbar konfrontiert werden"[37]. Und Schollmeier ist insoweit zuzustimmen: Der historisch auf Forsthoff[38] zurückgehende (konturlose und deshalb als Rechtsbegriff tendenziell ungeeignete[39]) Begriff der Daseinsvorsorge kann weder aus der gesellschaftlichen noch der rechtswissenschaftlichen Debatte hinweggedacht werden[40]. Unlängst hielt dieser auch Einzug in die fachlichen Gefilde der Stadt- und Raumentwicklung[41].

Zum Ausdruck bringen mag „die Daseinsvorsorge" zwar, „dass staatliche wie kommunale Aufgabenerfüllung in einem modernen Gemeinwesen notwendigerweise über die Gewährleistung von Sicherheit und Ordnung

---

[35] BayVerfGH VerwRspr 1964, S. 1 (9).

[36] BayVerfGH Entsch. v. 20.06.1966, Az. Vf. 28-VI-66 (Juris). Ebenso BayVerfGH Az. Vf. 5-VII-14, BeckRS 2016, 43908 Rn. 97 hins. Art. 161 Abs. 2 BV. Auch *Lindner*, in: Lindner/Möstl/Wolff, Verfassung des Freistaates Bayern, Art. 161 BV Rn. 1. Hinsichtlich Art. 161 Abs. 2 BV auch *Kment* NJW 2018, S. 3692 (3694).

[37] *Hintzsche*, in: Wollmann/Roth (Hrsg.), Kommunalpolitik, S. 801 (801).

[38] Nach Jahren andauernder Auseinandersetzung (nochmals) bspw. *Forsthoff*, Lehrb. des VerwR 1. Allgemeiner Teil, S. 368 ff. Zur Entwicklung des Konzepts der Daseinsvorsorge im Werk von Forsthoff *Kersten* Der Staat 44 (2005) S. 543 ff. Zum Thema ebenfalls etwa *Doerfert* JA 2006, S. 316 ff.; *Leisner* WiVerw 2011, S. 55 ff.; *Schmidt*, in: Klie/Klie (Hrsg.), Engagement und Zivilgesellschaft, S. 269 ff. Oder zukunftsgerichtet *Rottmann/Grüttner/Gramlich*, Wirtschaftsdienst 99 (2019), S. 789 ff.

[39] Soweit dieser nicht gesetzlich zum Rechtsbegriff erhoben wird (bspw. durch § 1 Abs. 1 RegG oder § 2 Abs. 2 Nr. 1 Satz 2, Nr. 3 Satz 1 ROG). Zur Rechtsbegriffsthematik in Bezug auf den Begriff der Daseinsvorsorge ausführlich *Ringwald*, Daseinsvorsorge als Rechtsbegriff.

[40] *Schollmeier*, Wohnraum als Verfassungsfrage, S. 167.

[41] Vgl. *Milstein*, in: Blotevogel (Hrsg.), Handwörterbuch der Stadt- und Raumentwicklung, S. 361 ff.

hinausgehen"[42]. Umfasst sein sollen dabei „alle Infrastrukturleistungen, die die Bürgerinnen und Bürger zur freien Entfaltung ihrer Persönlichkeit benötigen und die den sozialen Zusammenhalt einer Gesellschaft durch die Produktion öffentlicher Güter gewährleisten", während sich die Quintessenz der Daseinsvorsorge aus einem verfassungsrechtlichen Blickwinkel vor allem als Ausdruck des (schon behandelten) Sozialstaatsprinzips nach Art. 20 Abs. 1 GG darstellen kann[43]. Überzeugend ist es allerdings, den Begriff der Daseinsvorsorge nur als einen Begriff deskriptiver Art und damit als Bezeichnung anzusehen. Wenngleich das Bereitstellen von Wohnraum durch den Einsatz verschiedenster Instrumente seitens des Staats oder einer Kommune also „Daseinsvorsorge" darstellen mag[44], geht hiervon in der umgekehrten Richtung kein Impuls zum wohnraumpolitischen Tätigwerden aus.

Erneut Bedeutung erlangt die Thematik rund um „die Daseinsvorsorge" wieder im unionsrechtlichen Kontext. Auf dieser Ebene taucht nicht nur der Daseinsvorsorgebegriff wieder auf[45]: Man hat sich ebenfalls mit (insoweit in Relation zu setzenden) Begriffen etwa der „Dienstleistungen von allgemeinem wirtschaftlichem Interesse" oder der „sozialen Dienstleistungen im allgemeinen Interesse" zu beschäftigen[46]. Besonders im Beihilfenrecht sind diese Einflüsse bemerkbar[47].

---

[42] *Burgi*, Kommunalrecht, § 17 Rn. 11.

[43] *Kersten*, in: Görres-Gesellschaft/Verlag Herder (Hrsg.), Staatslexikon Bd. 1 (Daseinsvorsorge).

[44] So vgl. etwa (aus haushaltswissenschaftlicher Perspektive) *Müller*, in: Häußler et al., Care und die Wissenschaft vom Haushalt, S. 177 ff.; auch *Heinze*, Rückkehr des Staates?, S. 44. Zur Relation von Daseinsvorsorge und sozialem Wohnungsbau *Keßler/Dahlke*, in: Krautscheid (Hrsg.), Die Daseinsvorsorge im Spannungsfeld von europäischem Wettbewerb und Gemeinwohl, S. 275.

[45] Schon EuKo, Mitteilung zu „Leistungen der Daseinsvorsorge in Europa", KOM(2000)580 endg.; bzw. noch vorangehend EuKo, Mitteilung zu „Leistungen der Daseinsvorsorge in Europa", 96/C 281 /03, ABl. (EG) Nr. C 281 S. 3 mit der Ausführung: „Leistungen der Daseinsvorsorge (oder gemeinwohlorientierte Leistungen) sind marktbezogene oder nichtmarktbezogene Tätigkeiten, die im Interesse der Allgemeinheit erbracht und daher von den Behörden mit spezifischen Gemeinwohlverpflichtungen verknüpft werden".

[46] Zurecht krit. zur terminologischen Vielfalt *Wernicke*, in: Grabitz/Hilf/Nettesheim, Recht der EU, Art. 14 AEUV Rn. 27 ff. Eine Begriffserläuterung liefert etwa *Weiß* EuR 2013, S. 669 ff. Zum mitgliedstaatlichen Ermessen bei der Definition dessen, was als „DAWI" erachtet werden kann vgl. nur EuG verb. Rs. T-202/10 u. T-203/10, BeckRS 2018, 53894, Rn. 79 (RENV II).

[47] Zum Verhältnis von Beihilfen- und Vergaberecht unter besonderer Berücksichtigung der Dienstleistungen von allgemeinem wirtschaftlichem Interesse ausführlich *Hagenbruch*, Das Verhältnis von Beihilfen- und Vergaberecht. Auch in dieser Untersuchung wird das Beihilfenrecht noch behandelt, siehe hierzu Kap. 5 A. III. 4. a.

D. Bilanz

Sowohl aus dem Unionsrecht als auch aus dem Verfassungsrecht des Bundes und der Länder können nur vereinzelte Impulse zur Wohnraumschaffung hergeleitet werden. Insbesondere findet sich in keiner Regelungsmaterie ein „Recht auf Wohnen", das subjektiv durchgesetzt werden könnte.

Während auf der Ebene der Europäischen Union Art. 34 Abs. 3 GRCh die Mittellosigkeit der Wohnraumsuchenden voraussetzt, sind die Gesetzgebungskompetenzen des Grundgesetzes nur als Zuständigkeitsrahmen aufzufassen und die Grundrechte äußern sich (ihrer Gestalt als Abwehrrechte entsprechend) zur Wohnraumfrage nicht. Das Sozialstaatsprinzip, welches in Art. 20 Abs. 1 GG verankert ist, kann einen Impuls zur Wohnraumschaffung liefern: Zumindest hat die öffentliche Hand einen Rechts- und Marktrahmen vorzuhalten, in dem sich die Bevölkerung mit dem Existenzgut Wohnraum versorgen kann.

Die Bayerische Verfassung beschäftigt sich unmittelbar mit der Wohnraumfrage und setzt mit den Art. 106 Abs. 1, 106 Abs. 2, 125, 161 BV handlungsleitende Impulse für die bayerischen Gemeinden: Die Versorgung mit Wohnraum liegt somit auch in kommunaler Hand. Kinderreiche Familien sind dabei vorrangig zu berücksichtigen. Trotz eines Wortlauts, „der mehr verspricht", findet sich aber auch in der Landesverfassung ein Recht auf Wohnen nicht.

Praktisch wird sich die Kommune aber nicht erst durch die beschriebenen rechtlichen Impulse zur Herstellung von Wohnraum leiten lassen. Vielmehr kommt die Gemeinde schon einem kommunalpolitischen Anliegen nach, wenn sie die hierzu entworfene Konzeptvergabe nutzt. Doch bevor mit der Untersuchung zur rechtlichen Statthaftigkeit der Konzeptvergabe begonnen werden kann, muss eine wesentliche Frage geklärt werden: Um was handelt es sich bei der Konzeptvergabe denn genau (Kapitel 2)?

Kapitel 2

Charakterisierung

Um was es sich bei „der Konzeptvergabe" überhaupt handelt, ist in diesem Kapitel zu beleuchten. Hierbei wird ein (auf einer niedrigen Abstraktionsebene) subsumierbares Veräußerungsmodell herausgebildet, das der noch folgenden rechtlichen Beurteilung als Grundlage dienen soll: Die Veräußerungserscheinung wird „fassbar" gemacht.

Nachdem kurz zur Vorstellung „des Geschehens der Konzeptvergabe" eingeleitet wurde (A.), folgen schon Ausführungen zur hierbei herangezogenen Methodik (B.). Anschließend werden die charakteristischen Wesensmerkmale der Konzeptvergabe (im nach *Temel* beschriebenen Spektrum) ab- bzw. herausgebildet (C.). Eine Einordnung der Konzeptvergabe in einen rechtswissenschaftlichen Erkenntnisrahmen erfolgt in diesem Kapitel ebenfalls (D.), da es sich bei der Konzeptvergabe nicht nur um eine rein tatsächliche, sondern auch um eine rechtliche Erscheinung handelt. Zuletzt werden noch geäußerte Zielvorgaben an die Verfahrens- und Vertragsgestaltung dargelegt, die durch die folgende Untersuchung leiten werden (E.).

A. Einleitung zur Geschehensvorstellung

Zwangsläufig muss vorab geklärt werden, worum es sich bei der Konzeptvergabe überhaupt handelt, um die oben aufgeworfenen Rechtsfragen beantworten zu können. Mitunter der Aufgabe, den wesensmäßigen Lebenssachverhalt der Konzeptvergabe abzubilden, nimmt sich die folgende Charakterisierung an.

Einleitend ist aber voranzuschicken, dass praktisch nicht nur „die eine" Konzeptvergabe existiert: Vielmehr haben sich im Laufe der Zeit verschiedenste Modelle entwickelt, mit denen Grundstücke im Wege qualitätsorientierter Wettbewerbe vergeben werden. Ein Teil dieser Untersuchung ist es also auch, nach Sichtung einer Bandbreite verschiedener Konzeptvergabemodelle einen abstrakten bzw. zumindest abstrakteren Inbegriff der Konzeptvergabe darzustellen.

B. Vorrede zur Methodik

Aus städtebauwissenschaftlicher Sicht wurde die Konzeptvergabe bereits eingehend beleuchtet. In diesem Zusammenhang ist besonders die (oben schon vorgestellte) Arbeit des Architektur- und Stadtforschers *Temel* zu nennen[1], deren Titel „Baukultur für das Quartier. Prozesskultur durch Konzeptvergabe" lautet. Mit einer Laufzeit der Studie vom 1. Dezember 2017 bis zum 31. Mai 2019 kann sie für diese rechtliche Untersuchung als aktuelle Sachverhaltsgrundlage dienen: Eine eigene Rechtstatsachenforschung ist nicht zwingend erforderlich, da sich die folgenden Ausführungen zur Konzeptvergabe weitgehend auf die Arbeit *Temels* beziehen können.

Ganz einfache Beschreibungen der Konzeptvergabe, wie sie bereits vorangeschickt[2], aber auch von *Weiß*[3] oder anderen Autoren[4] ausgebreitet wurden, können gleichsam noch nicht als hinreichende Tatsachenbasis für diese rechtliche Untersuchung dienen[5]; ohne ihnen dabei ihre inhaltliche Richtigkeit abzusprechen. Etwa sind Aspekte des Verfahrenshergangs oder der Vergabekriterien noch genauer in die Betrachtung miteinzubeziehen. Dasselbe gilt auch für die Konzeptsicherung.

C. Charakterisierung des Instruments der Konzeptvergabe

Sich an den schon erwähnten Grundstrukturen sowie am Anliegen der Wohnraumversorgung orientierend, wird das bisher als Konzeptvergabe beschriebene Geschehen beleuchtet hinsichtlich der folgenden Aspekte: Des Veräußerungsgegenstands (I.), der Beteiligung auf der Veräußererseite (II.), des Verfahrensablaufs (III.), der Vergabekriterien im Allgemeinen (IV.), der zur Wohnraumschaffung eingesetzten Vergabekriterien (V.), der Bewertung der

---

[1] Hinzuweisen ist darauf, dass zwei Versionen der Studie vorliegen: Zunächst ein „Endbericht" (zit. *Temel*, Endbericht: Baukultur für das Quartier) und weiterhin eine veröffentlichte „Langfassung" (zit. *Temel*, Baukultur für das Quartier).

[2] Siehe schon die kurzen Ausführungen oben, Einf. B. II.

[3] *Weiß* BayGT 2021, S. 12 (12).

[4] Vgl. bspw. *Gauggel/Gütschow* QUARTIER 2019 (Heft 3), S. 52 ff.; *Böcker et al.*, Wie wird weniger genug?, 54 f.; *Schaller* GuG 2021, S. 84 ff.; *Beeck* FWS 2021, S. 194 ff. Hierneben etwa noch BIM Berliner Immobilienmanagement GmbH, Konzeptverfahren kurz und knapp, https://www.bim-berlin.de/fileadmin/Bilder_BIM_Website/3_Immobilien/Verkauf/Konzeptverfahren/BIM_Broschuere_Konzeptverfahren_low_Doppelseiten.pdf (Stand: 01.11.2023).

[5] Ebenfalls genügt es aufgrund der verschiedenen Forschungshintergründe (und des jeweiligen Beleuchtungsinteresses) noch nicht, sich lediglich auf die „Gemeinsamkeiten und Unterschiede" zu berufen, die *Temel* selbst am Ende seiner Arbeit nennt, Baukultur für das Quartier, S. 97 ff.

Konzepteinreichungen (VI.), des Zuschnitts des Bewerberkreises (VII.), hierbei insbesondere der Baugemeinschaftsverfahren (VIII.), der beizubringenden Finanzierungsnachweise (IX.), des Entscheidungsgremiums (X.), der Anhandgabe (XI.), der Sicherung der Bewerberkonzepte (XII.), des Bauplanungsrechts (XIII.), des Bauordnungsrechts (XIV.) sowie der Anker- und Anliegerverfahren (XV.).

Um ein möglichst gemeingültiges und breites Abbild der Konzeptvergabe zu schaffen, werden zur Schnittmengenbildung alle von *Temel* dargestellten Konzeptvergaben der Städte Berlin, Hamburg, München, Frankfurt am Main, Stuttgart, Hannover, Münster, Heilbronn, Tübingen und Landau in der Pfalz zugrunde gelegt[6].

I. Veräußerungsgegenstand

Die bisher durchgeführten Konzeptvergaben betreffen die Veräußerung eines singulären Grundstücks oder aber die Veräußerung mehrerer Grundstücke. Mehrheitlich haben sie dabei den Verkauf des Grundstückseigentums zum Gegenstand[7]. Allerdings etabliert sich bereits die „Spielart" der Konzeptvergabe, in deren Folge Erbbaurechte bestellt werden[8]. Hiervon wollen mehrere Gemeinden künftig häufiger Gebrauch machen[9].

---

[6] *Temel*, Baukultur für das Quartier, S. 9: „Zehn Städte, elf Verfahren". Zu Konzeptvergaben in Berlin, Hamburg, München und Tübingen finden sich daneben (an anderer Stelle) noch weitere Ausführungen: Vgl. zur Konzeptvergabe in Berlin: *Cremer*, in: FORUM Gemeinschaftliches Wohnen e.V., Grundstücksvergabe für gemeinschaftliches Wohnen, S. 50 ff.; zur Konzeptvergabe in Hamburg *Hansen*, in: FORUM Gemeinschaftliches Wohnen e.V., Grundstücksvergabe für gemeinschaftliches Wohnen, S. 19 ff.; zur Konzeptvergabe in München *Skok/Stupka*, in: FORUM Gemeinschaftliches Wohnen e.V., Grundstücksvergabe für gemeinschaftliches Wohnen, S. 37 ff., hierauf aufbauend *Böcker et al.*, Wie wird weniger genug?, S. 59. Manche Konzeptvergaben sind hingegen derart auf den Einzelfall zugeschnitten, dass sich *ihre Besonderheiten* nicht mehr in einem allg. abgesteckten Rahmen betrachten lassen: Bspw. wurde in einem Fall ein ehemaliges Schulgebäude im Wege der Konzeptvergabe veräußert. Der Käufer verpflichtete sich dann in einem städtebaulichen Vertrag, den angrenzenden Platz zugänglich zu machen und Sportvereinen die Nutzung des Turnsaals zu ermöglichen, vgl. Konzeptvergabe in Hamburg, *Temel*, Baukultur für das Quartier, S. 24. In einem anderen Fall wurde ein Grundstück mit der Bauverpflichtung zur Erstellung einer Kindertagesstätte ausgeschrieben, Konzeptvergabe in Hannover, ebd. S. 53.
[7] Exemplarisch in Berlin, *Temel*, Baukultur für das Quartier, S. 10, in Stuttgart, ebd. S. 42, in Hannover, ebd. S. 50, oder in Münster, ebd. S. 58.
[8] Exemplarisch in München, *Temel*, Baukultur für das Quartier, S. 31, und Frankfurt a.M., ebd. S. 34. In Münster konnten die zugelassenen Bewerber zwischen der Eigentumsübertragung und der Erbbaurechtsbestellung wählen, ebd. S. 63.
[9] Exemplarisch die Städte Berlin, *Temel*, Baukultur für das Quartier, S. 15, und Hamburg, ebd. S. 24.

Die Grundstücke werden oftmals unbebaut verkauft[10]. Zum Teil werden aber auch Bestandsbauten (und herausfordernde Fragestellungen zu deren Nachnutzung) in die Konzeptvergabe integriert[11]. In wieder anderen Fällen wird es den Bewerbern überlassen, die Bestandsbauten zu erhalten oder abzureißen[12].

Eine besondere Ausgestaltung stellt die parzellierungsoffene Konzeptvergabe dar: Bei dieser sollen Grundstücke veräußert werden, deren Parzellierung zum Bewerbungszeitpunkt noch nicht feststeht. Der Prozess der Grundstücksteilung erfolgt dann erst im Laufe der Konzeptvergabe und angepasst an die individuellen Bewerbungen[13].

II. Beteiligung auf Veräußererseite

Mehrheitlich werden die Grundstücke von den Gemeinden selbst veräußert, die auch die Konzeptvergabe eigens durchführen[14]. Aber ebenso ist es möglich, dass privat organisierte Gesellschaften die Konzeptvergabe veranstalten[15] oder dass die Veräußerung über einen von der Gemeinde beauftragten Entwicklungsträger erfolgt[16]. Wegen des aufgezeigten Forschungszuschnitts bleiben solche Konstellationen für die vorliegende Untersuchung allerdings außer Betracht.

III. Verfahrensablauf

Die Verfahren der Konzeptvergaben (hier: „Konzeptvergabeverfahren") laufen in unterschiedlicher Weise ab. Stets teilen sie sich aber ein Wesenselement: Die Ausschreibung der Grundstücksveräußerung.

Im Belieben der Gemeinde steht zunächst, ob diese vor der Konzeptvergabe ein Interessenbekundungsverfahren durchführt (1.). Das Bewerbungs- und

---

[10] Exemplarisch in Berlin, *Temel*, Baukultur für das Quartier, S. 13 (fünf Grundstücke), in München, ebd. S. 31 (Grundstücke), in Heilbronn, ebd. S. 69 (neuer, grüner Stadtteil), und in Landau in der Pfalz, ebd. S. 91 (Grundstücke).

[11] Exemplarisch in Frankfurt a.M., *Temel*, Baukultur für das Quartier, S. 35, und Hamburg, ebd. S. 21 (hins. eines denkmalgeschützten Schulgebäudes).

[12] Exemplarisch in Münster, *Temel*, Baukultur für das Quartier, S. 61.

[13] Exemplarisch in Heilbronn, *Temel*, Baukultur für das Quartier, S. 69 (zumindest Prioritäten für die Lage im Baugebiet), und in Tübingen („Alte Weberei"), ebd. S. 77.

[14] Exemplarisch in Frankfurt a.M., *Temel*, Baukultur für das Quartier, S. 35 (Amt für Wohnungswesen).

[15] Exemplarisch die „Berliner Großmarkt GmbH" (als landeseigene Gesellschaft) in Berlin. Dort allerdings in Kooperation mit dem Liegenschaftsfonds Berlin 2011, *Temel*, Baukultur für das Quartier, S. 13. Exemplarisch auch die „Wirtschaftsförderungsgesellschaft Tübingen mbH" in Tübingen, die sich ganz überwiegend in gemeindlicher Hand befindet, ebd. S. 74 f.

[16] Exemplarisch in Landau in der Pfalz *Temel*, Baukultur für das Quartier, S. 91 (Stadt- und Grundstücksentwicklungsgesellschaft in Abstimmung mit der Gemeinde).

Auswahlverfahren kann in mehreren Stufen erfolgen (2.) und es kann eine persönliche Vorstellung der Bewerberkonzepte voraussetzen (3.), wobei Beteiligungen der Öffentlichkeit in allen Verfahrensabschnitten möglich sind (4.). Am Ende des Verfahrens kann das Auswahlergebnis den Bewerbern dann bekanntgemacht werden[17].

1. Interessensbekundungsverfahren

Um von der Bereitschaft potenzieller Interessenten zur Teilnahme an der Konzeptvergabe zu erfahren, können im Vorfeld der Ausschreibung Interessenbekundungsverfahren durchgeführt werden[18].

2. Stufenweiser Bewerbungs- und Auswahlprozess

Der Bewerbungs- und Auswahlprozess erfährt häufig Stufungen in mindestens zwei Verfahrensabschnitte: Zunächst führt die Gemeinde auf einer ersten Stufe eine Art „Vorprüfung" durch. Gewisse Mindestanforderungen sind hier nachzuweisen. Die akzeptierten Bewerber rücken dann in einen zusätzlichen Beurteilungsabschnitt weiter, in dem anhand der zu erfüllenden Auswahlkriterien eine Auswahl stattfindet[19]. Oftmals wird diese Zweistufigkeit gewählt, um die Eintrittshürden für die Bewerbungen abzusenken und gleichzeitig um aussichtslose Bewerber frühzeitig ausscheiden zu lassen.

Ebenso kann der Bewerbungs- und Auswahlprozess aber derart unterteilt sein, dass auf einer ersten Stufe bereits grobe Angaben zum Bebauungs- und Nutzungskonzept sowie zu den Bewerbern abgefragt werden. Auf einer zweiten Stufe können die Bewerbungen dann (etwa im Detailierungsgrad[20]) weiter ausgearbeitet werden, bevor es schließlich zur finalen Entscheidungsfindung kommt[21].

3. Persönliche Vorstellungen der Bewerbungen

Die Bewerbungsphase kann vorsehen, dass die Bewerber ihre Konzepte persönlich zu präsentieren haben: Diese (in Form eines Gesprächs ausgestaltbare)

---

[17] Exemplarisch in Frankfurt a.M., *Temel*, Baukultur für das Quartier, S. 39.
[18] Exemplarisch in Heilbronn *Temel*, Baukultur für das Quartier, S. 69 („Interessensbekundungsverfahren als Reality Check").
[19] Exemplarisch in München, *Temel*, Baukultur für das Quartier, S. 29.
[20] Teilw. mussten die Bewerbungen sehr detailliert eingereicht werden, was selbst die Erstellung von Architekturmodellen beinhaltete: Exemplarisch (auf der zweiten Stufe) in Münster, *Temel*, Baukultur für das Quartier, S. 61.
[21] Exemplarisch in Stuttgart, *Temel*, Baukultur für das Quartier, S. 45, und Münster, ebd. S. 61 (zweite Stufe als Verhandlungs- und Bieterverfahren).

Vorstellung kann dann eine relevante Entscheidungsbasis für die Gemeinden darstellen[22].

4. Öffentlichkeitsbeteiligung

In vielen Verfahren nimmt die Öffentlichkeit Anteil an der Konzeptvergabe; teils schon von Beginn an[23]. Daneben ist es beispielsweise möglich, die aus Gemeindesicht besten Bewerbungen der Öffentlichkeit nach der Vergabeentscheidung in einer Ausstellung zu präsentieren[24] oder die Einreichungen in Dokumentationen zusammenzufassen[25].

IV. Vergabekriterien im Allgemeinen

In allen Konzeptvergaben werden Kriterien bei der Grundstücksausschreibung vorgegeben, die es seitens der Bewerber durch die Einreichungen bestmöglich zu erfüllen gilt. Die Vergabekriterien sind vor der Konzeptvergabe aufzustellen (1.); wobei diese als Zulassungs- und Auswahlkriterien ausgestaltet werden können (2.). Qualitätskriterien stellen auf die Bebauung und zukünftige Nutzung des Grundstücks ab (3.), während sich bewerberbezogene Kriterien auf Bewerbereigenschaften beziehen (4.). Kriterien zur Realisierbarkeit (5.) können ebenso wie der Kaufpreis (6.) in die Palette aller Vergabekriterien aufgenommen werden.

1. Aufstellung

Ganz überwiegend werden die Vergabekriterien vorab festgelegt und bekanntgemacht[26]. Nur in einem eindeutigen Ausnahmefall (dem keine Vorbildwirkung zukommen soll) wurden die Kriterien erst iterativ im Verfahrensablauf entwickelt[27].

---

[22] Exemplarisch in Hamburg, *Temel*, Baukultur für das Quartier, S. 25, in Frankfurt a.M., ebd. S. 37, und in Münster, ebd. S. 61.

[23] Exemplarisch in Berlin (dort fand bereits vor der Konzeptvergabe eine intensive Öffentlichkeitsbeteiligung statt), *Temel*, Baukultur für das Quartier, S. 15, in Stuttgart, ebd. S. 49, und in Tübingen („Alte Weberei"), ebd. S. 79 („Parallel zum Entwicklungs-, Planungs- und Verkaufsprozess").

[24] Exemplarisch in Münster, *Temel*, Baukultur für das Quartier, S. 61, in Heilbronn, ebd. S. 71, und in Landau in der Pfalz, ebd. S. 91 (zumindest bei den Investorenprojekten).

[25] Exemplarisch in Heilbronn, *Temel*, Baukultur für das Quartier, S. 71.

[26] Exemplarisch in Hamburg, *Temel*, Baukultur für das Quartier, S. 21, in München, ebd. S. 29, in Hannover, ebd. S. 53, und in Landau in der Pfalz, ebd. S. 91.

[27] Exemplarisch in Berlin, wobei dieses Vorgehen nicht zu begrüßen ist, *Temel*, Baukultur für das Quartier, S. 13, 17.

2. Ausgestaltung in Zulassungs- und Auswahlkriterien

Bei den Konzeptvergaben wird überwiegend mit zwei verschiedenen Arten von Vergabekriterien gearbeitet: Einerseits kommen Mindestanforderungen bzw. Zulassungskriterien zum Einsatz: Werden diese nicht erfüllt, scheiden die Bewerber aus der Konzeptvergabe aus[28]. Vereinzelt liegen die Hürden hierbei hoch und es wird sogar die Kooperation der Bewerber mit professionellen Akteuren wie Baubetreuern oder Architekten vorausgesetzt[29]. Andererseits finden sich Auswahlkriterien in den Ausschreibungen: Werden diese nicht erfüllt, hat das nur relative, nachteilige Auswirkungen bei der Entscheidung, wem das Grundstück zugesprochen werden soll.

3. Qualitätskriterien „Bebauung und zukünftige Nutzung"

Um kommunalen Anliegen nachzukommen, übersetzt die Gemeinde ihre inhaltlichen Ziele in Vergabekriterien, welche die Bewerber mit ihren Einreichungen bestmöglich zu erfüllen haben. Hierbei knüpfen die Kriterien im Wesentlichen an die Qualität der Bebauung oder der zukünftigen Nutzung an: Der breiten Palette an inhaltlichen Zielen ist auch der Umfang der inhaltlichen Vergabekriterien geschuldet. Nicht immer sind diese einfach voneinander abgrenzbar. Abseits der spezifisch auf die Wohnraumversorgung abstellenden Vorgaben[30] sind Vergabekriterien dabei in folgenden Bereichen zu erkennen: Der Architektur[31] (Bebauung), des Denkmalschutzes[32] (Bebauung), der städtebaulichen Gestaltung[33] (Bebauung), der ökologischen und energiesparenden Bauweise[34] (Bebauung), der Mobilitätsbelange[35] (Bebauung), der

---

[28] Exemplarisch in München, *Temel*, Baukultur für das Quartier, S. 29, und in Hannover, ebd. S. 53.

[29] Exemplarisch in Hamburg, *Temel*, Baukultur für das Quartier, S. 21.

[30] Die auf die Bebauung und die Nutzung bezogenen Vergabekriterien, die explizit der Herstellung von Wohnraum dienen sollen, werden erst sogleich dargestellt, Kap. 2 C. V.

[31] Kriterien in dieser Hinsicht wurden gewählt in Münster, *Temel*, Baukultur für das Quartier, S. 64, in Tübingen („Bauten für Geflüchtete"), ebd. S. 86, und in Landau in der Pfalz, ebd. S. 94.

[32] Kriterien in dieser Hinsicht wurden exemplarisch gewählt in Hamburg, *Temel*, Baukultur für das Quartier, S. 23, und Landau in der Pfalz, ebd. S. 94.

[33] Kriterien in dieser Hinsicht wurden gewählt in Berlin, *Temel*, Baukultur für das Quartier, S. 16, in Frankfurt, ebd. S. 40, in Münster, ebd. S. 64, und in Tübingen („Bauten für Geflüchtete"), ebd. S. 86.

[34] Kriterien in dieser Hinsicht wurden exemplarisch gewählt in Hamburg, *Temel*, Baukultur für das Quartier, S. 23, München, ebd. S. 32, in Frankfurt, ebd. S. 40, in Stuttgart, ebd. S. 48, in Hannover, ebd. S. 56, Heilbronn, ebd. S. 72, und in Tübingen („Alte Weberei"), ebd. S. 80.

[35] Kriterien in dieser Hinsicht wurden exemplarisch gewählt in Heilbronn, *Temel*, Baukultur für das Quartier, S. 72, und in Landau in der Pfalz, ebd. S. 94.

Verknüpfung von Wohnen und Arbeiten[36] (Nutzung), der Kunst- und Kreativ-
wirtschaft[37] (Nutzung), der Integration beispielsweise sozialer Einrichtungen[38]
(Nutzung) sowie der Förderung des Gemeinwesens im Umfeld[39] (Nutzung).

Während die Konzeptvergabe als Wettbewerbsverfahren um die beste Qualität ohnehin bereits vom Einfallsreichtum der Bewerber profitiert, kommen
Aspekte der Innovation auch zusätzlich als Auswahlkriterien in Betracht[40].

4. Bewerberbezogene Kriterien

Auch wenn man die Konzeptvergabe (ihrer bisherigen Beschreibung entsprechend) vorrangig mit den eben dargestellten Qualitätskriterien assoziiert, kommen auch Vergabekriterien zum Einsatz, die sich allein auf die Person bzw. die
Personen der Bewerber beziehen: Wenn sich einige gemeindliche Ziele vor allem durch eine Grundstücksveräußerung an einen bestimmten Personenkreis
verwirklichen lassen, muss die Konzeptvergabe schließlich auch zielgruppenorientiert ausgestaltet sein. Beinahe alle bewerberbezogenen Kriterien finden
ihren Ursprung aber in der Motivation der Gemeinde, durch die Konzeptvergabe angemessenen Wohnraum zu schaffen[41], weshalb deren Darstellung
erst sogleich separat erfolgt.

5. Kriterien zur Realisierbarkeit

Viele Konzeptvergaben beinhalten Vergabekriterien, mit denen nachgewiesen
werden soll, dass das von den Bewerbern angestrebte Konzept auch realisierbar
ist. Es handelt sich hierbei um keine bewerberbezogenen Kriterien im engeren
Sinn, auch wenn sich manche dieser Vergabekriterien auf die Bewerber beziehen. Denn während die oben genannten Kriterien unmittelbar an die inhaltliche
Zielumsetzung anknüpfen, geht es den Kriterien zur Realisierbarkeit allein um
die bloß „inhaltsleere" Umsetzbarkeit: Solche können sich etwa mit dem

---

[36] Kriterien in dieser Hinsicht wurden exemplarisch gewählt in Hamburg, *Temel*,
Baukultur für das Quartier, S. 23, und in Münster, ebd. S. 64.

[37] Kriterien in dieser Hinsicht wurden gewählt in Berlin, *Temel*, Baukultur für das
Quartier, S. 16.

[38] Kriterien in dieser Hinsicht wurden exemplarisch gewählt in Hamburg, *Temel*,
Baukultur für das Quartier, S. 23 (in der baugemeinschaftsbezogenen Konzeptvergabe als
Bsp. für ein soziales Konzept).

[39] Kriterien in dieser Hinsicht wurden exemplarisch gewählt in Heilbronn, *Temel*,
Baukultur für das Quartier, S. 72.

[40] Exemplarisch in Stuttgart, *Temel*, Baukultur für das Quartier, S. 48.

[41] Etwa in Tübingen („Bauten für Geflüchtete") wurde von den Bewerbern ein „bürger-
schaftliches Engagement" nachgefragt. Dies steht mit der Zielvorgabe der Wohnraumschaffung nicht zwangsläufig in Zusammenhang, *Temel*, Baukultur für das Quartier, S. 86.

Zusammenschluss als Baugemeinschaft[42], der wirtschaftlichen Tragfähigkeit[43], vorhandenen Referenzen bzw. Erfahrungen[44], der Finanzierung[45] oder etwaigen Kooperationspartnern[46] auseinandersetzen.

6. Preiskriterium

Der Kaufpreis wird bei der Konzeptvergabe oftmals als Vergabekriterium ausgeklammert und die Grundstücke werden dann zu Festpreisen (und teils vergünstigt) veräußert[47]. Stellenweise spielt der Preis aber doch noch eine Rolle, wenn man ihn in den Kriterienkatalog mitaufnimmt[48]. Bei der Bewertung nimmt er in den allermeisten Fällen dann gleichwohl eine untergeordnete Rolle ein. Schließlich kann man bei einer überhälftigen Preisgewichtung auch nur schwer von einer Konzeptvergabe sprechen.

V. Vergabekriterien mit dem Ziel der Wohnraumverschaffung

Soll die Konzeptvergabe bewusst zur Wohnraumschaffung eingesetzt werden, kann und sollte sie in verschiedener Hinsicht „modifiziert" (also „maßgeschneidert") werden.

Vor allem die Vergabekriterien sind so zu wählen, dass die Bewerber ein Ergebnis beibringen, das der (unter Umständen zielgruppenbezogenen) Wohnraumschaffung besonders dienlich ist. Eine Ausgestaltung in Mindestanforderungen und Auswahlkriterien ist auch hier gängig. Die der Konzeptvergabe ganz eigene Qualität „mittels des Wettbewerbs" entsteht allerdings erst durch letztere Auswahlkriterien. Ebenfalls hier kann in Qualitätskriterien zur „Bebauung und Nutzung" (1.) sowie in bewerberbezogene Kriterien (2.) unterteilt werden.

---

[42] Exemplarisch in Hamburg (baugemeinschaftsbezogene Konzeptvergabe), *Temel*, Baukultur für das Quartier, S. 23 („Stabilität der Gruppe"), oder in München, ebd. S. 32.

[43] Exemplarisch in Hamburg (Baugemeinschaftsverfahren), *Temel*, Baukultur für das Quartier, S. 23.

[44] Exemplarisch in München, *Temel*, Baukultur für das Quartier, S. 32, und in Stuttgart, ebd. S. 48.

[45] Exemplarisch in München, *Temel*, Baukultur für das Quartier, S. 32.

[46] Exemplarisch in Frankfurt a.M., *Temel*, Baukultur für das Quartier, S. 40.

[47] Exemplarisch in Hamburg (baugemeinschaftsbezogene Konzeptvergabe), *Temel*, Baukultur für das Quartier, S. 19 (Festpreis), in Heilbronn, ebd. S. 69, in Tübingen („Alte Weberei"), ebd. S. 79, und in Tübingen („Bauten für Geflüchtete"), ebd. S. 83.

[48] Exemplarisch in Berlin, *Temel*, Baukultur für das Quartier, S. 13, 16, in Hamburg (bewerberoffene Konzeptvergabe), ebd. S. 21, in Stuttgart (bauträgerbezogene Konzeptvergabe), ebd. S. 47, und in Münster, ebd. S. 64.

1. Qualitätskriterien „Bebauung und Nutzung"

Auch zur Wohnraum-Konzeptvergabe werden Vergabekriterien eingesetzt, die sich auf die Bebauung und die zukünftige Nutzung beziehen. In dieser Hinsicht finden sich als teils nacheinander gereihte Kriterien:

- Kriterien, eine gewisse Anzahl an Wohnungen im eigenen Bestand zu halten und bei der Vermietung dieser nur bezahlbare Mieten zu verlangen[49]
- Kriterien, einen möglichst hohen baulichen Anteil an Wohnungen herzustellen, die mit Mitteln der sozialen Wohnraumförderung gefördert werden bzw. gefördert werden können[50]
- Kriterien, Wohnraum herzustellen, der bezogen auf den Wohnflächenverbrauch möglichst sparsam ist[51]
- Kriterien, Wohnraum herzustellen, der im Sinne gemeinschaftsorientierter Wohnmodelle genutzt wird oder der eine soziale oder generationenübergreifende Durchmischung schafft[52]
- Kriterien, inkludierenden oder bezahlbaren Wohnraum herzustellen[53].

In anderen Fällen setzt man keine spezifischen, sondern nur allgemeine Vergabekriterien ein, die qualitativ ansprechende Lösungen im Hinblick auf die „Wohnqualität" und die „Wohnformen" nachfragen[54].

2. Bewerberbezogene Kriterien

Die Aufstellung von Vergabekriterien beschränkt sich allerdings nicht in bebauungs- und nutzungsbezogenen Vergabekriterien. Vor allem wenn die Konzeptvergabe die Verbesserung der (kommunalen) Wohnraumversorgung anvisiert, sind zielgruppenorientierte, bewerberbezogene Vergabekriterien anzutreffen.

In diesem Sinne lauten Vergabekriterien etwa, dass Grundstücke bevorzugt an private Bauinteressenten oder an Baugemeinschaften zu vergeben sind[55]. Manche Konzeptvergaben finden aber noch deutlich konkretere Worte, wenn es darum geht, bestimmten Zielgruppen den Vorzug bei der Auswahlentscheidung einzuräumen. Etwa existieren Kriterien, mit denen einheimische Interessenten sowie Berufstätige, die derzeit in die Gemeinde einpendeln, bevorzugt

---

[49] Konzeptvergabe in Hannover, *Temel*, Baukultur für das Quartier, S. 56.

[50] Exemplarisch in München (bezogen auf Wohnungen des München Modells sowie der „EOF" als „einkommensorientierte Förderung"), *Temel*, Baukultur für das Quartier, S. 32, oder in Frankfurt, ebd. S. 40. Exemplarisch (Förderfähigkeit des Wohnraums) auch in Stuttgart, ebd. S. 48.

[51] Konzeptvergabe in München, *Temel*, Baukultur für das Quartier, S. 32.

[52] Konzeptvergabe in Stuttgart, *Temel*, Baukultur für das Quartier, S. 48.

[53] Ebenfalls Konzeptvergabe in Stuttgart, *Temel*, Baukultur für das Quartier, S. 48.

[54] Konzeptvergabe in Landau in der Pfalz, *Temel*, Baukultur für das Quartier, S. 94.

[55] Konzeptvergabe in Tübingen („Alte Weberei"), *Temel*, Baukultur für das Quartier, S. 80.

werden[56]. In anderen Veräußerungsmodellen wird mit nachrangigen Kriterien abgefragt[57]: Sind die Bewerber im Stadtteil integriert oder engagiert? Wie viele Kinder haben die Bewerber? Gibt es Schwerbehinderte in den Haushalten? Angesichts des Einsatzes mehrerer dieser Kriterien ist der kommunalpolitische Wunsch nach einer „Mitaufnahme des Einheimischenmodells in die Konzeptvergabe"[58] im Übrigen schon unlängst von der Praxis überholt.

Gängig ist es schließlich auch, das bewerberbezogene Kriterium auf die Organisationsform des Bewerbers zu richten: Die „Sicherung bezahlbaren Wohnraums durch genossenschaftliche Modelle" wird als Beispiel für das Auswahlkriterium angemessener „Wohnkosten" genannt[59].

VI. Bewertungsmethoden

Um die Bewerbungen in Relation bringen zu können, werden bei der Konzeptvergabe verschiedene Wertungssysteme eingesetzt. Meistens wird auf ein einzelnes Vergabekriterium bezogen beurteilt, ob und inwieweit die Bewerbung dieses Kriterium erfüllen kann. Die Palette der Beurteilungsmöglichkeiten reicht von Bewertungsmatrizes mit Bepunktung[60] bis hin zu Ampelsystemen[61]. Teilweise löst man sich aber von einer isolierten Gewichtung der Vergabekriterien. In solchen Fällen werden die Konzepte „ganzheitlich" bewertet, wobei im direkten Vergleich zueinander entschieden wird[62].

VII. Zuschnitt des Bewerberkreises

Bei einer bewerberoffenen Konzeptvergabe können sich sämtliche privaten, zivilgesellschaftlichen, aber auch marktorientierten Interessenten um die Grundstücke bewerben[63]. Allerdings beschränken Gemeinden den Bewerberkreis nicht selten und unterscheiden dabei vorrangig zwischen Gruppen etwa der Baugemeinschaften und der marktorientierten Akteure; besonders wenn

---

[56] Konzeptvergabe in Tübingen („Alte Weberei"), *Temel*, Baukultur für das Quartier, S. 80.

[57] Konzeptvergabe in Hamburg, *Temel*, Baukultur für das Quartier, S. 23.

[58] Vgl. hierzu *Hilberth*, in: Süddeutsche Zeitung vom 24.11.2017, S. R11 (Lkr. M).

[59] Exemplarisch in Frankfurt a.M., *Temel*, Baukultur für das Quartier, S. 40.

[60] Exemplarisch in München, *Temel*, Baukultur für das Quartier, S. 31.

[61] Exemplarisch in Frankfurt a.M. (sehr gute Bewerbungen erhielten eine grüne Ampel, gute Bewerbungen erhielten eine gelbe Ampel und unzureichende Bewerbungen erhielten eine rote Ampel), *Temel*, Baukultur für das Quartier, S. 37.

[62] Exemplarisch in Heilbronn, *Temel*, Baukultur für das Quartier, S. 69 (kriterienbezogen), in Tübingen („Alte Weberei"), ebd. S. 75 („über die Einreichungen wird im direkten Vergleich entschieden"), oder in Frankfurt a.M. (unter Zuhilfenahme des oben dargestellten Ampelsystems), ebd. S. 37 (kriterienbezogen).

[63] Exemplarisch in Hamburg, *Temel*, Baukultur für das Quartier, S. 21, und in Tübingen („Alte Weberei"), obwohl die Förderung von Baugemeinschaften ein Ziel der Konzeptvergabe darstellt, ebd. S. 75 („bereits seit Mitte der 1990er Jahre").

größere Flächen städtebaulich entwickelt werden sollen[64]. Obwohl die Teilnahme von kommunalen Wohnbaugesellschaften an der Konzeptvergabe nicht
ausgeschlossen ist[65], können Grundstücke diesen Gesellschaften auch direkt im
Vorhinein des Veräußerungsmodells übertragen werden[66].

VIII. Baugemeinschaftsverfahren

Wie eben bezeichnet, werden einige Konzeptvergaben als Baugemeinschaftsverfahren durchgeführt[67], wenn es den Gemeinden um die Schaffung von angemessenem Wohnraum geht. Hierzu wird der Bewerberkreis von vornherein
auf private Bauherrengemeinschaften (also Baugemeinschaften) begrenzt. Mo-
tiviert ist diese besondere Ausgestaltungsweise der Konzeptvergabe durch diverse Vorzüge, die man mit der Verwirklichung der Bau- und Nutzungsideen
besonders durch Baugemeinschaften verbindet: Bezogen auf das Anliegen der
Wohnraumversorgung streiten für die Vergabe im Baugemeinschaftsverfahren
vor allem die reduzierten Wohnkosten, die hierdurch ermöglichte zielgruppen-
spezifische Zuteilung von Wohnraum sowie die eintretenden Identifikations-
prozesse über die Konzeptvergabe hinaus.

Um die Baugemeinschaftsverfahren möglichst effektiv und bürgernah bewerkstelligen zu können, richten manche Gemeinden verwaltungsinterne Kon-
takt- oder Geschäftsstellen ein. Diese dienen dann als direkte Ansprechpartner
für Baugemeinschaftsinteressierte oder sich schon (bzw. erst) im Zusammen-
findungsprozess befindliche Baugemeinschaften[68]. Anderenorts lagert man die
Organisation der Baugemeinschaftsverfahren auf externe Beratungs-, Informa-
tions- und Vernetzungseinrichtungen aus[69]. Ebenso kooperiert man mit zivilgesellschaftlichen   Akteuren,   die   sich   etwa   in   den   Bereichen   des

---

[64] Exemplarisch in Hamburg (baugemeinschafsbezogene Konzeptvergabe), *Temel*,
Baukultur für das Quartier, S. 21, in München (Beschränkung der Konzeptvergaben auf Baugemeinschaften, Genossenschaften und Bauträger), ebd. S. 26, in Stuttgart (Beschränkung
der Konzeptvergabe auf Baugemeinschaften und Bauträger), ebd. S. 42, und in Münster, ebd.
S. 63.

[65] Exemplarisch in Hannover, *Temel*, Baukultur für das Quartier, S. 53.

[66] Exemplarisch in München, *Temel*, Baukultur für das Quartier, S. 29, und in Hannover
hins. eines für einen Hochhausbau bestimmten Grundstücks, ebd. S. 53.

[67] Nach *Temel* leitet sich die „grundlegende Idee des Konzeptverfahrens [...], Verkaufs-
entscheidungen nicht auf Basis des gebotenen Preises zu treffen, sondern nach Konzeptqualität", von den schon zuvor etablierten Baugemeinschaftsverfahren ab, Baukultur für das
Quartier, S. 106.

[68] Exemplarisch in Hamburg („Agentur für Baugemeinschaften als Teil der Stadtverwaltung"), *Temel*, Baukultur für das Quartier, S. 19, und in Stuttgart (Einrichtung einer Kon-
taktstelle für Baugemeinschaften bei der Stadt), *Temel*, Baukultur für das Quartier, S. 43.

[69] Exemplarisch in München, *Temel*, Baukultur für das Quartier, S. 27.

gemeinschaftlichen Wohnens engagieren[70], oder man beauftragt für bauge-
meinschaftliche Fragen ein Planungsbüro[71].

IX. Finanzierungsnachweis

Es ist keine Besonderheit, wenn Finanzierungsbestätigungen oder zumindest
Finanzierungskonzepte bereits in der Bewerbungs- und Auswahlphase beizubringen sind[72]. Ebenfalls die (sogleich besprochene) Anhandgabephase wird
dazu genutzt, die Finanzierung für den Grundstückserwerb zu klären oder zu
finalisieren[73].

X. Entscheidungsgremium

Vereinzelt werden die eingereichten Bewerbungen vorab durch ein bestelltes
Gremium (regelmäßig einen fachkundigen Ausschuss) bewertet. Dieser spricht
eine Empfehlung zur Auswahlentscheidung aus, noch bevor das kommunalrechtlich zuständige Organ die endgültige Entscheidung darüber trifft, wem das
Grundstück zukommen soll[74].

XI. Anhandgabe

Gängig ist es, dass dem im Konzeptwettbewerb obsiegenden Bewerber das
Grundstück in der Zwischenphase zwischen der kundgetanen Auswahlentscheidung und dem Kaufvertragsabschluss „an die Hand gegeben" wird[75].
Hierbei wird deshalb von der „Anhandgabephase" gesprochen. Innerhalb dieses Zeitraums sollen noch verschiedene, aus Gemeindesicht zum Kaufvertragsschluss und zur Konzeptumsetzung notwendige Erfordernisse abgeklärt werden: Etwa kann der obsiegende Bewerber sein Konzept in der

---

[70] Exemplarisch in Frankfurt *Temel*, Baukultur für das Quartier, S. 35, 37.

[71] Exemplarisch in Hannover *Temel*, Baukultur für das Quartier, S. 51.

[72] Exemplarisch in Berlin, *Temel*, Baukultur für das Quartier, S. 13, in Hamburg, ebd.
S. 21, oder in Heilbronn, ebd. S. 69.

[73] Exemplarisch in Hamburg, *Temel*, Baukultur für das Quartier, S. 24, in Frankfurt a.M.,
ebd. S. 39, in Stuttgart, ebd. S. 45, und in Tübingen („Alte Weberei"), ebd. S. 79.

[74] Exemplarisch in Stuttgart, *Temel*, Baukultur für das Quartier, S. 45, in Berlin, ebd.
S. 13 (obwohl dort eine privat organisierte Gesellschaft Verkäuferin war), in Hamburg, ebd.
S. 24, in Münster, ebd. S. 61, und in Landau in der Pfalz, ebd. S. 91.

[75] Exemplarisch in Hamburg, *Temel*, Baukultur für das Quartier, S. 24, in Frankfurt, ebd.
S. 39, in Stuttgart, ebd. S. 45, in Hannover, ebd. S. 53, in Heilbronn, ebd. S. 71, und in Tü-
bingen („Alte Weberei"), ebd. S. 79. Auch wenn in München keine Anhandgabe im direkten
Sinne stattfand, so wurde den zukünftigen Käufern doch eine Zeit gewährt, in der die Pla-
nung und die Finanzierung finalisiert werden konnte, ebd. S. 31. Die Grenze zum Vorliegen
einer Anhandgabe dürfte allerdings fließend sein: Begrifflichkeiten sind nicht entscheidend.
Bestimmt ist die Anhandgabe durch die Einräumung einer gewissen erwerbsausgerichteten
Exklusivitätsstellung für den im Wettbewerb obsiegenden Bewerber.

Anhandgabephase detaillierter ausarbeiten[76]. Baugenehmigungen für individuelle Bebauungs- und Nutzungsvorstellungen können eingeholt werden[77].
Ebenso können Anträge zur sozialen Wohnbauförderung gestellt werden[78]. Es
ist außerdem möglich, die Finanzierung beizubringen oder zu finalisieren[79].
Baugemeinschaften gewinnen weitere Zeit, um sich zu vervollständigen[80].

Zur Erfüllung all dieser Erfordernisse können in der (etwa einjährigen[81])
Anhandgabephase gewisse „Meilensteine" gesetzt werden[82]. In manchen Fäl-
len wird die Anhandgabe dabei in einem Vorvertrag ausgestaltet[83]. Teils ist die
Anhandgabe für den erfolgreichen Bewerber kostenlos[84], teils wird aber eine
Gebühr verlangt[85].

XII. Sicherung des Bewerberkonzepts

Kommt es schließlich zum Kaufvertragsabschluss, so muss die Realisierung
des sich durchsetzenden Konzepts rechtlich abgesichert werden. Hierzu steht
den (nunmehrigen) Vertragsparteien eine breite Palette an Absicherungsmög-
lichkeiten zur Hand.

Vornehmlich werden die Klauseln zur Realisierung im Kaufvertrag selbst
aufgenommen[86]: Hierbei werden zunächst die Konzeptinhalte niedergelegt[87].
Inhaltlich reichen die zur Sicherung dieser Konzeptinhalte entworfenen

---

[76] Exemplarisch in Stuttgart, *Temel*, Baukultur für das Quartier, S. 45, oder in Tübingen
(„Alte Weberei"), ebd. S. 79.

[77] Exemplarisch in Hamburg, *Temel*, Baukultur für das Quartier, S. 24, in Frankfurt, ebd.
S. 39, in Stuttgart, ebd. S. 45, und in Tübingen („Alte Weberei"), ebd. S. 79.

[78] Exemplarisch in Stuttgart, *Temel*, Baukultur für das Quartier, S. 45.

[79] Siehe bereits soeben, Kap. 2 C. IX.

[80] Exemplarisch in Stuttgart, *Temel*, Baukultur für das Quartier, S. 45, und in Tübingen
(„Alte Weberei"), ebd. S. 79.

[81] Exemplarisch sah man für die Anhandgabedauer in Frankfurt a.M. ein Jahr vor, *Temel*,
Baukultur für das Quartier, S. 39. Für die Dauer in Stuttgart waren mind. neun Monate vorgesehen, ebd. S. 45.

[82] Exemplarisch in Frankfurt a.M., *Temel*, Baukultur für das Quartier, S. 39.

[83] Exemplarisch in Frankfurt a.M., *Temel*, Baukultur für das Quartier, S. 39.

[84] Exemplarisch in Heilbronn, *Temel*, Baukultur für das Quartier, S. 71.

[85] Exemplarisch in Hamburg, *Temel*, Baukultur für das Quartier, S. 24, und in Tübingen
(„Alte Weberei") nach einem bis zu viermonatigen, kostenfreien Zeitraum, ebd. S. 79.

[86] Exemplarisch in München, *Temel*, Baukultur für das Quartier, S. 31, in Stuttgart, ebd.
S. 45, in Hannover, ebd. S. 55, in Münster, ebd. S. 63, in Heilbronn, ebd. S. 71, und in
Landau in der Pfalz, ebd. S. 93.

[87] Exemplarisch in München, *Temel*, Baukultur für das Quartier, S. 31, in Hannover, ebd.
S. 55, in Münster, ebd. S. 63, in Heilbronn, ebd. S. 71, und in Landau in der Pfalz, *Temel*,
edb. S. 93.

Klauseln dann von Baupflichten[88] bis hin zu Selbstnutzungspflichten[89]. Um die Konzeptvergabe auf der Rechtsebene möglichst abstrakt beurteilen zu können[90], wird in der folgenden Untersuchung in die Kategorien der vertraglichen Gebote und Verbote unterteilt; schließlich stellt sich heraus, dass etwa viele als solche bezeichnete „Baupflichten" nicht als primäre Leistungspflichten zu qualifizieren sind. Mit dem Anliegen, die möglichen Abreden möglichst „hochgezont" zu behandeln, wird hierbei deshalb von *Konzeptrealisierungsgeboten*, *Baugeboten* und *Nutzungs- bzw. Selbstnutzungsgeboten* gesprochen, die noch mit *Verboten* kombiniert werden können.

Sanktionen erfahren Vertragsbrüche mitunter durch Vertragsstrafen[91], durch Nachzahlungspflichten[92] oder auch durch Rückabwicklungsoptionen[93]. Ebenso kann es zu einem Nachrückverfahren kommen, wenn die Realisierung des zunächst bevorzugten Konzepts scheitert[94].

XIII. Bauplanungsrecht

Die bauplanungsrechtliche Situation kann sich für die Konzept- und Vorhabenrealisierung unterschiedlich darstellen: Ein Bebauungsplan kann schon vor der Konzeptvergabe für die betroffenen Grundstücke vorliegen[95]. Vereinzelt werden (kooperative) Planungsverfahren auch erst nach Kaufvertragsschluss durchgeführt[96]. Ebenso existieren Fälle, in denen Grundstücke des unbeplanten Innenbereichs veräußert werden[97].

XIV. Bauordnungsrecht

Während eine Baugenehmigung in den meisten Fällen erst in der Anhandgabephase beizubringen ist[98], können andere bauordnungsrechtliche Tatbestände auch schon im vorangehenden Bewerbungs- und Auswahlverfahren eine Rolle

---

[88] Exemplarisch in Stuttgart, *Temel*, Baukultur für das Quartier, S. 45, und in Heilbronn, ebd. S. 71.

[89] Exemplarisch in Stuttgart, *Temel*, Baukultur für das Quartier, S. 45.

[90] Hierzu noch ausführlich Kap. 10 C.

[91] Exemplarisch in München, *Temel*, Baukultur für das Quartier, S. 31, in Stuttgart, ebd. S. 45, und in Hannover, ebd. S. 55.

[92] Exemplarisch in Hannover, *Temel*, Baukultur für das Quartier, S. 55.

[93] Exemplarisch in Hannover (samt Rückauflassungsvormerkung), *Temel*, Baukultur für das Quartier, S. 55, in Münster, ebd. S. 63, und in Landau in der Pfalz, ebd. S. 93.

[94] Exemplarisch in Heilbronn, *Temel*, Baukultur für das Quartier, S. 71.

[95] Exemplarisch in Tübingen („Alte Weberei") als Resultat eines vorangegangenen städtebaulichen Wettbewerbs mitsamt Bürgerbeteiligung, *Temel*, Baukultur für das Quartier, S. 77.

[96] Exemplarisch in Berlin, *Temel*, Baukultur für das Quartier, S. 17.

[97] Exemplarisch in Münster, *Temel*, Baukultur für das Quartier, S. 59.

[98] Siehe hierzu bereits soeben, Kap. 2 C. XI.

spielen. Etwa sind Konzeptvergaben bekannt, die auf der Grundlage von verkäuferseits gestellten Bauvoranfragen durchgeführt werden[99].

XV. Anker- und Anliegerverfahren

Zur Errichtung großer Gebäudekomplexe, die sich über mehrere Grundstücke hin erstrecken, werden Anker- und Anliegerverfahren eingesetzt[100]: Die Ankernutzer sind in einem vorgeschalteten Verfahren vor den anderen Grundstückserwerbern zu ermitteln. Ihnen kommt mitunter die Aufgabe zu, für sich und für die weiteren Erwerber gemeinschaftliche Einrichtungen wie Tiefgaragen oder Innenhöfe zu erstellen.

D. Rechtliche Einordnung

Die Konzeptvergabe lässt sich (nach der eben erfolgten Abbildung) rechtlich in dreifacher Weise einordnen. Sie beinhaltet einen Veräußerungsvorgang (I.), für den ein Verteilungsverfahren durchgeführt wird (II.). Weiterhin ist die Konzeptvergabe als städtebauliches Vertragsinstrument und als Grundstücksmodell zu qualifizieren (III.).

I. Veräußerungsvorgang

Die Konzeptvergabe beinhaltet einen gestreckten Veräußerungsvorgang. Im Ergebnis soll mit dem erfolgreichen Bewerber nämlich ein zivilrechtlicher Kaufvertrag (§§ 433 ff. BGB) geschlossen werden, in dessen Folge dann das Grundstückseigentum auf den Käufer übergehen soll, §§ 873 Abs. 1, 925 Abs. 1 Satz 1 BGB. Aufgrund dieser Rechtsübertragung entscheiden sich potenzielle Bauherren zur Bewerbung.

II. Verteilungsverfahren

Die Konzeptvergabe stellt weiterhin ein Verteilungsverfahren dar. Denn das offerierte Baugrundstück soll (und kann) nur einem von vielen Bewerbern zugesprochen werden.

Doch zunächst abstrakt: Nach *Wollenschläger* handelt es sich bei Verteilungsverfahren um „Verwaltungsverfahren mittels derer die Verwaltung aus einer Mehrzahl von Personen anhand bestimmter Kriterien eine oder mehrere Personen zu einem bestimmten Zweck auswählt, wobei die Berücksichtigung

---

[99] Exemplarisch in Frankfurt a.M., *Temel*, Baukultur für das Quartier, S. 41 Auch hier musste die Baugenehmigung dann schließlich in der Anhandgabephase beantragt werden, ebd. S. 39.

[100] Exemplarisch in Stuttgart, *Temel*, Baukultur für das Quartier, S. 45, und in Tübingen („Alte Weberei"), ebd. S. 77.

aller Bewerber aufgrund der aus welchem Grund auch immer bestehenden Knappheit des zu verteilenden Objekts ausgeschlossen ist". Die der Verwaltung „zugrunde liegende und [...] zu bewältigende Konkurrenzsituation" kommt dabei noch als konstitutives Element hinzu[101].

Zieht man also das Begriffsverständnis *Wollenschlägers* zum Verwaltungsverfahren heran[102], kann die Durchführung der Konzeptvergabe zuerst als ein solches Verteilungsverfahren verstanden werden: Durch die im strukturierten Verfahren gewonnenen Informationen gelangt die Gemeinde schließlich über den Verarbeitungsprozess hin zu einer Entscheidung. Ebenso werden bei einer Konzeptvergabe einzelne Bewerber aus einem größeren Bewerberkreis anhand von vorher gesetzten Vergabekriterien ausgewählt, was zu einem bestimmten Zweck erfolgt. Anzunehmen ist weiterhin die von der Verwaltung zu bewältigende Knappheitssituation, wobei hier noch eine Besonderheit besteht: Denn die Knappheit resultiert nicht nur aus den Engpässen am Wohnungsmarkt oder der Begrenztheit der „Ressource Boden". Vielmehr wird die Knappheit (in diesem Sinne) von den Kommunen zur Konzeptvergabe explizit fruchtbar gemacht, um einen gewinnbringenden Wettbewerb zu erzeugen. Die Prinzipien der Konzeptvergabe lauten gerade „Auslese des besten Konzepts" sowie „Qualität durch Wettbewerb". Könnte ohnehin allen Bewerbern ein Grundstück zugeteilt werden und müssten diese Bewerber sich deshalb nicht mehr

---

[101] *Wollenschläger*, Verteilungsverfahren, S. 2. Im wissenschaftlichen Diskurs beschäftigen sich mit dem Verteilungsverfahren (i.w.S.) *u.a.* auch *Voßkuhle*, in: Hoffmann-Riem/Schmidt-Aßmann (Hrsg.), Verwaltungsverfahren und Verwaltungsverfahrensgesetz, S. 277, der zur Funktion des Verteilungsverfahrens ausführt, dass diese Funktion in der „(sach)gerechten Verteilung knapper Güter bei einer Überzahl von Bewerbern, also in Konkurrenzsituationen" bestünde (S. 290 f.); *Röhl*, in: Hoffmann-Riem/Schmidt-Aßmann/Voßkuhle (Hrsg.), Grundlagen des VerwR Bd. II, 2. Aufl., § 30 Rn. 10 ff., nach welchem es bei (den von ihm behandelten) Verteilungsverfahren um Verfahren geht, „die über die bloße Gewährung einer Leistung im Vollzug eines an anderer Stelle festgelegten Programms hinaus eine Auswahl unter mehreren Bewerbern zum Ziel haben, denen also eine Verteilungssituation zugrunde liegt" (Rn. 11); *Malaviya*, Verteilungsentscheidungen und Verteilungsverfahren, nach der Verteilungsentscheidungen „hoheitliche Handlungen, mit denen knappheitsbedingte Konkurrenzsituationen entschieden werden", sind (S. 4); *Hamdorf*, Die Verteilungsentscheidung; *Kupfer*, Die Verteilung knapper Ressourcen im Wirtschaftsverwaltungsrecht; *Martini*, Der Markt als Instrument hoheitlicher Verteilungslenkung. Zum Begriffsverständnis ebenfalls *Schmidt-Aßmann*, nach dem Verteilungsverfahren der „Distribution knapper Ressourcen" dienen, in: Hoffmann-Riem/Schmidt-Aßmann/Voßkuhle (Hrsg.), Grundlagen des VerwR Bd. II, 2. Aufl., § 27 Rn. 78.

[102] Hiernach handelt es sich (in Anknüpfung an *Schmidt-Aßmann*, Das allgemeine VerwR als Ordnungsidee, 6. Kap. Rn. 47, ähnlich *Schmidt-Aßmann/Kaufhold*, in: Voßkuhle/Eifert/Möllers (Hrsg.), Grundlagen des VerwR Bd. II, 3. Auf., § 27 Rn. 1) bei Verwaltungsverfahren um „planvoll gegliederte Vorgänge der Informationsgewinnung und Informationsverarbeitung, die in der Verantwortung eines Trägers öffentlicher Verwaltung ablaufen", *Wollenschläger*, Verteilungsverfahren, S. 2 Fn. 3.

untereinander an ihren Konzepten messen lassen, so ginge die eigentliche Wirkung der Konzeptvergabe verloren.

Ein Verteilungsverfahren angenommen, unterteilt *Wollenschläger* dieses in die Konzeptphase (hier Programmphase), die Ausschreibungsphase, die Bewerbungsphase, die Entscheidungsfindungsphase und die Vergabeentscheidung[103], welche allesamt auch bei der Konzeptvergabe zu verzeichnen sind und deshalb Platz in der vorliegenden Untersuchung erhalten. Da die Konzeptvergabe (wie eben festgestellt) einen Veräußerungsvorgang beinhaltet, für den ein Verteilungsverfahren durchgeführt wird, kann man mit *Wollenschläger* davon sprechen[104], dass es sich bei der Konzeptvergabe um ein *Veräußerungsverfahren* handelt.

III. Städtebauliches Vertragsinstrument (Grundstücksmodell)

Bei der Konzeptvergabe handelt es sich sodann um ein städtebauliches Vertragsinstrument, das sich neben andere Grundstücksmodelle reiht: Begreift man die Klarstellung der Zulässigkeit anderer als der in § 11 Abs. 1 Satz 1 BauGB erwähnten städtebaulichen Verträge in § 11 Abs. 4 BauGB als Auftrag zur Weiterentwicklung der städtebaulichen Vertragspraxis[105], so wurde diesem Auftrag mit der Entwicklung der Konzeptvergabe entsprochen. Die gesamte Konzeptvergabe ist nämlich nicht nur auf den Abschluss des Kaufvertrags ausgerichtet, sondern aus der Gemeindeperspektive auch auf den Abschluss städtebaulicher Vertragsabreden. Ob sich diese im Kaufvertrag oder in einem externen Begleitvertrag wiederfinden, ist dabei nicht von Belang.

Beim städtebaulichen Vertrag handelt es sich nach einem (hier herangezogenen) weiten Begriffsverständnis um einen Vertrag, der eigens zur Durchführung, zur Begleitung oder im unmittelbaren Kontext städtebaulicher Maßnahmen von der Gemeinde geschlossen wird oder der zumindest städtebauthematische Vertragsabreden enthält[106]. Dies ist immer dann der Fall, wenn

---

[103] *Wollenschläger*, Verteilungsverfahren, S. 536 (sowie bereits zum Analyseraster S. 195); *Schoch*, in: Schoch/Schneider, VerwR VwVfG, Einl. Fn. 2572 rezipiert *Wollenschläger* mit den nur etwas abweichenden Begrifflichkeiten für diese Phasen („Konzeptphase, Ausschreibungsphase, Bewerbungsphase, Entscheidungsphase und Entscheidungsformung").

[104] *Wollenschläger*, Verteilungsverfahren, S. 466 ff. zu den „Veräußerungsverfahren". So benennen die Konzeptvergabe auch *Osseforth/Lampert* FWS 2021, S. 190 (191) in einer Überschrift.

[105] So *Michael*, in: Rottke/Goepfert/Hamberger, Immobilienwirtschaftslehre Recht, S. 401 (409): „Indem der Gesetzgeber doppelt bekräftigt, dass die Entwicklung weiterer Typen in der Praxis möglich ist, bringt er zum Ausdruck, dass die kreative Rechtsgestaltung im Rahmen der Gesetze in diesem Bereich sogar gewünscht ist".

[106] Dieses Begriffsverständnis deckt sich in weiten Teilen mit dem *Schwabs*: Nach diesem eröffnet der städtebauliche Vertrag „der Gemeinde im Rahmen der Baulandausweisung und Baulandbereitstellung die Möglichkeit mit dem Bürger rechtsverbindliche Regelungen zu

städtebauliche Belange zum Vertragsgegenstand gemacht werden. In der Folge ist das Wesen des städtebaulichen Vertrags deshalb eher deskriptiv als konstruktiv. Die Qualifikation eines Vertrags als städtebaulicher Vertrag ist mehr additiv als exklusiv.

Selbst wenn man es mit dem BGH zur Annahme eines städtebaulichen Vertrags nach § 11 Abs. 1 Satz 2 Nr. 2 BauGB für nötig erachtet, dass der Vertrag Verpflichtungen enthält, welche „die von der Gemeinde verfolgten städtebaulichen Ziele zu fördern und zu sichern geeignet sind"[107], kann das bei der Konzeptvergabe angenommen werden, besonders wenn sie der Wohnraumschaffung dient. Denn nach den obigen Ausführungen werden die erfolgreichen Bewerberkonzepte im Anschluss an die Auswahlentscheidung der Konzeptvergabe gesichert, wobei die hierzu erfolgten Abreden Pflichten (oder zumindest doch Gebote) des Erwerbers enthalten, die dazu geeignet sind, die von der Gemeinde eben mit dem Grundstücksmodell verfolgten städtebaulichen Ziele zu fördern und zu sichern. Betreffen können die Regelungsgegenstände der Sicherungsabreden mitunter die in § 11 Abs. 1 Satz 2 Nr. 2 BauGB genannte Grundstücksnutzung, die Deckung des Wohnbedarfs von Bevölkerungsgruppen mit besonderen Wohnraumversorgungsproblemen sowie den Erwerb angemessenen Wohnraums durch einkommensschwächere und weniger begüterte Personen der örtlichen Bevölkerung.

---

treffen, wobei die Gemeinde an die öffentlich-rechtlichen Vorschriften und an das Rechtsstaatsprinzip gebunden ist" vgl. *Schwab*, Städtebauliche Verträge, Rn. 5 f. Richtig ist, dass das Gesetz den städtebaulichen Vertrag nicht selbst definiert, sondern in Abs. 1 nur mögliche Regelungsinhalte vorgibt, ebd. Rn. 3, und in den Abs. 2 und 3 besondere Anforderungen stellt. Dies belegen auch die gesetzgeberisch vorgegebenen Öffnungstatbestände in Abs. 1 („insbesondere") und in Abs. 4. Dafür, dass § 11 BauGB „alle städtebauvertraglichen Aktivitäten seitens der Kommunen" erfasse und dieser „umfassend die kooperativen Instrumente gemeindlicher Wohnungspolitik normiere und somit präge", auch *Burgi* (Tagung der Forschungsstelle für Notarrecht am 05.02.2020), vgl. *Gansmeier* MittBayNot 2020, S. 396 (397). Ebenso in Aufsatzform vertreten: EurUP 2020, S. 250 (255). Die Rspr. hat sich hins. einer genauen Definition ebenfalls noch nicht festgelegt, verlangt allerdings teils einen „für einen städtebaulichen Vertrag erforderliche[n] Zusammenhang mit der gemeindlichen Bauleitplanung", vgl. BGH NJW 2015, S. 3436 (3438) Rn. 17 oder BGH NJW 2015, S. 3169 (3169) Rn. 8, wobei der BGH hierfür aber eine „Bauverpflichtung nach den Vorgaben eines (künftigen) Bebauungsplans" genügen lässt, ebd. (3169) Rn. 8. Noch vorangehend erachtete es der BGH (NJW 2003, S. 888 [889]) als für die Qualifikation als städtebaulicher Vertrag ausreichend, dass das Rechtsverhältnis dadurch gekennzeichnet ist, dass es „auf die Verwirklichung städtebaulicher Planungsziele [...] gerichtet ist".

[107] BGH NVwZ, 2018, S. 1414 (1415), wobei es nicht ausreichen soll, dass eine Gemeinde ein Baugrundstück mit der bloßen Erwartung verkauft, dass dieses Grundstück zeitnah bebaut werde, und die Gemeinde sich diese Erwartung mit einer Mehrerlösklausel absichert. Zurecht krit. hierzu *Burgi* EurUP 2020, S. 250 (255) Fn. 42. Ebenso von *dems.* vertreten auf der Tagung der Forschungsstelle für Notarrecht am 05.02.2020, vgl. *Gansmeier* MittBayNot 2020, S. 396 (397).

Hieraus abgeleitet lässt sich an dieser Stelle also sogar voranstellen, dass die Regelung des städtebaulichen Vertrags in § 11 BauGB als eigentliche *gesetzliche Grundlage* und mithin als *primärer Anknüpfungspunkt* der ansonsten gänzlich unkodifizierten Konzeptvergabe aufzufassen ist.

Keine neue Erkenntnis ist es hierbei aber, dass sich über eine Grundstücksveräußerung kommunal- und wohnungspolitische Ziele verwirklichen lassen, wenn die Veräußerung mit bestimmten Bedingungen versehen wird. Veräußerungen in Begleitung des Reichsheimstättengesetzes[108] oder des Wohnungsbau- und Familienheimgesetzes („II. WoBauG")[109] zeugen hiervon schon seit langer Zeit. Ebenfalls Einheimischenmodelle wirken in dieser Weise[110]. All diese Veräußerungsverfahren können unter den Oberbegriff der *Grundstücksmodelle* (bzw. der *Grundstücksveräußerungsmodelle*) gefasst werden[111]. Die schon vorhandene Bearbeitung mehrerer, zu anderen Grundstücksmodellen ebenfalls relevanter Fragen wird dabei für die Behandlung der Konzeptvergabe zuträglich sein, besonders wenn Gemeinsamkeiten der Modelle aufkommen.

E. Zielvorgaben zur Verfahrens- und Vertragsgestaltung

Hinsichtlich der zukünftigen Ausgestaltung der Konzeptvergaben lassen sich verschiedene Erwartungen erkennen, die *Temel* in seiner Studie teils konkret äußerte. Bei der Frage der Verfahrens- und Vertragsgestaltung (die erst aufkommen kann, wenn hierzu ein entsprechender Spielraum besteht) werden diese Erwartungen als Zielvorgaben eine herausragende Rolle spielen: Die folgenden Direktiven sind „ins Rechtliche zu übersetzen" bzw. sind sie durch rechtliche Konstruktionen nachzuzeichnen.

Zunächst besteht ein allgemeines Interesse an einer *möglichst niederschwelligen Verfahrensgestaltung*, die Eintrittsschwellen und zu hohe Anforderungen vermeidet. *Temel* stellt dieses Anliegen offen dar[112]. Und die Kommunen, die Konzeptvergaben bereits anbieten, versuchen, diesem Gesichtspunkt nachzukommen[113]. Hierbei erstrebt man in manchen Gemeinden, die

---

[108] RGBl. Nr. 7528, S. 962.

[109] Ursprüngliche Fassung vom 27. Juni 1956 (BGBl. 1956 I S. 523); Neubekanntmachung vom 19. August 1994 (BGBl. 1994 I S. 2166).

[110] Hierzu etwa *Huber/Wollenschläger*, Einheimischenmodelle, und außerdem *Grziwotz* mit etlichen Abhandlungen, vgl. bspw. noch Kap. 6 B. II. 2. b) oder Kap. 10 C. IV.

[111] Bspw. auch *Jarass Cohen*, Vergaberecht und städtebauliche Kooperation, S. 50, 170 f., 194.

[112] *Temel*, Baukultur für das Quartier, S. 111 f., 115.

[113] Exemplarisch in Frankfurt a.M. hins. einfacher Anforderungen an die Bewerbungen, *Temel*, Baukultur für das Quartier, S. 39, und ebenso in Tübingen („Alte Weberei") hins. möglichst geringer Formalitäten, ebd. S. 75. Hingegen wählten exemplarisch Münster, ebd. S. 65, und Heilbronn, ebd. S. 73, keine bes. niederschwelligen Verfahren.

Verfahrensanforderungen in Zukunft noch zu reduzieren[114]. Setzen die Gemeinden Konzeptvergaben zur Wohnraumschaffung ein, lässt sich das damit begründen, dass gerade Privatpersonen oder private Baugemeinschaften angesprochen werden sollen[115]: Erhofft man Bewerbungen von diesem Interessentenkreis, sollte die Verfahrensgestaltung eben durchweg einfach gehalten sein.

Daneben wird empfohlen, Möglichkeiten zu finden (und zu nutzen), um letztlich auch Grundstücke privater Eigentümer im Wege der gemeindlichen Konzeptvergabe anbieten zu können[116]. Der Preis soll möglichst nicht als Vergabekriterium bestimmt werden. Wird er doch als Kriterium gewählt, dann möglichst nur in einem begrenzten Maß zu höchstens 30 Prozent in der Gewichtung[117]. Möglichkeiten der Preisminderung (also des verbilligten Verkaufs unter dem Verkehrswert) sind in Anspruch zu nehmen[118]. Soweit das erwünscht ist, sollten bestimmte Zielgruppen in der Konzeptvergabe besondere Möglichkeiten erhalten. Das kann etwa durch die Abspaltung eines gewissen Grundstücksteils für eine zielgruppenbezogene Konzeptvergabe geschehen[119]. Bewerbungen sind nach Möglichkeit persönlich zu präsentieren[120] und die Bewertung der Konzepte sollte einem Fachgremium überlassen werden[121]. Zuletzt wird noch das Modell der Erbbaurechtsbestellung als besonders geeignet bezeichnet. Es soll deshalb neben der Eigentumsübertragung erwogen werden[122].

Vor- und Nachteile hat die Durchführung zweistufiger Bewerbungs- und Auswahlverfahren: Teils werden Stufungen mit Blick auf den daraus resultierenden Aufwand abgelehnt, teils werden diese aber gerade zur

---

[114] Exemplarisch in Hamburg, *Temel*, Baukultur für das Quartier, S. 24, und in Stuttgart, ebd. S. 47.

[115] Vgl. bspw. *Temel*, Baukultur für das Quartier, S. 73, zu den negativen Auswirkungen des anspruchsvollen Verfahrens in Heilbronn.

[116] Vgl. *Temel*, Baukultur für das Quartier, S. 113. Entspr. Entwicklungen zu Kooperationen sind exemplarisch erkenntlich in Tübingen („Alte Weberei"), *Temel*, Baukultur für das Quartier, S. 81, oder Landau in der Pfalz, ebd. S. 89 (Zwischenerwerbsmodell für Außenbereichsgrundstücke).

[117] *Temel*, Baukultur für das Quartier, S. 111, 114.

[118] *Temel*, Baukultur für das Quartier, S. 111, 114. Wörtl. sei es „sinnvoll, alle Wege zu nützen, von diesen marktbestimmten Preisen abzugehen, auch wenn das rechtlich natürlich nicht einfach ist", ebd. S. 108.

[119] *Temel*, Baukultur für das Quartier, S. 112 („etwa Baugemeinschaften, Genossenschaften, gemeinwohlorientierte Akteure").

[120] *Temel*, Baukultur für das Quartier, S. 117.

[121] *Temel*, Baukultur für das Quartier, S. 117.

[122] *Temel*, Baukultur für das Quartier, S. 114.

Aufwandsreduzierung ins Verfahren integriert[123]. Städtebaulich sollen zuletzt noch möglichst „kleinteilige Gestaltungen" ermöglicht werden[124].

F. Bilanz

Während „die eine" Konzeptvergabe nicht existiert, konnte in diesem Kapitel geklärt werden, dass es sich bei „der Konzeptvergabe" um einen Vorgang in tatsächlicher, aber auch in verfahrens- und vertragsrechtlicher Hinsicht handelt. Ebenso konnte das Geschehen der Konzeptvergabe in seiner Bandbreite dargestellt und auf eine niedrige abstrakte Beurteilungsebene gebracht werden. Während sich die von *Weiß* aufgestellte Beschreibung der Konzeptvergabe als die „Vergabe von Grundstücken im Wege des Konzeptwettbewerbs"[125] bestätigte und auch Widersprüche zu anderen Darstellungen des Grundstücksmodells nicht aufkamen, konnte das Vorgehen bei der Konzeptvergabe durch weitere sachliche Orientierungspunkte angereichert werden, die für die Bewältigung der rechtlichen Behandlung notwendig sind.

Konzeptvergaben zeichnen sich dadurch aus, dass bestimmte Vergabekriterien im zur Grundstücksveräußerung durchgeführten Wettbewerb vorgegeben werden, welche die Bewerber mit ihren Einreichungen bestmöglich erfüllen sollen. Hierdurch verfolgt die Kommune städtebauliche Ziele. Hervorzuheben ist aber auch, dass bei der Konzeptvergabe nicht zwangsläufig nur Vergabekriterien eine Rolle spielen, die sich auf die Bebauung und Nutzung des Grundstücks beziehen. Vielmehr lassen sich die Vergabekriterien einteilen in „bebauungs- und nutzungsbezogene Kriterien" sowie „bewerberbezogene Kriterien". Bevor der Kaufvertrag mit dem im Wettbewerb obsiegenden Bewerber geschlossen wird, tritt dieser in eine Zwischenphase ein, die Anhandgabephase genannt wird. Diese nutzt man, um noch weitere zum Kaufvertragsabschluss und zur Konzeptumsetzung notwendige Umstände abzuklären. Von rechtlicher Relevanz ist besonders die Sicherung der Konzeptverwirklichung im (oder neben dem) Kaufvertrag. Die Palette der vertraglichen Abreden ist breit gefächert: Konzeptrealisierungsgebote, Baugebote, (Selbst-)Nutzungsgebote, Vertragsstrafen, Nachzahlungspflichten und Rückabwicklungsmöglichkeiten kommen hier ins Spiel. Die Gemeinde kann (und soll) bei der Ausgestaltung der Konzeptvergabe verschiedene Modifikationen vornehmen, will sie die

---

[123] *Temel*, Baukultur für das Quartier, S. 101 („Soweit möglich sollten derartig aufwendige mehrstufige Verfahren vermieden werden"). Exemplarisch in München, ebd. S. 31 („Die Zweistufigkeit der Verfahren für Genossenschaften und Baugemeinschaften soll dazu dienen, den Aufwand für die Teilnehmerinnen und Teilnehmer zu verringern.").

[124] Trotz der Größe der Vorhaben lobenswert etwa in Heilbronn, vgl. *Temel*, Baukultur für das Quartier, S. 69. Ebenfalls i.Ü. *Gauggel/Gütschow* QUARTIER 2019 (Heft 3), S. 52 (53).

[125] *Weiß* BayGT 2021, S. 12 (12).

Konzeptvergabe als Instrument zur Wohnraumschaffung einsetzen. Bewerber-bezogene Vergabekriterien sind hier häufig anzutreffen; ebenso ein Zuschnitt des Bewerberkreises auf Baugemeinschaften, womit ein „Baugemeinschafts-verfahren" durchgeführt wird.

Die Konzeptvergabe beinhaltet aus einem zivilrechtlichen Blickwinkel ei-nen Veräußerungsvorgang und stellt aus einer verwaltungsrechtlichen Perspek-tive ein Verteilungsverfahren dar. In einem (im weiteren Sinne begriffenen) Verwaltungsverfahren wählt die Gemeinde einen (oder mehrere) Bewerber an-hand bestimmter Kriterien zur bestmöglichen städtebaulichen Zielerreichung aus, wobei die Berücksichtigung aller Bewerber ausgeschlossen ist. Die Kon-zeptvergabe *erfordert* wegen ihres Wettbewerbscharakters gerade eine Knapp-heitssituation betreffend das begehrte Grundstück. Dies bedeutet umgekehrt: Will eine Gemeinde mit „entspanntem Bodenmarkt" eine fruchtbare Konzept-vergabe durchführen, muss sie eine Knappheitssituation erst selbst erzeugen, beispielsweise durch Nachlässe beim Grundstückspreis.

Bei der Konzeptvergabe handelt es sich zuletzt noch um ein städtebauliches Vertragsinstrument und dabei um ein Grundstücksmodell. Schließlich sind die mit den Erwerbern abgeschlossenen Kaufverträge als städtebauliche Verträge im Sinne des § 11 BauGB zu qualifizieren; oder es werden städtebauliche Ver-träge neben den Kaufverträgen abgeschlossen. Aus Gemeindesicht ist die Kon-zeptvergabe auch auf diese Abreden ausgerichtet, mit denen die Kommune ih-ren städtebaulichen Interessen nachkommt.

Kapitel 3

Kommunales Grundstückseigentum als Ausgangsposition

Die Konzeptvergabe speist sich vorrangig aus der Ausgangsposition einer Veräußerungsmöglichkeit, hiernach also aus der zivilrechtlichen Verhandlungsmacht. Die Gemeinde bedarf damit eines Grundstücks als Verteilungsgegenstand; die Liegenschaft soll erst infolge der Veräußerung auf den Erwerber übergehen. Dies setzt in aller Regel voraus, dass ihr das Grundstückseigentum zunächst zusteht (A.). Weiterhin kann sich die Kommune das Grundstück durch eine aktive Liegenschaftspolitik beschaffen (B.) oder sie unternimmt es, private Grundstücke einzubinden (C.), schließlich sollen Möglichkeiten gefunden werden, wie man auch Grundstücke privater Eigentümer im Wege der Konzeptvergabe anbieten könnte[1]. Wegen des Untersuchungszuschnitts nicht behandelt wird die Veräußerung heraus aus einer kommunalen Wohnbaugesellschaft oder heraus aus einem gemeindlichen Bodenfonds[2].

A. Bestehendes kommunales Grundstückseigentum

Neben dem Bund, den Ländern und den Kirchen verfügen die Gemeinden aus historischen Gründen über eine große Anzahl an Grundstücken. Viele dieser

---

[1] Zu diesem Untersuchungsanliegen bereits oben, Kap. 2 E.

[2] Bewusst soll die Beschränkung des untersuchten Realsachverhalts die Stringenz der Forschungsarbeit gewährleisten. Gleichwohl werden im Hinblick auf wesentlich durchgreifende Anforderungen keine relevanten Abweichungen zu verzeichnen sein, werden anstelle der Kommune selbst von dieser gehaltene Rechtspersonen oder Einheiten tätig: An die Grundrechte (BVerfG NJW 2011, S. 1201 (1202 f.) Rn. 46 ff. betreffend ein gemischtwirtschaftliches, aber von der öffentlichen Hand beherrschtes Unternehmen) sind kommunal gehaltene Gesellschaften ebenso gebunden wie an die Grundfreiheiten (*Ehlers*, in: Ehlers, Europäische Grundrechte und Grundfreiheiten, § 7 Rn. 52). Ein wieder anderer, sich nicht auf der Anbieterseite auswirkender Fall liegt hingegen in der Bewerbung einer kommunalen Wohnbaugesellschaft um ein gemeindlich offeriertes Grundstück. Hierbei sei auf die Praxis verwiesen, benötigte Liegenschaften im Vorfeld der Konzeptvergabe an diese Wohnbaugesellschaften zu übertragen (Kap. 2 C. VII.).

Liegenschaften entstammen Zeiten einer vorangehenden, mittlerweile historischen Bodenvorratspolitik und sind noch als Bodenbestand vorhanden[3].

B. Eigentumsbeschaffung durch aktive Liegenschaftspolitik

Grundstückseigentum kann sich eine Gemeinde aber auch im Wege einer (bestenfalls durchdachten) kommunalen Liegenschaftspolitik beschaffen[4], die als „operative[s] Handlungsfeld [...] kommunaler Bodenpolitik" betrachtet werden kann[5]. Lange Zeit ein Schattendasein fristend, besteht heute Einigkeit darüber, dass gemeindlichen Liegenschaften nicht nur fiskalische und nutzungsbezogene, sondern auch stadtentwicklungspolitische Funktionen zukommen[6]. Unterschieden werden kann in diesem Betätigungsrahmen zwischen der (gezielten und deshalb aktiven) Liegenschaftsbevorratung (I.) sowie dem entwicklungsbezogenen Zwischenerwerb (II.).

I. Liegenschaftsbevorratung

Ein Ankauf im Rahmen der Liegenschaftsbevorratung ist langfristig angelegt und an keiner konkreten Planung orientiert. Obwohl die Ursprünge der gezielten Liegenschaftsbevorratung noch bis in die Zeit der vergangenen Jahrhundertwende zurückreichen[7], ist man bis heute der Überzeugung, dass der kontinuierliche Grundstückszukauf der Kommunen als wohnungspolitisches Handlungsinstrument dienen kann[8]: Denn (auch) für wohnungspolitische Ziele „war es stets vernünftig, Bodenkäufe nicht ad hoc, sondern auf Vorrat zu tätigen"[9].

II. Entwicklungsbezogener Zwischenerwerb

Erkenntlich ist, dass eine Gemeinde mit Grundstücksgeschäften wegen ihrer Wissensvorsprünge und Handlungsprivilegien in mancherlei Hinsicht

---

[3] Vgl. *Gaentzsch*, in: Püttner, Hdb. der kommunalen Wissenschaft und Praxis Bd. 6, S. 592 zur Situation in der Nachkriegszeit.

[4] Vgl. *Adrian et al.*, Aktive Bodenpolitik – Fundament der Stadtentwicklung, S. 55.

[5] *Adrian et al.*, Aktive Bodenpolitik – Fundament der Stadtentwicklung, S. 54. Zum Begriff der „Bodenpolitik" etwa *Hengstermann*, Von der passiven Bodennutzungsplanung zur aktiven Bodenpolitik, S. 34 ff. Zu rechtlichen Spielräumen für eine wohnraumbezogene Bodenpolitik i.Ü. auch *Burgi* NVwZ 2020, S. 257 ff. (insb. mit Ausführungen zu verwaltungsrechtlichen Instrumenten und der Benennung „konzeptionelle[r] Vergabeverfahren" als bedeutsame Maßnahmen im Kontext der Wohnungsnot).

[6] Vgl. nur *Mäding*, in: Wollmann/Roth (Hrsg.), Kommunalpolitik, S. 530 (530 f.).

[7] *Gaentzsch*, in: Püttner, Hdb. der kommunalen Wissenschaft und Praxis Bd. 6, S. 591.

[8] Vgl. *Bunzel* ZfBR 2019, S. 640 (641). Hierfür streitet auch *Köster* KommJur 2016, S. 81 (82).

[9] *Mäding*, in: Wollmann/Roth (Hrsg.), Kommunalpolitik, S. 530 (534).

effektiver handeln kann als Akteure der privaten Marktwirtschaft. Der konkret entwicklungsbezogene Zwischenerwerb zeichnet sich oftmals dadurch aus, dass die Kommune Liegenschaften in einem zu bebauenden Bereich ankauft, diese Flächen mittels ihrer bauleitplanungsrechtlichen Mittel entwickelt und die entstandenen Baugrundstücke im Anschluss an Bauwillige weiterveräußert[10]. Wie ein anderer Markt- und Zivilrechtsakteur kann die Gemeinde hierzu Grundstücke (regulär) erwerben, wobei der Kommune Vorteile zukommen können (1.). Der städtebauliche Vertrag nach § 11 BauGB bietet zur Baulandentwicklung allerdings auch Möglichkeiten eines kooperativen Zwischenerwerbs (2.). Darüber hinaus stehen der Kommune gesetzlich eingeräumte Vorkaufsrechte zu (3.).

1. (Reguläre) Erwerbsmöglichkeiten

Zuvorderst kann eine Gemeinde Liegenschaften in üblicher Art und Weise erwerben. Es kommt nicht selten vor, dass Grundstücke von privater Hand angeboten werden und diese Grundstücke unter Einhaltung sämtlicher kommunal- sowie haushaltsrechtlicher Erfordernisse zu erstehen sind.

Daneben kommt zur Konzeptvergabe, auch in Anbetracht des oben dargestellten Anwendungsbereichs der Brach- und Konversionsflächenentwicklung, der Erwerb eines Grundstücks von der Bundesanstalt für Immobilienaufgaben (kurz: „BImA")[11] in Frage. Hierbei erfahren die Gemeinden eine gewisse Unterstützung: Einerseits bietet die Bundesanstalt ihre Liegenschaften den standortbetroffenen Gemeinden mit der Möglichkeit des Direkterwerbs an, was diese gegenüber anderen Interessenten bevorzugt (auch „Erstzugriffsoption"). Außerdem können den Gemeinden für bestimmte Nutzungszwecke erhebliche Kaufpreisnachlässe gewährt werden. Der Haushaltsausschuss des Deutschen Bundestages hat hierzu im Jahr 2018 die „Richtlinie der BImA zur verbilligten Abgabe von Grundstücken („VerbR 2018)" beschlossen. Diese Richtlinie wurde mit dem Haushaltsvermerkt 60.3 abgestimmt. Aufgrund der enthaltenen Regelungen können die Erwerbsanreize für die Kommunen nochmals steigen, wenn sich letztere unter Verwendung der Grundstücke der (sozialen) Wohnraumschaffung widmen wollen[12]. Die Weiterveräußerung ohne Rückzahlung der Verbilligung ist hierbei möglich, wenn die Gemeinde sich des Privaten zur

---

[10] Mit anderer Begrifflichkeit *Forum Baulandmanagement NRW*, Der kommunale Zwischenerwerb als Weg des Baulandmanagements, S. 29.

[11] Die BImA wurde mit Wirkung zum 01.01.2005 errichtet, vgl. BT-Drs. 15/2720, und hält seither Bundesliegenschaften in Eigentum sowie als Anlage- und Umlaufvermögen. Kernaufgaben der BImA sind auch der Verkauf und die Verwaltung ihrer Immobilien, *Thiel* ZfBR 2019, S. 245 (246).

[12] Vgl. u.a. II. Nr. 4 lit. C) VerbR 2018, II Nr. 8 VerbR 2018.

Erfüllung des Verbilligungszwecks bedient[13]; was bei Konzeptvergaben im behandelten Sinne möglich wäre.

Doch hinzu kommt neuerdings noch das Folgende: Nachdem nämlich etwa *Thiel* eine Ausweitung der Verbilligungsrichtlinie auf das nicht mehr genutzte Eigentum der Deutschen Bahn AG forderte[14], erschien zum 01.01.2020 eine „Handlungsanweisung zur sinngemäßen Anwendung der BImA-Verbilligungsrichtlinie zur verbilligten Abgabe von Grundstücken des BEV (HA-VerbR-BEV)". Und zum 01.01.2021 erschien die „Richtlinie des Bundeseisenbahnvermögens (BEV) zur verbilligten Abgabe von Grundstücken (VerbR BEV 2021)". Auch manche Länder folgen dem Beispiel der zielgerechten Bereitstellung ihrer Liegenschaften: In Bayern allerdings scheiterte ein entsprechender Gesetzentwurf[15] erst neuerdings[16].

2. Kooperative Zwischenerwerbsmodelle

Neben diesen (mehr oder weniger) regulären Erwerbsmöglichkeiten sind auch „kooperative Zwischenerwerbsmodelle" nicht mehr hinwegzudenken[17]. Hierbei kann auf Erkenntnisse zurückgegriffen werden, die man bereits in anderem Kontext, namentlich zum Einheimischenmodell, entwickelte. Denn dort wie auch bei der Konzeptvergabe können durch Zuhilfenahme städtebaulicher Verträge nach § 11 BauGB bestimmte Vorteile erzeugt werden. Wie es die Bezeichnung „Zwischenerwerbsmodelle" schon vermuten lässt, sehen diese Modelle vor, dass die Gemeinde in einem Zwischenschritt von privater Hand Grundstückseigentum erwirbt, bevor sie es dann wieder weiterverkauft. Die Gemeinsamkeit aller bisher entwickelten Formen liegt darin, dass un- oder minderbeplante, originär eben nicht in Gemeindehand liegende Flächen bauleitplanerisch entwickelt werden sollen, wobei die Gemeinde ihre Baurechtsschaffung (bei Wahrung des Koppelungsverbots[18]) instrumentalisiert. Vor allem solche Vertrags- und Verfahrensgestaltungen sind zu erwägen, die gemeinhin unter den Bezeichnungen „Echinger Modell", „Forchheimer Modell" und „Pfaffenhofener Modell" etabliert sind.

Bei der Gestaltung *Echinger Modell* wird die Ausweisung als Bauland abhängig gemacht von einem vorangehenden Verkauf eines Grundstücksteils der

---

[13] Vgl. II Nr. 9 VerbR 2018.

[14] *Thiel* ZfBR 2019, S. 245 (245).

[15] BayLT-Drs. 18/18929. Zuvor allerdings bereits das „Gesetz zur verbilligten Veräußerung landeseigener Grundstücke für Zwecke des Gemeinwohls" (BayGVBl. 1996 S. 150), das im Jahr 2004 wieder aufgehoben wurde (BayGVBl. 2004 S. 84).

[16] Am 15.03.2022, BayLT-Drs. 18/21779.

[17] Vgl. schon *Gaentzsch*, in: Püttner, Hdb. der kommunalen Wissenschaft und Praxis Bd. 6, S. 601; sich hierfür aussprechend auch *Köster* KommJur 2016, S. 81 (82). Mit dieser Terminologie (Zwischenerwerbs- und Vertragsmodelle) i.Ü. auch *Bleutge* MittBayNot 1996, S. 149 (149).

[18] Vgl. nur BGH NJW 1999, S. 208 (209).

Gesamtfläche an die Gemeinde. An die Kommune veräußert werden dabei regelmäßig Flächen, die im künftigen Plangebiet für Erschließungsanlagen sowie
Spielplätze oder Lärmschutzvorrichtungen vorgesehen sind. Vom Rest des Ge-
samtgrundstücks wird der Gemeinde außerdem noch ein Drittel der Fläche zum
Zwecke des Wohnungsbaus verkauft. Vertraglich bestätigt die Gemeinde dem
Grundstückseigentümer ihre Absicht, einen das Gesamtgrundstück betreffenden Bebauungsplan aufzustellen. Dem Grundstückseigentümer wird im Kaufvertrag ein Rücktrittsrecht eingeräumt, das ausgeübt werden kann, wenn innerhalb von fünf Jahren kein Bebauungsplan aufgestellt wurde. Der Kaufpreis für
die veräußerten Flächen ermittelt sich auf der Basis von Preisen für Straßen-
bzw. Bauerwartungsland. Fällig wird der Kaufpreis mit Rechtsverbindlichkeit
des Bebauungsplans, alternativ mit Planreife. Im Anschluss vergibt die Gemeinde ihre Grundstücke weiter an Dritte[19]. Beim *Forchheimer Modell* veräußert der Grundstückseigentümer einen Miteigentumsanteil von 45 Prozent an
die Gemeinde. Dadurch, dass ein Miteigentumsanteil veräußert wird, können
für Teilflächenvermessungen anfallende Kosten gespart werden. Anteilsmäßig
verwirklicht die Gemeinde dann öffentliche Verkehrs- und Grünflächen und
schafft ein Angebot an preiswerten Baugrundstücken. In einem Umlegungs-
verfahren erfolgt die Grundstücksneuordnung. Tritt innerhalb von zehn Jahren
keine Planreife ein, ist der Grundstückseigentümer zum Rücktritt berechtigt[20].
Beim *Pfaffenhofener Modell* erwirbt die Gemeinde ein Drittel der Flächen des
Grundstückseigentümers. Diese Gemeinde bringt die Grundstücksfläche dann
in ihre kommunale Wohnungsbaugesellschaft ein. Im Anschluss erfolgt eine
Vergabe dieser Grundstücke[21].

All diese aufgezeigten Modelle der kooperativen Baulandentwicklung können (wie eingangs angekündigt) nicht nur bei den Einheimischenmodellen eingesetzt werden. Sie können auch herangezogen werden, wenn eine Gemeinde
Grundstücke ganz allgemein zu den in § 11 Abs. 1 Satz 2 Nr. 2 BauGB genannten Zielen verkaufen bzw. vergeben will. Wird die Konzeptvergabe im
hier bearbeiteten Sinne zur Schaffung von angemessenem Wohnraum durchgeführt, kann das je nach Ausgestaltung und exakter Zielsetzung der Fall sein.
Daneben liefern die dargestellten Zwischenerwerbsmodelle Potenziale, die
Konzeptvergabe dort zu etablieren, wo bisher noch kein Bauland besteht
(„Konzeptvergabe auf der grünen Wiese"). Dort aber, wo bereits Baurechte
existieren (also vor allem in städtischen Räumen), kann diese Verfahrensweise
an ihre Grenzen stoßen: Wegen der nur geringen Entwicklungsmöglichkeiten
sind diese durch das Koppelungsverbot nach § 11 Abs. 2 Satz 2 BauGB begründet.

---

[19] Darstellung nach *Stüer*, Hdb. des Bau- und Fachplanungsrechts, Rn. 2238, und
Grziwotz KommJur 2007, S. 450 (450 f.).
[20] Darstellung nach *Stüer*, Hdb. des Bau- und Fachplanungsrechts, Rn. 2238.
[21] Darstellung nach *Stüer*, Hdb. des Bau- und Fachplanungsrechts, Rn. 2238.

3. Ausübung von Vorkaufsrechten

Als ein Mittel der Gemeinde, sich für die Konzeptvergabe Eigentum an (später zu veräußernden) Grundstücken zu beschaffen, kann weiterhin die Ausübung eines der im BauGB normierten gesetzlichen Vorkaufsrechte in Betracht kommen[22]. Diese schließlich sollen gerade dazu dienen, die gemeindlichen Planvorstellungen durch einen frühzeitigen Grundstückserwerb zu ermöglichen[23]. Da die Vorkaufsrechte aber konkrete Vorstellungen für das Gebiet voraussetzen, gehen sie über Maßnahmen der reinen Liegenschaftsbevorratung hinaus und sind deshalb an dieser Stelle zu behandeln[24]. Genannt sind in den §§ 24, 25 BauGB folgende Vorkaufsrechte: Das allgemeine (a)) und das besondere Vorkaufsrecht (b)).

a) Allgemeines Vorkaufsrecht nach § 24 BauGB

Für das allgemeine Vorkaufsrecht enthält § 24 Abs. 1 Satz 1 BauGB einen Katalog unterschiedlicher Anwendungssituationen. Ohne in eine minuziöse Tatbestandsprüfung einzusteigen, können insbesondere die Nummern 5 und 6 einschlägig sein, wenn die Gemeinde im Anschluss an den Grundstückserwerb (durch Ausübung des Vorkaufsrechts) eine Konzeptvergabe mit dem Ziel der Wohnraumschaffung durchführen will. Während dabei schon längst die erforderliche Rechtfertigung der Vorkaufsrechtsausübung durch das „Wohl der Allgemeinheit" anerkannt wurde, „wenn das Grundstück in absehbarer Zeit Wohnzwecken zugeführt werden soll und hierfür zeitnah die planungsrechtlichen Grundlagen geschaffen werden"[25], ist heute auf eine neue Gesetzesentwicklung zu rekurrieren[26]: In § 24 Abs. 3 Satz 2 BauGB heißt es nunmehr, dass insbesondere die Deckung eines Wohnbedarfs in der Gemeinde dem Wohl der Allgemeinheit dienen kann. Begrifflich ist diese Formulierung weitumfassender als die des § 11 Abs. 1 Satz 2 Nr. 2 BauGB.

b) Besonderes Vorkaufsrecht nach § 25 BauGB

Ebenfalls das in § 25 BauGB normierte besondere Vorkaufsrecht kann im Vorfeld einer Konzeptvergabe in Betracht kommen: Das gilt zunächst für den Anwendungsfall des § 25 Abs. 1 Satz 1 Nr. 1 BauGB. Allerdings liegt auch die

---

[22] Auch *Däuper/Braun* KommJur 2022, S. 165 (168) behandeln kommunale Vorkaufsrechte als Handlungspotenziale nachhaltiger Quartiersentwicklungen. Genauso i.Ü. *Kment*, der zur Erweiterung und Erleichterung der Vorkaufsrechte riet bzw. rät, Gutachten D zum 73. DJT, S. D 79 ff. samt Empf. 21 ff.

[23] Vgl. nur *Stollmann/Beaucamp*, Öffentliches Baurecht, § 12 Rn. 1.

[24] Vgl. ebenfalls *Stollmann/Beaucamp*, Öffentliches Baurecht, § 12 Rn. 1. Hierzu auch BVerwG NVwZ 2010, S. 593 (593 f.) Rn. 5 f. in Anknüpfung an § 24 Abs. 1 Satz 1 BauGB.

[25] *Stollmann/Beaucamp*, Öffentliches Baurecht, § 12 Rn. 7 m.V.a. BVerwG NVwZ 2010, S. 593 (593 f.) Rn. 5 ff.

[26] Baulandmobilisierungsgesetz vom 14.06.2021, BGBl. I S. 1802.

Anwendung des § 25 Abs. 1 Satz 1 Nr. 2 BauGB nicht fern. Denn vor dem
Hintergrund, dass der Begriff der „Maßnahme" weit auszulegen ist und hiervon
selbst außerhalb des BauGB gelegene, rechtliche wie tatsächliche Maßnahmen
erfasst sein können[27], mag man wohl erwägen, ob es sich auch bei der Konzeptvergabe um eine solche „städtebauliche Maßnahme" handeln kann. Das
Baulandmobilisierungsgesetz erweitert den Anwendungsbereich des besonderen Vorkaufsrechts noch, was seinen Niederschlag in § 25 Abs. 1 Satz 1 Nr. 3
BauGB findet und unbebaute oder brachliegende (also „mindergenutzte")
Grundstücke betrifft. Im Bestreben der Schaffung von Wohnraum ist diese Gesetzesänderung im Auge zu behalten. Das Erfordernis der Rechtfertigung der
Vorkaufsrechtsausübung durch das „Wohl der Allgemeinheit" gilt wegen des
Verweises des § 25 Abs. 2 Satz 1 BauGB auf § 24 Abs. 3 Satz 1, Satz 2 BauGB
auch für das besondere Vorkaufsrecht. Hierneben muss stets eine Satzung auf-
gestellt werden.

C. Gebrauchmachen privater Grundstücke

Anders als die Durchführung der Zwischenerwerbsmodelle wird die gängige
Praxis der Vertragsmodelle[28] tendenziell nicht ohne Weiteres auf das Grundstücksmodell der Konzeptvergabe übertragbar sein. Charakteristisch ist für
diese „Vertragsmodelle", dass ein Zwischenerwerb der Gemeinde nicht stattfindet und der private Eigentümer stattdessen das zu Bauland entwickelte
Grundstück veräußert. Hierbei sichert die Kommune ihre städtebaulichen Ziele
zuvor vertraglich ab, legt also den Veräußerungen an Dritte mit vertraglichen
Bindungen bestimmte Konditionen auf. Sowohl das etablierte „Weilheimer
Modell" als auch das „Traunsteiner Modell" werden aber eher ausscheiden,
versucht man deren Übertragung auf die erstrebte Konzeptvergabe. Denn beide
Ausgestaltungen verlangen grundsätzlich, dass der Grundstückseigentümer einen (den Konditionen entsprechenden) Grundstücksinteressenten selbst ermittelt und an diesen verkauft[29]: Es wird aber nicht davon auszugehen sein, dass

---

[27] *Stock*, in: EZBK, BauBG, § 25 Rn. 14, 17. Ebenso *Reidt*, in: Battis/Krautzberger/Löhr,
BauGB, § 25 Rn. 5 (m.w.N. auch auf die Rspr.): „Der Begriff der städtebaulichen Maßnahmen bezieht sich auf sämtliche einer Gemeinde zur städtebaulichen Ordnung und Entwicklung des Gemeindegebiets obliegenden Aufgaben. Darunter fallen alle Maßnahmen, die der
Gemeinde dazu dienen, ihre Planungsvorstellungen zu verwirklichen, vorausgesetzt, sie weisen einen städtebaulichen Bezug auf".

[28] *Bleutge* MittBayNot 1996, S. 149 (149) mit krit. Anm. zu dieser Begrifflichkeit, Fn. 3.

[29] Beim „Weilheimer Modell" wird der Gemeinde vertragl. ein Ankaufsrecht für die Fälle
gewährt, in denen das Grundstück vom privaten Grundstückseigentümer abredewidrig oberhalb des festgesetzten Kaufpreises oder aber an einen Ortsfremden veräußert wird, vgl.
Stüer, Hdb. des Bau- und Fachplanungsrechts, Rn. 2238; *Grziwotz* KommJur 2007, S. 450
(451); *Hoffmann*, in: BeckOK BauGB, § 11 Rn. 23.1. Beim „Traunsteiner Modell" wird vor

ein privater Grundstückseigentümer eine Konzeptvergabe zur Käuferermittlung durchführt bzw. durchführen kann.

Mit der weiten Formulierung des § 11 Abs. 1, Abs. 4 BauGB steht der Rechtspraxis in diesem Bereich (über die beiden schon bekannten Modelle hinaus) aber ein relativ weiter Entwicklungsrahmen offen, solche „Vertragsmodelle" auch für eine sich anschließende Konzeptvergabe zu entwickeln. Denkbar ist die Zusammenarbeit mit unabhängigen Gremien oder zivilgesellschaftlichen Akteuren, die sich ebenfalls mit der Durchführung (gegebenenfalls baugemeinschaftsbezogener) Grundstücksmodelle beschäftigen. Ebenso wäre eine gemeindliche Käuferempfehlung vorstellbar, deren Ergebnis aus einer kommunal veranstalteten Konzeptvergabe für das fremde Grundstück hervorgegangen ist; der Grundstückseigentümer sich also der Auswahl seines Vertragspartners (im Gegenzug der ihm durch das Vertragsmodell eingeräumten Vorteile) begibt. All diese Konstellationen bedürfen begleitender vertraglicher Abreden, die im Sinne des § 11 BauGB als städtebauliche Vertragsabreden zu qualifizieren sind und deshalb besonderen Anforderungen unterliegen. Ebenso kann bereits hier die Formvorschrift des § 311b Abs. 1 Satz 1 BGB zu berücksichtigen sein.

D. Bilanz

Damit die Gemeinde von den Grundstücksinteressenten (als potenziellen Bauherren) Einreichungen nachfragen kann, bedarf es regelmäßig zunächst des kommunalen Grundstückseigentums: Die Eigentumsposition erst gewährt der Gemeinde die erforderliche Verfügungs- und Verhandlungsmacht; oder mit anderen Worten den viel berufenen „langen Hebel".

Gemeindliches Grundstückseigentum kann bereits bestehen, aber für die Kommune ist es auch möglich, benötigte Liegenschaften erst zu erwerben. Hierbei ist zu unterscheiden zwischen der (möglichst nachhaltigen, nicht auf eine bestimmte Maßnahme ausgerichteten) Liegenschaftsbevorratung und dem konkret entwicklungsbezogenen Zwischenerwerb. Im letzteren Fall kann die Gemeinde Grundstücke regulär am Markt oder etwa von der Bundesanstalt für Immobilienaufgaben erwerben. Weiterhin steht es der Gemeinde offen, von kooperativen Zwischenerwerbsmodellen Gebrauch zu machen, was vor allem für eine „Konzeptvergabe auf der grünen Wiese" interessant ist. In der städtebauvertraglichen Praxis sind diese Modelle bereits erprobt.

---

der Baulandentwicklung die Verpflichtung des Grundstückseigentümers festgesetzt, dass dieser die bebaubaren Grundstücke nur mit der Zustimmung der Gemeinde (an Ortsansässige, also „Einheimische") veräußern darf, vgl. *Stüer*, Hdb. des Bau- und Fachplanungsrechts, Rn. 2238; *Hoffmann*, in: BeckOK BauGB, § 11 Rn. 23.2.

Liegen die besonderen Voraussetzungen der §§ 24, 25 BauGB vor, kann die Gemeinde im Vorfeld einer Konzeptvergabe Grundstücke im Wege der Ausübung der gesetzlichen Vorkaufsrechte erwerben. Mit dem Baulandmobilisierungsgesetz ins Städtebaurecht eingezogene Neuregelungen werden den zukünftigen Anwendungsbereich der Vorkaufsrechte noch erweitern.

Teil 2

Verteilungsverfahren- und kriterien

Der Aufbau des rechtlichen Schwerpunkts dieser Untersuchung folgt der Charakterisierung der Konzeptvergabe als ein mehrgliedriges Verfahrensgeschehen, das sich im Wesentlichen in zwei Abschnitte teilen lässt: In einer Vergabephase (als Verteilungsphase) wird ermittelt und darüber entschieden, welchem Bewerber das Grundstück zukommen soll. In der Folge schließt die Kommune mit dem obsiegenden Bewerber einen realisierungsbezogenen Grundstückskaufvertrag, wobei zwischen Verteilungsentscheidung und Kaufvertrag noch die Anhandgabephase liegt.

Die Beurteilung der aufgeworfenen Forschungs- und Rechtsfragen erfolgt in entsprechender Weise (und konsekutiv) in den folgenden Kapiteln: Zunächst wird in diesem Teil 2 die Verteilungsphase behandelt, die mit der Aufstellung von Vergabekriterien einhergeht und in der Verteilungsentscheidung mündet. Hierzu erfolgen mehrere einleitende Ausführungen (Kapitel 4). Nachdem ein konstruktiver Blickwinkel der Kommunalverwaltung eingenommen wurde, geht es dann im Folgenden um das Aufstellen rechtmäßiger Programme für das Konzeptvergabeverfahren: Sowohl in prozeduraler als auch in kompetenzieller bzw. organisatorischer Hinsicht (Kapitel 5). Ebenso ist die Programmgestaltung mit Blick auf die bei der Konzeptvergabe so wichtigen Vergabekriterien (Kapitel 6) und Bewertungsmethoden (Kapitel 7) zu beurteilen. Überlegungen sind auch zur Art und Weise der Bekanntgabe der gemeindlichen Vergabeentscheidung anzustellen (Kapitel 8).

Hieran schließen sich dann im erst folgenden, die Realisierung betreffenden Teil 3 Ausführungen zur Anhandgabephase sowie zum Abschluss des Kaufvertrags an. Zusätzlich behandelt die Arbeit an dieser späteren Stelle Besonderheiten bei der Bestellung von Erbbaurechten sowie Aspekte des öffentlichen Baurechts.

Kapitel 4

Einleitung zur Verteilungsphase
(„Die Grundstücksverteilung")

Mit einer Konzeptvergabe bietet eine Gemeinde ein Grundstück oder mehrere
Grundstücke zum Kauf an, wobei sie sich im Wege der Ausschreibung offen
an einen (möglicherweise beschränkten) Kreis vorher weitgehend unbestimmter Interessenten richtet. Ein Nachfrageüberhang resultiert dabei nicht nur aus
der aktuellen Marktlage um begehrte Grundstücke; die Nachfrage ist vielmehr
zum Gelingen der Konzeptvergabe notwendig. Den kommunalen Zielen sollen
bestmögliche Umsetzungsvorschläge folgen, die aus dem Wettbewerb hervorgehen: Welcher Bewerber das Grundstück erhalten soll, entscheidet die Gemeinde anhand der Beurteilung der eingereichten Konzepte.

Wie bereits dargestellt, ist die Konzeptvergabe als ein *Verteilungsverfahren*
zu bezeichnen[1]. Denn rekapitulierend handelt es sich bei einem solchen Verteilungsverfahren um ein „Verwaltungsverfahren, mittels [dem] die Verwaltung aus einer Mehrzahl von Personen anhand bestimmter Kriterien eine oder
mehrere Personen zu einem bestimmten Zweck auswählt, wobei die Berücksichtigung aller Bewerber aufgrund der aus welchem Grund auch immer bestehenden Knappheit des zu verteilenden Objekts ausgeschlossen ist"[2]. Dies trifft
auf die Konzeptvergabe zu. Der Verfahrensabschnitt *von* der Entscheidung zur
Vermögensprivatisierung *bis* zur kundgegebenen Auswahl des im Konzeptwettbewerb obsiegenden Bewerbers kann demnach nicht nur Vergabephase, sondern auch *Verteilungsphase* genannt werden.

Zur Beantwortung der oben aufgeworfenen Forschungsfragen sind in der
folgenden Untersuchung mehrere rechtliche Grundlagen der Konzeptvergabe
herauszuarbeiten[3].

Zwei Aspekte können aber noch vorab erläutert werden: Im weiteren Sinne
beginnt die Verteilungsphase nämlich schon mit der Entscheidung hinsichtlich
des „Ob" der Vermögensprivatisierung (A.). Die rechtliche Qualifikation der
aufgestellten Verfahrensbedingungen erfolgt auch im Vorhinein (B.).

Im Folgenden wird dann die Sichtweise einer die Konzeptvergabe konstruktiv gestaltenden Kommune eingenommen: Charakteristisch für die von

---

[1] Zur rechtlichen Einordnung der Konzeptvergabe bereits oben, Kap. 2 D. II. Zu dieser
Erkenntnis i.Ü. auch *Osseforth/Lampert* FWS 2021, S. 190 (191).

[2] *Wollenschläger*, Verteilungsverfahren, S. 2.

[3] Schließlich bedürfen diese nach *Temel* auch der Klärung. Vgl. bereits Einf. C. I.

Wollenschläger herausgearbeitete Konzept- bzw. Programmphase[4] ist, dass sich die Gemeinde vor einem Verteilungsverfahren Gedanken über die einschlägigen Rechtsvorgaben machen muss. Entsprechend wird das in dieser Untersuchung auch geschehen, weshalb die Programmphase den Bearbeitungsschwerpunkt des Arbeitsabschnitts einnimmt bzw. letzterer Arbeitsabschnitt (gedacht) in der Programmphase aufgeht (C.).

A. „Ob" der Liegenschaftsveräußerung

Im grundsätzlichen Ermessen der Gemeinde steht die Entscheidung, ob diese eine ihrer Liegenschaften veräußern soll[5]. Herleiten lässt sich das bereits aus Art. 28 Abs. 2 GG bzw. auf landesverfassungsrechtlicher Ebene aus Art. 11 Abs. 2 BV.

Dieser Erkenntnis entsprechend formuliert auch Art. 75 Abs. 1 Satz 1 GO (in deklaratorischer Weise), dass die Gemeinde Vermögensgegenstände, die sie zur Erfüllung ihrer Aufgaben nicht braucht, veräußern darf. Der Einschub „die sie zur Erfüllung ihrer Aufgaben nicht braucht" dient als hierzu erlassene Schranke mit der Wirkung eines gesetzlichen Verbots[6].

B. Qualifikation der Konzeptvergaberichtlinien

Während der Veräußerungs- und mithin Verteilungsgegenstand individuell bestimmt wird, können Modalitäten im Hinblick auf das Verfahren oder die Vergabekriterien auch verfahrensübergreifend in Konzeptvergaberichtlinien niedergelegt werden.

In aller Regel werden diese „Programme zur Konzeptvergabe" (wie auch die Bedingungen eines Einheimischenmodells[7]) nicht als Satzung erlassen. Sie

---

[4] Ein Verteilungsverfahren lässt sich in folgende Phasen untergliedern, an denen sich auch diese Untersuchung inhaltlich und begrifflich orientiert: Die *Konzeptphase* (welche hier „Programmphase" genannt wird), die *Ausschreibungsphase*, die *Bewerbungsphase*, die *Entscheidungsfindungsphase* und die (nach außen gerichtete) *Vergabeentscheidung* (bzw. die Entscheidungsformung), hierzu *Wollenschläger*, Verteilungsverfahren, S. 536 (sowie bereits zum Analyseraster S. 195).

[5] Vgl. auch *Bremke*, Wettbewerbliche Ausschreibung kommunaler Investorenprojekte, S. 18.

[6] *Sedlmaier*, in: BeckOK Kommunalrecht Bayern, Art. 75 GO Rn. 1. Hierzu ausführlich Kap. 5 A. VI.

[7] *Huber/Wollenschläger*, Einheimischenmodelle, S. 26 Rn. 28; BayVGH Az. 4 CE 07.266, BeckRS 2008, 32267 (Rn. 11): „Bei den Bestimmungen des Kriterienkatalogs [...] handelt es sich nicht um Rechtsnormen, sondern um ermessenslenkende Verwaltungsvorschriften, bei deren Anwendung der Antragsgegnerin in gewissem Umfang die

sind stattdessen als Verwaltungsvorschriften zu qualifizieren[8], die vom zuständigen kommunalverfassungsrechtlichen Organ aufzustellen sind[9]. Bei diesen Verwaltungsvorschriften handelt es sich um verwaltungsinterne Regelungen, die für den handelnden Amtswalter bei der Ausübung ihm übertragener Aufgaben einzuhalten sind. Rechtsquellen „im engeren Sinne" stellen sie hingegen nicht dar[10].

Unabhängig von dieser Qualifikation gilt auch für Verwaltungsvorschriften der Vorrang des Gesetzes. Gegen höherrangiges Recht dürfen sie nicht verstoßen[11]: Eine Erkenntnis, die als maßgebliche Bearbeitungsdirektive für diese Untersuchung dient.

Eine Außenwirkung kann Verwaltungsvorschriften grundsätzlich allein über den allgemeinen Gleichheitssatz des Art. 3 Abs. 1 GG und die sich abzeichnende Selbstbindung der Verwaltung zukommen[12]. Relevant werden diese Aspekte vor allem, wenn der Rechtsschutz in Frage steht[13].

C. Programmphase als Bearbeitungsschwerpunkt

Als des Verteilungsverfahrens erster (kennzeichnender und einleitender) Phase bezeichnet *Wollenschläger* die „Konzeptphase", in welcher die Verwaltung das (bzw. „ihr") Verteilungsverfahren gestaltet und mithin „konzeptualisiert"[14]. Zur Vermeidung von begrifflichen Missverständnissen wird in dieser Untersuchung zur „Konzeptvergabe" (bei derselben Bedeutung) von der *Programmphase* gesprochen. In diesem Sinne wird es auch um die *Programmgestaltung* gehen.

Interpretationshoheit zukommt". Ebenso die sonstige Rspr.: VG München Az. M 9 K 06.4068, BeckRS 2007, 37099, Rn. 25; BayVGH Az. 4 ZB 07.3484, BeckRS 2009, 43046, Rn. 8 (ermessenslenkende Verwaltungsvorschriften); VG München Az. M 1 K 16.1554, BeckRS 2016, 50182; VG München Az. M 1 E 16.3167, BeckRS 2016, 50177; VG München Az. M 11 E 18.5082, BeckRS 2018, 37536, Rn. 15; VG München Az. M 11 E 19.5841, BeckRS 2020, 2576, Rn. 20; VG Saarlouis Az. 3 L 1535/20, BeckRS 2021, 8674, Rn. 3.

[8] Vgl. allg. *Schollmeier*, Wohnraum als Verfassungsfrage, S. 380, zu Richtlinien bei der Verteilung kommunalen Baulands.

[9] Regelm. wird der Gemeinderat zuständig sein, vgl. VG Sigmaringen Az. 7 K 3840/20, BeckRS 2020, 38807, Rn. 37. Die Festlegung der Vergaberichtlinien sollte dabei öffentlich behandelt werden, *Katz* NVwZ 2020, S. 1076 (1078).

[10] Vgl. nur *Sodan/Ziekow*, Grundkurs Öffentliches Recht, § 4 Rn. 15.

[11] Hierzu *Maurer/Waldhoff*, Allgemeines VerwR, § 24 Rn. 47; *Detterbeck*, Allgemeines VerwR, Rn. 865; *Huber/Wollenschläger*, Einheimischenmodelle, S. 27 Rn. 43.

[12] Ganz h.M.; nur *Sodan/Ziekow*, Grundkurs Öffentliches Recht, § 4 Rn. 17. Hierzu noch Kap. 13 C. I.

[13] Zum Rechtsschutz des Konkurrenten unten Kap. 13.

[14] *Wollenschläger*, Verteilungsverfahren, S. 536. Demnach sind auch bei den „Veräußerungsverfahren" solche Programmphasen anzutreffen, ebd. S. 516.

Die Gemeinde erstellt auf der Grundlage rechtlicher Determinanten besagte „Programme" zum Verteilungsverfahren: Hauptsächlich in prozeduraler, ebenso aber in kompetenzieller Hinsicht (Kapitel 5). Auch betrifft die Programmgestaltung die Vergabekriterien (Kapitel 6), die Bewertungsmethoden (Kapitel 7) und die Entscheidungsbekanntgabe (Kapitel 8), wobei Letztere das Verteilungsverfahren abschließen wird.

Hierbei ist zwar von einem grundsätzlichen Gestaltungsermessen der Kommunen auszugehen. Muss die Gemeinde allerdings auch zum Entwurf der Konzeptvergabe „Gesetz und Recht" zur Grundlage nehmen, so sind die rechtlichen Determinanten nicht nur in der Verwaltungspraxis in einem ersten Schritt herauszuarbeiten: Ebenfalls in dieser Untersuchung muss die Beleuchtung der Determinanten zur Beantwortung aufgeworfener Rechts- und Forschungsfragen an einer vorrangigen Stelle stehen. Aufgrund dieser Überschneidung und der bislang noch nicht eingefahrenen Konzeptvergabepraxis bietet es sich daher an, den konstruktiven Blickwinkel der Gemeindeverwaltung auch in den folgenden Kapiteln einzunehmen. Die bereits von *Wollenschläger* erfasste „Unterdeterminierung der Veräußerungsverfahren"[15] stellt aber auch bei der Konzeptvergabe eine Herausforderung dar, der rechtswissenschaftlich zu begegnen ist.

Weil Grundstücke immobil und damit individuell sind, kann eine Gemeinde auch zwangsläufig *nur im Einzelfall* bestimmen, welches Grundstück sie veräußern will: Programmatisch hat die Gemeinde zum Verteilungsgegenstand also nicht besonders viel vorzugeben. Etwa ein Erfordernis der „parzellenscharfen" Festlegung existiert grundsätzlich nicht, was eine „parzellierungsoffene" Konzeptvergabe im oben benannten Sinne ermöglicht[16]. Zumindest kann das so weit gelten, als gerade der passende Grundstückszuschnitt für den passenden Erwerber ausgewählt wird und dieser Prozess objektiv nachvollziehbar abläuft. Verhandlungsmöglichkeiten in anderen Verteilungsverfahren offenbaren Freiräume auch bei der Bestimmung der Verteilungsgegenstände. Keine Gründe sind erkenntlich, weshalb man diese Möglichkeiten den Grundstücksmodellen allein verwehren sollte, weil sich die Verteilungsgegenstände hier formell in amtlich vermessene Flurstücke zuschneiden lassen.

---

[15] *Wollenschläger*, Verteilungsverfahren, S. 475.
[16] Siehe zu dieser Begrifflichkeit oben Einf. C. III. 2.

Kapitel 5

Programmgestaltung betreffend das Konzeptvergabeverfahren

Die Konzeptvergabe durchläuft bereits ihres Wesens wegen verschiedene Verfahrensphasen. Diese münden in einer Verteilungsentscheidung, mit der die Gemeinde kundgibt, welchem der Bewerber das Grundstück zukommen soll.

Der folgende Teil der Untersuchung wird sich zunächst mit folgender Frage beschäftigen: Welche rechtlichen Determinanten prägen die rechtmäßige Ausgestaltung des Konzeptvergabeverfahrens (als „Prozedur" der Konzeptvergabe) im Einzelnen (A.)? Ausgegliedert werden hierbei Maßgaben zu den Bewertungsmethoden und der Entscheidungsbekanntgabe[1]. Im Anschluss an die Rechtsbetrachtung wird ein Abgleich mit der Konzeptvergabe als bereits eingesetztes Grundstücksmodell vorgenommen. So werden der Bearbeitung oben zugrunde gelegte Fragen im Hinblick auf das Verteilungsverfahren beantwortet (B.). Ganz abstrakt laufen die Prüfungsschritte dabei folgendermaßen ab: *Von nur einem der vielen Merkmale* der Konzeptvergabe, die bereits oben herausgebildet wurden[2], wird man regelmäßig zu einer untersuchungsbedürftigen rechtlichen Determinante gelangen. Nimmt man deren Einschlägigkeit (nach erfolgter Prüfung) an, so ist der anzusetzende Rechtsrahmen „im Rückblick" *auf die gesamte Konzeptvergabe* anzuwenden: Lassen sich alle Merkmale der Konzeptvergabe in diesem Rahmen verwirklichen, kann die Konzeptvergabe bezüglich dieser Determinante rechtskonform ausgestaltet werden.

Anschließend wird noch behandelt, ob rechtliche Möglichkeiten existieren, ein bestmögliches Maßnahmenresultat aus dem Konzeptvergabeverfahren zu ziehen (C.), bevor das Kapitel mit der kurzen Erörterung organisatorischer Fragen beendet wird (D.).

Wenn sich im Folgenden *nicht alle Aspekte mit der rein verfahrensmäßigen und kompetenziellen Prägung* auseinandersetzen, sondern beispielsweise auch Möglichkeiten der Preisreduktion mitbehandelt werden, ist das in jedem Fall den diesbezüglichen Zusammenhängen bei der behandelten Determinante geschuldet. Oftmals gelangt man zu eng verwobenen Rechtsfragen, die nicht

---

[1] Diese Gesichtspunkte sind noch in Kap. 7 und Kap. 8 beleuchtet.
[2] Oben in der Charakterisierung, Kap. 2 C.

auseinandergerissen werden sollten. Stattdessen erfolgt an späterer Stelle der Verweis nach oben.

A. Rechtliche Determinanten hinsichtlich des Verteilungsverfahrens

Die Konzeptvergabe zeichnet sich durch das angewandte Verfahren aus, das mit der Ausschreibung beginnt[3]. Die Einhaltung der hierzu schwer vorfindlichen Rechtsvorgaben bereitet den Gemeinden bislang allerdings Schwierigkeiten. Geht man etwa von der Anwendbarkeit des GWB-Vergaberechts aus, so wird die Konzeptvergabe in einen mehr oder minder strikt vorgegebenen Rahmen einzufügen sein. Zur Beurteilung, ob dies der Fall ist, muss besonders auf die (sog.[4]) Helmut-Müller-Rechtsprechung des EuGH eingegangen werden. Doch auch außerhalb des GWB-Vergaberechts bestehen das Verfahren betreffende Rechtsvorgaben.

Einige Vorarbeiten nehmen sich der rechtlichen Determinanten der Konzeptvergabe im Hinblick auf die „rechtskonforme Verfahrensgestaltung" bereits an. Hierbei sind zunächst einige Handlungsempfehlungen zur Unterstützung der gemeindlichen Praxis zu nennen[5]. Auch die Wissenschaftlichen Dienste des Bundestags beschäftigten sich bereits mit der vergaberechtlichen

---

[3] Das Vorstadium der Markterkundung bleibt für die Durchführung und mithin auch die Programmierung der Konzeptvergabe i.Ü. irrelevant. So auch *Osseforth/Lampert* FWS 2021, S. 190 (193).

[4] Werden Entscheidungen der nationalen und unionalen Gerichte rechtswissenschaftlich unter einer bestimmten Bezeichnung diskutiert, wird die geläufigste Betitlung auch für diese Arbeit übernommen. Paradigmatisch gilt das für die benannte Helmut-Müller-Entscheidung.

[5] *Hessisches Ministerium für Umwelt, Klimaschutz, Landwirtschaft und Verbraucherschutz*, Grundstücksvergabe nach der Qualität von Konzepten, mit rechtlichen Ausführungen auf den S. 38 ff.; *Architektenkammer Rheinland-Pfalz/Städtetag Rheinland-Pfalz/Gemeinde- und Städtebund Rheinland-Pfalz/Landkreistag Rheinland-Pfalz*, Mehr Konzept – Orientierungshilfe zur Vergabe öffentlicher Grundstücke nach Konzeptqualität, mit rechtlichen Ausführungen auf den S. 11 ff.; *Architekten und Stadtplanerkammer Hessen/Hessischer Städtetag*, Orientierungshilfe zur Vergabe öffentlicher Grundstücke nach Konzeptqualität, mit rechtlichen Ausführungen auf den S. 14 ff. Konkretere Ausführungen erfolgen nun bereits bei *DStGB/REDEKER SELLNER DAHS Rechtsanwälte PartmbB*, Dokumentation Nr. 167, 2022, S. 14 ff. Sich mit den hier vertretenen Forschungsergebnissen deckend, wird bspw. davon ausgegangen, dass die GWB-Vergaberechtspflicht davon abhängt, „wie engmaschig die vertraglichen Vorgaben für den Grundstückserwerber hinsichtlich der Gebäudeerstellung und dessen (zukünftiger) Verwendung ausgestaltet werden" (ebd. S. 14). Auf S. 16 erfolgen dann noch zwei Bsp. zur Abgrenzung: Von der Anwendung des Auftragsvergaberechts wird ausgegangen, wenn Belegungsrechte einzuräumen sind.

Relevanz der Konzeptvergabe[6], beantworteten aufgeworfene Fragen allerdings weniger, als diese über die Bearbeitung hinaus fortzusetzen. Am intensivsten beschäftigte sich mit der Thematik bisher *Weiß*[7], der etwa für das GWB-Vergaberecht die Helmut-Müller-Rechtsprechung anführte, hierbei allerdings nicht näher in eine Beurteilung deren Einzelaspekte einstieg. Nicht abschließend geklärt sei nach *Weiß* etwa auch, „ob für Grundstücksveräußerungen ohne Beschaffungselement die für Unterschwellenvergaben entwickelten allgemeinen EU-Vergabegrundsätze gelten"[8]. Unklar sei die Rechtslage weiterhin im Hinblick auf die aus dem allgemeinen Gleichheitssatz des Art. 3 Abs. 1 GG herzuleitenden (oder eben nicht herzuleitenden) Transparenzpflichten[9]. Wenn das GWB-Vergaberecht nicht gilt, ist nach *Weiß* zumindest eine „vorherige Gewichtung der Auswahlkriterien nicht erforderlich"[10].

Auch diese Untersuchung befasst sich mit der Frage, inwieweit das Verteilungsverfahren der Konzeptvergabe rechtlichen Rahmenbedingungen unterliegt. Hierbei kann man sich nicht allein auf die mögliche Anwendbarkeit des GWB-Vergaberechts beschränken (I.); denn selbst wenn das GWB-Vergaberecht keine Anwendung findet, vollzieht sich das in der Konzeptvergabe beinhaltete Verteilungsverfahren nicht außerhalb der Rechtsordnung. Rechtlich determiniert werden kann das Verfahren der Konzeptvergabe weiterhin etwa durch das Haushaltsvergaberecht (II.), das unionale Beihilfenrecht (III.), die Grundfreiheiten (und mithin das grundfreiheitliche Verteilungsregime) (IV.), das Grundgesetz (V.), das kommunale Vermögenswirtschaftsrecht im Haushaltsrecht (VI.) und zuletzt noch durch die zivilrechtlichen Anspruchsnormen der §§ 241 Abs. 2, 311 Abs. 2 BGB (VII.). Die oben angeführten Abhandlungen konnten zur folgenden Beurteilung mehrere Orientierungspunkte liefern.

I. GWB-Vergaberecht

Ob sich die Konzeptvergabe in die (vielen) rechtlichen Rahmenbedingungen des GWB-Vergaberechts einzufügen hat, ist zunächst von überragendem Interesse. Nach einer kurzen Begründung der Vorabprüfung des GWB-Vergaberechts (1.) wird sich die Untersuchung der allgemeinen Erkenntnis anschließen, dass bloße Grundstücksveräußerungen eine Anwendungspflicht des GWB-Vergaberechts noch nicht begründen (2.). Problematisch und demnach

---

[6] *Wissenschaftliche Dienste Deutscher Bundestag*, Vergaberechtliche Beurteilung von Konzeptverfahren, siehe bereits oben Einf. B. V.

[7] *Weiß* veröffentlichte bereits mehrere Abhandlungen über die Konzeptvergabe in rechtlicher Hinsicht, vgl. Einf. B. V. Diese Abhandlungen decken sich inhaltlich weitgehend, weshalb einheitlich auf diese eingegangen werden kann.

[8] *Weiß*, in: Brandl/Dirnberger/Simon/Miosga (Hrsg.), Wohnen im ländlichen Raum – Wohnen für alle, S. 263 (273) m.w.N. zu hierzu vertretenen Rechtsansichten.

[9] *Weiß* BayGT 2021, S. 12 (19).

[10] *Weiß* BayGT 2021, S. 12 (20), sich auf die Entscheidung des EuGH C-226/09, NZBau 2011, S. 50 (52) Rn. 43 (Kommission/Irland) beziehend.

erörterungswürdig sind allein solche Grundstücksveräußerungen, in die ein öffentlicher Bauauftrag „eingekapselt" sein könnte (3.).

Hier beginnen dann die rechtlichen Schwierigkeiten: Geht es um die Anwendung des GWB-Vergaberechts auf Verkäufe kommunaler Grundstücke infolge dieser „Einkapselung öffentlicher Bauaufträge" (4. bis einschließlich 7.), kann eine Betrachtung der hierzu ergangenen Rechtsprechung samt deren Rezeption nicht ausbleiben: Schließlich bilden die in den einschlägigen Judikaten erwähnten Anforderungen bis heute die maßgeblichen Direktiven bei der Ausgestaltung städtebaulicher Grundstücksveräußerungen.

1. Grund der Vorabprüfung

Die Anwendbarkeit (bzw. Anwendungspflicht) des GWB-Vergaberechts wird aus mehreren Gründen vor anderen rechtlichen Determinanten geprüft.

Zum einen beinhaltet das GWB-Vergaberecht weitreichende Anforderungen an verschiedene Phasen des Verteilungsgeschehens, die auch noch konkreter sind als solche der übrigen, das Verteilungsverfahren betreffenden Determinanten[11]. Zum anderen spricht noch für die Vorabprüfung des GWB-Vergaberechts, dass es sich bei den §§ 97 ff. GWB um mitgliedstaatlich nach Art. 288 Abs. 3 AEUV umgesetztes, unionales Sekundärrecht handelt. Die Vorschriften des GWB-Vergaberechts basieren nunmehr inhaltlich (vorrangig) auf der Richtlinie 2014/24/EU[12], hierneben aber auch auf der Richtlinie 2014/25/EU[13] sowie der Richtlinie 2014/23/EU über die Konzessionsvergabe[14]. Für die Ausgestaltung der Konzeptvergabe bringt die Qualifikation als umgesetztes Sekundärrecht zwei Folgen mit sich: Einerseits geht das unionale Sekundärrecht dem unionalen Primärrecht vor, weshalb die primärrechtlichen Anforderungen erst später behandelt werden[15]. Grundsätzlich steht das unionale Sekundärrecht andererseits normhierarchisch über sämtlichem Bundes- und Landesrecht, weshalb die Prüfung der §§ 97 ff. GWB (bei anzunehmender richtlinienkonformer Umsetzung) hier vorzuziehen ist. Ausführungen zu den

---

[11] Vgl. *Jarass Cohen*, Vergaberecht und städtebauliche Kooperation, S. 103 (enorme Detaillierung).

[12] Richtline 2014/24/EU des Europäischen Parlaments und des Rates vom 26. Februar 2014 über die öffentliche Auftragsvergabe und zur Aufhebung der RL 2004/18/EG, ABl. L 94 S. 65. Bei der RL 2004/18/EG handelte es sich um die sog. Vergabekoordinationsrichtlinie („VKR", ABl. L 134 S. 114), als dem ehemaligen „Herzstück" des europäischen Vergaberechts, vgl. *Burgi*, Vergaberecht, § 3 Rn. 39.

[13] Richtline 2014/25/EU des Europäischen Parlaments und des Rates vom 26. Februar 2014 über die Vergabe von Aufträgen durch Auftraggeber im Bereich der Wasser-, Energie- und Verkehrsversorgung sowie der Postdienste und zur Aufhebung der Richtlinie 2004/17/EG, ABl. L 94 S. 243.

[14] Richtline 2014/23/EU des Europäischen Parlaments und des Rates vom 26. Februar 2014 über die Konzessionsvergabe, ABl. 94 S. 1.

[15] Hierzu noch Kap. 5 A. IV.

Grundrechten erübrigen sich bei Anwendung des GWB-Vergaberechts zumeist ohnehin, weil der Bundesgesetzgeber mit den §§ 97 ff. GWB diesbezüglich „überschießend" tätig wurde[16]. Geht man neben den anderen Anwendungsvoraussetzungen auch von der Überschreitung der durch § 106 Abs. 2 Nr. 1 GWB in Bezug genommenen Schwellenwerte aus, können auch Ausführungen zum Haushaltsvergaberecht ausbleiben.

Hierneben gibt es noch einen weiteren (schwerwiegenden) Grund der Vorabprüfung des GWB-Vergaberechts: Denn auch wenn das GWB-Vergaberecht einen konkreten Rechtsrahmen für die Ausschreibung eines in einer Grundstücksveräußerung eingekapselten öffentlichen Bauauftrags bereitstellen könnte, so gilt es nach der hier vertretenen Meinung trotzdem, dessen Anwendbarkeit zu vermeiden. Hierfür lassen sich (unabhängig von manchen, mehr oder weniger lösbaren Konfliktpunkten zwischen dem Vergaberecht und der Konzeptvergabe als Grundstücksmodell[17]) mehrere Gründe anführen, die sich vor allem aus den eingangs bereits benannten Zielsetzungen ergeben.

Nochmals rekapitulierend: Für die Konzeptvergabe soll eine möglichst niederschwellige Verfahrensgestaltung gewählt werden; nur reduzierte Anforderungen sind aufzustellen. Beides steht auch unter dem Vorzeichen, Beteiligungshürden zu vermeiden, besonders wenn sich die Konzeptvergabe (wie in diesem Untersuchungsschwerpunkt) vorrangig an Privatpersonen und Baugemeinschaften richten soll.

Für diese Zielgruppen, die zur Wohnraumschaffung und oftmals zum „Eigenheimbau" angesprochen werden, sind aber Schwierigkeiten und mindestens doch Beteiligungshemmnisse zu erwarten, wenn ein Verfahren durchgeführt wird, das auf die Auftragsvergabe ausgelegt ist. Selbst regelmäßig mit dem Vergaberecht befasste Akteure haben nicht selten mit der Handhabe der §§ 97 ff. GWB (mitsamt mehrerer „Kaskaden") zu kämpfen. Schon erprobte Marktteilnehmer fassten die Anwendbarkeit des GWB-Vergaberechts auf Grundstücksverkäufe im Anschluss an die Ahlhorn-Rechtsprechung des OLG Düsseldorf als Investitionshemmnis auf.

Verwaltungspraktische Argumente kommen noch hinzu: Für ein „einfaches Verfahren", das durch die Vermeidung des GWB-Vergaberechts möglich wird, spricht es auch, wenn eine weitgehend kongruente Anwendung mit anderen bereits etablierten Grundstücksmodellen (wie dem Einheimischenmodell) begründet werden kann. Hier existieren schon manche Orientierungspunkte.

---

[16] *Burgi*, Vergaberecht, § 4 Rn. 10.

[17] Vgl. zum Spannungsfeld zwischen dem vergaberechtlichen Grundsatz des Geheimwettbewerbs und dem berechtigten Interesse der Öffentlichkeit *Otting* NJW 2010, S. 2167 (2170) und ebenso *Bremke*, Wettbewerbliche Ausschreibung kommunaler Investorenprojekte, S. 61. Zu Lösungsansätzen hins. möglicher Konflikte zwischen dem Auftragsvergaberecht und städtebaulichen Belangen vgl. *Jarass Cohen*, Vergaberecht und städtebauliche Kooperation, S. 198 ff.

Unabhängig davon, ob die Schwellenwerte des § 106 Abs. 2 Nr. 1 GWB über- oder unterschritten sind, können daneben „dieselben" Konzeptvergaberichtlinien entworfen werden, lehnt man die Anwendungspflicht des GWB-Vergaberechts ab. Dabei verbleibt den grundstücksveräußernden Gemeinden noch ein ausreichender kommunaler Gestaltungsspielraum, wenn sich die Konzeptvergabe nur in „Rahmenordnungen" einfügen muss[18]. In Anbetracht immer neuer Herausforderungen ist das zu begrüßen.

Eklatante Rechtsschutzlücken entstehen ohne das GWB-Vergaberecht nicht, da ein subjektiver Primärrechtsschutz auch möglich ist, wenn die Konzeptvergabe nur an den Grundfreiheiten sowie am Grundgesetz ausgerichtet ist und die Kundgabe der Auswahlentscheidung mittels Verwaltungsakt(en) nach Art. 35 Satz 1 BayVwVfG erfolgt[19].

Wie es sich im Folgenden noch ergeben wird, hat es eine Gemeinde in vielen Fällen „selbst in der Hand", ob das GWB-Vergaberecht auf ihre Konzeptvergabe Anwendung findet. Mit der hier ausgesprochenen Prämisse wird die auftragsvergaberechtliche Beurteilung sukzessive in diesem Untersuchungsabschnitt erfolgen und zu Ende geführt.

2. Bloße Grundstücksverkäufe

Einigkeit besteht darüber, dass mangels eines öffentlichen Auftrags der „bloße" Grundstücksverkauf einer Gemeinde die Anwendungspflicht des GWB-Vergaberechts noch nicht zur Folge hat. Selbst der EuGH schickt diese Erkenntnis seiner Helmut-Müller-Entscheidung eingangs voran: „Einleitend ist darauf hinzuweisen, dass der Verkauf eines unbebauten oder bebauten Grundstücks durch eine öffentliche Stelle an ein Unternehmen keinen öffentlichen Bauauftrag i.S. von Art. 1 II lit. b der Richtlinie 2004/18/EG darstellt. Zum einen muss die öffentliche Stelle bei einem solchen Auftrag nämlich die Position des Erwerbers und nicht des Verkäufers einnehmen. Zum anderen muss ein solcher Auftrag die Ausführung von Bauvorhaben zum Gegenstand haben"[20].

---

[18] Vgl. zu dieser Erkenntnis („nur Rahmenordnung") Kap. 5 A. IV. 4. und Kap. 5 A. V. 3. c.

[19] Siehe hierzu noch Kap. 13 B. Hingewiesen werden kann trotzdem darauf, dass das GWB-Vergaberecht (insb. in den §§ 155 bis 184 GWB) ein eigenes Rechtsschutzregime parat hält, welches dem unten aufgezeigten Rechtsschutz der VwGO nicht gleichkommt. Hierzu nur bspw. *Burgi*, Vergaberecht, §§ 20 f. Zur Ungleichbehandlung der Rechtsschutzsuchenden bei über- und unterschwelligen Auftragsvergaben führte bereits das BVerfG aus, NJW 2006, S. 3701 (3705) Rn. 84 f. Von dieser Konstellation abweichend ermöglicht die VwGO den Primärrechtsschutz des unterlegenen Bewerbers allerdings eben für solche Fälle der Konzeptvergabe, in denen die Entscheidungsformung gemäß den unten noch genannten Maßgaben erfolgt.

[20] EuGH C-451/08, NZBau 2010, S. 321 (324) Rn. 41 (Helmut Müller). Von „der Beschaffung" als solcher spricht der EuGH dabei nicht, gleichwohl umschreibt das Gericht

Diese Ansicht ist (schon lange) vollkommen vorherrschend und wird vor allem damit begründet, dass dem GWB-Vergaberecht nur solche Verteilungsentscheidungen unterfallen sollen, denen „eine Beschaffung" der öffentlichen Hand innewohnt[21].

Die Frage bleibt dann aber, wie man eben diese notwendige Beschaffung (bzw. das Beschaffungselement) definieren kann: Wo fängt Beschaffung an und wo hört Beschaffung auf? Stellt „die Beschaffung" selbst ein subsumtionsfähiges Tatbestandsmerkmal dar[22]? Die mittlerweile erfolgte Kodifizierung in § 103 Abs. 1 GWB schafft hierzu keine Klarheit, zumal sich eine entsprechende Verbürgung in Art. 2 Abs. 1 Nr. 5 Richtlinie 2014/24/EU nicht findet.

Im hier behandelten Kontext städtebaulich eingebundener Grundstücksveräußerungen heißt es: „Wie intensiv darf eine Kommune städtebauliche Belange verfolgen, ohne dass sie ,beschafft'?"[23]. Exakt das ist die Frage, die man sich auch bei der Konzeptvergabe stellen muss: Wie sehr darf die Gemeinde mit der Konzeptvergabe (auch unter Einsatz entsprechender Abreden) städtebauliche Belange verfolgen, ohne dass eine Beschaffung vorliegt, die wiederum zu einem öffentlichen Bauauftrag führen kann?

Die heute beurteilungsrelevanten Kriterien (beispielsweise des „Erfordernisses eines unmittelbaren wirtschaftlichen Interesses" sowie der „nicht bloßen Ausübung städtebaulicher Regelungszuständigkeiten") ermöglichen zwar eine kleinteilige bzw. kleinteiligere Prüfung; bis heute ist allerdings nicht mit letzter Sicherheit geklärt, wie man diese Kriterien handhaben soll. Die Helmut-Müller-Entscheidung des EuGH, welche diese Anforderungen enthält, liefert selbst nur rudimentäre Antworten. Zurückzuführen sind die Schwierigkeiten bei der Handhabe solcher Merkmale jedenfalls auf Unklarheiten hinsichtlich des Erfordernisses „einer Beschaffung" im Allgemeinen.

---

dieses Erfordernis: Mit dem (unten noch detailliert darzustellenden) Kriterium des „unmittelbaren wirtschaftlichen Interesses" sei nach den EuGH-Ausführungen auf den Beschaffungsvorgang nicht zu verzichten, *Lüttmann*, Beschaffung als Anwendungsvoraussetzung des deutschen und europäischen Vergaberechts, S. 149. Ebenso *Gartz* NZBau 2010, S. 293 (295). Dazu dass der EuGH zu keiner Zeit auf das Erfordernis des Beschaffungszwecks verzichtete *Burgi*, Vergaberecht, § 2 Rn. 24.

[21] Hierzu im Ergebnis auch schon BGH ZfBR 2008, S. 506 (506) und allg. zum Erfordernis der Beschaffung in einem anderen Zusammenhang BGH NZBau 2005, S. 290 (292). Sich ausführlich mit dem Thema „Beschaffung" befassend *Lüttmann*, Beschaffung als Anwendungsvoraussetzung des deutschen und europäischen Vergaberechts.

[22] Vgl. VG Sigmaringen Az. 4 K 4006/21, BeckRS 2022, 18530, Rn. 23 kurzgefasst zur *Konzeptvergabe*.

[23] *Jarass Cohen*, Vergaberecht und städtebauliche Kooperation, S. 116.

3. Problem „eingekapselter öffentlicher Bauaufträge"

Die Frage nach der Anwendbarkeit des GWB-Vergaberechts stellt sich nur dann, wenn in die Grundstücksveräußerung ein öffentlicher Bauauftrag (wie auch immer) „eingekapselt" sein könnte[24].

In Betracht kommt das immer dann, wenn die Gemeinde neben der Veräußerung eines Grundstücks eine Bauleistung „verwirklicht sehen will" (also möglicherweise am Markt nachfragt) und die Leistung bzw. dessen Produkt (das Bauwerk) zudem noch der Gemeinde oder der Allgemeinheit zugutekommen kann. Vertragliche Abreden bestimmter Bau- und Nutzungsgebote spielen in diesem Kontext deshalb eine herausragende Rolle. Sie sind schließlich auch der Grund, weshalb die Anwendung des GWB-Vergaberechts auf die Konzeptvergabe überhaupt erst erwogen wird: Nach dem oben Herausgearbeiteten[25] handelt es sich bei der Konzeptvergabe nämlich um keinen gewöhnlichen und auch um keinen „bloßen" Veräußerungsvorgang; vielmehr soll das Konzept realisiert werden, das seitens der Gemeinde als das qualitativ beste Konzept auserkoren wurde. Die Gemeinde hält ein großes Interesse daran, die vorab festgelegten städtebaulichen Zielvorstellungen bzw. Vorgaben (mitunter baulich) verwirklicht zu sehen, und deshalb finden sich begleitend zum „herkömmlichen" Kaufvertragswerk häufig auch bestimmte „Sicherungsabreden".

4. Anwendungsvoraussetzungen des deutschen Rechts

Auch wenn die Diskussion um das Vorliegen eines Beschaffungselements (und damit eines öffentlichen Auftrags) im Kontext städtebaulich eingebundener Grundstücksveräußerungen oft vollkommen vorherrschend erscheint, stellt der öffentliche Bauauftrag nur eine von mehreren Anwendungsvoraussetzungen des GWB-Vergaberechts dar. Und nur wenn diese Voraussetzungen insgesamt anzunehmen sind, kann von der „GWB-Vergaberechtspflicht" gesprochen werden.

---

[24] In diesen Fällen wird demnach von „eingekapselten Bauaufträgen" oder „eingekapselten Beschaffungsvorgängen" gesprochen. Begrifflich geht das zurück auf *Dreher* NZBau 2002, S. 245 (248), der bildlich von „eingekapselten Beschaffungsverhältnissen" spricht. Nicht von diesen Begrifflichkeiten erfasst sein sollen Fälle, bei denen gemischt mit Privatinteressen auch Beschaffungsfragen auftreten (in dieser Verwendung *Haak* VergabeR 2011, S. 351 (356) und im Anschluss leider *Harms/Schmidt-Wottrich* LKV 2011, S. 537 [539]). In anderer Weise kann es aber auch in solchen Fällen zur „vergaberechtlichen Infizierung" kommen, vgl. *Hertwig* NZBau 2011, S. 9 (15). Eine „Einkapselung" (wie sie in dieser Untersuchung verstanden wird) ist i.Ü. vor allem deshalb möglich, weil etwa in einem Kaufvertrag öffentliche Aufträge mitaufgenommen werden können, dies aber für eine einheitliche vergaberechtliche Bewertung nicht hinderlich ist, vgl. nur EuGH C-451/08, NZBau 2010, S. 321 (326) Rn. 82 (Helmut Müller).

[25] Siehe hierzu bereits Kap. 2 C. XII. und Kap. 2 D. III.

Unter Miteinbezug der übrigen Voraussetzungen bietet sich folgende Prüfungsabfolge an: (Erstens) Qualifikation des Auftraggebers als öffentlicher Auftraggeber, (zweitens) Vorhandensein eines „Unternehmens" als Auftragnehmer, (drittens) Qualifikation der Vertragsbeziehung als „öffentlicher Auftrag", der den notwendigen Schwellenwert übersteigt, und (viertens) das Nichteingreifen eines Ausnahmetatbestands.

Am problembehaftetsten bleibt allerdings die Qualifikation der Vertragsbeziehung als „öffentlicher Bauauftrag", besonders unter dem Gesichtspunkt eines Beschaffungselements. Anzuknüpfen ist dabei an der Rechtsnorm des § 103 GWB[26]. Diese Bestimmung entspricht im hier relevanten Regelungsgehalt der Bestimmung des § 99 GWB a.F., auf deren Grundlage nicht nur die Ahlhorn-Rechtsprechung des OLG Düsseldorf, sondern mittelbar auch die Helmut-Müller-Rechtsprechung des EuGH erging, nachdem die Norm zuvor aber bereits umgestaltet wurde. Öffentliche Aufträge sind seit der Vergaberechtsmodernisierung im Jahr 2016 nicht mehr in § 99 Abs. 1 GWB a.F., sondern seither in § 103 Abs. 1 GWB geregelt. Öffentliche Bauaufträge (bzw. in der nationalen Begrifflichkeit „Bauaufträge") sind nicht mehr in § 99 Abs. 3 GWB a.F., sondern seither in § 103 Abs. 3 GWB zu finden.

§ 103 Abs. 3 GWB sieht entsprechend dem Wortlaut der deutschen Fassung der zugrundeliegenden Richtlinie drei Varianten des öffentlichen Bauauftrags vor[27]: Die erste Variante ist in § 103 Abs. 3 Satz 1 Nr. 1 GWB geregelt und betrifft Verträge über die Ausführung oder die gleichzeitige Planung und Ausführung von Bauleistungen im Zusammenhang mit einer der Tätigkeiten, die in Anhang II der Richtlinie 2014/24/EU und in Anhang I der Richtlinie 2014/25/EU genannt sind. Die zweite Variante ist in § 103 Abs. 3 Satz 1 Nr. 2 GWB geregelt und betrifft Verträge über die Ausführung oder die gleichzeitige Planung und Ausführung eines Bauwerkes für den öffentlichen Auftraggeber oder Sektorenauftraggeber, das Ergebnis von Tief- oder Hochbauarbeiten ist und eine wirtschaftliche oder technische Funktion erfüllen soll. Die dritte Variante ist in § 103 Abs. 3 Satz 2 GWB geregelt und schreibt vor, dass ein Bauauftrag auch dann vorliegt, wenn ein Dritter eine Bauleistung gemäß den vom öffentlichen Auftraggeber oder Sektorenauftraggeber genannten Erfordernissen erbringt, die Bauleistung dem Auftraggeber unmittelbar wirtschaftlich zugutekommt und dieser einen entscheidenden Einfluss auf Art und Planung der Bauleistung hat. „Die Bauleistung" kann dabei als Ober- oder Generalbegriff

---

[26] Die unten erfolgende Diskussion um das Vorliegen einer Baukonzession ist heute bei § 105 Abs. 1 Nr. 1 GWB zu verorten, vgl. noch Kap. 5 A. I. 7. d) aa) und Kap. 11 E. I. 1.

[27] Rechtshistorisch wurde diese bis heute bestehende Dreiteilung der Definition des öffentlichen Bauauftrags mit der RL 89/440/EWG ins Gemeinschaftsrecht eingeführt. Die „Drittbeteiligung" der dritten Fallgestaltung sollte dabei allerdings nicht streng gehandhabt werden, da in mehreren anderen Sprachfassungen ein solcher Wortlaut nicht anzutreffen ist, vgl. auch EuGH C-451/08, NZBau 2010, S. 321 (323) Rn. 37 f. (Helmut Müller) sowie noch sogleich Kap. 5 A. I. 5.

zu den Begriffen „Bauvorhaben" und „Bauwerke" verstanden werden[28]. Der Begriff des „Bauwerks" wird im Folgenden für fertiggestellte, durch Bauleistungen erschaffene Gebilde verwendet[29].

Da sich die ersten beiden Fallgestaltungen des § 103 Abs. 3 Satz 1 GWB grundsätzlich durch eine unmittelbar eigene Bauleistung des Unternehmens auszeichnen, wird bei der Beurteilung der Anwendbarkeit des GWB-Vergaberechts auf kommunale Grundstücksveräußerungen immer wieder die dritte Fallgestaltung des öffentlichen Bauauftrags nach § 103 Abs. 3 Satz 2 GWB herangezogen: Grenzfragen werden regelmäßig bei diesem weitest gefassten Auffangtatbestand behandelt, der eben auch Konstellationen zulässt, in denen das Unternehmen, hier also der Grundstückserwerber und Bauherr, nicht selbst baut[30].

Bevor man sich allerdings der Rechtsprüfung samt einer Betrachtung der ergangenen Rechtsprechung widmet (7.), muss man sich der methodischen Handhabe der Tatbestände des GWB-Vergaberechts vertraut machen (5.): Das betrifft vor allem (aber nicht nur) die Auslegung des Begriffs des öffentlichen Bauauftrags nach § 103 Abs. 3 GWB.

5. *Gebot der richtlinienkonformen Auslegung*

Obwohl sich § 103 Abs. 3 Satz 2 GWB in seiner heutigen Fassung in vielen Punkten mit den Kriterien deckt, die zuvor der EuGH aufstellte, erfolgt weder eine Problembehandlung noch eine Subsumtion wortlautgenau anhand der gesetzlichen Bestimmung. Der Grund hierfür liegt im Gebot zur richtlinienkonformen Auslegung. Da sich die Auslegung des mitgliedstaatlichen GWB-Vergaberechts nämlich (vor allem) an der Richtlinie 2014/24/EU zu orientieren hat, entscheidet sich die Frage der Auslegung des Begriffs des „öffentlichen Auftrags" nicht originär anhand der nationalen Rechtsnorm des § 103 Abs. 1 GWB, sondern vielmehr anhand Art. 2 Abs. 1 Nr. 5 Richtlinie 2014/24/EU, zu dessen Umsetzung § 103 Abs. 1 GWB ergangen ist[31]. Über den Begriff des „Bauauftrags" entscheidet nicht die nationale Rechtsnorm des § 103 Abs. 3 GWB, sondern vielmehr Art. 2 Abs. 1 Nr. 6 Richtlinie 2014/24/EU. In beiden

---

[28] Vgl. *Dreher*, in: Immenga/Mestmäcker, Wettbewerbsrecht Bd. 4, § 103 GWB Rn. 91; *Hüttinger*, in: Burgi/Dreher/Opitz Bd. 1, § 103 Abs. 1 bis 4 GWB Rn. 202.

[29] Gleichverstanden mit Art. 2 Abs. 1 Nr. 7 RL 2014/24/EU.

[30] *Röwekamp*, in: RKPP, GWB-Vergaberecht, § 103 GWB Rn. 241 f. mit Beispielsfällen. *Bremke*, Wettbewerbliche Ausschreibung kommunaler Investorenprojekte, S. 67 beschreibt die dritte Fallgestaltung des Begriffs des öffentlichen Bauauftrags in diesem Sinne als einen „Türöffner für die Anwendung des Vergaberechts".

[31] Dass es sich um eine Frage des Unionsrechts handelt, „ob ein Vorhaben einen öffentlichen Bauauftrag im Sinne der Unionsvorschriften darstellt oder nicht", wurde neulich bestätigt durch EuGH C-537/19, NZBau 2021, S. 396 (400) Rn. 43 (Wiener Gate 2).

Fällen muss die Auslegung schließlich nach dem Gebot der autonomen und einheitlichen Auslegung des Gemeinschaftsrechts erfolgen[32].

Im behandelten Kontext genügt dieser methodische Grundstein aber selbst noch nicht: Denn auch die deutsche Sprachfassung der Richtlinie 2014/24/EU steht nicht isoliert für sich allein. Die Richtlinie ist vielmehr selbst „fassungsübergreifend" auszulegen, weil deren unterschiedliche Sprachfassungen voneinander abweichen, was besonders den Begriff des öffentlichen Bauauftrags nach Art. 2 Abs. 1 Nr. 6 Richtlinie 2014/24/EU betrifft[33]. Dabei findet sich beispielsweise einzig in der deutschen Sprachfassung der Richtlinie (umgesetzt in § 103 Abs. 3 Satz 2 GWB) in der dritten Fallgestaltung des öffentlichen Bauauftrags der Passus „durch Dritte". Wegen des Erfordernisses einer „fassungsübergreifenden Auslegung" aber entfaltet dieser Passus „durch Dritte" weder für die Richtlinie noch für die Umsetzungsgesetzgebung eine eigenständige Tatbestandswirkung[34]. Bezogen auf diese konkrete Richtlinienbestimmung ließe sich dasselbe Ergebnis im Übrigen auch durch eine teleologische Reduktion erzielen: Denn der Richtliniengesetzgeber beabsichtigte, durch den Passus „durch Dritte" neue Vertragsmodelle zu erfassen und den Auffangtatbestand der dritten Fallgestaltung des öffentlichen Bauauftrags auch auf solche zu beziehen, also auszudehnen[35]. Eine „Verengung des Auffangtatbestands" durch eine wortlautgerechte Auslegung der Norm würde diesem Anliegen entgegenstehen[36]: Der Passus „durch Dritte" im Richtlinientext kann demnach als „auch durch Dritte" ausgelegt werden.

Die mitgliedstaatliche „Auslegungskaskade" stellt sich zusammenfassend also folgendermaßen dar: Grundsätzlich ist deutsches Recht anzuwenden, in diesem Zusammenhang insbesondere § 103 Abs. 3 Satz 2 GWB. Die Auslegung des § 103 Abs. 3 Satz 2 GWB muss dabei im Wege der richtlinienkonformen Auslegung erfolgen und sich mithin an der Richtlinie 2014/24/EU orientieren, hier insbesondere an Art. 2 Abs. 1 Nr. 6 Richtlinie 2014/24/EU. Bei der richtlinienkonformen Auslegung ist als Maßstab nicht nur die deutsche Sprachfassung der Richtlinie 2014/24/EU heranzuziehen; es hat eine „fassungsübergreifende Auslegung" zu erfolgen.

Doch eine „fassungsübergreifende Auslegung" nahm auch der EuGH an dieser Stelle bereits vor. Hierbei arbeitete dieser mitunter besondere

---

[32] *Hüttinger*, in: Burgi/Dreher/Opitz Bd. 1, § 103 Abs. 1 bis 4 GWB Rn. 36 m.w.N. Besonders betont für den öffentlichen Bauauftrag der VKR auch in EuGH C-220/05, NVwZ 2007, S. 316 (319) Rn. 40 (Stadt Roanne).

[33] EuGH C-451/08, NZBau 2010, S. 321 (323) Rn. 38 (Helmut Müller): „Weichen die verschiedenen Sprachfassungen voneinander ab, muss die fragliche Vorschrift nach der allgemeinen Systematik und dem Zweck der Regelung ausgelegt werden, zu der sie gehört".

[34] Zutreffend und der Helmut-Müller-Rspr. vorangehend *Schotten* NZBau 2008, S. 741 (742).

[35] *Schotten* NZBau 2008, S. 741 (742).

[36] Im Ergebnis bereits *Schotten* NZBau 2008, S. 741 (742).

(ungeschriebene) Tatbestandsmerkmale heraus[37]. Diese aufgestellten Erfordernisse lassen wiederum deutliche Auslegungsspielräume offen. Seit mittlerweile über zehn Jahren versuchen sich Schrifttum und Rechtsprechung an der Auslegung vor allem der Helmut-Müller-Entscheidung des EuGH, in der mehrere Herleitungen ihren Ursprung finden und der eine enorme faktische Präjudizienwirkung zukommt (6.).

6. Faktische Präjudizienwirkung

Weshalb die rechtliche Beurteilung des öffentlichen Bauauftrags üblicherweise nicht am Gesetzeswortlaut erfolgt, liegt (wie eben ausgeführt) vor allem daran, dass die Judikate des EuGH in diesem Bereich als überwiegend gefestigt gelten. Besonders in seiner Helmut-Müller-Rechtsprechung setzte sich der Gerichtshof mit dem Begriff des öffentlichen Bauauftrags auseinander. Hierbei handelt es sich um ein Urteil, das im Vorabentscheidungsverfahren ergangen ist. Dessen Gegenstand bildet nach Art. 267 Abs. 1 lit. b) AEUV die Auslegung unionalen Handelns, mithin auch die Auslegung von Rechtsakten nach Art. 288 AEUV und folglich ebenso von sekundärrechtlichen Richtlinien.

Zwar bindet die Vorabentscheidung (selbst) an sich nur das vorlegende Gericht. Dennoch kommt den im Vorabentscheidungsverfahren ergangenen Urteilen „faktisch" eine erhöhte Präjudizienwirkung zu[38]: Denn sobald ein Gericht in einem unionsrechtlich geprägten Fall von der bis dato vorliegenden EuGH-Rechtsprechung abweichen will, folgt eine erneute Vorlagepflicht[39]. Ebenso wäre es auch in diesem Fall, weshalb die Auslegung des EuGH bei der Bestimmung des Anwendungsbereichs des unionalen Auftragsvergaberechts auf Grundstücksveräußerungen auch als „praktisch allein maßgebend" gilt[40]. Gleichwohl sind Fragen der Anwendbarkeit des GWB-Vergaberechts auf

---

[37] Zur Einordnung des „unmittelbaren wirtschaftlichen Interesses" als ungeschriebenes Tatbestandsmerkmal etwa *Bremke*, Wettbewerbliche Ausschreibung kommunaler Investorenprojekte, S. 95 f., sowie hins. der „einklagbaren Bauverpflichtung", ebd. S. 81. Trotz der Kodifikation des „unmittelbaren wirtschaftlichen Zugutekommens" (§ 103 Abs. 3 Satz 2 GWB) im deutschen GWB-Vergaberecht, bleibt es immer noch bei einer unionalen Herleitung „ungeschriebener" Tatbestandsmerkmale durch den EuGH, denn die RL 2014/24/EU kennt derartige Erfordernisse als solche nicht.

[38] *Herdegen*, Europarecht, § 9 Rn. 35; *Hakenberg*, Europarecht, Rn. 298.

[39] *Gaitanides*, in: *von der Groeben/Schwarze/Hatje*, Europäisches Unionsrecht Bd. 4, Art. 267 AEUV Rn. 92 f.; *Bremke*, Wettbewerbliche Ausschreibung kommunaler Investorenprojekte, S. 48.

[40] *Bremke*, Wettbewerbliche Ausschreibung kommunaler Investorenprojekte, S. 48, der die faktische Bindungswirkung der EuGH-Rspr. ebenfalls herausarbeitet. Zusätzlich weist *Bremke* darauf hin, dass diese Rechtsprechungsbindung „unabhängig von der Überzeugungskraft der gefundenen Lösung" bestehe.

städtebaulich eingebundene Grundstücksverkäufe bis heute nicht eindeutig und abschließend geklärt[41].

7. Rechtliche Beurteilung anhand der §§ 103 Abs. 1, Abs. 3 Satz 2, 106 Abs. 2 Nr. 1 GWB

Im Folgenden wird rechtlich beurteilt, ob das GWB-Vergaberecht auf die im Bestreben der Wohnraumschaffung ausgestaltete Konzeptvergabe anzuwenden ist.

Hierbei wird nach § 103 Abs. 1 GWB zunächst überprüft, ob ein öffentlicher Auftraggeber auf der einen Vertragsseite (a)) und ein Unternehmen als Auftragnehmer auf der anderen Vertragsseite (b)) auftritt. Des Weiteren wird mit § 103 Abs. 3 Satz 2 GWB das Vorliegen eines öffentlichen Bauauftrags in den Blick genommen. Wegen des Erfordernisses der Entgeltlichkeit ist hierzu sowohl eine Leistungsseite (c)) als auch eine Gegenleistungsseite (d)) vorauszusetzen. Ebenfalls muss der Bauauftrag nach § 106 Abs. 2 Nr. 1 GWB den Schwellenwert in Höhe von aktuell 5.382.000 Euro überschreiten (e)). Abschließend werden noch mögliche Ausnahmetatbestände erwogen (f)). Auf die Rechtsprechung zum Thema „städtebaulich eingebundener Grundstücksverkäufe" wird vornehmlich bei der Behandlung der Leistungsseite eingegangen.

a) Öffentlicher Auftraggeber

Öffentliche Aufträge sind nach § 103 Abs. 1 GWB Verträge mit öffentlichen Auftraggebern oder Sektorenauftraggebern; und wer ein öffentlicher Auftraggeber ist, wird dabei von § 99 GWB bestimmt. Für eine Gemeinde lässt sich die Stellung als öffentlicher Auftraggeber demnach ohne Weiteres feststellen. Denn nach dem institutionellen Auftraggeberbegriff des § 99 Nr. 1 Alt. 1 GWB zählen Gebietskörperschaften, und damit auch Gemeinden (Art. 1 Satz 1 GO), hierzu.

b) Unternehmen als Auftragnehmer

Der öffentliche Auftrag muss nach § 103 Abs. 1 GWB als ein Vertrag mit einem „Unternehmen" zustande kommen. Fraglich ist also für die Konzeptvergabe, ob es sich bei den potenziellen Grundstücksbewerbern um „Unternehmen" in diesem Sinne handelt.

Das GWB-Vergaberecht sieht eine eigene Definition hierzu allerdings nicht vor. Dafür spricht der dieser Norm zugrundeliegende, für eine richtlinienkonforme Auslegung maßgebliche Art. 2 Abs. 1 Nr. 5 Richtlinie 2014/24/EU von „Wirtschaftsteilnehmern". Hierbei definiert Art. 2 Abs. 1 Nr. 10 Richtlinie 2014/24/EU einen Wirtschaftsteilnehmer als eine „natürliche oder juristische

---

[41] *Bulla*, in: FS Kainz, S. 81 (81).

Person oder öffentliche Einrichtung oder eine Gruppe solcher Personen und/oder Einrichtungen, einschließlich jedes vorübergehenden Zusammenschlusses von Unternehmen, die beziehungsweise der auf dem Markt die Ausführung von Bauleistungen, die Errichtung von Bauwerken, die Lieferung von Waren beziehungsweise die Erbringung von Dienstleistungen anbietet".

Zur effektiven Durchsetzung des unionalen Vergabesekundärrechts und der zugrundeliegenden Grundfreiheiten des AEUV[42] sind die gleichläufigen Begriffe des „Unternehmens" und des „Wirtschaftsteilnehmers" *weit auszulegen*: Die Rechtsform des (potenziellen) Unternehmens ist nicht relevant. Dies ergibt sich auch schon direkt aus dem 14. Erwägungsgrund der Richtlinie 2014/24/EU. Nach der Rechtsprechung des EuGH ist es darüber hinaus nicht entscheidend, ob ein Unternehmen mit Gewinnerzielungsabsicht handelt, es unternehmerisch strukturiert oder ständig auf dem Markt tätig ist[43].

Gleichwohl führen die wirtschaftliche Ausrichtung des europäischen Auftragsvergaberechts und der Wortlaut des Art. 2 Abs. 1 Nr. 10 Richtlinie 2014/24/EU (sowie der Wortlaut des 14. Erwägungsgrunds: „auf dem Markt anbieten") dazu, dass die Unternehmen sich doch in einer Form „gewerbsmäßig" mit Liefer-, Bau- und Dienstleistungen befassen[44] oder zumindest „gelegentlich" auf dem Markt auftreten müssen[45]. Dabei sollte allerdings schon der erste Marktauftritt genügen, wenn er mit der Intention des anschließenden gewerbsmäßigen oder gelegentlichen Marktauftritts erfolgt. Ausnahmen kann es noch geben, wenn das Unternehmen etwa gerade zur Erlangung des öffentlichen Auftrags gegründet wurde und es hierfür nur einmal am Markt auftreten soll.

Jedenfalls aber „bloße Privatpersonen" werden nicht als „Unternehmen" und auch nicht als „Wirtschaftsteilnehmer" zu werten sein, da diese im oben genannten Sinne keine Liefer-, Bau- und Dienstleistungen am relevanten Markt anbieten.

Bei der Konzeptvergabe, wie sie oben dargestellt wurde, werden die Grundstücke teils an etablierte Marktteilnehmer, teils aber auch an Privatpersonen oder an Zusammenschlüsse solcher Privatpersonen (als Baugemeinschaften) veräußert. Auch werden Grundstücke an Genossenschaften verkauft und es bestehen hinsichtlich des Angebots an private Bauherren potenzielle Mischfälle, etwa wenn mitgeschaffener Wohnraum (sozial) vermietet wird.

---

[42] *Wegener/Pünder*, in: Pünder/Schellenberg, Vergaberecht, § 103 GWB Rn. 9.

[43] Vgl. EuGH C-568/13, NZBau 2015, S. 173 (173 f.) Rn. 30 ff. (Azienda); EuGH C-305/08, NZBau 2010, S. 188 (190 f.) Rn. 30, 42 (CoNISMa).

[44] So zumindest *Wegener/Pünder*, in: Pünder/Schellenberg, Vergaberecht, § 103 GWB Rn. 9.

[45] Vgl. EuGH C-568/13, NZBau 2015, S. 173 (174) Rn. 35 (Azienda), der den „gelegentlichen Marktauftritt" dem „ständigen Marktauftritt" entgegensetzt. Vorangehend ebenso EuGH C-305/08, NZBau 2010, S. 188 (191) Rn. 42 (CoNISMa). Eine andere Lesart der Urteile wäre aber auch möglich.

Diese Rechtsvorgaben auf die Konzeptvergabe angewandt, bedeutet das nun: Differenzieren sollte man zwischen Konzeptvergaben, die sich vornehmlich an etablierte Akteure des Immobilienmarkts richten, und Konzeptvergaben, die allein private Bauherren ansprechen. Unter die erste Kategorie fallen mitunter auch solche Konzeptvergaben, die als Investorenverfahren ausgestaltet sind. Wegen der Unerheblichkeit der Rechtsform und der nicht erforderlichen Gewinnerzielungsabsicht müssen sich hierneben aber auch Genossenschaften reihen, denen es um mehr geht als um die persönliche Selbstnutzung des zu errichtenden Bauwerks durch ihre Mitglieder. Unter die zweite Kategorie zu fassen sind Veräußerungen an einzelne private Grundstücksinteressenten, aber auch Veräußerungen an Baugemeinschaften[46]. Da es diesen Grundstücksinteressenten um nichts anderes geht, als das existenzielle Lebensgut „Wohnraum" in der Form des Eigenheimbaus nachzufragen, treten sie in ihrer ureigensten Eigenschaft als Privatpersonen auf. Der Umstand, dass sich Privatpersonen etwa zu Baugemeinschaften zusammenfinden, kann hierbei keinen Unterschied ausmachen und die Unerheblichkeit der Rechtsform muss auch auf dieser Seite gelten. Dementsprechend können Baugemeinschaften auch genossenschaftlich organisiert sein und nicht als „Unternehmen" gelten, soweit es allein um die Befriedigung eigner Wohnbedürfnisse der Mitglieder im errichteten Bauwerk geht. Erst wenn die Bewohneranzahl des Gebäudes hinter der Mitgliederanzahl der Genossenschaft zurückbleibt oder die Genossenschaft auch weitere Immobilien hält, muss von einer Marktstellung der Genossenschaft ausgegangen werden, die zur Annahme der „Unternehmenseigenschaft" nach § 103 Abs. 1 GWB führt.

Für den Fall, dass private Grundstückserwerber sowie Baugemeinschaften nach ihren Konzepten auch einer etwa sozialen Vermietungstätigkeit nachkommen wollen, stellt sich das weitere Abgrenzungsproblem hinsichtlich der Qualifikation derer als „Unternehmen". Vorzugswürdig ist es hier, eine Erheblichkeitsschwelle auszumachen, ab wann eine Stellung als „Unternehmen" (Wirtschaftsteilnehmer) angenommen werden kann: Ist die Vermietung mindestens so wichtig wie die eigene Unterkunft, muss eine Qualifikation als Unternehmen angenommen werden. Stellt sich die Vermietung aber als „rein untergeordneter Annex" zum Eigenheimbau dar, ist hiervon nicht auszugehen.

Sollen sich bei einer Konzeptvergabe sowohl Unternehmen als auch Privatpersonen bewerben können („bewerberoffene Konzeptvergabe"), kann die Anwendbarkeit des GWB-Vergaberechts hierdurch gleichwohl nicht

---

[46] Im Ergebnis auch *Hertwig* VergabeR 2012, S. 64 (65) zur Entscheidung des OLG München NZBau 2012, S. 134 ff., das sich leider selbst nicht zur Qualifikationsfrage der Baugemeinschaften als „Unternehmen" äußerte. A.A. noch vorangehend die VK Südbayern, Beschl. v. 29.07.2011, Az. Z3-3-3194-1-18-05/11, Rn. 85 f. (Juris): „Insofern ist es unerheblich, wenn es sich bei dem Antragsteller vorliegend um einen Zusammenschluss von bauwilligen Familien und Einzelpersonen in der Rechtsform einer Gesellschaft bürgerlichen Rechts handelt". Zur Problematik im Beihilfenrecht noch Kap. 5 A. III. 2.

ausgeschlossen werden[47]. Ansonsten wären die Vergaberechtspflichten doch allein durch eine großzügige Öffnung des Markts um den Verteilungsgegenstand zu umgehen.

c) Leistungsseite des öffentlichen Bauauftrags

Wie bereits vorangeschickt, lässt sich die Streitfrage der Anwendung des GWB-Vergaberechts auf städtebaulich eingebundene Grundstücksveräußerungen nur unter Betrachtung der vorliegenden nationalen, aber auch unionalen Rechtsprechung bewältigen. Diese befasst sich zwar im Hinblick auf den öffentlichen Bauauftrag mit allen drei Merkmalen: Der Leistungsseite, der Gegenleistungsseite sowie zurückhaltend mit der Überschreitung der relevanten Schwellenwerte. Der größte Diskussionsbedarf besteht allerdings zu Erfordernissen der Leistungsseite des öffentlichen Bauauftrags, weshalb die Rechtsprechungsentwicklung an dieser Stelle dargestellt wird.

Entsprechend der Erkenntnis der starken Rechtsprechungsprägung dieses Untersuchungsabschnitts wird zunächst dargestellt, dass die „ursprünglich" mitgliedstaatliche Rechtsprechung von keiner Anwendung des Vergaberechts auf Grundstücksverkäufe ausging, während die seinerzeit ergangene unionale Rechtsprechung eine andere Beurteilung vorzeichnete (aa)). Gerade infolge der Judikate des EuGH kam es dann zur bekannten, nationalen Ahlhorn-Rechtsprechung des OLG Düsseldorf (bb)), die umfassend rezipiert wurde. Auf eine Vorlage desselben nordrhein-westfälischen Gerichts urteilte der EuGH anschließend in seiner Helmut-Müller-Rechtsprechung (cc)), wobei er in dieser Entscheidung noch heute aktuelle Maßgaben setzte, von denen er in seiner Folgerechtsprechung nicht mehr abwich (dd)). Diese Anforderungen erforderten (und erfordern) erneut eine umfassende Rezeption (ee)).

Nach einem eigenen Resümee zur Helmut-Müller-Rechtsprechung (ff)) folgt schließlich (also *erst auf der Grundlage dieser gesamten Vorarbeit*) die Anwendung der vorgegebenen Kriterien zur Leistungsseite des öffentlichen Bauauftrags auf die hier behandelte Konzeptvergabe (gg)).

aa) Unionale Rechtsprechung als Grundstein der Rechtsentwicklung

Bevor im Jahr 2007 der Ahlhorn-Beschluss des OLG Düsseldorf erging, erachteten die nationalen Gerichte Grundstücksveräußerungen der öffentlichen Hand noch nicht als vergaberechtlich relevante Vorgänge[48].

---

[47] Mit entspr. Bedenken auch *Hertwig* VergabeR 2012, S. 64 (65).

[48] I.d.S. kann etwa auf die Rspr. des BayObLG aus dem Jahr 2000 verwiesen werden, ZfBR 2001, S. 116 (117). Das seinerzeit höchste ordentliche Gericht Bayerns entschied, dass eine Erbbaurechtsbestellung mitsamt einer (mittels Durchführungsvertrag gesicherten) Zweckbindung nicht dem Vergaberecht unterfiele. Letztere (als öffentlich-rechtlicher Vertrag qualifizierte) Abrede diente nämlich nur der „Realisierung des Vorhabens an sich" und nicht der Erbringung einer Bauleistung an die öffentliche Hand. Von dem Vergaberecht

Ungeachtet dieser Judikate findet die bis heute andauernde Rechtsentwicklung zur Anwendung des Auftragsvergaberechts auf städtebaulich eingebundene Grundstücksveräußerungen ihren Ursprung in der Rechtsprechung auf Unionsebene. Mit der Frage der Anwendung des Vergaberechts auf Vorhaben im (kooperativen) Städtebau beschäftigen sich insbesondere die Entscheidungen des EuGH „Mailänder Scala"[49] und „Stadt Roanne"[50]. Ebenfalls mit der Entscheidung „Donauwald"[51] setzte der EuGH Weichenstellungen, die das OLG Düsseldorf zur Ahlhorn-Rechtsprechung leiteten.

Die aktuelle Helmut-Müller-Rechtsprechung steht in der Tradition dieser vorangehenden Entscheidungen und diese beeinflussen die Interpretation des Urteils wesentlich[52]: Das jüngere Urteil des EuGH ordnet sich in eine fortlaufende Rechtsprechungsentwicklung ein. Gleichwohl sollte die vorangehende Unionsrechtsprechung (nach hier vertretener Ansicht) nicht überbewertet werden. Betrachtet man die Helmut-Müller-Rechtsprechung, wird das Anliegen der möglichst generellen Klärung der Streitfrage erkenntlich. Ansonsten hätte der EuGH keine grundlegenden Ausführungen über die Beantwortung der Vorlagefragen hinaus treffen müssen. Dies unternahm er aber etwa mit der Fallgruppenbildung zum „unmittelbaren wirtschaftlichen Interesse".

bb) Ahlhorn-Rechtsprechung

Einen Wendepunkt der deutschen Rechtsprechung liefert der als „Ahlhorn-Rechtsprechung" in die Rechtsgeschichte eingegangene Beschluss des OLG Düsseldorf[53]. Mit dieser Rechtsprechung maß ein nationales Gericht den vorangegangenen Entscheidungen des EuGH erstmals ein derartiges Gewicht zu, dass gemeindliche Grundstücksveräußerungen in Deutschland dem unionsrechtlich geprägten GWB-Vergaberecht unterliegen konnten. Allgemein

---

immanenten „Beschaffungszwecken" war demnach nicht auszugehen; i.Ü. auch (zumindest in der Ansicht, dass der abzuschließende Vertrag einen Beschaffungsbezug aufweisen muss) bestätigt, vgl. BayObLG ZfBR 2003, S. 511 (512 f.). Dem schloss sich im Jahr 2005 noch der VGH Kassel an, ZfBR 2006, S. 806 (807): „Soweit mit einem städtebaulichen Vertrag keine Leistung, sondern nur die Umsetzung städtebaulicher Gestaltungsvorstellungen" verbunden sei, brauche das GWB-Vergaberecht nicht beachtet zu werden. Es sei weiterhin unerheblich, „wenn eine Gebietskörperschaft im Rahmen eines städtebaulichen Vertrages (etwa aus Anlass eines Grundstücksverkaufs) ihre städtebaulichen Vorstellungen durchsetzen will".

[49] EuGH C-399/98, NZBau S. 512 ff. (Mailänder Scala).

[50] EuGH C-220/05, NVwZ 2007, S. 316 ff. (Stadt Roanne).

[51] EuGH C-126/03, NZBau 2005, S. 49 ff. (Donauwald).

[52] Nach *Bremke*, Wettbewerbliche Ausschreibung kommunaler Investorenprojekte, S. 96 bilden die vorangegangenen Entscheidungen des EuGH das „Fundament der Auslegung des ungeschriebenen Tatbestandsmerkmals des unmittelbaren wirtschaftlichen Interesses".

[53] OLG Düsseldorf NZBau 2007, S. 530 ff.

reichte es nach der sich herausgebildeten „Ahlhorn-Linie"[54] für die Annahme der Anwendbarkeit des GWB-Vergaberechts schließlich aus, wenn der öffentliche Auftraggeber dem Grundstückserwerber Vorgaben für die Bauwerkserrichtung machte und diese dem Erwerber durch eine Bauverpflichtung auferlegt waren. Selbst städtebaulich motivierte Bauvorgaben sollten als „vom Auftraggeber genannte Erfordernisse" im Sinne der dritten Fallgestaltung des § 99 Abs. 3 GWB a.f. gelten[55]. Betreffend die Konzeptvergabe oberhalb der Schwellenwerte käme man hiernach also recht schnell zum Ergebnis der Anwendbarkeit des behandelten GWB-Vergaberechts auf die Grundstücksveräußerung.

Wesentlich stritt das OLG Düsseldorf dabei mit folgender Rechtsansicht voran: „Für die Annahme eines Bauauftrags (oder einer Baukonzession) reicht es aus, dass der Auftraggeber den Auftragnehmer mit der Erstellung (gegebenenfalls einschließlich Planung) von Bauwerken/Bauvorhaben entsprechend seinen Erfordernissen beauftragt. Demgegenüber ist es nicht Voraussetzung, dass der Auftraggeber damit einen eigenen Bedarf befriedigen will"[56]. Und aus den Entscheidungen „Wuppertal-Vohwinkel" und „Stollberg" wurde schließlich gefolgert, dass schon „die mit einem Verkauf verbundene Verfolgung städtebaulicher Ziele einen Auftrag zu Bauleistungen begründet"[57].

Ob das OLG Düsseldorf im Ergebnis allerdings gänzlich auf das Merkmal des Beschaffungsbezugs verzichten wollte, geht aus keiner der genannten Entscheidungen glasklar hervor und kann in der einen und der anderen Weise interpretiert werden[58]. Geht man davon aus, dass das Gericht den

---

[54] Dem Ahlhorn-Beschluss folgten noch weitere Judikate des OLG Düsseldorf, weshalb nicht nur von der „Ahlhorn-Rechtsprechung", sondern auch von der „Ahlhorn-Linie" gesprochen werden kann (zu dieser Bezeichnung u.a. *Greb/Rolshoven* NZBau 2008, S. 163 ff.). Relevant sind noch die Entscheidungen „Wuppertal-Vohwinkel" (NZBau 2008, S. 138 ff.), „Oer-Erkenschwick" (NZBau 2008, S. 271 ff.) und „Stollberg" (NZBau 2008, S. 461 ff.).

[55] Vgl. *Otting* NJW 2010, S. 2167 (2167).

[56] OLG Düsseldorf NZBau 2007, S. 530 (531). Bewusst setzt sich das Gericht dabei von der Rspr. des BayObLG (Fn. 48) ab. Grund der Rechtsprechungsänderung sei die zwischenzeitliche Judikatur des EuGH insb. in den genannten Rechtssachen „Stadt Roanne" und „Donauwald". Der Gerichtshof wäre der bisherigen Rechtsansicht zur „Vergaberechtsfreiheit" nämlich entgegengetreten, indem er es als ausreichend erachtete, wenn (so die Interpretation des OLG Düsseldorf) „der öffentliche Auftraggeber überhaupt Aufträge vergibt, zu welchen Zwecken auch immer" (NZBau 2007, S. 530 (531). Hierbei handelt es sich um die Deutung des EuGH-Urteils „Donauwald" (C-126/03, NZBau 2005, S. 49 [50] Rn. 18). Es sollte genügen, „dass die Bauwerke entsprechend den Erfordernissen des Auftraggebers erstellt werden"; das Eigeninteresse des Auftraggebers sei kein Tatbestandsmerkmal des Bauauftrags, OLG Düsseldorf NZBau 2007, S. 530 (531). Jedenfalls aber ein mittelbares Eigeninteresse (wie ein solches an einer geordneten städtebaulichen Entwicklung) sollte ausreichen, ebd. S. 531 f.

[57] Rekapitulierend *Gartz* NZBau 2010, S. 293 (293).

[58] *Bremke*, Wettbewerbliche Ausschreibung kommunaler Investorenprojekte, S. 107 f., der selbst annimmt, dass das OLG Düsseldorf das Merkmal des Beschaffungsbezugs nicht

Beschaffungsbezug weiterhin für nötig hielt[59], wurde das Begriffsverständnis zumindest in extenso ausgereizt. Vorauszusehen war hiermit die allmählich umfassende Kritik in Schrifttum[60] und Rechtsprechung[61], bis es dann zur Entscheidung des EuGH in der Rechtssache Helmut Müller kam.

---

aufgeben wollte. *Eisenreich/Barth* NVwZ 2008, S. 635 (635) halten das Merkmal der Beschaffung nach den Rechtsausführungen des OLG Düsseldorf zumindest für „bedeutungslos".

[59] Vgl. die eigene Behauptung des OLG Düsseldorf im Vorlagebeschluss: NZBau 2008, S. 727 (730).

[60] Generell lässt sich das (sich vor allem, aber nicht nur mit „der Beschaffungsfrage" auseinandersetzende) Schrifttum etwa in drei Lager einteilen (so auch *Bremke*, Wettbewerbliche Ausschreibung kommunaler Investorenprojekte, S. 108 ff.). Die einen erachteten einen Beschaffungsbezug für die Anwendbarkeit des GWB-Vergaberechts für allgemein überflüssig: Vgl. *Hertwig/Öynhausen* KommJur 2008, S. 121 (122); *Vetter/Bergmann* NVwZ 2008, S. 133 (135) („Ausreichend ist vielmehr, dass eine Bauleistung nach den Erfordernissen des öffentlichen Auftraggebers erbracht wird."); *Schotten* NZBau 2008, S. 741 (742 f.); *Brambring/Vogt* NJW 2008, S. 1855 (1856 f.); *Schultz* NZBau 2009, S. 18 (20). Daneben finden sich Stimmen, die das „weite" Verständnis des Bauauftrags (bzw. der Anwendbarkeit des GWB-Vergaberechts auf mit Bauverpflichtungen versehene Grundstücksveräußerungen) im Sinne der Rechtsprechung des OLG Düsseldorf im Ergebnis teilten, aber das Merkmal des Beschaffungsbezugs gleichwohl für erforderlich hielten: *Rosenkötter/Fritz* NZBau 2007, S. 559 (560); *Krohn* ZfBR 2008, S. 27 (30). *Burgi* hielt den Beschaffungszweck auch unter Verweis auf den ErwG (2) der VKR (dort wird vom „öffentlichen Beschaffungswesen" gesprochen) für „die unabdingbare Basisvoraussetzung für das Eingreifen des europäischen Vergaberechts" (NVwZ 2008, S. 929 [932]), verfolgt in seinem Aufsatz allerdings vorrangig ein Ordnungsanliegen (vgl. ebd. S. 929) und ist deshalb nur schwer einem der Lager zuzuordnen. Vor allem wurde dem OLG Düsseldorf allerdings Kritik entgegengebracht, denn die Ahlhorn-Rechtsprechung wurde überwiegend als zu weit empfunden: *Pietzcker* NZBau 2008, S. 293 (295); *Horn* VergabeR 2008, S. 158 (167); schlussfolgernd *Reidt* BauR 2007, S. 1664 (1673); *Eisenreich/Barth* NVwZ 2008, S. 635 (636); *Summa* ZfBR 2008, S. 350 (352 f.); *Greb/Rolshoven* NZBau 2008, S. 163 (163 f.); *Gartz* NZBau 2008, S. 473 (476). Allgemein interpretierte das Schrifttum viele ungeschriebene Voraussetzungen „hervor": Es entstand eine breite Palette an Meinungen, die sich nicht immer vollends in Deckung bringen ließen und die oftmals etwas schöpferisch anmuteten. Die Inkohärenz der Ansichten zur Anwendbarkeit des GWB-Vergaberechts auf gemeindliche Grundstücksverkäufe ist aber die beinahe zwangsläufige Folge einer Rechtsentwicklung, die durch mehrere Judikate verschiedener Gerichte geprägt wurde, deren zu entscheidenden Sachverhalte inhaltlich weit voneinander entfernt lagen. Dabei handelt es sich um eine Entwicklung, die bis heute anhält und die auch im Anschluss an die Helmut-Müller-Entscheidung des EuGH zu verzeichnen ist. Hierzu noch Kap. 5 A. I. 7. c) ee)

[61] Auch die Gerichte und Vergabekammern waren sich bei der Anwendung des GWB-Vergaberechts auf städtebaulich eingebundene Grundstücksveräußerungen nicht einig: Während sich manche Vergabekammern über die Ahlhorn-Rechtsprechung hinwegsetzten (VK Darmstadt NZBau 2008, S. 339 (342), abweichend aber schon VK Darmstadt NZBau 2008, S. 795 (797); VK Baden-Württemberg Az. 1 VK 1/08, BeckRS 2008, 5571, Rn. 85 ff., allerdings mit abweichender Ansicht des in der Zweitinstanz befassten OLG Karlsruhe NZBau 2008, S. 537 [538]), befürworteten manche Gerichte und andere Vergabekammern

Doch auch in der Praxis machte sich die Ahlhorn-Rechtsprechung bemerkbar. Das Damoklesschwert der Vertragsnichtigkeit fürchtend[62], begannen viele Gemeinden, mit städtebaulichen Zielsetzungen erfolgende Grundstücksveräußerungen auszuschreiben.

Schließlich sah sich der deutsche Gesetzgeber dazu bewogen, Rechtssicherheit herzustellen[63]: Mit einer im Jahr 2009 in Kraft getretenen Gesetzesänderung[64] ging er dabei offen gegen die Rechtsansichten des OLG Düsseldorf vor und zielte darauf, die aus der Ahlhorn-Rechtsprechung „resultierenden rechtlichen Unklarheiten [zu] beseitigen"[65]. Da die Judikatur des OLG Düsseldorf allerdings im Sinne des Unionsrechts erfolgte und sich der deutsche Gesetzgeber in gleichem Maß bei der Überarbeitung seiner Gesetze an das europäische Recht (hier an die Richtlinie 2004/18/EG) halten musste, konnte die Gesetzesänderung als „Wette auf die anstehende EuGH-Entscheidung"[66] bzw. als „gesetzgeberische Pokerpartie" aufgefasst werden[67].

Denn keine zwei Monate mussten nach dem Gesetzentwurf vergehen, bis sich das OLG Düsseldorf (durch Kritik und Gesetzesänderung unter Druck gesetzt) zur Vorlage an den EuGH veranlasst fühlte[68]. Das Gericht hatte wieder über einen ähnlich gelagerten Sachverhalt zu entscheiden: Auch hier sollte zur städtebaulichen Konversion ein ehemalig militärisch genutztes Grundstück veräußert werden („Husaren-Kaserne Sontra"). Das OLG Düsseldorf formulierte im Vorlagebeschluss neun Fragen, welche die Grundlage für das Helmut-Müller-Urteil des EuGH (cc)) bilden.

---

das rechtliche Vorgehen des OLG Düsseldorf (VK Brandenburg Az. VK 2/08, BeckRS 2008, 5519, Rn. 35 f. (als Zustimmung zur Rechtsansicht des OLG Düsseldorf aufzufassen, allerdings mit dem Hinweis auf das Erfordernis, „dass der Auftraggeber zumindest in einem weiteren Sinne einen eigenen Bedarf decken will"); OLG Bremen NZBau 2008, S. 336 (337 f.) (wobei in tats. Hinsicht ein Pachtverhältnis zugrunde lag); OLG Karlsruhe NZBau 2008, S. 537 (538) (s.o. die Erstinstanz).

[62] Zu dieser möglichen Rechtsfolge *Horn* VergabeR 2008, S. 158 (168). Zu Zivilrechtsfolgen ausbleibender europaweiter Ausschreibungen bei Grundstücksveräußerungen auch *Zöll* NZM 2008, S. 345 ff.

[63] BT-Drs. 16/10117 (Gesetzentwurf); hierzu auch *Kröninger* LKRZ 2008, S. 330 ff.

[64] BGBl. 2009 I S. 790 (Gesetz zur Modernisierung des Vergaberechts). Mit der Gesetzesänderung wurde in § 99 Abs. 1 GWB a.F. das Erfordernis eines Beschaffungselements kodifiziert. Im § 99 Abs. 3 GWB a.F. hieß es in der dritten Fallgestaltung des öffentlichen Bauauftrags fortan, dass die durch Dritte zu erbringende Bauleistung dem Auftraggeber „unmittelbar wirtschaftlich zugutekommen" müsse.

[65] BT-Drs. 16/10117 (konkret S. 18, 40 des Gesetzentwurfs).

[66] *Bremke*, Wettbewerbliche Ausschreibung kommunaler Investorenprojekte, S. 112.

[67] *Raabe* NordÖR 2010, S. 273 (274). Die anschließende Vorlage an den EuGH durch das OLG Düsseldorf bezog sich nun also indirekt auch auf diese Gesetzesänderung, *Kühling* NVwZ 2010, S. 1257 (1257).

[68] OLG Düsseldorf (Vorlagebeschluss) NZBau 2008, S. 727 ff.

cc) Helmut-Müller-Rechtsprechung

Das deutschsprachig verfasste[69] Urteil des EuGH in der Rechtssache „Helmut Müller" stellt das bis heute relevanteste Judikat zur Bearbeitungsfrage dar, ob das Auftragsvergaberecht auf städtebaulich eingebundene Grundstückskaufverträge anzuwenden ist. Die Schlussanträge des *GA Mengozzi* bereiten das Urteil umfassend vor[70], auch wenn diese teils über das hinausgehen, was der EuGH in der Folge entschieden hat[71].

In Abarbeitung der Vorlagefragen des OLG Düsseldorf[72] entwickelte der EuGH eigene, ungeschriebene Tatbestandsmerkmale zum Begriff des öffentlichen Bauauftrags nach Art. 1 Abs. 2 lit. b) Richtlinie 2004/18/EG[73], dem heute Art. 2 Abs. 1 Nr. 6 Richtlinie 2014/24/EU entspricht. Verweise auf seine bisherige Rechtsprechung unterbleiben im Urteil nicht. Eine gründliche Beschäftigung mit „der Beschaffungsfrage im Allgemeinen" sucht man allerdings vergebens.

Die unionsgerichtlichen Antworten auf die erste und zweite Vorlagefrage sowie auf die dritte und vierte Vorlagefrage beziehen sich auf alle drei Fallgestaltungen des öffentlichen Bauauftrags. Die Antworten auf die fünfte und sechste Vorlagefrage sind auf die dritte Fallgestaltung des „öffentlichen Bauauftrags" (heute also Art. 2 Abs. 1 Nr. 6 lit. c) Richtlinie 2014/24/EU) zugeschnitten. Im Folgenden werden die untersuchungsrelevanten Ausführungen des EuGH dargestellt[74].

Auf die (gerichtsseits selbst interpretierte) *erste und zweite Vorlagefrage* antwortete der EuGH (bei gemeinsamer Behandlung[75]), dass „der Begriff ‚öffentliche Bauaufträge' i.S. von Art. 1 II lit. b der Richtlinie 2004/18/EG nicht voraussetzt, dass die Bauleistung, die Gegenstand des Auftrags ist, in einem gegenständlichen oder körperlich zu verstehenden Sinn für den öffentlichen

---

[69] Vgl. zur Verfahrenssprache des vorlegenden Gerichts Art. 37 Abs. 3 Satz 1 EuGH-VerfO.

[70] GA *Mengozzi* SchlA v. 17.11.2009 - C 451/08, ZfBR 2010, S. 182 ff. (Helmut Müller).

[71] Abweichungen bestehen insb. im Hinblick auf die von GA *Mengozzi* zur Beschaffungsbeschreibung genutzte „unmittelbare Verbindung", vgl. hierzu SchlA v. 17.11.2009 – C 451/08, ZfBR 2010, S. 182 (187) Rn. 52 (Helmut Müller). Ebenfalls wurde seine Fallgruppe der Veranlassung („Diese [unmittelbare] Verbindung ergibt sich in der Regel daraus, dass die Arbeiten oder Werke auf Veranlassung der öffentlichen Verwaltung hin realisiert werden.") nicht übernommen, vgl. hierzu ebd. S. 187.

[72] OLG Düsseldorf (Vorlagebeschluss) NZBau 2008, S. 727 (734).

[73] Zur Interpretation als „ungeschriebene Tatbestandsmerkmale" bereits oben, Kap. 5 A. I. 5.

[74] Wegen der Tatbestandsähnlichkeit der Urteilsausführungen (vgl. auch Kap. 5 A. I. 6.) sowie der anknüpfenden Rezeption (Kap. 5 A. I. 7. c) ee)) ist die entspr. Bearbeitungstiefe erforderlich.

[75] Ebenso GA *Mengozzi* SchlA v. 17.11.2009 – C 451/08, ZfBR 2010, S. 182 (186 ff.) Rn. 41 ff. (Helmut Müller).

Auftraggeber beschafft wird, wenn sie diesem unmittelbar wirtschaftlich zugutekommt". Und weiter: „Die Ausübung von städtebaulichen Regelungszuständigkeiten durch den öffentlichen Auftraggeber genügt nicht, um diese letzt-
genannte Voraussetzung zu erfüllen"[76].

Doch hierzu der Reihe nach: Zunächst weist der EuGH auf die „Selbstver-
ständlichkeit" hin, dass eine reine Grundstücksveräußerung nicht dem unionalen
len Auftragsvergaberecht unterfällt[77], und im Anschluss beginnt er dann seine
Begründung, weshalb das oben genannte, ungeschriebene Tatbestandsmerkmal
des „unmittelbaren wirtschaftlichen Interesses für den öffentlichen Auftraggeber" zur Annahme eines öffentlichen Bauauftrags nach Art. 1 Abs. 2 lit. b)
Richtlinie 2004/18/EG vorliegen muss. Es sei nämlich zunächst erforderlich,
dass ein entgeltlicher Vertrag zustande kommt. Dies setze voraus, dass der
Auftragnehmer eine Leistung erbringt und hierfür vom öffentlichen Auftraggeber eine Gegenleistung erhält[78]. Eine Leistung müsse darüber hinaus ein „unmittelbares wirtschaftliches Interesse für den öffentlichen Auftraggeber" bedeuten, denn dies sei aus der Natur der Leistung herzuleiten und auch das System und die Ziele der Richtlinie 2004/18/EG sprächen hierfür[79].

Konkret in Bezug auf den öffentlichen Bauauftrag stellt der EuGH dann fünf
Fallgruppen auf, wann ein solches „unmittelbares wirtschaftliches Interesse"
anzunehmen ist bzw. angenommen werden kann: Ein unmittelbares „wirtschaftliches Interesse"[80] „ist eindeutig gegeben"[81], wenn der öffentliche Auftraggeber Eigentümer der in Auftrag gegebenen Bauleistung wird[82], und „lässt
sich ebenfalls feststellen", wenn der öffentliche Auftraggeber einen Rechtstitel
erlangt, mittels dessen die Verfügbarkeit der in Auftrag gegebenen Bauleistung
im Hinblick auf deren öffentliche Zweckbestimmung sichergestellt werden
kann[83]. Im letzten Punkt verweist der EuGH auf seine bisherige Mailänder-
Scala-Entscheidung[84]. Ein unmittelbares wirtschaftliches Interesse „kann ferner bestehen in" wirtschaftlichen Vorteilen, die aus der in der Zukunft liegenden Nutzung oder Veräußerung des Bauwerks vom öffentlichen Auftraggeber
gezogen werden können[85], in einer Beteiligung des öffentlichen Auftraggebers

---

[76] EuGH C-451/08, NZBau 2010, S. 321 (325) Rn. 58 (Helmut Müller).
[77] EuGH C-451/08, NZBau 2010, S. 321 (324) Rn. 41 (Helmut Müller).
[78] Zur Gegenleistungsseite noch Kap. 5 A. I. 7. d.
[79] EuGH C-451/08, NZBau 2010, S. 321 (324) Rn. 48 f. (Helmut Müller).
[80] Der EuGH lässt bei diesen Ausführungen das Unmittelbarkeitskriterium aus: Dennoch
deutet vieles darauf hin, dass er hiermit auch das *unmittelbare* wirtschaftliche Interesse"
meint.
[81] Die unterschiedlichen Formulierungen („ist eindeutig gegeben", „lässt sich ebenfalls
feststellen", „kann ferner in [...] bestehen") deuten auf die lediglich Indizwirkung der letzten drei Fallgruppen hin.
[82] EuGH C-451/08, NZBau 2010, S. 321 (324) Rn. 50 (Helmut Müller).
[83] EuGH C-451/08, NZBau 2010, S. 321 (324) Rn. 51 (Helmut Müller).
[84] Siehe EuGH C-399/98, NZBau 2001, S. 512 (515) Rn. 67 (Mailänder Scala).
[85] EuGH C-451/08, NZBau 2010, S. 321 (324) Rn. 52 (Helmut Müller).

an der Bauleistung in finanzieller Hinsicht[86] sowie in der Tragung finanzieller Risiken durch den öffentlichen Auftraggeber, falls es zu einem wirtschaftlichen Fehlschlag der Bauleistung kommt[87]. Hierbei verweist der EuGH auf sein bisheriges Stadt-Roanne-Urteil[88].

Bereits aus den Ergebnissen seiner bisherigen Rechtsprechung[89] könne weiter hergeleitet werden, dass es nicht nötig ist, dass die in Auftrag gegebene Bauleistung „die Form der Beschaffung eines gegenständlichen oder körperlichen Objekts annimmt"[90].

Der EuGH stellt sich nach diesen Ausführungen noch die städtebaurechtlich brennende Frage: Kann von einem „unmittelbaren wirtschaftlichen Interesse" ausgegangen werden, „wenn mit den Bauleistungen ein im allgemeinen Interesse liegendes öffentliches Ziel erfüllt werden soll, für dessen Beachtung der öffentliche Auftraggeber zu sorgen hat, etwa die städtebauliche Entwicklung oder Kohärenz eines kommunalen Ortsteils"[91]? Zumindest in Bezug auf letztere Erwähnungen verneinte das der EuGH: „Die bloße Ausübung von städtebaulichen Regelungszuständigkeiten im Hinblick auf die Verwirklichung des allgemeinen Interesses ist weder auf den Erhalt einer vertraglichen Leistung noch auf die Befriedigung des unmittelbaren wirtschaftlichen Interesses des öffentlichen Auftraggebers gerichtet, wie es Art. 1 II lit. a der Richtlinie 2004/18/EG vorgibt"[92]. Kurz: Diese bloße Ausübung von städtebaulichen Regelungszuständigkeiten „genügt nicht" zur Annahme des unmittelbaren wirtschaftlichen Interesses[93].

Der EuGH behandelt auch die *dritte und vierte Vorlagefrage* zusammen[94] und antwortet (auf seine Interpretation hin), dass „der Begriff ‚öffentliche Bauaufträge' i.S. von Art. 1 II lit. b der Richtlinie 2004/18/EG erfordert, dass der Auftragnehmer direkt oder indirekt die Verpflichtung zur Erbringung der Bauleistungen, die Gegenstand des Auftrags sind, übernimmt und dass es sich um eine nach den im nationalen Recht geregelten Modalitäten einklagbare Verpflichtung handelt"[95].

---

[86] EuGH C-451/08, NZBau 2010, S. 321 (324) Rn. 52 (Helmut Müller).

[87] EuGH C-451/08, NZBau 2010, S. 321 (324) Rn. 52 (Helmut Müller).

[88] Siehe EuGH C-220/05, NVwZ 2007, S. 316 ff. (Stadt Roanne), wobei sich der EuGH in der Helmut-Müller-Entscheidung auf die Randnummern 13, 17, 18 und 45 dieses vorherigen Urteils bezieht.

[89] Vgl. EuGH C-220/05, NVwZ 2007, S. 316 (319) Rn. 47 (Stadt Roanne).

[90] EuGH C-451/08, NZBau 2010, S. 321 (324) Rn. 53 f. (Helmut Müller).

[91] EuGH C-451/08, NZBau 2010, S. 321 (324) Rn. 55 (Helmut Müller).

[92] EuGH C-451/08, NZBau 2010, S. 321 (324) Rn. 57 (Helmut Müller).

[93] EuGH C-451/08, NZBau 2010, S. 321 (325) Rn. 58 (Helmut Müller).

[94] Ebenso GA *Mengozzi* SchlA v. 17.11.2009 - C 451/08, ZfBR 2010, S. 182 (189 f.) Rn. 74 ff. (Helmut Müller).

[95] EuGH C-451/08, NZBau 2010, S. 321 (325) Rn. 63 (Helmut Müller).

Erstere Erkenntnis gewinnt der EuGH wieder daraus, dass ein entgeltlicher Vertrag vorliegen muss. Der Entgeltlichkeit liegt zugrunde, dass sich ein Auftragnehmer verpflichtet, eine Leistung gegen eine Gegenleistung zu erbringen; und dies beinhaltet an erster Stelle (also auf der Leistungsseite) damit eine Verpflichtung des Auftragnehmers. Bei einem öffentlichen Bauauftrag bezieht sich die Verpflichtung nun auf die Durchführung (oder das Durchführenlassen) von (in Auftrag gegebenen) Bauleistungen[96]. Die Herleitung der Einklagbarkeit erfolgt allein über den Umstand, dass eingegangene Verpflichtungen doch schließlich rechtsverbindlich sind[97].

Zusammen behandelte der EuGH auch die fünfte und sechste Vorlagefrage[98]. Er interpretierte die Fragen des OLG Düsseldorf und antwortete, dass „die ‚vom öffentlichen Auftraggeber genannten Erfordernisse' im Sinne der dritten in Art. 1 II lit. b der Richtlinie 2004/18/EG genannten Fallgestaltung nicht in dem bloßen Umstand bestehen können, dass eine Behörde bestimmte, ihr vorgelegte Baupläne prüft oder in Ausübung ihrer städtebaulichen Regelungszuständigkeiten eine Entscheidung trifft"[99].

Der Ausgangssachverhalt gab keine detaillierte Auftragsbeschreibung an den potenziellen Auftragnehmer her, was die dritte Fallgestaltung des öffentlichen Bauauftrags erst ins Spiel brachte: Im Auffangtatbestand des Art. 1 Abs. 2 lit. b) Richtlinie 2004/18/EG (heute also Art. 2 Abs. 1 Nr. 6 lit. c) Richtlinie 2014/24/EU[100]) ist lediglich vorgesehen, dass die Erbringung einer Bauleistung „gemäß den vom öffentlichen Auftraggeber genannten Erfordernissen" erfolgen muss. Die Interpretation dieses Passus stand aber bis zur Entscheidung des EuGH noch aus. Nun diktierte der Gerichtshof, dass diese Erfordernisse seitens des öffentlichen Auftraggebers nur dann genannt sind, wenn dieser „Maßnahmen ergriffen hat, um die Merkmale der Bauleistung zu definieren oder zumindest einen entscheidenden Einfluss auf ihre Konzeption auszuüben"[101]. „Der bloße Umstand, dass eine Behörde in Ausübung ihrer städtebaulichen Regelungszuständigkeiten bestimmte, ihr vorgelegte Baupläne prüft oder eine Entscheidung in Anwendung von Zuständigkeiten in diesem Bereich trifft", soll dabei eben nicht genügen, um dieses Merkmal erfüllen zu können[102].

Hinsichtlich der zusammen behandelten *achten und neunten Vorlagefrage* interessiert für die Konzeptvergabe grundsätzlich nur Letztere: Ohne zu

---

[96] EuGH C-451/08, NZBau 2010, S. 321 (325) Rn. 60 (Helmut Müller).

[97] EuGH C-451/08, NZBau 2010, S. 321 (325) Rn. 62 (Helmut Müller).

[98] Ebenso GA *Mengozzi* SchlA v. 17.11.2009 - C 451/08, ZfBR 2010, S. 182 (188 f.) Rn. 63 ff. (Helmut Müller), allerdings vorgezogen.

[99] EuGH C-451/08, NZBau 2010, S. 321 (325) Rn. 69 (Helmut Müller).

[100] Heute allerdings in Anpassung an diese Definition der Helmut-Müller-Rspr.: „gemäß den vom öffentlichen Auftraggeber, der einen entscheidenden Einfluss auf die Art und die Planung des Vorhabens hat, genannten Erfordernissen".

[101] EuGH C-451/08, NZBau 2010, S. 321 (325) Rn. 67 (Helmut Müller).

[102] EuGH C-451/08, NZBau 2010, S. 321 (325) Rn. 68 (Helmut Müller).

weiterführenden Erkenntnissen beizutragen, nennt es der EuGH als „vernünftig, die Anwendung der Richtlinie 2004/18/EG auf ein zweistufiges Vergabeverfahren, das durch den Verkauf eines Grundstücks gekennzeichnet ist, das später Gegenstand eines Bauauftrags wird, durch die Bewertung dieser Vorgänge als Einheit nicht von vornherein auszuschließen"[103].

dd) Folgerechtsprechung des EuGH als Nachweis der Verfestigung

Bereits über zehn Jahre ist das Helmut-Müller-Urteil nun alt. Der EuGH bekam mittlerweile schon öfter Gelegenheit, die von ihm aufgestellten Kriterien aufzugreifen und zu verfestigen. Die These, dass es sich bei dem Urteil des EuGH um mehr als ein Einzelfallurteil handelt[104], kann danach unterstrichen werden.

In diesem Sinne nannte der EuGH in einem Urteil vom 10. Juli 2014 erneut seine Definition der „vom öffentlichen Auftraggeber genannten Erfordernisse"[105] und in einem Urteil vom 10. September 2020 bestätigte der Gerichtshof seine Ausführungen zur Einklagbarkeit[106].

Erst neulich bekräftigte der EuGH in einem Urteil vom 22. April 2021 das Erfordernis des unmittelbaren wirtschaftlichen Interesses[107]; hierbei nannte er insbesondere die ersten beiden aufgestellten Fallgruppen (Eigentum und Rechtstitel) erneut[108]. Im Anschluss führte er zu seiner Definition der „vom öffentlichen Auftraggeber genannten Erfordernisse" (die Helmut-Müller-Rechtsprechung also auch in dieser Hinsicht bestätigend) aus[109]: Der öffentliche Auftraggeber müsse Maßnahmen ergriffen haben, „um die Merkmale der Bauleistung festzulegen oder zumindest entscheidenden Einfluss auf die Planung der Bauleistung zu nehmen". Für die Beurteilung der Konzeptvergabe ist aber vor allem die folgende, anknüpfende Erläuterung bedeutsam. Denn: „So verhält es sich insbesondere, wenn die vom öffentlichen Auftraggeber verlangten Spezifikationen über die üblichen Vorgaben eines Mieters für eine Immobilie wie das betreffende Bauwerk hinausgehen". Und „[h]insichtlich des geplanten Gebäudes lässt sich ein entscheidender Einfluss auf dessen Gestaltung feststellen, wenn nachgewiesen werden kann, dass dieser Einfluss auf die architektonische Struktur dieses Gebäudes wie seine Größe, seine Außenwände und seine tragenden Wände ausgeübt wird. Anforderungen, die die Gebäudeeinteilung betreffen, können nur dann als Beleg für einen entscheidenden

---

[103] EuGH C-451/08, NZBau 2010, S. 321 (326) Rn. 82 (Helmut Müller).
[104] Siehe hierzu bereits oben Kap. 5 A. I. 7. c) aa)
[105] EuGH C-213/13, NZBau 2014, S. 572 (575) Rn. 43 f. (Pizzarotti).
[106] EuGH C-367/19, NZBau 2020, S. 730 (731) Rn. 26 (Tax-Fin-Lex).
[107] EuGH C-537/19, NZBau 2021, S. 396 (400) Rn. 44 (Wiener Gate 2).
[108] EuGH C-537/19, NZBau 2021, S. 396 (400) Rn. 44 (Wiener Gate 2).
[109] EuGH C-537/19, NZBau 2021, S. 396 (400) Rn. 49 f. (Wiener Gate 2), auch unter Berufung auf seine Köln-Messe-Rspr. (EuGH C-536/07, NZBau 2009, S. 792 [795] Rn. 55) und seine Pizzarotti-Rspr. (EuGH C-213/13, NZBau 2014, S. 572 [575] Rn. 43).

Einfluss angesehen werden, wenn sie sich aufgrund ihrer Eigenart oder ihres Umfangs abheben"[110]. Hierbei spricht allerdings einiges dafür, dass dieser Einfluss auf die architektonische Struktur des Gebäudes (wie also der Einfluss auf seine Größe, seine Außenwände und seine tragenden Wände) nur ein Beispiel für den entscheidenden Einfluss des öffentlichen Auftraggebers darstellen soll. Schließlich können selbst Anforderungen, welche die Gebäudeeinteilung betreffen, als Beleg für einen entscheidenden Einfluss angesehen werden, wenn hierzu besondere Voraussetzungen vorliegen.

Einer sich neuerdings (seit dem Jahr 2016) verbreitenden Rechtsansicht des EuGH ist aber klar zu widersprechen. Nach dieser soll der „entgeltliche Charakter [implizieren], dass der öffentliche Auftraggeber, der einen öffentlichen Auftrag vergibt, gemäß diesem Auftrag gegen eine Gegenleistung eine Leistung erhält, die für den öffentlichen Auftraggeber von unmittelbarem wirtschaftlichen Interesse ist"[111]. Hiermit schließt der EuGH von der Gegenleistung (oder der Entgeltlichkeit) auf das unmittelbare wirtschaftliche Interesse an einer Leistung und überstrapaziert damit diesen Begriff: Letztlich wird das Kriterium des „unmittelbaren wirtschaftlichen Interesses" vollends sinnentleert, denn für einen öffentlichen Auftrag ist eine Gegenleistung stets nötig, womit schließlich auch das „unmittelbare wirtschaftliche Interesse" stets vorliegen bzw. impliziert sein müsste. Der EuGH beweist hiermit schließlich, dass er mit den von ihm erschaffenen Erfordernissen selbst nicht treffsicher umgehen kann.

Doch entsprechende Schwierigkeiten mit der Handhabe der Helmut-Müller-Rechtsprechung haben auch Schrifttum und Rechtsprechung (ee)).

ee) Rezeption der Helmut-Müller-Rechtsprechung

Die Helmut-Müller-Rechtsprechung des EuGH wurde als Befreiungsschlag[112] von den Zwängen des GWB-Vergaberechts interpretiert, die das OLG Düsseldorf vielen kommunalen Grundstücksveräußerungen mit der Ahlhorn-Rechtsprechung auferlegt hatte.

Dennoch ist festzustellen, dass durch die Helmut-Müller-Entscheidung weder ein allumfassender „Freibrief" zur Nichtanwendung des GWB-Vergaberechts erteilt wurde[113] noch dass sich dieses Urteil „hervorragend" zur Abgrenzung von ausschreibungspflichtigen und nicht ausschreibungspflichtigen

---

[110] EuGH C-537/19, NZBau 2021, S. 396 (400 f.) Rn. 51 ff. (Wiener Gate 2).

[111] EuGH C-51/15, NZBau 2017, S. 105 (107) Rn. 43 (Remondis) unter Bezugnahme auf die Helmut-Müller-Rspr. bei Nennung des „unmittelbaren wirtschaftlichen Interesses". Bedauerlicherweise wiederholend in EuGH C-796/18, NZBau 2020, S. 461 (464) Rn. 40 (ISE).

[112] Vgl. „Befreiungsschlag im Vergaberecht", Frankfurter Allgemeine Zeitung vom 01.04.2010, S. 43.

[113] *Lamm* KommJur 2010, S. 161 (164); *Haak* VergabeR 2011, S. 351 (354).

Vertragsgestaltungen eignet[114]. Und trotz der (erneut) enormen Anzahl an Veröffentlichungen zur behandelten Rechtsprechung[115] hat sich eine einheitliche Rechtsansicht zur Bewältigung von Fragestellungen rund um die Vergaberechtspflicht städtebaulich eingebundener Grundstücksverkäufe bis heute (nach über zehn Jahren) nicht gebildet.

In Anlehnung an die Vorgaben der Helmut-Müller-Entscheidung lässt sich allein ein vermehrt benutztes Schema zur Leistungsseite des öffentlichen Bauauftrags erblicken[116], das auch dieser Untersuchung als Diskussions- und Prüfungsgrundlage dient: Bezogen auf *alle Fallgestaltungen des öffentlichen Bauauftrags* ist zur Annahme der Leistung ein unmittelbares wirtschaftliches Interesse des öffentlichen Auftraggebers (an dieser, vom Unternehmen erbrachten Bauleistung) erforderlich ((1)). Dabei sind die vom EuGH gebildeten Fallgruppen ebenso erörterungswürdig wie der nur vermeintliche Ausschlusstatbestand der „bloßen Ausübung städtebaulicher Regelungszuständigkeiten". Es muss weiterhin eine einklagbare Bauverpflichtung vorliegen, woran ebenfalls mehrere Auslegungsansätze anknüpfen ((2)). Nur im Hinblick auf die *dritte Fallgestaltung des öffentlichen Bauauftrags* ist zur Annahme der Leistung erforderlich, dass der öffentliche Auftraggeber „Maßnahmen ergriffen hat, um die Merkmale der Bauleistung zu definieren oder zumindest einen entscheidenden Einfluss auf ihre Konzeption auszuüben", was (abgewandelt) mittlerweile als gesetzliches Merkmal in § 103 Abs. 3 Satz 2 GWB (und Art. 2 Abs. 1 Nr. 6 lit. c) Richtlinie 2014/24/EU) wiederzufinden ist ((3)).

---

[114] A.A. *Tschäpe/Grothmann* ZfBR 2011, S. 442 (442, 447).

[115] Ohne Anspruch auf Vollständigkeit (alph. geordnet und ohne Übernahme in das Literaturverzeichnis aufgrund der Auflistung): *Brakalova* EuZW 2010, S. 335 ff.; *Gartz* NZBau 2010, S. 293 ff.; *Greim* ZfBR 2011, S. 126 ff.; *Große Hündfeld* BauR 2010, S. 1504 ff.; *Grothmann/Tschäpe* ZfBR 2011, S. 442 ff.; *Haak* VergabeR 2011, S. 351 ff.; *Hanke* ZfBR 2010, S. 562 ff.; *Harms/Schmidt-Wottrich* LKV 2011, S. 537 ff.; *Hausmann* vr 2011, S. 41 ff.; *Herrmann* VergabeR 2010, S. 976 ff.; *Hertwig* NZBau 2011, S. 9 ff.; *Jenn* ZfIR 2010, S. 405 ff.; *Kühling* NVwZ 2010, S. 1257 ff.; *Lamm* KommJur 2010, S. 161 ff.; *Otting* NJW 2010, S. 2167 ff.; *ders.* VergabeR 2013, S. 343 ff.; *Raabe* NordÖR 2010, S. 273 ff.; *Tomerius* ZfBR 2012, S. 332 ff.; *van Kann/Hettich* ZfIR 2010, S. 783 ff.; *Vetter/Bergmann* NVwZ 2010, S. 569 f. Hierneben können bspw. noch folgende Dissertationen genannt werden, die sich zumindest i.w.S. mit der Rspr. befassen: *Bremke*, Wettbewerbliche Ausschreibung kommunaler Investorenprojekte; *Jarass Cohen*, Vergaberecht und städtebauliche Kooperation; *Keller*, Kooperativer Städtebau und Kartellvergaberecht; *Tilse*, Städtebauliche Investorenverträge im Lichte des GWB-Vergaberechts.

[116] Vgl. *Kühling* NVwZ 2010, S. 1257 (1258); *Tschäpe/Grothmann* ZfBR 2011, S. 442 (443); ähnlich *Hanke* ZfBR 2010, S. 562 (563, 565). Hieran lassen sich auch die ungeschriebenen Tatbestandsmerkmale des EuGH erkennen, vgl. mit dieser Vorgehensweise deshalb bspw. VK Baden-Wüttemberg Az. 1 VK 65/14, BeckRS 2015, 55881. Letztlich behandelt auch die VK Berlin, die sich mit einer *Konzeptvergabe* beschäftigte, bei ihrer „Rechtsprüfung der Anwendbarkeit des GWB-Vergaberechts" alle drei genannten Aspekte, vgl. ErbbauZ 2022, S. 75 (85) Rn. 62.

Bei der Bearbeitung wird folgendermaßen vorgegangen: Zunächst wird dargestellt, wie das Schrifttum und die Rechtsprechung die EuGH-Entscheidung hinsichtlich der benannten Gesichtspunkte interpretieren. Hierauf folgt dann eine eigene Stellungnahme. Die selbst eingenommenen Rechtsansichten bilden dann die Grundlage für die noch separat folgende Rechtsprüfung zur Konzeptvergabe (gg)).

Eine besondere Berücksichtigung soll bei der Rechtsprechungsrezeption dem Urteil des OLG München vom 27. September 2011 (AZ: Verg 15/11)[117] zukommen, mit dem über einen zumindest konzeptvergabeähnlichen Sachverhalt entschieden wurde[118]. Erstinstanzlich erging hierzu die Entscheidung der Vergabekammer Südbayern vom 29. Juli 2011 (AZ: Z3-3-3194-1-18-05/11)[119], welche die seinerzeit noch „junge" Helmut-Müller-Entscheidung in vielen Punkten anders als das OLG München zu deuten meinte. Neben diese bayerischen Entscheidungen reihen sich inzwischen noch zwei Beschlüsse der

---

[117] OLG München NZBau 2012, 134 ff. Diese Entscheidung wird im Kontext der Anwendungsfrage des GWB-Vergaberechts auf Grundstücksverkäufe an einigen Stellen erwähnt, vgl. *Harms/Schmidt-Wottrich* LKV 2011, S. 537 (539); *Tomerius* ZfBR 2012, S. 332 (336). Zur Entscheidungsbesprechung bspw. *Hertwig* VergabeR 2012, S. 64 f.

[118] Auch bei diesem Grundstücksmodell sollte Wohnraum geschaffen werden: Deshalb erfolgte die Veräußerung nicht für den freifinanzierten Wohnungsbau, sondern im sog. München-Modell. Durch dieses „M-Modell" sollten einheimische Bürger mit mittlerem Einkommen beim Erwerb von Wohneigentum gefördert werden. Im konkreten Fall hieß es in den Ausschreibungsunterlagen, dass vorausgesetzt werde, „dass die Mitglieder der Baugemeinschaft die Eigentumswohnungen zum Selbstbezug erwerben". Es wurde ein Festpreis bestimmt, der für die Baugemeinschaften im München-Modell herabgesetzt war, vgl. OLG München NZBau 2012, S. 134 (134 f.). Das betreffende Baufeld wurde in mehrere Grundstücke unterteilt und nur an Baugemeinschaften veräußert, vgl. VK Südbayern Beschl. v. 29.07.2011, Az. Z3-3-3194-1-18-05/11, Rn. 2 (Juris). Die Vergabekriterien lauteten: „Konzeption und Organisation der Baugemeinschaft", „Energie und Ökologie", „Planung" sowie „Soziales" (ebd. Rn. 3). Die Erfüllung der Vergabekriterien wurde mittels einer *Bewertungsmatrix* beurteilt (Rn. 57). Ebenfalls der Vertragsinhalt fügt sich in das bereits Geschilderte ein: Es wurde verabredet, dass die Bauarbeiten sechs Monate nach der rechtskräftigen Baugenehmigung beginnen mussten (also *Baugebot*) (ebd. Rn. 79); die Wohnungen sollten dann bis zum Ende des Jahres 2013 bezugsfertig erstellt sein (also *Baugebot*) (ebd. Rn. 79). Dem Verkäufer wurde ein *Rückübertragungsrecht* eingeräumt, falls der Käufer den Verpflichtungen nicht nachkommt (ebd. Rn. 79). Der Käufer verpflichtet sich weiterhin, das Grundstück *nach den Ausschreibungsbedingungen zu bebauen* (ebd. Rn. 80). Nachzukommen war Anforderungen an eine umweltfreundliche Energienutzung sowie ökologischen und baubiologischen Grundsätzen (ebd. Rn. 80). Zur Sicherung dieser Vorgaben wurden *Vertragsstrafen* in den Kaufvertrag mitaufgenommen (ebd. Rn. 80).

[119] VK Südbayern Beschl. v. 29.07.2011, Az. Z3-3-3194-1-18-05/11, Rn. 2 (Juris). Die VK Südbayern nahm die Anwendung des GWB-Vergaberechts auf das Grundstücksmodell (anders als das OLG München) auch an: „Bei dem streitgegenständlichen Verkauf von Wohnbaugrundstücken an Baugemeinschaften [...] handelt es sich nach Auffassung der Vergabekammer Südbayern um einen der Ausschreibungspflicht unterliegenden Vorgang" (ebd. Rn. 67).

Vergabekammer Berlin, die im Laufe des Untersuchungszeitraums konkret zur Konzeptvergabe ergangen sind[120], was den aktuellen Forschungsbedarf noch einmal mehr unterstreicht. Wenngleich die veranstalteten Konzeptvergaben nicht vorrangig (oder ausschließlich) der Wohnraumschaffung dienten, nahm die Vergabekammer Berlin doch in beiden Fällen die Anwendung des GWB-Vergaberechts an. Die inhaltliche Prüfung zu diesem Rechtsaspekt fiel allerdings jeweils spärlich aus[121].

(1) Unmittelbares wirtschaftliches Interesse

Beim Erfordernis des „unmittelbaren wirtschaftlichen Interesses" soll es sich um einen Schlüsselbegriff des öffentlichen Auftrags handeln[122].

Während der EuGH sich (in Anknüpfung an den Vorlagebeschluss) weitgehend der Terminologie der vormaligen GWB-Gesetzesänderung bediente[123], findet sich die Voraussetzung heute noch nahezu wortlautgetreu in der dritten Fallgestaltung des öffentlichen Bauauftrags in § 103 Abs. 3 Satz 2 GWB[124]. Aufgrund der Unbestimmtheit des Erfordernisses des „unmittelbaren wirtschaftlichen Interesses" besteht aber augenscheinlich Auslegungsbedarf[125].

Diese notwendige Interpretation betrifft das unmittelbare wirtschaftliche Interesse als allgemeines Erfordernis ((a)), die hier relevante zweite (Rechtstitel; (b)) und die vierte Fallgruppe (finanzielle Beteiligung; (c)) sowie den nur vermeintlichen Ausschlusstatbestand der bloßen Ausübung städtebaulicher Regelungskompetenzen ((d)).

---

[120] VK Berlin ErbbauZ 2022, S. 23 ff.; VK Berlin ErbbauZ 2022, S. 75 ff.

[121] So die VK Berlin ErbbauZ 2022, S. 23 (28) Rn. 48 ohne weitere Begründung, als dass dies der „Ausgestaltung des Konzeptverfahrens" folge.

[122] *Otting* NJW 2010, S. 2167 (2167 f.)

[123] Der EuGH bedient sich hier der Terminologie, die ihm das OLG Düsseldorf schon in der ersten Vorlagefrage präsentiert („unmittelbares wirtschaftliches Zugutekommen"). Das vorlegende OLG Düsseldorf orientierte sich wiederum am Wortlaut des Gesetzentwurfs zur Modernisierung des Vergaberechts, BT-Drs. 16/10117. Aufgrund der Nähe der Begrifflichkeiten zueinander und mangels einer inhaltlichen Auseinandersetzung des EuGH in der Helmut-Müller-Entscheidung mit den terminologischen Unterschieden spricht einiges dafür, diese Begriffe inhaltlich gleichzusetzen. Ebenfalls verwendet der EuGH in Rn. 58 (in Anlehnung an die Vorlagefrage des OLG Düsseldorf) die Terminologie des „unmittelbaren wirtschaftlichen Zugutekommens", EuGH C-451/08, NZBau 2010, S. 321 (325) (Helmut Müller).

[124] Da sich der EuGH in seiner Entscheidung in den Rn. 40 bis 57 (denen das Erfordernis des „unmittelbaren wirtschaftlichen Interesses" zu entnehmen ist, EuGH C-451/08, NZBau 2010, S. 321 [324] [Helmut Müller]) mit dem Begriff des öffentlichen Bauauftrags in allen seinen Fallgestaltungen auseinandersetzt, kann dieses Erfordernis im deutschen Recht auch ohne Nennung in die ersten beiden Fallgestaltungen des § 103 Abs. 3 Satz 1 GWB hineingelesen werden.

[125] Ebenso *Jarass Cohen*, Vergaberecht und städtebauliche Kooperation, S. 116, 145, 148.

(a) Allgemeines Erfordernis

Das Erfordernis des „unmittelbaren wirtschaftlichen Interesses" wird überwiegend als Bestätigung der Forderung nach einem Beschaffungsbezug empfunden[126]. Als Gegenpole werden einerseits immaterielle Interessen (nicht wirtschaftliche Interessen) und andererseits mittelbare Vorteile (nicht unmittelbare Interessen) angeführt[127].

Im Betätigungsfeld der städtebaulichen Kooperation wird von einem „unmittelbaren wirtschaftlichen Interesse" ausgegangen, wenn der öffentliche Auftraggeber etwas erhalten möchte, „das über das, was er mit den Instrumenten städtischer Planung ohnehin erreichen kann, hinausgeht"[128]. Geht es um Grundstücksveräußerungen, könnten nach teilweiser Rechtsansicht zumindest rein privatnützige Bauvorhaben herausfallen, die erwerberseits umgesetzt werden[129]. Auch die „allgemeine Aufwertung der Wohnsituation im Wohngebiet" soll nicht genügen[130].

Vereinzelt wird das Erfordernis des „unmittelbaren wirtschaftlichen Interesses" auch als Abgrenzungskriterium (sogar als „Antonym"[131]) zu einem rein städtebaulichen Interesse aufgefasst, dessetwegen ein Bauvorhaben erfolgen

---

[126] Vgl. OLG Jena Az. 2 Verg 3/16, BeckRS 2017, 128365, Rn. 33; VK Schleswig-Holstein Az. VK-SH 17/12, BeckRS 2014, 22318; sowie aus der Literatur *Gartz* NZBau 2010, S. 293 (295) („Beschaffungsvorgang"); *Hanke* ZfBR 2010, S. 562 (564) („Es muss ihm also in irgendeiner Weise um Beschaffung gehen"); *Otting* VergR 2013, S. 343 (343) („Beschaffungsbezug"); *Lüttmann*, Beschaffung als Anwendungsvoraussetzung des deutschen und europäischen Vergaberechts, S. 149, die das unmittelbare wirtschaftliche Interesse als Umschreibung der Beschaffung auffasst.

[127] *Jarass Cohen*, Vergaberecht und städtebauliche Kooperation, S. 145, 148. Wegen der begrifflichen Ähnlichkeit sei an dieser Stelle auch auf die Ausführungen des GA *Mengozzi* zu verweisen, der „immaterielle Nutzen" und „mittelbare Nutzen" nicht als eine (von ihm für erforderlich erachtete) „triftige unmittelbare Verbindung zwischen der öffentlichen Verwaltung und den zu verwirklichenden Arbeiten oder Werken" genügen lässt, SchlA v. 17.11.2009 – C 451/08, ZfBR 2010, S. 182 (187) Rn. 53 (Helmut Müller). Vgl. auch VK Baden-Wüttemberg Az. 1 VK 67/10, BeckRS 2015, 55874 und VK Baden-Wüttemberg Az. 1 VK 65/14, BeckRS 2015, 55881: „Ein nur mittelbares wirtschaftliches Interesse oder nur mittelbare wirtschaftliche Vorteile reichen seit der Entscheidung des EuGH (Urteil vom 25.03.2010, C – 451/08) entgegen der vom OLG Düsseldorf entwickelten sog. Ahlhorn-Rechtsprechung nicht mehr aus". Ebenso OLG Jena Az. 2 Verg 3/16, BeckRS 2017, 128365, Rn. 38.

[128] *Jarass Cohen*, Vergaberecht und städtebauliche Kooperation, S. 148 f. ebenso S. 151, 170.

[129] *Hertwig* NZBau 2011, S. 9 (15), der eine Abgrenzung zu anderen Bauvorhaben (wie bspw. die Errichtung von Rathäusern, Schulen, Feuerwehrhäusern, aber auch Straßen, Kanälen und ähnlichen Infrastruktureinrichtungen) nennt.

[130] *Jarass Cohen*, Vergaberecht und städtebauliche Kooperation, S. 151.

[131] *Tschäpe/Grothmann* ZfBR 2011, S. 442 (447).

soll[132]. Gleichwohl wird erkannt, dass sich die entscheidende Frage nach einer (nicht immer einfach zu bestimmenden) Grenzlinie durchaus nur verschiebt[133]: Was ist ein „unmittelbares wirtschaftliches Interesse"? Und was ist ein „rein städtebauliches Interesse"?

Diese Schwierigkeiten und die Unbestimmtheit des Begriffs müssen sich augenscheinlich auch schon dem EuGH aufgedrängt haben, was ihn zur genannten Fallgruppenbildung bewegte. Behandelt man die im Bestreben der Wohnraumschaffung eingesetzte Konzeptvergabe, kann eine Diskussion der ersten, der dritten und der fünften Fallgruppe aber unterbleiben[134]: Bauwerkseigentümerin wird nicht die Gemeinde und diese erhält weder Vorteile aus der zukünftigen Nutzung oder Veräußerung, noch trägt sie das finanzielle Risiko für den Fall des Fehlschlags der Bauleistung.

Bislang ungeklärt ist aber auch, wie weit der (möglicherweise einschlägige) Tatbestand der „bloßen Ausübung städtebaulicher Regelungszuständigkeiten im Hinblick auf die Verwirklichung des allgemeinen Interesses" reicht.

Die folgende Diskussion befasst sich demnach vor allem mit der zweiten Fallgruppe des „Rechtstitels" ((b)), mit der vierten Fallgruppe der „finanziellen Beteiligung" ((c)) sowie mit der „Ausübung städtebaulicher Regelungszuständigkeiten" ((d)).

Eigene Stellungnahme:

Hinsichtlich der Einordnung des „unmittelbaren wirtschaftlichen Interesses" als eine Bestätigung des Beschaffungsbezugs muss sich den Stimmen der Literatur angeschlossen werden. Möglicherweise handelt es sich sogar (wenn auch unbewusst) um eine Definition hierzu. Das genannte Erfordernis zur Leistungsseite des öffentlichen Auftrags darf in keiner anderen Weise verstanden werden. Der EuGH konnte nicht sehenden Auges verkennen, dass eine der

---

[132] *Otting* NJW 2010, S. 2167 (2169); *Gartz* NZBau 2010, S. 293 (295); *Tschäpe/Grothmann* ZfBR 2011, S. 442 (442).

[133] Vgl. *Otting* NJW 2010, S. 2167 (2169). Zur Feststellung gelangt auch *Bank* BauR 2012, S. 174 (177).

[134] Obwohl die Fallgruppen für nicht abschließend gehalten werden, vgl. *Brakalova* EuZW 2010, S. 336 (341); *Greim* ZfBR 2011, S. 126 (129); *Tschäpe/Grothmann* ZfBR 2011, S. 442 (446); *Bremke*, Wettbewerbliche Ausschreibung kommunaler Investorenprojekte, S. 134. A.A. *Vetter/Bergmann* NVwZ 2010, S. 569 (569). Nicht richtig in den Kontext der (eigentlich erfolgenden) Behandlung der finanziellen Beteiligung (und auch nicht in die anderen vom EuGH vorgegebenen Fallgruppen) passen die Ausführungen des OLG München NZBau 2012, S. 134 (136): Ein „Beschaffungsvorgang" könne nach gerichtlicher Ansicht auch darin liegen, dass der öffentliche Auftraggeber „eine eigentlich ihm obliegende Aufgabe durch Dritte durchführen lässt, wie zum Beispiel die Versorgung mit Krankenhäusern oder mit Breitbandkabel". Zwar obläge einer Gemeinde nach Art. 106 Abs. 2 BV zweifellos die Aufgabe, den sozialen Wohnungsbau zu fördern. Es stehe ihr aber frei, auf welche Art und Weise sie bezahlbaren Wohnraum fördern will. Daraus folge schließlich nicht, „dass der Staat selbst zum Bau von Wohnungen für einkommensschwächere Bürger verpflichtet ist".

wesentlichen Unsicherheiten des OLG Düsseldorf darin zu erblicken war, ob zur Anwendung des unionalen Auftragsvergaberechts ein Beschaffungsbezug zu fordern ist[135]. Nicht nur die enorme Kritik an der Ahlhorn-Rechtsprechung erhob diese Frage zu einem Hauptanliegen der Entscheidung; auch *GA Mengozzi* beschäftigte sich mit dieser Frage im Vorfeld des Gerichtsurteils[136].

(b) Rechtstitel (Zweite Fallgruppe)

Was ist also unter einem Rechtstitel zu verstehen, den der öffentliche Auftraggeber erlangt und mittels dessen die Verfügbarkeit der in Auftrag gegebenen Bauleistungen im Hinblick auf deren öffentliche Zweckbestimmung sichergestellt werden kann[137]? Da sich der EuGH bei der Bildung der Fallgruppe selbst auf seine eigene Mailänder-Scala-Rechtsprechung bezieht[138], versuchen manche, die Fallgruppe in einer dem vorangehenden Urteil entsprechenden Weise auszulegen[139]. Beinahe einig ist sich das Schrifttum dahingehend, dass dingliche Rechte solche Rechtstitel darstellen können[140]. Nach weitgehenderer Ansicht können aber auch schuldrechtliche Nutzungsrechte[141] und vertragliche Einflussmöglichkeiten[142] als Rechtstitel angesehen werden. Rückabwicklungsrechte sollen dagegen nicht genügen, da sie nur zur Wiederherstellung eines „status quo ante" führen und deshalb keinen Beschaffungsbezug vermitteln[143].

---

[135] Diese „große (Beschaffungs-)Frage" scheint im Vorlagebeschluss an mehreren Stellen durch, vgl. nur OLG Düsseldorf NZBau 2008, S. 727 (730, 734).

[136] Etwa GA *Mengozzi* SchlA v. 17.11.2009 – C 451/08, ZfBR 2010, S. 182 (186 f.) Rn. 43 f. (Helmut Müller) zu den unterschiedlichen Auffassungen der deutschen und der österreichischen Regierung sowie der Kommission oder GA *Mengozzi* selbst, ebd. S. 187 Rn. 48.

[137] Zu dieser zweiten Fallgruppe des EuGH eben schon Kap. 5 A. I. 7. c) cc)

[138] EuGH C-451/08, NZBau 2010, S. 321 (324) Rn. 51 (Helmut Müller) unter Bezugnahme auf EuGH C-399/98, NZBau 2001, S. 512 (515) Rn. 67 (Mailänder Scala).

[139] *Gartz* NZBau 2010, S. 293 (295).

[140] *Greim* ZfBR 2011, S. 126 (127); *Hertwig* NZBau 2011, S. 9 (14); *Tomerius* ZfBR 2012, S. 332 (336); *Bremke*, Wettbewerbliche Ausschreibung kommunaler Investorenprojekte, S. 124.

[141] *Hertwig* NZBau 2011, S. 9 (14); *Bremke*, Wettbewerbliche Ausschreibung kommunaler Investorenprojekte, S. 124, der zutreffend herausarbeitet, dass es sich bei dem Rechtstitel um mehr handeln müsse als nur um die Bauverpflichtung: Denn insb. finde der Rechtstitel einen anderen Anknüpfungspunkt als die Bauverpflichtung, nämlich die sich an den Bau anschließende Nutzung, ebd. S. 124 f.

[142] *Greim* ZfBR 2011, S. 126 (127) m.w.N.; *Tomerius* ZfBR 2012, S. 332 (336) A.A. ggf. *Gartz* NZBau 2010, S. 293 (295), wobei dieser das Vertragsverhältnis behandelt, das die Bauverpflichtung enthält, weshalb die Ausführungen auch in eine andere Richtung gehen können.

[143] Vgl. VK Baden-Wütemberg Az. 1 VK 67/10, BeckRS 2015, 55874; *Greim*, ZfBR 2011, S. 126 (127 f.) m.V.a. *Jenn* ZfIR 2010, 405 (407), wobei hier auch *Greim* danach differenzieren will, woran das Rückabwicklungsrecht anknüpft. Umgehungsversuche müssen selbredend anders (oder zumindest speziell) behandelt werden.

Ersichtlich lässt bereits die zweite Fallgruppe die verschiedensten Deutungsmöglichkeiten zu, die aber allesamt an die zukünftige Nutzung des Bauwerks in öffentlicher Zweckbestimmung, nicht aber an die Bauerrichtung selbst anknüpfen müssen[144].

Eigene Stellungnahme:

Überzeugend ist es zunächst, einen „Rechtstitel" dann anzunehmen, wenn dem öffentlichen Auftraggeber ein dingliches Recht bestellt wird, um ihm die Verfügbarkeit der Bauwerke, die Gegenstand des Auftrags sind, im Hinblick auf ihre öffentliche Zweckbestimmung sicherzustellen. Dass ein Rechtstitel in einem dinglichen Recht gesehen werden kann, lässt sich schon mit der Nähe zur ersten Fallgruppe begründen.

Unklar bleibt dann noch, ob auch schuldrechtliche Ansprüche vom Begriff eines solchen „Rechtstitels" erfasst sein können. Für den Miteinbezug dieser Ansprüche spricht aber, dass auch solchen (subjektiven) Rechten eine enorme Sicherstellungswirkung zukommen kann, die zur Annahme der zweiten Fallgruppe nötig ist („Rechtstitel, der dem öffentlichen Auftraggeber die Verfügbarkeit der Bauwerke, die Gegenstand des Auftrags sind, im Hinblick auf ihre öffentliche Zweckbestimmung sicherstellt"): Je nach Ausgestaltung kann ein schuldrechtlicher Anspruch sogar intensiver wirken als ein schwaches dingliches Recht. Daneben kann der unional verstandene Begriff des „Rechtstitels" schuldrechtliche Ansprüche terminologisch mitumfassen. Der öffentliche Auftraggeber „verfügt" im Übrigen dann über einen Rechtstitel, wenn dieser ihm zusteht: Der öffentliche Auftraggeber also aus dem Rechtstitel (subjektiv) berechtigt ist[145]. Will man Umgehungsversuche sowie eine Fallgruppenbildung abseits der bisherigen fünf Fallgruppen vermeiden, sollte man an dieser Stelle auch „tendenziell mittelbar wirkende" Rechtspositionen miteinbeziehen. Der öffentliche Auftraggeber wird etwa mit einer zu Lasten seines Vertragspartners verabredeten Vertragsstrafe in eine rechtliche Position versetzt, aus der heraus er die erwartete „Verfügbarkeit" der Bauwerke im Hinblick auf deren öffentliche Zweckbestimmung sichern kann: Wichtig ist bei alledem schließlich wieder der Inhalt der Abrede, also der Inhalt des Rechtstitels.

---

[144] Diese Voraussetzung findet ihre Grundlage in der Mailänder-Scala-Rspr. des EuGH C-399/98, NZBau 2001, S. 512 (515) Rn. 67 (Mailänder Scala), in der es heißt: „[...] die rechtliche Befugnisse besitzen, mit denen sie die Verfügbarkeit der Anlagen sicherstellen können, um allen örtlichen Nutzern den Zugang zu gewährleisten". Vgl. hiervon unabhängig nochmals *Bremke*, Wettbewerbliche Ausschreibung kommunaler Investorenprojekte, S. 124 f.

[145] Begrifflich ist dieses „Verfügen über einen Rechtstitel" zurückzuführen auf das in der Mailänder-Scala-Entscheidung genannte „Besitzen einer rechtlichen Befugnis", vgl. EuGH C-399/98, NZBau 2001, S. 512 (515) Rn. 67 (Mailänder Scala).

(c) Finanzielle Beteiligung (Vierte Fallgruppe)

Als vierte Fallgruppe nennt der EuGH die Beteiligung des öffentlichen Auftraggebers an der Bauleistung in finanzieller Hinsicht, was wiederum Auslegungsspielräume eröffnet: Neben Zuschusszahlungen für die Bauleistung werden etwa Kaufpreisnachlässe bei Grundstücksveräußerungen als Beteiligungen
in finanzieller Hinsicht aufgefasst[146]. Auffällig ist, dass sich die Fallgruppe
mehr auf die „Gegenleistung" (von der öffentlichen Hand zum Grundstückserwerber) als auf die Leistung zu beziehen scheint. Man spricht ihr deshalb einen
indiziellen Charakter zu[147]: Der öffentliche Auftraggeber würde sich schließlich an der Bauleistung nicht finanziell beteiligen, wenn er an dieser kein unmittelbares wirtschaftliches Interesse hätte.

Eigene Stellungnahme:

Zuzustimmen ist beiden letztgenannten Ansichten. Wenn die öffentliche Hand
das zur Bebauung bestimmte Grundstück verbilligt an einen Bauherrn veräußert und dabei den Nachlass beim Grundstückserwerb hinreichend mit der Bebauung verknüpft, kann die vierte Fallgruppe angenommen werden. Das gilt
allerdings nur so weit, als man sich den indiziellen Charakter dieser vierten
Fallgruppe vor Augen hält; denn der Nachlass beim Preis kann in Sonderkons-
tellationen auch andere, beschaffungsferne Motive haben.

---

[146] *Otting* NJW 2010, S. 2167 (2169); *Kühling* NVwZ 2010, S. 1257 (1259); *Lamm*
KommJur 2010, S. 161 (165); *Greim* ZfBR 2011, S. 126 (128); *Harms/Schmidt-Wottrich*
LKV 2011, S. 537 (539); *Bank* BauR 2012, S. 174 (178); weiterhin *Jarass Cohen*,
Vergaberecht und städtebauliche Kooperation, S. 147; *Bremke*, Wettbewerbliche
Ausschreibung kommunaler Investorenprojekte, S. 130 f. Ebenso i.Ü. GA *Mengozzi* SchlA
v. 17.11.2009 – C 451/08, ZfBR 2010, S. 182 (188) Rn. 57 f. (Helmut Müller), nach welchem
durch eine verbilligte (oder sogar kostenlose) Überlassung von Grundstücken die Fallgruppe
des „Einsatzes öffentlicher Mittel" angenommen werden könnte (unter dem generellen Erfordernis einer „unmittelbaren Verbindung zwischen der öffentlichen Verwaltung und den
zu realisierenden Werken oder Arbeiten"). Auch die Gerichte und Vergabekammern weisen
zumindest auf diese Möglichkeit hin, vgl. OLG Düsseldorf NZBau 2010, S. 580 (581); VK
Baden-Wüttemberg Az. 1 VK 67/10, BeckRS 2015, 55874. Zuletzt sei hierzu noch separat
auf die Rspr. des OLG München NZBau 2012, S. 134 (136) hinzuweisen, schließlich prüft
auch dieses bayerische Zivilgericht die „finanzielle Beteiligung" an der Bauwerkserstellung
wegen der Grundstücksverbilligung, verwirft diese Fallgruppe allerdings dann, (wohl) weil
es sich bei dem Kaufpreisnachlass um „eine Art Zuschuss oder Beihilfe" handelt, „um den
Erwerb von Wohnungseigentum zu ermöglichen". Allerdings sei es nach gerichtlicher Auffassung schon „fraglich, ob eine finanzielle Beteiligung an der Errichtung des Bauwerks
überhaupt vorliegt, wenn lediglich das Baugrundstück unter dem Verkehrswert abgegeben
wird".
[147] *Kühling* NVwZ 2010, S. 1257 (1259); *Hanke* ZfBR 2010, S. 562 (565); außerdem
Greim ZfBR 2011, S. 126 (128).

(d) Städtebauliche Regelungszuständigkeit

Bei der Beurteilung der Vergaberechtspflicht einer Konzeptvergabe ist die Interpretation des Tatbestands der „bloßen Ausübung städtebaulicher Regelungszuständigkeiten" besonders wichtig, der oftmals als Ausnahme- oder Abgrenzungstatbestand[148] und teilweise sogar als Antonymfall[149] zum unmittelbaren wirtschaftlichen Interesse erachtet wird. Doch was kann darunter verstanden werden? Auch hierzu existieren bereits mehrere Interpretationsversuche.

Manche „städtebauliche Intention" wird von der Anwendung des unionalen Auftragsvergaberechts freigestellt: Wenn etwa ein Baugebot lediglich zur Brachflächenschließung[150] oder zur Vermeidung von Spekulationen[151] dient, soll es sich allein um die Ausübung städtebaulicher Regelungszuständigkeiten handeln. Bereits etwas weniger konkret sind die folgenden zwei Aussagen: Dass die Zwecksetzung, abstrakte oder entfernte (städtebauliche) Vorteile zu erreichen, nicht als Leistung an die Kommune ausreichen kann[152]. Oder dass die bloße Ausübung städtebaulicher Regelungszuständigkeiten angenommen werden könne, wenn eine Gemeinde „lediglich" aus Allgemeinwohlgründen heraus handelt[153]. Auf das Ganze gesehen existieren mit thematischer Ausrichtung auch pragmatische Lösungsansätze. Etwa könne die bloße Ausübung städtebaulicher Regelungskompetenzen angenommen werden, wenn „sich die Maßnahme der Behörde ihrem Inhalt nach primär mit der Verfolgung der gemeinwohlbezogenen städtebaulichen Planungsziele des § 1 Abs. 6 BauGB

---

[148] Vgl. etwa *Otting* NJW 2010, S. 2167 (2169); *Haak* VergabeR 2011, S. 351 (356); *Greim* ZfBR 2011, S. 126 (129) zumindest: „Es scheint sich dabei um ein reines Negativkriterium zu handeln, das relevant wird, wenn man die vom EuGH gebildeten Fallgruppen des unmittelbaren wirtschaftlichen Interesses als nicht abschließend ansieht und sie fortschreiben will". Ebenfalls schon oben Kap. 5 A. I. 7. c) ee) (1) (a) zum unmittelbaren wirtschaftlichen Interesse im Allgemeinen.

[149] *Tschäpe/Grothmann* ZfBR 2011, S. 442 (447).

[150] *Lamm* KommJur 2010, S. 161 (165); *Greim* ZfBR 2011, S. 126 (129) m.w.N.

[151] *Lamm* KommJur 2010, S. 161 (165) mit Bezug auf die Verabredung einer Bauerrichtungsverpflichtung; *Greim* ZfBR 2011, S. 126 (129); ebenso *Hertwig* NZBau 2011, S. 9 (14) mit Bezug auf die Verabredung einer Bauverpflichtung, *allerdings* ohne direkt an die „städtebauliche Regelungszuständigkeit" anzuknüpfen; allg. auch *Jarass Cohen*, Vergaberecht und städtebauliche Kooperation, S. 152, 170.

[152] *Greim* ZfBR 2011, S. 126 (129), die Vorteile wie „die Aufwertung eines Stadtviertels, die Verbesserung des Mietmarktes, die Stärkung der Kaufkraft oder eine reine Betriebsansiedlung" anführt.

[153] *Tschäpe/Grothmann* ZfBR 2011, S. 442 (446). Ebenfalls das OLG München NZBau 2012, S. 134 (136) führt auf die Helmut-Müller-Entscheidung hin aus, „dass allein die Durchführung des Konzepts der [Gemeinde] zur städtebaulichen Entwicklung des verfahrensgegenständlichen Gebiets nicht dazu führt, dass dies im unmittelbaren wirtschaftlichen Interesse [dieser Gemeinde] liegt".

begründen lässt"[154]. Bezogen auf den städtebaulichen Vertrag kann man etwa
die Vertragsthemen nach § 11 Abs. 1 Satz 2 BauGB als von der städtebaulichen
Regelungszuständigkeit gedeckt ansehen; also beispielsweise dann, wenn ein
Vertrag die Deckung des Wohnbedarfs von Bevölkerungsgruppen mit besonderen Wohnraumversorgungsproblemen fördern und sichern soll[155].

Überwiegend wird (neben diesen vorgenannten, eher inhaltlichen Gesichtspunkten) ebenso der Abschluss städtebaulicher Verträge vorgangsbezogen als
Möglichkeit der Ausübung städtebaulicher Regelungskompetenzen angesehen[156]. Und auch sonst wird der Tatbestand teils formell interpretiert und auf
städtebauliche Handlungsinstrumente statt auf städtebauliche Handlungsziele
ausgerichtet[157].

Eigene Stellungnahme:

Zur Urteilsausführung der „bloßen Ausübung städtebaulicher Regelungszuständigkeiten" lässt sich in mehrerer Weise Position beziehen.

Zunächst gelang es dem EuGH mit diesem Merkmal nicht, die Diskussion
zur Anwendbarkeit des GWB-Vergaberechts passgenau beizulegen. Nach eigener Überzeugung missversteht der EuGH sogar den der zweiten Vorlagefrage zugrundeliegenden Sachverhalt, um den sich auch die rechtswissenschaftliche Diskussion seit der Ahlhorn-Rechtsprechung drehte. Der Gerichtshof spricht zur Ausübung von Regelungszuständigkeiten von „Genehmigungs-
erfordernissen" und „Vereinbarkeitsbeurteilungen hinsichtlich des öffentlichen
Interesses"[158]. Das Herzstück der vorliegenden Rechtsproblematik bestand allerdings seinerzeit (wie heute) nicht in der bauaufsichtlichen Überprüfung von
Bauvorhaben. Auch wenn die auf andere Konstellationen gemünzten Ausführungen des EuGH demnach nicht direkt auf die in Frage stehende vergaberechtliche Handhabe städtebaulich eingebundener Grundstücksverkäufe passen, soll
den gerichtlichen Aussagen gleichwohl ein über ihren Wortlaut hinausreichen-
des Gewicht beigemessen werden. Doch wie ist die konkrete Urteilspassage
dann zu verstehen?

An vorderster Stelle ist es möglich, zu dieser Beurteilung einen *formellen
Blickwinkel* einzunehmen. Die Merkmale, die darüber entscheiden, ob ein Bauvorhaben im Einklang mit dem öffentlichen Interesse steht, kann eine

---

[154] Mit diesen Gedanken *Tomerius* ZfBR 2012, S. 332 (337 f.).: „Eventuell könnte es
helfen, die Ausübung bloßer städtebaulicher Regelungszuständigkeiten im Zweifel dann anzunehmen, wenn [...]".

[155] *Bank* BauR 2012, S. 174 (178).

[156] *Otting* NJW 2010, S. 2167 (2169); *Haak* VergabeR 2011, S. 351 (356); *Bank* BauR
2012, S. 174 (177). Natürlich ergibt sich auch die Qualifikation als städtebaulicher Vertrag
erst aus dem städtebaulichen Vertragsinhalt, vgl. schon Kap. 2 D. III.

[157] Zur Unterscheidung von Handlungsinstrumenten und Handlungszielen in diesem
Kontext *Bremke*, Wettbewerbliche Ausschreibung kommunaler Investorenprojekte, S. 121 f.

[158] EuGH C-451/08, NZBau 2010, S. 321 (324) Rn. 56 (Helmut Müller).

Kommune nämlich durch verschiedene Instrumente vorgeben. Hier zwingt die Union den Mitgliedstaaten keine besonderen Handlungsweisen auf. Deshalb ist den oben genannten Stimmen auch beizupflichten: Nachgekommen werden kann städtebaulichen Regelungszuständigkeiten ebenso mit dem Einsatz städtebaulicher Vertragsinstrumente. Zumindest im Hinblick auf die städtebauliche Ausrichtung sollten bei einem generellen Vorgehen der Gemeinde keine Unterschiede zwischen einem gesetzlich-planerischen und einem vertraglich-kooperativen Verwaltungshandeln bestehen.

Weiterhin darf man sich aber um eine *materielle Würdigung* des Entscheidungstextes bemühen: Hierbei ist das Kriterium der „Ausübung städtebaulicher Regelungszuständigkeiten" inhaltlich selbstredend unional auszulegen. Weder dem Begriff der „städtebaulichen Regelungszuständigkeit" noch dem Begriff der „Regelungszuständigkeit" kommt allerdings eine unional anerkannte Bedeutung zu[159]. Weil der EuGH selbst die Genehmigungsbehörden in Bezug nimmt, kann sich der Begriff der „städtebaulichen Regelung" aber zumindest nicht allein auf eine planerische Regelung beziehen, sondern dieser ist weitumfassender zu verstehen. Deshalb und bei einem Blick auf die zweite Vorlagefrage des OLG Düsseldorf[160] ist mit dem Begriff der „städtebaulichen Regelungszuständigkeit" (nach der hier vertretenen Urteilsdeutung) ein materieller Kompetenzbereich des Städtebauwesens erfasst. Obwohl demnach grundsätzlich die Frage eröffnet wäre, was denn im unionalen Sinne unter diesem materiellen Kompetenzbereich des Städtebauwesens zu verstehen ist, kann sich (allein) zur Orientierung etwa *Tomerius*[161] angeschlossen werden. Im nationalen Recht gibt § 1 Abs. 5, Abs. 6 BauGB nämlich ein eindrucksvolles Bild darüber ab, was vom deutschen Gesetzgeber als „städtebauliches Anliegen" empfunden wird[162].

---

[159] Die „Regelungszuständigkeit" wird weder legaldefiniert, noch kommt dieser Wortlaut in den Verträgen oder regelmäßig im unionalen Sekundärrecht vor. Zwar taucht der Begriff in der „Verordnung (EG) Nr. 734/2008 des Rates vom 15. Juli 2008 zum Schutz empfindlicher Tiefseeökosysteme vor den schädlichen Auswirkungen von Grundfanggeräten", ABl. L 201 S. 8, im ErwG (10) und in Artikel 1 auf. Weiterführende Anhaltspunkte ergeben sich für die Auslegung allerdings nicht.

[160] OLG Düsseldorf (Vorlagebeschluss) NZBau 2008, S. 727 (734): „Ist nach der zweiten Variante der Vorschrift eine Beschaffung anzunehmen, wenn das Vorhaben für den öffentlichen Auftraggeber eine bestimmte öffentliche Zweckbestimmung erfüllen (z.B. der städtebaulichen Entwicklung eines kommunalen Ortsteils dienen) soll [...]?".

[161] *Tomerius* ZfBR 2012, S. 332 (337 f.).

[162] Der Norminhalt dient damit (seinem Regelungsstandort entsprechend) als allgemeiner städtebaulicher Programmsatz. Hiernach fällt in Deutschland gemäß § 1 Abs. 5 Satz 1 BauGB unter ein städtebauliches Anliegen: Die Gewährleistung einer nachhaltigen städtebaulichen Entwicklung, die die sozialen, wirtschaftlichen und umweltschützenden Anforderungen auch in Verantwortung gegenüber künftigen Generationen miteinander in Einklang bringt, sowie die Gewährleistung einer dem Wohl der Allgemeinheit dienenden sozialgerechten Bodennutzung unter Berücksichtigung der Wohnbedürfnisse der Bevölkerung. Die

Kombiniert man schließlich die vorab geschilderten, formellen und materiellen Argumentationsschienen, so kann man sich im Ergebnis von folgendem Gedanken leiten lassen: Soweit die Gemeinde durch den Einsatz städtebaulicher Vertragsabreden lediglich Vorgaben aufstellt, welche die Regelungstiefe betreffen, diese sich aber gleichwohl im Handlungsrahmen des BauGB bewegen, wird man noch von einer Ausübung städtebaulicher Regelungskompetenzen ausgehen können. Hierfür spricht etwa, dass sich eine hohe Regelungstiefe bereits durch den gekonnten Einsatz des bauleitplanerischen Instrumentariums bewerkstelligen lässt, das der Gemeinde durch das BauGB, die BauNVO und die PlanZV an die Hand gegeben ist[163]. Im Hinblick auf die Regelungsintensität verändert sich dieses bauleitplanerische Instrumentarium auch stetig mit Gesetzesneuerungen[164]. Es liegt dabei in der Natur der Sache, dass die Planungsregelungen hinsichtlich ihres Vorgabenprogramms abstrakter und weniger detailliert sein können als entsprechende Vertragsregelungen, welche auf eine

---

Bestimmung des § 1 Abs. 5, Abs. 6 BauGB bietet folglich nicht nur einen gelungenen Anhaltspunkt bei der Frage, wann ein städtebaulicher Vertrag nach § 11 BauGB vorliegt, sondern auch bei der Frage, wann eine Gemeinde in Ausübung ihrer städtebaulichen Regelungszuständigkeit agiert.

[163] Bezüglich diskutierter, vertraglicher Bau- und Nutzungsgebote liegen städtebauliche, aber gesetzliche Pendants im Übrigen ebenfalls vor, die hier am Rande zu erwähnen sind: So sieht etwa § 176 Abs. 1 BauGB (als Teil der städtebaulichen Gebote der §§ 175 ff. BauGB) die Möglichkeit der Erteilung eines „Baugebots" vor. Zur „Wiederentdeckung des Baugebots" *Köster* BauR 2019, S. 1378 ff. sowie neulich auch *Däuper/Braun* KommJur 2022, S. 165 (169). Die Zusammenhänge zwischen dem Baugebot des § 176 Abs. 1 BauGB und der städtebauvertraglichen Baupflicht nach § 11 BauGB hins. ihrer inhaltlichen Zielrichtungen erkennend auch schon *Stock*, in: EZBK, BauGB, § 176 Rn. 106. Im Geltungsbereich eines Bebauungsplans kann die Gemeinde den Eigentümer hiernach durch Bescheid (also VA) verpflichten, innerhalb einer zu bestimmenden, angemessenen Frist bauliche Maßnahmen vorzunehmen. Ebenfalls das städtebauliche Nutzungsgebot war noch bis ins Jahr 1987 im § 39c BBauG anzutreffen. Die *bauliche und nutzungsbezogene Realisierung* kann hiermit als ein *Kernanliegen des Städtebaurechts* und folglich der „städtebaulichen Regelungskompetenzen" angesehen werden. Allein die Wahl der städtebauvertraglichen Abrede im Sinne des § 11 BauGB statt der imperativen Durchsetzung vermag an dieser Feststellung nichts zu ändern. Das städtebauliche Interesse erhöht sich dann auch nur, wenn die Gemeinde zusätzlich ein eigenes (liegenschaftspolitisch wertvolles) Grundstück zur städtebaulichen Zielverfolgung „opfert".

[164] Bis vor kurzem war es bspw. nach § 9 Abs. 1 Nr. 7 BauGB bauleitplanerisch lediglich möglich, die gebäudemäßigen Voraussetzungen für die soziale Wohnraumförderung einzufordern. Mit der Gesetzesänderung durch das Baulandmobilisierungsgesetz (BGBl. I 2021 S. 1802) können gem. § 9 Abs. 2d Nr. 3 BauGB *nun* (in einem Bebauungsplan zur Wohnraumversorgung) Flächen festgesetzt werden, „auf denen nur Gebäude errichtet werden dürfen, bei denen sich ein Vorhabenträger hinsichtlich einzelner oder aller Wohnungen dazu verpflichtet, die zum Zeitpunkt der Verpflichtung geltenden Förderbedingungen der sozialen Wohnraumförderung, insbesondere die Miet- und Belegungsbindung, einzuhalten und die Einhaltung dieser Verpflichtung in geeigneter Weise sichergestellt wird". Hierzu noch Kap. 12 B. III. 2.

„Feinplanung" bzw. Feinsteuerung abzielen[165]. Dieses sich ergänzende Zusammenspiel soll in aufgezeigter Weise aber nicht darüber entscheiden können, ob die Tätigkeit nun noch eine „Ausübung städtebaulicher Regelungszuständigkeiten" darstellt oder eben nicht. Nur um die Umsetzung städtebaulicher Zielvorstellungen geht es der Gemeinde im Paradebeispiel also vor allem dann, wenn bezogen auf die zu bebauende Fläche bereits ein Bebauungsplan mit entsprechenden Festsetzungen aufgestellt ist und der städtebauliche Vertrag nur zur Umsetzung dieser Festsetzungen erfolgt[166].

Zuletzt aber doch das Wichtigste: Leider allzu oft missverstanden wird die „bloße Ausübung städtebaulicher Regelungszuständigkeiten" als Ausnahme- oder Abgrenzungstatbestand und sogar als Antonym für das unmittelbare wirtschaftliche Interesse. Richtigerweise ist diese Entscheidungspassage allerdings nicht derart zu interpretieren. Der Tatbestand („Die Ausübung von städtebaulichen Regelungszuständigkeiten durch den öffentlichen Auftraggeber genügt nicht, um die Voraussetzungen für das unmittelbare wirtschaftliche Interesse zu erfüllen") wird nämlich nur bei der Frage relevant, *ob hierdurch* ein unmittelbares wirtschaftliches Interesse angenommen werden kann. Für dieses Verständnis sprechen die Urteilsausführungen: Denn nur weil die Ausübung städtebaulicher Regelungszuständigkeiten zur Annahme eines unmittelbaren wirtschaftlichen Interesses „nicht genügt"[167], *bedeutet das nicht, dass nicht andere Faktoren für die Annahme eines solchen Interesses sprechen können.* In diesem Sinne kann die Ablehnung des unmittelbaren wirtschaftlichen Interesses der Gemeinde an der Leistung (durch die Annahme der Ausübung einer städtebaulichen Regelungszuständigkeit) dadurch überholt werden, dass eine andere der vom EuGH gebildeten Fallgruppen einschlägig ist. Es handelt sich mithin weniger um einen Ausnahmetatbestand oder ein Antonym, sondern mehr um eine erwogene „sechste Fallgruppe", welche die Hürde zum „unmittelbaren wirtschaftlichen Interesse" aber nicht geschafft hat.

(2) Einklagbare Bauverpflichtung

Mit dem EuGH muss bei allen Fallgestaltungen des öffentlichen Bauauftrags eine einklagbare Bauverpflichtung vorliegen. Diese Bau(leistungs)verpflichtung kann den Urteilsausführungen nach direkt oder indirekt ausgestaltet

---

[165] Bekannt ist dieses Bild bereits aus dem Zusammenspiel der Flächennutzungsplanung und der Bebauungsplanung, vgl. §§ 5, 8 Abs. 2 Satz 1 BauGB.

[166] Hierbei befindet man sich grds. auch im Bereich des bereits gerichtlich Entschiedenen, vgl. OLG Schleswig NZBau 2013, S. 453 (456).

[167] EuGH C-451/08, NZBau 2010, S. 321 (325) Rn. 58 (Helmut Müller).

sein[168], wobei weitgehend ungeklärt ist, ab wann von einer „indirekten Bauverpflichtung" zu sprechen ist[169].

Es zeichnet sich allerdings ein deutliches Bild ab: Umso mehr die Vertragsabrede den Auftragnehmer zu einer Leistung „zwingt", „drängt" oder „veranlasst", desto eher kann (scheinbar[170]) von einer „indirekten Bauverpflichtung" ausgegangen werden[171]. Dies bewerkstelligen vor allem Vertragsstrafen[172] und andere Sanktionen, die über den „actus contrarius" des Grundstückskaufs hinausgehen[173].

Umso mehr eine Vertragsklausel aber allein die Möglichkeit eröffnet, die Grundstücksübertragung unter bestimmten Bedingungen rückabzuwickeln, desto eher entfernt man sich von einer (vermeintlichen) „indirekten Bauverpflichtung"; schließlich geht es dann nicht mehr um die Verpflichtung zu einer Leistung, sondern nur noch um die Herstellung des „status quo ante"[174]. Dementsprechend werden vereinbarte Rücktrittsrechte (unter Gegenstimmen[175]) nicht als „indirekte Bauverpflichtungen" aufgefasst[176] und dasselbe gilt (ebenfalls unter Gegenstimmen[177]) für verabredete Wiederkaufsrechte der

---

[168] EuGH C-451/08, NZBau 2010, S. 321 (325) Rn. 63 (Helmut Müller).

[169] Besser sollte die Diskussion ohnehin unter den Begrifflichkeiten der „unmittelbaren" und der „mittelbaren" Bauverpflichtungen geführt werden, vgl. zu den Gründen sogleich noch unten.

[170] Beachte hier sowie im folgenden Absatz das abweichende Begriffsverständnis, das der sonst vertretenen Deutung eben nicht entspricht: Hierzu sogleich explizit in der eigenen Stellungnahme.

[171] Vgl. nur *Hanke* ZfBR 2010, S. 562 (563) oder *Bremke*, Wettbewerbliche Ausschreibung kommunaler Investorenprojekte, S. 89, nach dem die Bauverpflichtung den Grundstückserwerber zur Bauleistung „drängen" muss. Hierbei arbeitet *Bremke* eine gewisse Erheblichkeitsschwelle heraus.

[172] *Kühling* NVwZ 2010, S. 1257 (1259); *Hertwig* NZBau 2011, S. 9 (14) hält Vertragsstrafen für problematisch; *Greim* ZfBR 2011, S. 126 (131); *Bremke*, Wettbewerbliche Ausschreibung kommunaler Investorenprojekte, S. 91, welcher eine Belastung in Höhe von 5 Prozent des Projektwerts als hinreichendes Druckmittel erachtet. A.A. *Gartz* NZBau 2010, S. 293 (296); *Losch* VergR 2013, S. 839 (843); auch ablehnend (generell für mittelbare Zwänge, etwa von Vertragsstrafen) *Otting* VergR 2013, S. 343 (344).

[173] Vgl. *Greim* ZfBR 2011, S. 126 (131).

[174] Vgl. *Kühling* NVwZ 2010, S. 1257 (1260); *Tomerius* ZfBR 2012, S. 332 (335).

[175] *Hanke* ZfBR 2010, S. 562 (563).

[176] Bereits aus der Rspr. und der VK-Praxis: VK Baden-Wütttemberg Az. 1 VK 67/10, BeckRS 2015, 55874 (dort wurde die Rückübertragung durch eine Rückauflassungsvormerkung gesichert); OLG Jena Az. 2 Verg 3/16, BeckRS 2017, 128365, Rn. 34 (dort wurde ein „Rückübertragungsrecht" vereinbart). Sowie aus der Literatur: *Brakalova* EuZW 2010, S. 336 (336); *Gartz* NZBau 2010, S. 293 (296); *Haak* VergabeR 2011, S. 351 (357), allerdings eher angeknüpft am Erfordernis der Einklagbarkeit; *Hertwig* NZBau 2011, S. 9 (14); *Otting* VergR 2013, S. 343 (344); *Losch* VergR 2013, S. 839 (843); i.Ü. auch *Grziwotz*, in: Beck'sches Notar-Hdb., § 10 Rn. 13a.

[177] *Hanke* ZfBR 2010, S. 562 (563).

Gemeinden[178]. Obliegenheiten sollen keine „indirekten" Bauverpflichtungen darstellen[179]. Bloße Absichtserklärungen verpflichten den Grundstückserwerber auch nicht mal indirekt zur Erbringung der Bauleistung[180].

Weniger Divergenzen finden sich bezüglich des (immerhin im Ausgangspunkt unionalen) Kriteriums der „Einklagbarkeit". Reine Absichtserklärungen[181] sind wie Obliegenheiten[182] schon ihrem Wesen nach nicht einklagbar. Gleiches wird für Rücktritts- und Wiederkaufsrechte vertreten[183]. Teils wird das Merkmal der „Einklagbarkeit" auch „untechnisch" im Sinne einer rechtlichen Verbindlichkeit oder zumindest im Sinne einer gerichtlichen Durchsetzbarkeit begriffen[184].

Eigene Stellungnahme:

Betrachtet man die Helmut-Müller-Entscheidung selbst, erkennt man, dass der Gerichtshof zur dritten und vierten Vorlagefrage gar nicht die „Intensität" der vertraglichen Regelung behandelt, die vom Schrifttum an dieser Stelle mehrheitlich erörtert wird. So nennt der EuGH in Randnummer 60 die Verpflichtung, die Bauleistung durchzuführen oder durchführen zu lassen[185], und in Randnummer 61, dass es keine Rolle spielt, „ob der Auftragnehmer die Leistungen mit eigenen Mitteln oder unter Inanspruchnahme von Subunternehmern erbringt"[186]. Wegen des Urteilszusammenhangs (inmitten der Behandlung der Frage nach einer direkten oder indirekten Bauverpflichtung) spricht vieles dafür, dass der EuGH die Möglichkeit einer „indirekten Bauverpflichtung" also nur persönlich versteht[187]: Eine direkte Bauverpflichtung läge in dieser Sichtweise vor, wenn der Auftragnehmer die Bauleistung selbst („händisch") durchführen muss, und eine indirekte Bauverpflichtung, wenn der Auftragnehmer die Bauleistung nur durchführen lassen muss, also ein Subunternehmer die Bauleistung („händisch") erbringen wird.

Danach ist die aktuell in der Literatur behandelte Frage zwar fehlplatziert, die sich mit der „Intensität" der zur Zielverwirklichung mitaufgenommenen

---

[178] *Haak* VergabeR 2011, S. 351 (357).

[179] *Hanke* ZfBR 2010, S. 562 (563); *Greim* ZfBR 2011, S. 126 (131).

[180] *Greim* ZfBR 2011, S. 126 (131).

[181] *Gartz* NZBau 2010, S. 293 (296); *Tomerius* ZfBR 2012, S. 332 (335).

[182] *Bremke*, Wettbewerbliche Ausschreibung kommunaler Investorenprojekte, S. 87 f.

[183] *Vetter/Bergmann* NVwZ 2010, S. 569 (570).

[184] Vgl. nur *Jarass Cohen* Vergaberecht und städtebauliche Kooperation, S. 137. A.A. *Bremke*, Wettbewerbliche Ausschreibung kommunaler Investorenprojekte, S. 85 f., welcher der Rechtsansicht (u.a.) *Jarass Cohens* „entschieden entgegentritt" (m.V.a. *Scharen* ZWeR 2011, S. 422 [426]).

[185] EuGH C-451/08, NZBau 2010, S. 321 (325) Rn. 60 (Helmut Müller).

[186] EuGH C-451/08, NZBau 2010, S. 321 (325) Rn. 61 (Helmut Müller); in diesem Sinne hatte der EuGH bereits früher entschieden, vgl. EuGH C-176/98, NZBau 2000, S. 149 (150) Rn. 26 (Holst Italia); EuGH C-220/05, NVwZ 2007, S. 316 (319) Rn. 38 (Stadt Roanne).

[187] Dies auch schon erkennend *Tomerius* ZfBR 2012, S. 332 (335).

Vertragsabrede beschäftigt, welche ab einer gewissen Intensität (scheinbar) als „indirekte Bauverpflichtung" aufgefasst werden kann: Hinfällig ist diese Frage dennoch nicht. Denn selbst wenn man die Unterscheidung in „direkte und indirekte Bauverpflichtungen" persönlich auffassen sollte („Verpflichtungen zum Durchführen oder zum Durchführenlassen"), stellt sich doch (allein um Umgehungsversuche zu unterbinden) die Frage, wann von einer „Bauverpflichtung" im Allgemeinen ausgegangen werden kann. Wird die Bauerrichtung zur primären Leistungspflicht gemacht, dann ist das sicher der Fall. Ansonsten lässt sich das nicht derart einfach beantworten.

Überzeugend ist es, an das Anliegen der Vermeidung von Umgehungsgestaltungen anzuknüpfen und danach zweizuteilen: Dementsprechend sind Abreden dann (ähnlich der Bauerrichtungsverpflichtung) als Bauverpflichtungen anzusehen, wenn sie den Grundstückseigentümer aktiv zur Vornahme der Bauerrichtung zwingen bzw. veranlassen sollen. Diese Fälle betreffen damit die Herstellung eines „baulichen status ad quem". Hierzu können Vertragsstrafen ab einer gewissen Intensität zählen. Geht es der Gemeinde auf der anderen Seite um die Wiederherstellung des (mitunter dinglichen) Ursprungszustands, also um die Wiederherstellung eines „status quo ante", dann kann nicht von einer erforderlichen Zwangswirkung ausgegangen werden. Hiernach scheiden Rückabwicklungsrechte (wie Rücktrittsrechte und Wiederkaufsrechte) als mögliche Bauverpflichtungen aus. Auch Obliegenheiten kommen genauso wenig wie bloße Absichtserklärungen als Bauverpflichtungen in Betracht. Überzeugend ist es auch, maßvoll pauschalisierte Schadensersatzansprüche (etwa für anfallende Rückabwicklungskosten) als nicht erfasst anzusehen.

Für eine solche Aufteilung in „zwingende" und „nicht zwingende" Vertragsabreden spricht im Übrigen auch eine Entscheidung der Europäischen Kommission aus dem Jahr 2008[188], mit der ein gegen die Bundesrepublik Deutschland eingeleitetes Vertragsverletzungsverfahren eingestellt wurde, das auf der behaupteten Nichteinhaltung von Anforderungen des GWB-Vergaberechts gründete: Der Europäischen Kommission zufolge lag in der Grundstücksveräußerung kein eingekapselter Bauauftrag. Verpflichtungen zur Bauerrichtung wurden nicht im Vertrag mitaufgenommen; stattdessen fand sich allein ein Rücktrittsrecht für den Fall, dass der Bau ausbleiben würde. Dies aber reichte nach Kommissionsansicht nicht aus, um eine „Verpflichtung zur Durchführung der Arbeiten" (und damit eine Bauverpflichtung) annehmen zu können.

Neben der rechtlichen Verbindlichkeit ist allerdings auch noch die „Einklagbarkeit" zu fordern[189]. Dies ergibt sich klar aus dem Wortlaut der Helmut-

---

[188] EuKo, Öffentliches Auftragswesen: Einstellung des Vertragsverletzungsverfahrens gegen Deutschland wegen eines Stadtentwicklungsprojekts in Flensburg, IP/08/867, vom 05.06.2008.

[189] In der englischen Urteilsübersetzung (EuGH C-451/08, NZBau 2010, S. 321 ff. [Helmut Müller]) heißt es i.Ü.: „and that that obligation be legally enforceable in accordance with the procedural rules laid down by national law" (Rn. 63); in der französischen

Müller-Entscheidung, denn der EuGH leitet gerade erst aus der rechtlichen Verbindlichkeit das Erfordernis der Einklagbarkeit her. Bezogen ist diese dabei auf „die Verpflichtungen, die sich aus dem Auftrag ergeben"[190], weshalb es nicht ausreicht, dass die Gemeinde bezüglich eines Rücktritts- oder Wiederkaufsrechts den Klageweg bestreiten kann. Auf der anderen Seite muss das etwa bei Vertragsstrafen für die Einklagbarkeit genügen, selbst wenn die Bauerrichtung nicht unmittelbar gerichtlich zu erstreiten ist. Dass dies nicht erforderlich sein kann, ergibt sich aus den zur Vermeidung von Umgehungskonstellationen angestellten Erwägungen, die „mittelbare Bauverpflichtungen" erst ermöglichen.

(3) Genannte Erfordernisse des öffentlichen Auftraggebers

Der EuGH versuchte sich bereits selbst an der Beantwortung der Frage, wann ein öffentlicher Auftraggeber „seine Erfordernisse genannt hat" (tatbestandlich vorausgesetzt in der dritten Fallgestaltung des öffentlichen Bauauftrags des § 103 Abs. 3 Satz 2 GWB): Hiernach muss der öffentliche Auftraggeber Maßnahmen ergreifen, „um die Merkmale der Bauleistung zu definieren oder zumindest einen entscheidenden Einfluss auf ihre Konzeption auszuüben"[191].

Mit dieser Umschreibung setzte der EuGH eigens konkrete Maßstäbe und das erklärt, wieso sich das Schrifttum nicht derart mit dem Kriterium beschäftigt. Die Folgerechtsprechung des Gerichtshofs kommt noch unterstützend hinzu[192]. Gestaltungsvorgaben in rein negativer oder nebensächlicher Hinsicht werden als nicht ausreichend angesehen[193]. Die Entwurfsauswahl durch die Gemeinde (welche für die Konzeptvergabe aber charakteristisch ist) lässt sich bisher nicht rechtssicher zuordnen: „Wenn ein privater Investor eine Nutzungsidee für ein kommunales Grundstück entwickelt und die Kommune dies übernimmt", dann soll das nach einer vertretenen Auffassung genügen[194].

Übersetzung heißt es: „et que l'exécution de cette obligation puisse être réclamée en justice selon les modalités établies par le droit national" (Rn. 63).

[190] EuGH C-451/08, NZBau 2010, S. 321 (325) Rn. 62 (Helmut Müller).

[191] EuGH C-451/08, NZBau 2010, S. 321 (325) Rn. 67 (Helmut Müller).

[192] Vgl. etwa EuGH C-537/19, NZBau 2021, S. 396 (400 f.) Rn. 50 ff. (Wiener Gate 2) oder EuGH C-213/13, NZBau 2014, S. 572 (575) Rn. 43 f. (Pizzarotti). Zu den Urteilsausführungen im Detail s.o. Kap. 5 A. I. 7. c) dd)

[193] *Greim* ZfBR 2011, S. 126 (131) im Anschluss an *Kühling* NVwZ 2010, S. 1257 (1260); ebenso die VK Baden-Wüttemberg, Az. 1 VK 67/10, BeckRS 2015, 55874 (welche an dieser Stelle aber wieder auf das „unmittelbare wirtschaftliche Interesse" rekurriert): „Es ist nicht erkennbar, welche unmittelbaren wirtschaftlichen Interessen die Antragsgegnerin im Rahmen der Mitwirkung an der architektonischen Gestaltung, der Farbgebung, der Ausführung der Werbeanlagen, der Bepflanzung und der Einfriedung des Grundstücks haben sollte".

[194] *Kühling* NVwZ 2010, S. 1257 (1260).

Eigene Stellungnahme:

Für die vorliegende Untersuchung lassen sich diese Erkenntnisse bekräftigen. Die Voraussetzung der „vom öffentlichen Auftraggeber genannten Erfordernisse" hat der EuGH bereits in seiner Helmut-Müller-Entscheidung konkretisiert. Seine Folgerechtsprechung sorgt dafür, dass dieses Kriterium heute hinreichend justitiabel ist. Angenommen werden kann die Voraussetzung aber selbst dann, wenn der öffentliche Auftraggeber Erfordernisse nennt, die sich nicht nur auf die architektonische Struktur des Gebäudes, seine Größe, seine Außenwände und seine tragenden Wände beziehen; denn die gerichtlichen Ausführungen der aktuellen Entscheidungen dürfen nicht als abschließend gelten[195]. Die bei einer Grundstücksausschreibung genannten Anforderungen können dabei genügen, was daran liegt, dass der öffentliche Auftraggeber auch durch solche Vorgaben die Merkmale der Bauleistung in hinreichendem Maß definieren oder zumindest einen entscheidenden Einfluss auf ihre Konzeption ausüben kann.

ff) Eigenes Resümee zur Helmut-Müller-Rechtsprechung

An der Helmut-Müller-Entscheidung des EuGH kann man Kritik üben. Der Gerichtshof hatte die Chance, passgenaue Antworten auf die vom OLG Düsseldorf formulierten Vorlagefragen zu geben und hierbei weitreichende Vergaberechtsschwierigkeiten der Kommunen und der Fachwissenschaft aus der Welt zu schaffen. Der EuGH verlagerte stattdessen den Anknüpfungspunkt für Rechtsunsicherheiten von den großen Fragen (Stichwort „Beschaffungsfrage") auf die nun oftmals unklare Interpretation einzelner ungeschriebener Tatbestandsmerkmale[196].

 Hierbei ist mitunter darauf hinzuweisen, dass der EuGH teils nicht exakt die Fragen beantwortete, die ihm gestellt wurden. Stellenweise geht er auf die Erkundigungen des Vorlagebeschlusses nicht im Detail ein. Zwar steht dem Gerichtshof grundsätzlich die Kompetenz zur Interpretation und Umformulierung

---

[195] Hierzu bereits Kap. 5 A. I. 7. c) dd)

[196] Kritik kommt (nur) bspw. auch von *Greim* ZfBR 2011, S. 126 (129), die ausführt: „Probleme ergeben sich, wenn man wie der EuGH auf der Grundlage der vorangegangenen Entscheidungen induktiv arbeitet und versucht, nach der Methode eines case law-Systems die einzelnen Konstellationen zu abstrahieren, und somit verschiedene Elemente der Vertragsgestaltung aus ihrem Kontext löst, hier z. B. die finanzielle Beteiligung, die in der ‚Stadt Roanne'-Entscheidung nur ein Element unter mehreren war, das ein wirtschaftliches Interesse der Kommune begründete. Das Ergebnis der Vorgehensweise des EuGH sind schlecht subsumtionsfähige Fallgruppen, die aufgrund eines fehlenden übergeordneten Konzepts schwer handhabbar sind." *Dies.* zum „unmittelbaren wirtschaftlichen Interesse": „Dies alles lässt Zweifel an der Eignung des Merkmals des unmittelbaren wirtschaftlichen Interesses aufkommen, weil man sich fragt, ob es als Oberbegriff nicht zu eng ist, es gleichzeitig aber keine richtige Hilfestellung bei der Bewältigung nicht entschiedener Fallkonstellationen bieten kann, wenn man es über den Wortlaut hinaus verwässert", ebd. S. 130.

der ihm vorgelegten Fragen zu, damit er sachdienliche Entscheidungen entwickeln kann[197]. Diese Befugnis führte in der Helmut-Müller-Entscheidung allerdings zu Abweichungen zwischen den Vorlagefragen und den schlussendlichen Urteilsausführungen, die nicht in den Erläuterungen des Vorlagebeschlusses angelegt waren und sich am besten im direkten Vergleich erkennen lassen. So wurde die fünfte Vorlagefrage beispielsweise durch das Zusammenfügen mit der sechsten Vorlagefrage (zur vom EuGH verstandenen Gesamtfrage) ihres ursprünglichen Kontextes entzogen und es wurde eine schlichtweg andere Frage beantwortet.

Trotz dieser Kritik lassen sich in Anknüpfung an die Urteilsdiskussion Rechtsansichten einnehmen, mit denen Konzeptvergaben und Grundstücksmodelle im Allgemeinen hinsichtlich der Anwendungsfrage des GWB-Vergaberechts justiziabel bewältigt werden können. Dass man sich hierbei am Kurs des vorhandenen Judikats bzw. der mittlerweile vorhandenen Judikate orientieren muss, ist unweigerlich geboten.

Abschließend ist mit einem Schlusswort noch an *Remmert* anzuknüpfen[198]: Zu akzeptieren ist es nämlich, dass das richtlinienbasierte GWB-Vergaberecht kein lückenloses Rechtsregime für Auftrags- und Verteilungsverhältnisse bereithält. Sekundäres Unionsrecht kann nämlich gemäß seiner Natur nur in einem gesetzten und begrenzten Umfang gelten.

gg) Anwendung auf die Konzeptvergabe

Die Gemeinde hat die Anwendbarkeit des GWB-Vergaberechts „auf ihre Konzeptvergabe" in mehrfacher Hinsicht selbst in der Hand.

Normorientiert ist bei der Rechtsprüfung der Konzeptvergabe an die dritte Fallgestaltung des öffentlichen Bauauftrags anzuknüpfen[199]: In § 103 Abs. 3 Satz 2 GWB findet sich der typische Anwendungsbereich für städtebaulich eingebundene Grundstücksveräußerungen, für Investoren- und Bauträgermodelle und für alle Fallgestaltungen, in denen der Erwerber als Bauherr „nicht selbst zum Sparten greift".

---

[197] Vgl. nur EuGH C-239/09, BeckRS 2010, 91440, Rn. 27 (Seydaland); EuGH C-420/06, BeckRS 2008, 70311, Rn. 46 (Rüdiger Jager); EuGH C-286/05, NVwZ 2006, S. 920 f. (921) Rn. 17 (Haug).

[198] *Remmert* JZ 2010, S. 512 (515) als Anm. zum Helmut-Müller-Urteil.

[199] Anhand dieser dritten Fallgestaltung des öffentlichen Bauauftrags (und unter Bezugnahme auf die Helmut-Müller-Rspr.) nahm auch die VK Südbayern Beschl. v. 29.07.2011, Az. Z3-3-3194-1-18-05/11, Rn. 76 f. (Juris) die Rechtsprüfung vor (wie ebenfalls das OLG München NZBau 2012, S. 134 [135]). Das „unmittelbare wirtschaftliche Interesse" begründete die VK Südbayern aber im Wesentlichen über die nicht verallgemeinerungsfähige Verpflichtung der Stadt München ggü. der Bundesrepublik Deutschland (vgl. dort Rn. 82). Diese Erwägungen trägt auch das OLG München nicht mit (vgl. dort S. 136).

Nach dem Wortlaut der Norm wären drei Merkmale nötig, um von einem öffentlichen Bauauftrag sprechen zu können[200]. Diese Tatbestandserfordernisse liegen allerdings nicht auf voller Linie in Deckung mit den Anforderungen, die der EuGH an die Anwendbarkeit des unionalen Auftragsvergaberechts stellt.

Hiernach sind in einer unionsrechtskonformen Auslegung nach § 103 Abs. 3 Satz 2 GWB zu fordern[201]: Zunächst muss (erstens) eine Bauleistung zu erbringen sein, die dem öffentlichen Auftraggeber unmittelbar wirtschaftlich zugutekommt ((1)). Daneben muss leistungsbezüglich (zweitens, ungeschrieben) eine einklagbare Bauverpflichtung bestehen ((2)). In dieser dritten Fallgestaltung hat die Bauleistung (drittens) gemäß den vom öffentlichen Auftraggeber genannten Erfordernissen zu erfolgen ((3)). Der gesetzlichen Textstelle „und dieser einen entscheidenden Einfluss auf Art und Planung der Bauleistung hat" kommt hingegen keine eigenständige Tatbestandswirkung zu. Hiermit soll, zurückgehend auf die Helmut-Müller-Entscheidung[202], allein das letzte Erfordernis („gemäß den vom öffentlichen Auftraggeber genannten Erfordernissen") ausdefiniert werden. Gleiches gilt im Übrigen für Art. 2 Abs. 1 Nr. 6 lit. c) Richtlinie 2014/24/EU, vgl. den 9. Erwägungsgrund der Richtlinie.

(1) Bauleistung im unmittelbaren wirtschaftlichen Interesse

Ohne Frage steht bei der Konzeptvergabe neben der Grundstücksveräußerung eine Bauleistung im Raum: Allen Beteiligten geht es um die Bebauung des zu erwerbenden Grundstücks in der Form, die sich aus dem besten Bewerberkonzept ergibt.

Weiterhin müsste nach der Rechtsprechung des EuGH allerdings ein „unmittelbares wirtschaftliches Interesse" an dieser Bauleistung bestehen[203]. Ob

---

[200] Ein Dritter erbringt eine Bauleistung gemäß den vom öffentlichen Auftraggeber oder Sektorenauftraggeber genannten Erfordernissen; die Bauleistung kommt dem Auftraggeber unmittelbar wirtschaftlich zugute; der Auftraggeber hat einen entscheidenden Einfluss auf Art und Planung der Bauleistung.

[201] Das *Bayerisches Staatsministerium des Innern* (2010) (heute: Bayerisches Staatsministerium des Innern, für Sport und Integration) empfiehlt bei der Prüfung der „Anwendung des Vergaberechts bei kommunalen Grundstücksgeschäften" folgende Prüfungsschritte: „1. Einklagbare Bauverpflichtung und Festlegung von baulichen Erfordernissen der Kommune", „2. Entgeltleistung", „3. Unmittelbares wirtschaftliches Interesse" und zusätzlich die „Berechnung des Auftragswertes", vgl. Anwendung des Vergaberechts bei kommunalen Grundstücksgeschäften. Handreichung des Bayerischen Staatsministeriums des Innern, S. 5 ff., https://www.stmi.bayern.de/assets/stmi/buw/bauthemen/iiz5_vergabe_kommunal_rs_20 101220.pdf (Stand: 01.11.2023).

[202] Vgl. EuGH C-451/08, NZBau 2010, S. 321 (325) Rn. 67 (Helmut Müller). Hierzu auch schon Kap. 5 A. I. 7. c. cc.

[203] Hiervon geht die VK Berlin ErbbauZ 2022, S. (85) Rn. 62 bei der behandelten *Konzeptvergabe* ohne „nähere" Prüfung aus und verweist lediglich auf eine vorhandene

das Schwerpunktmerkmal erfüllt ist, kann dabei, da der Begriff des unmittelbaren wirtschaftlichen Interesses selbst zu vage für eine rechtliche Subsumtion bleibt, anhand der zweiten ((a)) und vierten ((b)) Fallgruppe sowie des Tatbestands der bloßen Ausübung städtebaulicher Regelungszuständigkeiten beurteilt werden ((c)). Bei den Fallgruppen handelt es sich um die des „Rechtstitels" und die der „finanziellen Beteiligung".

(a) Rechtstitel (Zweite Fallgruppe)

Zunächst mag sich die Konzeptvergabe dadurch auszeichnen, dass der Gemeinde ein Rechtstitel zukommt, mit dem sie die Verfügbarkeit der in Auftrag gegebenen Bauleistungen im Hinblick auf deren öffentliche Zweckbestimmung sicherstellen kann.

Als solche Rechtstitel sind nach den obigen Erarbeitungen dingliche Rechte erfasst, aber auch schuldrechtliche Abreden genügen. Allerdings relativiert sich der weitreichende Umfang dieser Rechte durch die Anforderungen, die inhaltlich an einen Rechtstitel im Sinne der Helmut-Müller-Rechtsprechung gestellt werden: Die Gemeinde muss nämlich mit dem Rechtstitel die Verfügbarkeit auftragsgegenständlicher Bauleistungen im Hinblick auf deren öffentliche Zweckbestimmung sicherstellen können. Einerseits genügen reine Rückabwicklungsrechte demnach nicht. Andererseits knüpft die Verfügbarkeitssicherung an die „zukünftige Nutzung" des zu errichtenden Bauwerks an und nicht an die Bauerrichtung selbst. Diese Nutzung muss zudem gerade einem öffentlichen Zweck zu dienen bestimmt sein.

Gemäß der oben erfolgten Abbildung der Wohnraum-Konzeptvergabe werden die Konzeptinhalte des obsiegenden Bewerbers kaufvertraglich festgehalten. Daneben werden als Vertragsabreden Bau- und (Selbst-)Nutzungsgebote sowie als Sanktionen Vertragsstrafen, Nachzahlungspflichten und Rückabwicklungsrechte mitaufgenommen.

Werden die *Konzeptinhalte* nur vertraglich niedergelegt, aber nicht gesichert, kann von keinem Rechtstitel gesprochen werden, welcher der Gemeinde die Verfügbarkeit der Bauleistung im Hinblick auf deren öffentliche Zweckbestimmung sicherstellen kann. Das „Innehaben einer gesicherten Verfügbarkeit" (als „rechtliche Befugnis, die Verfügbarkeit sicherzustellen"[204]) liegt dann nämlich nicht vor. Insoweit gleichen solche Abreden einer Absichtserklärung.

Bau(errichtungs)gebote scheiden als Rechtstitel, welche der Gemeinde die Verfügbarkeit der Bauleistung im Hinblick auf deren öffentliche Zweckbestimmung sicherstellen sollen, ebenfalls aus, denn diese zielen allein auf die Bauwerkserrichtung und nicht auf die zukünftige Bauwerksnutzung. Gleiches gilt

---

Literaturquelle, obwohl die Anwendungsfrage zum GWB-Vergaberecht doch von den Beteiligten im Nachprüfungsverfahren diskutiert wurde, vgl. ebd. S. 82 Rn. 23 und S. 84 Rn. 48.

[204] EuGH C-399/98, NZBau 2001, S. 512 (515) Rn. 67 (Mailänder Scala).

für Konzeptrealisierungsgebote hinsichtlich deren auf die bauliche Verwirklichung abzielenden Komponente.

Selbstnutzungsgebote in dem Sinne, dass Wohnraum selbst genutzt werden soll, kommen ebenfalls nicht als Rechtstitel in Frage. Der Rechtstitel muss nämlich gerade die Verfügbarkeit der Bauleistungen „im Hinblick auf deren öffentliche Zweckbestimmung" sicherstellen können[205]. Dieses Erfordernis geht zurück auf die Mailänder-Scala-Entscheidung des EuGH[206]. Hiernach müsse das Bauwerk (nach „funktionellen Eigenschaften") „über bloße Einzelwohnstätten hinausgehende" (also öffentliche) Zwecke erfüllen. Die Sicherung soll ermöglichen, „allen örtlichen Nutzern den Zugang zu gewährleisten"[207]. Werden Grundstücke zur Selbstnutzung verkauft, wobei die Selbstnutzung die eigene Wohnnutzung betrifft, kann es sich aber um nichts anderes handeln als um die erwähnten „Einzelwohnstätten". Diese lassen sich eben von Bauwerken abgrenzen, denen eine öffentliche Zweckbestimmung zukommt.

Geht es allerdings um den Einsatz der Konzeptvergabe zur nicht nur auf eine Selbstnutzung abzielenden Wohnraumschaffung, muss man sich fragen, was man denn überhaupt als „öffentliche Zweckbestimmung" auffassen kann: Erachtet man die soziale Wohnraumversorgung (zumindest ab einem gewissen Grad und in Bayern vor dem Hintergrund mehrerer verfassungsrechtlicher Direktiven[208]) als eine öffentliche Sachaufgabe, dann lässt es sich gut vertreten, an dieser Stelle tatsächlich von einer Sicherung der öffentlichen Zweckbestimmung zu sprechen, wenn der künftige Grundstückseigentümer (etwa) durch eine Vertragsstrafe angehalten wird, das Bauwerk für eine gewisse Dauer und in einer bestimmten Weise der sozialen Wohnraumversorgung zur Verfügung zu stellen. In diesem Kontext können auch Wohnungsbelegungsrechte relevant werden[209].

---

[205] EuGH C-451/08, NZBau 2010, S. 321 (324) Rn. 51 (Helmut Müller).

[206] EuGH C-399/98, NZBau 2001, S. 512 (515) Rn. 67 (Mailänder Scala).

[207] EuGH C-399/98, NZBau 2001, S. 512 (515) Rn. 67 (Mailänder Scala). Der EuGH spricht dabei von „Erschließungszwecken", wobei der Begriff der Erschließung in Italien ausweislich der Ausführungen im Urteil deutlich weiter zu verstehen ist als im deutschen Recht, vgl. ebd. S. 513 Rn. 16: Primäre Erschließungsanlagen sind Gemeindestraßen, Erholungs- und Parkflächen, Wasserversorgung und -entsorgung, Strom- und Gasversorgung, öffentliche Beleuchtungsanlagen und Grünflächen. Sekundäre Erschließungsanlagen sind Kinderhorte und Kindergärten, Pflichtschulen sowie Anlagen und Gebäude für weiterführende Schulen, Stadtteilmärkte, Außenstellen der Stadtverwaltung, Kirchen und andere Kultstätten, Stadtteil-Sportanlagen, Sozialzentren sowie kulturelle und Gesundheitseinrichtungen und Stadtteil-Grünanlagen.

[208] Siehe hierzu schon Kap. 1 B.

[209] Neulich (zur *Konzeptvergabe*), allerdings ohne dbzgl. gezielt auf die Fallgruppen bzw. deren detailliertere Auslegung einzugehen, ebenso *DStGB/REDEKER SELLNER DAHS Rechtsanwälte PartmbB*, Dokumentation Nr. 167, 2022, S. 16. Im Bsp. 2 zur Abgrenzung wird die Einschlägigkeit des GWB-Vergaberechts angenommen, wenn die Gemeinde

Vertragsstrafen können als Rechtstitel dienen, wenn diese an die zukünftige Bauwerksnutzung anknüpfen. Wegen der innewohnenden Druckfunktion kann man ihnen die Eignung zusprechen, dass eine Gemeinde mit ihnen die Verfügbarkeit der Bauleistungen im Hinblick auf deren öffentliche Zweckbestimmung sicherstellen kann.

Hinsichtlich der Abrede von *Nachzahlungspflichten* kann in mehreren Fällen nichts anderes als bei den Vertragsstrafen gelten. Hierbei kommt es aber vor allem darauf an, wie die Nachzahlung ausgestaltet ist und welche Folgen mit einer abredewidrigen Nutzung sonst noch verbunden sind: Ein gewisser Druck wird zwar auch durch Aufzahlungs- und Mehrerlösklauseln ausgeübt[210], genügen soll das allerdings noch nicht. Etwas anderes gilt dann aber für darüber hinausgehende Nachzahlungspflichten.

Rückabwicklungsabreden sind nicht als Rechtstitel aufzufassen. Etwa Rücktritts- und Wiederkaufsrechte zielen, wie oben dargelegt, lediglich auf die Rückabwicklung des Vertrags und begründen demnach kein unmittelbares wirtschaftliches Interesse der Gemeinde an der Leistung.

(b) Finanzielle Beteiligung (Vierte Fallgruppe)

Weiterhin kann sich eine Konzeptvergabe dadurch auszeichnen, dass die veräußernde Gemeinde finanziell an der Erstellung des Bauwerks beteiligt ist.

Nach dem oben Ausgeführten kommen hierbei direkte Zuschüsse zur Bauleistung ebenso in Betracht wie eine Grundstücksveräußerung mit Kaufpreisnachlässen. Während erstere Zuschüsse bei der Konzeptvergabe nicht erfolgen, werden die Grundstücke nur teils zum Marktwert, teils aber auch mit Kaufpreisnachlässen verkauft.

Allenfalls bei diesen *verbilligten Grundstücksveräußerungen* wird die Fallgruppe der finanziellen Beteiligung anzunehmen sein, wenn die Preisnachlässe an bestimmte baubezogene Vorgaben geknüpft sind. Folglich muss man das unmittelbare wirtschaftliche Interesse als indiziert ansehen und die Widerlegung der Indizwirkung kann ersichtlich schwer gelingen. Denn nicht überzeugend wird man (in Zeiten leerer Haushaltskassen, aber hoher Grundstückspreise) den Kaufpreisnachlass begründen können, der ohne ein öffentliches Interesse (also „bloß altruistisch") erfolgt. Erwogen werden kann die Widerlegung allenfalls bei Verbilligungen, die (ähnlich wie andere Unterstützungshilfen) zielgruppenspezifisch zur Ermöglichung der eigenen Wohnraumbildung erfolgen[211].

Belegungsrechte erhält. Derselben Ansicht (Belegungsrecht bei *Konzeptvergabe*) bereits: BayStMI FStBay 2020, 123 (398) ohne Fallgruppen zu behandeln.

[210] Zu dieser Unterscheidung noch Kap. 10 C. IV. 1. f. bb.

[211] Ähnlich *Osseforth/Lampert* FWS 2021, S. 190 (191).

(c) Städtebauliche Regelungszuständigkeit

Ebenfalls könnte die Konzeptvergabe als bloße Ausübung von städtebaulichen Regelungszuständigkeiten zu werten sein.

Da dieses Kriterium auf der Leistungsseite des öffentlichen Auftrags geprüft wird, muss die Beurteilung an der Leistung des Unternehmens anknüpfen: Infrage steht damit, was gebaut werden soll; und wie die Gemeinde hierzu städtebauliche Vorgaben einsetzt. Rekurriert man auf einen nochmals voranliegenden Schritt, so hat man sich zu fragen, welchem städtebaulichen Ziel die Kommune mit der (fremden) Bautätigkeit nachkommen will. Motive, die in § 1 Abs. 5, Abs. 6 BauGB Anhaltspunkte finden, können sich auch in den vertraglichen Bebauungsvorgaben manifestieren.

Entsprechend dem Untersuchungszuschnitt dieser Arbeit werden hier nur solche Konzeptvergaben beurteilt, die im alleinigen Bestreben der Wohnraumschaffung erfolgen. Das Anliegen der Wohnraumversorgung ist in § 1 Abs. 5, Abs. 6 BauGB aber an prominenter Stelle erwähnt. Etwa heißt es in § 1 Abs. 5 Satz 1 BauGB: *Die Bauleitpläne sollen (...) eine dem Wohl der Allgemeinheit dienende sozialgerechte Bodennutzung unter Berücksichtigung der Wohnbedürfnisse der Bevölkerung gewährleisten.* Und nach § 1 Abs. 6 Nr. 1 BauGB sind bei der Aufstellung der Bauleitpläne insbesondere zu berücksichtigen: *Die allgemeinen Anforderungen an gesunde Wohn- und Arbeitsverhältnisse und die Sicherheit der Wohn- und Arbeitsbevölkerung.* Nach § 1 Abs. 6 Nr. 2 BauGB sind zu berücksichtigen: *Die Wohnbedürfnisse der Bevölkerung, insbesondere auch von Familien mit mehreren Kindern, die Schaffung und Erhaltung sozial stabiler Bewohnerstrukturen, die Eigentumsbildung weiter Kreise der Bevölkerung und die Anforderungen kostensparenden Bauens sowie die Bevölkerungsentwicklung.*

Wird die Konzeptvergabe demnach allein mit dem Motiv durchgeführt, *Wohnraum zu schaffen*, handelt die Gemeinde nach den Begrifflichkeiten des EuGH bloß in Ausübung ihrer städtebaulichen Regelungszuständigkeiten. Dass die Gemeinde dabei vom städtebaulichen Vertrag Gebrauch macht, ändert hieran nichts. Denn ob eine Gemeinde in Begleitung einer Grundstücksveräußerung ihre bauleitplanerischen oder ihre städtebauvertraglichen Handlungsinstrumente nutzt, kann nicht von entscheidender Bedeutung sein. Das gilt zumindest dann, wenn die Gemeinde mit der städtebauvertraglichen Abrede eine Regelungstiefe erreichen will, die ihr nur wegen der Abstraktheit des BauGB-Planungsinstrumentariums versperrt ist. Anzunehmen ist das besonders, falls sich die Konzeptvergabe als eine „Weiterführung der Bauleitplanung" darstellt. Zwangswirkungen gehen für den Verpflichteten im Übrigen sowohl von Plänen (zumindest von verbindlichen Bebauungsplänen) als auch von vertraglichen Abreden aus.

Die Verneinung eines unmittelbaren wirtschaftlichen Interesses wegen der bloßen Ausübung städtebaulicher Regelungszuständigkeiten wird allerdings überholt, wenn eben andere Aspekte für das unmittelbare wirtschaftliche Interesse der Gemeinde sprechen: Prüfungsentscheidend sind deshalb die vorab angeführten Fallgruppen.

(2) Einklagbare Bauverpflichtung

Um bei der Konzeptvergabe von der (bauauftraglichen) Leistungsseite ausgehen zu können, muss weiterhin eine einklagbare Bauverpflichtung vorliegen.

Hiernach muss zunächst eine direkte oder indirekte Bauverpflichtung gegeben sein: Eine Bauverpflichtung kann darin bestehen, dass der Erwerber die Bebauung des Grundstücks selbst durchführen muss oder er sie zumindest durchführen zu lassen hat. Daneben kann die Bauverpflichtung unmittelbar, aber auch mittelbar ausgestaltet sein: Eine unmittelbare Bauverpflichtung ist die primäre Leistungspflicht zur Erbringung der Bauleistung. Andere Druck- und zugleich Sanktionsmittel, wie Vertragsstrafen, wirken hingegen mittelbar.

Betrachtet man das oben dargestellte Spektrum an Konzeptvergaben, werden die Konzeptinhalte im Anschluss an die Vergabeentscheidung vertraglich festgehalten. Daneben ziehen Bau- und (Selbst-)Nutzungsgebote als Abreden in das Vertragskonstrukt mit ein, die mit Vertragsstrafen, Nachzahlungspflichten und Rückabwicklungsrechten sanktioniert werden. Besonders hier wird nochmals deutlich, dass die Gemeinde die Anwendbarkeit des GWB-Vergaberechts großteils „selbst bestimmt".

Werden *Bauerrichtungsverpflichtungen* als primäre Leistungspflichten vertraglich mitaufgenommen, dann liegt eine unmittelbare Bauverpflichtung vor. Gegensätzlich ist das bei *Absichtserklärungen* nicht der Fall.

Ein *Selbstnutzungsgebot* ist schon keine Bauverpflichtung, da sich die auferlegte Selbstnutzung nicht auf die Bauleistung bezieht.

Vertragsstrafen sind als mittelbare Bauverpflichtungen anzusehen, wenn sie zum Durchführen oder zum Durchführenlassen der Bauleistung anhalten: Hierzu müsste die Verwirkung der Vertragsstrafe also auf ein Ausbleiben der Bauleistung festgesetzt sein.

Nachzahlungspflichten können in gleicher Weise als mittelbare Bauverpflichtungen angesehen werden, wenn an die Bauleistung angeknüpft wird. Doch ist dazu allerdings die individuelle Regelung in den Blick zu nehmen. Nähert sich die Nachzahlungspflicht einer Vertragsstrafe an, sprechen alle Gründe für die Gleichbehandlung beider Abreden. Geht es lediglich um die Kompensation im Voraus eingegangener Nachteile, so wird man eine mittelbare Bauverpflichtung ablehnen müssen.

Rückabwicklungsabreden stellen keine Bauverpflichtungen dar. Durch solche Abreden wird der Erwerber weder unmittelbar noch mittelbar verpflichtet, die Bauleistung durchzuführen oder sie durchführen zu lassen. Ausgerichtet sind Rücktritts- und Wiederkaufsrechte allein auf die Wiederherstellung des

„status quo ante". Eine Bauverpflichtung muss allerdings einen baulichen „status ad quem" anstreben.

Kommt man schließlich zur Frage der Einklagbarkeit, so kann dieses Erfordernis sowohl bei der primären Leistungspflicht als auch bei Vertragsstrafen und Nachzahlungspflichten angenommen werden. Hiervon ist nämlich schon auszugehen, wenn die Bauleistung oder die Sanktion vor einem Gericht erstritten werden kann.

(3) Genannte Erfordernisse des öffentlichen Auftraggebers

Mit der Konzeptvergabe und der sich anschließenden Abreden könnte eine Bauleistung „gemäß den vom öffentlichen Auftraggeber genannten Erfordernissen" erbracht werden.

Nach der Definition des EuGH ist dazu allerdings notwendig, dass der öffentliche Auftraggeber „Maßnahmen ergriffen hat, um die Merkmale der Bauleistung zu definieren oder zumindest einen entscheidenden Einfluss auf ihre Konzeption auszuüben"[212]. Dies ist im behandelten Kontext auf zweierlei Weise erwägenswert: Einerseits durch die Vorgabe von Vergabekriterien bei der Konzeptvergabe. Andererseits aber auch durch die Übernahme des obsiegenden Bewerberkonzepts.

Entscheidend für die erste Konstellation ist, wie „engmaschig" der öffentliche Auftraggeber die Vergabekriterien vorgibt, die auf die Bauleistung ausgerichtet sind. Ab einem gewissen Punkt kann man davon ausgehen, dass der öffentliche Auftraggeber die Merkmale der Bauleistung durch die Vorgabe der Vergabekriterien definiert oder er hierdurch zumindest einen entscheidenden Einfluss auf deren Konzeption hat.

Unabhängig davon soll auch die vertragliche Sicherung des individuellen Bebauungskonzepts des obsiegenden Bewerbers genügen, um von einer Bauleistung ausgehen zu können, die nach den von der Kommune genannten Erfordernissen erfolgt. Es kann nämlich keinen Unterschied machen, ob der öffentliche Auftraggeber zunächst (möglicherweise unter Einsatz wettbewerblicher Instrumente) eine eigene konkrete Planung erstellt und er diese dann einem auftragnehmenden Unternehmen übergibt oder ob er die Ausarbeitung der Konzepte samt der Planung den Bewerbern (nach Aufstellung von Konzeptanforderungen und Vergabekriterien) überlässt und er nur das aus seiner Sicht beste Konzept auswählt: Das letztere Konzept will die Gemeinde verwirklicht sehen.

d) Gegenleistungsseite des öffentlichen Bauauftrags

Dem Erfordernis eines entgeltlichen Vertrags entsprechend, den § 103 Abs. 1 GWB für den öffentlichen (Bau-)Auftrag voraussetzt, muss nicht nur eine

---

[212] EuGH C-451/08, NZBau 2010, S. 321 (325) Rn. 67 (Helmut Müller).

Leistung des Unternehmens vorliegen, sondern auch eine Gegenleistung des öffentlichen Auftraggebers. Das Entgelterfordernis sieht Art. 2 Abs. 1 Nr. 5 Richtlinie 2014/24/EU ebenfalls vor und der EuGH bezog sich etwa in seiner Helmut-Müller-Entscheidung des Öfteren auf die Gegenleistungskomponente[213]. Letztlich muss die öffentliche Hand also „nicht nur etwas bekommen, sondern auch etwas geben"[214].

Die Gegenleistung kann dabei nicht nur in Geldzahlungen bestehen. Vielmehr ist die von § 103 Abs. 1 GWB geforderte Entgeltlichkeit funktional und (dementsprechend) weit auszulegen: Für eine Vergütung genügt es bereits, wenn ihr ein Geldwert zukommt[215]. Nur eine gänzlich gegenleistungsfreie Leistung an die Gemeinde hätte keine auftragsvergaberechtlichen Konsequenzen.

Den Blick auf die Konzeptvergabe richtend, erhält der Grundstückserwerber keine Zahlung für seine zukünftige Bauleistung. Nach dem weiten Entgeltbegriff bedeutet das aber nicht, dass schon deshalb keine Gegenleistung der Gemeinde vorliegen wird. Eine Gegenleistung kommt nämlich auch dann in Betracht, wenn die Gemeinde dem Grundstückserwerber ein Recht zur Nutzung des Bauwerks einräumt, womit im Ergebnis eine Baukonzession vorliegen könnte (aa)). Weiterhin sollte man eine Gegenleistung erwägen, wenn das Grundstück mit einem Kaufpreisnachlass veräußert wird (bb)). Selbst die Veräußerung des Grundstücks zum Verkehrswert kann aber nach hier vertretener Rechtsansicht eine Gegenleistung enthalten (cc)).

aa) Baukonzession nach § 105 GWB

Die Baukonzession findet sich in § 105 Abs. 1 Nr. 1 GWB, dem Art. 5 Nr. 1 lit. a) Richtlinie 2014/23/EU als Richtlinienvorbild dient. Hiernach sind Baukonzessionen entgeltliche Verträge, mit denen ein oder mehrere Konzessionsgeber ein oder mehrere Unternehmen mit der Erbringung von Bauleistungen betrauen, wobei die Gegenleistung entweder allein im Recht zur Nutzung des Bauwerks oder in diesem Recht zuzüglich einer Zahlung besteht[216]. In Abgrenzung zum öffentlichen Bauauftrag ist die Gegenleistung bei der Baukonzession also die Einräumung des Rechts, das konzessionsgegenständliche Bauwerk zu nutzen[217].

---

[213] Vgl. EuGH C-451/08, NZBau 2010, S. 321 (324 f.) Rn. 48, 60 (Helmut Müller).

[214] *Keller*, Kooperativer Städtebau und Kartellvergaberecht, S. 117; ebenso *Bremke*, Wettbewerbliche Ausschreibung kommunaler Investorenprojekte, S. 137.

[215] Statt vieler nur BayObLG ZfBR 2003, S. 511 (512); OLG Düsseldorf NZBau 2004, S. 398 (399). Aus der Kommentarliteratur *Hüttinger*, in: Burgi/Dreher/Opitz Bd. 1, § 103 Abs. 1 bis 4 GWB Rn. 96 f.

[216] Wobei das Wort „betrauen" nach zuzustimmender Rechtsansicht dasselbe wie „beauftragen" meint, vgl. nur *Friton/Stein*, in: Pünder/Schellenberg, Vergaberecht, § 105 GWB Rn. 11 m.w.N.

[217] *Friton/Stein*, in: Pünder/Schellenberg, Vergaberecht, § 105 GWB Rn. 14.

Weshalb die Baukonzession an dieser Stelle überhaupt erst ins Spiel gebracht wird, liegt an der ehemaligen Ahlhorn-Rechtsprechung des OLG Düsseldorf. Hierbei legte das Gericht den Begriff der Baukonzession übermäßig
weit aus[218]; auch um den vorangegangenen Entscheidungen des EuGH nachzukommen[219]. Nach der Überzeugung des OLG Düsseldorf sollte das Eigentum
nämlich selbst als das die Baukonzession doch auszeichnende, ermächtigende
Nutzungsrecht angesehen werden, das dem Konzessionsnehmer übertragen
wird. Obendrein ließe sich aus der erforderlichen „Überlassung eines Rechts
zur Nutzung" nicht herleiten, dass mit der Nutzung nur die Selbstnutzung oder
die Vermietung gemeint wäre und diese damit über einen längeren Zeitraum
hin erfolgen müsse. Vielmehr könne, so das nordrhein-westfälische Gericht
seinerzeit, auch der einmalige Akt der Veräußerung als Nutzung anzusehen
sein. Im Hinblick auf das Wesen der Baukonzession sei es ohnehin entscheidender, dass der Konzessionsnehmer das wirtschaftliche Risiko des Geschäfts
(also gewöhnlich das entstehende Refinanzierungsrisiko) trägt[220].

Mit dem Helmut-Müller-Urteil des EuGH wurde ein Schlussstrich unter
diese Diskussion um die Baukonzession gezogen und eine Baukonzessionsvergabe in der Weise, dass der Grundstückserwerber das Eigentum als „vollum-
fängliches Nutzungsrecht" übertragen bekommt, ist heute nicht mehr möglich.
Die zwischenzeitliche Gesetzesänderung im deutschen GWB-Vergaberecht
wurde somit als richtlinienkonform bestätigt. Auch wenn der EuGH nämlich

---

[218] Vgl. OLG Düsseldorf NZBau 2007, S. 530 (532): „Der Begriff der ‚Baukonzession'
ist weit auszulegen, um sämtliche Fallkonstellationen einer Beauftragung mit Bauleistungen
nach den Erfordernissen des öffentlichen Auftraggebers zu erfassen [...]. Wenn nach der
Rechtsprechung des EuGH bereits bei einem ‚echten' Bauauftrag Erlöse aus dem Verkauf
von Gebäuden durch den Auftragnehmer zu berücksichtigen sind, dann gilt das erst recht für
eine ‚Baukonzession', bei der die Finanzierung des Auftragnehmers durch dritte ‚Nutzer'
zum Wesen gehört. Nach Sinn und Zweck der Richtlinie, die den unionsweiten diskriminierungsfreien Zugang zu Aufträgen der öffentlichen Hand sicherstellen soll, besteht insoweit
keine Lücke zwischen einem ‚echten' Bauauftrag und einer Baukonzession".
[219] Vgl. OLG Düsseldorf NZBau 2007, S. 530 (532): „Der EuGH hat in seiner Entscheidung vom 18. 1. 2007 (NZBau 2007, 185 - „Stadt Roanne") als Entgelt ausdrücklich auch
die Einnahmen angesehen, die der Auftragnehmer durch die Veräußerung der errichteten
Bauwerke erzielen wird".
[220] Vgl. OLG Düsseldorf NZBau 2007, S. 530 (532). Diese Rechtsauffassung setzte das
OLG Düsseldorf in seiner „Ahlhorn-Linie" fort, vgl. OLG Düsseldorf NZBau 2008, S. 138
(141); OLG Düsseldorf NZBau 2008, S. 271 (274); OLG Düsseldorf NZBau 2008, S. 461
(463). Allerdings blieb die Kritik an dieser Rechtskonstruktion nicht aus, vgl. mit Nachw.
im letztgenannten Beschluss (tendenziell zustimmend allerdings *Ziekow* DVBl. 2008, S. 137
[141]). Der deutsche Gesetzgeber versuchte auch in dieser Hinsicht, die Rspr. des OLG Düsseldorf zum (weiten) Anwendungsbereich des GWB-Vergaberechts durch eine Überarbeitung der §§ 99 ff. GWB a.F. einzudämmen: Hierzu wurde das Erfordernis der Befristung der
Baukonzession in den Gesetzestext mitaufgenommen, BGBl. 2009 I S. 790 und
BT-Drs. 16/10117, 6, 18.

nicht dieselben klaren Worte fand wie noch zuvor *GA Mengozzi*[221], spricht er sich doch hinreichend deutlich gegen diese Ahlhorn-Konstruktion eines öffentlichen Baukonzessionsverhältnisses aus.

Der Konzession gegensätzlich sei es nämlich, dass der öffentlichen Hand durch die Eigentumsübertragung die eigene Verfügungsmacht entzogen ist, mittels derer diese doch eine Konzession gerade erteilen könnte[222]. Auch das für die Konzession wesenstypische Selbsttragen des wirtschaftlichen Risikos könne nur schwer darin liegen, dass sich der Bauherr (allein) seiner bauaufsichtlichen Billigung nicht sicher ist[223]. Jedenfalls gäben aber „gewichtige Gründe [...] Grund zur Annahme, dass die unbefristete Erteilung von Konzessionen [...] gegen die Rechtsordnung der Union verstoßen würde". Zu diesen Gründen zählt etwa die Aufrechterhaltung des Wettbewerbs. Ansonsten verweist der EuGH in letzterer Hinsicht auf die Schlussanträge des *GA Mengozzi*[224].

Dieser Rechtsauffassung ist zuzustimmen[225]: Das OLG Düsseldorf überstrapazierte den Begriff der Baukonzession. Heute existiert eine Regelung zur Befristung der Konzession auch auf unionaler Sekundärrechtsebene in Art. 18 Abs. 1 Satz 1 Richtlinie 2014/23/EU. Und selbst wenn § 105 Abs. 1 Nr. 1 GWB die Befristung nicht mehr nennt, lässt sich dieses Erfordernis im Wege der richtlinienkonformen Auslegung herleiten und findet sich ohnehin im mitgliedstaatlichen § 3 Abs. 1 Satz 1 KonzVgV.

Hiernach scheidet es also aus, das Recht zur Nutzung des Bauwerks mit dem Eigentum zu übertragen. Relevant werden kann die Baukonzession allenfalls noch, wenn die Gemeinde die Konzeptvergabe zur Erbbaurechtsbestellung nutzt[226]. Das für manche Fälle vorgesehene Rücktrittsrecht (aufgrund dessen die Gemeinde das Grundstück bildlich „nicht ganz" aus der Hand gibt) genügt zur Annahme einer Konzession noch nicht: Denn die Eigentumsübertragung erfolgt in diesen Fällen trotzdem unbefristet.

---

[221] GA *Mengozzi* SchlA v. 17.11.2009 – C 451/08, ZfBR 2010, S. 182 (190 f.) Rn. 90 ff. (Helmut Müller): Dieser begründet seine Ablehnung der Baukonzession bei Grundstücksverkäufen vor allem mit drei Argumenten: Der Konzessionsgeber müsse der Rechtseinräumende bleiben (ebd. Rn. 91 f.). Der Konzessionär müsse ein größeres wirtschaftliches Risiko tragen (ebd. Rn. 93 ff.). Auch Gründe des Wettbewerbs und der Effizienz sprächen gegen diese Konstruktion, in der die Bauwerke nach einer Zeit nicht nochmal neu vergeben werden können (ebd. Rn. 96).

[222] EuGH C-451/08, NZBau 2010, S. 321 (325 f.) Rn. 72 ff. (Helmut Müller).

[223] EuGH C-451/08, NZBau 2010, S. 321 (326) Rn. 75 ff. (Helmut Müller).

[224] EuGH C-451/08, NZBau 2010, S. 321 (326) Rn. 79 (Helmut Müller).

[225] Ebenso bspw. auch *Greim* ZfBR 2011, S. 126 (132).

[226] Letztlich entledigt sich die Gemeinde hier nicht ihrer gesamten (auch rechtlichen) Verfügungsmacht über die Nutzung des Grundstücks. Siehe hierzu noch Kap. 11 E. I. 1.

bb) Grundstücksveräußerung mit Kaufpreisnachlass

Allerdings könnte eine Gegenleistung darin liegen, dass dem Grundstückserwerber das Grundstück unterhalb des Marktwerts (also mit einem Preisnachlass) veräußert wird.

Diese Sichtweise ist in Rechtsprechung[227] und Literatur[228] anerkannt und erklärt sich auch mit folgendem Extrembeispiel: Angenommen der Grundstückserwerber müsste auf dem erstandenen Grundstück für die öffentliche Hand eine besondere Bauleistung erbringen, so könnte von einer geldwerten Gegenleistung doch dann ausgegangen werden, wenn der öffentliche Auftraggeber hierfür zwar nichts zahlt, aber er dem Erwerber das Grundstück im Gegenzug kostenlos (oder für einen Symbolbetrag) zukommen lässt.

Da komplexe(re) und vielseitige(re) Vertragsgestaltungen bei städtebaulich eingebundenen Grundstücksveräußerungen oftmals nicht ausbleiben, ist im Hinblick auf die Leistungsbeziehungen eine Gesamtbetrachtung anzustellen: Und diese hat eben zur Folge, dass ein Kaufpreisnachlass beim Grundstück als Gegenleistung aufgefasst werden kann. Wichtig ist dabei allerdings, dass sich Leistung und Gegenleistung („Bauleistung und Kaufpreisnachlass") noch in einem „entgeltlichen" (also in der Regel synallagmatischen[229]) Verhältnis gegenüberstehen. Von einer Bauleistungspflicht des Erwerbers ist dabei im Übrigen auszugehen, wurde diese doch zuvor geprüft.

Wird bei der Konzeptvergabe als Kaufpreis demnach ein Festpreis unterhalb des Marktwerts gewählt, kann also mit Stimmen aus Rechtsprechung und Literatur von einer Gegenleistung ausgegangen werden, die nach § 103 Abs. 1 GWB erforderlich ist. Gleiches gilt aber auch dann, wenn in der Konstellation eines Teilpreiswettbewerbs der Mindestpreis unterhalb des Marktwerts liegt, da der Erwerb des Grundstücks (etwa bei einer geringen Bewerberanzahl) auch hier mit einem Preisnachlass erfolgen kann.

Förderzuschüsse etwa wegen des Anliegens der sozialen Wohnraumversorgung zählen regelmäßig nicht zu solchen „Kaufpreisnachlässen". Diese erfolgen nicht der Bauleistung, sondern eben der Förderung der sozialen Wohnraumversorgung wegen. In Betracht zu ziehen sind dabei neben den Gegenständen des BayWoFG auch kommunale Fördermöglichkeiten. Generell

---

[227] Vgl. OLG Schleswig NZBau 2013, S. 453 (457): „Der Annahme der Bf., ein ‚Entgelt' der Bg. könne auch in Form eines verbilligten Verkaufs der Grundstücke an die Beigel. gewährt werden, ist im rechtlichen Ansatz zuzustimmen". Nicht aus der Rspr., sondern aus der Verwaltung: Von dieser Rechtsansicht geht auch das BayStMI bei der Behandlung der *Konzeptvergabe* aus, FStBay 2020, 123 (397).

[228] *Greim* ZfBR 2011, S. 126 (132) („Verzicht des öffentlichen Auftraggebers auf einen Teil des Veräußerungserlöses") m.V.a. *Raabe* NordÖR 2010, S. 273 (277); *Losch* VergR 2013, S. 839 (842).

[229] EuGH C-51/15, NZBau 2017 S. 105 (107) Rn. 43 (Remondis); vgl. EuGH C-796/18, NZBau 2020, S. 461 (464) Rn. 50 ff. (ISE). Dazu dass eine wechselseitige Abhängigkeit nicht zwangsläufig nötig wäre, noch BayObLG ZfBR 2003, S. 511 (512).

empfiehlt es sich aber, solche externen Leistungen der Grundstücksvergabe „nachzulagern" und sie demnach nicht in die Grundstückskosten „einzupreisen". Etwa könnte in die Ausschreibungsinformation mitaufgenommen werden, dass der obsiegende Bewerber im Anschluss an das Verfahren bestimmte Förderungsmöglichkeiten in Anspruch nehmen kann.

cc) Grundstücksveräußerung zum Marktwert

Betrachtet man das Vertragskonstrukt in seiner Gesamtheit, muss man sich die Frage stellen, ob nicht auch „die Grundstücksüberlassung" selbst als Gegenleistung des öffentlichen Auftraggebers dienen kann. Wäre das der Fall, käme es auf einen Kaufpreisnachlass nicht mehr an. Auch bei einer Konzeptvergabe zum Marktwert könnte mit der Gegenleistung die Entgeltlichkeit nach § 103 Abs. 1 GWB angenommen werden.

Besonders unter Bezugnahme auf die Altpapier-Rechtsprechung des BGH wird diese Rechtsansicht vertreten[230]: Hierbei hatte der BGH (auf eine Divergenzvorlage hin) darüber zu entscheiden, ob im Verkauf von Altpapier ein Dienstleistungsauftrag „eingekapselt" wurde[231]. Und letztlich stellte der BGH auch fest, dass ein Vertrag, der nicht nur den Verkauf von Altpapier durch den öffentlichen Auftraggeber, sondern untrennbar auch die Abfallentsorgung durch ein (das Altpapier erwerbendes) Unternehmen zum Gegenstand hat, einen entgeltlichen öffentlichen Auftrag beinhaltet.

Rechtlich entscheidend sind die Erkenntnisse des BGH zur Gegenleistungskomponente des öffentlichen Auftrags. Im behandelten Fall war die erforderliche Entgeltlichkeit nämlich bereits deshalb gegeben, weil sich die Gemeinde zur Überlassung des im Stadtgebiet gesammelten Altpapiers verpflichtete und damit eine Verpflichtung zur Erbringung einer geldwerten Leistung (also einer Gegenleistung) einging.

---

[230] *Keller*, Kooperativer Städtebau und Kartellvergaberecht, S. 119 f. Im Anschluss auch *Bremke*, Wettbewerbliche Ausschreibung kommunaler Investorenprojekte, S. 141 f.

[231] Sachverhaltlich bestrebte eine kreisfreie Stadt, im Stadtgebiet Altpapier einzusammeln. Zur weiteren Behandlung des Altpapiers schloss die Gemeinde (ohne Durchführung eines ordentlichen Vergabeverfahrens) mit einem Entsorgungsunternehmen einen Kaufvertrag für die Dauer von fünf Jahren ab. Hiernach verkauft die Stadt das gesammelte Altpapier für 50 Euro pro Tonne an das Entsorgungsunternehmen. Nach einer (bis auf Widerruf zu erfolgenden) Anlieferung des Altpapiers durch die Stadt sollte das Entsorgungsunternehmen diesem allerdings auch grobe Störstoffe entnehmen. Daneben oblag es dem Entsorgungsunternehmen ebenfalls, Nachweise und Belege über die Verwertung von Papier-Pappe-Karton vorzulegen; Informationen, welche die Gemeinde zur Erfüllung ihrer eigenen Verpflichtungen Dritter ggü. benötigte. Ein Konkurrent des Entsorgungsunternehmens ging gegen diese „De-Facto-Vergabe" mit einem Nachprüfungsantrag vor. Anders als das OLG Celle war das OLG Düsseldorf in solchen Fällen von einer Anwendbarkeit des GWB-Vergaberechts ausgegangen.

Die Leistungen, die das Entsorgungsunternehmen zur Altpapierverwertung zu erbringen hatte, ließen sich nicht von den kaufvertraglichen Komponenten der Abreden trennen, welche die Gemeinde mit dem Entsorgungsunternehmen bezüglich der Veräußerung des Altpapiers eingegangen war. Der Kaufvertrag sei nur „das wesentliche Mittel" („das rechtliche Gewandt"), dessen sich die Gemeinde bediente, um die gewünschte Dienstleistung zu erhalten[232]. Dadurch dass es sich bei allen miteinander verquickten Aspekten der Altpapierveräußerung aber auch -verwertung *nicht* um „zwei voneinander trennbare Leistungsaustauschgeschäfte" handeln könnte, „die mehr oder weniger willkürlich in einem Rechtsgeschäft miteinander verbunden worden sind"[233], müssten auch alle Leistungen der Vertragsparteien miteinander in einen Gesamtkontext gebracht werden. Unerheblich sei, dass bei einer wirtschaftlichen Betrachtung die Veräußerungskomponenten im Vordergrund stehen. Der BGH überwindet hiermit die Trennung zwischen beiden Verträgen: Aus einem „Kaufvertrag neben einem Dienstleistungserbringungsvertrag" wird ein „Kauf- und Dienstleistungserbringungsvertrag".

In der Folge sind diese Vertragsbestandteile auch hinsichtlich der Entgeltlichkeit nicht isoliert zu bewerten. Bei einer separaten Betrachtung würde die Überlassung des Altpapiers gegen die Zahlung eines Kaufpreises erfolgen. Die Verwertung des Altpapiers würde (klammert man die Überlassung des Altpapiers eben aus) freistehen. Bei einer Gesamtbetrachtung hingegen erfolgt die Überlassung des Altpapiers gegen die Zahlung eines Kaufpreises und gegen die Verwertung des Altpapiers. Umgedreht (da der öffentliche Auftrag von der unternehmerischen Leistungserbringung ausgeht) erfolgt die Erbringung der Dienstleistung (neben der Zahlung des Kaufpreises) damit gegen die Überlassung des Altpapiers.

Diese Rechtsansicht findet auch in der obergerichtlichen Rechtsprechung Anklang. So entschied das OLG Karlsruhe im Jahr 2016, dass der Verkauf von Kies und die damit verbundene Beauftragung mit der Kiesverwertung bei einer wirtschaftlichen Betrachtungsweise dem Einkauf einer Leistung gleichkämen[234]. Eine Entgeltlichkeit nahm das Gericht ebenfalls an, weil es ausreichend sei, „dass zwischen dem Auftraggeber und dem Auftragnehmer vermögenswerte Leistungen ausgetauscht werden"[235]. Mitunter bei Berücksichtigung der vom BGH genannten Gründe sei von der Entgeltlichkeit schließlich auszugehen, da die Gemeinde dem Unternehmen den Vermögensgegenstand „Kies" gegen die Zahlung des hierfür vereinbarten Kaufpreises und gegen die

---

[232] BGH NZBau 2005, S. 290 (293).
[233] BGH NZBau 2005, S. 290 (293).
[234] OLG Karlsruhe Beschl. v. 16.11.2016, Az. 15 Verg 5/16, Rn. 69 (Juris).
[235] OLG Karlsruhe Beschl. v. 16.11.2016, Az. 15 Verg 5/16, Rn. 80 (Juris): „und der Vertrag insbesondere auch im unmittelbaren wirtschaftlichen Interesse des Auftraggebers ist".

Übernahme der weiteren Verwertung dieses Kieses überlassen wollte[236]. Die Hingabe des Kieses war hier demnach als Gegenleistung aufzufassen.

Schließlich scheint ebenfalls der EuGH in eine solche Richtung zu tendieren. Denn der Gerichtshof entschied zu einem Softwareüberlassungs- und Kooperationsverhältnis, dass ein aus mehreren Handlungen bestehender Vorgang hinsichtlich der Einstufung als „öffentlicher Auftrag" in seiner Gesamtheit zu prüfen ist. Diese Erkenntnis bezieht der EuGH im Folgenden auch auf die (synallagmatischen) Gegenleistungen[237].

All diesen Ausführungen ist zuzustimmen und sie sind auf den hier behandelten Fall der Konzeptvergabe zu übertragen. Entgegen mancher Rechtsauffassung, wie der des OLG Schleswig, überwiegen nämlich die Argumente, die für eine Gesamtbetrachtung sprechen. Das letztere Gericht führte zu einem Grundstücksverkauf aus, dass keine Gegenleistung der Gemeinde und damit auch kein entgeltliches Vertragsverhältnis vorläge, wenn ein Grundstückserwerber die übernommenen Leistungen „auf eigene Kosten" erbringt[238]. Eine solche Konstellation liegt den oben genannten Fällen aber gar nicht zugrunde. Vielmehr werden die Leistungen in allen beschriebenen Fällen nicht ohne die Überlassung des geldwerten Gegenstands erbracht; sie werden damit nicht allein „auf eigene Kosten" erfolgen. Alle Abreden sind einer ganzheitlichen Beurteilung unterworfen. Wann eine Leistung schließlich als „do ut des" der anderen Leistung angesehen werden kann, unterliegt einer wertenden

---

[236] OLG Karlsruhe Beschl v. 16.11.2016, Az. 15 Verg 5/16, Rn. 80 (Juris).

[237] Im Wesentlichen EuGH C-796/18, NZBau 2020, S. 461 (464) Rn. 40 ff (ISE). Auf eine Vorlagefrage des OLG Düsseldorf hatte der EuGH darüber zu entscheiden, „ob die RL 2014/24 dahin auszulegen ist, dass eine Vereinbarung, die zum einen vorsieht, dass ein öffentlicher Auftraggeber einem anderen öffentlichen Auftraggeber eine Software kostenfrei überlässt, und die zum anderen mit einer Kooperationsvereinbarung verknüpft ist, nach der jede Partei dieser Vereinbarung verpflichtet ist, von ihr etwaig hergestellte zukünftige Weiterentwicklungen der Software der anderen Partei kostenfrei zur Verfügung zu stellen, einen ‚öffentlichen Auftrag' [...] darstellt", ebd. S. 463 Rn. 28. Der EuGH leitet (mit Verweis auf seine bisherige Rspr., vgl. EuGH NZBau 2005, S. 704 (706) Rn. 41 (Mödling) und EuGH NZBau 2017, S. 105 [107] Rn. 37 [Remondis]) damit ein, dass ein aus mehreren Handlungen bestehender Vorgang hins. der Einstufung als „öffentlicher Auftrag" in seiner Gesamtheit zu prüfen ist, ebd. S. 463 f. Rn. 38. Gleiches gelte in diesem Fall für die Komponenten der Softwareüberlassung und die der Kooperation, ebd. S. 464 Rn. 42. Dies ist allerdings schon die hier wesentlichste Aussage des EuGH. Denn die folgenden Ausführungen bleiben schwer zu deuten und vermögen zwischen Leistung und Gegenleistung nicht exakt zu unterscheiden, vgl. etwa: „Daher scheint die Überlassung dieser Software zwar entgeltfrei, aber nicht ohne Gegenleistung zu erfolgen", ebd. S. 464 Rn. 46. Letztlich wären der Softwareüberlassungsvertrag und der Kooperationsvertrag synallagmatisch, was zur Folge hat, dass „die kostenlose Überlassung der Software [...] eine gegenseitige Verpflichtung zur Weiterentwicklung dieser Software begründet", ebd. S. 464 Rn. 50, was von der anderen Seite gesehen bedeutet, dass die Weiterentwicklung der Software gegen die Gegenleistung der (nur scheinbar kostenlosen) Überlassung der Software erfolgt.

[238] OLG Schleswig NZBau 2013, S. 453 (457).

Betrachtung der Umstände des Einzelfalls und besonders der Vertragsabreden. Für die Gegenseitigkeit spricht es aber, wenn die eigene Leistung nicht erbracht werden soll, falls die fremde Gegenleistung ausbleiben wird. Soll die Leistung bei Verzicht auf die Gegenleistung trotzdem erfolgen, handelt es sich tatsächlich um eine „Gefälligkeit" und dem Entgeltlichkeitserfordernis kommt an dieser Stelle seine konstitutive Tatbestandsfunktion zu: Vergaberechtsfreie Gefälligkeitsverhältnisse oder außerrechtliche Beziehungen von vergaberechtspflichtigen öffentlichen Aufträgen abzugrenzen[239].

Im Ergebnis bedeutet das für die Konzeptvergabe, dass selbst dann eine Gegenleistung in der Grundstücksüberlassung erblickt werden muss, wenn die Gemeinde zum Verkehrswert veräußert[240]. Die Überlassung des Grundstücks und die Leistungserbringung (von der auszugehen ist) stehen sich im Gegenseitigkeitsverhältnis gegenüber. Es ist nicht so, dass die Überlassung des Grundstücks allein gegen die Zahlung des Kaufpreises erfolgt und die Bauleistung damit ihr leistungsgegensätzliches Pendant misst. Die Gemeinde überlässt das Grundstück nur, wenn der Erwerber neben der Zahlung auch die geforderte und deshalb vertraglich gesicherte Bauleistung erbringt. Der Erwerber tätigt die Bauleistung nur, wenn er auch das Grundstück überlassen bekommt.

Schließlich kann mit diesen (nur auf den ersten Blick überraschenden) Erkenntnissen festgehalten werden, dass es der Baukonzession in der Ahlhorn-Rechtsprechung gar nicht bedurft hätte. Ebenfalls ist der Ansicht entgegenzutreten, welche die „Gegenleistungsseite" (neu entdeckt) als vermeintlich leicht abzulehnende Komponente des öffentlichen Auftrags begreift[241]. Denn als „Gegenleistung der Bauleistung" kann im Gesamtvertragskonstrukt schon die Grundstücksüberlassung selbst dienen.

e) *Überschreiten des Schwellenwerts nach § 106 Abs. 1 GWB*

Wertmäßig muss ein öffentlicher Bauauftrag schließlich noch einen gewissen Schwellenwert erreichen bzw. überschreiten (zur Vereinfachung im

---

[239] OLG Naumburg NZBau 2006, S. 58 (62); *Keller*, Kooperativer Städtebau und Kartellvergaberecht, 119; *Bremke*, Wettbewerbliche Ausschreibung kommunaler Investorenprojekte, S. 138.

[240] Die VK Berlin konnte es im Ergebnis (mangels Auswirkungen auf den Fortgang der weiteren rechtlichen Bewertung) offenlassen, worin die notwendige Gegenleistung bei einer *Erbbaurechts-Konzeptvergabe* liegt, ErbbauZ 2022, S. 75 (85) Rn. 63. Die „Überlassung des Grundstücks" nannte die Vergabekammer aber ganz konkret als Möglichkeit der Gegenleistung: „Diese [Anm.: die Gegenleistung] kann etwa sowohl in der Überlassung des Grundstücks und der Einräumung des Nutzungsrechts, gegebenenfalls im Hinblick auf die Regelungen zum Erbbauzins auch zu einem verminderten Satz, als auch in der Ermöglichung der Refinanzierung des Vertragspartners durch Mieteinnahmen auf dem angespannten Berliner Immobilienmarkt gesehen werden". Zusammenhängend noch zur Frage, ob eine Baukonzession vorliegt Kap. 11 E. I. 1. b) in Fn. 74.

[241] In diesem Sinne aber *Gartz* NZBau 2010, S. 293 (296).

Folgenden: überschreiten), damit die §§ 97 ff. GWB nach § 106 Abs. 1 Satz 1 GWB anwendbar sind[242]. Der Richtliniengeber ging davon aus, dass eine regelungsbedürftige Binnenmarktrelevanz nur solchen Auftragsvergaben zukommt, welche die Schwellenwerte überschreiten[243].

Dieser aktuell maßgebliche Schwellenwert lässt sich über § 106 Abs. 2 Nr. 1 GWB ermitteln, der auf Art. 4 Richtlinie 2014/24/EU in seiner jeweils geltenden Fassung Bezug nimmt. Nach einer Neufestsetzung der Schwellenwerte, die gemäß Art. 6 Abs. 1, Abs. 5 UAbs. 2 Richtlinie 2014/24/EU erfolgte, gilt seit dem 01.01.2022 ein Schwellenwert von 5.382.000 Euro bei öffentlichen Bauaufträgen[244].

Zur Beurteilung der Schwellenwertüberschreitung ist der Auftragswert ex ante vom öffentlichen Auftraggeber zu schätzen. Bei dieser Schätzung des Auftragswerts ist nach § 3 Abs. 1 Satz 1 VgV vom voraussichtlichen „Gesamtwert der vorgesehenen Leistung" ohne Umsatzsteuer auszugehen. Zudem sind nach den Sätzen 2 und 3 etwaige Optionen, Vertragsverlängerungen, Prämien oder Zahlungen an Bewerber oder Bieter zu berücksichtigen. In den Blick zu nehmen ist bei der Schätzung grundsätzlich, auch bei Berücksichtigung des zugrundeliegenden Art. 5 Abs. 1 UAbs. 1 Richtlinie 2014/24/EU, die Gesamtvergütung für die nachgefragten Leistungen und mithin die Summe aller hierfür zu erbringenden Kosten (ohne Steuern)[245]. Abzustellen wäre aber teleologisch eigentlich auf das wirtschaftliche Interesse eines potenziellen Bieters[246], das sich nur mittelbar durch die Inblicknahme der Vergütung (also der Gegenleistung) ergibt. Damit korreliert, dass auch sonst bei der Feststellung der Binnenmarktrelevanz an das Interesse der Leistungsanbieter angeknüpft wird[247].

Treffen allerdings Grundstücksveräußerung und Bauleistung zusammen, dann gestaltet sich die Frage, wie die Schwellenwertüberschreitung zu berechnen ist, nochmals deutlich komplizierter[248]. Die Vorgehensweise ist bislang

---

[242] Zwar ist diese Beurteilung im Grundsatz an die *Leistung* des öffentlichen Auftrags anzuknüpfen (hierzu Kap. 5 A. I. 7. c.). Weil allerdings in der Vorarbeit noch einige wesentliche Ausführungen zur Gegenleistungsseite erfolgen mussten (Kap. 5 A. I. 7. d.), erfolgt die Behandlung des Schwellenwerts an dieser nachgelagerten Stelle.

[243] Vgl. EuGH C-220/05, NVwZ 2007, S. 316 (319 f.) Rn. 52 (Stadt Roanne); *Jarass Cohen*, Vergaberecht und städtebauliche Kooperation, S. 157.

[244] Vgl. Delegierte Verordnung (EU) 2021/1952 der Kommission vom 10. November 2021 zur Änderung der Richtlinie 2014/24/EU des Europäischen Parlaments und des Rates im Hinblick auf die Schwellenwerte für die Vergabe öffentlicher Liefer-, Dienstleistungs- und Bauaufträge sowie für Wettbewerbe, ABl. L 398 S. 23; explizit Art. 1 Nr. 1.

[245] *Alexander*, in: Pünder/Schellenberg, Vergaberecht, § 3 VgV Rn. 8.

[246] EuGH C-220/05, NVwZ 2007, S. 316 (320) Rn. 53 (Stadt Roanne).

[247] Vgl. BGH NZBau 2012, S. 46 (48).

[248] Im Beschluss der VK Berlin ErbbauZ 2022, S. 23 (28) Rn. 48 heißt es schlicht: „Jedenfalls in Anbetracht der von der Antragstellerin [Anm.: einer unterlegenen Bewerberin] kalkulierten Investitionskosten ist der maßgebliche Schwellenwert des § 106 Abs. 1, Abs. 2 Nr. 1 GWB [...] erreicht". Auf die Investitionskosten stellt die VK Berlin in einem anderen

ungeklärt und von erheblicher Relevanz, da sie über die Anwendbarkeit des GWB-Vergaberechts entscheiden kann.

Abzugrenzen ist davon im Übrigen die oftmals vermengte Frage der Berechnung der Schwellenwertüberschreitung bei Mischfällen der horizontalen Kombination: Dort kommt eine private Bauleistung des Erwerbers mit einer Bauleistung zusammen, die im unmittelbaren wirtschaftlichen Interesse des öffentlichen Auftraggebers steht[249]. Der EuGH hat hierzu in seiner Stadt-Roanne-Entscheidung auf den Gesamtwert des Geschäfts abgestellt, denn potenzielle Bieter (auf deren Sichtweise es schließlich ankommt[250]) können ihren Gewinn aus der Veräußerung oder der Vermietung erzielen[251]. Im Ergebnis ist dann das gesamte Vorhaben auszuschreiben[252].

Doch auch bezogen auf die „vertikale" Kombination der Grundstücksveräußerung mit einem öffentlichen Bauauftrag eröffnen sich verschiedene Berechnungsmöglichkeiten, wobei sich die grundlegende Frage darum dreht, ob bei der Schwellenwertberechnung das Grundstück wertmäßig mitberücksichtigt werden soll: Einerseits könnte man den Gesamtwert des Geschäfts heranziehen, der sich kombiniert aus dem Grundstückspreis und der Bauleistung ergibt[253]. Eine andere Möglichkeit besteht aber darin, isoliert auf die

---

Fall nochmals ab, ErbbauZ 2022, S. 75 (85) Rn. 63: „Sowohl der für Bauaufträge maßgebliche Schwellenwert [...] als auch der für Konzessionen [...] werden erreicht. So hat etwa die Antragstellerin mit Investitionskosten in Höhe von rund ... Mio. EUR kalkuliert. Der Wert der Bauleistung beziehungsweise Konzession überschreitet damit die relevanten Schwellenwerte bei Weitem".

[249] Vgl. hierzu (und zu den „Parkplatzfällen") etwa *Losch* VergR 2013, 839 (844 ff.). Vorangehend aber auch schon *Otting* NJW 2010, S. 2167 (2168); *Greim* ZfBR 2011, S. 126 (131 f.); *Haak* VergabeR 2011, S. 351 (357). Ebenso auch *Jenn* ZfIR 2010, S. 405 (410), der den Bau eines öffentlichen Kindergartens im Zuge einer Wohnbebauung als Bsp. nennt. Diese Aspekte können auch bei solchen Konzeptvergaben relevant werden, mit denen nicht nur private, auf Selbstnutzung angelegte Wohnräume geschaffen werden sollen, sondern daneben etwa auch Räume für einen (im unmittelbaren wirtschaftlichen Interesse liegenden) sozialen Wohnungsbau entstehen.

[250] Nochmals EuGH C-220/05, NVwZ 2007, S. 316 (320) Rn. 53 (Stadt Roanne).

[251] EuGH C-220/05, NVwZ 2007, S. 316 (319 f.) Rn. 48 ff., insb. Rn. 54 (Stadt Roanne). Entgegenhaltend (für die Rechtslage nach der Helmut-Müller-Entscheidung des EuGH) OLG Schleswig NZBau 2013, S. 453 (458).

[252] *Bremke*, Wettbewerbliche Ausschreibung kommunaler Investorenprojekte, S. 162. m.w.N.

[253] In diese Richtung OLG Düsseldorf NZBau 2008, S. 727 (728), allerdings noch unter der Konstruktion einer Baukonzession. Ebenfalls *Harms/Schmidt-Wottrich* LKV 2011, S. 537 (538), welche eine umfangreiche Kombination aus Grundstückspreis, Bauleistung und späteren Verwertungseinnahmen des Grundstückserwerbers vorschlagen (falls sich die Schwellenwertüberschreitung nicht schon aus den Einzelposten ergibt), oder die VK Düsseldorf ZfBR 2009, S. 104 im Leitsatz: „Er erscheint nicht grundsätzlich fehlerhaft, bei einer Grundstücksveräußerung den Wert durch Addition des Kaufpreises, den nach DIN 276 zu berechnenden Baukosten und einem durchschnittlichen Gewinn zu ermitteln". Die VK

Bauleistung abzustellen[254]. In seiner Altpapier-Entscheidung hielt der BGH für die Schwellenwertberechnung den Vertrag selbst und damit dessen Wert für maßgebend[255], ohne dass hieraus allerdings konkrete Berechnungsansätze zu erkennen sind.

Überzeugend ist es, sich (zumindest bei „einfachen" Fällen städtebaulich eingebundener Grundstücksveräußerungen) einer bisher weitgehend unbeachteten Rechtsansicht des OLG Düsseldorf anzuschließen. Dieses hatte sich im zugrundeliegenden Fall mit dem Verkauf und der Verwertung von Alttextilien und Altschuhen zu beschäftigen[256]. Auch hier war zu bestimmen, was das Unternehmen vom öffentlichen Auftraggeber für die Ausführung des Auftrags als Entgelt erhalten sollte. Dabei erkennt das Gericht, dass die Entgeltlichkeit nicht nur bei der Zuwendung von Geldmitteln, sondern auch bei der Zuwendung jedes anderen geldwerten Vorteils angenommen werden kann; wobei sich das Gericht explizit auf die Altpapier-Entscheidung des BGH bezieht[257]. Die für die Schwellenwertbeurteilung maßgebliche Vergütung des öffentlichen Auftraggebers für die Leistungen des Unternehmens (also die „maßgebliche

---

Südbayern Beschl. v. 29.07.2011, Az. Z3-3-3194-1-18-05/11, Rn. 90 f. (Juris) hingegen will (wohl) isoliert auf den Grundstückswert abstellen, was sich aber weit von § 106 Abs. 1 Satz 1 GWB entfernt: „Die Auffassung der Antragsgegnerin dahingehend, dass es fehlerhaft sei, den Grundstückswert, den die Baugemeinschaften für den Erwerb des Grundstücks aufzuwenden haben, für die Ermittlung des Schwellenwertes heranzuziehen, sondern allenfalls der Betrag, um den ein Unterwertverkauf eines Grundstückes stattfindet, maßgeblich sei, kann durch die erkennende Kammer nicht gefolgt werden. [...] Maßgeblich ist demnach der Kaufpreis der jeweiligen Baufelder und nicht der Betrag, um den ein Unterwertverkauf eines Grundstücks stattfindet"; das hieran instanzlich anknüpfende OLG München NZBau 2012, S. 134 ff. äußert sich zur Schwellenwertberechnung leider nicht.

[254] Vgl. OLG Brandenburg Az. Verg W 4/08, BeckRS 2008, 15473, das (allerdings zur Beschwerdewertbemessung) in nachvollziehbarer Weise eine Kombination aus dem Wert der Bauleistung und einer geschätzten Gewinnerwartung der potenziellen Bieter (welche das Gericht mit fünf Prozent pauschalisiert) vorschlägt. Vgl. zumindest für die Streitwertbemessung auch OLG Düsseldorf NZBau 2008, 271 ff. = BeckRS 2008, 2049, Rn. 50 (in NZBau nicht abgedruckt), wobei sich die Streitwertbemessung nach der entscheidungserheblichen Fassung des § 50 Abs. 2 GKG auch an der Bruttoauftragssumme zu orientieren hatte (diese soll sich aus dem Verwertungserlös abzüglich der Erstehungskosten ergeben). Auch nach dem *Bayerischen Staatsministerium des Innern* (heute: Bayerisches Staatsministerium des Innern, für Sport und Integration) soll eine Einbeziehung des Grundstückswerts bei der Schwellenwertberechnung nicht erforderlich sein, hierbei weist das Staatsministerium allerdings auf die unterschiedlichen Rechtsauffassungen hin (Anwendung des Vergaberechts bei kommunalen Grundstücksgeschäften. Handreichung des Bayerischen Staatsministeriums des Innern, S. 12 f., https://www.stmi.bayern.de/assets/stmi/buw/bauthemen/iiz5_vergabe_kommunal_rs_20101220.pdf (Stand: 01.11.2023). Aus der Lit. schließlich noch *Otting* VergR 2013, S. 343 (345).

[255] BGH NZBau 2005, S. 290 (293 f.).

[256] OLG Düsseldorf Az. VII Verg 24/14, BeckRS 2015, 8090, Rn. 1.

[257] OLG Düsseldorf Az. VII Verg 24/14, BeckRS 2015, 8090, Rn. 13.

Gegenleistung") besteht nach Ansicht des Gerichts aber im „Wert der überge-
benen geldwerten Gegenstände" bzw. (und das ist nun relevant) im zu erzie-
lenden Erlös aus der Weiterveräußerung der behandelten Alttextilien und Alt-
schuhe[258] *abzüglich* des vom Unternehmen an den öffentlichen Auftraggeber
zu zahlenden Betrags[259].

Auch für die städtebaulich eingebundene Grundstücksveräußerung, bei der
bereits das Vorliegen einer Leistungs- und einer Gegenleistungskomponente
angenommen wurde, bedeutet das dann schließlich: Der mögliche Veräuße-
rungserlös (auch an Dritte[260]) abzüglich der zu entrichtenden Erstehungskosten
ergibt die (für die Schwellenwertüberschreitung) maßgebliche Vergütung
durch den öffentlichen Auftraggeber.

Diese Berechnungsmethode überzeugt schließlich, weil man die Schwellenwertberechnung teleologisch auf den „(Auftrags-)Wert der Bauleistung"
(vgl. Art. 5 Abs. 1 UAbs. 1 Richtlinie 2014/24/EU) zurückführen kann. Auch
für das Unternehmen zeichnet sich hierdurch ab, „was sich durch die Bauleistung erwirtschaften lässt".

Weiterhin kommt man zu einer kohärenten Lösung unter dem vorangehenden Einbezug der Grundstücksüberlassung als Gegenleistung. Denn nur weil
die Grundstücksüberlassung an anderer Stelle selbst bei einer Grundstücksveräußerung zum Marktpreis (eher formell) als Gegenleistung angesehen werden konnte, bedeutet das nicht, dass der geldwerte Gegenstand in vollem Umfang für die Schwellenwertberechnung maßgeblich sein muss. Hier geht es
doch um die Binnenmarktrelevanz einer Bauauftragsvergabe und damit ist in
dieser Hinsicht eine wirtschaftliche Betrachtung anzustellen.

Zwar ergibt sich der „Wert der Bauleistung" allgemein regelmäßig durch
die hierfür erbrachte Gegenleistung des öffentlichen Auftraggebers. Dies betrifft zumindest den Standardfall des öffentlichen Bauauftrags, bei dem die
„schlichte Bauleistung" gegen die „schlichte Bezahlung" ausgetauscht wird.
Um einen solchen Standardfall handelt es sich hier allerdings nicht: Beurteilt
wird ein eingekapselter Bauauftrag, bei dem wegen der Verquickung der Leistungen und Gegenleistungen im Vertragskonstrukt an mehreren Stellen eine
Gesamtbetrachtung anzustellen ist. Dass man es nicht mit einem „Mustersach-
verhalt" zu tun hat, lässt sich neben der „ungewöhnlichen Bezahlungsform im
Wege der Grundstücksüberlassung" auch auf der Leistungsseite des Unternehmens feststellen. Denn im Standardfall des öffentlichen Auftrags ist auch nicht
vorgesehen, dass das Unternehmen neben der Leistung (hier der Bauleistung)
noch etwas erbringt. In den hier behandelten Mischfällen erfolgt aber gerade

---

[258] OLG Düsseldorf Az. VII Verg 24/14, BeckRS 2015, 8090, Rn. 16: „Der prognosti-
zierte Erlös aus der Verwertung entspricht folglich mindestens dem Wert der Altmateria-
lien". Das Gericht arbeitet insoweit ausdrücklich mit einem „Rückschluss".

[259] OLG Düsseldorf Az. VII Verg 24/14, BeckRS 2015, 8090, Rn. 15.

[260] Und insoweit in Einklang mit der Rspr. des EuGH, vgl. EuGH C-220/05, NVwZ 2007,
S. 316 (319 f.) Rn. 48 ff. (Stadt Roanne).

noch die Kaufpreiszahlung: Und diese Zahlung muss demnach wirtschaftlich entgegengerechnet werden.

Hinzu kommt für die Konzeptvergabe im Übrigen noch eine letzte Frage der Schwellenwertberechnung: Im Zuge größerer Flächenentwicklungen unterteilt die Gemeinde die Fläche häufig in mehrere Einzelgrundstücke, die dann im Wege der Konzeptvergabe veräußert werden. Es fragt sich dementsprechend, wie die Schwellenwertberechnung in diesen Fällen zu erfolgen hat: Bezogen auf das „einzelne Grundstück" oder bezogen auf „alle Grundstücke"? Dabei kann oftmals nur die letztere Vorgehensweise überzeugen[261]. Die Antwort auf diese Frage liefert bereits das Gesetz (§ 3 Abs. 2, Abs. 7 Satz 1, Satz 3 VgV und Art. 5 Abs. 3, Abs. 8 Richtlinie 2014/24/EU) sowie die Rechtsprechung des EuGH, der sich bereits mit einer (im weiteren Sinne) ähnlichen Frage beschäftigen musste[262]. Entscheidend ist nämlich, ob bei einer funktionalen Betrachtungsweise von einem einheitlichen Auftrag auszugehen ist[263]. Funktional einheitlich kann ein Auftrag demnach sein, wenn die Gemeinde wesensgleiche Bauvorhaben wünscht und sich hierzu auftragsvergaberelevante Leistungen von den Grundstückserwerbern versprechen lässt. Geht es der Gemeinde hingegen um verschiedenste Vorhaben, dann kann von keiner einheitlichen Bauleistung mehr ausgegangen werden.

f) Ausnahmetatbestände

Damit das GWB-Vergaberecht Anwendung finden kann, darf außerdem kein Ausnahmetatbestand eingreifen.

Als Ausnahme in Betracht kommt allen voran § 107 Abs. 1 Nr. 2 GWB. Hiernach ist das GWB-Vergaberecht nicht anzuwenden auf die Vergabe von öffentlichen Aufträgen und Konzessionen für den Erwerb, die Miete oder die

---

[261] Ebenfalls nach der Rechtsansicht der VK Südbayern Beschl. v. 29.07.2011, Az. Z3-3-3194-1-18-05/11, Rn. 92 (Juris) sind bei der Veräußerung mehrerer Grundstücke eines Baufelds nicht die einzelnen Grundstücke mit ihren Preisen entscheidend, sondern es ist der Gesamtwert der Grundstücke in den Blick zu nehmen. Denn „bei der Aufteilung eines Auftrags in Lose ist nicht der Wert des Loses entscheidend, sondern der Auftragswert des gesamten zur Ausschreibung anstehenden Auftrags".

[262] EuGH C- 574/10, NZBau 2012, S. 311 ff. (Gemeinde Niedernhausen): Sachverhaltlich beauftragte eine deutsche Gemeinde einen örtlichen Planer mit der Sanierung einer Mehrzweckhalle. Hierbei wurden die Bestimmungen des GWB-Vergaberechts nicht eingehalten. Der Auftrag beinhaltete Architektenleistungen von der Konzeption bis hin zur Aufsicht über die Bauausführung. Die Gemeinde teilte das Sanierungsvorhaben aus haushaltsrechtlichen Gründen in drei Teile. Mit dem Planer wurden dann drei verschiedene Verträge geschlossen, wobei der Auftragswert jeweils unter dem Schwellenwert lag. Nach Ansicht des EuGH war die zu beschaffende Dienstleistung allerdings als Einheit zu begreifen: In der Folge hätte diese also ausgeschrieben werden müssen, denn in Addition der drei Verträge waren die Schwellenwerte überschritten.

[263] Zuletzt etwa OLG Schleswig ZfBR 2021, S. 580 (583); *Burgi*, Vergaberecht, § 10 Rn. 9.

Pacht von Grundstücken, vorhandenen Gebäuden oder anderem unbeweglichen Vermögen sowie Rechten daran, ungeachtet der Finanzierung. Begründet wird diese Ausnahmevorschrift damit, dass es sich bei der „Immobilienbeschaffung" um eine zwangsläufig singuläre Standortentscheidung handelt, auf welche die Vergaberechtsbestimmungen wegen der Unvermehrbarkeit der Ressource „Boden" nicht passen[264]. Unabhängig davon, dass auch bei einer Immobilienanmietung ein Bauauftrag „eingekapselt" sein kann[265], sind die Ausnahmevorschriften aber charakterwahrend eng auszulegen[266]. Das gilt sowohl für die GWB-Ausnahmen als auch für die zugrundeliegenden Ausnahmeregelungen der Richtlinie 2014/24/EU, hier also Art. 10 lit. a) Richtlinie 2014/24/EU. Damit sind von § 107 Abs. 1 Nr. 2 GWB streng dem Wortlaut entsprechend allein Erwerb, Miete und Pacht erfasst, wobei die öffentliche Hand in diesen Fällen auf der Nachfragerseite aufzutreten hat[267].

Die Konzeptvergabe ist aber ein Grundstücksmodell, mit dem die Gemeinde (mindestens) ein Grundstück veräußert. Erworben wird es vom überzeugendsten Grundstücksbewerber. Deshalb kann § 107 Abs. 1 Nr. 2 GWB nicht einschlägig sein.

8. Bilanz

Aus der umfassenden Beschäftigung mit der Anwendbarkeit des GWB-Vergaberechts auf die Konzeptvergabe sind etliche Schlussfolgerungen herzuleiten. Vor allem ist das Verteilungsverfahren nicht zwangsläufig durch das GWB-Vergaberecht determiniert.

Bei der Gemeinde handelt es sich zunächst um einen öffentlichen Auftraggeber, was sich aus dem institutionellen Verständnis des § 99 Nr. 1 Alt. 1 GWB ergibt. Die Konzeptvergabe kann sich an „Unternehmen" nach § 103 Abs. 1 GWB und an „Wirtschaftsteilnehmer" gemäß dem zugrundeliegenden Art. 2 Abs. 1 Nr. 5, Nr. 10 Richtlinie 2014/24/EU richten. Dies ist allerdings nicht der Fall, wenn die Grundstücke etwa von Baugemeinschaften zur Selbstnutzung erworben werden sollen.

Die Frage, ob das GWB-Vergaberecht sachlich auf städtebaulich eingebundene Grundstücksveräußerungen anzuwenden ist, lässt sich bis heute nicht ohne die vorangehende Rechtsprechung beantworten. Hinsichtlich der Vorgaben zur Rechtsanwendung ist die Ahlhorn-Rechtsprechung aber mittlerweile weitgehend durch mehrere Judikate des EuGH abgelöst. Besonders in seiner

---

[264] *Dreher*, in: Immenga/Mestmäcker, Wettbewerbsrecht Bd. 4, § 107 GWB Rn. 10; *Gurlit*, in: Burgi/Dreher/Opitz Bd. 1, § 107 Abs. 1 GWB Rn. 12.

[265] Vgl. hierzu etwa EuGH C-536/07, NZBau 2009, S. 792 (795 f.) Rn. 53 ff. (Köln Messe); EuGH C-213/13, NZBau 2014, S. 572 (575) Rn. 43 ff. (Pizzarotti); zuletzt EuGH C-537/19, NZBau 2020, S. 396 (400 f.) Rn. 48 ff. (Wiener Gate 2).

[266] *Gurlit*, in: Burgi/Dreher/Opitz Bd. 1, § 107 Abs. 1 GWB Rn. 7.

[267] *Schellenberg*, in: Pünder/Schellenberg, Vergaberecht, § 107 GWB Rn. 17.

Helmut-Müller-Entscheidung leistete der EuGH „Grundlagenarbeit": Er arbeitete Kriterien heraus, die bei allen drei Fallgestaltungen des öffentlichen Bauauftrags nach § 103 Abs. 3 GWB erfüllt sein müssen. Es muss ein unmittelbares wirtschaftliches Interesse des öffentlichen Auftraggebers an der Bauleistung bestehen und die erwünschte Bauleistung muss sich im Vertrag als einklagbare Bauverpflichtung wiederfinden. Zur Annahme der dritten Fallgestaltung nach § 103 Abs. 3 Satz 2 GWB muss der öffentliche Auftraggeber Maßnahmen ergriffen haben, um die Merkmale der Bauleistung zu definieren oder zumindest einen entscheidenden Einfluss auf ihre Konzeption auszuüben. Dann hat er seine „Erfordernisse genannt".

An dieser Helmut-Müller-Rechtsprechung des EuGH ist gleichwohl Kritik zu üben. Sie schafft es bis heute nicht, Rechtsunsicherheiten hinsichtlich der Anwendbarkeit des unionalen Auftragsvergaberechts zu beseitigen: Vielmehr verlagert der EuGH die problematische Beschaffungsfrage auf die genannten Einzelkriterien, bei deren Handhabe dem Rechtsanwender ebenso viele Deutungsmöglichkeiten verbleiben. Die heute diskutierten Einzelmerkmale (besonders zur Leistungsseite des öffentlichen Bauauftrags) können und müssen aber gleichwohl für die Konzeptvergabe fruchtbar gemacht werden. In Anbetracht dessen, dass der EuGH seine Rechtsprechung bislang fortsetzt und die Rechtswissenschaft hieran anknüpft, ist kein anderes Vorgehen zu billigen.

Bei alldem kann man letztlich zum Schluss gelangen: Eine den erwähnten Anforderungen des EuGH genügende Bauleistung ist für die Annahme eines öffentlichen Bauauftrags nach § 103 Abs. 3 Satz 2 GWB konstitutiv. Diese liegt aber nicht zwangsläufig vor. Denn die Gemeinde hat die Anwendung des GWB-Vergaberechts durch die Ausgestaltung der Konzeptvergabe weitgehend selbst in der Hand.

Situativ wird die Gemeinde mit ihrer Konzeptvergabe in Ausübung ihrer städtebaulichen Regelungszuständigkeiten tätig, wenn mit dem Grundstücksmodell Wohnraum geschaffen werden soll. Denn die Gemeinde setzt nur städtebauliche Anliegen mit konsensualen Mitteln bei der Zuhilfenahme wettbewerblicher Instrumente fort.

Damit die GWB-Vergaberechtspflicht allerdings nicht aus der Grundstücksveräußerung folgt, sind bei der vertraglichen Gestaltung verschiedene Merkmale auszusparen. Das betrifft besonders die Sicherung des Konzepts sowie Gesichtspunkte des Kaufpreises: Mit der vom EuGH gebildeten zweiten und vierten Fallgruppe ließe sich nämlich das „unmittelbare wirtschaftliche Interesse" der Gemeinde an der Bauleistung begründen. Werden Bauerrichtungspflichten, Vertragsstrafen oder rigide Nachzahlungspflichten mit in den Vertrag aufgenommen, wird es sich um unmittelbare oder mittebare Bauverpflichtungen handeln. Sind gemeindliche Zielvorstellungen hingegen allein dadurch abgesichert, dass man Rücktritts- oder Wiederkaufsrechte für den Fall der ausbleibenden Bauleistung einräumt, ist von einer (einklagbaren) Bauverpflichtung nicht auszugehen. Hinsichtlich der „vom öffentlichen Auftraggeber genannten Erfordernisse einer Bauleistung" kann man bei der Konzeptvergabe an zwei Stellen ansetzen: Einerseits können schon hinreichend präzise Vergabekriterien im Hinblick auf die Bauleistung aufgestellt werden. Andererseits kann die Gemeinde das vom erfolgreichen Bewerber erstellte Bebauungskonzept in seiner Konkretheit übernehmen und dessen Verwirklichung nach der Grundstücksveräußerung vertraglich einfordern.

Betreffend die Gegenleistung des öffentlichen Bauauftrags sind die Ausführungen des OLG Düsseldorf zur Baukonzession bei Grundstücksveräußerungen heute überholt. Gleichwohl reicht zur Annahme einer Gegenleistung (und damit zur Annahme der Entgeltlichkeit) bereits die Grundstücksübertragung selbst aus, wenn die Grundstücksveräußerung mit der eingeforderten Bauleistung hinreichend verbunden ist. Auf einen Kaufpreisnachlass kommt es nach vertretener Rechtsansicht an dieser Stelle nicht an.

Hinsichtlich des Überschreitens der Schwellenwerte, die § 106 Abs. 2 Nr. 1 GWB in Bezug nimmt, ist eine wirtschaftliche Betrachtung anzustellen. Denn zumindest teleologisch ist aus der Perspektive der Marktteilnehmer die Binnenmarktrelevanz des öffentlichen Bauauftrags zu beurteilen. Für die Berechnung der Schwellenwertüberschreitung bei vergaberechtsrelevanten Grundstücksverkäufen ist die „maßgebliche Vergütung" durch den öffentlichen Auftraggeber entscheidend: Diese „maßgebliche Vergütung" ergibt sich aus einem möglichen Verwertungserlös für das bebaute Grundstück abzüglich der seitens des Grundstückserwerbers zu entrichtenden Erstehungskosten.

Hervorzuheben ist, dass schon durch die Ablehnung einer der behandelten Anwendungsvoraussetzungen die Anwendbarkeit des GWB-Vergaberechts ausbleibt. So kann ein Grundstück etwa verbilligt angeboten werden, wenn der Bewerberkreis auf Baugemeinschaften reduziert wird, bei denen es sich um keine Unternehmen im Sinne des § 103 Abs. 1 GWB handelt. Wird keine einklagbare Bauverpflichtung in das Vertragskonstrukt mitaufgenommen, so fehlt es an einem grundlegenden Merkmal des öffentlichen Bauauftrags. Ebenso können die Schwellenwerte unterschritten werden.

II. Haushaltsvergaberecht

Die §§ 97 ff. GWB sind nicht anzuwenden, wenn die von § 106 Abs. 2 Nr. 1 GWB in Bezug genommenen Schwellenwerte nicht erreicht werden. Doch das nationale Recht hält mit dem Haushaltsvergaberecht für Aufträge unterhalb der Schwellenwerte gleichwohl ein weiteres Verteilungsregime parat: Das entspricht dem Wesen der Zweiteilung des Auftragsvergaberechts in Deutschland[268]. Sind nun diese Anforderungen auf das Konzeptvergabeverfahren anzuwenden?

---

[268] Vgl. BVerfG NJW 2006, S. 3701 (3706) Rn. 94.

Die konkreten Vorgaben des Haushaltsvergaberechts ergeben sich zunächst nicht unmittelbar aus dem Grundsatz des § 30 Satz 1 HGrG, sondern sind abhängig vom jeweiligen öffentlichen Auftraggeber. In diesem Untersuchungszuschnitt werden mittels der Konzeptvergabe kommunale Grundstücke durch bayerische Gemeinden veräußert. Relevant sind deshalb über Art. 120 Abs. 1 Satz 1, Satz 2 Nr. 3 GO die Bestimmungen § 31 Abs. 1 KommHV-Kameralistik und § 30 Abs. 1 KommHV-Doppik. Nach diesen gleichlautenden Regelungen muss der Vergabe von Aufträgen eine öffentliche Ausschreibung oder eine beschränkte Ausschreibung mit Teilnahmewettbewerb vorausgehen, sofern nicht die Natur des Geschäfts oder besondere Umstände eine beschränkte Ausschreibung ohne Teilnahmewettbewerb oder eine Verhandlungsvergabe rechtfertigen. Zur Vergabe von Aufträgen im kommunalen Bereich liegt weiterhin eine konkretisierende Bekanntmachung des Bayerischen Staatsministeriums des Innern und für Integration vor[269], die § 31 Abs. 2 KommHV-Kameralistik und § 30 Abs. 2 KommHV-Doppik in Bezug nehmen und die an einigen Stellen auf den ersten Abschnitt der VOB/A verweist (vgl. 1.1.1. Spiegelstrich 1 Aufzählungspunkt 1, Spiegelstrich 2).

Grundlegend stellt sich aber auch hier die Frage, ob bei der Grundstücksveräußerung überhaupt von einer Auftragsvergabe gesprochen werden kann, die sowohl § 31 Abs. 1 KommHV-Kameralistik als auch § 30 Abs. 1 KommHV-Doppik erfordert.

Die Auseinandersetzung mit dem Erfordernis des „Auftrags" (mitsamt dessen Voraussetzungen) fällt auf der Ebene des Haushaltsvergaberechts allerdings nochmals spärlicher aus als beim bereits behandelten GWB-Vergaberecht. Eine Definition des Auftrags sucht man im Haushaltsvergaberecht vergebens[270]. Das Erfordernis eines Beschaffungselements wird nicht genannt; teilweise wird es aber als ungeschriebenes Tatbestandsmerkmal angenommen[271].

Erwägt man das Haushaltsvergaberecht als rechtliche Determinante des Konzeptvergabeverfahrens, so können zum eingekapselten Auftrag (im haushaltsvergaberechtlichen Sinne) dabei nicht ohne Weiteres die schon erfolgten Ausführungen zum „öffentlichen Bauauftrag" nach § 103 Abs. 3 GWB bzw. Art. 2 Abs. 1 Nr. 6 Richtlinie 2014/24/EU herangezogen werden. Das Haushaltsrecht verfolgt nämlich andere Zwecke als das unionale Auftragsvergaberecht, das sich nur als Richtlinienumsetzung im GWB wiederfindet. Primäre Regelungszwecke des Haushaltsvergaberechts sind die erfolgreiche Erfüllung

---

[269] Bekanntmachung des *Bayerischen Staatsministeriums des Innern und für Integration* über die Vergabe von Aufträgen im kommunalen Bereich vom 31. Juli 2018, AllMBl. S. 547, zuletzt durch Bekanntmachung vom 6. September 2022 geändert, BayMBl. Nr. 523.

[270] *Groß*, in: Gröpl, BHO/LHO, § 55 Rn. 56.

[271] *Lüttmann*, Beschaffung als Anwendungsvoraussetzung des deutschen und europäischen Vergaberechts, S. 165. Vonseiten der Rspr. auch das OLG Brandenburg KommJur 2012, S. 269 (270) („bei Beschaffungsvorgängen öffentlicher Auftraggeber").

bestimmter Verwaltungsaufgaben und der möglichst sparsame Umgang mit Fiskalmitteln der öffentlichen Hand[272]. Das unionale Auftragsvergaberecht soll (neben dem Basiszweck der Erfüllung von Verwaltungsaufgaben[273]) hingegen einen unionsweiten Wettbewerb herstellen bzw. zur Schaffung eines unionalen „Vergabebinnenmarkts" Diskriminierungen beseitigen[274]. Die hierauf ausgerichtete, teils funktionale Auslegung des EuGH[275] passt damit nicht auf das nationale Auftragsverständnis.

Gleichwohl sollte man den unional geprägten Begriff des „öffentlichen Auftrags" zumindest faktisch „als Untergrenze" oder „als äußersten Rahmen" dessen begreifen, was auch das Haushaltsvergaberecht für einen Auftrag erfordern kann[276]. Mit anderen Worten: Kann ein Vertragsverhältnis selbst nach den äußerst weiten Voraussetzungen des EuGH nicht als ein „öffentlicher Auftrag" im Sinne des unionalen Auftragsvergaberechts angesehen werden, dann wird auch ein Auftrag im haushaltsvergaberechtlichen Verständnis nicht vorliegen. Wenn man es so will, kann man von einem „Erst-Recht-(Nicht)-Schluss" sprechen.

Hierfür gibt es verschiedene Gründe, besonders im Hinblick auf die Beurteilung städtebaulich eingebundener Grundstücksveräußerungen.

Zum einen enthält das kommunale Haushaltsrecht selbst eine Zweiteilung nach Einkauf und Verkauf durch die öffentliche Hand. Während sich § 31 Abs. 1 KommHV-Kameralistik und § 30 Abs. 1 KommHV-Doppik mit dem Einkauf der Gemeinde befassen, regelt Art. 75 Abs. 1 Satz 1, Satz 2 GO nämlich die Veräußerung von gemeindlichen Vermögensgegenständen.

Weiterhin wollte der Bundesgesetzgeber (auch im Interesse der Kommunen) bewusst gegen die weite Auslegung der Ahlhorn-Entscheidung und damit gegen eine Ausweitung des Auftragsbegriffs vorgehen[277]. Verfolgt man eine einheitliche Begriffsbildung des Auftrags im Haushaltsvergaberecht, so kann diese Motivation methodisch auch für die Landesebene bzw. für die Kommunen fruchtbar gemacht werden.

Eine restriktive Haltung nahm die bayerische Rechtsprechung auch schon vor der Ahlhorn-Rechtsprechung ein[278]. Schließlich findet die vergaberechtliche Überlagerung von Veräußerungsgeschehen ihren Ursprung allein auf der

---

[272] Vgl. *Burgi*, Vergaberecht, § 25 Rn. 7.

[273] *Burgi*, Vergaberecht, § 6 Rn. 2.

[274] Vgl. nur *Dreher*, in: Immenga/Mestmäcker, Wettbewerbsrecht Bd. 4, Vor §§ 97 ff. Rn. 6; *Burgi*, Vergaberecht, § 6 Rn. 2, Rn. 8 f.

[275] Bereits in der Weise, aber in anderem Kontext bspw. EuGH 31/87, NVwZ 1990 S. 353 (535) Rn. 11.

[276] Ohne näher auf die Verschiedenheit der Vergaberechtsregime einzugehen, rekurriert auch das OLG Brandenburg KommJur 2012, S. 269 (270) in einem Haushaltsvergaberechtsstreit auf die Helmut-Müller-Rspr. des EuGH.

[277] Vgl. auch schon oben Kap. 5 A. I. 7. c) bb)

[278] Vgl. BayObLG ZfBR 2001, S. 116 (117).

unionalen Ebene[279]. Geht man also davon aus, dass sich der nationale Auftragsbegriff nicht dynamisch mit dem unionalen Auftragsbegriff mitentwickelte, so können heute zumindest keine großzügigeren Anwendungsanforderungen im nationalen Recht bestehen. Im mitgliedstaatlichen Sachverhalt muss man sich ebenfalls nicht mit dem „effet utile" über das Wesen eines Vertragsverhältnisses hinwegsetzen.

Nach alldem scheidet ein Auftrag im Sinne des Haushaltsvergaberechts zumindest dann aus, wenn kein unmittelbares wirtschaftliches Interesse der Gemeinde an der Bauleistung besteht, keine einklagbare Bauverpflichtung begründet wird oder die Realisierung des Bauvorhabens nicht nach den Erfordernissen der Gemeinde erfolgt. Angewandt auf die Konzeptvergabe werden alle oben bei der Leistungsseite ausgeschiedenen Vertragsgestaltungen somit auch vom Haushaltsvergaberecht nicht erfasst.

Nur bei Vertragskonstrukten mit (unter dem Schwellenwert liegenden) Bauleistungsbeschaffungen stellt sich dann selbstredend noch die Frage, ab welchem Punkt von einem (eingekapselten) Auftrag auszugehen ist. Diese Würdigung bleibt den Gerichten vorbehalten, die sich den Verträgen im Einzelfall annehmen können. Hierbei verbleibt ihnen ein großzügiger Argumentationsspielraum, denn Restriktionen aus dem unionalen Auftragsvergaberecht sind nicht zu befürchten[280]. Sowohl die Unternehmens- als auch die Entgeltlichkeitsvoraussetzung sollte hier auch gelten[281], da wesentliche Rechtsvorgaben des angewandten Haushaltsvergaberechts hierauf ausgerichtet sind, vgl. nur § 2 Abs. 3 VOB/A. Ausdrücklich thematisiert werden diese Voraussetzungen in keinem dem unionalen Auftragsvergaberecht entsprechenden Umfang.

Zusätzlich wäre es im Übrigen auf eine weitere, an den letztgenannten Aspekt der Entgeltlichkeit anknüpfende Weise denkbar, dem Haushaltsvergaberecht die Anwendung abzusprechen: So wird doch mehrfach davon ausgegangen, dass das Haushaltsvergaberecht allein für haushaltsrelevante Handlungen Bindungen erzeugen könne, wenn also die zu beschaffende Leistung mit Haushaltsmitteln vergütet wird[282]. Durch die Grundstücksveräußerung erzeugt man

---

[279] Insb. durch das Aufgreifen des Stadt-Roanne-Urteils des EuGH (C-220/05, NVwZ 2007, S. 316 ff.) durch das OLG Düsseldorf (NZBau 2007, S. 530 [531 f.]).

[280] Zum Verhältnis von Haushaltsvergabe- und Unionsprimärrecht vgl. etwa *Burgi*, Vergaberecht, § 25 Rn. 9 ff.; *Glahs*, in: Reidt/Stickler/Glahs, Vergaberecht, Einl. Rn. 6. Hierzu auch Kap. 5 A. IV.

[281] Zur Entgeltlichkeitsvoraussetzung bspw. auch *Wagner/Steinkemper* NZBau 2006, S. 550 (553).

[282] So erst neulich die *Wissenschaftlichen Dienste Deutscher Bundestag* (*Menke*), Grundzüge des Vergaberechts (Az. WD 7 - 3000 - 107/21), S. 21, https://www.bundestag.de/resour ce/blob/870486/297a8185a47e1f1b909834015e45baf8/Grundzuege-des-Vergaberechts-da ta.pdf (Stand: 01.11.2023) m.w.N. zu § 50 BHO. In Anknüpfung bspw. an *Siegel* VerwArch 2016, S. 1 (15), der zu den Haushaltsmitteln wiederum auf *Wagner/Steinkemper* NZBau 2006, S. 550 (553) verweist. Mit dem Argument, dass keine Haushaltsrelevanz vorläge, verneinen die genannten Autoren die Anwendung des Haushaltsvergaberechts teils auch auf

allerdings keinen monetären Finanzmittelabfluss und im kameralen Haushalt wirkt sich die Veräußerung vorrangig als Einnahme aus. Es ist deshalb durchaus möglich, den bereits erwähnten (und später noch darzustellenden) Art. 75 Abs. 1 Satz 2 GO kommunalrechtlich als die sachlich speziellere Norm anzuerkennen. Gleichwohl spricht nach hier vertretener Ansicht zumindest bei einer ernstzunehmenden Einkapselung eines Bauauftrags in einer Grundstücksveräußerung[283] (vereinfacht: Bauleistung gegen Grundstück) einiges dafür, dem Haushaltsvergaberecht auch vor dem Hintergrund seines Primärzwecks, also der erfolgreichen Erledigung von Verwaltungsaufgaben, einen materiellen Anwendungsbereich zuzusprechen. Bei der doppischen Buchführung sollte schließlich auch nicht mehr die Rede davon sein, dass mit der Hingabe des Grundstücks ein haushaltsirrelevanter Vorgang vorläge, da der Ressourcenverbrauch hier bezeichnet werden kann.

III. Unionales Beihilfenrecht

Konzeptvergaben können unabhängig von der Einschlägigkeit der oben dargestellten Vergaberechtsregime eine Beihilfe im Sinne der Art. 107 ff. AEUV beinhalten. Besonders zu erwägen ist das, wenn das Grundstück unterhalb des Verkehrs- bzw. Marktwerts verkauft wird. Liefert dieses Beihilfenrecht der Europäischen Union also nun einzuhaltende Rechtsvorgaben für das Konzeptvergabeverfahren?

Ziel des unionalen Beihilfenrechts ist es, den Binnenmarkt vor mitgliedstaatlichen Eingriffen zu schützen[284]. Nach Art. 107 Abs. 1 AEUV (dem mehrere Tatbestandsmerkmale entnommen werden können[285]) sind staatliche oder aus staatlichen Mitteln gewährte Beihilfen gleich welcher Art, die durch die Begünstigung bestimmter Unternehmen oder Produktionszweige den Wettbewerb verfälschen oder zu verfälschen drohen, mit dem Binnenmarkt unvereinbar, soweit sie den Handel zwischen Mitgliedstaaten beeinträchtigen. Das gilt zumindest, wenn EUV oder AEUV nichts anderes regeln.

Liegt eine Beihilfe vor, muss gemäß Art. 108 Abs. 3 Satz 1, Satz 2 AEUV das Notifizierungsverfahren bei der Europäischen Kommission erfolgen. Bis

---

Dienstleistungskonzessionen. Aus der Kommentarliteratur hierzu *Pache*, in: Pünder/Schellenberg, Vergaberecht, § 55 BHO Rn. 103.

[283] Wie oben beim GWB-Vergaberecht (Kap. 5 A. I. 7. c.) sollte die Leistungsseite hier ebenfalls vorrangig geprüft werden: An dieser Stelle gerade auch, um den Anwendungsbereich ggü. Art. 75 Abs. 1 Satz 2 GO abstecken zu können, der keine zu beschaffende Leistung voraussetzt.

[284] Vgl. schon Protokoll Nr. 27 über den Binnenmarkt und den Wettbewerb. Ebenso *Ruthig/Storr*, Öffentliches Wirtschaftsrecht, Rn. 897.

[285] Vgl. *Reus/Mühlhausen/Stöhr*, Haushalts- und Beihilferecht der EU, Kap. D. Rn. 18; auch *Ruthig/Storr*, Öffentliches Wirtschaftsrecht, Rn. 907. Diese Voraussetzungen müssen sämtlich erfüllt sein, EuGH verb. Rs. C-197/11 u. C-203/11, NZBau 2013, S. 446 (450) Rn. 74 (Eric Libert).

hinsichtlich der Beihilfe ein abschließender, kommissioneller Beschluss erlassen ist, gilt nach Art. 108 Abs. 3 Satz 3 AEUV ein Durchführungsverbot für die handlungsbereite Gemeinde. Verstößt die Kommune hiergegen, kann dies zur Nichtigkeit[286] oder zumindest zur Teilnichtigkeit[287] des Grundstücksgeschäfts führen. Gefährlich ist ein Rechtsverstoß für die Gemeinde besonders, da das Nichteinhalten beihilfenrechtlicher Bestimmungen Rechtsschutzmöglichkeiten auch für Dritte eröffnet[288].

Mehrere Voraussetzungen müssen erfüllt sein, damit eine Beihilfe vorliegt, die als mit dem Binnenmarkt unvereinbar gelten kann. Für die Konzeptvergabe ist es zunächst möglich, dass mit einer Grundstücksvergünstigung eine Begünstigung vorliegt (1.). Weiter muss es sich beim Begünstigungsempfänger um ein Unternehmen handeln (2.). Daneben können aber, werden die sonstigen Tatbestandsvoraussetzungen des Art. 107 Abs. 1 AEUV noch angenommen (3.), Ausnahmetatbestände einschlägig sein (4.).

1. Begünstigung

Der Begriff der „Begünstigung" (bzw. der des „Vorteils") wird vom AEUV nicht selbst definiert. Sowohl nach der Rechtsprechung des EuGH[289] als auch nach der allgemeinen Ansicht im Schrifttum[290] ist aber von einem weiten Begriffsverständnis auszugehen.

Zur Erläuterung und als Unterstützung bei der Handhabe des Beihilfenrechts veröffentlichte die Europäische Kommission im Jahr 2016 die „Bekanntmachung [...] zum Begriff der staatlichen Beihilfe im Sinne des Artikels 107 Absatz 1 des Vertrags über die Arbeitsweise der Europäischen Union" (im Englischen: „Notion of Aid") (im Folgenden: Beihilfenbekanntmachung)[291]. In kommentarähnlicher Weise führt sie dabei in Anknüpfung an die Rechtsprechung des EuGH Rechtsansichten aus[292], auf welche dieser Untersuchungsabschnitt eingeht.

---

[286] BGH EuZW 2003, S. 444 (445); BGH EuZW 2004, S. 252 (253).

[287] BGH EuZW 2013, S. 753 (755 ff.) Rn. 35 ff.

[288] *Bulla*, in: FS Kainz, S. 81 (94); vgl. auch *Bremke*, Wettbewerbliche Ausschreibung kommunaler Investorenprojekte, S. 220 f.

[289] EuGH C-39/94, BeckRS 2004, 76964, Rn. 60 (SFEI); EuGH C-342/96, BeckRS 2004, 76583, Rn. 41 (Spanien./.Kommission).

[290] An dieser Stelle nur *Cremer*, in: Calliess/Ruffert, EUV/AEUV, Art. 107 AEUV Rn. 11.

[291] EuKo, Bekanntmachung der Kommission zum Begriff der staatlichen Beihilfe im Sinne des Artikels 107 Absatz 1 des Vertrags über die Arbeitsweise der Europäischen Union, ABl. 2016 C 262 S. 1.

[292] Vgl. Punkt 3 der Beihilfenbekanntmachung. Der Übersichtlichkeit wegen wird im Folgenden deshalb weitgehend auf gesonderte Nachw. zur Rspr. des EuGH verzichtet, wenngleich doch die judikative Begriffsbildung maßgeblich ist.

Ein „Vorteil" nach Art. 107 Abs. 1 AEUV ist nach Punkt 66 der Beihilfenbekanntmachung zunächst „jede wirtschaftliche Vergünstigung, die ein Unternehmen unter normalen Marktbedingungen, d.h. ohne Eingreifen des Staates, nicht erhalten könnte"[293]. Weder ist hierbei der Grund noch das Ziel des staatlichen Eingreifens relevant[294]. Entscheidend ist vielmehr, dass das Unternehmen „eine Leistung ohne angemessene, d.h. marktübliche Gegenleistung (Kompensation) erlangt". Auch auf die Form und die Ausgestaltung der Begünstigung kommt es ebenso wenig an[295] wie grundsätzlich auf dessen Höhe[296]. Beihilfenrelevant kann nach alldem also auch ein Grundstücksverkauf sein, wenn der zu zahlende Kaufpreis unter dem Marktwert liegt und die Differenz hierzu die Begünstigung ergibt[297]. Denn für das Beihilfenrecht ist in einem synallagmatischen Austauschverhältnis „die Ausgewogenheit der vertraglichen Beziehungen" maßgeblich[298]. Vorrangig wird also eine Marktwertermittlung erforderlich.

Zum praxistauglichen Umgang mit solchen Grundstückskonstellationen veröffentlichte die Europäische Kommission schon im Jahr 1997 die „Mitteilung [...] betreffend Elemente staatlicher Beihilfe bei Verkäufen von Bauten oder Grundstücken durch die öffentliche Hand" (im Folgenden: Grundstücksmitteilung)[299], die als allgemeiner Leitfaden zu verstehen ist. Diese Mitteilung sah zur Marktwertermittlung entweder den „Verkauf durch ein bedingungsfreies Bietverfahren"[300] oder aber „eine unabhängige Bewertung durch einen unabhängigen Sachverständigen"[301] vor. Zwar wurde die Mitteilung im Jahr 2016 durch die deutlich weitreichendere Beihilfenbekanntmachung ersetzt[302]. Da sich diese „Beihilfenbekanntmachung" aber gerade zur beihilfenrechtlichen Relevanz von Grundstücksveräußerungen der öffentlichen Hand nicht mehr so detailreich äußert wie noch die vorangehende „Grundstücksmitteilung", kann bezogen auf diese Fragen an mehreren Stellen noch auf die

---

[293] Punkt 66 der Beihilfenbekanntmachung.

[294] Punkt 67 der Beihilfenbekanntmachung.

[295] *Kühling*, in: Streinz, EUV/AEUV, Art. 107 AEUV Rn. 28.

[296] *Jennert/Pauka* KommJur 2009, S. 321 (326).

[297] Vgl. nur EuGH C-39/14, EuZW 2015, S. 749 (751) Rn. 27 f. (BVVG); EuGH C-239/09, BeckRS 2010, 91440, Rn. 31 (Seydaland); *Frenz*, Hdb. Europarecht Bd. 3, S. 154 Rn. 554.

[298] *Wollenschläger*, Verteilungsverfahren, S. 135.

[299] EuKo, Mitteilung der Kommission betreffend Elemente staatlicher Beihilfe bei Verkäufen von Bauten oder Grundstücken durch die öffentliche Hand, ABl. 1997 C 209 S. 3.

[300] Ziffer II Nr. 1 der Grundstücksmitteilung.

[301] Ziffer II Nr. 2 der Grundstücksmitteilung.

[302] Punkt 229 Spiegelstrich 2 der Beihilfenbekanntmachung. Der „direkte Rückgriff" auf die Grundstücksmitteilung ist damit nicht mehr möglich. So aber wohl (was dementspr. abzulehnen ist) *Bulla*, in: FS Kainz, S. 81 (97).

Grundstücksmitteilung rekurriert werden. Besonders auch auf die bisherige Beschlusspraxis der Europäischen Kommission ist weiterhin abzustellen[303].

Auch in der (nun neueren) Beihilfenbekanntmachung sind zur Feststellung der Marktkonformität einer Grundstücksveräußerung aber mehrere Methoden angeführt. Rückanknüpfen müssen diese an das allgemeine „Kriterium des marktwirtschaftlich handelnden Wirtschaftsbeteiligten" (im Englischen: „the market economy operator test"). Nach diesem Kerngedanken soll das Verhalten öffentlicher Stellen mit dem Verhalten ähnlicher privater Wirtschaftsbeteiligter, die unter normalen Marktbedingungen tätig sind, verglichen werden, um zu ermitteln, ob der Gegenseite ein Vorteil gewährt wird[304]. Für Veräußerungen von Vermögensgegenständen der öffentlichen Hand führt das zum „private vendor test"[305].

In Betracht kommt für diesen „Test" letztlich weiterhin ein Bietverfahren zur Marktwertbestimmung, das von der Beihilfenbekanntmachung als „Ausschreibungsverfahren" bezeichnet wird (a)). Hierneben kann die Marktkonformität mittels Benchmarkings oder einer anderen Bewertungsmethode ermittelt werden (b)).

a) Ausschreibungsverfahren

Zur direkten Feststellung der Marktkonformität kann auch heute noch ein Bietverfahren stattfinden. Dieses muss als wettbewerbliches, transparentes, diskriminierungsfreies und bedingungsfreies Ausschreibungsverfahren ausgestaltet sein[306]. Zu allen diesen vier Erfordernissen verhält sich die Beihilfenbekanntmachung.

Nach Punkt 90 muss das Ausschreibungsverfahren *wettbewerblich* sein, damit alle interessierten und qualifizierten Bieter teilnehmen können. Nach Punkt 91 muss das Ausschreibungsverfahren *transparent* sein, damit alle interessierten Bieter in jeder Phase des Ausschreibungsverfahrens in gleicher Weise ordnungsgemäß informiert sind. Von entscheidender Bedeutung ist dabei der Zugang zu Informationen, ausreichend Zeit für die interessierten Bieter und die Klarheit der Auswahl- und Zuschlagskriterien. Die Ausschreibung muss

---

[303] *Kühling*, in: Streinz, EUV/AEUV, Art. 107 AEUV Rn. 56; *Frenz*, Hdb. Europarecht Bd. 3, S. 154 Rn. 555.

[304] Punkt 75 der Beihilfenbekanntmachung.

[305] Vgl. EuGH verb. Rs. C-214/12 P, C-215/12 P u. C-223/12 P, EuZW 2014, S. 36 (39) Rn. 92 (Burgenland).; zuvor auch EuG verb. Rs. T-268/08 u. T-281/08, BeckRS 2012, 80426, Rn. 48; aufgegriffen von Punkt 74 der Beihilfenbekanntmachung („Außerdem haben die Unionsgerichte das Kriterium des privaten Verkäufers entwickelt, um feststellen zu können, ob ein Verkauf durch eine öffentliche Stelle eine staatliche Beihilfe beinhaltet. Hierzu wird geprüft, ob ein privater Verkäufer unter normalen Marktbedingungen denselben oder einen besseren Preis hätte erzielen können"); *Ruthig/Storr*, Öffentliches Wirtschaftsrecht, Rn. 913.

[306] Punkt 84 ii) der Beihilfenbekanntmachung.

hinreichend bekannt gemacht werden, damit alle potenziellen Bieter davon Kenntnis erlangen können. Der Grad der Öffentlichkeit der Bekanntmachung hängt von verschiedenen Faktoren ab. Will man eine Grundstücksveräußerung beurteilen, so spricht etwa ein hoher Wert dafür, dass der Erwerb auch für europa- oder weltweit tätige Bieter von Interesse sein könnte. Ist dies der Fall, müssen auch diese Interessenten auf die Veräußerung aufmerksam gemacht werden. Nach Punkt 92 lässt sich ein Ausschreibungsverfahren als *diskriminierungsfrei* bewerten, wenn alle Bieter in allen Phasen diskriminierungsfrei behandelt werden sowie wenn objektive, vorher mitgeteilte Auswahl- und Zuschlagskriterien ausgewählt sind. Die Zuschlagskriterien sollen einen Vergleich und eine objektive Bewertung der Angebote ermöglichen. Punkt 93 stellt klar, dass diesen drei Erfordernissen nachgekommen werden kann, indem ein Ausschreibungsverfahren durchgeführt wird, das dem GWB-Vergaberecht bzw. dem unionalen Auftragsvergaberecht entspricht, sofern dessen Anwendungsvoraussetzungen vorliegen. Nicht gilt das bei besonderen Gestaltungen, welche die Ermittlung eines Marktpreises unmöglich machen; hierzu zählt etwa der Rückgriff auf das Verhandlungsverfahren ohne Veröffentlichung einer Bekanntmachung. Auch wenn nur ein Angebot vorliegt, ergeben sich Besonderheiten.

Die Beihilfenbekanntmachung hebt das beihilfenrechtliche Ausschreibungsverfahren allerdings mit einem weiteren, speziellen Erfordernis ab[307], das sich anders als die oben genannten Anforderungen nicht bereits in den Auftragsvergaberechtsgrundsätzen wiederfindet[308]: Denn das Ausschreibungsverfahren muss auch „bedingungsfrei" sein[309].

Auch hierzu sieht die Beihilfenbekanntmachung eine Definition vor. Eine Ausschreibung für den Verkauf eines Vermögenswerts der öffentlichen Hand ist dabei nach Punkt 94 bedingungsfrei, „wenn es potenziellen Käufern unabhängig davon, ob sie bestimmte Unternehmen betreiben, grundsätzlich freisteht, die zum Verkauf stehenden Vermögenswerte, Waren oder Dienstleistungen zu erwerben und für ihre eigenen Zwecke zu nutzen. Wenn zur Bedingung gemacht wird, dass der Käufer zugunsten der Behörden oder im allgemeinen öffentlichen Interesse besondere Verpflichtungen eingeht, die ein privater Verkäufer nicht verlangt hätte und die sich nicht aus dem allgemeinen nationalen Recht oder aus Entscheidungen der Planungsbehörden ergeben, kann die Ausschreibung nicht als bedingungsfrei angesehen werden". Um ein bedingungsfreies Ausschreibungsverfahren gewährleisten zu können, muss nach Punkt 95 bei einer Grundstücksveräußerung „das höchste Angebot das einzige

---

[307] Vgl. zur Erkenntnis, dass die Vergabekriterien „in einem spezifisch beihilfenrechtlichen Sinne bedingungsfrei" sein müssen, *Wollenschläger*, Verteilungsverfahren, S. 141.

[308] Vgl. zu den letzten drei Erfordernissen etwa § 97 Abs. 1, Abs. 2 GWB sowie den ErwG (1) der RL 2014/24/EU und Art. 18 RL 2014/24/EU.

[309] Bereits die Grundstücksmitteilung sah das Erfordernis der Bedingungsfreiheit vor, vgl. Ziffer II. Nr. 1.

maßgebliche Kriterium für die Auswahl des Käufers" sein. Geforderten vertraglichen Vereinbarungen (zum Beispiel einer Garantie des Verkäufers oder anderen nach dem Verkauf eingreifenden Verpflichtungen) ist Rechnung zu tragen[310], wobei hiermit solche Vereinbarungen gemeint sind, die für einen privaten Verkäufer ebenso von Bedeutung wären[311].

Weil die Ausschreibung schon ein Wesenskriterium der Konzeptvergabe ist, fragt es sich also nun, ob in das behandelte städtebauliche Instrument ein „die Marktkonformität ermittelndes Ausschreibungsverfahren", wie es die Beihilfenbekanntmachung vorschreibt, integriert werden kann. Das Resultat ergibt sich im Abgleich mit den vorgenannten Erfordernissen: Die Konzeptvergabe ist von vornherein ein *wettbewerbliches* Grundstücks(veräußerungs)modell. Durch den Wettbewerb der Konzepte soll die bestmögliche Bebauung und Nutzung für das Grundstück gefunden werden. Nur wenn an der (zumindest bewerberoffenen) Konzeptvergabe alle interessierten und qualifizierten Bieter teilnehmen können, zeigt sich diese Wirkungsweise. Ebenfalls ist eine *transparente* Gestaltung der Konzeptvergabe möglich. Bewerber- und Öffentlichkeitsbeteiligungen finden regelmäßig statt. Alle Bewerber lassen sich in gleicher Weise über den Stand des Ausschreibungsverfahrens informieren. Eine hinreichende Bekanntmachung ist für die Konzeptvergabe sowieso unabdinglich. Die Konzeptvergabe lässt sich auch als *diskriminierungsfreies* Ausschreibungsverfahren durchführen. Dies betrifft einerseits das Verfahren (namentlich die diskriminierungsfreie Behandlung aller Bewerber in sämtlichen Verfahrensphasen), andererseits aber auch die Auswahl der Vergabekriterien, die noch an anderer Stelle rechtlich behandelt wird[312].

Problematisch ist allein die Vereinbarkeit der Konzeptvergabe mit dem speziell beihilfenrechtlichen Erfordernis der „Bedingungsfreiheit": Denn die Ausschreibung der Konzeptvergabe zeichnet sich dadurch aus, dass die Gemeinde zur Bewerberauswahl Vergabekriterien vorgibt, welche die Bebauung und die Nutzung des Grundstücks betreffen oder welche an die Bewerber selbst anknüpfen. Durch das städtebauliche Grundstücksmodell soll dem gängigen Preiswettbewerb entgegengewirkt werden[313]. Dementsprechend stellt der Kaufpreis bei der Konzeptvergabe entweder kein Vergabekriterium dar (Festpreisverfahren) oder er spielt unter allen Vergabekriterien nur eine untergeordnete Rolle (Teilpreisverfahren). Im hier untersuchten Zuschnitt der Konzeptvergabe werden allein solche Vergabekriterien betrachtet, mit denen Wohnraum in der Gemeinde geschaffen werden kann.

---

[310] Rn. 95 der Beihilfenbekanntmachung.

[311] Vgl. *Philipp/Vetter/Kriesel* LKV 2020, S. 539 (546); vgl. ebenso *Wollenschläger*, Verteilungsverfahren, S. 143.

[312] Siehe hierzu noch Kap. 6.

[313] Zur Abgrenzung rekapitulierend Einf. B. II.

Wie es sich bereits aus dem Wortlaut der Beihilfenbekanntmachung ergibt, dürfen im zur Ermittlung der Marktkonformität angestellten Ausschreibungsverfahren keine Verpflichtungen vonseiten des Käufers zugunsten der Behörden oder im allgemeinen öffentlichen Interesse eingegangen werden, die ein privater Verkäufer nicht verlangt hätte und die sich nicht aus dem allgemeinen nationalen Recht oder aus Entscheidungen der Planungsbehörden ergeben. Werden solche Verpflichtungen aber aufgenommen, dann ist die Ausschreibung nicht bedingungsfrei. Diese naheliegende Interpretation der Beihilfenbekanntmachung (bzw. der vorangehenden Grundstücksmitteilung) erfährt auch im Schrifttum Zustimmung. Verschiedene Bindungen, welche die Grundstückserwerber eingehen müssen, sind zu unterlassen[314]. Weil das besonders dann gilt, wenn diese Bindungen nicht marktwirtschaftlich begründet sind[315], wurde (in dieser Hinsicht) bereits von der Konzeptvergabe abgeraten[316].

Und dem Widerspruch der Erfordernisse der Beihilfenbekanntmachung zur Konzeptvergabe ist zuzustimmen: Die Konzeptvergabe, die sich durch bebauungs-, nutzungs- und bewerberbezogene Vergabekriterien auszeichnet, ist gerade nicht „bedingungsfrei" im Sinne der Beihilfenbekanntmachung. Vielmehr ist sie eher das Gegenteil dessen, was von der Europäischen Kommission als „bedingungsfrei" verstanden werden kann. Schon seit Herausgabe des XXIII. Wettbewerbsberichts der Europäischen Kommission[317] (welcher der Grundstücksmitteilung noch voranging und vornehmlich Unternehmensverkäufe der öffentlichen Hand betraf) sollte das Biet- bzw. Ausschreibungsverfahren dazu dienen, den Marktpreis zu ermitteln. Hierzu wurde zum Höchstpreis „versteigert", weil man davon ausgegangen war, dass auch ein privater Grundstücksverkäufer auf diese Art und Weise das Maximum (oder zumindest den Marktpreis) erzielt hätte. Die Konzeptvergabe setzt sich von dieser Vorgehensweise aber eben bewusst ab. Dieses Grundstücksmodell ist nur möglich, weil die Gemeinde „öffentliche Hand ist" und nicht ein zum marktwirtschaftlichen Handeln gezwungener Akteur des Immobilienmarkts. Die Grundidee der Konzeptvergabe liegt darin, dass die Gemeinde zugunsten der Verwirklichung ihrer

---

[314] Vgl. auch *Frenz*, Hdb. Europarecht Bd. 3, S. 157 Rn. 569; *Bulla*, in: FS Kainz, S. 81 (96), anders dann allerdings ebd. S. 98 f. (konkret zur Bedingungsfreiheit).

[315] Eindrucksvoll in diesem Zusammenhang die EuKo, Entsch. v. 27.02.2008, 2008/717/EG, ABl. 2008 L 239 S. 12, Rn. 50: „sondern deuten vielmehr auf das Vorliegen einer Beihilfe hin" (m.w.N.); ebenso die EuKo, Entsch. v. 02.04.2008, 2008/767/EG, ABl. 2008 L 263 S. 5, Rn. 37. Vgl. auch *Philipp/Vetter/Kriesel* LKV 2020, S. 539 (545); *Bulla*, in: FS Kainz, S. 81 (96).

[316] *Philipp/Vetter/Kriesel* LKV 2020, S. 539 (546), auch mit der Begründung, dass durch die aufgestellten Vergabekriterien „lediglich [ein] Ausschnitt des potenziellen Gesamtmarktes" angesprochen wird. Mit entspr. Bedenken auch schon GSK Stockmann, GSK Update 13.06.2019, a.a.O. bei Fn. 55 (Einf.), S. 5 ff. (7). Ebenfalls konkret *Weiß* BayGT 2021, S. 12 (16) (Gutachten für Konzeptvergaben zu wählen).

[317] EuKo, XXIII. Bericht über die Wettbewerbspolitik, Luxemburg 1994, Rn. 403.

besonderen Zielvorstellungen auf den Preis als Vergabekriterium verzichtet. Stattdessen wird auf Vergabekriterien gesetzt, welche an die Bebauung, die Nutzung oder die Bewerber selbst anknüpfen: Auch wenn das ein „normaler" Marktakteur niemals machen würde. Und diese Vergabekriterien gehen dabei über das hinaus, was sich mit den bauleitplanerischen Mitteln erreichen lässt.

Um ein bedingungsfreies Ausschreibungsverfahren im Sinne des Punkts 94 kann es sich bei der Konzeptvergabe also nicht handeln, da es nun eben zur Bedingung gemacht wird, dass der Käufer zugunsten der Behörden oder im allgemeinen öffentlichen Interesse besondere Verpflichtungen eingeht, die ein privater Verkäufer nicht verlangt hätte und die sich nicht aus dem allgemeinen nationalen Recht oder aus Entscheidungen der Planungsbehörden ergeben. Dies verfestigt sich spätestens mit der vertraglichen Absicherung. Ebenso ist das einzig maßgebliche Kriterium für die Auswahl des Käufers nicht das höchste Angebot, wie das sodann noch Punkt 95 der Beihilfenbekanntmachung voraussetzt. Unabhängig davon, ob die Konzeptvergabe im Fest- oder Teilpreisverfahren erfolgt: Eine Umdeutung des „höchsten Angebots" in das „beste Angebot" ist weder nach dem Wortlaut, der systematischen Stellung noch dem Sinn und Zweck der Bekanntmachung möglich. Im Englischen heißt es an dieser Stelle: „When public bodies sell assets, goods and services, the only relevant criterion for selecting the buyer should be the highest price (...)".

Nach alldem kommt für die Konzeptvergabe die Durchführung eines „wettbewerblichen, transparenten, diskriminierungsfreien und bedingungsfreien Ausschreibungsverfahrens", das zum Ausschluss des Vorliegens einer Begünstigung führen soll, nicht in Betracht. Nach hier vertretener Ansicht ist das im Übrigen auch nicht inkohärent dazu, dass bei der beihilfenrelevanten Vergabetätigkeit anerkannt ist, dass „ökosoziale" Verkaufsbedingungen in die Ausschreibung miteinziehen können. Denn während solche Bedingungen bei einer Konzeptvergabe schwerpunktmäßig das gesamte „Wie der Veräußerung" mitprägen, betreffen sie bei der Beschaffungstätigkeit vielmehr das „Was der Beschaffung" und damit den Leistungsgegenstand selbst[318].

b) Benchmarking oder Marktwertgutachten

Dass die Durchführung eines „Konzeptvergabe-Bietverfahrens" zur Ermittlung der Marktkonformität nicht möglich ist, bedeutet aber keineswegs, dass die Grundstücksveräußerung nicht den Marktbedingungen entsprechen kann und demnach zwangsläufig eine Begünstigung vorliegen muss[319]. Vielmehr kann die Einhaltung der Marktbedingungen auch mittels Benchmarkings oder eines Marktwertgutachtens überprüft werden.

Beim *Benchmarking* handelt es sich nach Punkt 98 der Beihilfenbekanntmachung um eine Bewertungsmethode, bei der die Veräußerung anhand der

---

[318] Vgl. *Frenz* Hdb. Europarecht Bd. 3, S. 175 Rn. 639.
[319] Punkt 97 der Beihilfenbekanntmachung.

Bedingungen geprüft wird, zu denen vergleichbare Veräußerungen von vergleichbaren privaten Wirtschaftsbeteiligten in einer vergleichbaren Lage vorgenommen wurden. Das Benchmarkingverfahren wurde insbesondere zur Abwicklung von Unternehmensverkäufen mit in die Beihilfenbekanntmachung aufgenommen. Ob es sich auch beim Grundstücksverkehr der öffentlichen Hand durchsetzen wird, ist aktuell noch nicht abzusehen. Eine im weiteren Sinne ähnliche Methode der Grundstückspreisermittlung stellt das in Deutschland etablierte Vergleichspreissystem dar. Letzteres ist unter Umständen ebenfalls als subsidiäre Bewertungsmethode anzuerkennen[320].

Will eine Gemeinde die Marktkonformität einer Grundstücksveräußerung abseits der Ausschreibungsverfahren ermitteln, steht es ihr weiterhin offen, ein *Marktwertgutachten* von einem unabhängigen Sachverständigen erstellen zu lassen. Eine solche Bewertungsmethode sah schon die Grundstücksmitteilung vor[321] und ebenfalls die Beihilfenbekanntmachung lässt es bei Grundstücksverkäufen ausreichen, dass vor den Verkaufsverhandlungen ein Gutachten eines unabhängigen Sachverständigen eingeholt wird[322].

Die an einen unabhängigen Sachverständigen zu stellenden Anforderungen, welche die Grundstücksmitteilung im Gegensatz zur Beihilfenbekanntmachung noch nannte, können weiterhin herangezogen werden. Erwähnenswert ist hierbei, dass Gutachterausschüsse im Sinne des § 192 BauGB als unabhängige Sachverständige gelten können und ein nach § 194 BauGB bestimmter Verkehrswert als ermittelter Marktwert dienen kann[323]. Möglich sind sowohl das Vergleichswert-, das Ertragswert- als auch das Sachwertverfahren[324]. Anerkannt sind auch Gutachten von unabhängigen Bewertern, die von der Industrie- und Handelskammer ernannt wurden[325].

---

[320] Vgl. Fn. 163 der Beihilfenbekanntmachung; vgl. hierzu auch EuKo, Beihilfengenehmigung SA.33167, ABl. 2013 C 43 S. 7 f. (Rn. 27 ff.).

[321] Ziffer II. Nr. 2 a) der Grundstücksmitteilung.

[322] Punkt 103 der Beihilfenbekanntmachung in Satz 3:„Beim Verkauf von Grundstücken reicht grundsätzlich ein vor den Verkaufsverhandlungen eingeholtes Gutachten eines unabhängigen Sachverständigen aus, um auf der Grundlage allgemein anerkannter Marktindikatoren und Bewertungsstandards den Marktwert zu ermitteln".

[323] Schon *Koenig/Kühling* NZBau 2001, S. 409 (411); *Jennert/Pauka* KommJur 2009, S. 321 (327) m.V.a. die Entscheidung der Europäischen Kommission vom 25.11.1998 über die staatliche Beihilfe Deutschlands zugunsten der Draiswerke GmbH, K(1998) 3800, ABl. 1999 L 108 S. 44; *Bulla*, in: FS Kainz, S. 81 (100); *Frenz*, Hdb. Europarecht Bd. 3, S. 159 Rn. 572 m.V.a. weitere Entscheidungen der Europäischen Kommission.

[324] *Koenig/Kühling* NZBau 2001, S. 409 (411 ff.); vgl. zum Ertragswert (kurz) die Entscheidung der Europäischen Kommission vom 25.11.1998 über die staatliche Beihilfe Deutschlands zugunsten der Draiswerke GmbH, K(1998) 3800, ABl. 1999 L 108 S. 44.

[325] *Koenig/Kühling* NZBau 2001, S. 409 (411) m.V.a. die EuKo, Aufforderung zur Abgabe einer Stellungnahme gemäß Artikel 88 Absatz 2 EG-Vertrag zur Beihilfe („Dessauer Geräteindustrie GmbH"), ABl. 1999 C 213 S. 12, und dort Fn. 8.

Obwohl sich die Beihilfenbekanntmachung hierzu nicht verhält, handelt es sich beim ermittelten Marktwert nicht um den einzig möglichen Grundstückskaufpreis. Vielmehr stellt dieser, wie in der Grundstücksmitteilung noch ausdrücklich klargestellt[326], nur den Mindestkaufpreis dar, der vereinbart werden kann, ohne dass eine Begünstigung vorliegt. Werden besondere Verpflichtungen vom Grundstückserwerber abverlangt, so ist das schon bei der Ermittlung des Marktwerts reduzierend anzusetzen[327]. Soll eine parzellierungsoffene Veräußerung erfolgen, so hat zumindest der bezogen auf den Quadratmeter ermittelte Kaufpreis Einzug in die Bekanntmachung zu erhalten.

2. Unternehmen

Das Vorliegen einer Begünstigung (also eines Vorteils) ist allerdings nicht das einzige Merkmal des gesamten Beihilfentatbestands. Aus dem Wortlaut des Art. 107 Abs. 1 AEUV geht hervor, dass die Begünstigung weiterhin bei einem Unternehmen oder einem Produktionszweig eintreten muss: Für die hier behandelte Konzeptvergabe kommt allein eine Begünstigung eines „Unternehmens" in Betracht.

Hierbei ist zunächst darauf hinzuweisen, dass es sich trotz mehrerer erheblicher Überschneidungspunkte beim Unternehmensbegriff des Art. 107 Abs. 1 AEUV um einen eigenen, rein beihilfenrechtlichen Begriff handelt, der mit dem Begriff des Unternehmens nach § 103 Abs. 1 GWB nicht gleichzusetzen ist. Denn während der Unternehmensbegriff des Beihilfenrechts bereits im unionalen Primärrecht verwurzelt ist, entspricht er im GWB-Vergaberecht allein der Umsetzung des sekundärrechtlichen Begriffs des „Wirtschaftsteilnehmers" nach Art. 2 Abs. 1 Nr. 10 Richtlinie 2014/24/EU durch den deutschen Gesetzgeber.

Nach Punkt 7 der Beihilfenbekanntmachung der Europäischen Kommission (die hier ebenfalls auf die ständige Rechtsprechung des EuGH rekurriert[328]) umfasst der Begriff des Unternehmens „jede eine wirtschaftliche Tätigkeit ausübende Einheit, unabhängig von ihrer Rechtsform und der Art ihrer Finanzierung". Mit der unbeachtlichen Rechtsform kommt es also vorrangig auf die wirtschaftliche Tätigkeit dieser Einheit an. Und eine solche wirtschaftliche Tätigkeit kann angenommen werden bei jeder „Tätigkeit, die im Anbieten von Waren und Dienstleistungen auf einem Markt besteht"[329]. Hiernach ist von einem tendenziell weiten, zumindest aber funktionalen Unternehmensbegriff

---

[326] Ziffer II. Nr. 2 a) der Grundstücksmitteilung.

[327] *Frenz*, Hdb. Europarecht Bd. 3, S. 161 Rn. 583 u. S. 162 Rn. 585; auch schon *Koenig/Kühling* NZBau 2001, S. 409 (413).

[328] Nur EuGH verb. Rs. C-180/98 bis C-184/98, BeckRS 2004, 74737, Rn. 74 (Pavel Pavlov); EuGH C-222/04, EuZW 2006, S. 306 (310) Rn. 107 (Cassa di Risparmio di Firenze).

[329] Punkt 12 der Beihilfenbekanntmachung.

auszugehen[330]. Weder die Absicht zur Gewinnerzielung noch ein Erwerbszweck im Allgemeinen ist für eine wirtschaftliche Tätigkeit erforderlich: Ausschlaggebend ist allein das benannte Anbieten von Waren und Dienstleistungen am Markt[331].

Auch der Begriff „der Dienstleistung" ist in einem unionalen, weiten Sinne auszulegen und schreitet damit erwartungsgemäß über eine Interpretation anhand der §§ 611 ff. BGB hinweg. Nach Art. 57 Abs. 1 AEUV sind Dienstleistungen im Sinne der Verträge „Leistungen, die in der Regel gegen Entgelt erbracht werden (soweit sie nicht den Vorschriften über den freien Waren- und Kapitalverkehr und über die Freizügigkeit der Personen unterliegen)". Nach Art. 57 Abs. 2 AEUV können als Dienstleistungen insbesondere gewerbliche, kaufmännische, handwerkliche und freiberufliche Tätigkeiten gewertet werden. Auch die Vermietung von Immobilien am Markt kann demnach als Dienstleistung aufzufassen sein[332]. Hierunter fällt dann nur beispielsweise die Tätigkeit eines am Markt agierenden Wohnbauunternehmens.

Hingegen nicht in den Anwendungsbereich des Art. 107 Abs. 1 AEUV fällt aber eine Begünstigung, die sich nur als Zuwendung an einen privaten Haushalt darstellt[333]. Etwas anderes kann allenfalls dann gelten, wenn durch die Begünstigung privater Haushalte ein bestimmtes Unternehmen mittelbar bevorteilt wird[334].

Nun aber zum hier behandelten Grundstücksmodell: Bei der Konzeptvergabe, die im Bestreben der Wohnraumschaffung eingesetzt wird, werden Grundstücke oftmals entweder an private Bauherren, hierunter Baugemeinschaften, oder aber an etablierte Akteure des Immobilienmarkts vergeben. Zu den letzteren Marktakteuren zählen neben gewinnorientierten Wohnungsunternehmen etwa Wohnungsgenossenschaften.

Wie schon bei der Unternehmenseigenschaft im GWB-Vergaberecht[335] ist damit auch bei der Begünstigung dieser Akteure zu unterscheiden: Soll ein Grundstück an einen privaten Bauherrn oder eine private Baugemeinschaft veräußert werden, so kommt diesem Vorgang keine beihilfenrechtliche Relevanz

---

[330] *Schweitzer/Mestmäcker*, in: Immenga/Mestmäcker, Wettbewerbsrecht Bd. 5, Art. 107 Abs. 1 AEUV Rn. 11. Ganz konkret für die *Konzeptvergabe* darstellend auch *Weiß/Reuße* QUARTIER 2019 (Heft 4), S. 52 (53) oder *Weiß* BayGT 2021, S. 12 (15). Diese kommen deshalb im Ergebnis (und dieser Untersuchung zeitlich selbstredend vorangehend) zu denselben hier ausgebreiteten Rechtsbeurteilungen zum Grundstücksmodell, vgl. auch noch Fn. 336 und 337.

[331] Punkt 9 der Beihilfenbekanntmachung.

[332] Vgl. *Körber*, Grundfreiheiten und Privatrecht, S. 323; EuGH C-294/97, EuZW 2000, S. 93 (95) Rn. 33 zur Qualifikation des Leasings als Dienstleistung.

[333] Vgl. nur *Schweitzer/Mestmäcker*, in: Immenga/Mestmäcker, Wettbewerbsrecht Bd. 5, Art. 107 Abs. 1 AEUV Rn. 14.

[334] Vgl. Punkt 115 der Beihilfenbekanntmachung (insb. Satz 3); *Schweitzer/Mestmäcker*, in: Immenga/Mestmäcker, Wettbewerbsrecht Bd. 5, Art. 107 Abs. 1 AEUV Rn. 14.

[335] Siehe schon Kap. 5 A. I. 7. b.

zu, denn mangels Unternehmenseigenschaft wird der Tatbestand des Art. 107 Abs. 1 AEUV nicht verwirklicht. Wer sein eigenes Haus bauen will, der ist noch kein Unternehmen im Sinne des unionalen Beihilfenrechts[336]. Schließen sich mehrere private Bauherren zu einer Baugemeinschaft zusammen, kann das hieran nichts ändern. Dies hat zum einen die Folge, dass bei der entsprechenden Konzeptvergabe keine besonderen Maßnahmen zur Ermittlung des Marktpreises des Grundstücks durchgeführt werden müssen. Zum anderen resultiert hieraus, dass einem privaten Bauherrn oder einer Baugemeinschaft sogar eine Beihilfe zukommen kann, ohne dass dies im Lichte des Unionsrechts beihilfenrechtlich relevant wird. Auf die Rechtsform der Baugemeinschaft kommt es nicht an. Beinhalten eingereichte Bewerberkonzepte noch eine rein private Vermietung von Wohn- oder Gewerbeeinheiten, die zur Selbstnutzung hinzutritt, soll das keine Auswirkungen auf die Unternehmenseigenschaft haben, soweit diese Vermietung lediglich ein „Annex" bleibt.

Anders sieht es hingegen aus, wenn ein Grundstück (potenziell auch) an etablierte Akteure des Immobilienmarkts übertragen werden soll. In diesem Fall handelt es sich unabhängig vom Vorliegen einer Gewinnerzielungsabsicht um Unternehmen im Sinne des Art. 107 Abs. 1 AEUV. Nicht entscheidend ist hiermit, ob die Grundstücksveräußerung etwa an ein gewinnorientiertes oder ein genossenschaftlich organisiertes, möglicherweise sogar gemeinnütziges Wohnungsunternehmen erfolgt. Selbst das Bereitstellen von Sozialwohnungen kann einer wirtschaftlichen Tätigkeit entsprechen[337].

3. Weitere Tatbestandsvoraussetzungen

Die Begünstigung und die Unternehmenseigenschaft sind nicht die einzigen Voraussetzungen des Beihilfentatbestands: Nur wenn die Anforderungen des Art. 107 Abs. 1 AEUV allesamt erfüllt sind, muss das Notifizierungsverfahren bei der Europäischen Kommission durchgeführt werden[338]. Gleichwohl setzen

---

[336] *Bulla*, in: FS Kainz, S. 81 (95): „Wer für seine Familie ein Haus baut, […]". Konkret für die *Konzeptvergabe* auch *Weiß* BayGT 2021, S. 12 (15) und i.w.S. *Osseforth/Lampert* FWS 2021, S. 190 (191).

[337] Vgl. die EuKo, Leitfaden zur Anwendung der Vorschriften der EU über staatliche Beihilfen, öffentliche Aufträge und den Binnenmarkt auf Dienstleistungen von allgemeinem wirtschaftlichem Interesse und insbesondere auf Sozialdienstleistungen von allgemeinem Interesse, SWD(2013) 53 final/2, Rn. 25 m.v.a. die Entscheidung *ders.* in der Beihilfesache N 89/2004 (Irland – Bürgschaft für von der Housing Finance Agency (HFA) finanzierte soziale Wohnungsbauprojekte), ABl. 2005 C 131 S. 10. Zur Behandlung der DAWI noch unten Kap. 5 A. III. 4. a) Vgl. zum Gesamtergebnis auch nochmals *Weiß/Reuße* QUARTIER 2019 (Heft 4), S. 52 (53) oder *Weiß* BayGT 2021, S. 12 (15): Beide Abhandlungen legen dar, dass Unternehmen i.S.d. Art. 107 Abs. 1 AEUV bei *Konzeptvergaben* auftreten.

[338] *Mederer*, in: von der Groeben/Schwarze/Hatje, Europäisches Unionsrecht Bd. 3, Art. 108 AEUV Rn. 20; *v. Wallenberg/Schütte*, in: Grabitz/Hilf/Nettesheim, Recht der EU, Art. 108 AEUV Rn. 11.

die weiteren Tatbestandsmerkmale nicht mehr derart trennscharfe Konturen zur Abgrenzung beihilfenrechtlich relevanter und irrelevanter Sachverhalte.

Um dem Tatbestandsmerkmal der Selektivität nachzukommen, muss eine Begünstigung selektiv an ein bestimmtes Unternehmen (oder eine Gruppe von Unternehmen oder bestimmte Wirtschaftszweige) gerichtet sein[339]. Da bei Konzeptvergaben allenfalls eine singuläre Begünstigung erfolgen kann, indem die Erstehungskosten eines einzelnen Grundstücks heruntergesetzt werden, ist vom Vorliegen des Merkmals auszugehen.

Die Begünstigung ist in der Lage, den Wettbewerb zu verfälschen bzw. den Wettbewerb zu verfälschen zu drohen, wenn die gewährte Maßnahme geeignet ist, die Wettbewerbsposition des Empfängers gegenüber seinen Wettbewerbern zu verbessern[340]. Wird einem einzelnen Immobilieninteressenten ein Kaufpreisnachlass gewährt, während sich alle anderen Unternehmen dem erdrückenden Preiswettbewerb aussetzen müssen, kann das Wettbewerbspositionen ohne Weiteres verbessern.

Weiterhin soll die Beihilfe den Handel zwischen den Mitgliedstaaten beeinträchtigen können. Dazu ist keine Feststellung notwendig, dass die Begünstigung tatsächlich Auswirkungen auf den Handel zwischen Mitgliedstaaten hat; lediglich erforderlich ist, dass sie diese Auswirkungen haben könnte[341]. Es kommt darauf an, ob die Stellung bestimmter Unternehmen gegenüber anderen, konkurrierenden Unternehmen im unionalen Handel gestärkt wird[342]. Hiervon ist dem oben Erwähnten entsprechend auszugehen: Zumal es sich beim Immobilienmarkt um einen unionalen Markt handelt.

Auch wenn eine Gemeinde nicht staatlich ist, genügt deren Beihilfengewährung, damit die Voraussetzung des Art. 107 Abs. 1 AEUV „staatliche oder aus staatlichen Mitteln gewährte Beihilfe" angenommen werden kann. Schließlich ist die Kommune doch zumindest Teil der mittelbaren Staatsverwaltung.

4. Ausnahmen

Wird ein Grundstück mittels einer Konzeptvergabe veräußert, so geschieht das nicht selten mit Kaufpreisnachlässen. Obwohl es sich hierbei um eine beschriebene Begünstigung handeln mag, können mehrere Umstände den Rahmen des „beihilfenrechtlich Zulässigen" ausweiten. Und rechtliche Möglichkeiten der Preisreduktion sollen nach *Temel* gerade untersucht werden[343]. Besonders

---

[339] Punkt 117 der Beihilfenbekanntmachung.

[340] Punkt 187 der Beihilfenbekanntmachung.

[341] EuGH verb. Rs. C-197/11 u. C-203/11, NZBau 2013, S. 446 (450) Rn. 76 (Eric Libert); Punkt 190 der Beihilfenbekanntmachung.

[342] EuGH verb. Rs. C-197/11 u. C-203/11, NZBau 2013, S. 446 (450) Rn. 77 (Eric Libert); EuGH C-518/13, NVwZ 2015, S. 422 (425) Rn. 66 (Eventech).

[343] Hierzu rekapitulierend Einf. C. I. Konkret *Temel*, Endbericht: Baukultur für das Quartier, S. 4 f.

relevant ist dieser Aspekt, wenn die Gemeinde Grundstücke an Unternehmen veräußern will.

Der Reihe nach erfolgt also folgende Betrachtung: Der Kaufpreisnachlass könnte als Ausgleichsleistung für die Erbringung von Dienstleistungen von allgemeinem wirtschaftlichem Interesse (DAWI) hingegeben werden (a)) und ein „geringer" Begünstigungsbetrag spricht für eine De-minimis-Beihilfe (b)). Hierneben liefert die Europäische Kommission die „Gruppenfreistellungsverordnung" (c)) und das Primärrecht selbst einige Ausnahmetatbestände (d)). Vorzuziehen ist dabei allerdings der Hinweis, dass eine konkrete Ausnahmenprüfung nur im Einzelfall erfolgen kann. In diesem Sinne werden die Möglichkeiten zur Preisreduktion im Folgenden nur abstrakt aufgezeigt.

a) Dienstleistungen von allgemeinem wirtschaftlichem Interesse

Eine Begünstigung liegt definitionsgemäß schon nicht vor, wenn sie als Gegenleistung für die Erbringung einer Leistung (des vermeintlichen Beihilfenempfängers) erfolgt. Praktisch steht das besonders in Frage, wenn es um eine Zuwendung geht, die für die Erbringung von Dienstleistungen von allgemeinem wirtschaftlichem Interesse (DAWI) „gegengeleistet" sein könnte (vgl. Art. 14, 106 Abs. 2 AEUV)[344]. Rechtstechnisch handelt es sich bei dieser Beurteilung (keine Beihilfe infolge Qualifikation der Begünstigung als Gegenleistung) um eine „Reduktion des Beihilfenbegriffs"[345], was zur Folge hat, dass bereits tatbestandlich keine Beihilfe nach Art. 107 Abs. 1 AEUV vorliegt. Damit entfällt das Notifizierungsverfahren nach Art. 108 Abs. 3 Satz 1, Satz 2 AEUV.

In der Altmark-Trans-Entscheidung gab der EuGH hierzu vier Kriterien vor (Betrauungsakt, Ausgleichsparameter, Vermeidung der Überkompensation, Auswahl des Dienstleistungserbringers)[346], die sich heute im Wesentlichen auch im „DAWI-Paket" bzw. genauer in der „DAWI-Mitteilung" der Europäischen Kommission wiederfinden[347]. Mit dieser Mitteilung erfolgen wichtige Konkretisierungen und so kann ein Betrauungsakt etwa auch in einer vertraglichen Abrede liegen[348]. Hierneben erließ die Europäische Kommission

---

[344] *Ruthig/Storr*, Öffentliches Wirtschaftsrecht, Rn. 911.

[345] *Ruthig/Storr*, Öffentliches Wirtschaftsrecht, Rn. 915.

[346] EuGH C-280/00, NVwZ 2004, S. 1101 (1105 f.) Rn. 88 ff. (Altmark Trans); ebenso auch EuGH verb. Rs. C-34/01 bis C-38/01, MMR 2004, S. 86 (87 f.) Rn. 31 ff. (Enirisorse). Der Altmark-Trans-Entscheidung zugrundeliegend EuGH C-53/00, EuZW 2002, S. 48 ff. (Ferring).

[347] EuKo, Mitteilung der Kommission über die Anwendung der Beihilfevorschriften der Europäischen Union auf Ausgleichsleistungen für die Erbringung von Dienstleistungen von allgemeinem wirtschaftlichem Interesse, ABl. 2012 C 8 S. 4, im Folgenden weiterhin kurz „DAWI-Mitteilung". In dieser DAWI-Mitteilung werden für das Beihilfenrecht relevante Begriffe erläutert und konkretisiert. Hierzu zählt insb. der Begriff der Dienstleistungen von allgemeinem wirtschaftlichem Interesse.

[348] Vgl. Rn. 52 der DAWI-Mitteilung; ebenso *Komorowski* EuR 2015, S. 310 (322 f.).

(ebenfalls im Zuge des „DAWI-Pakets") einen „Freistellungsbeschluss"[349]. Nach diesem (auch „DAWI-Beschluss" genannten) Rechtsakt sind die Mitgliedstaaten unter besonderen Voraussetzungen von der Pflicht befreit, Ausgleichsleistungen für die Erfüllung gemeinwirtschaftlicher Verpflichtungen nach Art. 108 Abs. 3 Satz 1, Satz 2 AEUV bei der Europäischen Kommission anzumelden[350]. Begleitet werden diese beiden Akte durch die „De-Minimis-Verordnung für DAWI"[351] sowie den „DAWI-Rahmen"[352]. Durch die erstere Verordnung werden Begünstigungen unter anderem ihres Wertes wegen von der Notifizierungspflicht befreit[353]. Durch den letzteren „Rahmen" erfolgt die Klarstellung, in welchen Fällen eine staatliche Beihilfe als mit dem Binnenmarkt vereinbar gelten kann[354].

Relevant wird die Frage nach dem Vorliegen „einer DAWI" schließlich besonders, wenn es um die Bereitstellung von sozialem Wohnraum geht. Denn hierbei kann es sich nicht nur um eine soziale Dienstleistung von allgemeinem

---

[349] EuKo, Beschluss der Kommission über die Anwendung von Artikel 106 Absatz 2 des Vertrags über die Arbeitsweise der Europäischen Union auf staatliche Beihilfen in Form von Ausgleichsleistungen zugunsten bestimmter Unternehmen, die mit der Erbringung von Dienstleistungen von allgemeinem wirtschaftlichem Interesse betraut sind, K(2011) 9380, ABl. 2012 L 7 S. 3, im Folgenden weiterhin kurz „Freistellungsbeschluss".

[350] Diese Frage ist dabei der Überprüfung der in der Altmark-Trans-Entscheidung entwickelten (und sich in der DAWI-Mitteilung wiederfindenden) Voraussetzungen nachgelagert, vgl. EuG verb. Rs. T-202/10 u. T-203/10, BeckRS 2018, 53894, Rn. 76 (RENV II).

[351] EuKo, Verordnung (EU) Nr. 360/2012 der Kommission über die Anwendung der Artikel 107 und 108 des Vertrags über die Arbeitsweise der Europäischen Union auf De-minimis-Beihilfen an Unternehmen, die Dienstleistungen von allgemeinem wirtschaftlichen Interesse erbringen, ABl. 2012 L 114 S. 8. Im Folgenden weiterhin kurz „De-Minimis-Verordnung für DAWI". Die Verordnung galt ursprünglich bis zum 31.12.2018, wurde aber bis zum 31.12.2023 verlängert, Europäische Kommission, Verordnung (EU) 2020/1474 der Kommission, zur Änderung der Verordnung (EU) Nr. 360/2012 hinsichtlich der Verlängerung ihrer Geltungsdauer und einer befristeten Ausnahmeregelung für Unternehmen in Schwierigkeiten zur Berücksichtigung der Auswirkungen der COVID-19-Pandemie, ABl. 2020 L 337 S. 1.

[352] EuKo, Mitteilung: Rahmen der Europäischen Union für staatliche Beihilfen in Form von Ausgleichsleistungen für die Erbringung öffentlicher Dienstleistungen (2011), ABl. 2012 C 8 S. 15. Im Folgenden weiterhin kurz: „DAWI-Rahmen".

[353] Vgl. Art. 2 Abs. 1, Abs. 2 De-Minimis-Verordnung für DAWI, wonach eine De-Minimis-Beihilfe dann vorliegt, wenn (u.a.) ein Unternehmen Dienstleistungen von allgemeinem wirtschaftlichem Interesse erbringt und der Gesamtbetrag der Beihilfe in drei Steuerjahren 500.000 Euro nicht übersteigt.

[354] Vgl. Punkt 1.7. S. 3, Pkt. 2.1. ff. DAWI-Rahmen.

Interesse[355], sondern eben auch um eine Dienstleistung im allgemeinen wirtschaftlichen Interesse handeln[356].

Grundsätzlich legen die Mitgliedstaaten selbst fest, was sie als „sozialen Wohnungsbau" verstehen und füllen den Begriff so mit Leben[357]: Das ist unionsrechtlich akzeptiert. Die Europäische Kommission bewegt sich mit ihrer Formulierung der „Bereitstellung von Wohnraum für benachteiligte Bürger oder sozial schwächere Bevölkerungsgruppen, die nicht die Mittel haben, sich auf dem freien Wohnungsmarkt eine Unterkunft zu beschaffen"[358], gleichwohl im Rahmen dessen, was auch in Deutschland (auf sämtlichen Ebenen) als soziale Wohnraumversorgung verstanden werden kann.

Bezogen auf die zur Wohnraumschaffung durchgeführte Konzeptvergabe ist das vor allem in einer Richtung von Bedeutung: Wenn es um die Bereitstellung (also auch die Vermietung) von Wohnraum an Dritte durch den obsiegenden Bauherrn geht. Nachdem aber ein erheblicher mitgliedstaatlicher Spielraum bei der Ausfüllung des Begriffs des sozialen Wohnungsbaus bleibt, können auch in Deutschland Förderungen erfolgen, die das DAWI-Paket vorsähe[359]. Unter

---

[355] Siehe hierzu schon kurz oben, Kap. 1 C.; vgl. auch EuKo, Mitteilung: Umsetzung des Gemeinschaftsprogramms von Lissabon – Die Sozialdienstleistungen von allgemeinem Interesse in der Europäischen Union, KOM(2006)177 endg., hierbei insb. Ziff. I 1.1. Spiegelstrich 2.

[356] Vgl. zur Qualifikation als wirtschaftliche Tätigkeit: EuKo, Leitfaden zur Anwendung der Vorschriften der EU über staatliche Beihilfen, öffentliche Aufträge und den Binnenmarkt auf Dienstleistungen von allgemeinem wirtschaftlichem Interesse und insbesondere auf Sozialdienstleistungen von allgemeinem Interesse, Rn. 25; vgl. auch ErwG (11) Freistellungsbeschluss. Hierzu neulich auch *Derksen* EuZW 2022, S. 157 (160).

[357] Vgl. auch *Bartosch* EuZW 2007, S. 559 (559).

[358] Vgl. ErwG (11) Freistellungsbeschluss; ebenso schon EuKo, Entscheidung über die Anwendung von Artikel 86 Absatz 2 EG-Vertrag auf staatliche Beihilfen, die bestimmten mit der Erbringung von Dienstleistungen von allgemeinem wirtschaftlichem Interesse betrauten Unternehmen als Ausgleich gewährt werden, ABl. 2005 L 312 S. 67, ErwG (16); vgl. zur Anknüpfung an dieses Begriffsverständnis EuG verb. Rs. T-202/10 u. T-203/10, BeckRS 2018, 53894, Rn. 97, 132 (RENV II): Angenommen werden kann eine DAWI, wenn Wohnungsbaugesellschaften bei der Vermietung von Wohnungen verpflichtet sind, zu mind. 90 Prozent an Wohnungssuchende zu vermieten, deren jährliches Einkommen bei höchstens 33.000 Euro liegt, und für die restlichen 10 Prozent nach Maßgabe objektiver, sozialer Kriterien Mieter zu finden. Die Definitionsbefugnis des Mitgliedstaats ist in einem solchen Fall noch nicht überschritten, ebd. Rn. 102 ff. Eine derartige „Einkommensgrenze" brauche es aber grds. nicht und es genügt, wenn sich der soziale Wohnungsbau auf die Wohnraumversorgung nach sozialen Kriterien und für sozial schwache Haushalte konzentriert, vgl. ebd. Rn. 131, 137. Vgl. hierneben auch EuKo, State aid No E 2/2005 and N 642/2009 (The Netherlands Existing and special project aid to housing corporations), C (2009) 9963 final, samt der sich hieran anschließenden Rspr.

[359] Zu den Ausnahmen und Freistellungen vom Beihilfenverbot für Dienstleistungen von allgemeinem wirtschaftlichem Interesse unter dem Gesichtspunkt einer „Neuen Wohnungsgemeinnützigkeit" auch *Kuhnert/Leps*, Neue Wohnungsgemeinnützigkeit, S. 229 ff.

Erfüllung der in der DAWI-Mitteilung vorzufindenden Voraussetzungen der Altmark-Trans-Rechtsprechung kann bereits der Tatbestand des Art. 107 Abs. 1 AEUV ausgeschlossen werden. Daneben bietet sowohl der Freistellungsbeschluss[360] als auch die De-Minimis-Verordnung für DAWI genügend Möglichkeiten, von der Notifizierungspflicht nach Art. 108 Abs. 3 Satz 1, Satz 2 AEUV freizukommen, wenn die Konzeptvergabe entsprechend ausgestaltet ist. Durch eine bedachte Verfolgung derartiger Ziele kann der Grundstückskaufpreis abgesenkt werden[361].

b) De-Minimis-Beihilfe

Der Kaufpreis bei der Konzeptvergabe könnte weiterhin reduziert werden, wenn es sich um eine „De-Minimis-Beihilfe"[362] handelt.

Die Europäische Kommission legte durch eine Verordnung („De-Minimis-Verordnung") fest[363], dass bestimmte Beihilfen nicht als Maßnahmen zu gelten haben, welche die Tatbestandsmerkmale des Art. 107 Abs. 1 AEUV erfüllen, weshalb auch hier die Notifizierungspflicht nach Art. 108 Abs. 3 Satz 1, Satz 2 AEUV nicht eingreift[364]. Dies soll nach Art. 3 Abs. 2 UAbs. 1 De-Minimis-Verordnung für solche Beihilfen gelten, bei denen der Gesamtbetrag, der einem einzigen Unternehmen von einem Mitgliedstaat gewährt wird, in einem Zeitraum von drei Steuerjahren 200.000 Euro nicht übersteigt. In einem solchen Fall wird keine Beeinträchtigung des Handels vorliegen bzw. es droht keine Verfälschung des Wettbewerbs[365].

---

[360] Etwa scheint die verbilligte Veräußerung der Stadt Lübeck mittels einer auf den Freistellungsbeschluss bezogenen „Verbilligungsrichtlinie" zu erfolgen, vgl. *Weiß* BayGT 2021, S. 12 (16).

[361] Im Ergebnis ebenfalls *Unterabteilung Europa Fachbereich Europa Deutscher Bundestag*, Konzeptvergabe und EU-Beihilferecht (Az. PE 6 - 3000 - 102/19), a.a.O. in Fn. 59 (Einf.).

[362] Lat. „de" = wegen; Lat. „minimis" (Superlativ von „parvus") = kleinste, unbeträchtlichst.

[363] EuKo, Verordnung (EU) Nr. 1407/2013 der Kommission über die Anwendung der Artikel 107 und 108 des Vertrags über die Arbeitsweise der Europäischen Union auf De-minimis-Beihilfen, ABl. 2013 352 S. 1. Im Folgenden nur noch kurz „De-Minimis-Verordnung". Nach Art. 8 Satz 2 De-Minimis-Verordnung galt diese ursprünglich nur bis zum 31.12.2020: Sie wurde aber bis zum 31.12.2023 verlängert, EuKo, Verordnung (EU) 2020/972 der Kommission zur Änderung der Verordnung (EU) Nr. 1407/2013 hinsichtlich ihrer Verlängerung und zur Änderung der Verordnung (EU) Nr. 651/2014 hinsichtlich ihrer Verlängerung und relevanter Anpassungen, ABl. 2020 L 215 S. 3. Abzugrenzen sind die De-Minimis-Beihilfen von den De-Minimis-Beihilfen für DAWI, siehe hierzu Kap. 5 A. III. 4. a.

[364] Vgl. Art. 3 Abs. 1 De-Minimis-Verordnung.

[365] Vgl. ErwG (3) Satz 3 De-Minimis-Verordnung; *v. Wallenberg/Schütte*, in: Grabitz/Hilf/Nettesheim, Recht der EU, Art. 107 AEUV Rn. 80.

Unter Einhaltung der Voraussetzungen, welche die Verordnung vorgibt, kann der Grundstückskaufpreis auch bei Konzeptvergaben herabgesetzt werden. Dies kann der Wohnraumschaffung mittelbar zugutekommen, und zwar unabhängig davon, ob im primärrechtlichen Verständnis „sozialer Wohnungsbau" betrieben werden soll. Beizupflichten ist hier aber *Weiß*[366], der beihilfenrechtliche Ausnahmen bei der Konzeptvergabe ebenfalls schon behandelte[367]. Praktische Schwierigkeiten können sich aus dem Umstand ergeben, dass die De-Minimis-Beihilfe tatbestandlich an das Unternehmen als Beihilfenempfänger anknüpft. Vorangehende Beihilfen müssen also abgefragt werden.

c) Gruppenfreistellungsverordnung

Die Gemeinde könnte bei der Preisgestaltung für das mit der Konzeptvergabe angebotene Grundstück ebenfalls von der sog. „Gruppenfreistellungsverordnung"[368] profitieren.

Mit der Gruppenfreistellungsverordnung werden verschiedene Voraussetzungen genannt, unter denen eine Beihilfe mit dem Binnenmarkt vereinbar und von der Notifizierungspflicht nach Art. 108 Abs. 3 Satz 1, Satz 2 AEUV freigestellt ist. Dabei ist aber anzumerken, dass die Freistellung der Europäischen Kommission nicht die Möglichkeit nimmt, die Beihilfengewährung nachträglich zu kontrollieren[369].

d) Primärrechtliche Ausnahme

Neben den kommissionsgeprägten Tatbeständen könnte auch eine Ausnahme des unionalen Primärrechts anzuwenden sein. Art. 107 Abs. 2 AEUV selbst beinhaltet Tatbestände für Beihilfen, die „mit dem Binnenmarkt vereinbar sind"[370], während Art. 107 Abs. 3 AEUV Tatbestände für Beihilfen enthält, die

---

[366] *Weiß* BayGT 2021, S. 12 (16). Entspr. Erwägungen i.Ü. von *Grziwotz* DNotZ 2015, S. 246 (261).

[367] Ebenfalls *DStGB/REDEKER SELLNER DAHS Rechtsanwälte PartmbB*, Dokumentation Nr. 167, 2022, S. 18 f. (inkl. Fn. 10 ff.) besprechen nun beihilfenrechtliche Ausnahmen für die *Konzeptvergabe*. Hierneben benennt auch das BayStMI Möglichkeiten beihilfenrechtlicher Ausnahmen bei *Konzeptvergaben*, FStBay 2020, 123 (398 f.). Dieses bleibt allgemein, nennt aber Grenzen möglicher Kombinationen.

[368] EuKo, Verordnung (EU) Nr. 651/2014 der Kommission zur Feststellung der Vereinbarkeit bestimmter Gruppen von Beihilfen mit dem Binnenmarkt in Anwendung der Artikel 107 und 108 des Vertrags über die Arbeitsweise der Europäischen Union, ABl. 2014 L 187 S. 1. Im Folgenden noch: „Gruppenfreistellungsverordnung". Diese Verordnung ist auf der Grundlage der Verordnung (EG) Nr. 994/98 des Rates ergangen, die inzwischen durch die Verordnung (EU) 2015/1588 des Rates abgelöst wurde.

[369] Vgl. auch Art. 12 Gruppenfreistellungsverordnung zum „Monitoring".

[370] Allg. sind die Legalausnahmen des Art. 107 Abs. 2 AEUV eher von geringer Bedeutung, vgl. *Kühling*, in: Streinz, EUV/AEUV, Art. 107 AEUV Rn. 115.

„als mit dem Binnenmarkt vereinbar angesehen werden können", was der Kommission ein Ermessen belässt[371].

In Betracht zu ziehen ist in erster Linie Art. 107 Abs. 2 lit. a) AEUV, der verbraucherbezogene Beihilfen sozialer Art beinhaltet. Dessen Anwendungs- bereich wird teils als eng empfunden[372]; doch geht er zumindest über den Wort- laut der „Waren" hinaus[373]. Bei der Konzeptvergabe kommt dabei allenfalls die (strittige[374]) Lesart der Legalausnahme lit. a) in Betracht, dass dem Unterneh- men etwas unmittelbar zugewandt wird und dem Verbraucher nur mittelbar[375]. Wegen des sozialen Charakters der Beihilfe müsste es sich bei den begünstig- ten Endverbrauchern schließlich um bedürftige Personen handeln[376]. Deshalb wurden bisher vor allem solche Zuwendungen als „soziale Beihilfen" im Sinne des Art. 107 Abs. 2 lit. a) AEUV aufgefasst, welche „die Lebenshaltungskosten wirtschaftlich schwacher Bevölkerungsschichten vermindern, beispielsweise durch die Verbilligung von Kleidung, Heiz- und Nahrungsmittel"[377]. Aufgrund der Anerkennung von Wohnraum als menschliches Existenzgut sprechen aber gute Gründe dafür, die Norm auch auf solche Fälle auszuweiten, in denen es um die Förderung von sozial bedürftigen Endverbrauchern geht, die sich am umkämpften Wohnungsmarkt keinen Wohnraum leisten können.

Abseits des Art. 107 Abs. 2 lit. a) AEUV existieren allerdings, bezogen auf die Förderung von Wohnraum, noch weitere, im Primärrecht verankerte Aus- nahmetatbestände, die zur Rechtsprüfung zumindest in Erwägung zu ziehen sind. In diesem Sinne hielt die Europäische Kommission bereits mehrmals Bei- hilfen über die Ermessensnorm des Art. 107 Abs. 3 lit. c) AEUV für mit dem Binnenmarkt vereinbar[378].

---

[371] *Ruthig/Storr*, Öffentliches Wirtschaftsrecht, Rn. 941 („Ermessensbeihilfen").

[372] *Kühling*, in: Streinz, EUV/AEUV, Art. 107 AEUV Rn. 116. Wobei die enge Ausle- gung der Legalausnahmen bereits dem Grundverständnis des Beihilfenrechts folgt, wonach Beihilfen grds. unzulässig und nur ausnahmsweise zulässig sind, *Ruthig/Storr*, Öffentliches Wirtschaftsrecht, Rn. 935.

[373] *Schweitzer/Mestmäcker*, in: Immenga/Mestmäcker, Wettbewerbsrecht Bd. 5, Art. 107 Abs. 2 AEUV Rn. 11.

[374] *Cremer*, in: Calliess/Ruffert, EUV/AEUV, Art. 107 AEUV Rn. 46 (Fn. 379).

[375] Vgl. *Frenz*, Hdb. Europarecht Bd. 3, S. 413 Rn. 1458 m.w.N.; auch *Schweitzer/Mestmäcker*, in: Immenga/Mestmäcker, Wettbewerbsrecht Bd. 5, Art. 107 Abs. 2 AEUV Rn. 9 mit dieser Lesart.

[376] *Cremer*, in: Calliess/Ruffert, EUV/AEUV, Art. 107 AEUV Rn. 46.

[377] *Martenczuk*, in: von der Groeben/Schwarze/Hatje, Europäisches Unionsrecht Bd. 3, Art. 107 AEUV Rn. 199.

[378] EuKo, Statligt stöd N 40/2003 (Åtgärder för att främja visst bostadsbyggande), C(2003)1762 fin.; EuKo, State aid No N 798/06 (Support for construction of special housing for elderly people) C(2007)652 fin.; EuKo, N 342/2008 (Housing and Social Programme for problematic districts), C(2008)7845 fin.

5. Bilanz

Resümierend lässt sich zum unionalen Beihilfenrecht festhalten: Das Ausschreibungsverfahren, das die Europäische Kommission zur Marktwertermittlung akzeptiert, lässt sich nicht mit der Konzeptvergabe vereinen. Dieses muss bedingungsfrei sein und hat den Höchstpreis zu ermitteln. Hierzu gegensätzlich soll die Konzeptvergabe ein alternatives Grundstücksmodell darstellen, bei dem es nicht auf den Preis ankommt.

Im Ergebnis hat die Gemeinde den Marktwert vor der Konzeptvergabe zu ermitteln. Dieser Wert kann dann im Festpreisverfahren als Festpreis oder im Teilpreisverfahren als Mindestpreis dienen. Gewöhnlicherweise wird hierzu ein Marktwertgutachten von einem unabhängigen Sachverständigen erstellt; wobei der Begriff des Sachverständigen nicht restriktiv verstanden werden muss.

Ebenso wie schon zum GWB-Vergaberecht ausgeführt, hat sich allerdings auch die Beihilfe nach Art. 107 Abs. 1 AEUV an „Unternehmen" (oder Produktionszweige) zu richten. So kann es bei der Konzeptvergabe liegen, etwa wenn das Grundstücksmodell auch etablierte Marktakteure ansprechen soll. Da es auf die Gewinnerzielungsabsicht nicht ankommt, können selbst gemeinnützige Wohnungsgenossenschaften unter den Unternehmensbegriff fallen. Anders ist es aber bei Grundstücksveräußerungen an Privatpersonen und an Baugemeinschaften, wenn die errichteten Bauwerke allein oder ganz überwiegend der Selbstnutzung dienen sollen.

Während von den übrigen Tatbestandsvoraussetzungen des Art. 107 Abs. 1 AEUV regelmäßig ausgegangen werden kann, sind einzelfallabhängig vor allem solche beihilfenrechtlichen Ausnahmen zu erwägen, welche die Europäische Kommission im DAWI-Paket bündelte. Doch auch die primärrechtliche Legalausnahme des Art. 107 Abs. 2 lit. a) AEUV kann (nach umstrittener Lesart) ins Spiel kommen.

IV. Grundfreiheitliches Verteilungsregime

Selbst wenn sich weder aus dem GWB-Vergaberecht, dem Haushaltsvergaberecht noch dem unionalen Beihilfenrecht konkrete Verfahrensvorgaben für die Konzeptvergabe ergeben müssen[379], so könnten solche Vorgaben doch aus den Grundfreiheiten der Art. 34 ff. AEUV hergeleitet werden. Handelt es sich hierbei also um die ersten Erfordernisse, die das Konzeptvergabeverfahren rechtlich prägen?

Die Grundfreiheiten dienen, ausgestaltet als subjektive Rechte, dem Ziel der Herstellung des unionsweiten Binnenmarkts (Art. 26 Abs. 2 AEUV), namentlich also der „Integration nationaler Märkte zu einem gemeinsamen Markt"[380].

---

[379] Gleichwohl aber „können", siehe hierzu etwa Kap. 5 A. I. 7. c) gg)
[380] *Wollenschläger*, Verteilungsverfahren, S. 116.

Diese Freiheiten richten sich unmittelbar an die Mitgliedstaaten und verbürgen die Aufnahme und Ausübung selbstständiger und unselbstständiger Markttätigkeiten in der gesamten Europäischen Union. Werden Markt(zugangs)chancen verteilt, so muss die Verteilung dieser Chancen auch im Einklang mit den Grundfreiheiten ausgestaltet sein[381]. Bei der Konzeptvergabe kann das vorkommen.

Das „Vergabeprimärrecht"[382] hat in den vergangenen Jahren besondere Beachtung erlangt bezüglich des Verteilungsgegenstands der öffentlichen Aufträge, die nicht vom sekundärrechtlichen Auftragsvergaberecht erfasst sind. Hierzu liegen, auf zwei Entscheidungen des EuGH gründend[383], mittlerweile mehrere Judikate, Auseinandersetzungen der Literatur sowie eine Stellungnahme der Europäischen Kommission vor[384]. Wegen (derselben) rechtlichen Herleitung über die Grundfreiheiten sind die hierbei entwickelten Auslegungserkenntnisse im Grundsatz aber ebenfalls auf solche marktrelevanten Verteilungssituationen zu übertragen, bei denen Vermögensgegenstände (also auch Grundstücke) der öffentlichen Hand veräußert werden[385]: Verallgemeinernd kann deshalb von einem „Verteilungsprimärrecht" gesprochen werden.

Nach einer kurzen Herleitung des Verteilungsregimes aus den Grundfreiheiten (1.) werden dessen Anwendungsvoraussetzungen beleuchtet (2.). Auf eine Rekapitulation des Gewährleistungsgehalts der Grundfreiheiten (3.) folgt dann die Darstellung der konkreten Anforderungen, die das unionale Primärrecht an

---

[381] *Wollenschläger*, Verteilungsverfahren, S. 114; *ders.* ebd. auf S. 115: „*Alle Verteilungsverfahren, die die Möglichkeit einer wirtschaftlichen Betätigung eröffnen, unterliegen den Anforderungen des marktfreiheitlichen Vergaberegimes*".

[382] Zur Bezeichnung der verteilungsrechtlichen Anforderungen des unionalen Primärrechts (abseits beihilfenrechtlicher Erwägungen) finden sich unterschiedliche Begrifflichkeiten. Während die Begriffe „Vergabeprimärrecht" oder (besser) „Verteilungsprimärrecht" noch verwendet werden können, sollte der Terminus „Unterschwellenvergaberecht" im vorliegenden Kontext vermieden werden, suggeriert dieser doch das Vorliegen eines öffentlichen Auftrags.

[383] EuGH C-275/98, EuZW 2000, S. 248 ff. (Unitron Scandinavia A/S); EuGH C-324/98, NZBau 2001, S. 148 ff. (Telaustria). Beide Entscheidungen sind hins. der hier behandelten, primärvergaberechtlichen Anforderungen allerdings relativ wortkarg.

[384] Aus der Literatur etwa *Harms*, Unionsrechtliche Vorgaben für den Rechtsschutz im Vergabeverfahren unterhalb der EU-Schwellenwerte. Bei der Stellungnahme der Europäischen Kommission handelt es sich um die sog. „Unterschwellenmitteilung", also genauer: Die Mitteilung der Kommission zu Auslegungsfragen in Bezug auf das Gemeinschaftsrecht, das für die Vergabe öffentlicher Aufträge gilt, die nicht oder nur teilw. unter die Vergaberichtlinien fallen, ABl. 2006 C 179 S. 2. Im Folgenden weiterhin kurz: „Unterschwellenmitteilung".

[385] *Wollenschläger*, Verteilungsverfahren, S. 114, 469; *Gabriel*, in: Gabriel/Krohn/Neun, Hdb. Vergaberecht, § 82 Rn. 3 m.w.N.; vgl. auch grdl. für die Veräußerung von Gesellschaftsanteilen an Unternehmen öffentlicher Hand EuGH C-108/98, BeckRS 2004, 74105, Rn. 20 (RI.SAN); a.A. *Regler*, MittBayNot 2008, S. 477 (477) (keine Verallgemeinerung).

die Ausgestaltung eines binnenmarktrelevanten Verteilungsverfahrens auch im Hinblick auf die Veräußerung von Gemeindegrundstücken stellt (4.).

1. Herleitung aus den Grundfreiheiten

Das primärrechtliche Verteilungsregime lässt sich aus den Grundfreiheiten herleiten[386], weshalb auch von einem grundfreiheitlichen bzw. marktfreiheitlichen Verteilungsregime gesprochen wird.

Entgegensetzen sollte man sich Tendenzen, die das unionale Verteilungsprimärrecht etwa auf „primärrechtliche Grundprinzipien"[387] oder „ungeschriebene vergaberechtliche Grundsätze des Primärrechts"[388] oder ein „allgemeines Recht auf Chancengleichheit"[389] zurückführen wollen. Solche Entwicklungen mögen zwar auch in den unkonkreten Formulierungen des EuGH sowie dessen Miteinbezug des Art. 18 AEUV begründet sein[390], sie führen aber nach der hier vertretenen Ansicht im Ergebnis zu weit. Für eine Herleitung des Verteilungsregimes konkret aus den Grundfreiheiten sprechen (auch für Grundstücksveräußerungen) nämlich vor allem zwei Gründe: Zum einen genießen die Grundfreiheiten der Art. 34 ff. AEUV Vorrang vor dem allgemeineren Diskriminierungsverbot des Art. 18 AEUV, den die unionale Rechtsprechung zur Urteilsbegründung und die Literatur gerne zur Herausbildung oben genannter Grundsätze und Prinzipien heranzieht. Hinter den besonderen

---

[386] *Wollenschläger*, Verteilungsverfahren, S. 114; *ders.*, NVwZ 2007, S. 388 (393 f.); *Gabriel*, in: Gabriel/Krohn/Neun, Hdb. Vergaberecht, § 82 Rn. 8, 13; vgl. schon *ders.* NVwZ 2006, S. 1262 (1262 f.). Auf diesen Umstand (bezogen auf eine Grundstücksveräußerung) bereits hinweisend OLG Düsseldorf Az. Verg 25/08, BeckRS 2011, 1656.

[387] *Bremke*, Wettbewerbliche Ausschreibung kommunaler Investorenprojekte, S. 208. Umfassend zur gesamten Thematik *Huerkamp*, Gleichbehandlung und Transparenz als gemeinschaftsrechtliche Prinzipien der staatlichen Auftragsvergabe. Zu den Vergabegrundsätzen aus auftragsvergaberechtlicher Perspektive *Burgi* NZBau 2008, S. 29 ff.

[388] *Frenz*, Hdb. Europarecht Bd. 3 (1. Aufl.), S. 564 ff. Rn. 1829 ff.; *ders.* auf S. 566 in Rn. 1835: „Der EuGH entwickelt die vergaberechtlichen Vorgaben im Wege einer Gesamtschau aus der Verwandtschaft der genannten Primärrechtsnormen". Als ungeschriebene Verfahrensanforderung will *Stelkens* auch „den Transparenzgrundsatz" für Verteilungsverfahren als allg. Rechtsgrundsatz verstehen, vgl. in: Stelkens/Bonk/Sachs, VwVfG, Europäisches VerwR, Europäisierung des VerwR und Internationales VerwR Rn. 93 ff.

[389] *Philipp/Vetter/Kriesel*, LKV 2020, S. 539 (540): Dieses „allgemeine Recht auf Chancengleichheit" soll dabei unabhängig von Staatsangehörigkeit und Binnenmarktrelevanz wirken.

[390] EuGH C-275/98, EuZW 2000, S. 248 (250) Rn. 29 ff. (Unitron Scandinavia); EuGH C-324/98, NZBau 2001, S. 148 (151) Rn. 59 ff. (Telaustria). Solche Formulierungen zogen sich dann auch durch Abhandlungen der rechtswissenschaftlichen Literatur, wie bspw. durch die von *Dietlein* NZBau 2004, S. 472 (473). Ebenfalls auf die unterschiedlichen Formulierungen, Begründungen und Prüfungsumfänge des EuGH (auch im Anschluss an die Scandinavia- und die Telaustria-Rspr.) hinweisend *Gabriel*, in: Gabriel/Krohn/Neun, Hdb. Vergaberecht, § 82 Rn. 13.

Diskriminierungsverboten der Grundfreiheiten muss das allgemeine Diskriminierungsverbot zurücktreten[391]. Zum anderen sollte man sich in einem nach Art. 5 Abs. 1 Satz 1, Abs. 2 EUV durch Einzelermächtigungen begrenzten Rechtssystem abseits der Kodifikation bei der Herausbildung ungeschriebener Grundsätze ohnehin zurückhalten. Wenn sich doch Gemeinsamkeiten bei der Auslegung einzelner Bestimmungen feststellen lassen, so hat man darin zunächst das zu erblicken, was sich offensichtlich zeigt: Gemeinsamkeiten bei der Auslegung bzw. gemeinsame Auslegungserkenntnisse[392].

An diesem Punkt sei aber noch darauf hinzuweisen, dass sich gleichwohl Verteilungskonstellationen jenseits des Markts abspielen können, bei denen Art. 18 AEUV eine Rolle zukommen kann[393]. Wie sich im Folgenden zeigt, sind die hier behandelten Grundstücksveräußerungen allerdings marktrelevant.

2. Anwendungsvoraussetzungen

Damit das grundfreiheitliche Verteilungsregime bei der Konzeptvergabe zur Geltung kommen kann, müssen mehrere Anwendungsvoraussetzungen erfüllt sein. Die Gemeinde hat einer persönlichen Bindung an die Grundfreiheiten zu unterliegen (a)) und eine der Grundfreiheiten der Art. 34 ff. AEUV muss sachlich einschlägig sein (b)). Zusätzlich ist die Binnenmarktrelevanz des Veräußerungsvorgangs erforderlich (c)).

a) Persönliche Bindung an die Grundfreiheiten

Da die Europäische Union auch sonst für sämtliche mitgliedstaatliche Untergliederungen „blind" ist, muss sich die Gemeinde als Teil der mittelbaren Staatsverwaltung an die grundfreiheitlichen Gewährleistungen halten, obwohl sich die Grundfreiheiten primär an die Mitgliedstaaten richten. Im Ergebnis entspricht der persönliche Anwendungsbereich des grundfreiheitlichen Verteilungsregimes sogar dem des Auftragsvergaberechts in § 99 GWB[394].

---

[391] EuGH C-91/08, NZBau 2010, S. 382 (384) Rn. 32 (Wall-AG); *Gabriel*, in: Gabriel/Krohn/Neun, Hdb. Vergaberecht, § 82 Rn. 31; *Pache*, in: Pünder/Schellenberg, Vergaberecht, § 55 BHO Rn. 35, der auf die schon nach dem Wortlaut des Art. 18 AEUV bestehende Subsidiarität hinweist. Derselben Ansicht ist auch *Hailbronner*, in: Grabitz/Hilf/Nettesheim, Recht der EU, Sekundärrecht B 2. Marktfreiheiten und Vergaberichtlinien Rn. 33.

[392] Vgl. in diese Richtung konkret bzgl. der hier behandelten Frage auch *Gabriel*, in: Gabriel/Krohn/Neun, Hdb. Vergaberecht, § 82 Rn. 33, der von einer Konkretisierung der Grundfreiheiten spricht.

[393] Vgl. *Wollenschläger*, Verteilungsverfahren, S. 133 f.

[394] *Burgi*, Vergaberecht, § 3 Rn. 27.

b) Sachliche Anwendbarkeit einer Grundfreiheit

Damit eine der Grundfreiheiten nach Art. 34 ff. AEUV ihre Wirkung zeitigen kann, muss ihr sachlicher Schutzbereich eröffnet sein. Welche Grundfreiheit konkret einschlägig ist, richtet sich danach, welche Art einer Markttätigkeit durch die mitgliedstaatliche Maßnahme beeinträchtigt ist[395]. Wegen bestehender Konvergenzen bzw. Parallelitäten beim Gewährleistungsgehalt der Grundfreiheiten in verteilungsrechtlicher Hinsicht sollte die Abgrenzung zwischen den einzelnen Freiheiten allerdings nicht überschätzt werden[396]. Für kommunale Grundstücksveräußerungen kommen in sachlicher Hinsicht allen voran die Kapitalverkehrsfreiheit sowie die Niederlassungsfreiheit nebst der Dienstleistungsfreiheit in Betracht.

Als erste grundfreiheitliche Determinante ist für die Konzeptvergabe der sachliche Schutzbereich der *Kapitalverkehrsfreiheit* eröffnet, die in Art. 63 Abs. 1 AEUV verbürgt ist. Dieser Grundfreiheit geht es um den Schutz eines grenzüberschreitenden Transfers von Geld- und Sachkapital, vorrangig zu Anlage- oder Investitionszwecken[397]. Zu den Investitionsvorgängen grenzüberschreitender Art zählt aus der Sicht der Grundfreiheitsbegünstigten auch der Immobilienerwerb. Dessen Schutz ist deshalb in Art. 63 Abs. 1 AEUV gewährleistet[398].

Treten erwerbswirtschaftliche Aspekte zur Grundstücksinvestition hinzu, was beispielsweise bei Erwerbsinteressen eines Wohnungsbauunternehmens der Fall sein wird, kann daneben auch die in Art. 49 AEUV geregelte *Niederlassungsfreiheit* einschlägig sein. Diese Grundfreiheit wird weit verstanden und der EuGH definiert sie inhaltlich als die Möglichkeit eines Unionsangehörigen, „in stabiler und kontinuierlicher Weise am Wirtschaftsleben eines anderen Mitgliedstaats als seines Herkunftsstaats teilzunehmen und daraus Nutzen zu ziehen"[399]. Geschützt wird mithin die Aufnahme und Ausübung selbstständiger Erwerbstätigkeiten sowie die Gründung und Leitung von Unternehmen (Art. 49 Abs. 2 AEUV). Zusätzlich lässt sich Art. 50 Abs. 2 lit. e) AEUV und dessen systematischer Stellung entnehmen, dass der Erwerb und die Nutzung

---

[395] *Wollenschläger* NVwZ 2007, S. 388 (390).

[396] *Wollenschläger*, Verteilungsverfahren, S. 115; *ders.*, NVwZ 2007, S. 388 (390) m.w.N.

[397] *Herdegen*, Europarecht, § 18 Rn. 1.

[398] *Wollenschläger*, Verteilungsverfahren, S. 469; *Gabriel*, in: Gabriel/Krohn/Neun, Hdb. Vergaberecht, § 82 Rn. 22 f. Ebenso in st. Rspr. der EuGH, vgl. nur EuGH verb. Rs. C-197/11 u. C-203/11, NZBau 2013, S. 446 (448) Rn. 44 f. (Eric Libert) und vorangehend EuGH C-567/07, EuZW 2009, S. 829 (829) Rn. 21 (Woningstichting Sint Servatius): „Daher gehören, wie der Gerichtshof bereits entschieden hat, zu den Maßnahmen, die durch Art. 56 I EG als Beschränkungen des Kapitalverkehrs verboten sind, solche, die geeignet sind, die Einwohner eines Mitgliedstaats von Investitionen in Immobilien in anderen Mitgliedstaaten abzuhalten".

[399] EuGH C-384/08, BeckRS 2010, 90310, Rn. 36 (Attanasio Group) m.w.N.

von Grundbesitz im Hoheitsgebiet eines Mitgliedstaats durch Angehörige eines anderen Mitgliedstaats der Niederlassungsfreiheit dienen kann[400].

Ebenfalls muss noch die *Dienstleistungsfreiheit* des Art. 56 AEUV in die Betrachtung miteinbezogen werden. Aufgrund des weiten Dienstleistungsbegriffs (Art. 57 Abs. 1, Abs. 2 AEUV) können sich Tätigkeiten der Unternehmen des Immobilienmarkts nämlich auch als Dienstleistungen darstellen. Grundfreiheitsbeschränkungen sind etwa dann möglich, wenn es um Einschnitte bei (Weiter-)Veräußerungs- oder Vermietungsmöglichkeiten geht[401].

Die erwähnten Konvergenzen beim verteilungsrechtlichen Gewährleistungsgehalt der Grundfreiheiten führen dazu, dass die Auflösung der Konkurrenz der Niederlassungs- und Dienstleistungsfreiheit zur Kapitalverkehrsfreiheit nicht von übermäßiger Relevanz ist. Beurteilt man mögliche Diskriminierungen oder Beschränkungen im Hinblick auf einen Immobilienerwerb, so ist trotzdem folgendes gängig: Entweder zieht man die Niederlassungsfreiheit neben der Kapitalverkehrsfreiheit heran[402] oder man beschränkt sich schlicht auf die Prüfung der letzteren Kapitalverkehrsfreiheit[403].

c. Binnenmarktrelevanz

Wenn auch sonst bei der Grundfreiheitsprüfung die Frage der Binnenmarktrelevanz aufzuwerfen ist, so gilt dasselbe im Verteilungssachverhalt. Erforderlich ist ein grenzüberschreitender Bezug, wobei man sich vergegenwärtigen muss, dass es sich bei der Programmphase um das konstruktive Verfahrensstadium der Konzeptvergabe handelt. Des einzunehmenden Blickwinkels wegen kommt es bei der Ausgestaltung des Verteilungsverfahrens auf das Interesse des nur potenziellen Bewerbers an. Nicht relevant ist, ob sich schließlich einzig inländische oder auch ausländische Interessenten bewerben[404].

---

[400] Vgl. auch *Huber/Wollenschläger*, Einheimischenmodelle, S. 33 f. Rn. 63.

[401] EuGH verb. Rs. C-197/11 u. C-203/11, NZBau 2013, S. 446 (448) Rn. 42 f. (Eric Libert).

[402] In diese Richtung EuGH C 302/97, EuZW 1999, S. 635 (636) Rn. 22 (Klaus Konle).

[403] In diese Richtung EuGH C-423/98, EuZW 2000, S. 632 (632 f.) Rn. 14 (Albore): „Der Erwerb eines Grundstücks in einem Mitgliedstaat durch einen Gebietsfremden, aus welchen Gründen auch immer er erfolgt, stellt nämlich eine Immobilieninvestition dar, die in die Kategorie des Kapitalverkehrs zwischen den Mitgliedstaaten fällt". Ebenso noch EuGH verb. Rs. C-197/11 u. C-203/11, NZBau 2013, S. 446 (449 f.) Rn. 62 f. (Eric Libert), der in diesem Kontext die Beschränkungen der Niederlassungsfreiheit und des freien Dienstleistungsverkehrs als „unvermeidbare Folge der Beschränkung des freien Kapitalverkehrs" versteht, daher eine eigenständige Prüfung der Art. 49 und 56 AEUV als nicht gerechtfertigt ansieht und sich im Folgenden bei der Prüfung nur auf Art. 63 Abs. 1 AEUV beschränkt. A.A. allerdings etwa *Sedlaczek/Züger*, in: Streinz, EUV/AEUV, Art. 63 AEUV Rn. 36, die anders differenzieren.

[404] EuGH C-458/03, NZBau 2005, S. 644 (648) Rn. 49, 54 f. (Parking Brixen); EuGH C-231/03, NVwZ 2005, S. 1052 (1052) Rn. 17 f. (Coname). Im Fortgang EuGH verb.

Hinsichtlich der Frage, ab welchem Punkt ein solcher grenzüberschreitender Sachverhalt vorliegt, besteht bis heute keine absolute Klarheit[405]. Hierzu herrschte in den letzten Jahren eine rege Diskussion[406]. Festzustellen ist, dass eine quantitative Grenze im Primärrecht schlichtweg nicht existiert, wie sie etwa mit den Schwellenwerten im sekundärrechtlichen Auftragsvergaberecht vorzufinden ist. Die Beurteilung muss also zumindest qualitativ und damit wertend vorgenommen werden. Es spricht hierbei viel dafür, die Binnenmarktrelevanz als „Bagatellgrenze" zu begreifen[407]: Ansonsten kann man sich an den bisherigen Äußerungen des EuGH orientieren. Dieser formulierte in einer Entscheidung, die sich auf die öffentliche Bauauftragsvergabe bezog, dass man ein „eindeutiges grenzüberschreitendes Interesse" beispielsweise dann annehmen darf, wenn der zu vergebende Auftrag auf Grund seines Werts, seiner technischen Merkmale und seines Ausführungsorts bei ausländischen Marktteilnehmern ein entsprechendes Interesse wecken kann[408]. Die Bedeutung des Auftragswerts sowie die Verbindung mit dem Ausführungsort hob der EuGH dabei nochmals hervor[409].

Überwiegend kann man bei der Konzeptvergabe hiernach von einem hinreichenden grenzüberschreitenden Interesse potenzieller Bewerber ausgehen, zumal Grundstücksveräußerungen immer mit dem Übergang großer Werte verbunden sind. Besonders in Gebieten, die sich durch einen angespannten Wohnungs- und Immobilienmarkt auszeichnen, lässt sich erkennen, dass auch ausländische Interessen am Erwerb von Grundstücken bestehen können. Liegen die angebotenen Grundstücke auch noch in Grenzregionen, kann an der Binnenmarktrelevanz nicht mehr gezweifelt werden.

3. Gewährleistungsgehalt der Grundfreiheiten

Die Grundfreiheiten beinhalten verschiedene Gewährleistungen. Da aus diesen wiederum konkrete Anforderungen an Verteilungsverfahren geschlussfolgert

---

Rs. C-197/11 u. C-203/11, NZBau 2013, S. 446 (448) Rn. 34 f. (Eric Libert). Vgl. auch noch *Wollenschläger*, Verteilungsverfahren, S. 117 f.

[405] *Tomerius/Gottwald* LKV 2019, S. 289 (289 f.); *Stein/v. Rummel* NZBau 2018, S. 589 (592), die zusammenfassend festhalten, dass „es immer noch keine konkreten subsumierbaren Voraussetzungen dafür gibt, wann ein grenzüberschreitendes Interesse anzunehmen ist".

[406] Vgl. zur Thematik ebenfalls *Deling* NZBau 2011, S. 725 ff. (Teil 1); *ders.*, NZBau 2012, S. 17 ff. (Teil 2); ff.; *Prieß* NZBau 2015, S. 57 ff. Ebenso *Wollenschläger*, Verteilungsverfahren, S. 116 ff. m.w.N.

[407] Vgl. *Wollenschläger*, Verteilungsverfahren, S. 119 (für die Einschlägigkeit des marktfreiheitlichen Vergaberegimes).

[408] EuGH verb. Rs. C-147/06 u. C-148/06, NZBau 2008, S. 453 (455) Rn. 24 (SECAP).

[409] EuGH verb. Rs. C-147/06 u. C-148/06, NZBau 2008, S. 453 (456) Rn. 31 (SECAP). In neuerer Zeit insb. nochmals mit einer restriktiven Handhabe des Kriteriums des „eindeutig grenzüberschreitenden Interesses" EuGH C-65/17, NZBau 2018, S. 623 (624) Rn. 39 f. (Oftalma Hospital).

werden, soll die Wirkungsweise der Grundfreiheiten an dieser Stelle kurz rekapituliert werden.

Hinsichtlich des Diskriminierungsverbots unterscheidet man zwischen offenen (unmittelbaren) und versteckten (mittelbaren) Diskriminierungen. Offene
Diskriminierungen knüpfen formal an die Staatsangehörigkeit oder Herkunft
an und differenzieren damit ausdrücklich zwischen in- und ausländischen Personen, solchen Waren oder dem Kapital[410]. Versteckte Diskriminierungen wirken unabhängig von der Staatsangehörigkeit oder Herkunft, kommen aber
durch andere Merkmale zum gleichen Ergebnis der Diskriminierung. Diese
„anderen Merkmale" zeichnen sich dann regelmäßig dadurch aus, dass sie typischerweise oder ganz überwiegend Ausländer oder Waren nicht inländischer
Herkunft benachteiligen[411].

Ob bereits im Wortlaut der Grundfreiheiten angelegt oder durch die Rechtsprechung des EuGH weiterentwickelt[412]: Die Grundfreiheiten wirken heute
auch als Beschränkungsverbote. Hiermit kommt ihnen eine freiheitsrechtliche
Komponente zu, dessen Wirkung sich unabhängig davon zeigt, ob ein grenzüberschreitender Sachverhalt nachteiliger behandelt wird als ein inländischer
Sachverhalt[413]. Dies gilt zumindest für Konstellationen, die den Marktzugang
anbelangen[414]: Auf die behandelte kommunale Grundstücksveräußerung kann
das zutreffen.

4. Anforderungen der Grundfreiheiten an ein Verteilungsverfahren

Aus dem eben erwähnten Gewährleistungsgehalt lassen sich schließlich verschiedene Anforderungen an ein Verteilungsverfahren herleiten, soweit die
Verteilung Markt(zugangs)chancen im grenzüberschreitenden Interesse
schafft[415]. Vorgaben für das Verteilungsverfahren werden dabei in kriterienbe-
zogener wie auch in prozeduraler Hinsicht erkenntlich. Hierneben kommt den
Grundfreiheiten noch eine Rechtsschutzkomponente zu[416]. Für die hier

---

[410] *Schroeder,* Grundkurs Europarecht, § 14 Rn. 34; *Wollenschläger,* Verteilungsverfahren, S. 121.

[411] *Schroeder,* Grundkurs Europarecht, § 14 Rn. 35; *Wollenschläger,* Verteilungsverfahren, S. 121. Grdl. hierzu EuGH Urt. v. 12.02.1974, C 152/73, Rn. 11 (Sotgiu) (Juris).

[412] EuGH Rs. 120/78, GRUR Int 1979, S. 468 (471) Rn. 5 ff. (Cassis de Dijon).

[413] *Wollenschläger,* Verteilungsverfahren, S. 122.

[414] *Wollenschläger,* Verteilungsverfahren, S. 123; *Schroeder,* Grundkurs Europarecht,
§ 14 Rn. 39 ff., der deshalb in Rn. 42 von einem „Recht auf Marktzugang" spricht. Grdl.
EuGH C-415/93, NJW 1995, S. 505 (510) Rn. 103 (Bosman) zum Arbeitsmarkt.

[415] Auch das BVerwG erkennt, dass besondere („bestimmte") Verfahrensanforderungen
durch das Unionsrecht und die Interpretation des EuGH folgen, vgl. BVerwG NJW 2007,
S. 2275 (2277) Rn. 10.

[416] Vgl. einleitend *Wollenschläger,* Verteilungsverfahren, S. 120; konkret zur materiellen
Wirkungsweise ebd. S. 125 f.; zur prozeduralen Wirkungsweise ebd. S. 126 ff., wobei

behandelte, das Verfahren betreffende Programmgestaltung sind die prozeduralen Anforderungen relevant[417].

Einleitend ist darauf hinzuweisen, dass naturgemäß keine Pflicht zur Ausgestaltung des Verteilungsverfahrens anhand konkreter Anforderungen ableitbar ist[418]. Um verschiedene Sachverhalte erfassen zu können, *müssen* die Vorgaben des unionalen Primärrechts von vornherein *abstrakt* bleiben. Konsequenterweise vermögen sie nur eine *Rahmenordnung* vorzugeben[419].

Aus den Grundfreiheiten (und dem nicht unbedingt nötigen Miteinbezug des Art. 18 AEUV) lassen sich in prozeduraler Hinsicht letztlich drei Anforderungen erschließen: Die Verfahrensanforderung der Transparenz, die Verfahrensanforderung der Ausschreibung (bzw. Bekanntmachung) und die Verfahrensanforderung der Gleichbehandlung.

Nur bei einer hinreichenden *Transparenz* des Verfahrens ist nämlich gewährleistet, dass das Verfahren diskriminierungsfrei (also den Diskriminierungsverboten nicht zuwiderlaufend) durchgeführt wird[420]. Letztlich lassen sich aus dieser abstrakten „Transparenzpflicht" wiederum zwei greifbare Anforderungen schlussfolgern: Ein Dokumentationserfordernis und ein Begründungserfordernis[421].

Hierneben (oder aus Transparenzaspekten abgeleitet) besteht (zumindest hinsichtlich der öffentlichen Auftragsvergabe) die Anforderung, dass der

---

Wollenschläger auf S. 129 von einer „die Marktzugangschancen wahrenden Verfahrensgestaltung" spricht; zur Rechtsschutzkomponente ebd. S. 131 f.

[417] Diese Anforderungen resultieren in Rückanknüpfung an die Grundfreiheiten daraus, dass die Verteilung in verfahrensmäßiger Hinsicht weder diskriminierend noch beschränkend wirken darf, vgl. deshalb soeben Kap. 5 A. IV. 3.

[418] Im Ergebnis auch *Jarass Cohen*, Vergaberecht und städtebauliche Kooperation, S. 97, welche allerdings auf S. 96 von der primärrechtlichen Vorgabentrias „Wettbewerb, Transparenz und Gleichbehandlung" ausgeht; *Bremke*, Wettbewerbliche Ausschreibung kommunaler Investorenprojekte, S. 208 verweisend auf *Burgi* NZBau 2005, S. 610 (612). Ebenso *Bank* BauR 2012, S. 174 (181).

[419] Vgl. *Burgi* NZBau 2005, S. 610 (612) noch zur Vergabe von Dienstleistungskonzessionen; anknüpfend *Bremke*, Wettbewerbliche Ausschreibung kommunaler Investorenprojekte, S. 208.

[420] EuGH C-275/98, EuZW 1999, S. 248 (250) Rn. 31 (Unitron Scandinavia); EuGH C-324/98, NZBau 2000, S. 148 (151) Rn. 60 ff. (Telaustria); und hiernach im Anschluss bis heute vgl. EuGH C-458/03, NZBau 2005, S. 644 (648) Rn. 49 (Parking Brixen); EuGH C-410/04, NZBau 2006, S. 326 (327) Rn. 21 (ANAV); EuGH C-196/08, NZBau 2009, S. 804 (807) Rn. 49 (Acoset); aus neuerer Zeit EuGH C-65/17, NZBau 2018, S. 623 (624) Rn. 36 (Oftalma Hospital).

[421] *Wollenschläger*, Verteilungsverfahren, S. 127, wobei dieser hins. des Dokumentationserfordernisses etwa auf *Frenz*, Hdb. Europarecht Bd. 3 (1. Aufl.), S. 569 Rn. 1845 verweist; das Begründungserfordernis ist den Entscheidungen des EuGH zu entnehmen, vgl. EuGH C-75/08, NVwZ 2009, S. 900 (902) Rn. 59 (Christopher Mellor) zur UVP.

öffentliche Auftrag „dem Wettbewerb geöffnet wird"[422]. Hieraus kann zumindest eine *gewisse Ausschreibungspflicht*, oder besser eine *Bekanntmachungspflicht*, abgeleitet werden. Zwar sei eine Verpflichtung zur Ausschreibung durch die Transparenzpflicht nicht zwangsläufig impliziert[423], womit wohl eine „förmliche" Ausschreibung gemeint ist[424]. Zumindest das völlige Fehlen einer Ausschreibung (der vom EuGH behandelten Vergabe einer öffentlichen Dienstleistungskonzession noch zu Zeiten der fehlenden sekundärrechtlichen Erfassung) soll allerdings mit dem unionalen Primärrecht nicht in Einklang stehen[425]. Obwohl im dargelegten Grundsatz von einem Gleichlauf des Primärvergabe- und des Primärverteilungsrechts auszugehen ist[426], so ist es an dieser Stelle doch zweifelhaft, ob diese Erwägungen auch auf die Veräußerung von Vermögensgegenständen der öffentlichen Hand zu übertragen sind[427]. Für eine Differenzierung an dieser Stelle mag auch Art. 345 AEUV sprechen[428]. Da sich eine Konzeptvergabe allerdings ohnehin durch eine Ausschreibung auszeichnet, kann im hier behandelten Kontext dahinstehen, wie diese Frage entschieden werden sollte: Man muss sich schließlich nur noch mit den Aspekten des „Wie" der Ausschreibung beschäftigen[429].

Die Ausführungen der Europäischen Kommission mögen dabei eine handfeste Unterstützung darstellen[430]. Hiernach könnten etwa das Internet, nationale Amtsblätter, Ausschreibungsblätter, regionale oder überregionale Zeitungen, Fachpublikationen, lokale Medien, das Amtsblatt der Europäischen Union oder die TED-Datenbank als angemessene und gängige

---

[422] EuGH C-324/98, NZBau 2005, S. 148 (151) Rn. 62 (Telaustria); EuGH C-458/03, NZBau 2005, S. 644 (648) Rn. 49 (Parking Brixen); ebenso die inhaltlichen Ausführungen in EuGH C-231/03, NVwZ 2005, S. 1052 (1053) Rn. 21 f. (Coname), wonach die Transparenz erfordere, dass in einem anderen Mitgliedstaat niedergelassene Unternehmen vor der Vergabe Zugang zu angemessenen Informationen über den jeweiligen Auftrag haben müssen, sodass sie ggf. ihr Interesse am Erhalt dieses Auftrags bekunden können; vgl. zu dieser eben genannten, verallgemeinernden Urteilsinterpretation Punkt 2.1.1. Unterschwellenmitteilung.

[423] Vgl. etwa EuGH C-231/03, NVwZ 2005, S. 1052 (1053) Rn. 21 (Coname); EuGH C-324/07, NZBau 2008, S. 54 (56) Rn. 25 (Coditel Brabant).

[424] *Wollenschläger*, Verteilungsverfahren, S. 128 (keine Ausschreibung im förmlichen Sinne erforderlich); ebenso in der Interpretation des Coname-Urteils Punkt 2.1.3. Unterschwellenmitteilung.

[425] EuGH C-458/03, NZBau 2005, S. 644 (648) Rn. 50 (Parking Brixen).

[426] Hierzu einleitend oben Kap. 5 A. IV.

[427] *Kühling* NVwZ 2010, S. 1257 (1261) geht hiervon zumindest im Ergebnis aus; hingegen eher ablehnend *Bank* BauR 2012, S. 174 (181 f.).

[428] Zurückhaltend zu dieser Argumentation in anderer Hinsicht aber EuGH Rs. 182/83, NJW 1984, S. 2891 (2892) (Robert Fearon); EuGH C-302/97, EuZW 1999, S. 635 (637) Rn. 38 f. (Klaus Konle).

[429] Zu dieser anknüpfenden Frage ebenfalls *Wollenschläger* NVwZ 2007, S. 388 (393).

[430] Punkt 2.1.2 Unterschwellenmitteilung zu den möglichen Wegen der Bekanntmachung; Punkt 2.1.3. Unterschwellenmitteilung zum Inhalt der Bekanntmachung.

Veröffentlichungsmedien aufgefasst werden. Die zu erzielende Reichweite der Bekanntmachung soll vom vermuteten Interesse potenzieller Bewerber aus anderen Mitgliedstaaten abhängen. Die Bekanntmachung soll mitsamt den zusätzlichen Unterlagen alle Informationen enthalten, die ein potenzieller Bewerber normalerweise zur Interessensbekundung oder Bewerbung benötigt.

Weiterhin unterliegt ein Verteilungsverfahren, das sich anhand des grundfreiheitlichen Verteilungsregimes auszurichten hat, auch einem prozeduralen *Gleichbehandlungserfordernis*[431]. Aufgefasst werden kann diese Vorgabe als Umkehrschluss zum allgemein wirkenden Diskriminierungsverbot[432]. Welche konkreten Anforderungen dieses rein verfahrensmäßige (und von den Vergabekriterien unabhängige) Erfordernis allerdings aufstellt, ist bislang nicht hinreichend geklärt. Zumindest lässt sich aus den Äußerungen des EuGH das Gebot ableiten, das Verteilungsverfahren nach der Maßgabe der vorangehenden Bekanntmachung durchzuführen[433]. Dabei ist es der verteilenden Einrichtung im Hinblick auf das Erfordernis der Gleichbehandlung der Bewerber „untersagt, ein den Anforderungen der Ausschreibung genügendes Angebot unter Berufung auf Gründe abzulehnen, die nicht in der Ausschreibung vorgesehen sind und die nach Einreichung dieses Angebots angeführt werden". Hiermit kann einer willkürlichen Verteilung vorgebeugt werden[434]. Umgekehrt erfordert die Gleichbehandlung im Übrigen, dass nicht den Anforderungen genügende Bewerbungen auch ausscheiden müssen[435]. An der Schnittstelle zum Transparenzerfordernis kann in prozeduraler Hinsicht etwa auch der Zugang zu verteilungsrelevanten Informationen vom Gleichbehandlungserfordernis betroffen sein[436].

Konkret für die Konzeptvergabe als Grundstücksmodell ist hier noch festzustellen, dass durch all diese Verfahrensanforderungen weder zwei- oder

---

[431] In anderer Terminologie „Chancengleichheit": Wobei man das Gleichbehandlungserfordernis als weitergehenden Begriff auffassen kann, der die „Gleichbehandlung hinsichtlich der Chancen" miteinschließt.

[432] Die Gleichbehandlung ebenfalls als Gesichtspunkt des Diskriminierungsverbots auffassend *Burgi*, Vergaberecht, § 3 Rn. 25.

[433] *Wollenschläger*, Verteilungsverfahren, S. 130; ebenso im Hinblick auf die Verteilungsentscheidung Punkt 2.2.3. Unterschwellenmitteilung: „Wichtig ist, dass die letztendliche Entscheidung über die Vergabe des Auftrags den zu Anfang festgelegten Verfahrensregeln entspricht [...]".

[434] EuGH C-6/05, NZBau 2007, S. 597 (599 f.) Rn. 53 f. (Medipac-Kazantzidis).

[435] *Wollenschläger*, Verteilungsverfahren, S. 131 m.V.a. Neumayr PPLR 11 (2002), S. 215 (233 f.).

[436] *Wollenschläger*, Verteilungsverfahren, S. 131; vgl. in diese Richtung auch Punkt 2.2.3. Unterschwellenmitteilung: „Solche Verhandlungen sind so zu organisieren, dass keiner der Bieter Zugang zu mehr Informationen als andere hat und dass jegliche ungerechtfertigte Bevorteilung einzelner Bieter ausgeschlossen ist". Gestellte (Rück-)Fragen zur veranstalteten Konzeptvergabe sollten deshalb auch für sämtliche Interessenten beantwortet werden.

mehrstufige Auswahlverfahren (etwa im Wege einer abschichtenden Vorauswahl)[437] noch (gerechtfertigte) Verhandlungen mit den Bewerbern[438] „verboten" sind. Besonders bei Verhandlungen ist allerdings streng auf die Einhaltung des Gleichbehandlungsgrundsatzes zu achten.

5. Bilanz

Zwei Faktoren sprechen dafür, dass das grundfreiheitliche Verteilungsregime (und mithin ein unionales Verteilungsprimärrecht) das Verteilungsverfahren der Konzeptvergabe determiniert. Zum einen schafft die Konzeptvergabe Marktchancen: Selbst wenn es nur um den Immobilienerwerb geht, der von Art. 63 Abs. 1 AEUV geschützt wird. Zum anderen wird die Binnenmarktrelevanz einer kommunalen Grundstücksveräußerung in aller Regel anzunehmen sein. Hiermit handelt es sich also um das erste Verteilungsregime, in das sich die Konzeptvergabe hinsichtlich ihres Verfahrens einzufügen hat. Bei der Konzeptvergabe darf daher (auch das „Wie" der Ausschreibung betreffend) keine den Grundfreiheiten zuwiderlaufende Ausgestaltung erfolgen.

Konkret können für die Konzeptvergabe Anforderungen hergeleitet werden im Hinblick auf die Begründung, die Dokumentation, die Art und den Umfang der Bekanntmachung sowie die Gleichbehandlung der Interessenten bzw. Bewerber in sämtlichen Verfahrensphasen. An die zuvor aufgestellten Ausschreibungsmerkmale muss sich die Gemeinde (vorbehaltlich gerechtfertigter Ausnahmefälle) gebunden fühlen. Zwei- oder mehrstufige Auswahlverfahren verbietet das grundfreiheitliche Verteilungsregime nicht.

V. Grundgesetzliches Verteilungsregime

Weiterhin können sich bei der Konzeptvergabe grundgesetzliche Anforderungen an die Verfahrensausgestaltung ergeben. Hierbei kommt es aber wiederum auf die Auslegung mehrerer Verfassungsbestimmungen an, da sich das Grundgesetz zur Gestaltung eines Verteilungsverfahrens konkret nicht verhält. Das Letztere gilt im Übrigen auch für die Bayerische Verfassung, der im Ergebnis keine weitergehenden Anforderungen zu entnehmen sind[439]. Aus diesem Grund wird die Landesverfassung hier auch nicht separat behandelt. Inwiefern prägt nun also das Grundgesetz das Konzeptvergabeverfahren?

---

[437] *Wollenschläger*, Verteilungsverfahren, S. 477. So auch *Osseforth/Lampert* FWS 2021, S. 190 (193) konkret für die *Konzeptvergabe*.
[438] *Wollenschläger*, Verteilungsverfahren, S. 477 m.V.a. *Berger* ZfBR 2002, S. 134 (138), der die Veräußerung von Unternehmensanteilen behandelt und dabei die Notwendigkeit einer „Verhandlungsphase" berücksichtigt; ebenso *Dietlein* NZBau 2004, S. 472 (475), der auch sonst einen weiten Spielraum bei der Ausgestaltung des Verfahrensverlaufs von Grundstücksmodellen annimmt; daneben *Prieß/Gabriel* NZBau 2007, S. 617 (621). Für die *Konzeptvergabe* nur kurz *Osseforth/Lampert* FWS 2021, S. 190 (193).
[439] *Schollmeier*, Wohnraum als Verfassungsfrage, S. 382.

Das Verfassungsrecht gilt (schon lange) als wesentlicher Grundpfeiler bei der Ausgestaltung einfachrechtlich unterdeterminierter Verteilungsverfahren. Zurückblicken lässt es sich auf mehrere Judikate des BVerfG[440]. Hierneben beschäftigt sich auch die Literatur mit der Einwirkung des Grundgesetzes auf Verteilungsverfahren[441].

Ebenso wie die oben behandelten grundfreiheitlichen Determinanten erlangten die grundgesetzlichen Vorgaben schon größere Bedeutung im Bereich des Unterschwellenvergaberechts, also bei Auftragsvergaben, welche die von § 106 Abs. 2 GWB aufgegriffenen Schwellenwerte nicht erreichen[442]. Einige Autoren erwägen dabei, schon in dieser Hinsicht entwickelte Rechtserkenntnisse auf (städtebaulich eingebundene) Grundstücksveräußerungen und hierzu durchgeführte Verteilungsverfahren zu übertragen[443].

Grundgesetzliche Determinanten können sich aus dem Rechtsstaatsprinzip des Art. 20 Abs. 3 GG (1.), der Rechtsschutzgarantie des Art. 19 Abs. 4 GG (2.) sowie vor allem aus den Grundrechten (3.) ableiten lassen. Im Ergebnis werden dann deutliche Konvergenzen zu den bisher herausgearbeiteten grundfreiheitlichen Verfahrensanforderungen erkenntlich (4.).

1. Rechtsstaatsprinzip

Zunächst mögen verfahrensmäßige Determinanten aus dem in Art. 20 Abs. 3 GG niedergelegten Rechtsstaatsprinzip herausgelesen werden[444]. Immerhin zählen für *Schoch* das Transparenzgebot, die Chancengleichheit, das Neutralitätsgebot, die Verfahrensstufung, die Dokumentationspflicht und die

---

[440] BVerfG NJW 1972, S. 1561 ff. (Numerus clausus); BVerfG NJW 1977, S. 569 ff. (Numerus clausus II); BVerfG NJW 2002, S. 3090 ff. (Notarstellen); BVerfG NJW 2002, S. 3691 ff. (Standplatzvergabe auf Jahrmärkten); BVerfG NVwZ 2004, S. 718 ff. (Krankenhausplan); BVerfG NJW 2004, S. 2725 ff. (Insolvenzverwalterkandidaten); BVerfG NVwZ 2011, S. 113 ff. (Linienverkehrsgenehmigung); BVerfG NJW 2018, S. 361 ff. (Numerus clausus III).

[441] Statt vieler nur *Wollenschläger*, Verteilungsverfahren, S. 31 ff.; weitere Nachw. bei *Burgi*, Vergaberecht, § 4 Fn. 13.

[442] Vgl. im Besonderen etwa *Pollmann*, Der verfassungsrechtliche Gleichbehandlungsgrundsatz im öffentlichen Vergaberecht. Hierbei erhielt das BVerfG nicht nur die Gelegenheit, zur Verfassungsmäßigkeit der Beschränkung des Primärrechtsschutzes auf oberschwellige Auftragsvergaben auszuführen, BVerfG NJW 2006, S. 3701 ff.

[443] Vgl. hierzu etwa *Bremke*, Wettbewerbliche Ausschreibung kommunaler Investorenprojekte, S. 230; vorangehend noch *Keller*, der die Frage genauer aufwirft und wegen der Irrelevanz eines Beschaffungszwecks für die Grundrechte zum Ergebnis der gemeinsamen Anwendung kommt, Kooperativer Städtebau und Kartellvergaberecht, S. 174 f.; für eine Übertragung auf die Grundstücksveräußerung auch schon *Eggers/Malmendier* NJW 2003, S. 780 (782).

[444] *Wollenschläger*, Verteilungsverfahren, S. 100 f. m.w.N.; *Jarass Cohen*, Vergaberecht und städtebauliche Kooperation, S. 95 m.w.N.

Unterrichtungspflicht zu den „Grundanforderungen eines rechtsstaatlichen Procedere"[445].

Gleichwohl ist es vorzugswürdig, mögliche Verfahrensanforderungen an den Grundrechten festzumachen[446], zumal sich diese Herleitung in eine bereits bestehende Grundrechtsdogmatik einfügen kann und die Grundrechte dem in vielen Bereichen subjektivierten Rechtsschutz besser zugänglich sind.

2. Rechtsschutzgarantie

Auch aus der Rechtsschutzgarantie des Art. 19 Abs. 4 GG können Verfahrensanforderungen an ein Verteilungsverfahren abgeleitet werden[447]. Begründen lässt sich das damit, dass ohne ein nachprüfbares Verfahren ein effektiver Rechtsschutz nicht möglich ist. Die Rechtsschutzgarantie strahlt hiermit bereits auf die Verfahrensgestaltung aus und ihr kommt eine „Vorwirkung" zu[448]: In deren Dienst treten Anforderungen an die Bekanntgabe, die Begründung und die Dokumentation[449].

Im Ergebnis gehen die Anforderungen allerdings nicht über das hinaus, was schon materiell durch die Grundrechte verlangt wird[450].

3. Grundrechte

Vor allem lassen sich grundgesetzliche Determinanten allerdings aus den Grundrechten herleiten. Hierzu muss die grundstücksveräußernde Gemeinde der Grundrechtsbindung unterliegen (a)). Weiterhin erfordert es eines anwendbaren Freiheits- (b)) oder Gleichheitsrechts, mithin hier vorrangig Art. 3 Abs. 1 GG (c)).

a) Grundrechtsbindung

Nach Art. 1 Abs. 3 GG ist die vollziehende Gewalt durch die Grundrechte unmittelbar gebunden. Persönlich unterliegen Gemeinden als Träger mittelbarer Staatsverwaltung also ohne Weiteres der Grundrechtsbindung[451].

---

[445] *Schoch*, in: Schoch/Schneider, VerwR VwVfG, Einl. Rn. 694.; auch nach *Höfler* NZBau 2010, S. 73 (74) erwachsen aus dem Rechtsstaatsprinzip Transparenzerfordernisse.

[446] Sogleich Kap. 5 A. V. 3.; vgl. in dieser Richtung auch *Wollenschläger*, Verteilungsverfahren, S. 100 f.

[447] Zum weitumfassend verstandenen Schutzbereich des Art. 19 Abs. 4 GG bereits oben Fn. 65 (Einf.).

[448] *Wollenschläger*, Verteilungsverfahren, S. 87. Auch BVerfG NJW 2006, S. 3701 (3704) Rn. 73.

[449] *Wollenschläger*, Verteilungsverfahren, S. 87 f. m.w.N. betreffend diese einzelnen Erfordernisse.

[450] *Wollenschläger*, Verteilungsverfahren, S. 87 f.

[451] *Dreier*, in: Dreier, GG, Art. 1 Abs. 3 Rn. 61.

Fraglich ist nur, ob das auch im Hinblick auf die Handlungsform gelten kann, die bei der Konzeptvergabe gewählt wird. Im Ergebnis wird bei der Konzeptvergabe nämlich ein zivilrechtlicher Kaufvertrag geschlossen. Doch die Antwort sogleich: Letztlich besteht die kommunale Grundrechtsbindung nämlich auch bei einem „fiskalischen" bzw. privatrechtsförmigen Handeln. Das war lange umstritten, obwohl die überwiegende Literatur seit jeher für eine umfassende Grundrechtsbindung eintrat[452]. Mit der Watzmanntherme-Entscheidung des BVerfG soll nun allerdings ein (längst überfälliger) Schlussstrich unter die Debatte gezogen sein: Mit dem Ergebnis, dass die Grundrechte selbst dann gelten, wenn die öffentliche Hand privatrechtsförmig tätig wird[453]. Die Argumente hierfür bleiben weiterhin dieselben; mitunter wird die öffentliche Hand schließlich immer im öffentlichen Interesse tätig, ganz egal ob öffentlich-rechtlich oder privatrechtlich handelnd[454].

b. Freiheitsrechte

Hiermit bleibt es bei der Frage, welches Grundrecht einschlägig sein könnte. Freiheitsrechtlich sind lediglich die Eigentumsfreiheit des Art. 14 GG (aa)) und die Berufsfreiheit des Art. 12 GG (bb)) erwägenswert.

aa) Eigentumsfreiheit des Art. 14 GG

Die Eigentumsfreiheit scheidet dabei schon von vornherein aus. Denn mit der Konzeptvergabe veräußert eine Gemeinde ein Grundstück an einen Interessenten. Aus bürgerlicher Perspektive geht es demnach allen voran um die zukünftige Vermögensmehrung. Hiermit hält der Interessent noch nichts „Erworbenes" in den Händen, was von Art. 14 Abs. 1 Satz 1 GG geschützt sein könnte[455].

bb) Berufsfreiheit des Art. 12 GG

Da es aber (besonders auch für gewinnorientierte Marktakteure) um „den Erwerb" des mit der Konzeptvergabe angebotenen Grundstücks geht, ist noch das

---

[452] Vgl. statt vieler *Burgi*, in: Voßkuhle/Eifert/Möllers (Hrsg.), Grundlagen des VerwR Bd. 1, 3. Aufl., § 18 Rn. 45; *ders.*, Vergaberecht, § 4 Rn. 5; ebenso *Wollenschläger*, Verteilungsverfahren, S. 33; weitere Nachw. bspw. bei *Keller*, Kooperativer Städtebau und Kartellvergaberecht, Fn. 514.

[453] BVerfG NVwZ 2016, S. 1553 (1554 f.) Rn. 29 ff. Das BVerfG ließ die Grundrechtsbindung hins. des Art. 12 Abs. 1 GG zuvor noch ausdrücklich offen (vgl. BVerfG NJW 2006, S. 3701 [3702] Rn. 59), wobei eine umfassende Bindung an den allg. Gleichheitssatz des Art. 3 Abs. 1 GG bereits bekräftigt wurde (vgl. ebd. S. 3703 Rn. 64).

[454] Hierzu auch *Burgi*, Vergaberecht, § 4 Rn. 5.

[455] Vgl. zur gängigen Abgrenzung zu Art. 12 Abs. 1 GG nur BVerfG NJW 1993, S. 2599 (2599); *Wieland*, in: Dreier, GG, Art. 14 Rn. 202.

Grundrecht der Berufsfreiheit in Erwägung zu ziehen[456]. Nicht ins Feld geführt werden kann Art. 12 Abs. 1 GG allerdings als Abwehrrecht und damit als individuelles Schutzrecht vor Übergriffen der öffentlichen Gewalt. Bei der Konzeptvergabe handelt es sich schließlich allein um ein Angebot zum Grundstückserwerb.

Maximal kommt Art. 12 Abs. 1 GG[457] damit als derivatives Teilhaberecht in Betracht: Das heißt als Recht auf eine gleiche Begünstigung hinsichtlich einer bestehenden öffentlichen Leistung[458]. Gleichwohl sollte die Grundrechtsprüfung schon auf Schutzbereichsebene enden: So entschied das BVerfG, dass Art. 12 Abs. 1 GG die Teilhabe am Wettbewerb hinsichtlich einer unternehmerischen Berufstätigkeit am Markt nur „nach Maßgabe seiner Funktionsbedingungen" sichere. Weder ein „Anspruch auf Erfolg im Wettbewerb" noch ein „Anspruch auf Sicherung künftiger Erwerbsmöglichkeiten" wären vom Grundrecht umfasst[459]. Diese Rechtsprechung betrifft zwar die öffentliche Nachfragerseite[460], der rechtliche Aussagegehalt kann aber auf die Anbieterseite übertragen werden. Und auch die Gemeinde wird mit einer Konzeptvergabe in Anbieterstellung innerhalb der Funktionsbedingungen der bestehenden, wettbewerblichen Wirtschaftsordnung tätig. Es erfolgt keine Wettbewerbsbeeinflussung durch außen. Wie es das BVerfG für die Nachfragerseite klargestellt hat[461], obliegt die Aufstellung der Verkaufskriterien und des Verkaufsverfahrens grundsätzlich den Marktteilnehmern.

Überzeugender ist es somit schließlich, allenfalls von einer Erhöhung der Rechtfertigungslast der verteilenden Stelle im Anwendungsbereich des allgemeinen Gleichheitssatzes nach Art. 3 Abs. 1 GG auszugehen, sobald sich die

---

[456] In diesem (mit Fn. 445 korrespondierenden) Sinne auch BVerfG NJW 1993, S. 2599 (2599); *Wieland*, in: Dreier, GG, Art. 12 Rn. 176. Mitumfasst ist von Art. 12 Abs. 1 GG auch die Wettbewerbsfreiheit, vgl. etwa *Kämmerer*, in: v. Münch/Kunig, GG, Art. 12 Rn. 76.

[457] Seitens der Rspr. gerne „angereichert" durch eine Verbindung mit Art. 3 Abs. 1 GG bzw. dem Sozialstaatsprinzip des Art. 20 Abs. 1 GG, vgl. BVerfG NJW 1972, S. 1561 (1564). Das Sozialstaatsprinzip dient heute allerdings nur noch als Topos, *Mann*, in: Sachs, GG, Art. 12 Rn. 18 (vgl. die Erwähnung in BVerfG NJW 2018, S. 361 [362] Rn. 103).

[458] Grdl. hierzu BVerfG NJW 1972, S. 1561 (1564). Zur übernommenen Begrifflichkeit etwa BVerfG NJW 2018, S. 361 (362) Rn. 103.

[459] BVerfG NJW 2006, S. 3701 (3702) Rn. 60 m.w.N. auf die bisherige Rspr.; bestätigt durch BVerfG NZBau 2009, S. 464 (465) Rn. 9; zustimmend auch *Burgi* WiVerw 2007, S. 173 (178); für ein Ausscheiden auf Schutzbereichsebene i.Ü. auch *Keller*, Kooperativer Städtebau und Kartellvergaberecht, S. 176; *Jarass Cohen*, Vergaberecht und städtebauliche Kooperation, S. 93; *Bremke*, Wettbewerbliche Ausschreibung kommunaler Investorenprojekte, S. 233 f.

[460] Vgl. ganz eindeutig BVerfG NJW 2006, S. 3701 (3702 f.) Rn. 61.

[461] BVerfG NJW 2006, S. 3701 (3702 f.) Rn. 61.

Verteilung für den Bewerber im freiheitsrechtlich relevanten Bereich bewegt[462].

c) Allgemeiner Gleichheitssatz des Art. 3 Abs. 1 GG

Anders als die Freiheitsrechte können zumindest die Gleichheitsrechte auf die Ausgestaltung des Verteilungsverfahrens einwirken. Und das passt: Denn während Verteilungsverfahren „auf die (sach-)gerechte Zuteilung knapper Güter" zielen, ist es das Anliegen der Gleichheitsrechte, „staatliche Stellen zu einer (sach-)gerechten Behandlung verschiedener Personengruppen respektive Sachverhalte anzuhalten"[463]. Allen voran kommt hier der allgemeine Gleichheitssatz des Art. 3 Abs. 1 GG in Betracht[464], wobei diesem eine eigene inhaltliche Bedeutung neben allen sonstigen Grundrechten zuteilwird[465]. Dass sich der allgemeine Gleichheitssatz auf sämtliches Handeln der öffentlichen Hand bezieht, ist schon seit geraumer Zeit verfassungsgerichtlich geklärt[466].

Aus der spärlichen Textvorgabe des Art. 3 Abs. 1 GG wird für die rechtsgestaltende und -ausübende Stelle allgemein abgeleitet, „wesentlich Gleiches gleich und wesentlich Ungleiches ungleich zu behandeln"[467]. Doch hierneben sind dem allgemeinen Gleichheitssatz im Auslegungsweg noch mehrere Einzelanforderungen für das Verteilungsverfahren zu entnehmen. Ebenso wie bereits bei den Grundfreiheiten lassen sich sowohl kriterienbezogene Vorgaben[468] als auch prozedurale Erfordernisse herleiten[469]. An dieser Stelle sind allein die Letzteren von Interesse.

Im Vorhinein ist allerdings auch hier anzumerken, dass sich aus den verfahrensmäßigen Anforderungen des Art. 3 Abs. 1 GG allein eine weitere *Rahmenordnung* ergeben wird, die konsequenterweise nicht mehr als *gewisse*

---

[462] Vgl. *Wollenschläger*, Verteilungsverfahren, S. 73. Die Grenzlinie, ab wann „der allgemeine Gleichheitssatz eine freiheitsrechtliche Anreicherung erfährt", ist aber nicht einfach zu bestimmen, vgl. ebd. S. 75 ff.

[463] *Wollenschläger*, Verteilungsverfahren, S. 34.

[464] Um die Figur der „Selbstbindung der Verwaltung" (dazu Kap. 13 C. I.) geht es hierbei nicht, weil an dieser Stelle der Untersuchung erst die Ausgestaltung der Konzeptvergabe (in der Programmphase) überprüft wird. Insb. Art. 3 Abs. 1 GG beleuchtet auch *Weiß* BayGT 2021, S. 12 (15) zur *Konzeptvergabe*.

[465] Vgl. *Wollenschläger*, Verteilungsverfahren, S. 34 f.

[466] BVerfG NJW 2006, S. 3701 (3703) Rn. 64.

[467] Vgl. nur BVerfG NJW 2005, S. 1923 (1924); BVerfG NJW 2005, S. 2448 (2448).

[468] *Wollenschläger*, Verteilungsverfahren, S. 36 ff. Siehe hierzu noch Kap. 6 A. II. 1.

[469] Ebenfalls hinsichtlich dieser beiden Richtungen unterscheidet auch das BVerfG, vgl. NJW 2006, S. 3701 (3703) Rn. 65. Diese verfahrensmäßigen Vorgaben können auch in einer „Komplementärfunktion" aus dem allg. Gleichheitssatz abgeleitet werden, vgl. *Eggers/Malmendier* NJW 2003, S. 780 (782). Zur „Komplementärfunktion des Verfahrens für die Durchsetzung materieller Rechte" auch das BVerfG NJW 1986, S. 887 (888), allerdings hins. des Art. 12 Abs. 1 GG. Zum „Grundrechtsschutz im und durch Verfahren" im Allgemeinen *Schoch*, in: Schoch/Schneider, VerwR VwVfG, Einl. Rn. 308 ff.

Mindeststandards fordern kann[470]. Da sich alle ungeregelten Verteilungsvorgänge an der Maßgabe des Art. 3 Abs. 1 GG zu messen haben, ist das zu akzeptieren. Wesentlich gibt der allgemeine Gleichheitssatz dabei vier Anforderungen vor[471]: Ein Konzepterfordernis, ein Transparenzerfordernis sowie das Erfordernis einer adäquaten Bekanntmachung. Und hierneben soll sich das Verteilungsverfahren am Grundsatz der Chancengleichheit ausrichten.

Bei allem der öffentlichen Hand zukommenden Gestaltungsermessen hat die Verwaltung also zunächst ein gewisses *Konzept* (oder ein Programm) auszuarbeiten, nach dem die Verteilung ablaufen soll[472]. Diese Konzeption muss den Verteilungsgegenstand, die Verteilungskriterien und das Verteilungsverfahren betreffen[473].

---

[470] Von „bescheidenen formellen Anforderungen" spricht *Burgi* WiVerw 2007, S. 173 (181); *ders.* Vergaberecht § 4 Rn. 11; ebenso *Keller*, Kooperativer Städtebau und Kartellvergaberecht, S. 178 m.w.N.; diesen Schlussfolgerungen schließt sich *Pollmann* an bzw. widerspricht diesen bewusst nicht, vgl. Der verfassungsrechtliche Gleichbehandlungsgrundsatz im öffentlichen Vergaberecht, S. 144 m.w.N.

[471] Selbst wenn sich so manches „herleiten" ließe: *Jarass Cohen*, Vergaberecht und städtebauliche Kooperation, S. 94 entnimmt dem allg. Gleichheitssatz des Art. 3 Abs. 1 GG (unter Bezugnahme auf das Urteil BVerfG NJW 2006, S. 3701 ff.) zunächst die „Verpflichtung zur Schaffung eines transparenten und fairen Verteilungsverfahrens", das durch die diskriminierungsfreie Auswahl und chancengleiche Berücksichtigung der Bewerber begleitet werden soll. Das OLG Brandenburg nahm bereits zu einem Verkauf eines städtischen Grundstücks Stellung und leitete aus Art. 3 Abs. 1 GG „die Grundsätze der Nichtdiskriminierung, Gleichbehandlung und Transparenz" her, ohne sich allerdings auf bisherige rechtswissenschaftliche Vorleistungen zu beziehen, KommJur 2012, S. 269 (271).

[472] *Wollenschläger*, Verteilungsverfahren, S. 38 f. m.V.a. (u.a.) BVerfG NJW 1981, S. 1774 (1777): „Sofern die zur Verfügung stehenden Verbreitungsmöglichkeiten es nicht erlauben, allen auftretenden Bewerbern den Zugang zur Veranstaltung privater Rundfunksendungen zu eröffnen, müssen in die Zugangsregelungen auch Regeln über die Auswahl der Bewerber aufgenommen werden. Das gebietet der Gleichheitssatz (Art. 3 Abs. 1 GG)". Ebenfalls *Schoch*, der die Konzeptpflicht (samt einem dbzgl. Publikationserfordernis) dann annimmt, wenn die Behörde über die Befugnis zur Selbstprogrammierung verfügt, was bspw. bei der gesetzesinakzessorischen Verwaltung der Fall ist, vgl. *Schoch*, in: Schoch/Schneider, VerwR VwVfG, Einl. Rn. 694. Ebenso das BVerwG hins. einer Förderkonzeption, BVerwG NVwZ-RR 2010, S. 19 (22) Rn. 31, allerdings ohne klare Bezugnahme auf Art. 3 Abs. 1 GG, dafür im Hinblick auf ein bestehendes Ermessen; vorangehend auch schon BVerwG NVwZ 1998, S. 273 (274) („Auszugehen ist davon, daß der Gleichheitssatz dem Subventionsgeber gebietet, ein gleichheitsgerechtes Verteilungsprogramm zu erstellen"). A.A. allerdings *Burgi* WiVerw 2007, S. 173 (179).

[473] *Wollenschläger*, Verteilungsverfahren, S. 39.

Weiterhin ist dem allgemeinen Gleichheitssatz ein *Transparenzerfordernis* zu entnehmen[474], das bereits dem Rechtsstaatsprinzip und der Rechtsschutzgarantie folgte[475].

Hierneben (oder von der Transparenz abgeleitet) besteht das Erfordernis einer *adäquaten Bekanntmachung*, die sich zumindest auf die Absicht zur Veräußerung sowie auf deren wesentliche Modalitäten zu beziehen hat[476]. Die Reichweite der Bekanntmachung ist wiederum abhängig von Einzelaspekten des konkreten Veräußerungsfalls[477].

Zuletzt stellt Art. 3 Abs. 1 GG das Erfordernis auf, sich hinsichtlich des Verfahrens am Grundsatz der *Chancengleichheit* zu orientieren[478]. Als konkrete Ausformungen zu nennen sind etwa die Ausschaltung sachwidriger Einflüsse, die Sicherung der Neutralität bzw. Integrität der Verwaltung gegenüber den Bewerbern, eine Begründung der Entscheidung, die Dokumentation des Vorgangs sowie die Information über die Person des Begünstigten[479].

---

[474] *Eggers/Malmendier* NJW 2003, 780 (782); ebenso *Jarass Cohen*, Vergaberecht und städtebauliche Kooperation, S. 94. *Schoch* hingegen erkennt das Transparenzerfordernis als Grundanforderung eines rechtsstaatlichen Procederes (siehe bereits oben Fn. 445), in: Schoch/Schneider, VerwR VwVfG, Einl. Rn. 694. Zum „bei Vergabeentscheidungen zu beachtenden, gleichheitsrechtlichen Transparenzgebot" betreffend eine Grundstücksveräußerung auch das VG Sigmaringen Az. 7 K 3840/20, BeckRS 2020, 38807, Rn. 64, allerdings im Hinblick auf die Vergabekriterien.

[475] Siehe hierzu schon Kap. 5 A. V. 1. und 2.

[476] *Wollenschläger*, Verteilungsverfahren, S. 39 m.w.N. Nach dem VG Sigmaringen sollten die Gemeinden den Bauplatzvergaberichtlinien besser Kaufvertragsmuster beifügen, um die Transparenz zu wahren, vgl. Az. 7 K 3840/20, BeckRS 2020, 38807, Rn. 71. Ebenfalls neulich führt das VG Sigmaringen dazu aus, dass Art. 3 Abs. 1 GG die Pflicht zur Veröffentlichung der Vergabekriterien für den kommunalen Baugrundstücksverkauf vermitteln würde, Az. 14 K 4018/21, BeckRS 2022, 3911, Rn. 10. Die Vergabekriterien müssten dem Bewerber bei einer Auswahlsituation (so wörtl.) regelm. zuvor in einer solchen Weise zugänglich gemacht werden, dass dieser zumutbare Kenntnis hiervon erlangen kann, um seine Chancen für eine Bewerbung abschätzen zu können.

[477] *Wollenschläger*, Verteilungsverfahren, S. 39 m.w.N.

[478] *Wollenschläger*, Verteilungsverfahren, S. 40.

[479] *Wollenschläger*, Verteilungsverfahren, S. 40, wobei dieser etwa hins. des Erfordernisses der Begründung der Auswahlentscheidung oder hins. des Erfordernisses der Information über die Person des Begünstigten auf die vorangehenden (allerdings deutlich allgemeineren) Ausführungen von *Gusy* NJW 1988, S. 2505 (2510 f.) verweist, der weiterhin noch ein Akteneinsichtsrecht als Essential eines an Art. 3 Abs. 1 GG ausgerichteten Verwaltungsverfahrens fordert (ebd. S. 2511); *Keller*, Kooperativer Städtebau und Kartellvergaberecht, S. 178 verlangt (unter Bezugnahme auf das Urteil BVerfG NJW 2006, S. 2613 [2614] Rn. 31) eine Verfahrensgestaltung, die der Sicherung des chancengleichen Zugangs angemessen ist. Auch *Reiling* KommJur 2022, S. 206 (207) nennt die Dokumentationspflicht als Anforderung des Verteilungsverfahrens.

Hierneben ist noch zu fordern, die schon aufgestellten Vergabekriterien zu beachten[480].

4. Konvergenzen bisheriger Verfahrensanforderungen

Wie bereits vorangeschickt, geben sowohl die unionalen Grundfreiheiten als auch das Grundgesetz lediglich „Rahmenordnungen" für das Verteilungsverfahren vor. Die zunächst abgebildeten Anforderungen des Primärrechts können dabei als etwas kontourreicher bezeichnet werden. Zumindest finden sich in der „Unterschwellenmitteilung" der Europäischen Kommission gewisse Anhaltspunkte wieder, die eine „kommissionssichere" Verfahrensausgestaltung zulassen.

Obwohl die jeweils abgeleiteten Einzelanforderungen verschiedenen Ursprungs sind, lassen sich doch erhebliche Konvergenzen feststellen und die verfassungsrechtlichen Determinanten decken sich wesentlich mit denen des unionalen Primärrechts[481]. Während die Prüfung der „Konzeptpflicht" bei der Konzeptvergabe ohnehin hinfällig ist, weil das Verteilungsprogramm in der Programmphase ausgearbeitet wird, so betrifft die Konvergenz vor allem die weiteren drei Erfordernisse, die aus dem Grundgesetz abzuleiten sind: Die grundgesetzliche Transparenzpflicht[482] findet sich auch als wesentliche Verfahrensvorgabe im grundfreiheitlichen Verteilungsregime wieder[483]. Das dem Grundgesetz abgeleitete Erfordernis der adäquaten Bekanntmachung[484] geht vollends in der den Grundfreiheiten zu entnehmenden Ausschreibungs- bzw. Bekanntmachungspflicht auf[485]. Orientiert man sich an der Unterschwellenmitteilung der Europäischen Kommission, gilt das auch für den

---

[480] BVerwG NJW 2007, S. 2275 (2277) Rn. 10: Der Gleichheitssatz verlangt, „dass jeder Bewerber eine faire Chance erlangt, nach Maßgabe der für den jeweiligen Auftrag wesentlichen Kriterien und des vorgesehenen Verfahrens berücksichtigt zu werden"; auch OLG Brandenburg KommJur 2012, S. 269 (272). Ebenso *Burgi*, Vergaberecht, § 4 Rn. 11; *ders.*, WiVerw 2007, S. 173 (178). Besonders die angeführte Rspr. bewegt sich allerdings in der Nähe der noch unten dargestellten Selbstbindung, bei der Art. 3 Abs. 1 GG wiederum eine wesentliche Rolle zukommt, Kap. 13 C. I. Was die Abweichung von Verfahrensvorgaben zur Vermeidung von untragbaren Ergebnissen anbelangt, so vertritt das VG Sigmaringen Az. 14 K 4018/21, BeckRS 2022, 3911, Rn. 33 eine strenge Rechtsansicht: Hiernach soll „wohl nur ein Abbruch des laufenden Verfahrens und die Durchführung eines neuen Vergabeverfahrens auf der Grundlage vorab bekannt zu gebender neuer Kriterien" (mit dem Transparenzgebot) vereinbar sein.
[481] Vgl. zu dieser Feststellung auch schon *Burgi*, Vergaberecht, § 4 Rn. 11. Eine „Konzeptpflicht" hält *Reiling* i.Ü. auch auf unionsrechtlicher Grundlage und in Anknüpfung an die schon erwähnte Eric-Libert-Rspr. für erforderlich, KommJur 2022, S. 206 (208).
[482] Siehe hierzu soeben Kap. 5 A. V. 3. c.
[483] Siehe hierzu Kap. 5 A. IV. 4.
[484] Siehe hierzu soeben Kap. 5 A. V. 3. c.
[485] Siehe hierzu Kap. 5 A. IV. 4.

Bekanntmachungsinhalt[486]. Das verfassungsrechtliche Erfordernis der Orientierung des Verteilungsverfahrens am Grundsatz der Chancengleichheit[487] liegt ebenso in grundfreiheitlichen Anforderungen begründet, weil dort die Gleichbehandlung der Bewerber gefordert ist[488]. Die Konvergenz betrifft im Übrigen auch Einzelanforderungen, die aus dem „Grundsatz der Chancengleichheit" im deutschen Verständnis herzuleiten sind[489]: Die Ausschaltung sachwidriger Einflüsse kann ebenso wie die Sicherung der Neutralität bzw. Integrität der Verwaltung gegenüber den Bewerbern[490] und das Erfordernis der Beachtung aufgestellter Vergabekriterien dem unionalen Gleichbehandlungserfordernis zugerechnet werden[491]. Die Anforderungen der Entscheidungsbegründung, der Dokumentation des Vorgangs sowie der Information über die Person des Begünstigten lassen sich allesamt aus dem unionalen Erfordernis der transparenten Verfahrensgestaltung ableiten, das bereits dargestellt wurde[492].

Hiermit bleibt zu rekapitulieren, dass sich Thesen der Konvergenzen beider Verteilungsrahmen[493] auch im Einzelabgleich der Anforderungen bestätigen. Die verfassungsrechtlichen Anforderungen gehen vollständig in den normhierarchisch höherrangigen Grundfreiheitserfordernissen auf. Nimmt man also die Einschlägigkeit des Verteilungsprimärrechts an, so erfüllt das hiernach ausgestaltete Verteilungsverfahren die verfassungsrechtlichen Anforderungen gleichsam „zufälliger- und praktischerweise" mit.

---

[486] Vgl. Punkt 2.1.3. Unterschwellenmitteilung.

[487] Siehe hierzu soeben Kap. 5 A. V. 3. c.

[488] Siehe hierzu Kap. 5 A. IV. 4.

[489] Siehe hierzu soeben Kap. 5 A. V. 3. c.

[490] Allein bzgl. dieser zwei Aspekte (der Ausschaltung sachwidriger Einflüsse einerseits und der Sicherung der Neutralität bzw. Integrität der Verwaltung ggü. den Bewerbern andererseits) existiert kein oben schon benanntes Pendant. Allerdings geht auch die EuKo zurecht davon aus, dass diese Anforderungen im grundfreiheitlichen Verteilungsregime ebenfalls angelegt sind. So lautet es im Kontext der Ausführungen zur Transparenz in der Unterschwellenmitteilung unter Punkt 2.2.1.: „Die Verpflichtung zur Sicherstellung einer transparenten Bekanntmachung geht mithin automatisch mit der Pflicht zur Gewährleistung eines fairen und unparteiischen Verfahrens einher". Erachtet man das Transparenzerfordernis lediglich als „Gläsernheitserfordernis", so spricht gegen die Anknüpfung beider Aspekte am Gleichbehandlungsgrundsatz nichts, zumal die inhaltliche Reichweite des Gleichbehandlungsgrundsatzes noch nicht geklärt ist und beide hier genannten Aspekte eine Diskriminierung (bzw. einen Verstoß gegen den Grundsatz der Gleichbehandlung) zumindest indizieren.

[491] Siehe zu diesem letzten Erfordernis oben Kap. 5 A. IV. 4.

[492] Siehe hierzu Kap. 5 A. IV. 4. Bzgl. der „Information über die Person des Begünstigten" könnte auch auf die Rechtsschutzkomponente der Grundfreiheiten abgestellt werden, soweit diese Informationen für Rechtsschutzersuchen notwendig sind. Hierzu noch Kap. 13.

[493] Bei der Behandlung der *Konzeptvergabe* spricht *Weiß* BayGT 2021, S. 12 (19) zumindest davon, dass sich „vergleichbare Anforderungen" aus Art. 3 Abs. 1 GG ergeben können.

5. Bilanz

Das Grundgesetz hält eine Rahmenordnung für die Ausgestaltung von Verteilungsverfahren parat und nimmt Veräußerungsverfahren nicht aus, zu denen die Konzeptvergabe zählt. Anforderungen können dem Rechtsstaatsprinzip des Art. 20 Abs. 3 GG sowie der Rechtsschutzgarantie nach Art. 19 Abs. 4 GG folgen. Zusätzlich gilt es, mit den Grundrechten mehrere Erfordernisse hinsichtlich des Verteilungsverfahrens einzuhalten. Während Freiheitsrechte nicht durchgreifen, können dem allgemeinen Gleichheitssatz des Art. 3 Abs. 1 GG mehrere prozedurale Ausgestaltungsgebote entnommen werden. Im Großen und Ganzen geht es um ein Konzepterfordernis, um ein Transparenzerfordernis, um das Erfordernis einer adäquaten Bekanntmachung und um die Ausrichtung des Verteilungsverfahrens am Grundsatz der Chancengleichheit.

Beim Abgleich mit den grundfreiheitlichen Determinanten stellt sich allerdings heraus, dass sich sowohl die drei letztgenannten Erfordernisse als auch die hieraus abgeleiteten Einzelanforderungen schon aus dem unionalen Primärrecht ergeben. Allein die (nicht unumstrittene) Konzeptpflicht taucht im obigen Anforderungskatalog des grundfreiheitlichen Verteilungsregimes nicht auf. Nachgekommen wird ihr durch die vorherige Programmierung der Konzeptvergabe aber ohnehin. Mithin genügt es im Ergebnis also faktisch, die Konzeptvergabe als ein Verteilungsverfahren auszugestalten, das sich in das grundfreiheitliche Verteilungsregime einfügt, um damit auch den grundgesetzlichen Anforderungen zu genügen.

VI. Haushaltsrecht („Verschleuderungsverbot")

Als weitere, das Verfahren der Konzeptvergabe prägende Determinante könnte das kommunale Haushaltsrecht heranzuziehen sein. An dieser Stelle erfolgt die Überprüfung des Haushaltsrechts allerdings nicht (wie bereits oben[494]) im Hinblick auf eine möglicherweise inkludierte Auftragsvergabe, sondern im Hinblick auf die Veräußerung des Grundstücks selbst. Denn im vermögenswirtschaftsrechtlichen Art. 75 GO sieht die „bayerische Kommunalverfassung" das „Verschleuderungsverbot" vor. Nach Art. 75 Abs. 1 Satz 2 GO dürfen gemeindliche Vermögensgegenstände in der Regel nur zu ihrem vollen Wert veräußert werden: Eine Bestimmung, die Auswirkungen auf die Verfügungsmacht über das Grundstück haben kann[495]. Sie wird als gesetzliches Verbot[496] bzw.

---

[494] Siehe hierzu Kap. 5 A. II.

[495] Vgl. hierzu BayObLG NVwZ-RR 1996, S. 342 (342); neueren Datums das OLG München MittBayNot 2018, S. 383 (384) Rn. 11 f.

[496] An dieser Stelle nur *Sedlmaier*, in: BeckOK Kommunalrecht Bayern, Art. 75 GO Rn. 1.

als Verbotsgesetz im Sinne des § 134 BGB beurteilt, womit einem Kaufvertrag bei Rechtsverstößen die Nichtigkeitsfolge droht[497].
Im vorliegenden Kontext muss beurteilt werden, ob Art. 75 Abs. 1 Satz 2 GO mit der notwendigen Verkehrswertermittlung prozedurale Gestaltungsanforderungen an die Konzeptvergabe stellt (1.). Hiernach wird sich (sollen doch rechtliche Wege der Preisreduktion aufgezeigt werden[498]) der vermögenswirtschaftsrechtlichen Zulässigkeit einer Kaufpreisermäßigung gewidmet (2.).

1. Verkehrswertermittlung

Wenn eine Gemeinde Vermögensgegenstände in der Regel nur zu ihrem vollen Wert veräußern darf, dann stellt sich unabhängig von der Verbilligungsabsicht zunächst die Frage der Verkehrswertermittlung[499].
Für diese Ermittlung ist, wie auch im unionalen Beihilfenrecht der Art. 107 ff. AEUV[500], eine Ausschreibung (als verfahrensmäßige Determinante der Konzeptvergabe) zu erwägen. Im weiteren Sinne finden sich hierzu Stimmen der rechtswissenschaftlichen Literatur. Während etwa *Grziwotz* ein „öffentliches Bieterverfahren" als eine Möglichkeit vorschlägt[501], meint *Lamm*, dass die öffentliche Hand gehalten wäre, „Wettbewerb bei der Veräußerung von Flächen herzustellen"[502]. Und tatsächlich zeigt sich doch aus dem bereits behandelten Beihilfenrecht, dass eine höchstpreisbezogene Ausschreibung zur Markt- bzw. Verkehrswertbestimmung dienen kann.

---

[497] Grdl. (nach der mit Wirkung zum 01.09.1990 erfolgten Gesetzesänderung und dem hiermit verbundenen Wegfall eines Genehmigungserfordernisses) BayObLG NVwZ-RR 1996, S. 342 (342 f.); hiernach auch der Anschluss der Literatur, u.a. *Sedlmaier*, in: BeckOK Kommunalrecht Bayern, Art. 75 GO Rn. 18. A.A. allerdings bereits in Reaktion auf den Beschluss des BayObLG *Mayer* MittBayNot 1996, S. 251 (253); ebenso gegen die Qualifikation als Verbotsgesetz *Mittelstädt*, in: Staudinger BGB, Art. 119 EGBGB Rn. 89.
[498] Siehe zum Untersuchungsanliegen Einf. C. I. (*Temel*, Endbericht: Baukultur für das Quartier, S. 4 f.).
[499] Vgl. auch die Bekanntmachung des Bayerischen Staatsministeriums des Innern über die Veräußerung kommunaler Vermögensgegenstände vom 15.05.1992, AllMBl. 1992 S. 535 unter Punkt 1.1. Satz 3. Im Folgenden abgekürzt nur: „Bekanntmachung zur Veräußerung kommunaler Vermögensgegenstände". Wenn vom „vollen Wert" gesprochen wird, dann handelt es sich i.Ü. um den „Verkehrswert", vgl. BayObLG Az. 5Z RR 174/99, NJOZ 2001, S. 1144 (1145); ebenso *Sedlmaier*, in: BeckOK Kommunalrecht Bayern, Art. 75 GO Rn. 5; *Lamm* KommJur 2010, S. 161 (167); *Bartlik* ZfBR 2009, S. 650 (652); *Mayer* MittBayNot 1996, S. 251 (254); daneben auch die Bekanntmachung zur Veräußerung kommunaler Vermögensgegenstände in Punkt 1.1.1. Satz 1.
[500] Siehe bereits oben Kap. 5 A. III. 1. a.
[501] Insofern gelte also im Kommunalrecht zur Wertbestimmung nichts, was vom unionalen Beihilfenrecht abweicht, *Grziwotz* MittBayNot 2008, S. 414 (414).
[502] *Lamm* KommJur 2010, S. 161 (167). In dieselbe Richtung i.Ü. auch *Jasper/Seidl* NZBau 2008, S. 427 (429): Das haushaltsrechtliche Wirtschaftlichkeitsgebot lasse sich beim Grundstücksverkauf am besten über den Wettbewerb realisieren.

Doch während der Freistaat Bayern seine Grundstücksverkäufe (unter der Vorgabe des Art. 64 Abs. 3 Satz 1 BayHO[503]) grundsätzlich auszuschreiben hat, gilt das (auch mangels einer Kodifikation) für gemeindliche Grundstücksverkäufe nicht. Vor dem Hintergrund des kommunalen Selbstverwaltungsrechts nach Art. 28 Abs. 2 GG bzw. Art. 11 Abs. 2 BV verbleibt den Gemeinden ohne die Pflicht zur Ausschreibung bezüglich ihrer Vermögensgegenstände nämlich ein größerer „Freiheitsraum". Hiermit korrespondieren auch Bekanntmachungen auf bayerischer Ministerialebene[504], die eigens die Veräußerung kommunaler Vermögensgegenstände betreffen und kein bestimmtes Wertermittlungsverfahren für die Gemeinden vorschreiben[505].

Die Ausschreibung kann demnach höchstens als eine zusätzliche, optionale Möglichkeit zur Verkehrswertermittlung dienen: Um eine zwingende prozedurale Anforderung handelt es sich nicht. Wenn (wie bei der Konzeptvergabe) keine Ausschreibung im Höchstpreisverfahren erfolgen kann, dann bietet sich eine an § 194 BauGB orientierte Verkehrswertermittlung an, die etwa von einem Sachverständigen durchzuführen ist[506].

2. Kaufpreisnachlass zum Zwecke der Wohnraumschaffung

Die Gemeinden sehen bei Konzeptvergaben oftmals reduzierte Kaufpreise vor. Und Möglichkeiten des Preisnachlasses sollen auch genutzt werden. Doch ist dies in Anbetracht des Art. 75 Abs. 1 Satz 2 GO zulässig? Die verbilligte Grundstücksveräußerung müsste hierfür zunächst als solche statthaft sein (a)).

---

[503] Hieran knüpfen ministeriale „Grundstücksverkehrsrichtlinien" mit preisbezogenen Ausführungen an: Bekanntmachung des Bayerischen Staatsministeriums der Finanzen über die Richtlinien für den Verkehr mit staatseigenen Grundstücken vom 17. Dezember 2009, FMBl. 2010 S. 20. Vgl. dabei die Punkte 1.2.1. Satz 1 und 1.2.2.

[504] So einerseits die schon o.g. Bekanntmachung zur Veräußerung kommunaler Vermögensgegenstände, AllMBl. 1992 S. 535; ebenso aber auch die Bekanntmachung des Bayerischen Staatsministeriums des Innern über Veräußerungen und Vermietungen unter Wert durch Kommunen und kommunale Wohnungsunternehmen vom 15.11.1988, AllMBl. 1988 S. 895, die in Teilen nach wie vor herangezogen werden kann, vgl. Punkt 4 Satz 2 der Bekanntmachung zur Veräußerung kommunaler Vermögensgegenstände, wonach die vorangehende Bekanntmachung als solche nicht aufgehoben und nur teilw. geändert wurde.

[505] Vgl. Punkt 1.1.2. Satz 1 der Bekanntmachung zur Veräußerung kommunaler Vermögensgegenstände.

[506] *Sedlmaier*, in: BeckOK Kommunalrecht Bayern, Art. 75 GO Rn. 5, 5.1; Punkt 1.1.2.1 der Bekanntmachung zur Veräußerung kommunaler Vermögensgegenstände. Eine Dokumentation des eingeschlagenen Ermittlungsvorgangs ist dabei anzuraten, *Sedlmaier*, in: BeckOK Kommunalrecht Bayern, Art. 75 GO Rn. 6, 6.1, 6.2, auch im Hinblick auf das sich anschließende grundbuchamtliche Verfahren, vgl. hierzu BayObLG NVwZ-RR 1996, S. 342 (342) und auch OLG München MittBayNot 2018, S. 383 (383 f.) Rn. 7 ff.; Punkt 1.4 der Bekanntmachung zur Veräußerung kommunaler Vermögensgegenstände. Vgl. ebenso Punkt 1.1.2 Satz 2 dieser Bekanntmachung, wonach ein „nachprüfbares" Verfahren verlangt wird.

Daneben sind an die Umsetzung des Kaufpreisnachlasses besondere Anforderungen zu stellen (b)).

a) Statthaftigkeit des Kaufpreisnachlasses

Wie bereits erwähnt: Nach Art. 75 Abs. 1 Satz 2 GO darf eine Gemeinde Vermögensgegenstände in der Regel nur zum vollen Wert veräußern. Der Wortlaut „in der Regel" impliziert aber schon, dass ein Unterwertverkauf ausnahmsweise möglich ist. Tatbestände nennt das Gesetz für Art. 75 Abs. 1 Satz 2 GO keine, weshalb sich hier die Frage stellt, ob das Anliegen der Wohnraumschaffung bei der Konzeptvergabe schon genügt, um eine ungeregelte Ausnahme zu begründen.

Für die (zeitweise) Überlassung der Nutzung eines Vermögensgegenstands, für die nach Art. 75 Abs. 2 Satz 1 GO der Regelungsgehalt des Art. 75 Abs. 1 GO entsprechend gilt, nennt Art. 75 Abs. 2 Satz 2 GO zwei Ausnahmetatbestände, wobei für diesen Untersuchungszuschnitt nur der erste Tatbestand relevant ist: Vergünstigte Nutzungsüberlassungen sind hiernach insbesondere zulässig bei der Vermietung kommunaler Gebäude zur Sicherung eines preiswerten Wohnens. Damit man den Ausnahmetatbestand allerdings für die Grundstücksveräußerung fruchtbar machen kann, müsste dieser entgegen seiner systematischen Stellung auf Art. 75 Abs. 1 GO übertragen werden.

Für eine analoge Anwendung bestünde zwar eine vergleichbare Interessenlage; an einer planwidrigen Regelungslücke fehlt es allerdings, zumal Art. 75 Abs. 2 Satz 2 GO (sehenden Auges, dass für Art. 75 Abs. 1 GO noch keine Ausnahme vorgesehen war) erst nachträglich eingeführt wurde[507]. Es wäre ein leichtes gewesen, die Ausnahme in Art. 75 Abs. 1 GO zu normieren, auf den sich Art. 75 Abs. 2 Satz 1 GO für die Überlassung der Nutzung eines Vermögensgegenstands schließlich ohnehin bezieht.

Gleichwohl sprechen eindeutig bessere Gründe dafür, die in Art. 75 Abs. 2 Satz 2 GO vorzufindenden Ausnahmetatbestände in verallgemeinernder Weise auf die Fälle der in Art. 75 Abs. 1 GO geregelten Vermögens- und damit auch Grundstücksveräußerungen anzuwenden. Zunächst lässt sich das damit begründen, dass durch die kodifizierten Ausnahmen in Art. 75 Abs. 2 Satz 2 GO das Regel-Ausnahme-Verhältnis des Art. 75 Abs. 1 Satz 2 GO aufrechterhalten werden konnte, während das für die Nutzungsüberlassung durch das konstitutive „insbesondere" nicht mehr gilt. Mehr noch lässt sich allerdings auf inhaltlicher Ebene argumentieren: So handelt es sich bei den benannten Ausnahmetatbeständen (der Sicherung des preiswerten Wohnens und der Sicherung der Existenz kleiner und ertragsschwacher Gewerbebetriebe) um unabhängig von der Art der Vermögensüberlassung gewichtige Gründe. Und Ausnahmen von der Regel des Art. 75 Abs. 1 Satz 2 GO sollen auch sonst möglich sein, wenn

---

[507] BayGVBl. 1989 S. 368. Auch Prandl/Zimmermann, Kommunalrecht in Bayern, Art. 75 GO Rn. 10.

die Veräußerung der Erfüllung kommunaler Aufgaben dient (vgl. auch Art. 75 Abs. 3 Satz 2 GO)[508]. Die eingangs erarbeiteten bundes- und landesverfassungsrechtlichen Impulse zur Wohnraumfrage sind hier also wieder ins Spiel zu bringen. Dementsprechend dient etwa die Sicherung des sozial geförderten Wohnungsbaus, welcher den Gemeinden nach Art. 83 Abs. 1, 106 Abs. 2 BV obliegt, als Gesichtspunkt, der eine Ausnahme vom Unterwertveräußerungsverbot zulässt[509]. Schließlich ist auch die Zulässigkeit von Kaufpreisnachlässen bei Einheimischenmodellen anerkannt[510]. Zusätzlich erweitert § 1 Abs. 5, Abs. 6 Nr. 1, Nr. 2 BauGB das kommunale Aufgabenspektrum in dieser Hinsicht noch[511].

Im Ergebnis sollte das Anliegen der sozialen und angemessenen Wohnraumversorgung bei Art. 75 Abs. 1 Satz 2 GO also mehrere Ausnahmen vom Verbot der Unterwertveräußerung zulassen[512]. Trägt eine Vergünstigung beim Grundstückskaufpreis zur Herstellung von langfristig bezahlbarem, möglicherweise zielgruppenspezifisch vermitteltem Wohnraum bei, so genügt das bereits. Bei der Konzeptvergabe wird das häufig der Fall sein.

b) Umsetzung des Kaufpreisnachlasses

Beim Kaufpreisnachlass ist auf eine angemessene und zielorientierte Preisreduktion zu achten. Außerdem ist der Zweck zu sichern, der die Vergünstigung rechtfertigt.

Noch mit Bezügen zum Reichsheimstättengesetz bzw. zu dessen Aufhebung führte der BGH (mit Verweis auf den BayVGH[513]) aus, „dass bei Einheimischenmodellen im Allgemeinen nur eine Reduzierung des Kaufpreises bis zu 30% gegenüber dem Verkehrswert als zulässig, eine weitergehende

---

[508] Vgl. *Mayer* MittBayNot 1996, S. 251 (255) (Erst-Recht-Schluss); *Sedlmaier*, in: BeckOK Kommunalrecht Bayern, Art. 75 GO Rn. 7 (Erst-Recht-Schluss); Prandl/Zimmermann, Kommunalrecht in Bayern, Art. 75 GO Rn. 5; ebenso Punkt 1.3 Satz 1 der Bekanntmachung zur Veräußerung kommunaler Vermögensgegenstände.

[509] *Mayer* MittBayNot 1996, S. 251 (255); Prandl/Zimmermann, Kommunalrecht in Bayern, Art. 75 GO Rn. 5; *Sedlmaier*, in: BeckOK Kommunalrecht Bayern, Art. 75 GO Rn. 7.3.

[510] *Huber/Wollenschläger*, Einheimischenmodelle, S. 24 Rn. 31; vgl. auch Prandl/Zimmermann, Kommunalrecht in Bayern, Art. 75 GO Rn. 5.

[511] Zumindest in städtebaulicher Hinsicht. Hierzu bereits kurz Kap. 1 B. I. 3. (dort Fn. 28). Mit seinen allg. Zielvorgaben strahlt § 1 BauGB dabei auch auf die Vertragsinstrumente i.S.d. § 11 BauGB aus.

[512] Vgl. hierbei auch die Bekanntmachung des Bayerischen Staatsministeriums des Innern über Veräußerungen und Vermietungen unter Wert durch Kommunen und kommunale Wohnungsunternehmen vom 15.11.1988, AllMBl. 1988 S. 895, die sich in Punkt 2.1 nur auf wohnraumspezifische, „besonders betonte soziale Gesichtspunkte" bezieht.

[513] BayVGH MittBayNot 1990, S. 259 (264), wobei sich der „Überschreitenspunkt" der Rechtfertigungsgrenze nicht aus dem angeführten Urteil ergibt; ebenso verweist der BGH auf das OLG München NJW 1998, S. 1962 (1963) sowie auf *Jachmann* MittBayNot 1994, S. 93 (107).

Verbilligung demgegenüber als nicht mehr durch die mit dem Modell verbundenen städtebaulichen Zielen gerechtfertigt angesehen wird"[514]. Ob diese Erwägungen auch heute noch gelten, kann allerdings bezweifelt werden, zumal Grundstückskosten seit der Entscheidung gestiegen sind. Ein Abschlag vom Grundstücksverkehrswert um „nur" 30 Prozent führt in manchen Regionen mit angespanntem Wohnungs- und Bodenmarkt heute noch nicht zwangsläufig zu einem bezahlbaren Wohnraum, wenn auch Baukosten noch hinzukommen. Vor dem Hintergrund, dass es selbst zulässig sein könnte, kommunale Vermögensgegenstände zu verschenken, wenn das nach Art. 75 Abs. 3 Satz 2 GO „in Erfüllung von Gemeindeaufgaben" erfolgt, sollte diese Begrenzung nicht verfestigt werden. Vorzuziehen ist es eher, sich bei der Angemessenheit der Preisreduktion nur am Zweck der Verbilligung zu orientieren[515].

Damit dieser rechtfertigende Vergünstigungszweck allerdings auch eintreten (bzw. anhalten) kann und nicht (etwa durch eine Weiterveräußerung) vereitelt wird, gilt es diesen Zweck zu sichern[516]. Hierzu existieren verschiedene Sicherungskonstruktionen, die sich auch bei der Konzeptvergabe regelmäßig wiederfinden können und später noch beleuchtet werden[517]. Zu berücksichtigen ist in diesem Kontext allerdings, dass sich die Wahl der vertraglichen Abrede oder dinglichen Sicherung auf die Anwendbarkeit des GWB-Vergaberechts auswirken kann.

3. Bilanz

Keine zwingende Determinante für das Verteilungsverfahren der Konzeptvergabe ergibt sich aus dem vermögenswirtschaftsrechtlichen Art. 75 Abs. 1 Satz 2 GO. Zwar dürfen hiernach kommunale Grundstücke in der Regel nur zum vollen Wert veräußert werden, was eine Verkehrswertermittlung im Voraus der Veräußerung im Grundsatz nötig macht. Nicht zwingend ist dabei allerdings eine (das Verteilungsverfahren bestimmende) Ausschreibung erforderlich. Weil bei der Konzeptvergabe nicht im Höchstpreisverfahren

---

[514] BGH MittBayNot 2006, S. 324 (326).

[515] In diesem Sinne auch Punkt 1.3 Satz 2 der Bekanntmachung zur Veräußerung kommunaler Vermögensgegenstände, wonach die Erfüllung kommunaler Aufgaben auch für die Höhe des Preisnachlasses relevant ist; ebenso die Bekanntmachung des Bayerischen Staatsministeriums des Innern über Veräußerungen und Vermietungen unter Wert durch Kommunen und kommunale Wohnungsunternehmen vom 15.11.1988, AllMBl. 1988 S. 895 in Punkt 2.3. Dieser Ansicht weiterhin *dass.* konkret bei der Behandlung der Zulässigkeit der *Konzeptvergabe*, FStBay 2020, 123 (396). Hiernach soll aber eine (ansonsten zu rechtfertigende) Verschenkung unzulässig sein, „wenn das Entgelt grob unangemessen ist".

[516] BayVGH NVwZ 1999, S. 1008 (1011); vgl. auch BGH MittBayNot 2006, S. 324 (325) zur angezeigten Realisierung der eingeräumten Sicherung; *Mayer* MittBayNot 1996, S. 251 (256); *Sedlmaier*, in: BeckOK Kommunalrecht Bayern, Art. 75 GO Rn. 7, 7.3.

[517] Siehe hierzu im Besonderen noch Kap. 10 C. Vgl. auch vorangehend Kap. 2 C. XII.

ausgeschrieben wird, bietet sich (auch hier) eine Verkehrswertermittlung durch einen Sachverständigen an.

Kaufpreisnachlässe sind bei der Konzeptvergabe ausnahmsweise zulässig. Das in Art. 75 Abs. 1 Satz 2 GO enthaltene, haushaltsrechtliche Verbot gilt nur „in der Regel". Der Kaufpreisnachlass ist gerechtfertigt, wenn dieser zur Herstellung von angemessenem, möglicherweise zielgruppenspezifisch vermitteltem Wohnraum beiträgt. Für die Höhe der Preisreduktion existieren keine pauschalen Grenzen; der Kaufpreisnachlass sollte aber an dessen Zweck geknüpft sein. Um diesbezüglichen Vereitelungen entgegenzuwirken, ist die Erreichung des Zwecks (vertraglich) zu sichern.

VII. Rechtsfigur der culpa in contrahendo

Eine weitere verfahrensmäßige Determinante der Konzeptvergabe könnte sich aus den §§ 241 Abs. 2, 311 Abs. 2 BGB, also der Rechtsfigur der culpa in contrahendo, ergeben. Im Anwendungsbereich des § 311 Abs. 2 BGB spielt sich die Konzeptvergabe schon deshalb ab, da es mit dem Grundstücksveräußerungsmodell zu Vertragsverhandlungen, einer Vertragsanbahnung oder zumindest zu einem „geschäftlichen Kontakt"[518] kommt. Der Kaufvertrag wird nur mit dem obsiegenden Bewerber geschlossen, während die vorvertraglichen Anbahnungsverhältnisse mit den übrigen Bewerbern erfolglos enden.

Gerade die zwar nicht einklagbaren, aber zu beachtenden Rücksichtnahmepflichten des § 241 Abs. 2 BGB könnten für die Konzeptvergabe zu prozeduralen Anforderungen führen: Schließlich gewähren die Grundstücksbewerber der Gemeinde als potenzielle Vertragsparteien zwangsläufig Vertrauensvorsprünge; zur Bewerbung tätigen sie teils nicht unbeachtliche Ausgaben. Und tatsächlich werden die Einflüsse dieser zivilrechtlichen Schadensersatznormen auf Verteilungs- und insbesondere auf Veräußerungsverfahren bis hinein in die höchstrichterliche Rechtsprechung vertreten[519] und von der Literatur erkannt[520]. In diesem Sinne führte der BGH zu einem Bieterverfahren zur Grundstücksveräußerung aus, dass ein eingegangenes vorvertragliches Vertrauensverhältnis den Träger der öffentlichen Verwaltung gemäß der §§ 241 Abs. 2, 311 Abs. 2 BGB zur „Gleichbehandlung der Teilnehmer, Transparenz und Rücksichtnahme verpflichtet"[521].

---

[518] Grdl. BGH NJW 1976, S. 712 (712).

[519] BGH ZfBR 2008, S. 506 (506).

[520] Vgl. *Wollenschläger*, Verteilungsverfahren, S. 192, zumindest soweit eine öffentlich-rechtliche Verteilungsentscheidung dem Vertragsschluss nicht vorgeschaltet ist; hierzu *ders.* ausführlich S. 480 ff. („Zivil- oder öffentlich-rechtliche Deutung des Veräußerungsverfahrens"). Siehe zu den die vorliegende Untersuchung betreffenden Auswirkungen dieser Qualifikation bzw. Deutung ausführlich Kap. 13 A. II.

[521] BGH ZfBR 2008, S. 506 (506). Hierbei verweist der BGH auf seine Rspr., der zufolge dasselbe auch bei der öffentlichen Auftragsvergabe gelten könnte, vgl. hierzu nur BGH NJW 2001, S. 3698 (3698 f.). Auf diese Entscheidung verweisen auch *Osseforth/Lampert*,

Gleichwohl ist die Pauschalität nicht überzeugend, welche zu dieser Rechtsansicht an den Tag gelegt wird. Die aus den §§ 241 Abs. 2, 311 Abs. 2 BGB hergeleiteten Anforderungen sind nach der hier vertretenen Meinung nicht mal auf die Konzeptvergabe anzuwenden. Begründet werden kann das damit, dass Erwerbsprozesse für Grundstücke besonderen rechtlichen Maßgaben unterliegen. So bedarf nach § 311b Abs. 1 Satz 1 BGB ein Vertrag, durch den sich der eine Teil verpflichtet, das Eigentum an einem Grundstück zu übertragen oder zu erwerben, der notariellen Beurkundung. Und aus den Zwecken dieser Formbedürftigkeit (Schutz vor Übereilung, Warnfunktion und der Beratungs- und Schutzfunktion[522]) ergeben sich wiederum gewisse Vorwirkungen auch auf das Vertragsanbahnungsverhältnis. Denn wenn die Formbedürftigkeit gerade schützt, dass man sich die Entscheidung über den Vertragsschluss bis zur notariellen Beurkundung beiderseitig offenhalten kann, dann dürfen die §§ 241 Abs. 2, 311 Abs. 2 BGB diesen Zweck nicht konterkarieren und die potenziellen Vertragsparteien doch mittelbar (durch drohende Schadensersatzansprüche) zum Abschluss des Vertrags drängen[523]. Das OLG Brandenburg erkannte diese Rechtsaspekte bereits für den Fall eines öffentlich zum Verkauf angebotenen Grundstücks[524].

Allenfalls mag die Vorwirkung des Formerfordernisses nach § 311b Abs. 1 Satz 1 BGB in manchen Konstellationen eine teleologische Grenze finden: Hierfür müsste allerdings ein schwerwiegender, in der Regel vorsätzlicher Verstoß gegen die Pflicht zum redlichen Verhalten bei Vertragsverhandlungen vorliegen[525]. Will man selbst hieraus prozedurale Anforderungen für die Veräußererseite ableiten, so sind diese zweifelsfrei in den oben beschriebenen Rahmenbedingungen enthalten[526].

---

verknüpfen dann allerdings die (oben zitierte) „Gleichbehandlung" mit Art. 3 Abs. 1 GG, FWS 2021, S. 190 (191).

[522] *Ruhwinkel*, in: MüKo BGB, § 311b Rn. 2, auch noch zu weiteren Zwecken der Formvorschrift.

[523] *Ruhwinkel*, in: MüKo BGB, § 311b Rn. 80.

[524] OLG Brandenburg KommJur 2012, S. 269 (271); ebenfalls im Hinblick auf die kommunale Grundstücksveräußerung *Ruff* KommJur 2009, S. 201 (206).

[525] BGH NJW 1996, S. 1884 (1885), wobei der BGH argumentativ derart vorgeht, dass er die Maßstäbe, die selbst das Formerfordernis des § 311b Abs. 1 Satz 1 BGB entfallen lassen können, auch auf das dbzgl. vorgelagerte Vertragsanbahnungsverhältnis anwendet; *Ruhwinkel*, in: MüKo BGB, § 311b Rn. 80.

[526] Siehe hierzu insb. Kap. 5 A. V. 4. Vgl. ebenfalls schon *Wollenschläger*, Verteilungsverfahren, S. 470, wonach die möglichen prozeduralen Anforderungen aus §§ 241 Abs. 2, 311 Abs. 2 BGB bereits im Allgemeinen, also ohne die Besonderheit der Formbedürftigkeit, den Anforderungen nach Art. 3 Abs. 1 GG entsprechen würden.

B. Vereinbarkeit der Konzeptvergabe mit den rechtlichen Determinanten hinsichtlich des Verteilungsverfahrens

Nachdem die prozeduralen Anforderungen an ein Grundstücksverteilungsverfahren nun eingehend betrachtet wurden, soll im Folgenden überprüft werden: Kann sich die Wohnraum-Konzeptvergabe auch unter Einhaltung all dieser verfahrensmäßigen, rechtlichen Rahmenbedingungen als wirksames Instrument entfalten[527]? Hierzu wird kurz rekapituliert, an welchen verfahrensbezogenen Anforderungen sich die Konzeptvergabe zu messen hat (I.) und wie das Verteilungsverfahren einer Konzeptvergabe charakteristisch in Erscheinung tritt (II.). Anschließend wird im Abgleich die Vereinbarkeit dieses Konzeptvergabeverfahrens mit dessen rechtlichen Determinanten beurteilt (III.).

I. Rekapitulation verfahrensmäßiger Anforderungen an die Konzeptvergabe

Effektiv sind es nicht viele Anforderungen, an die sich eine Konzeptvergabe in verfahrensmäßiger Hinsicht halten muss. Von einer „Detailregelung" ist man weit entfernt.

Zwar ist die Anwendbarkeit des GWB-Vergaberechts nicht ausgeschlossen; was aufgrund der vorgegebenen Schwellenwerte insbesondere die Veräußerung von Grundstücken für größere Bauvorhaben betrifft[528]. Gleichwohl bestehen handfeste (und gerichtssichere) Möglichkeiten, durch eine gezielte Verfahrens- bzw. Vertragsprogrammierung von der Anwendbarkeit des GWB-Vergaberechts „freizukommen", die auch genutzt werden sollten[529]. Als zwingende Determinante der Konzeptvergabe in prozeduraler Hinsicht ist das GWB-Vergaberecht deshalb nicht zu betrachten. Besonders lassen sich die Fallgruppen der Helmut-Müller-Rechtsprechung vermeiden, womit ein (für einen öffentlichen Bauauftrag konstitutives) unmittelbares wirtschaftliches Interesse an der Bauleistung nicht anzunehmen ist. Auch eine erforderliche „einklagbare Bauverpflichtung" lässt sich vertragsgestalterisch ausschließen. Als Auftragnehmer müssen Unternehmen angesprochen sein.

Das unionale Beihilfenrecht der Art. 107 ff. AEUV lieferte schon von vornherein keine zwingenden Determinanten für das Verteilungsverfahren der Konzeptvergabe. Denn zur Marktwertermittlung sieht das unionale Beihilfenrecht (bzw. die Praxis der Europäischen Kommission) mehrere Methoden vor. Genannt sei hier die Durchführung eines „wettbewerblichen, transparenten, diskriminierungsfreien und bedingungsfreien Ausschreibungsverfahrens" sowie die Einholung eines von einem unabhängigen Sachverständigen erstellten

---

[527] Zu dieser Forschungsfrage bereits Einf. C. I.

[528] Siehe zur Anwendungsvoraussetzung der Schwellenwertüberschreitung Kap. 5 A. I. 7. e.

[529] Siehe hierzu oben (insb.) Kap. 5 A. I. 7. b) und Kap. 5 A. I. 7. c) gg), womit das GWB-Vergaberecht für diesen Untersuchungsabschnitt bereits abgeschichtet ist.

Marktwertgutachtens, wobei die erstgenannte Methode bei der Konzeptvergabe unterbleiben muss.

Die regelmäßig betroffenen Grundfreiheiten (insbesondere die Kapitalverkehrsfreiheit des Art. 63 Abs. 1 AEUV) überlagern eine ausgeschriebene Grundstücksveräußerung der öffentlichen Hand, weshalb das unionale Primärrecht das erste einschlägige Verteilungsregime für die Konzeptvergabe bereithält. Zwar müssen hierzu mehrere Anwendungsvoraussetzungen erfüllt sein, wobei auch die Binnenmarktrelevanz eine eigene Prüfung erfordert. Allerdings wird man vom Vorliegen dieser Voraussetzungen in der Mehrzahl der Fälle ausgehen können. Aus den Grundfreiheiten ergeben sich dann mehrere Anforderungen an den Verteilungsprozess. Dieser muss transparent sein; ein Erfordernis, dem auch durch Begleitdokumentationen und Entscheidungsbegründungen nachgekommen werden kann. Daneben ist die Grundstücksveräußerung auszuschreiben bzw. zumindest einem relevanten Interessentenkreis bekanntzumachen. Außerdem hat sich das gesamte Verteilungsverfahren am Erfordernis der Gleichbehandlung zu orientieren, womit die Konzeptvergabe mindestens nach der Maßgabe der erfolgten Bekanntmachung durchzuführen ist.

Neben diesen unionalen Vorgaben kommen noch verfahrensbezogene Determinanten aus dem Grundgesetz hinzu. Die wesentlichen Anforderungen an die Ausgestaltung eines Verteilungsverfahrens sind aus dem allgemeinen Gleichheitssatz des Art. 3 Abs. 1 GG zu entwickeln. Im Ergebnis bleibt allerdings festzustellen, dass durch die grundgesetzlichen Erfordernisse (Konzepterfordernis, Transparenzerfordernis, Erfordernis einer adäquaten Bekanntmachung, Orientierung am Grundsatz der Chancengleichheit) der Anforderungsumfang, der sich für das Verfahren schon aus dem grundfreiheitlichen Verteilungsregime ergibt, nicht erweitert wird. Somit kommt die öffentliche Hand mit der Umsetzung der Vorgaben der Grundfreiheiten auch Anforderungen des grundgesetzlichen Verteilungsregimes nach.

Keine prozeduralen Anforderungen ergeben sich hingegen aus dem kommunalen Haushaltsrecht; weder aus dem Haushaltsvergaberecht noch aus dem Vermögenswirtschaftsrecht. Auch aus den zivil- und schadensersatzrechtlichen §§ 241 Abs. 2, 311 Abs. 2 BGB lassen sich keine verfahrensbezogenen Erfordernisse ableiten.

Marktwertermittlungen (die den Verfahrensablauf nur im weitesten Sinne betreffen) sind in die Konzeptvergabe bzw. deren vorherige Ausgestaltung besonders dann zu integrieren, wenn an Unternehmen im Sinne des Art. 107 Abs. 1 AEUV veräußert werden soll oder sich kein Zweck findet, der eine potenzielle Vergünstigung nach Art. 75 Abs. 1 Satz 2 GO oder nach beihilfenrechtlichen Ausnahmen rechtfertigen kann.

II. Rekapitulation des Verteilungsverfahrens einer Konzeptvergabe

Wie oben charakteristisch herausgebildet[530], zeichnet sich das gesamte Ausschreibungsverfahren der Konzeptvergabe durch mehrere Merkmale aus.

Zunächst werden Vergabekriterien erarbeitet und aufgestellt, die sich an die Bebauung und Nutzung des Grundstücks sowie an die potenziellen Bewerber selbst richten. Mit der Veräußerungsabsicht werden diese Vergabekriterien im Anschluss bekanntgemacht. Hieran orientieren sich die Grundstücksinteressenten, die sich dann mit ihren Konzepten um das Grundstück bewerben. Zur „Bestenauslese" werden ein- oder mehrstufige Auswahlverfahren durchgeführt. Hierbei kommt es regelmäßig nicht nur zu persönlichen Vorstellungen der Konzepteinreichungen, sondern teils auch zu Abstimmungen etwa bezüglich zu erwerbender Grundstücksflächen. Während das Verteilungsverfahren schließlich in der Auswahlentscheidung mündet, kann das gesamte Verfahren von der Öffentlichkeit begleitet werden.

III. Beurteilung

Hält man die Verfahrensanforderungen des unionalen Primärrechts und des Grundgesetzes dem Verfahrensablauf der Konzeptvergabe gegenüber, so lässt sich feststellen, dass das (tatsächliche und gesamte) Verteilungsverfahren einer Konzeptvergabe in die hierzu vorgegebenen Rahmenbedingungen eingefügt werden kann.

Das *Ausschreibungserfordernis* zu wahren, stellt für die Gemeinden kein Problem dar, weil die Konzeptvergabe bereits wesensmäßig eine Ausschreibung enthält. Die zulängliche Reichweite der Ausschreibung bzw. Bekanntmachung kann durch moderne Veröffentlichungsmöglichkeiten gewährleistet werden: Das Internet nimmt hier eine herausragende Stellung ein. Daneben können weiterhin Amtsblätter oder Zeitungen zur Bekanntmachung der Grundstücksveräußerungsabsicht genutzt werden. Eine Kombination mehrerer Publikationsformen wird die größtmögliche Resonanz erzeugen und mithin den Rechtsvorgaben am ehesten entsprechen. Dem *Konzepterfordernis* wird durch die vorherige Programmierung der Konzeptvergabe nachgekommen.

Das Verteilungsverfahren der Konzeptvergabe kann in der Weise *transparent* durchgeführt werden, dass es fortlaufend dokumentiert wird und getroffene Entscheidungen begründet werden. Die ohnehin geläufige Begleitung des Verfahrens durch die interessierte Öffentlichkeit sollte hierbei noch zusätzliche, allerdings mittelbare Impulse setzen. Diese Begleitung ist aber nicht zwangsläufig in allen Verfahrensphasen nötig.

Der weitere Verlauf der Konzeptvergabe kann sich schließlich am Grundsatz der *Gleichberechtigung* orientieren. Die Konzeptvergabe ist nach der Maßgabe der vorangegangenen Bekanntmachung abzuwickeln. Ob hierbei ein-

---

[530] Siehe insb. (aber nicht nur) Kap. 2 C. III.

oder mehrstufige Auswahlverfahren durchgeführt werden, ist sowohl für das grundfreiheitliche als auch für das grundgesetzliche Verteilungsregime irrelevant. Ebenso gilt das, wenn gewisse, für alle Interessenten einhaltbare Fristen gesetzt werden[531]. Hierbei und auch sonst hat die Gemeinde darauf zu achten, dass keinem Interessenten ein ungerechtfertigter Informations- oder Auswahlvorsprung eingeräumt wird. Orientiert sich die Gemeinde streng am Grundsatz der Gleichbehandlung, sind aber selbst Verhandlungen (also gewisse Veräußerungsabsprachen) im Laufe der Konzeptvergabe nicht ausgeschlossen, was insbesondere die „parzellierungsoffene Konzeptvergabe" erlaubt. Persönlich vorgestellte Konzepte können zur Konkretisierung der Einreichungen dienen[532]. Vorab festgelegte Bedingungen fördern dabei nicht nur die Transparenz allgemein, sondern auch die Nachvollziehbarkeit der (sach-)gerechten Zuteilung und Bewerberbehandlung.

C. Ausgestaltung zur bestmöglichen Zielerreichung

Wenn die Vereinbarkeit des Verteilungsverfahrens der Konzeptvergabe mit den diesbezüglichen rechtlichen Rahmenbedingungen erst einmal festgestellt wurde, kann man sich aus kommunaler Sicht mit der Frage beschäftigen, wie das Verfahren zur Zielerreichung bestmöglich zu entwerfen ist.

---

[531] Auch wenn nicht zwangsläufig geboten, ist i.Ü. möglichst mit Ausschlussfristen zu arbeiten. Hiermit kann sowohl der Chancengleichheit als auch dem Transparenzerfordernis am besten nachgekommen werden. Vgl. hierzu auch *Wollenschläger*, Verteilungsverfahren, 551 f., der darauf hinweist, dass eine Ausschlussfrist das Verfahren vereinfacht und der Chancengleichheit zuträglich ist. Zurecht restriktiv ggü. der Zulassung verspäteter Angebote im Vergabeverfahren *Pollmann*, Der verfassungsrechtliche Gleichbehandlungsgrundsatz im öffentlichen Vergaberecht, S. 133 („Verzerrung des Wettbewerbs").

[532] Gegen eine persönliche Präsentation der Konzepte bzw. der Einreichungen im Allgemeinen spricht nach dem bisher Erarbeiteten nichts (derselben Ansicht sind i.Ü. auch *Osseforth/Lampert* FWS 2021, S. 190 [193]). So sind persönliche Vorstellungen oder Gespräche i.Ü. auch in anderen, ebenfalls als Verteilungsverfahren zu bezeichnenden Konstellationen anerkannt: Vgl. nur das OVG Greifswald Az. 2 M 123/16, BeckRS 2016, 127107, Rn. 7 ff. für ein Auswahlgespräch bei der Vergabe von Studienplätzen; hierzu schließlich auch *Wollenschläger*, Verteilungsverfahren, S. 365. Nützlich sind Präsentationen vor allem für niederschwellig ausgestaltete Konzeptvergaben, bei denen man von den Bewerbern nicht verlangen kann, sich vollständig „auf dem Planpapier" darzustellen. Mit Nachdruck ist für die persönlichen Vorstellungen der Bewerbungen allerdings die Einhaltung der Transparenzerfordernisse anzumahnen, schließlich werden gerade Möglichkeiten zur wettbewerbsverzerrenden Absprache geschaffen. Fragen der Sitzungsöffentlichkeit werden hier oftmals entspr. gelten, zumal es keinen Unterschied machen kann, ob sich der Bewerber (zwingend) selbst präsentieren muss oder ob seine Bewerbung in der Ratssitzung vorgestellt wird, vgl. hierzu noch sogleich Kap. 5 D. III.

Hierbei handelt es sich allerdings vor allem um Gesichtspunkte einer verwaltungsinternen Opportunität. Werden oben genannte Anforderungen eingehalten, so drängt sich von rechtlicher Seite keine besondere Verfahrensgestaltung auf. Hier gerade besteht dieser weite Spielraum, den sowohl die Grundfreiheiten als auch das Grundgesetz als „nur Rahmenordnungen" den Gemeinden zukommen lassen. Die eingangs benannten Zielsetzungen sollten beim „Entwurf der Konzeptvergabe" die größte Rolle spielen[533]: Eine möglichst niederschwellige Verfahrensgestaltung ist zu wählen, Anforderungen sind zu reduzieren und überhaupt sind Beteiligungshürden zu vermeiden.

Die Gemeinden können auch kreativ werden: Auf sozialen Medien erreicht die kommunale Bekanntmachung der Konzeptvergabe viele (auch jüngere) Zielgruppen. Für auswärtige Grundstücksbewerber kann sich eine Onlinepräsentation anbieten[534].

Ansonsten gilt es, sich an den oben genannten Anforderungen der einschlägigen Verteilungsregime zu orientieren. Wenn allen aufgeführten Aspekten nachgekommen wird, kann die Rechtssicherheit der Konzeptvergabe ein starkes Fundament bieten. Zu rekapitulieren bleibt an dieser Stelle nochmals, dass der Gemeinde vertragsgestalterische Möglichkeiten zustehen, die darüber entscheiden, ob das GWB-Vergaberecht bei der Konzeptvergabe einschlägig ist oder nicht[535].

D. Organisatorische Verfahrensaspekte

Erst in der Entscheidungsfindungsphase wird die Verwaltung das in der Programmphase für die Konzeptvergabe konstruierte Entscheidungsprogramm abarbeiten[536]. Wenn Verfahrensstufungen zu verzeichnen sind[537], werden die selbstauferlegten, an den oben aufgezeigten Rechtsvorgaben ausgerichteten Prozesse schrittweise durchlaufen. Immer wieder müssen dabei

---

[533] Siehe zu diesen Zielsetzungen Kap. 2 E.

[534] Bei allen Möglichkeiten, die das Internet bietet (für dessen Einsatz bei der *Konzeptvergabe* streiten auch *Osseforth/Lampert* FWS 2021, S. 190 [192]), sollten doch genügende Eingangsmöglichkeiten für die Einreichungen bereitgehalten werden. Etwa mag es nicht genügen, wenn man die Bewerbungen allein über eine gemeindefremde Internetseite abgeben kann. Wohl aber, wenn zusätzliche Möglichkeiten zur schriftlichen Bewerbung bei der Gemeinde vorgehalten sind: Mit dieser Rechtsansicht zumindest das VG Sigmaringen Az. 7 K 3840/20, BeckRS 2020, 38807, Rn. 56 ff.

[535] Siehe hierzu u.a. oben Kap. 5 A. I. 7. b) und Kap. 5 A. I. 7. c) gg)

[536] Vgl. (nahezu wörtl.) *Wollenschläger*, Verteilungsverfahren, S. 552 für das Verteilungsverfahren im Allgemeinen.

[537] Eine (gestaffelte) Zweiteilung ist etwa in zu erfüllende Mindestanforderungen auf der einen und Auswahlkriterien auf der anderen Seite möglich, vgl. zu diesen Begrifflichkeiten bereits Einf. C. III. 2.

Entscheidungen der Kommune getroffen werden, besonders wenn es zuletzt um die Grundstückszuteilung geht.

Bereits im Vorfeld (und demnach in der Programmphase) sollte sich die Gemeinde daher besonders über folgende organisatorische bzw. kompetenzielle Fragen Gedanken machen, die das Kapitel zum Konzeptvergabeverfahren abschließen werden[538]: Kann die Entscheidung über die Grundstückszuteilung auf eine verwaltungsexterne Entscheidungskommission übertragen werden (I.)? Oder welche kommunale Einrichtung ist anderenfalls organkompetent (II.)[539]? Erachtet man den Gemeinderat für zuständig, wird viel für die Öffentlichkeit der Ratssitzungen sprechen (III.).

I. Externe Entscheidungskommission

Rechtliche Probleme können folgen, wenn die Verteilungsentscheidung der Konzeptvergabe auf eine (möglicherweise nicht mal gemeindeinterne, also externe) Kommission übertragen wird[540]. Vor allem zur wertenden Beurteilung, ob und inwieweit die Auswahlkriterien erfüllt werden, setzen die Gemeinden häufig solche Gremien ein. Im Städtebau sind diese üblicherweise versiert, weil sie mit Fachpersonen besetzt werden. Doch ist diese Kompetenzverlagerung kommunalrechtlich zulässig?

Die Zuständigkeit der Hauptgemeindeorgane ergibt sich aus der Gemeindeordnung. Nach Art. 29 GO wird die Gemeinde durch den Gemeinderat verwaltet, soweit nicht der erste Bürgermeister selbst entscheidet, dessen Zuständigkeit wiederum in Art. 37 GO niedergelegt ist. Die Zuordnung an diese beiden, für die Gemeinde handlungsberechtigten Stellen ist abschließend[541]. Die Kommunen sind nicht berechtigt, hierneben weitere Entscheidungsorgane zu schaffen[542]. Wird die Entscheidung deshalb auf ein solches, in der Gemeindeordnung nicht vorgesehenes Gremium verlagert, so handelt es sich sogar um einen gravierenden (und auch nicht heilbaren) Verfahrensfehler[543].

---

[538] Für diese Untersuchung sind diese Gesichtspunkte ebenso erörterungsbedürftig, vgl. bereits oben Kap. 2 E. mit dem Anliegen *Temels*, die Bewertung der Konzepte einem Fachgremium zu überlassen.

[539] Zur „Parallelproblematik" bei der Annahme des GWB-Vergaberechts für die *Konzeptvergabe*: VK Berlin ErbbauZ 2022, S. 75 (86 f.) Rn. 70 ff.

[540] Eingehend widmete sich dem vergaberechtlichen Thema der „Beschaffungsdienstleister" erst neulich *Lieb*, Beschaffungsdienstleister im Vergabeverfahren (Diss.). Hierzu aus der Rspr. gleichzeitig bspw. das OLG Frankfurt a. M. NZBau 2022, S. 367 ff.

[541] BayVGH NVwZ 1999, S. 1122 (1124). Das Handeln der Gemeindebediensteten nach Art. 42 GO wird dem Bürgermeister als Entscheidungsträger zugerechnet. Beschließende Ausschlüsse nach Art. 32 Abs. 2 Satz 1 GO i.Ü. dem Gemeinderat, ebd. S. 1123 f.

[542] BayVGH NVwZ 1999, S. 1122 (1124); *Barth*, in: BeckOK Kommunalrecht Bayern, Art. 29 Rn. 30.

[543] Vgl. BayVGH NVwZ-RR 2004, S. 599 (601) betreffend die Entscheidung über eine Standplatzvergabe durch einen eingesetzten „Volksfestbeirat" und zuvor BayVGH NVwZ

Nach hier vertretener Ansicht unbedenklich ist aber die Einschaltung eines Beirats zur Begleitung der Konzeptvergabe, dem allerdings nur eine rein beratende, nicht aber eine entscheidende Funktion zukommen soll[544]. Werden nur Empfehlungen ausgesprochen, deckt sich das mit dieser Beratungsfunktion, weil dem zuständigen Gemeindeorgan die Letztentscheidungskompetenz verbleibt. Möglichkeiten zur diskursiven und kritischen Auseinandersetzung mit einer etwaigen Beiratsempfehlung sind demnach im Verfahren vorzusehen.

II. Organkompetenz

Wer schließlich die Entscheidung über die Auswahl des besten Konzepts (und damit über die Vergabe des Grundstücks) zu treffen hat, richtet sich nach den schon erwähnten kommunalverfassungsrechtlichen Bestimmungen der Gemeindeordnung.

Nach Art. 29 GO wird die Gemeinde durch den Gemeinderat verwaltet, soweit es sich insbesondere um keine „laufende Angelegenheit" handelt, die für die Gemeinde keine grundsätzliche Bedeutung hat und keine erheblichen Verpflichtungen erwarten lässt, da in diesem Fall der Bürgermeister nach Art. 37 Abs. 1 Satz 1 Nr. 1 GO sachlich zuständig ist. Wie es sich bereits aus dem Wortlaut des Art. 37 Abs. 1 Satz 1 Nr. 1 GO („für die Gemeinde"; nicht „für eine Gemeinde") ergibt, bezieht sich die Vorschrift hinsichtlich der Erfordernisse „keine grundsätzliche Bedeutung" und „keine erheblichen Verpflichtungen" aber auf die konkret befasste Kommune. Aspekte wie die der finanziellen Leistungsfähigkeit, der Größe des Verwaltungsapparats und der Einwohnerzahl einer Gemeinde können deshalb eine Rolle bei der Beurteilung spielen[545].

Mit der wirtschaftlichen Tragweite und der Singularität von Grundstücksgeschäften wird bei diesen Vorgängen im Zweifelsfall von einer Gemeinderatszuständigkeit auszugehen sein[546]. Das gilt besonders auch für die

---

1999, S. 1122 (1124) betreffend die Entscheidung über die Zulassung eines Schaustellers zu einem Volksfest durch einen Schaustellerverband. Ein solches Vorgehen kann nach der Ansicht des BayVGH sowohl gegen den Grundsatz der Gesetzmäßigkeit der Verwaltung (Art. 56 Abs. 1 Satz 1 GO), gegen das Rechtsstaatsprinzip (Art. 20 Abs. 3 GG) als auch gegen das Demokratieprinzip (Art. 20 Abs. 2 GG) verstoßen, ebd. S. 1124. Hieran anknüpfend *Donhauser* NVwZ 2010, S. 931 (932).

[544] Die Unterscheidung in vorberatende und entscheidende bzw. beschließende Tätigkeiten sieht die Gemeindeordnung bereits vor, vgl. Art. 32 Abs. 1, Abs. 2 GO oder Art. 40 Satz 2 GO. Ein Verfahren, bei dem ein solcher „beratender Beirat" eingeschaltet wird, kann dabei mit einer Öffentlichkeitsbeteiligung einhergehen.

[545] *Wernsmann/Kriegl*, in: BeckOK Kommunalrecht Bayern, Art. 37 GO Rn. 5. Insb. kann es sich um „laufende Angelegenheiten" handeln, wenn diese „in mehr oder minder regelmäßiger Wiederkehr anfallen und zur ungestörten und ununterbrochenen Fortführung der Verwaltung notwendig sind", BayVGH Az. 8 B 03.1404, BeckRS 2005, 25556 in Anknüpfung an BayObLG BayVBl. 1974, S. 706 (706 f.).

[546] In diese Richtung zumindest *Ruff* KommJur 2009, S. 201 (201).

Konzeptvergabe[547]. Bei dieser handelt es sich noch um ein vergleichsweise neues Grundstücksmodell, bei dem sich vielerorts noch keine Routine entwickeln konnte. Weiterhin ist es demokratischer, eine stark durch subjektive Wertungen geprägte Auswahlentscheidung einem Gremium (hier also dem „Kommunalparlament") zu überlassen.

Auf der anderen Seite kann man sich aber zumindest dann einer mittlerweile etablierten Rechtsprechung des BayVGH anschließen, wenn sich vom Gemeinderat aufgestellte Vergabe- also auch Auswahlkriterien in verwaltungsinternen Prozessen abarbeiten lassen[548]. Nach dem benannten Judikat kann nämlich die originär dem kollegialen Beschlussorgan der Gemeinde zuzurechnende Verteilungsentscheidung bildlich als „laufende Angelegenheit" des Bürgermeisters nach Art. 37 Abs. 1 Satz 1 Nr. 1 GO erwachsen, „wenn der Gemeinderat bzw. ein beschließender Ausschuss zumindest Vorgaben in Form von Auswahlkriterien beschlossen hat"[549]. Bei der Konzeptvergabe ist das nicht nur gut vorstellbar, sondern es ist sogar grundsätzlich der Fall. Mit derartigen, aber auch sonstigen Vorgaben zur Verteilung ist es also möglich, die Entscheidung gewissermaßen materiell zu einer Angelegenheit der laufenden Verwaltung zu machen, ohne dass dies auf einer Richtlinie nach Art. 37 Abs. 1 Satz 2 GO fußen muss[550]. Bei der oben bezeichneten Organzuständigkeit des Gemeinderats sollte es gleichwohl dann bleiben, wenn die wirtschaftliche Bedeutung des

---

[547] Bei der *Konzeptvergabe*, die der VGH Mannheim rechtlich würdigte, wurde ein Grundstücksvergabeausschuss gebildet, die Vergabe dann aber im Gemeinderat erörtert, ZfBR 2022, S. 715 (715).

[548] Die Vergabekriterien der Konzeptvergabe werden rglm. in Verwaltungsvorschriften wiederzufinden sein, siehe bereits Kap. 4 B. Für deren Aufstellung ist (nach hier vertretener Ansicht) grds. der Gemeinderat zuständig, vgl. schon Fn. 9 (Kap. 4).

[549] Im Leitsatz des eine Schaustellerzulassung betreffenden Urteils: „Die Einzelentscheidung über die Zulassung von Schaustellern zu einem größeren Volksfest fällt bei Vorliegen konkurrierender Zulassungsanträge auch in einer Großstadt nur dann als laufende Angelegenheit in die Zuständigkeit des ersten Bürgermeisters gem. Artikel 37 Absatz 1 Satz 1 Nr. 1 BayGO, wenn der Gemeinderat bzw. ein beschließender Ausschuss zumindest Vorgaben in Form von Auswahlkriterien beschlossen hat" bzw. im auch ansonsten lesenswerten Urteil „Nur wenn der Gemeinderat bzw. ein beschließender Ausschuss zumindest Vorgaben in Form von Auswahlkriterien beschlossen hat, stellt die konkrete Zulassungsentscheidung ein Geschäft der laufenden Verwaltung i.S. des Art. 37 Absatz 1 Satz 1 Nr. 1 BayGO dar", BayVGH NVwZ-RR 2003, S. 771 (772). Der Begriff der „Auswahlkriterien" wird seitens des Gerichts i.Ü. wohl weitumfassender als in dieser Untersuchung verstanden und meint „Vergabekriterien" im Allgemeinen. Die Rspr. ist mehrfach bestätigt bspw. durch das VG Regensburg Az. 5 K 14.640, BeckRS 2015, 40758 oder das VG Bayreuth Az. B 5 E 16.377, BeckRS 2016, 50409.

[550] Dass es sich bei den aufgestellten Vergabekriterien (welche sich hier in den Konzeptvergaberichtlinien wiederfinden) nicht um Richtlinien nach Art. 37 Abs. 1 Satz 2 GO handelt, arbeitet das VG Regensburg Az. 5 K 14.640, BeckRS 2015, 40758 exakt heraus. Stattdessen will das Gericht eine Vorgabe der Kriterien durch das Kollegialorgan als Handeln nach Art. 30 Abs. 3 GG „im Vorfeld" verstanden wissen.

jeweiligen Grundstücksgeschäfts noch mit besonders vagen und interpretationsbedürftigen Vergabekriterien einhergeht, sodass die Einzelfallfrage auch hier wieder aufgeworfen ist.

III. Anschlussfrage: Sitzungsöffentlichkeit

Bei der Anschlussfrage, ob die Gemeinderats- bzw. Ausschusssitzung öffentlich oder nicht öffentlich stattzufinden hat[551], wird es erheblich auf den Einsatz von „sensiblen" bewerberbezogenen Kriterien ankommen. Wenn die wirtschaftliche und soziale Situation von Bewerbern erörtert wird, liefert das dem Art. 52 Abs. 2 Satz 1 GO einen Grund für die Durchführung einer nichtöffentlichen Sitzung[552]. Im Übrigen spricht (nach hier vertretener Ansicht) nichts dagegen, eine Aufteilung orientiert an den Einreichungsbestandteilen vorzunehmen. Die Konzeptbestandteile „Bebauung und Nutzung" können in einer öffentlichen Sitzung bewertet werden. Die Erörterung, ob und inwieweit sensible bewerberbezogene Vergabekriterien erfüllt sind, kann hingegen unter dem Ausschluss der Öffentlichkeit erfolgen.

---

[551] Auch das BVerwG hat (bezogen auf eine Geschäftsordnung) bereits im Grundsatz anerkannt, dass es sich bei Grundstückskaufverträgen um Angelegenheiten handelt, bei denen eine „vertrauliche Behandlung im Interesse der Vertragspartner" zumindest in Frage kommt, NVwZ 1995, S. 897 (897).

[552] *Ruff* KommJur 2009, S. 201 (203), der sich auch mit der Öffentlichkeitsfrage bei Grundstücksgeschäften intensiver beschäftigt.

Kapitel 6

Programmgestaltung betreffend die Vergabekriterien

Gestalt nimmt die Konzeptvergabe nicht nur durch das Verteilungsverfahren, sondern auch durch die Kriterien an, die programmatisch zur Grundstücksvergabe aufgestellt werden. Diese Vergabekriterien sind ein wesentlicher Teil der Ausschreibung. Sie bilden die Grundlage für die einzureichenden Konzepte.

Kommunalpolitisch erfolgen bei der Kriterienaufstellung die *inhaltlichen Weichenstellungen* für die Konzeptvergabe: Über die Kriterien und deren (mitunter funktionsgerechte) Umsetzung in Form der Konzepte kann die Gemeinde *bestimmte Ziele* verfolgen. Ein der Konzeptvergabe ganz eigener Qualitätswettbewerb wird hierbei nicht mit Mindestanforderungen erreicht, die es eben „mindestens" zu erfüllen gilt. Die städtebauliche Wertigkeit wird vor allem durch die Vorgabe von Auswahlkriterien erzeugt.

In diesem Untersuchungsabschnitt wird erarbeitet, welche rechtlichen Determinanten hinsichtlich der Aufstellung der Vergabekriterien gelten (A.). Erst anschließend wird beurteilt, ob die zur Wohnraumschaffung ausgestaltete Konzeptvergabe mitsamt ihrer spezifischen Vergabekriterien mit diesen rechtlichen Determinanten vereinbar ist (B.); bzw. wie eine Konzeptvergabe innerhalb dieser Rechtsvorgaben bestmöglich ausgestaltet werden könnte (C.). Das alles sind Überlegungen, die eine Gemeinde in der Programmphase zum Grundstücksmodell auch anstellen muss.

A. Rechtliche Determinanten hinsichtlich der Vergabekriterien

Weil weder das GWB-Vergaberecht noch das Haushaltsvergaberecht einschlägig ist[1], kommen als rechtliche Determinanten der Kriterienaufstellung allen voran das unionale Primärrecht (mit den in den Art. 34 ff. AEUV normierten Grundfreiheiten; I.) und das deutsche Verfassungsrecht (II.) in Betracht.

Verteilungsdeterminanten aus dem bayerischen Landesverfassungsrecht wurden bisher noch nicht wesentlich herausgearbeitet. Allerdings ergibt sich hierbei (besonders was Art. 118 Abs. 1 Satz 1 BV anbelangt) faktisch eine

---

[1] Siehe hierzu Kap. 5 A. I. und Kap. 5 A. II.

kongruente Auslegung mit den bundesverfassungsrechtlichen Anforderungen[2]. Geht es um eine Ungleichbehandlung, die für das Unionsprimärrecht oder das Bundesverfassungsrecht relevant wird, so kann das Landesverfassungsrecht auch nicht zur Rechtfertigung angeführt werden.

Obwohl das AGG wegen des § 2 Abs. 1 Nr. 8 AGG einschlägig sein könnte, sind (im behandelten Umfang) keine inhaltlichen Verstöße erkennbar, die sich aus den Vergabekriterien ergeben und nicht in gleicher Weise der Rechtfertigung in der unten aufgezeigten Weise unterliegen.

Die unionalen Grundrechte der GRCh dienen aufgrund des nur beschränkten Anwendungsbereichs des Art. 51 Abs. 1 Satz 1 Alt. 2 GRCh für die Konzeptvergabe nicht als rechtliche Determinanten der Kriterienaufstellung. In einer Sachverhaltskonstellation, bei der das mitgliedstaatliche Handeln schon im Grunde nicht vom Unionsrecht herrührt oder von diesem wesentlich geprägt ist, kann schlichtweg nicht von einer „Durchführung des Rechts der Union" gesprochen werden[3]. So liegt es für die kommunale Grundstücksveräußerung.

I. Grundfreiheiten

Will man die Vergabekriterien am unionalen Primärrecht messen, sind vor allem die Grundfreiheiten der Art. 34 ff. AEUV in den Blick zu nehmen. Im Folgenden wird erläutert, dass diese Grundfreiheiten als Determinanten der Kriterienaufstellung anzuwenden sind (1.). Beleuchtet wird außerdem, welche Anforderungen sich hieraus (rechtsfolgenseitig) ergeben (2.). Zuletzt sind Beeinträchtigungen der Grundfreiheiten einer Rechtfertigung zugänglich (3.).

1. Anwendbarkeit der Grundfreiheiten

Damit „die Grundfreiheiten" Rechtsfolgen zeitigen können, muss (wie oben bereits beschrieben) zunächst der Schutzbereich einer Grundfreiheit eröffnet sein und es muss ein grenzüberschreitendes Interesse vorliegen. Die letztere

---

[2] Vgl. auch den kurzen Hinweis des BayVGH NVwZ 1990, 979 (981): „Für Art. 109 I und Art. 118 I BayVerf. gilt Entsprechendes". Zu Art. 109 Abs. 1 BV vgl. ebenso *Huber/Wollenschläger* S. 29 Rn. 49.

[3] Dass ein mögliches „peripheres Tangieren" der mitgliedstaatlichen Maßnahme durch das Unionsrecht nicht genügt, ist schon im restriktiven Wortlaut des Art. 51 Abs. 1 Satz 1 Alt. 2 GRCh angelegt. Die anfangs sehr weite Rspr. auf Unionsebene (vgl. EuGH C-617/10, EuZW 2013, S. 302 (303) Rn. 21 [Åkerberg Fransson]) wurde scharf kritisiert durch das BVerfG NJW 2013, S. 1499 (1500 f.) Rn. 88, 91. Zur Streitdarstellung vgl. nur *Thym* NVwZ 2013, S. 889 ff. (m.w.N.). Mittlerweile ist die restriktive Haltung auch vom EuGH anerkannt, vgl. EuGH C-198/13, EuZW 2014, S. 795 (796 f.) Rn. 34 f. (Julian Hernández); EuGH C-152/17, NVwZ 2018, S. 875 (876) Rn. 33 f. (Consorzio Italian Management); hierauf bezugnehmend *Ruffert/Grischek/Schramm* JuS 2020, S. 1022 (1023).

Voraussetzung darf dabei mit der vorangehenden Argumentation angenommen werden[4].

Die Grundfreiheiten als solche kommen vorliegend als Überprüfungsmaßstab in Betracht, weil es bei der Konzeptvergabe um die Eröffnung von Markt(zugangs)chancen geht. Diese europäischen Freiheiten bedingen das Handeln der Mitgliedstaaten (samt deren Kommunen) nämlich nicht nur, wenn regulativ in einen Markt eingegriffen wird[5], sondern eben auch, wenn die Gemeinde einen Markt erst eröffnet[6].

Wie schon bei der Behandlung des Verteilungsverfahrens stellt sich aber auch hier die Frage, welche Grundfreiheit zur Überprüfung der Vergabekriterien herangezogen werden sollte; und wie die potenziell einschlägigen Grundfreiheiten zueinander in Relation zu setzen sind. Anders als oben (wo noch verfahrensmäßige Ableitungen gezogen wurden, bei denen grundfreiheitliche Konvergenztendenzen stärker ausgeprägt sind) ist die Problematik an dieser Stelle nun gewichtiger: Denn hier muss nicht allein festgestellt werden, dass schlicht ein Marktchancen eröffnendes Immobiliengeschäft der öffentlichen Hand vorliegt. Vielmehr können materielle Vergabekriterien die jeweilige (materielle) Grundfreiheit als solche beeinträchtigen. So kann ein Vergabekriterium, das sich für den einen Interessenten begünstigend auswirkt, für einen anderen Interessenten nachteilig sein. Schließlich kann das bis zum Ausschluss aus der Verteilung führen.

Allgemein vorzugswürdig ist es trotzdem, auch an dieser Stelle zunächst auf die Kapitalverkehrsfreiheit nach Art. 63 Abs. 1 AEUV abzustellen[7], die auf Grundstückserwerbsmöglichkeiten immer dann Anwendung findet, wenn diese auch für Interessenten aus anderen Mitgliedstaaten beachtlich sind[8].

---

[4] Hierzu bereits Kap. 5 A. IV. 2. c) Die Binnenmarktrelevanz für das Einheimischenmodell ebenfalls annehmend *Göppert* BayVBl. 2014, S. 204 (205); eher ablehnend allerdings *Burgi* JZ 1999, S. 873 (880).

[5] Wie dies aber im Sachverhalt geschehen ist, welcher der Eric-Libert-Rspr. zugrunde lag. Deshalb dürfen diese Urteilsausführungen bes. hins. der Eingriffsintensität des Handelns nicht ohne Weiteres auf das hier untersuchte Grundstücksmodell übertragen werden. Vgl. zu dieser Erkenntnis auch schon *Kümmerle* GPR 2013, S. 4 (7) oder *Göppert* BayVBl. 2014, S. 203 (205).

[6] Vgl. *Wollenschläger*, Verteilungsverfahren, S. 114 f.: „Alle Verteilungsverfahren, die die Möglichkeit einer wirtschaftlichen Betätigung eröffnen, unterliegen den Anforderungen des marktfreiheitlichen Vergaberegimes" (S. 115). Siehe zu den grundfreiheitlichen Determinanten i.S. eines „Verteilungsprimärrechts" im Hinblick auf das Verfahren bereits oben Kap. 5 A. IV.

[7] Das Verteilungsverfahren betreffend bereits oben Kap. 5 A. IV. 2. b.

[8] Ebenso GA *Mazák* SchlA v. 04.10.2012 – verb. Rs. C-197/11 u. C-203/11, BeckRS 2012, 81998, Rn. 68 (Eric Libert) im Hinblick auf die soziale Auflage: „[...] da die Beschränkung der Niederlassungsfreiheit und der Dienstleistungsfreiheit nur eine unvermeidbare Folge der Beschränkung der Freiheit des Kapitalverkehrs ist". Im dbzgl. Anschluss ebenfalls der EuGH verb. Rs. C-197/11 u. C-203/11, NZBau 2013, S. 446 (449 f.) Rn. 62 f. (Eric

Hierneben können die Vergabekriterien aber eben noch andere Grundfreiheiten beschränken, denen inhaltliche Regelungswirkungen zukommen. Für die Veräußerung eines Grundstücks im Wege der Konzeptvergabe können dabei schließlich sowohl die Arbeitnehmerfreiheit nach Art. 45 AEUV[9], die Niederlassungsfreiheit nach Art. 49 AEUV[10] als auch die Dienstleistungsfreiheit nach Art. 56 AEUV einschlägig sein[11].

Aufgrund dessen, dass all diese Freiheiten grundsätzlich eigene Regelungswirkungen besitzen, die durch eine Allgemeinbetrachtung des grundfreiheitlichen Schutzumfangs nicht zu verwässern sind, wird von der öffentlichen Hand bei der verteilungsrechtskonformen Ausgestaltung des Grundstücksmodells einiges abverlangt[12]: Unter Abschätzung sämtlicher potenzieller Interessen bzw. Bewerbungsmotivationen hat die Gemeinde in der Programmphase solche Verteilungskriterien zu wählen, welche die einzelnen Grundfreiheiten nicht ungerechtfertigt beeinträchtigen[13].

2. Anforderungen an die Vergabekriterien

Für die praktische Umsetzbarkeit dieser Vorgaben streiten allerdings (doch wieder) erwähnte Konvergenzen bei den Gewährleistungen der

---

Libert). So verstanden: Es gelangt für die Beschränkung der Kapitalverkehrsfreiheit bereits, dass man das Grundstück nicht erhalten kann, wenn diese Beschränkung aus grundfreiheitlich relevanten Erwägungen erfolgt. Es ist nicht noch zwingend erforderlich, dass man, da man das Grundstück nicht erhalten kann, in der Folge anderweitige Grundfreiheiten nicht ausüben kann. A.A. allerdings an dieser Stelle *Huber/Wollenschläger*, Einheimischenmodelle, S. 36 Rn. 67 für das grundfreiheitliche Konkurrenzverhältnis beim Einheimischenmodell, obwohl die Abgrenzungsfrage aufgrund der Parallelitäten bei den Gewährleistungsgehältern dahinstehen könne.

[9] Vgl. konkret Art. 9 Abs. 1 Verordnung 492/2011 des Europäischen Parlaments und des Rates über die Freizügigkeit der Arbeitnehmer innerhalb der Union, ABl. 2011 L 141 S. 1: „Arbeitnehmer, die die Staatsangehörigkeit eines Mitgliedstaats besitzen und im Hoheitsgebiet eines anderen Mitgliedstaats beschäftigt sind, genießen hinsichtlich einer Wohnung, einschließlich der Erlangung des Eigentums an der von ihnen benötigten Wohnung, alle Rechte und Vergünstigungen wie inländische Arbeitnehmer"; *Streinz*, Europarecht, § 11 Rn. 940, 973.

[10] *Streinz*, Europarecht, § 11 Rn. 973.

[11] *Streinz*, Europarecht, § 11 Rn. 973, der das Verhältnis zur Dienstleistungsfreiheit allerdings als „ungeklärt und umstritten" bezeichnet.

[12] Dies zumindest dann, wenn man von einer verdrängenden Wirkung der Kapitalverkehrsfreiheit nicht ausgeht. Entspr. verfährt der EuGH aber in der Eric-Libert-Rspr. hins. der sozialen Auflage, vgl. EuGH verb. Rs. C-197/11 u. C-203/11, NZBau 2013, S. 446 (449 f.) Rn. 62 f. (Eric Libert).

[13] Vgl. zu den verschiedenen Möglichkeiten der Einschlägigkeit auch *Wollenschläger* NVwZ 2008, S. 506 (507), der diese Einschlägigkeit der konkret betroffenen Grundfreiheit betreffend eine Zweitwohnungsproblematik am Aufenthaltszweck des nichtdeutschen Unionsangehörigen festmacht.

Grundfreiheiten[14], die sich auch auf der Rechtfertigungsebene noch fortsetzen werden. Entsprechende Gemeinsamkeiten können im Ergebnis sogar dafür sorgen, dass eine Abgrenzung zwischen den Freiheiten schlicht dahinstehen kann[15].

Im vorliegenden Kontext stellt sich allerdings grundlegend die Frage, wie die Grundfreiheiten auf eine Tätigkeit der (weit verstandenen) Leistungsverwaltung anzuwenden sind. Dem Umstand, dass es sich zumindest bei der Durchführung eines sozial motivierten Grundstücksmodells nämlich um eine „leistende" Form der Verwaltungstätigkeit handeln kann[16], wurde bislang erst wenig Aufmerksamkeit geschenkt: Auch was die grundfreiheitlichen Einwirkungen auf die so qualifizierte Tätigkeit betrifft. Es muss demnach zunächst auf die diesbezügliche Wirkungsweise der Grundfreiheiten als allenfalls „nur derivative" Teilhaberechte hingewiesen werden[17]. Eine darüber hinausreichende Wirkung kann den Grundfreiheiten zwar auf den ersten Blick nicht zukommen, was aus der grundlegenden Ausgestaltung der Grundfreiheiten als Diskriminierungsverbote (und positiv betrachtet: als Gleichheits- bzw. Gleichbehandlungsrechte) folgt[18]. Da sich die Grundfreiheiten allerdings von Diskriminierungs- zu Beschränkungsverboten weiterentwickelten[19], und diese Freiheiten somit gerade auch bei einem „unterschiedslosen", also In- und

---

[14] Siehe hierzu schon Kap. 5 A. IV. 2. b) Ebenso (wie beschrieben) *Wollenschläger* NVwZ 2007, S. 388 (390); *Wollenschläger*, Verteilungsverfahren, S. 115; *Streinz*, Europarecht, § 11 Rn. 821.

[15] Vgl. *Huber/Wollenschläger*, Einheimischenmodelle, S. 35 f. Rn. 67 zum Einheimischenmodell; ebenso *Kümmerle* GPR, S. 4 (5) erkennt die Möglichkeit einer einheitlichen Grundfreiheitenprüfung beim Immobilienerwerb und bezieht sich hierbei auf GA *Mazák* SchlA v. 04.10.2012 – verb. Rs. C-197/11 u. C-203/11, BeckRS 2012, 81998, Rn. 26 (Eric Libert), der die Grundfreiheiten (wie im Anschluss auch der EuGH verb. Rs. C-197/11 u. C-203/11, NZBau 2013, S. 446 (448) Rn. 37 ff. [Eric Libert]) nicht genau konturiert (wobei die Prüfung des EuGH doch exakter ausfällt).

[16] Vgl. *Huber/Wollenschläger*, Einheimischenmodelle, S. 40 Rn. 83 zu den Einheimischenmodellen.

[17] Zur bislang relativ unbeachteten Thematik der Wirkung der Grundfreiheiten als Teilhaberechte vgl. etwa *Pache*, in: Schulze/Janssen/Kadelbach, Europarecht, § 10 Rn. 28 oder *Ehlers*, in: Ehlers, Europäische Grundrechte und Grundfreiheiten, § 7 Rn. 35 ff., insb. Rn. 37. Auch *Roeßing*, Einheimischenprivilegierungen und EG-Recht, S. 364 f. erkennt, dass bei Grundstücksmodellen nicht der „gesamte Grundstücksmarkt verwahrt" wird, Grundstücksinteressenten aus dem EU-Ausland in der Gemeinde gelegenes Bauland also auch sonst erwerben können und es sich deshalb um eine Frage des „Wie" des Marktzugangs handelt. Diese Aspekte behandelt sie allerdings erst i.R.d. Angemessenheitsprüfung (Beeinträchtigungsintensität) auf der Rechtfertigungsebene, S. 359 ff. Siehe zu diesen Aspekten und auch zum abweichenden Eric-Libert-Sachverhalt des EuGH sogleich Kap. 6 A. I. 3.

[18] *Ehlers*, in: Ehlers, Europäische Grundrechte und Grundfreiheiten, § 7 Rn. 37.

[19] Zur schrittweisen Weiterentwicklung der Grundfreiheiten zu Beschränkungsverboten vgl. *Streinz*, Europarecht, § 11 Rn. 836. Hierzu auch schon oben Kap. 5 A. IV. 3.

Ausländer gleichermaßen betreffenden Handeln durchgreifen[20], ergibt sich ein gewisser „teilhaberechtlicher" Konflikt: Können die Grundfreiheiten für die marktrelevante Leistungsverwaltung doch dazu führen, dass Vergabe- und Verteilungskriterien auch bei einer unterschiedslosen Behandlung von In- und Ausländern auszuweiten sind? Nach der hier vertretenen Rechtsansicht darf das nicht der Fall sein. Dieser (bisher eher unbeachtete) Konflikt kann durch eine restriktive Auslegung der Grundfreiheiten gelöst werden, der zufolge für die Leistungsverwaltung nur Diskriminierungsverbote und mithin Gleichheitsrechte bestehen.

Unabhängig von dieser Fragestellung und ohne eine Herleitung aus den Gewährleistungsgehältern der Grundfreiheiten führte der EuGH bereits mehrmals zu den Anforderungen an Vergabekriterien aus: In der Centro-Europa-Entscheidung gibt der EuGH vor, dass den Grundfreiheiten nur dann entsprochen werden könnte, wenn eine Regelung „auf der Grundlage objektiver, transparenter, nichtdiskriminierender und angemessener Kriterien ausgestaltet wird"[21]. Mit der neueren Eric-Libert-Rechtsprechung führt der EuGH aus, dass ein Regelungssystem, das allein den Grundstückserwerb bestimmter Personen zulässt, „auf objektiven, nicht diskriminierenden [und] im Voraus bekannten Kriterien beruhen" muss[22]. Hierdurch soll die Ermessensausübung der mitgliedstaatlichen Behörden derart begrenzt werden, dass den Grundfreiheiten nicht mehr ihre praktische Wirksamkeit genommen werden kann[23]. An diesen Vorgaben wird man sich im Ergebnis orientieren müssen; auch wenn die inhaltlichen Anforderungen gesondert aus den Grundfreiheiten herzuleiten sind.

---

[20] *Streinz*, Europarecht, § 11 Rn. 843.

[21] EuGH C-380/05, BeckRS 2008, 70175, Rn. 103 (Centro Europa) betreffend die Verteilung knapper Rundfunkfrequenzen; hierzu auch *Wollenschläger*, Verteilungsverfahren, S. 125. Nach *dems.* untersagen das Objektivitäts- und das Nichtdiskriminierungsgebot „auf den Ausschluss bestimmter Bieter gerichtete Kriterien", verlangt das Erfordernis der Transparenz „die Formulierung klarer und aussagekräftiger Vergabebedingungen, um zum einen Zugangsbarrieren für Interessenten entgegenzuwirken und zum anderen Willkür ermöglichende Entscheidungsfreiräume für die verteilende Behörde auszuschließen sowie eine Nachprüfbarkeit der Vergabeentscheidung zu ermöglichen", und entspricht das Kriterium der Angemessenheit dem Erfordernis der Sachgerechtigkeit nach dem Grundgesetz und erfordert damit „einen sachlichen Zusammenhang zwischen dem zu verteilenden Gut und den hierfür maßgeblichen Kriterien", wobei Sekundärzwecke hierdurch nicht prinzipiell ausgeschlossen werden, ebd. S. 125 f.

[22] EuGH verb. Rs. C-197/11 u. C-203/11, NZBau 2013, S. 446 (449) Rn. 57 (Eric Libert), allerdings im Kontext der Rechtfertigungsprüfung (Rn. 49 ff.); *Göppert* BayVBl. 2014, S. 203 (205) lässt diesen Ausführungen für die europarechtskonforme Verfahrensausgestaltung ein erhebliches Gewicht zukommen.

[23] EuGH verb. Rs. C-197/11 u. C-203/11, NZBau 2013, S. 446 (449) Rn. 57 (Eric Libert).

3. Rechtfertigungsmöglichkeiten

Mit der Grundfreiheitsbeeinträchtigung ist das Verdikt der Unionsrechtswidrigkeit bekanntlich noch nicht gesprochen. Diskriminierungen und Beschränkungen können gerechtfertigt sein.

Hierbei gilt ein abgestuftes Modell: Unmittelbare Diskriminierungen können nur durch geschriebene Gründe gerechtfertigt werden[24]; bloße Beschränkungen auch durch ungeschriebene „zwingende Gründe des Allgemeininteresses"[25]. Ob das Letztere auch für die mittelbaren Diskriminierungen gilt, war lange Zeit umstritten. Nachdem der EuGH die Anwendung der ungeschriebenen Rechtfertigungsgründe schrittweise auf einzelne Grundfreiheiten ausweitete, kann hiervon aber mittlerweile ausgegangen werden[26]. Anzusetzen ist dann allerdings ein strengerer Prüfungsmaßstab als bei der Rechtfertigung einer bloßen Beschränkung[27].

Geschriebene Rechtfertigungsgründe existieren für die Wohnraum-Konzeptvergabe nicht. Besonders kann eine Beeinträchtigung nicht über den Begriff der „öffentlichen Ordnung" (Art. 36, 45 Abs. 3, 52 Abs. 1, 65 Abs. 1 lit. b) AEUV) legitimiert werden. Dieser Begriff ist restriktiv auszulegen[28] und schließt allgemeine Erwägungen zur Wohnraumfrage nicht mit ein.

Mögliche Beeinträchtigungen sind vielmehr über *ungeschriebene Rechtfertigungsgründe*, also zwingende Gründe des Allgemeininteresses, zu rechtfertigen. Vorbehaltlich einer sich anschließenden Verhältnismäßigkeitsprüfung können hierbei grundsätzlich sämtliche Allgemeinwohlbelange angeführt werden[29]. Etliche Ziele akzeptierte der EuGH bereits, die man für die Wohnraumschaffung ins Feld führen kann.

Etwa sind *raumplanerische Ziele* als ungeschriebene Rechtfertigungsgründe anerkannt: Bereits mehrmals führte der EuGH an, dass beispielsweise die

---

[24] Vgl. nur EuGH C-388/01, EuZW 2003, S. 186 (187) Rn. 19 (Kommission./.Italien).

[25] *Streinz*, Europarecht, § 11 Rn. 874. Erstmals EuGH Rs. 33/74, NJW 1975, S. 1095 f. (1095) (Binsbergen); dann grdl. EuGH Rs. 120/78, GRUR Int, S. 468 ff. (Cassis de Dijon), wobei von „zwingenden Erfordernissen" (S. 471 Rn. 8) und „im allgemeinen Interesse liegende[n] Ziel[en]" (S. 472 Rn. 14) gesprochen wird.

[26] Vgl. im Allgemeinen etwa EuGH C-237/94, BeckRS 2004, 75327, Rn. 18 f. (John O'Flynn); EuGH C-281/98, EuZW, S. 468 (470) Rn. 42 (Roman Angonese); daneben *Stellhorn* BayVBl. 2016, S. 77 (79 f.) bei Behandlung des Einheimischenmodells. A.A. die Vertreter des sog. „einheitlichen Diskriminierungsbegriffs", vgl. in diese Richtung etwa *Koch/Nguyen* EuR 2010, S. 364 (376 f.).

[27] *Stellhorn* BayVBl. 2016, S. 77 (78) m.w.N.; *Roeßing*, Einheimischenprivilegierungen und EG-Recht, S. 319 m.w.N. und Verweis etwa auf *Burgi* JZ 2006, S. 305 (306).

[28] *Streinz*, Europarecht, § 11 Rn. 864, 870. Zur Vorgängerbestimmung bereits EuGH Rs. 46/76, NJW 1977, S. 1003 f. (1003).

[29] *Streinz*, Europarecht, § 11 Rn. 875. Zu wohnungsmarktrelevanten Erwägungen neulich auch *Derksen* EuZW 2022, S. 157 (161) unter dem Vorzeichen der Sozialisierung von Wohnungsunternehmen.

Erhaltung einer dauerhaft ansässigen Bevölkerung im Allgemeininteresse liegt und dann als Rechtfertigungsgrund genügt, wenn in den Regionen besonderer Handlungsbedarf besteht[30]. Ein ausreichendes Wohnangebot für einkommensschwache Personen oder andere benachteiligte Gruppen der örtlichen Bevölkerung sicherzustellen, zählt (wie auch die Sozialwohnungspolitik eines Mitgliedstaats[31]) als Anliegen ebenfalls hierzu[32]. Daneben können selbst Bestrebungen zur Verhinderung von Bodenspekulationen unter diesen Oberbegriff gefasst werden[33]. Dasselbe gilt auch für Maßnahmen im Interesse der Bekämpfung des Drucks auf den Grundstücksmarkt[34]. Einen „verschriftlichten" Anknüpfungspunkt bietet für die erwähnten „raumplanerischen Ziele" dabei die „5. Gemeinsame Erklärung zu Zweitwohnungen"[35]. Diese ist im Zuge mitunter des Beitritts der Republik Österreich zur Europäischen Union im Jahr 1995 in der diesbezüglichen Schlussakte mitaufgenommen worden und benennt seither sowohl Gründe der Raumordnung als auch Gründe der Bodennutzung als legitime Rechtfertigungserwägungen[36].

Sozialpolitische Ziele treten noch bei den ungeschriebenen Rechtfertigungsgründen hinzu[37]. Dafür streitet die Aufnahme der sozialen Gerechtigkeit und des sozialen Schutzes als Förderziele des Art. 3 Abs. 3 UAbs. 2 EUV. Auch

---

[30] Chron. geordnet EuGH C 302/97, EuZW 1999, S. 635 (637) Rn. 40 (Klaus Konle); EuGH verb. Rs. C-515/99, C-519/99 bis C-524/99 u.a., NVwZ 2002, S. 707 (708) Rn. 34 (Hans Reisch); EuGH C-300/01, BeckRS 2004, 76144, Rn. 44 (Doris Salzmann); EuGH C-213/04, EuZW 2006, S. 148 (150) Rn. 46 (Ewald Burtscher). Den EuGH darf man dabei nicht missverstehen: Die Äußerungen zur „Erhaltung einer dauerhaft ansässigen Bevölkerung" erfolgen auf die Gefahr des Verkommens einer Gemeinde zu einer reinen „Ferienhaussiedlung" hin, in der es keine dauerhaft ansässige Bevölkerung mehr gäbe.

[31] EuGH C-567/07, EuZW 2009, S. 829 (830) Rn. 30 (Woningstichting Sint Servatius); siehe hierzu im Anschluss ebenfalls unter dem Gesichtspunkt der Sozialpolitik.

[32] EuGH verb. Rs. C-197/11 u. C-203/11, NZBau 2013, S. 446 (449) Rn. 51 f. (Eric Libert).

[33] EuGH C-182/83, BeckRS 2004, 72065, Rn. 3, 10 (Robert Fearon).

[34] EuGH C-567/07, EuZW 2009, S. 829 (830) Rn. 30 (Woningstichting Sint Servatius).

[35] „5. Gemeinsame Erklärung zu Zweitwohnungen" als Schlussakte des Vertrags zwischen den Mitgliedstaaten der Europäischen Union und dem Königreich Norwegen, der Republik Österreich, der Republik Finnland und dem Königreich Schweden über deren Beitritt zur Europäischen Union, ABl. 1994 C 241 S. 9 mit der benannten Schlussakte im ABl. 1994 C 241 S. 382.

[36] Auch wenn der Inhalt einer „Schlussakte" nicht zum Primärrecht zählt, fasst *Roeßing* den betreffenden Inhalt zumindest als „zusätzlichen Interpretationsbeleg" auf, Einheimischenprivilegierungen und EG-Recht, S. 340. Ebenso und im Allgemeinen zur Struktur eines Beitrittsvertragswerks *Meng*, in: von der Groeben/Schwarze/Hatje, Europäisches Unionsrecht Bd. 1, Art. 49 EUV Rn. 41 ff.

[37] Vgl. etwa EuGH C-157/99, EuWZ 2001, S. 464 (468) Rn. 72 ff. (B. S.M. Smits) (erhebliche Gefährdung des finanziellen Gleichgewichts des Systems der sozialen Sicherheit); ebenso *Ruffert* JuS 2009, S. 97 (102) m.w.N.

die Bezahlbarkeit von Wohnraum kann mit der Sozialwohnungspolitik zu den sozialpolitischen Erwägungen gerechnet werden[38].

Ersichtlich ist hiermit, dass die genannten ungeschriebenen Rechtfertigungsgründe nicht abschließend sind. Ebenso kennen diese keine zwingenden Kontouren. Es spricht deshalb viel dafür, die „Behebung eines akuten Mangels an bezahlbarem Wohnraum" generell als zwingenden Grund des Allgemeininteresses anzuerkennen[39].

Zu weit gehen dürfte es allerdings, die „Erhaltung der gewachsenen Bevölkerungsstrukturen" aus einem unionalen Blickwinkel als Schutzziel besonders hohen Rangs anzuerkennen[40]. Selbst wenn der EuGH (bei genauerem Hinsehen) raumplanerischen Zielen nicht zwangsläufig eine sozioökonomische Komponente abverlangt[41], spricht im Lichte der Rückanknüpfung an die Interessen „der Allgemeinheit" viel für ein derartiges Erfordernis. Zumindest gilt das dann, wenn mittelbare Diskriminierungen gerechtfertigt werden sollen[42].

---

[38] EuGH C-567/07, EuZW 2009, S. 829 (830) Rn. 30 (Woningstichting Sint Servatius); *Korte*, in: Calliess/Ruffert, EUV/AEUV, Art. 63 AEUV Rn. 68 („sozialpolitische Erwägungen, so etwa solche der Finanzierbarkeit von Wohnraum"). Vgl. auch die Ausführungen zur Sozialwohnungspolitik gerade eben schon unter dem Vorzeichen der „raumplanerischen Ziele", was die Schnittstellenthematik der Versorgung mit bezahlbarem Wohnraum einmal mehr unterstreicht.

[39] Vgl. *Kümmerle* GPR, S. 4 (7 f.). Ebenfalls in diese Richtung *Grziwotz* DNotZ 2013, S. 843 (844), wonach zu einer bau- und raumordnungsrechtlichen Sozialwohnungspolitik insb. die „Bekämpfung einer Preissteigerung auf dem Grundstücksmarkt, die Erhaltung der Bevölkerung in den ländlichen Gebieten sowie die Sicherung eines ausreichenden Angebots an Wohnraum für einkommensschwache Personengruppen" als Erfordernisse des Allgemeininteresses hinzutreten.

[40] So allerdings *Roeßing*, Einheimischenprivilegierungen und EG-Recht, S. 363 i.R.d. Verhältnismäßigkeitsprüfung. Mit tendenziell weitem Verständnis der Rechtfertigungsmöglichkeiten, wenn es darum geht, „die Einwohner in der Gemeinde halten [zu] wollen", auch *Reiling* KommJur 2022, S. 161 (164).

[41] Oft missverstanden unterzieht der EuGH in seiner Eric-Libert-Entscheidung (verb. Rs. C-197/11 u. C-203/11, NZBau 2013, S. 446 ff.) lediglich Maßnahmen der flämischen Regierung der Verhältnismäßigkeitsprüfung, die nach den eigenen mitgliedstaatlichen Ausführungen dazu dienen sollten, „den Immobilienbedarf der am wenigsten begüterten einheimischen Bevölkerung zu befriedigen, insbesondere denjenigen sozial schwacher Personen und junger Haushalte sowie alleinstehender Personen, die nicht in der Lage seien, ausreichendes Kapital für den Kauf oder die Miete einer Liegenschaft in den Zielgemeinden aufzubauen" (Rn. 50). Hierzu stellte der EuGH in seiner Prüfung fest, dass die von der flämischen Regierung erstrebten Ziele zwar zur Rechtfertigung tauglich wären (Rn. 51 f.), allerdings die hierfür ins Feld geführten Maßnahmen über das hinausgehen, was zur Erreichung des angestrebten Ziels erforderlich ist (Rn. 55). In diese Richtung (der „Überinterpretation" des EuGH-Urteils) nunmehr auch *Reiling* KommJur 2022, S. 161 (164).

[42] Dies entspricht nicht nur der Auffassung der Europäischen Kommission (vgl. nur den sog. „EU-Leitlinienkompromiss" zu den Einheimischenmodellen, exakt: „Zwischen der Europäischen Kommission, dem Bundesministerium für Umwelt, Naturschutz, Bau und Reaktorsicherheit und der Bayerischen Staatsregierung im Verhandlungswege erzielte Einigung

Wenn nach dem eben Ausgeführten nun schließlich ein legitimes Ziel vorliegt (was bei einer zur Wohnraumschaffung ausgestalteten Konzeptvergabe regelmäßig der Fall sein wird[43]), genügt das allein zur Rechtfertigung noch nicht: Mitgliedstaatliche Maßnahmen müssen sich einer Verhältnismäßigkeitsprüfung unterziehen. Sie müssen geeignet sein, die Verwirklichung des mit ihnen verfolgten Ziels zu gewährleisten. Auch dürfen sie nicht über das hinausgehen, was zur Erreichung dieses Ziels erforderlich ist[44].

II. Grundgesetzliche Rechtsvorgaben

Die aus dem Grundgesetz abzuleitenden Rechtsvorgaben an die Kriterien ergeben sich allen voran aus dem allgemeinen Gleichheitssatz des Art. 3 Abs. 1 GG[45]. Die besonderen Gleichheitssätze des Grundgesetzes[46] (mit Ausnahme

---

über Kautelen, bei deren Anwendung die EuKo in Aussicht stellt, keine Einwände mehr gegen die in Bayern praktizierten Einheimischenmodelle zu erheben", abgedruckt in der Abhandlung von *Klein* KommP BY 2017, S. 170 ff. auf den S. 171 f.), sondern ebenfalls der geläufigen Auffassung in der Literatur (vgl. stellvertretend *Stellhorn* BayVBl. 2016, S. 77 (80) in Anknüpfung an die Eric-Libert-Rspr.); eindeutig auch GA *Mazák* SchlA v. 04.10.2012 – verb. Rs. C-197/11 u. C-203/11, BeckRS 2012, 81998, Rn. 34 (Eric Libert), nach welchem es „auf der Hand [liege]", dass die Erhaltung des Charakters der Bevölkerung einer Gemeinde keinen zwingenden Grund des Allgemeininteresses darstellen könne. In eine andere Richtung geht eine neue Entscheidung des VG Sigmaringen, Az. 14 K 4018/21, BeckRS 2022, 3911, Rn. 32: Hiernach sein wohl die kommunalen Ziele, „einerseits die ortsansässige Bevölkerung, andererseits auch andere, ,sozial benachteiligte' Personengruppen zu privilegieren und so eine sozial stabile Bewohnerstruktur zu erreichen", gemäß den Vorgaben der Eric-Libert-Entscheidung vereinbar.

[43] Siehe zur Begutachtung der konkreten Vergabekriterien Kap. 6 B. I.

[44] *Streinz*, Europarecht, § 11 Rn. 843 zu den Beschränkungsverboten und unter Bezugnahme auf die (vier Voraussetzungen umfassende) sog. „Gebhard-Formel" aus EuGH C-55/94, NJW 1996, S. 579 (581) Rn. 37 (Reinhard Gebhard); *Göppert* BayVBl. 2014, S. 203 (205); vgl. ebenso nur EuGH C-400/08, EuZW 2011, S. 557 (560) Rn. 73 (Kommission./.Spanien) oder EuGH verb. Rs. C-197/11 u. C-203/11, NZBau 2013, S. 446 (448 f.) Rn. 49 (Eric Libert). Für mittelbare Diskriminierungen muss eine mind. so strenge Rechtfertigungsprüfung angewandt werden.

[45] Explizit zur Auswirkung des Art. 3 Abs. 1 GG auf *Konzeptvergabekriterien* auch das VG Sigmaringen Az. 4 K 4006/21, BeckRS 2022, 18530, Rn. 37 (mitsamt Prüfung, Rn. 38 ff.). Etliche der einleitenden Ausführungen decken sich dabei mit den sogleich geschilderten Anforderungen des Gleichheitssatzes.

[46] Das Grundgesetz enthält besondere (und als leges speciales wirkende) Gleichheitsätze bzw. diesbzgl. Herleitungen in Art. 3 Abs. 2 GG, Art. 3 Abs. 3 Satz 1, Satz 2 GG, Art. 6 Abs. 5 GG, Art. 9 Abs. 3 GG, Art. 33 Abs. 1, Abs. 2, Abs. 3 GG. Zum Verhältnis zum allg. Gleichheitssatz etwa *Wollenschläger*, in: v. Mangoldt/Klein/Starck, GG, Art. 3 Rn. 328. Nichtsdestotrotz können die besonderen Gleichheitssätze auch Auswirkungen auf die Aufstellung (vor allem der bewerberbezogenen) Vergabekriterien haben: Etwa ist Art. 3 Abs. 2, Abs. 3 GG gerade ein „Negativkatalog" an Kriterien zu entnehmen, die nicht verwendet werden dürfen, vgl. *Martini*, Der Markt als Instrument hoheitlicher Verteilungslenkung, S. 50; *Schollmeier*, Wohnraum als Verfassungsfrage, S. 377.

des unten separat abzulehnenden Differenzierungsmerkmals der „Heimat" nach Art. 3 Abs. 3 Satz 1 GG) und die Freiheitsrechte[47] dienen hier mangels entsprechender Differenzierungsmerkmale nicht als praktisch maßgebliche Determinanten.

Im Folgenden wird über die geläufige Erkenntnis der Anwendbarkeit des Art. 3 Abs. 1 GG auf die Kriterienaufstellung (1.) zum Prüfungsschwerpunkt der Rechtfertigung geleitet (2.). Hieraus ergibt sich das Gebot der Aufstellung sachgerechter Vergabekriterien (3.) und auch ein kriterienbezogenes Bestimmtheitserfordernis (4.).

1. Anwendbarkeit des allgemeinen Gleichheitssatzes des Art. 3 Abs. 1 GG

Wollenschläger stellt zu den Anforderungen an die Verteilungskriterien, die aus Art. 3 Abs. 1 GG hergeleitet werden können, voran: „Die Festlegung von Vergabekriterien grenzt den Kreis der Begünstigten von dem der Nichtbegünstigten anhand bestimmter Differenzierungskriterien ab und statuiert damit eine am allgemeinen Gleichheitssatz hinsichtlich ihrer sachlichen Rechtfertigung zu messende Ungleichbehandlung"[48]. Und auch das BVerfG folgerte schließlich aus dem „Anspruch auf Gleichbehandlung" nach Art. 3 Abs. 1 GG, dass nicht nur das Verfahren nicht willkürlich bestimmt werden dürfe[49], sondern dasselbe auch für die Aufstellung der Vergabekriterien gelte[50].

Der allgemeine Gleichheitssatz des Art. 3 Abs. 1 GG untersagt aber nicht per se die Ungleichbehandlung von wesentlich Gleichem. Verfassungsrechtlich verboten ist diese Ungleichbehandlung lediglich, wenn sie grundlos erfolgt[51]. Ist die Ungleichbehandlung von wesentlich Gleichem in der Programmphase also festgestellt, schließt sich danach noch eine (schwerpunktmäßige) Begründungs- und damit Rechtfertigungsprüfung an.

2. Rechtfertigung zum allgemeinen Gleichheitssatz des Art. 3 Abs. 1 GG

Dogmatisch überzeugend muss zur Rechtfertigung bei Art. 3 Abs. 1 GG heute nicht mehr von einem „Alternativitätsverhältnis"[52] der Kontrollmaßstäbe der

---

[47] Zur Ablehnung des Schutzbereichs des Art. 11 Abs. 1 GG bei hier einzig erwägenswerten Ortsansässigenprivilegien siehe noch die späteren Ausführungen, Kap. 6 B. II. 2. b.

[48] *Wollenschläger*, Verteilungsverfahren, S. 36.

[49] Siehe hierzu bereits oben Kap. 5 A. V. 3. c.

[50] BVerfG NJW 2006, S. 3701 (3703) Rn. 65. Dass Gemeinden unabhängig von der gewählten Handlungsform grundrechtsgebunden sind, wurde bereits an anderer Stelle beleuchtet, Kap. 5 A. V. 3. a.

[51] *Kingreen/Poscher*, Grundrechte. Staatsrecht II, § 11 Rn. 515.

[52] Vgl. zur Auffassung des BVerfG noch in diesem Sinne etwa NJW 1993, S. 1517 (1517).

„Willkürformel" und der „neuen Formel" ausgegangen werden[53]: Vielmehr wird nach festgestellter Ungleichbehandlung eine Verhältnismäßigkeitsprüfung durchgeführt, die sich auf eine Willkürprüfung beschränken kann, wenn keine Gründe zur strengeren Verhältnismäßigkeitsprüfung vorliegen[54].

Von einer die grundlose Ungleichbehandlung belegenden *Willkür* kann dabei ausgegangen werden, „wenn sich (irgend)ein vernünftiger, aus der Natur der Sache resultierender oder sonst wie sachlich einleuchtender Grund nicht finden lässt"[55]. Bei der „nur gewährenden" Tätigkeit der öffentlichen Hand (also vornehmlich bei der Leistungsverwaltung) genügt häufig dieser nur mildere Begründungsmaßstab[56].

Doch unter welchen besonderen Umständen erfolgt die („stufenlose"[57]) Erhöhung der Anforderungen an den Rechtfertigungsgrund? Angezeigt sein kann die strenge (und vierstufige[58]) *Verhältnismäßigkeitsprüfung* etwa, wenn die Ungleichbehandlung an Persönlichkeitsmerkmale anknüpft[59] oder wenn die Ungleichbehandlung ganze Personengruppen betrifft[60]. Das soll selbst für Fälle gelten, in denen die Ungleichbehandlung nur mittelbar erfolgt[61]. Weiterhin kann eine strenge Rechtfertigungs- und Verhältnismäßigkeitsprüfung noch geboten sein, wenn sich die Ungleichbehandlung auf die Ausübung von Freiheiten auswirkt, die grundrechtlich geschützt werden[62].

---

[53] Vgl. BVerfG NVwZ 2011, S. 1316 (1317) Rn. 78; auch BVerfG NJW 2015, S. 3221 (3224) Rn. 70; BVerfG NJW 2015, S. 303 (306) Rn. 121; BVerfG DStR 2017, S. 1094 (1098) Rn. 98; BVerfG NJW 2018, S. 1451 (1453) Rn. 94.

[54] *Jarass*, in: Jarass/Pieroth, GG, Art. 3 Rn. 23 m.w.N.

[55] Siehe etwa bereits BVerfG NJW 1951, S. 877 (878 f.). Im Anschluss hieran *Wollenschläger*, Verteilungsverfahren, S. 35 f. Aus neuerer Zeit das BVerfG NJW 2006, S. 3701 (3705) Rn. 89 im Hinblick auf eine gesetzliche Regelung: „Ein vom BVerfG zu beanstandender Verstoß gegen den allgemeinen Gleichheitssatz ist erst dann anzunehmen, wenn offenkundig ist, dass sich für die angegriffene gesetzliche Regelung und die durch sie bewirkte Ungleichbehandlung kein sachlicher Grund finden lässt".

[56] Vgl. BVerfG NJW 2005, S. 1923 (1924 f.); BVerfG NVwZ-RR 2009, S. 655 (656) Rn. 92; BVerfG NJW 2012, S. 1711 (1712) Rn. 42. Im Zusammentrag *Jarass*, in: Jarass/Pieroth, GG, Art. 3 Rn. 28 m.w.N.

[57] BVerfG NVwZ 2011, S. 1316 (1317) Rn. 78; auch BVerfG NJW 2015, S. 3221 (3224) Rn. 70; BVerfG NJW 2015, S. 303 (306) Rn. 121; BVerfG DStR 2017, S. 1094 (1098) Rn. 98; BVerfG NJW 2018, 1451 (1453) Rn. 94.

[58] *Jarass*, in: Jarass/Pieroth, GG, Art. 3 Rn. 22.

[59] Hier nur BVerfG NVwZ 2011, S. 1316 (1317) Rn. 78.

[60] BVerfG NJW 2007, S. 2098 (2102) Rn. 98; BVerfG NJW 2008, S. 2409 (2417) Rn. 150; BVerfG NJW 2013, S. 2257 (2258) Rn. 75.

[61] BVerfG NJW 1993, S. 1517 (1517); BVerfG NJW 1994, S. 122 (122); BVerfG NJW 1999, S. 1535 (1536); BVerfG NJW 2007, S. 2098 (2102) Rn. 98; BVerfG NVwZ 2007, S. 937 (939).

[62] BVerfG NJOZ 2011, S. 464 (467) Rn. 52; BVerfG NVwZ-RR 2012, S. 257 (258) Rn. 41; BVerfG NJW 2012, S. 833 (841) Rn. 253; BVerfG NVwZ 2017, S. 1849 (1859) Rn. 97. Im Anschluss *Jarass*, in: Jarass/Pieroth, GG, Art. 3 Rn. 27.

In die einzelnen Prüfungsschritte unterteilt, muss die Ungleichbehandlung damit zunächst ein legitimes Ziel verfolgen. Weiterhin muss sich die Unterscheidung mindestens zur Förderung dieses Ziels eignen. Die Ungleichbehandlung „darf nicht weiter greifen, als der die Verschiedenbehandlung legitimierende Zweck es rechtfertigt"[63]; sie muss mithin erforderlich sein. Zuletzt ist noch die Angemessenheit der Ungleichbehandlung zu beurteilen[64]. Wichtig ist dabei, dass der Differenzierungsgrund in einem angemessenen Verhältnis zum Ausmaß bzw. zum Grad der Ungleichbehandlung steht[65]. Die Gründe müssen schlichtweg „von solcher Art und solchem Gewicht" sein, „dass sie die ungleichen Rechtsfolgen rechtfertigen können"[66].

3. Gebot sachgerechter Vergabekriterien

Positiv gewendet ergibt sich hieraus auch für die Konzeptvergabe das handhabbare Gebot, die Vergabekriterien ausgerichtet an einer Sachgerechtigkeit zu entwickeln, die sich aus dem Verteilungszweck ergibt (*Erfordernis der sachgerechten Vergabekriterien*)[67]: Denn einen legitimen Zweck bzw. ein solches Ziel bedarf es bei einer Ungleichbehandlung ganz unabhängig von der oben behandelten Frage des Rechtfertigungsmaßstabs.

Ein legitimes Ziel durchzieht aber schon diese gesamte Untersuchung, die sich mit der wohnraumausgerichteten Konzeptvergabe befasst, und ist bereits im Grundgesetz angelegt. Wie eingangs herausgearbeitet, kann die angemessene Wohnraumversorgung nämlich als soziales Handlungsziel begriffen werden, das sich am Sozialstaatsprinzip des Art. 20 Abs. 1 GG anknüpfen lässt[68]. Und die Verfolgung verfassungsrechtlicher Staatszielbestimmungen und damit verbundener Handlungsaufträge kann schon im Allgemeinen ein legitimes Ziel zum Handeln der öffentlichen Hand ausmachen[69]. Zulässig sind

---

[63] BVerfG NJW 1992, S. 1815 (1815).

[64] *Jarass*, in: Jarass/Pieroth, GG, Art. 3 Rn. 22.

[65] BVerfG NJW 2000, S. 2730 (2730); BVerfG NVwZ 2011, S. 1316 (1316 f.) Rn. 77; BVerfG NJW 2015, S. 303 (306) Rn. 121. Anknüpfend wiederum *Jarass*, in: Jarass/Pieroth, GG, Art. 3 Rn. 21.

[66] Hier nur BVerfG NJW 2003, S. 2733 (2733) mit Bezug auf eine mittelbare Ungleichbehandlung von Personengruppen.

[67] *Martini*, Der Markt als Instrument hoheitlicher Verteilungslenkung, S. 82 („sachangemessen"); *Wollenschläger*, Verteilungsverfahren, S. 37; *Schollmeier*, Wohnraum als Verfassungsfrage, S. 379 („Sachangemessenheit"). Vgl. hierneben auch noch das VG Sigmaringen Az. 14 K 4018/21, BeckRS 2022, 3911, Rn. 9 („sachgerechte Differenzierungen"). Mit an die vorangehende Rspr. anknüpfenden Ausführungen *Reiling* KommJur 2022, S. 206 (206).

[68] Siehe hierzu schon Kap. 1 B. I. 3.

[69] Vgl. nur kurz *Kloepfer/Durner*, Umweltschutzrecht, § 2 Rn. 16 zur grundrechtseinschränkenden Wirkung der Staatszielbestimmung des Schutzes der natürlichen Lebensgrundlagen nach Art. 20a GG.

Unterscheidungsmerkmale vielfach auch dann, wenn sie die gesellschaftliche Angleichung und daraus folgende Besserbehandlung sozial Schwächerer zum Gegenstand haben[70]. Ebenso die sich aus § 1 Abs. 5 Satz 1, Abs. 6 Nr. 1, Nr. 2, Nr. 3 BauGB ergebenden Handlungsleitlinien können einfachgesetzlich gebilligte Ziele vorgeben.

Wählen die Gemeinden demnach diesen Zwecken und Zielen entsprechende, sachgerechte Vergabekriterien aus, ist zumindest schon die erste Hürde der Verhältnismäßigkeitsprüfung genommen.

4. Bestimmtheitserfordernis

Der allgemeine Gleichheitssatz des Art. 3 Abs. 1 GG fordert (mit dem eben Herausgearbeiteten) noch die Bestimmtheit der Vergabekriterien und damit der Unterscheidungsmerkmale[71]. Denn wenn die Kriterien „derart unbestimmt formuliert sind, dass der Interessent die Anforderungen nicht erkennen kann respektive der verteilenden Behörde ein willkürliche Entscheidungen ermöglichender Spielraum eingeräumt wird", kann von sachgerechten Vergabekriterien auch nicht mehr die Rede sein[72].

---

[70] Ebenfalls im Hinblick auf das Sozialstaatsprinzip des Art. 20 Abs. 1 GG das BVerfG Az. 1 BvR 650/80, BeckRS 1981, 5509, Rn. 20; ebenso i.w.S. BVerfG NJW 1999, S. 1535 (1538).

[71] Nun konkret bezogen auf die *Konzeptvergabe* auch der VGH Mannheim ZfBR 2022, S. 715 (719): Art. 3 Abs. 1 GG bzw. der darin wurzelnde „Vergabeverfahrensanspruch" (vgl. zuvor VG Sigmaringen Az. 4 K 4006/21, BeckRS 2022, 18530, Rn. 33 ff.) setze voraus, „dass der die Vergabeentscheidung treffende Hoheitsträger etwaige ermessenslenkende Richtlinien im Hinblick auf die Vergabekriterien so klar und eindeutig formuliert, dass jeder verständige Bewerber sie gleichermaßen versteht, seine Chancen abschätzen und insbesondere erkennen kann, welche Unterlagen er einreichen und Angaben er machen muss, um im Vergabeverfahren zugelassen und inhaltlich berücksichtigt zu werden".

[72] *Wollenschläger*, Verteilungsverfahren, S. 38. Aktuell sind hierbei die Ausführungen des VG Sigmaringen zu einem vergabeleitliniengeprägten Grundstücksmodell. Aus Art. 3 Abs. 1 GG leitet das baden-württembergische Verwaltungsgericht eine Transparenzpflicht her, die im Hinblick auf die Vergabekriterien (also inhaltlich) verlange, dass diese „so klar und eindeutig formuliert sind, dass jeder verständige und durchschnittliche Bewerber sie gleichermaßen verstehen und seine Chancen hierauf abschätzen kann". Hierbei sei, so das Gericht, mehr als nur eine Auslegbarkeit der Kriterien gefordert: „Vielmehr müssen die Auswahlkriterien aus sich selbst verständlich sein und zweifelsfrei die wesentlichen Gesichtspunkte erkennen lassen, welche für die Vergabeentscheidung maßgeblich sind" (m.V.a. die bish. gerichtliche Rspr.), Az. 14 K 4018/21, BeckRS 2022, 3911, Rn. 11. Nicht zwingend muss man sich aber diesen Forderungen des Gerichts („weitergehend als das allgemeine Bestimmtheitsgebot") anschließen, zumal die gerichtlich zitierten Rechtsprechungsnachweise nicht mal derart strenge Vorgaben setzen. Dass Widersprüche bei der Kriterienwahl zu vermeiden sind, wie sie das Gericht bei seiner weiteren Prüfung aufdeckt (ebd. Rn. 22), gilt natürlich ohnehin. Entspr. Widersprüchlichkeiten enthielt bspw. die *Konzeptvergabe*, über die der VGH Mannheim zu entscheiden hatte, ZfBR 2022, S. 715 (719) (vgl. die vorangehende Fn. 71): Die Grundstücksvergabe sollte auch privaten

B. Vereinbarkeit der Konzeptvergabe mit den rechtlichen Determinanten hinsichtlich der Vergabekriterien

Nach der eingangs erfolgten Charakterisierung (und Erscheinungsbeschreibung) zeichnet sich eine Konzeptvergabe, mit der Wohnraum geschaffen werden soll, in besonderem Maße durch die Vergabekriterien aus, welche dieser Zielvorstellung entsprechen[73]. Diese Kriterien müssen sich an den grundfreiheitlichen (I.) und grundrechtlichen Determinanten (II.) messen lassen. Vereinzelt eingesetzte Preiskriterien lassen (in Teilpreisverfahren) keine rechtlichen Bedenken folgen (III.).

I. Vereinbarkeit mit den rechtlichen Determinanten der Grundfreiheiten

Beurteilt man die Vereinbarkeit der Vergabekriterien einer zur Wohnraumschaffung ausgestalteten Konzeptvergabe mit den grundfreiheitlichen Determinanten, so kann an dieser Stelle differenziert werden. Rekapitulierend ist nämlich zwischen bau- und nutzungsbezogenen Kriterien auf der einen Seite (1.) sowie bewerberbezogenen Kriterien auf der anderen Seite (2.) zu unterscheiden.

1. Bau- und nutzungsbezogene Vergabekriterien

Den bau- und nutzungsbezogenen Vergabekriterien kommt weder eine unmittelbar noch eine mittelbar diskriminierende Wirkung zu. Die Kriterien knüpfen nicht an die Staatsangehörigkeit des Interessenten bzw. Bewerbers an. Sie stellen auch keine Unterscheidungsmerkmale dar, die zu einem Ergebnis führen, zu dem man auch mit der direkten Anknüpfung an die Staatsangehörigkeit gelangen könnte.

Wegen dieses allenfalls vorliegenden Charakters der Beschränkung (der Teilhabe an der dargebotenen Leistung bzw. der Chancen im Konzeptwettbewerb) sind an die Rechtfertigung der Kriterien keine hohen Anforderungen zu

---

Bauherrengemeinschaften offenstehen, während die Zulassungskriterien auf gewerbliche Bewerber zugeschnitten waren.

[73] Wie bereits oben herausgebildet (Kap. 2 C. IV. 3. und 4.), ist es durchaus möglich und in der Praxis gängig, einen Kriterienkanon aufzustellen, der neben wohnraumbezogenen Vergabekriterien auch in anderer Weise zu wirken bestimmte Kriterien enthält, mit denen bspw. ökologische, architektonische oder mobilitätsbezogene Ziele verfolgt werden sollen. Des Untersuchungszuschnitts wegen findet eine Überprüfung dieser weiteren (die Konzeptvergabe „andickenden") Kriterien nicht statt (hierzu schon einleitend Fn. 69 [Einf.]). Gleichwohl lässt sich darauf hinweisen, dass die Rechtfertigungshürden besonders für bau- und nutzungsbezogene Kriterien nicht unerreichbar hoch liegen und sich diese mit nachvollziehbaren (legitimen) Sachzielen überwinden lassen.

stellen[74]. Wie oben bereits herausgearbeitet, kann die Schaffung bezahlbaren Wohnraums ebenso wie die Bekämpfung des Drucks auf den Grundstücksmarkt ein legitimes Ziel bzw. ein zwingendes Interesse der Allgemeinheit darstellen[75]. Unter diesen Vorzeichen begegnet keins der angeführten Vergabekriterien rechtlichen Bedenken: Weder gilt das etwa für das Kriterium, Wohnraum mit einem möglichst geringen Wohnflächenverbrauch herzustellen, noch für das schlichte Kriterium, bezahlbaren Wohnraum herzustellen. Das Vergabekriterium, die errichteten Wohnungen selbst zu nutzen bzw. im eigenen Bestand zu halten, mag einer möglichen Immobilienspekulation entgegenwirken, was ebenfalls als legitim erachtet wird[76]. Werden die bau- und nutzungsbezogenen Vergabekriterien mit sozial intendierten Gesichtspunkten verknüpft, so hat dies keine negativen Auswirkungen zur Folge; denn schließlich sind sozialpolitische Anliegen ebenfalls als zwingende Allgemeininteressen anerkannt[77]. Das gilt beispielsweise für das Kriterium, Wohnraum herzustellen, der mit den Mitteln der sozialen Wohnraumförderung gefördert werden kann, oder für das Kriterium, Wohnraum herzustellen, welcher der Inklusion von Menschen mit Behinderungen zugutekommt. Nicht zuletzt hat sich der EuGH schon für die Rechtfertigungsfähigkeit einer (eingriffsintensiveren) „sozialen Auflage"[78] ausgesprochen[79].

Rechtlichen Bedenken ausgesetzt sehen sich lediglich ganz allgemein gehaltene Vergabekriterien, wie solche, nach denen die „Wohnqualität" oder die „Wohnform" über die Auswahl der Einreichungen entscheiden soll. Derart abstrakt formulierte Vergabekriterien mögen den Anforderungen des EuGH entgegenstehen, nach denen die Vergabekriterien „transparent", also für die Interessenten nachvollziehbar, ausgestaltet sein müssen[80]. Durch Konkret-

---

[74] Zur gebotenen Zurückhaltung betreffend die Berücksichtigung grundfreiheitsrelevanter Beschränkungsverbote in Teilhabesituationen bereits Kap. 6 A. I. 2. Keine unionsrechtlichen Bedenken hat *Reiling* auch bei Kriterien des etwa ökologischen und klimaschonenden Bauens, KommJur 2022, S. 206 (207).

[75] Siehe hierzu Kap. 6 A. I. 3.

[76] Siehe auch hierzu Kap. 6 A. I. 3.

[77] Auch hierzu schon Kap. 6 A. I. 3.

[78] Hiernach mussten sich bestimmte Bauherren oder Parzellierer einem Verfahren unterwerfen, um eine Bau- oder Parzellierungsgenehmigung zu erhalten. I.R. dessen oblag ihnen die Erfüllung einer „sozialen Auflage", die darin bestand, einen Teil ihres Projekts auf die Errichtung von Sozialwohnungen zu verwenden oder der Gemeinde, in der das Vorhaben verwirklicht wurde, einen finanziellen Beitrag zu zahlen, vgl. diese Sachverhaltsschilderung des EuGH verb. Rs. C-197/11 u. C-203/11, NZBau 2013, S. 446 (450) Rn. 65 (Eric Libert). Die unterschiedliche Beeinträchtigungsschwere erkennt bspw. auch *Reiling* KommJur 2022, S. 161 (164).

[79] EuGH verb. Rs. C-197/11 u. C-203/11, NZBau 2013, S. 446 (450) Rn. 67 f. (Eric Libert).

[80] EuGH C-380/05, BeckRS 2008, 70175, Rn. 103 (Centro Europa). Diese Vergabekriterien müssen auch im Voraus bekannt sein, vgl. EuGH verb. Rs. C-197/11 u. C-203/11,

isierungen bzw. beigefügte Erläuterungen zur Interpretation der Vergabekriterien kann diesen Vorgaben allerdings nachgekommen werden; selbst ohne die Interessenten in ihrer Kreativität zu beschränken, wodurch innovative Konzepte noch zu erwarten sind.

2. Bewerberbezogene Vergabekriterien

Die Überprüfung der bewerberbezogenen Vergabekriterien ist durchaus problematischer: Personelle Anknüpfungspunkte bieten doch von sich aus mehr Potenzial für Ungleichbehandlungen und mithin auch für unmittelbare und mittelbare Diskriminierungen. Unionsrechtlich beleuchtet wird deshalb die Privilegierung von Privatpersonen bei der Grundstücksvergabe (a)). Doch auch sind im weiteren Sinne „Einheimischenkriterien" bei den Konzeptvergaben anzutreffen (b)). Oftmals geht es um die gezielte Familien- und Kinderförderung (c)). Auch Inklusionsanliegen sind auf ihre grundfreiheitliche Zulässigkeit hin zu beurteilen (d)). Den juristischen Personenkreis betreffend werden zuletzt noch Genossenschaften bei der Grundstücksvergabe bevorzugt (e)).

a) Grundstücksvergabe an Privatpersonen (Bildung von selbstgenutztem Wohneigentum)

Beim Vergabekriterium, bevorzugt an private Bauinteressenten zu vergeben, was mit dem Kriterium gleichgesetzt werden kann, bevorzugt an Baugemeinschaften zu vergeben, handelt es sich um noch keine mittelbare Diskriminierung. Schließlich wirken sich diese Kriterien nicht faktisch typischerweise gerade auf ausländische Grundstücksinteressenten aus und führen hierdurch zu einer Benachteiligung. Erwägt man eine Beschränkung (des Marktzutritts) für kommerzielle Marktakteure, so lässt sich diese zumindest rechtfertigen. Als legitimes Ziel ist wieder die Schaffung von bezahlbarem Wohnraum ebenso wie die Bekämpfung des Drucks auf den Grundstücksmarkt anzuführen[81]. Die Bildung von Eigentum am selbstgenutzten Wohnraum kann hierzu ein Mittel darstellen, das auch im Lichte einer nachhaltigen Wohnraumversorgung der (nicht nur mitgliedstaatlichen) Allgemeinheit anzuführen ist. Durch die Vergabe an private Grundstücksinteressenten kann eine zielorientierte Veräußerung stattfinden: Wohnen kann man schließlich nur als Privatperson. Diese Aspekte vermögen auch der Bezahlbarkeit des Wohnraums zugute zu kommen, da die Veräußerung an private Interessenten mit Kostenersparnissen einhergeht. Etwa können Transaktionskosten oder miteinzuberechnende Gewinnmargen kommerzieller Marktteilnehmer vermieden werden.

NZBau 2013, S. 446 (449) Rn. 57 (Eric Libert). Zu beiden Anforderungen schon Kap. 6 A. I. 2.

[81] Siehe hierzu Kap. 6 A. I. 3.

b) Einheimischenkriterien im weiteren Sinne

Deutlich mehr rechtliche Bedenken sind gegen Vergabekriterien ins Feld zu führen, die an den (bisherigen) dauerhaften Aufenthaltsort des Grundstücksinteressenten in der Gemeinde anknüpfen. Im Ergebnis macht es keinen Unterschied, ob man dabei das Kriterium beleuchtet, bevorzugt an einheimische[82] oder an in das Gemeindegebiet einpendelnde Interessenten zu vergeben, oder ob man sich mit den Kriterien beschäftigt, nach welchen die Grundstücke bevorzugt an im Stadtteil integrierte Interessenten oder bevorzugt an im Stadtteil engagierte Interessenten zu vergeben sind. Schließlich handelt es sich bei all diesen Vergabekriterien um „mittelbare Diskriminierungen" der Grundfreiheiten. Selbst wenn die Vergabekriterien nicht direkt an die Staatsangehörigkeit bzw. Herkunft der Grundstücksinteressenten anknüpfen, so folgt ihnen doch schlussendlich ein „effektiv" vergleichbares Ergebnis: Typischerweise sind Grundstücksinteressenten anderer Mitgliedstaaten stärker negativ betroffen als inländische Interessenten. Dies gilt für alle oben genannten Vergabekriterien. Gewöhnlicherweise wird ein Ausländer weder einen Wohnsitz im Gemeindegebiet besitzen, noch wird er (aufgrund des täglich nur begrenzt zu bewerkstelligenden Reiseaufwands) typischerweise ins Gemeindegebiet einpendeln. Vornehmlich trifft beides allerdings auf Inländer zu. Gleiches gilt ebenso, wenn man die Integration oder das Engagement im Stadtteil bzw. in der Gemeinde mit ins Spiel bringt. Dass durch diese Konzeptvergabekriterien auch die Mehrzahl aller Inländer, also solche, die nicht in der Gemeinde oder im Gemeindegebiet leben, diskriminiert werden, ändert am Ergebnis der mittelbaren Diskriminierung von Grundstücksinteressenten aus anderen Mitgliedstaaten im Übrigen nichts[83]. Denn der oben genannte Umstand, dass vor allem Grundstücksinteressenten anderer Mitgliedstaaten beeinträchtigt werden, genügt schon für die Annahme einer mittelbaren Diskriminierung[84]. Die meisten Gemeindegebietsansässigen sind doch regelmäßig Inländer.

Bedenken wegen einer drohenden Unionsrechtswidrigkeit lassen sich aber durch eine „starre Verknüpfung" der behandelten Vergabekriterien mit

---

[82] Wobei das „Einheimischenkriterium" hier entspr. der Diskussion um die Einheimischenmodelle vor allem i.S. eines „Wohnsitzkriteriums" verstanden wird.

[83] Grdl. EuGH C-281/98, EuZW 2000, S. 468 (470) Rn. 41 (Roman Angonese). Bereits vorangehend EuGH C-21/88, NVwZ 1991, S. 1071 (1071) Rn. 12 f. (Du Pont de Nemours). Anknüpfend an das Roman-Angonese-Urteil: EuGH C-388/01, EuZW 2003, S. 186 (186 f.) Rn. 14 (Kommission./.Italien). Hierzu auch *Wollenschläger*, Verteilungsverfahren, S. 121 sowie *Stellhorn* BayVBl. 2016, S. 77 (79) m.w.N. zu einer a.A. von *Jarass*, u.a. EuR 1995, S. 202 (213).

[84] EuGH C-388/01, EuZW 2003, S. 186 (186 f.) Rn. 14 (Kommission./.Italien); EuGH C-21/88, NVwZ 1991, S. 1071 (1071) Rn. 12 f. (Du Pont de Nemours).

„sozioökonomischen Aspekten" ausräumen[85]. Denn der EuGH erachtete bereits die „Sicherstellung eines ausreichenden Wohnangebots für einkommensschwache Personen oder andere benachteiligte Gruppen der örtlichen Bevölkerung" als ein legitimes Ziel, das für die Rechtfertigung einer mittelbaren Diskriminierung streiten kann[86]. Hierbei ist es auch aus Gründen der Rechtssicherheit am zweckdienlichsten, sich am sog. „EU-Leitlinienkompromiss"[87] zu orientieren, dem die Diskussion um die Berücksichtigung von Wohnsitzerfordernissen bei kommunalen Grundstücksverkäufen (Einheimischenmodellen) ebenfalls zugrunde lag[88]. Hiernach dürfen Vergabekriterien, die an den dauerhaften Aufenthaltsort anknüpfen, nicht mehr als 50 Prozent gegenüber sozioökonomischen Kriterien ausmachen[89]. Der diesbezügliche Höchstwert etwa des Erstwohnsitzes ist schon nach fünf Jahren zu erreichen[90]. Daneben sollen diese (für sich betrachtet mittelbar diskriminierenden) Vergabekriterien nur als Auswahlkriterien in die Entscheidung einfließen, während die sozioökonomischen Aspekte bereits auf einer ersten Stufe Mindestanforderungen darstellen können[91]. Dieselbe „starre Verknüpfung" muss im Ergebnis eben auch dann gelten, wenn man in einer Konzeptvergabe ein Kriterium einsetzen will, das die ortsansässige Bevölkerung bevorteilt.

c) Familien- und Kinderförderung

Unproblematisch ist es nach dem Unionsrecht möglich, mit der Konzeptvergabe besonders kinderreiche Familien zu unterstützen und ihnen Grundstücke bevorzugt zukommen zu lassen[92]. Im Verteilungsverfahren handelt es sich

---

[85] Vgl. mit dieser Begrifflichkeit auch der EuGH verb. Rs. C-197/11 u. C-203/11, NZBau 2013, S. 446 (449) Rn. 55 (Eric Libert). Bei den sozioökonomischen Aspekten kann es sich bspw. um soziale Ausgleichsbestrebungen handeln.

[86] EuGH verb. Rs. C-197/11 u. C-203/11, NZBau 2013, S. 446 (449) Rn. 51 f. (Eric Libert).

[87] Zum vollständigen Titel oben Fn. 42. Abgedruckt ist der „EU-Leitlinienkompromiss" in der Abhandlung von *Klein* KommP BY 2017, S. 171 ff.auf den S. 171 f.

[88] Zum vorangehenden Vertragsverletzungsverfahren gegen die Bundesrepublik Deutschland etwa *Portz* KommJur 2010, S. 366 ff.: Betroffen waren die praktizierten Einheimischenmodelle der Gemeinden Selfkant (Nordrein-Westfahlen), Bernried am Starnberger See, Seeshaupt, Vohburg an der Donau sowie das Grundstücksmodell der Stadt Weilheim in Oberbayern (allesamt Bayern), vgl. ebd. S. 366.

[89] Punkt 2.4 Aufzählungspunkt 4 Spiegelstrich 1 des EU-Leitlinienkompromisses.

[90] Punkt 2.4 Aufzählungspunkt 4 Spiegelstrich 2 des EU-Leitlinienkompromisses.

[91] Vgl. das Verhältnis der Punkte 1 und 2 des EU-Leitlinienkompromisses. Erläuternd *Klein* KommP BY 2017, S. 170 (172).

[92] Vor dem Hintergrund der Entscheidung des VG Sigmaringen Az. 14 K 4018/21, BeckRS 2022, 3911, Rn. 23 und dem behandelten Bestimmtheitserfordernis (Kap. 6 A. II. 4.) sollte allerdings klar definiert werden, welche Person im Haushalt (nur bspw. als „Kind" zu werten ist.

hierbei höchstens um unterschiedslose Beschränkungen, weil Bewerber aus anderen Mitgliedstaaten nicht stärker als inländische Bewerber belastet werden.

Familien und deren Kinder zu fördern, ist ein im unionalen Primärrecht nicht nur gebilligtes, sondern auch hervorgehobenes Interesse[93]. Während der Schutz von Familien, deren notwendiges Element Kinder bzw. Abkömmlinge sind[94], in Art. 33 Abs. 1, Abs. 2 GRCh, in Art. 7 GRCh sowie in Art. 9 GRCh anklingt[95], sind in Art. 24 GRCh nochmals eigene Kinderrechte vorgesehen. Wenn Art. 24 Abs. 2 GRCh dabei bestimmt, dass das Wohl des Kindes bei allen Kinder betreffenden Maßnahmen öffentlicher Stellen eine vorrangige Erwägung sein muss, und der Begriff dieser „allen Kinder betreffenden Maßnahmen" weit auszulegen ist[96], so kann es der Gemeinde nicht angelastet werden, wenn sie vor allem kinderreiche Familien fördern will.

d) Inklusionsförderung

Keine unionsrechtlichen Bedenken muss sich das Konzeptvergabekriterium entgegenhalten lassen, nach welchem das Grundstück bevorzugt an Interessenten vergeben wird, in deren Haushalte sich schwerbehinderte Menschen befinden. Denn zum einen handelt es sich hierbei um keine mittelbare Diskriminierung von Grundstücksinteressenten, sondern allenfalls um eine unterschiedslos wirkende Beschränkung. Zum anderen sind sozialpolitische Ziele auch vom EuGH als zwingende Interessen der Allgemeinheit anerkannt[97]. Inklusionsanliegen betreffend liefert Art. 26 GRCh darüber hinaus einen unmissverständlichen Anknüpfungspunkt auf unionaler Primärrechtsebene.

e) Förderung genossenschaftlicher Organisationen

Das Vergabekriterium, genossenschaftlich organisierten Bewerbern einen Auswahlvorsprung einzuräumen, kann wiederum als mittelbare Diskriminierung aufgefasst werden: Das zumindest, wenn dem Kriterium ein formelles Begriffsverständnis zugrunde liegt, nach dem nur genossenschaftliche

---

[93] Nach Art. 6 Abs. 1 UAbs. 1 Hs. 2 EUV sind die Charta der Grundrechte (GRCh) und die Verträge (EUV, AEUV) rechtl. gleichrangig. Zur Rechtfertigung von Grundfreiheitsbeeinträchtigungen durch die Grundrechte auf Unionsebene grdl. EuGH C-112/00, EuZW 2003, S. 592 (596) Rn. 70 ff. (Eugen Schmidberger). Hierzu auch *Streinz*, Europarecht, § 11 Rn. 889.

[94] Vgl. *Jarass* GRCh Art. 33 Rn. 6 m.w.N.

[95] Eben auf den durch Art. 6 Abs. 1 UAbs. 1 Hs. 2 EUV zum Primärrecht erhobenen Art. 33 GRCh stellt auch *Portz* KommJur 2010, S. 366 (369 f.) ab, wenn es um das soziale Anliegen geht, Familien zu vergünstigten Konditionen Bauland zu verschaffen (Einheimischenmodell).

[96] Vgl. nur *Hölscheidt*, in: Meyer/Hölscheidt, GRCh, Art. 24 Rn. 30; *Thiele*, in: Frankfurter Kommentar EUV/GRC/AEUV Bd. 1, Art. 24 CRCh Rn. 15 m.w.N.

[97] Siehe hierzu schon Kap. 6 A. I. 3.

Organisationsformen im Sinne des deutschen GenG erfasst sein sollen. Typischerweise werden Grundstücksinteressenten aus anderen Mitgliedstaaten nämlich nicht auf der Grundlage des GenG organisiert sein, während das auf konkurrierende, inländische Grundstücksinteressenten regelmäßiger zutrifft[98].

Um die Diskriminierung zu vermeiden, ließe sich der Kreis der bevorzugten Bewerbergruppen aber auch auf andere Rechtsformen erweitern, die der genossenschaftlichen Organisationsform im Ergebnis und vor allem hinsichtlich der gemeinschaftlichen Ausgestaltung zur Wohnraumversorgung gleichkommen. Will die Gemeinde das Vergabekriterium der Bevorzugung von Bewerbern mit genossenschaftlicher Organisationsform dann also von vornherein materiell (losgelöst vom deutschen GenG) verstanden wissen, sollte dies bei der Bekanntmachung klargestellt werden. Dabei ist festzulegen, was unter einer „Genossenschaft" aufgefasst werden soll. Die hierdurch erfolgende Beschränkung kann aus den oben bereits zur Baugemeinschaft angeführten Gründen[99] gerechtfertigt werden. Selbstorganisierte Zusammenschlüsse gelten als nachhaltige Vehikel zur legitimen Wohnraumversorgung.

II. Vereinbarkeit mit den rechtlichen Determinanten des Grundgesetzes

Auch bei der grundgesetzlichen Überprüfung der Vergabekriterien, die man bei einer zur Wohnraumschaffung ausgestalteten Konzeptvergabe antrifft[100], bietet sich eine Unterscheidung an. Wieder kann zwischen bau- und nutzungsbezogenen Kriterien (1.) sowie bewerberbezogenen Kriterien (2.) differenziert werden.

1. Bau- und nutzungsbezogene Vergabekriterien

Bei allen angeführten bau- und nutzungsbezogenen Vergabekriterien handelt es sich um am Maßstab des allgemeinen Gleichheitssatzes nach Art. 3 Abs. 1 GG zu prüfende Unterscheidungsmerkmale, die lediglich an „den Sachverhalt" anknüpfen. Weder beziehen sie sich auf Persönlichkeitsmerkmale, noch benachteiligen sie ganze Personengruppen. Dies gilt etwa für das Kriterium, eine gewisse Anzahl an Wohnungen im eigenen Bestand zu halten, das Kriterium, Wohnraum herzustellen, welcher bezogen auf den Aspekt des Wohnflächenverbrauchs möglichst sparsam ist, oder das Kriterium, bezahlbaren Wohnraum herzustellen. Als Folge dessen darf sich die Grundrechtsprüfung auf eine Willkürkontrolle oder allenfalls auf eine Verhältnismäßigkeitsprüfung mit

---

[98] Hins. der Auftragsvergabe oberhalb der Schwellenwerte beschäftigen sich etwa Art. 19 Abs. 1 UAbs. 1, Abs. 2 UAbs. 1 Satz 2 RL 2014/24/EU sowie der ErwG (14) der RL mit diesem Umstand. Umgesetzt wurden genannte Erfordernisse in § 43 VgV. Hierzu etwa *Wegener/Pünder*, in: Pünder/Schellenberg, Vergaberecht, § 103 GWB Rn. 10.

[99] Siehe hierzu Kap. 6 B. I. 2. a.

[100] Siehe in der Charakterisierung zu diesen Kriterien, Kap. 2 C. V.

großzügigem Maßstab beschränken[101]. Bei dieser nimmt schon der legitime Zweck eine herausragende Rolle ein und ansonsten hat vor dem Hintergrund der verwaltungseigenen Handlungsspielräume Rücksicht zu walten[102]. Allen hier relevanten, bewerberunabhängigen Kriterien liegt dabei das schon im Sozialstaatsprinzip des Art. 20 Abs. 1 GG angelegte und damit gebilligte Handlungsziel zugrunde, angemessenen Wohnraum zu schaffen.

Hinsichtlich der Einhaltung des aus Art. 3 Abs. 1 GG hergeleiteten Bestimmtheitserfordernisses lassen sich rechtliche Bedenken lediglich betreffend die beiden allgemein formulierten Kriterien „Wohnqualitäten" und „Wohnformen" äußern. Zur Abwendung gilt allerdings dasselbe schon zu den Grundfreiheiten Ausgeführte[103]: Durch Konkretisierungen lassen sich diese Hindernisse vermeiden.

2. Bewerberbezogene Vergabekriterien

Wie auch schon bei den Grundfreiheiten bringen die bewerberbezogenen Vergabekriterien mehrere rechtliche Problematiken mit sich.

Alle hierbei relevanten Vergabekriterien knüpfen nämlich unmittelbar oder mittelbar an Persönlichkeitsmerkmale an oder bevorzugen in gleicher Weise gesamte Personengruppen. Im Sinne der Judikatur des BVerfG zu Art. 3 Abs. 1 GG zieht das gesteigerte Rechtfertigungsanforderungen für die Unterscheidung nach sich. Da Art. 3 Abs. 1 GG über Art. 19 Abs. 3 GG grundsätzlich auch für juristische Personen Geltung beansprucht[104], wirkt dasselbe auch für das Kriterium, das Grundstück bevorzugt an genossenschaftlich organisierte Bewerber zu vergeben. Technisch ist damit, auch wenn das BVerfG selbst nicht immer derart strikt verfährt, eine vierstufige Verhältnismäßigkeitsprüfung durchzuführen: Zunächst ist vorauszusetzen, dass ein legitimes Ziel verfolgt wird. Die Vergabekriterien müssen zumindest zur Zielerreichung förderlich sein. Die gegensätzlich erzeugte Belastung „darf nicht weiter greifen, als der die Verschiedenbehandlung legitimierende Zweck es rechtfertigt"[105]. Und weiterhin muss die Unterscheidung unter Abwägung der Interessen (auf horizontaler Ebene) noch angemessen sein.

Einmal mehr sind folgende Bevorzugungen und Vergabekriterien auf ihre Rechtskonformität hin zu beleuchten: Dürfen Grundstücke zuvorderst an Privatpersonen vergeben werden (a))? Wie verhält sich das Grundgesetz zu den im weiteren Sinne eingesetzten Einheimischenkriterien (b))? Ebenfalls sind

---

[101] Wegen des stufenlosen Anstiegs der Rechtfertigungsanforderungen und eines höchstens berufsfreiheitlichen Einflusses zulasten gewinnorientierter Marktteilnehmer, vgl. (zur Begründung dieser Verschärfung) schon Kap. 5 A. V. 3. b) bb).

[102] Siehe hierzu schon Kap. 6 A. II. 2.

[103] Siehe bereits Kap. 6 B. I. 1.

[104] BVerfG NJW 1997, S. 1975 (1979); BVerfG NJW 1999, S. 1535 (1536).

[105] U.a. BVerfG NJW 1992, S. 1815 (1815); *Jarass*, in: Jarass/Pieroth, GG, Art. 3 Rn. 22.

Kriterien zur Familien- und Kinderförderung (c)) und zur Inklusionsförderung (d)) zu würdigen. Gleiches gilt auch für die Bevorzugung von genossenschaftlich organisierten Rechtspersonen (e)).

a) Grundstücksvergabe an Privatpersonen (Bildung von selbstgenutztem Wohneigentum)

Die beiden Vergabekriterien, das Grundstück bevorzugt an private Bauinteressenten zu vergeben und das Grundstück bevorzugt an Baugemeinschaften zu vergeben, verfolgen denselben (durch das Sozialstaatsprinzip des Art. 20 Abs. 1 GG legitimierten) Zweck der unmittelbaren Wohnraumversorgung. Nicht kommerzielle Marktteilnehmer, sondern private Haushalte, die auf eine Grundstücksnutzung zu Wohnzwecken angewiesen sind, sollen und können das Grundstück erhalten. Beide Kriterien gehen nicht über das hinaus, was zur Zielverwirklichung notwendig ist. Unter Abwägung der Interessen sowohl privater als auch gewinnorientierter Bauinteressenten ist die Unterscheidung zuletzt noch als angemessen anzusehen. Dies gilt vor allem wegen des Umstands, dass kommerziellen Marktteilnehmern auf dem regulären Grundstücksmarkt Chancen zum Grundstückserwerb verbleiben, die sie aufgrund ihrer Finanzstärke und ihrer Refinanzierungsmöglichkeiten oftmals besser als Privatpersonen nutzen können.

b) Einheimischenkriterien im weiteren Sinne

Rechtlich bedenklich ist das Vergabekriterium, das Grundstück bevorzugt an einheimische oder in das Gemeindegebiet pendelnde Interessenten zu vergeben. Wegen der vergleichbaren Wirkungsweise steht hierneben noch das Kriterium, das Grundstück bevorzugt an im Stadtteil integrierte Interessenten zu vergeben, und das Kriterium, im Stadtteil engagierte Bewerber zu bevorzugen.

Zunächst ist darauf hinzuweisen, dass sich die diesbezügliche Prüfung am allgemeinen Gleichheitssatz des Art. 3 Abs. 1 GG auszurichten hat. Weder die besonderen Gleichheitssätze des Art. 3 Abs. 3 GG noch das Grundrecht der Freizügigkeit nach Art. 11 GG vermögen hier eine Rolle zu spielen: Art. 3 Abs. 3 Satz 1 GG verbietet die Benachteiligung wegen „der Heimat", doch mit diesem Begriff ist die „örtliche Herkunft eines Menschen nach Geburt oder Ansässigkeit im Sinne der emotionalen Beziehung zu einem geographisch begrenzten, den Einzelnen mitprägenden Raum (Ort, Landschaft) gemeint"[106]. Besonders entscheidend ist dazu die identitätsstiftende Entwicklungszeit der Kindheit und Jugend[107], weshalb „die Heimat" nicht mit der Ortsansässigkeit,

---

[106] BVerfG NJW 2000, S. 1855 (1855).
[107] *Jarass*, in: Jarass/Pieroth, GG, Art. 3 Rn. 142 m.w.N.

dem gewöhnlichen Aufenthaltsort[108] oder den oben erwähnten Unterscheidungskriterien übereinstimmen muss. Letztlich kann noch der Eingriff in das Freizügigkeitsgrundrecht nach Art. 11 Abs. 1 GG abgelehnt werden. Denn durch das reine Angebot des Grundstückserwerbs im Wege der Konzeptvergabe wird noch nicht die grundlegende Möglichkeit beschnitten, in die Gemeinde zuzuziehen[109].

Handelt es sich auf nationaler Ebene also um ein legitimes Anliegen, Ortsansässige vor Auswärtigen zu privilegieren? Und können derartige Erkenntnisgewinne auch auf kommunale Grundstücksmodelle übertragen werden? Hierbei zeichnet sich ein breites Meinungsspektrum ab. Nachvollziehbar ist zunächst die zum Einheimischenmodell ergangene Begründung, es dürfe nicht lediglich eine rückwärtige Betrachtung angestellt werden. Anerkennenswert wäre nur die zukunftsgewandte Zielverfolgung der Kommune, weshalb rein personelle Privilegierungen „schon Ortsansässiger" gegenüber möglichen „zukünftigen Ortsansässigen" nicht legitim sein können[110]. Teils werden Ortsansässige aber auch im Einklang mit Art. 3 Abs. 1 GG bevorzugt. Das gilt etwa für den Zugang zu öffentlichen Einrichtungen[111]. Und auch zum eben

---

[108] St. Rspr., vgl. nur BVerfG NJW 1995, S. 2339 (2342); BVerfG NJW 2000, S. 1855 (1855). Zum Einheimischenmodell vgl. nur *Huber/Wollenschläger*, Einheimischenmodelle, S. 30 f. Rn. 53 ff. oder *Burgi* JZ 1999, S. 873 (878). Auch das Verbot der Benachteiligung wegen „der Herkunft" schlägt hier nicht durch, da diese Herkunft die „ständisch-soziale Abstammung und Verwurzelung" betrifft, siehe schon BVerfG NJW 1956, S. 985 (985).

[109] Zum Einheimischenmodell vgl. nur *Huber/Wollenschläger*, Einheimischenmodelle, S. 27 ff. Rn. 44 ff. (insb. S. 29 Rn. 48 f.); zuvor *Burgi* JZ 1999, S. 873 (877 f.) („kein Grundrecht der Häuslebauer"). Ebenfalls die Rspr. BVerwG NJW 1993, S. 2695 (2697); bes. restriktiv der BayVGH MittBayNot 1990, S. 259 (263), wonach es hins. der Freizügigkeit allenfalls bedenklich wäre, „wenn eine derartige Vorzugsleistung Auswärtigen praktisch die Möglichkeit nähme, in die Gemeinde zuzuziehen".

[110] *Burgi* JZ 1999, S. 873 (879) betreffend das Ziel der „Vermeidung von Überfremdung" und das „Interesse der seit jeher Ortsansässigen, auch weiterhin am Ort wohnen zu bleiben". Vor dem Hintergrund des legitimen Ziels, gewachsene Sozialstrukturen einer Gemeinde zu erhalten und diese vor einem Wandel zu „Wochenendsiedlungen" oder „Kapitaldepots" zu bewahren, scheide eine Differenzierung in zeitlicher Hinsicht („schon Ortsansässige" und „zukünftig Ortsansässige") zumindest auf der Ebene der Erforderlichkeitsprüfung aus, vgl. ebd. S. 879.

[111] Siehe nur BayVGH NVwZ-RR 2000, S. 815 (815 f.) zum Widerruf eines Kindergartenplatzes; neulich auch das BVerfG NVwZ 2016, S. 1553 (1555 f.) Rn. 38 ff. zur Preisgestaltung eines kommunalen Freizeitbads (konkret S. 1555 Rn. 40): „Verfolgt eine Gemeinde durch die Privilegierung Einheimischer das Ziel, knappe Ressourcen auf den eigenen Aufgabenbereich (Art. 28 II 1 GG) zu beschränken, Gemeindeangehörigen einen Ausgleich für besondere Belastungen zu gewähren oder Auswärtige für einen erhöhten Aufwand in Anspruch zu nehmen, oder sollen die kulturellen und sozialen Belange der örtlichen Gemeinschaft dadurch gefördert und der kommunale Zusammenhalt dadurch gestärkt werden, dass Einheimischen besondere Vorteile gewährt werden, kann dies mit Art. 3 I GG daher vereinbar sein". Aus der Literatur bspw. *Geuer* BayVBl. 2011, S. 752 (753); *Kniesel* GewArch

erwähnten Einheimischenmodell werden gleichgerichtete Rechtsansichten vertreten[112]. Begründet wird dies etwa mit der im Verfassungsrang stehenden Garantie der kommunalen Selbstverwaltung nach Art. 28 Abs. 2 GG: Die „Erhaltung der gewachsenen Sozialstruktur" könnte dieser Garantie als legitimes Ziel folgen[113]. Weder das BVerwG noch der BayVGH ließen die Einheimischenmodelle dabei bisher an der Hürde des Art. 3 Abs. 1 GG scheitern[114].

Ob strengere Anforderungen an die Überprüfung der Bevorzugung „von in das Gemeindegebiet pendelnden Interessenten" zu stellen sind, darf dabei bezweifelt werden, zumal der bevorteilte Bewerberkreis hier nur erweitert wird. Wesentliche Inkohärenzen folgen in diesem Zuge nicht. Entsprechendes gilt auch für die Integration und das Engagement der Grundstücksinteressenten in der örtlichen Gemeinde.

Im Ergebnis brauchen diese Fragen zur „Einheimischenbevorzugung" allerdings nicht entschieden zu werden, zumal der Sachverhalt durch das Unionsrecht überzeichnet ist. Die Grundfreiheiten verbieten derartig protektionistische Tendenzen, wenn diese nicht mindestens auch an sozioökonomische Komponenten anknüpfen[115].

2013, S. 270 (274) (mit dem Bsp. eines Weihnachtsmarkts); *Kupfer*, Die Verteilung knapper Ressourcen im Wirtschaftsverwaltungsrecht, S. 423 ff.; *Wollenschläger*, in: v. Mangoldt/Klein/Starck, GG, Art. 3 Rn. 246. Allerdings ist dabei anzumerken, dass das „Handlungsziel" nicht die Bevorzugung Ortsansässiger darstellen darf, sondern diese Bevorzugung allenfalls als Mittel zur Erreichung eines anderen Ziels dienen kann, vgl. nur BVerfG NJW 1984, S. 785 (788) und das schon angeführte BVerfG NVwZ 2016, S. 1553 (1555) Rn. 39.

[112] Vgl. nur *Huber/Wollenschläger*, Einheimischenmodelle, S. 42 Rn. 89 ff.

[113] Vgl. nur *Huber/Wollenschläger*, Einheimischenmodelle, S. 42 Rn. 91 in begrifflicher Anknüpfung an *Burgi* JZ 1999, S. 873 (879), vgl. oben.

[114] BVerwG NJW 1993, S. 2695 (2697) und zuvor BayVGH MittBayNot 1990, S. 259 (262 f.). Beide Entscheidungen befassen sich daher auch mit der Zulässigkeit von Einheimischenmodellen an sich, während sich die Folgerechtsprechung häufig nur noch mit der insb. zivilrechtlichen Ausgestaltung von derartigen Grundstücksmodellen auseinanderzusetzen hatte.

[115] Siehe schon Kap. 6 B. I. 2. b) Bezogen auf das deutsche Städtebaurecht ist es ebenfalls augenfällig, dass das BauGB unterscheidet zwischen der Wohnraumversorgung „der Bevölkerung" und der Wohnraumversorgung der „örtlichen Bevölkerung" (nur in § 11 Abs. 1 Satz 2 Nr. 2 BauGB), wobei letzterer „örtlichen Bevölkerung" das obligatorische Attribut zukommt, dass diese einkommensschwach und weniger begütert sein muss (Gesetzesänderung m.w.v. 13.05.2017, BGBl. 2017 S. 1057: „In § 11 Absatz 1 Satz 2 Nummer 2 werden die Wörter ‚des Wohnbedarfs der örtlichen Bevölkerung' durch die Wörter ‚der Erwerb angemessenen Wohnraums durch einkommensschwächere und weniger begüterte Personen der örtlichen Bevölkerung' ersetzt"). Diese Gesetzesänderung wirkt allerdings nicht aus sich heraus begrenzend, *Reiling* KommJur 2022, S. 161 (165).

c) Familien- und Kinderförderung

Geht es den Gemeinden darum, mit der Konzeptvergabe kinderreiche Familien zu begünstigen, so folgt daraus kein Verstoß gegen den allgemeinen Gleichheitssatz des Art. 3 Abs. 1 GG. Vielmehr kommt die Gemeinde dadurch dem in Art. 6 Abs. 1 GG niedergelegten, besonderen Schutzauftrag nach[116]: Hiernach stehen Familien neben Ehen unter dem besonderen Schutz der staatlichen Ordnung. Damit kommt auch den Gemeinden die Aufgabe zu, Familien „nicht nur vor Beeinträchtigungen durch andere Kräfte zu bewahren, sondern [sie] auch durch geeignete Maßnahmen zu fördern"[117]. Weil hinsichtlich dieser Förderung aber ohnehin ein weiter Gestaltungsspielraum besteht[118], kann sich die Auswahl im Grundstücksmodell anhand der Kinder der Bewerberhaushalte ausrichten. Geeignet und erforderlich zur Erreichung des Förderziels ist ein derartiges Kriterium allemal. Auch die Angemessenheit lässt sich aufgrund des hohen Schutzrangs des Art. 6 Abs. 1 GG nicht erschüttern.

d) Inklusionsförderung

Da Menschen mit schweren Behinderungen häufig auf einen den persönlichen Bedingungen angemessenen Wohnraum angewiesen sind, existiert das Vergabekriterium, bevorzugt an Interessenten zu vergeben, in deren Haushalte sich schwerbehinderte Personen befinden. Die Konzeptvergabe, mit der Grundstücke an private Grundstücksinteressenten veräußert werden, bietet wegen der sich anschließenden Errichtung in privater Bauherrenschaft herausragende Potenziale zur Herstellung von situations- und mithin auch behinderungsgerechten Wohnungen.

Die Verfassungsnorm des Art. 3 Abs. 3 Satz 2 GG enthält im Inklusionszusammenhang eine objektive Wertentscheidung[119] und soll gerade „die Stärkung der Stellung behinderter Personen in Recht und Gesellschaft" bezwecken[120]. Deshalb sind „Bevorzugungen mit dem Ziel einer Angleichung der

---

[116] Ebenso VG München Az. M 11 E 19.5841, BeckRS 2020, 2576, Rn. 24 für das Einheimischenmodell.

[117] St. Rspr., hier rekapitulierend BVerfG DStR 2013, S. 1228 (1228) Rn. 4. Ebenfalls *Robbers*, in: v. Mangoldt/Klein/Starck, GG, Art. 6 Rn. 93 f. zur Pflicht zur Familienförderung. Als wertentscheidende Grundsatznorm enthält Art. 6 Abs. 1 GG richtungsweisende Impulse, die nicht nur den Gesetzgeber betreffen, vgl. *Badura*, in: Dürig/Herzog/Scholz, GG, Art. 6 Rn. 67. Weil sich die in Art. 6 Abs. 1 GG genannte „staatliche Ordnung" auf die gesamte Staatsgewalt bezieht, mitumfasst dies auch die Kommunen, *Brosius-Gersdorf*, in: Dreier, GG, Art. 6 GG Rn. 58.

[118] Vgl. *v. Coelln*, in: Sachs, GG, Art. 6 Rn. 35; *Badura*, in: Dürig/Herzog/Scholz, GG, Art. 6 Rn. 67.

[119] BVerfG NJW 2016, S. 3013 (3013) Rn. 11.

[120] BT-Drs. 12/8165, 29.

Verhältnisse von Nichtbehinderten und Behinderten" schließlich auch erlaubt[121]. In Abgleich mit Art. 3 Abs. 3 Satz 1 GG ergibt sich dies auch schon aus dem Wortlaut des Art. 3 Abs. 3 Satz 2 GG[122]. Das entsprechende Vergabekriterium der Konzeptvergabe vermag mit diesem hohen Rang seines Zwecks alle Stufen der Verhältnismäßigkeitsprüfung zu nehmen.

e) Förderung genossenschaftlicher Organisationen

Entsprechend den oben erfolgten Ausführungen handelt es sich ebenfalls um ein rechtfertigungsbedürftiges Vergabekriterium, wenn Grundstücke bevorzugt an genossenschaftlich organisierte Bewerber vergeben werden. Vereinigungen in anderen Organisationsformen werden ebenso benachteiligt wie die „hinter diesen stehenden" natürlichen Personen[123] und konkurrierende private Grundstücksinteressenten. Gleichwohl darf aber die herausragende Rolle nicht außer Acht gelassen werden, die Genossenschaften bei der Wohnraumversorgung spielen können. Seit jeher bezwecken Wohnungsgenossenschaften doch regelmäßig „die Förderung ihrer Mitglieder durch eine gute, sichere und sozial verantwortbare Wohnungsversorgung"[124]. Bei der sozialen Wohnraumförderung wird das genossenschaftliche Wohnen sowohl vom Bundes- als auch vom Landesgesetzgeber beherzigt[125]. Einschätzungs- und Gestaltungsprärogativen der Gemeinden dürfen somit auch nicht dahinter zurückbleiben.

Ein legitimes Ziel ist diesem Kriterium der Bevorzugung von Genossenschaften deshalb auszumachen. Das Unterscheidungsmerkmal ist geeignet, das Ziel zu fördern, und in Anbetracht des Beurteilungsvorsprungs der Gemeinde geht es auch nicht über das hinaus, was zur Zielerreichung erforderlich ist. Ebenfalls ist die Wahl des Kriteriums in der Angemessenheitsprüfung vertretbar.

III. Vereinbarkeit des Kaufpreiskriteriums mit den rechtlichen Determinanten

Während viele Konzeptvergaben im Festpreisverfahren durchgeführt werden, wird der Kaufpreis in anderen Fällen als Vergabekriterium neben die bau- und nutzungsbezogenen Kriterien sowie die bewerberbezogenen Kriterien gesetzt: Es handelt sich dann um ein Teilpreisverfahren.

---

[121] BVerfG NJW 1998, S. 131 (132). Auch *Schollmeier* betreffend die kommunale Grundstücksvergabe, Wohnraum als Verfassungsfrage, S. 380.

[122] Vgl. ebenfalls BVerfG NJW 1998, S. 131 (132).

[123] Gerade auf den Zusammenschluss natürlicher Personen rekurriert auch das BVerfG NJW 1999, S. 1535 (1536).

[124] Direktes Zitat aus *Drasdo* NZM 2012, S. 585 (586), der auf *Lützenkirchen* WuM 1994, S. 5 (5) verweist. Mit rechtspolitischen Bedenken zu aktuellen Tendenzen innerhalb genossenschaftlicher Modelle *Beuthien* ZRP 2019, S. 108 ff., der für „eine Belebung der genossenschaftlichen Rechtsform" streitet.

[125] Vgl. etwa die §§ 1 Abs. 1, 6 Satz 2 Nr. 2 WoFG oder Art. 8 Nr. 6 BayWoFG.

Die Aufstellung des Preises als Vergabekriterium hat allerdings keine rechtlichen Bedenken zur Folge. Aus der Perspektive der Grundfreiheiten der
Art. 34 ff. AEUV handelt es sich bei dem zu bietenden Verkaufspreis um keine
Diskriminierung. Auch unter grundgesetzlichen Gesichtspunkten führt das
Kaufpreiskriterium nicht zu Schwierigkeiten. Faktisch benachteiligt wird
höchstens derjenige, der nicht über ausreichend Geld zum Preiswettbewerb
verfügt. Da das Preiskriterium allerdings fernab jeder Anknüpfung an Persönlichkeitsmerkmale steht und auch ansonsten keine Gründe für eine strenge Verhältnismäßigkeitsprüfung sprechen, genügt eine schlichte Willkürkontrolle.
Hierbei wird die kommunale Haushaltskonsolidierung aber immerzu einen an-
erkennenswerten und damit legitimen Zweck bei Grundstücksveräußerungen
liefern[126].

Das nun Folgende steht unter ähnlichen Vorzeichen und bedarf keiner eigenen Überschrift: Die „Fixvorgabe", einen Finanzierungsnachweis beibringen
zu müssen, ist nämlich keinen sonderlichen Rechtfertigungshürden ausgesetzt.
Jedes Bauvorhaben steht und fällt mit seiner Finanzierung; und dass die Gemeinde ein (diskriminierungsfreies) Realisierungsanliegen hat, wurde schon
hinreichend dargelegt. Entsprechendes gilt damit auch noch für etwa die Voraussetzung, sich zur Bewerbung mit Baubetreuern oder Architekten zusam-
mentun zu müssen. Der Niederschwelligkeit des Konzeptvergabeverfahrens ist
das allerdings nicht immer zuträglich. Insbesondere die ersteren Finanzie-
rungsfragen können auch in die Anhandgabephase verlagert werden.

C. Ausgestaltung zur bestmöglichen Zielerreichung

Wenn sich die Kriterienaufstellung, also die Wahl des einen oder des anderen
Vergabekriteriums, vor allem im Wege und Nachgang eines politischen Wil-
lensfindungsprozesses abzeichnet, muss auf rechtlicher Ebene entsprechende
Zurückhaltung herrschen.

Allgemein kann an dieser Stelle rekapituliert werden, dass der Gemeinde
grundgesetzlich ein weiter Spielraum eröffnet ist. Auch das Sozialstaatsprinzip
des Art. 20 Abs. 1 GG unterstreicht für die Wohnraumschaffung lediglich die
Zielrichtung, ohne dabei allerdings konkrete Handlungsschritte vorzugeben.
Wegen des anzunehmenden grenzüberschreitenden Interesses erweisen sich
gerade die Grundfreiheiten der Art. 34 ff. AEUV als die praktisch zuvorderst
beachtlichen Gestaltungshürden. Auf der Rechtfertigungsebene können aber
ebenfalls diese überwunden werden.

Zusätzlich zu den hier genannten Vergabekriterien lassen sich damit im Ergebnis noch weitere Kriterien erdenken, besonders wenn Wohnraum

---

[126] Siehe bereits Kap. 5 A. VI. mit den entspr. gesetzlichen Vorgaben aus haushaltsrechtlicher Sicht.

geschaffen werden soll. Zu beachten sind dabei die entsprechend herausgearbeiteten Determinanten samt diesbezüglicher Ableitungen. Geht es um die Deckung des Wohnbedarfs von Bevölkerungsgruppen mit besonderen Wohnraumversorgungsproblemen (bereits aufgenommen in § 11 Abs. 1 Satz 2 Nr. 2
BauGB) und wird hierbei eine diskriminierungsfreie Gestaltungsform gewählt,
so indiziert das bestehende Allgemeininteresse aber bereits die rechtliche Zulässigkeit des Vergabekriteriums.

Sowohl der nationale als auch der unionale Rechtsrahmen lässt das Erfordernis möglichst transparenter bzw. bestimmt formulierter Vergabekriterien
folgen. Diesem Erfordernis haben die Gemeinden zu entsprechen, wobei hierzu
auch Erläuterungen dienen können. An mancher Position ist allerdings darauf
zu achten, erwünschte innovative Bewerbungen nicht durch ein zu eng abge-
fasstes Kriterium zu beeinträchtigen. Sind bezüglich des ein oder anderen
Vergabekriteriums kreative Ideen gefragt, kann (und sollte) dies ausdrücklich
benannt werden.

D. Bilanz

Zur Erreichung städtebaulicher Ziele dienen bei der Konzeptvergabe in erster
Linie die Vergabekriterien. Gerade von diesen Kriterien lassen sich die Grundstücksinteressenten bei der Konzepterstellung leiten. Und hierdurch kann die
wettbewerbliche Konzeptvergabe den fruchtbaren Boden für neue städtebauliche Qualitäten schaffen.

Den Rechtsrahmen der Kriterienaufstellung stiften vor allem die Grundfreiheiten der Art. 34 ff. AEUV und der allgemeine Gleichheitssatz des Art. 3
Abs. 1 GG: Die gängigen, zur Wohnraumschaffung eingesetzten Vergabekriterien halten sich dabei mehrheitlich an die vorgezeichneten Rahmenbedingungen. Besonders gilt das für Teilpreiskriterien oder Kriterien, die an die Bebauung und die Nutzung des zu veräußernden Grundstücks anknüpfen. Inhaltlich
sind allein die Kriterien zur „Ortsansässigkeit" (Wohnsitz, örtliche Arbeits-
stätte, örtliches Engagement oder Integration im Ort) rechtlichen Bedenken
ausgesetzt, da diese zumindest eine grundfreiheitsrechtlich relevante, mittelbare Diskriminierung begründen können. Um diese Problematik abzuwenden
und Rechtskonformität herzustellen, ist der Gang des Gesetzgebers im Hinblick auf § 11 Abs. 1 Satz 2 Nr. 2 BauGB nachzuzeichnen: Allein die Deckung
des Wohnbedarfs der ortsansässigen Bevölkerung stellt nämlich (zumindest
unional) keinen legitimen Belang dar. Geht es allerdings um die Herstellung
von *angemessenem Wohnraum für einkommensschwächere und weniger begüterte Personen der örtlichen Bevölkerung*, kann sich die Gemeinde auf ein
Handlungsziel berufen, das selbst durch höchste Rechtsvorgaben gebilligt ist.
Betreffend die Kriterien einer Wohnraum-Konzeptvergabe im Allgemeinen

können sämtliche Umstände einbezogen werden, die zu besonderen Wohnraumversorgungsproblemen führen und die es zu bewältigen gilt.

Transparenz- und Bestimmtheitsanforderungen sind formelle Erfordernisse, mit denen sich unkommentierte Vergabekriterien angreifbar machen. Hierzu zählt etwa das Kriterium der „Wohnqualität" oder das Kriterium der „Wohnform".

Abgeschlossen sei im Übrigen mit dem Folgenden: Auch wenn die vorausgehende Bekanntmachung der Gewichtung der Vergabekriterien nach der wohl überwiegenden Interpretation des Verteilungsprimärrechts nicht erforderlich ist[127], so bietet sich eine solche Veröffentlichung dennoch an: Hegt die Gemeinde bereits konkrete Vorstellungen zu den grundstücksbetreffenden Vorhaben, so wird sie mit der bekanntgemachten Kriteriengewichtung im Zweifel ihren Zielen besser entsprechende Einreichungen erhalten. Und auch die Grundstücksinteressenten werden sich mit einer derartigen Vorgabe bei ihren Bewerbungen leichter tun.

---

[127] Siehe sogleich Fn. 14 (Kap. 7) und damit die Ansicht von *Weiß* bestätigend, vgl. BayGT 2021, S. 12 (20).

Kapitel 7

Programmgestaltung betreffend die Bewertungsmethoden

Da die Gemeinde ein enormes Interesse daran hat, schlussendlich auch das in ihren Augen „tatsächlich beste" Konzept auszuwählen, sollte sie bereits beim Entwurf ihrer Konzeptvergabe bedenken, in welcher Weise sie die eingereichten Konzepte schließlich bewerten und mithin untereinander vergleichen will. Dieser Prozess wird dann in der (so bezeichneten) Entscheidungsfindungsphase ablaufen.

Gängigerweise werden in den Konzeptvergaben zur Bewertung der Konzepte verschiedene Methoden eingesetzt[1]: Oftmals wird bezogen auf ein einzelnes Vergabekriterium beurteilt, ob und inwieweit die Bewerbung dieses Kriterium erfüllen kann. Weil im Regelfall mehr als ein Kriterium vorgegeben ist, lassen sich all diese Kriterien dann recht einfach in einer Bewertungsmatrix abbilden, innerhalb welcher auch noch verschiedene Gewichtungen angesetzt werden können. Doch hierneben existieren noch andere Bewertungsmethoden: Die Bandbreite reicht bis hin zum Einsatz von „Ampelsystemen". In manchen Fällen kommt es sogar zu einer „ganzheitlichen" Beurteilung der Konzepte und zu einem darauffolgenden Vergleich der Bewerbungen untereinander.

Unweigerlich sind diese Bewertungsfragen allerdings auch wieder mit Rechtsfragen verbunden, denen man sich bereits bei der Programmgestaltung zu stellen hat. Gibt es hier eine Grenze des rechtlich Zulässigen?

Zuerst also das Grundlegende: An diese verschiedenen Bewertungsmethoden können formelle Anforderungen zu stellen sein, da der Auswahlprozess eine gewisse Schnittstelle zum Verfahren ausmacht. Die hierzu relevanten Anforderungen wurden oben bereits herausgearbeitet: Sie ergeben sich vor allem aus den Grundfreiheiten[2] und aus dem allgemeinen Gleichheitssatz des Art. 3 Abs. 1 GG[3]. Zwar betreffen die erkannten Determinanten die Bewertungsmethoden allesamt nicht direkt. Konkrete Gebote und Verbote fehlen auch hier. Potenzielle rechtliche Bedenken lassen sich an dieser Stelle allerdings durch einen Erst-Recht-Schluss aus der Welt schaffen. Betrachtet werden können Anforderungen, die schon an die Auftragsvergabe zu stellen sind. Denn was im GWB-Vergaberecht möglich ist, das muss danach auch in Verteilungs-

---

[1] Hierzu bereits die charakterisierende Beurteilung, Kap. 2 C. VI.
[2] Siehe hierzu Kap. 5 A. IV. 4.
[3] Bereits Kap. 5 A. V. 3. c.

verfahren zulässig sein, die nur durch grundfreiheitliche und grundrechtliche Maßstäbe geprägt sind.

Doch kommt es zu Wertungsfragen, so ist dem öffentlichen Auftraggeber auch im Anwendungsfeld des unionalen Auftragsvergaberechts ein erheblicher Spielraum belassen. Wiederum ist nämlich festzustellen: Weder das unionale noch das (umgesetzte) nationale Auftragsvergaberecht sieht den Einsatz einer bestimmten Bewertungsmethode vor[4]. Auch im GWB-Vergaberecht unterliegt es dem Beurteilungsspielraum des öffentlichen Auftraggebers, wie er seine Bewertung „organisiert und strukturiert"[5]. Die Grenzen dieses Beurteilungsspielraums sind lediglich beim Einsatz einer „untauglichen Bewertungsmethodik" überschritten[6]. Die Widerspruchsfreiheit und eine (rechnerisch) richtige Umsetzung sind ebenso zu erwarten[7], wie auch, dass ein einheitlicher Maßstab bei der Wertung selbst angelegt wird[8].

In der Vergabepraxis entwickelten sich im Lauf der Zeit verschiedene Methoden, die zumindest in den erwähnten, ähnlichen Formen auch bei den Konzeptvergaben anzutreffen sind und deren rechtliche Akzeptanz auch für das Grundstücksmodell fruchtbar zu machen ist. Unterschieden werden können etwa die Verwendung eines Punktebewertungsmodells (also die Aufstellung einer Bewertungsmatrix; A.), die Durchführung eines Paarvergleichs (B.) und die Bildung einer einfachen Rangskala (C.). Während sich der zweitgenannte Paarvergleich schon im Vergleich der Angebote zueinander erschöpft, stellt sich bei den anderen Bewertungsmethoden die Frage, ob die Wertung anhand externer Bezugspunkte bzw. anhand eines „abstrakt vordefinierten Maßstabs"

---

[4] *Renner*, in: Pünder/Schellenberg, Vergaberecht, § 127 GWB Rn. 23.

[5] *Opitz*, in: Burgi/Dreher/Opitz Bd. 1, § 127 GWB Rn. 126 etwa m.V.a. OLG Düsseldorf ZfBR 2021, S. 464 (466); OLG Karlsruhe Az. 15 Verg 8/11, BeckRS 2015, 12265 m.w.N. („Die Organisation und Strukturierung des Wertungsvorgangs unterliegt dem Ermessen des öffentlichen Auftraggebers [...]. Die Methodik der Bewertung ist seine Sache [...]. Ihm steht ein weiter Beurteilungs- und Ermessensspielraum zu"); OLG München Az. Verg 1/06, BeckRS 2006, 2401.

[6] *Opitz*, in: Burgi/Dreher/Opitz Bd. 1, § 127 GWB Rn. 126.

[7] VK Mecklenburg-Vorpommern Az. 1 VK 5/17, BeckRS 2017, 153283, Rn. 58 („in jedem Fall die Forderung zu verbinden, dass das vorgesehene Wertungssystem frei von logischen Widersprüchen ist"); VK Sachsen Az. 1/SVK/014-15, BeckRS 2015, 16421, Rn. 50 („Das gewählte System muss in sich widerspruchsfrei und die Gewichtung der Kriterien rechnerisch richtig umgesetzt sein [...]"); *Opitz*, in: Burgi/Dreher/Opitz Bd. 1, § 127 GWB Rn. 126.

[8] BGH NZBau 2006, S. 800 (802) Rn. 27.

oder (zulässigerweise[9]) in Relation der Einreichungen zueinander zu erfolgen hat[10].

Allgemein kann der Gefahr, dass „die Offenheit" eines eingesetzten Wertungsschemas zu einer intransparenten Vergabe führt, durch eine „eingehende Dokumentation des Wertungsprozesses" begegnet werden[11]. Es muss nachvollziehbar sein, „welche konkreten qualitativen Eigenschaften der Angebote mit welchem Gewicht in die Benotung eingegangen sind"[12].

Zuletzt ist noch auf die Anschlussfrage zum Beurteilungsspielraum einzugehen (D.).

A. Punktebewertungsmodelle

Bei der Verwendung eines Punktebewertungsmodells ermittelt der öffentliche Auftraggeber „den Teilnutzen" bzw. den Erfüllungsgrad eines jeden Angebots für ein einzelnes Vergabekriterium und bewertet letztere Kriterienerfüllung (intern) mit Punkten. Der öffentliche Auftraggeber kann den einzelnen Vergabekriterien unterschiedliche Bedeutungen beimessen[13], derentsprechend er die Kriterien mit (nur im GWB-Vergaberecht vorab festzulegenden und bekanntzumachenden[14]) Gewichtungen versehen kann. Die bei den einzelnen

---

[9] Vgl. OLG Celle ZfBR 2021, S. 686 (687 f.); OLG Celle EnWZ 2016, S. 310 (314) Rn. 127 mit insb. auf die Konzeptvergabe übertragbaren Erwägungen zum Ideenwettbewerb; OLG Düsseldorf ZfBR 2013, S. 287 (289); OLG Schleswig Az. 1 Verg 6/07, BeckRS 2008, 8129 (Rn. 66) mit auf die Konzeptvergabe übertragbaren Ausführungen.

[10] *Opitz*, in: Burgi/Dreher/Opitz Bd. 1, § 127 GWB Rn. 133, der dieses Ergebnis m.V.a. die angeführte Rspr. (Fn. 9) ebenfalls vertritt.

[11] BGH NZBau 2017, S. 366 (371) Rn. 52. Im Besonderen mitunter zu den letzten beiden Randnummern des BGH-Beschlusses *Stein/Wolters*, NZBau 2020, S. 339 ff.

[12] BGH NZBau 2017, S. 366 (371) Rn. 53 vor dem Hintergrund der Dokumentationspflicht nach § 8 Abs. 1 Satz 2 VgV.

[13] Möglich ist es auch, die Vergabekriterien des Punktebewertungsmodells als Mindestanforderungen festzulegen, vgl. *Opitz*, in: Burgi/Dreher/Opitz Bd. 1, § 127 GWB Rn. 129.

[14] Vgl. EuGH C-6/15, NZBau 2016, S. 772 (774) Rn. 20 ff. (TNS Dimarso). Dies gilt auch für Unterkriterien, vgl. in Bezug auf den insoweit klar verständlichen § 127 Abs. 5 GBW das OLG Celle Az. 13 Verg 1/21, BeckRS 2021, 7687, Rn. 19 m.w.N. Das betrifft allerdings *nur das GWB-Vergaberecht*. Für das *Primärvergaberecht* dreht das Meinungsbild, obwohl Transparenzerfordernisse auch dort gelten (vgl. schon Kap. 5 A. V. 4.): So geht das OLG Brandenburg KommJur 2012, S. 269 (272) bezogen auf die Veräußerung eines kommunalen Grundstücks davon aus, dass selbst im Fall der Ausschreibung weder konkrete Kriterien noch eine dbzgl. Gewichtung genannt werden müssen (allerdings ohne Referenz zum Primärvergabe- bzw. Primärverteilungsrecht). Mit direktem Bezug auf dieses Verteilungsprimärrecht und dessen nur abgesenkte Anforderungen stellt *Weiß* zum Rechtsrahmen der *Konzeptvergabe* dar, dass „eine vorherige Gewichtung der Auswahlkriterien nicht erforderlich" sei, BayGT 2021, S. 12 (20). Ebenfalls m.V.a. die Entscheidung des EuGH C-226/09, NZBau 2010, S. 50 (52) Rn. 43 (Kommission./.Irland) spricht sich auch *Dörr*, in:

Vergabekriterien erreichten Punkte werden dann unter Beachtung der etwaig eingesetzten Gewichtung (mehr zu erreichende Punkte oder Multiplikation der Punkte) zu einem Gesamtwert addiert, der letztlich über die Vergabe entscheidet[15]. Die Bewertung der Einreichungen anhand solcher Punktebewertungsmodelle kann damit als eine „kompensatorische Bewertungsmethode" bezeichnet werden, bei der Vorteile und Nachteile einer Bewerbung innerhalb der Gesamtbewertung ausgeglichen werden können[16]. Nicht relevant ist, ob die Matrix nach einem „Top-Down-Ansatz" oder einem „Bottom-Up-Ansatz" ausgestaltet ist; denn beides ist möglich[17]. Erforderlich ist allerdings, dass die eingesetzten Skalen differenzierende Bewertungen zulassen[18]. Gängig (und aufgrund der hierzu vorliegenden höchstgerichtlichen Rechtsprechung auch vielbeachtet) ist dabei die Bewertung anhand von (umgekehrten[19]) „Schulnoten"[20]. Qualitative Vergabekriterien können neben quantitativen Vergabekriterien zur Anwendung kommen und monetäre Preiskriterien können in Punkte umgesetzt werden[21], was für das Teilpreisverfahren eine Rolle spielt.

Burgi/Dreher/Opitz Bd. 1, Einl. Rn. 201 gegen dieses Erfordernis der vorherigen Gewichtungsbekanntmachung aus. Genauso im Ergebnis *Prieß/Simonis* NZBau 2015, S. 731 (734).

[15] Verallgemeinernd nach den auf die öffentliche Auftragsvergabe zugeschnittenen Ausführungen von *Opitz*, in: Burgi/Dreher/Opitz Bd. 1, § 127 GWB Rn. 127.

[16] *Opitz*, in: Burgi/Dreher/Opitz Bd. 1, § 127 GWB Rn. 127.

[17] *Opitz*, in: Burgi/Dreher/Opitz Bd. 1, § 127 GWB Rn. 130.

[18] OLG München Az. Verg 6/07, BeckRS 2008, 8701, Rn. 34 ff.: Infolge nivellierender Tendenzen und nicht schlüssiger Abstufungen konnte in diesem Fall keine hinreichende Differenzierung verschiedener Bewerbereignungen herbeigeführt werden, womit das Gericht den (einfachrechtlichen) Gleichbehandlungsgrundsatz als verletzt erachtete. Anknüpfend *Opitz*, in: Burgi/Dreher/Opitz Bd. 1, § 127 GWB Rn. 131. Für das Problemverständnis wichtig ist aber die nun vorliegende höchstrichterliche Ausführung des BGH NZBau 2017, S. 366 (370), wonach die Vergabeunterlagen nicht zwingend konkretisierende Angaben dazu enthalten müssen, „wovon die jeweils zu erreichende Punktzahl für das Konzept konkret abhängen soll", zumindest dann, wenn sich die Anforderungen für die Bieter von selbst verstehen bzw. wenn diese für die Bieter verständlich sind. Bedeutsam ist dabei die Erkenntnis, dass den Bietern durch ein solches Vorgehen direkt oder mittelbar Lösungskomponenten vorgegeben wären, „die diese zwangsläufig aufgreifen würden, um in der Angebotswertung bestehen zu können", ebd. S. 371. Der öffentliche Auftraggeber würde hierdurch Aufgaben übernehmen, „deren Lösung [er] im Rahmen der funktionalen Ausschreibung in vergaberechtlich unbedenklicher Weise auf die Bieter delegieren wollte", ebd. S. 371.

[19] Vgl. die „Benotung" im dem BGH vorliegenden Fall, NZBau 2017, S. 366 (367): Ungenügend (0 Punkte), mangelhaft (1 Punkt), ausreichend (2 Punkte), befriedigend (3 Punkte), gut (4 Punkte) bis zu sehr gut (5 Punkte).

[20] Zur sog. „Schulnotenrechtsprechung" bereits Fn. 18 f., insb. die Entscheidung des BGH NZBau 2017, S. 366 ff.

[21] *Opitz*, in: Burgi/Dreher/Opitz, § 127 GWB Rn. 128. Ein Beispiel (der Umrechnung) konkret für die *Konzeptvergabe* liefern dabei i.Ü. *Osseforth/Lampert* FWS 2021, S. 190 (192 f.).

Bereits oben wurde dargestellt, dass auch in den Konzeptvergaben häufig entsprechende Punktebewertungs- bzw. Bewertungsmatrixmodelle zu verzeichnen sind. Auszusetzen ist hiergegen also rechtlich nichts. Im weiteren Sinne können sogar eingesetzte (kriterienausgerichtete) „Ampelsysteme" diesem Bereich zugerechnet werden. Auch wenn (im Einklang mit der Schulnotenrechtsprechung) der Einzelfall darüber entscheidet, wie detailliert ein Wertungssystem ausgestaltet sein muss, kann sich eine solche dreiteilige Bewertung (grün, gelb, rot) aber allenfalls noch am untersten Maß des rechtlich Zulässigen bewegen.

B. Paarvergleiche

Neben diesen Punktebewertungsmodellen, die auch bei der Konzeptvergabe gängig sind, ist (wie bereits erwähnt) auch die Durchführung eines sog. „Paarvergleichs" möglich. Hierbei werden die Angebote paarweise miteinander verglichen. Jedes Angebot wird jedem anderen Angebot gegenübergestellt, wonach im Anschluss und unter Beachtung der etwaig gewichteten Vergabekriterien das bevorzugte Angebot feststehen sollte[22]. Je mehr Angebote und Vergabekriterien allerdings vorliegen, desto aufwendiger wird schließlich diese Wertung[23].

Hält sich die als „ganzheitlich" bezeichnete Bewertung der Konzepteinreichungen in diesem Rahmen, so kann also auch hiergegen rechtlich nichts angeführt werden. Schafft man allerdings Möglichkeiten, sich bei der Entscheidungsfindung von vorgegebenen Kriterien und Gewichtungen zu entfernen, liegt ein Verstoß besonders gegen oben herausgearbeitete Transparenz- und Gleichbehandlungserfordernisse nicht mehr fern.

C. Einfache Rangskalen

Bei der Bildung einer einfachen „Rangskala" wird für jedes Vergabekriterium „eine Rangfolge der Angebote vom besten zum schlechtesten Angebot festgelegt"[24] und die Bewerbungen werden im Anschluss (unter Berücksichtigung der Gewichtung) miteinander verglichen.

Auch bei der Konzeptvergabe kann gegen ein solches Vorgehen nichts eingewandt werden. Doch wird ebenso bei der Rangskalenbildung der Verwaltungsaufwand steigen, wenn viele Bewerbungen und Vergabekriterien

---

[22] Vgl. *Opitz*, in: Burgi/Dreher/Opitz Bd. 1, § 127 GWB Rn. 128.
[23] *Opitz*, in: Burgi/Dreher/Opitz Bd. 1, § 127 GWB Rn. 128.
[24] *Opitz*, in: Burgi/Dreher/Opitz Bd. 1, § 127 GWB Rn. 128.

vorliegen. Die Begründung der Wertung muss schließlich nachvollziehbar sein. Sie hat den in sich stimmigen Auswahlprozess preiszugeben.

D. Anschlussfrage: Beurteilungsspielraum

Kommt das Konzeptvergabeverfahren schließlich in die Entscheidungsfindungsphase, so gilt es, die Erfüllung der vorgegebenen Kriterien durch die Einreichungen zu überprüfen. Hierbei stellt sich dann die Anschlussfrage, welche Freiheit der Kommunalverwaltung verbleibt, wenn eben zu beurteilen ist, inwieweit einem Vergabekriterium durch die Bewerbung eines Grundstücksinteressenten nachgekommen wurde. Hierbei sollten zweierlei Arten von Vergabekriterien unterschieden werden.

Soweit die Beurteilung der Erfüllung der Kriterien *quantitativ*, also durch eine formelhafte Berechnung, erfolgen kann, kommt es vor allem auf die Richtigkeit der Berechnung an. Diese unterliegt auch der gerichtlichen Kontrolle.

Kann die Beurteilung der Kriterienerfüllung aber nur *qualitativ* erfolgen, stellt sich die Frage nach dem sog. „Beurteilungsspielraum" der Gemeindeverwaltung[25]. Dieser muss hier nachgelagert auf zweiter Ebene (hinter den Ermessensspielräumen bei der Aufstellung der Vergabekriterien in der Programmphase) eingeräumt werden. Für einen weiten „Subsumtionsspielraum" der Gemeindeverwaltung sprechen im vorliegenden Kontext nämlich zwei Gründe: Zum einen handelt es sich um ein gesetzlich schwach determiniertes („unterdeterminiertes"[26]) Veräußerungsverfahren, bei dem grundsätzlich mehrere rechtmäßige Entscheidungen möglich sind, letztlich aber nur eine Entscheidung zu treffen ist[27]. Zum anderen weist das BauGB den Gemeinden gerade in planerischer Hinsicht einen entsprechenden (besonders die Bebauung und die Nutzung betreffenden) Gestaltungsauftrag zu, der auf die Entscheidungsfindung bei der Konzeptvergabe ausstrahlen kann[28]. Anerkannte

---

[25] Zur „Lehre vom Beurteilungsspielraum" (auch in seinen einzelnen Deutungsweisen) hier nur *Maurer/Waldhoff*, Allgemeines VerwR, § 7 Rn. 31 ff.; zuerst *Bachof* JZ 1955, S. 97 (98). Dass es sich bei der Beurteilung, ob Vergabekriterien erfüllt sind, *nicht um die Subsumtion unter gesetzliche Tatbestandsmerkmale im eigentlichen Sinne* handelt, vermag im Hinblick auf die Berücksichtigung eines „Beurteilungsspielraums" letztlich keinen Unterschied zu machen. Hierfür streitet die mangelnde einfachgesetzliche Determinierung der Veräußerungsverfahren und die *stattdessen erfolgende* Selbstprogrammierung der Gemeinden mit tatbestandsähnlichen Vorgaben. Vielmehr können derartige Erwägungen gerade eher für das Vorliegen eines solchen Spielraums sprechen.

[26] *Wollenschläger*, Verteilungsverfahren, S. 475.

[27] Vgl. zu dieser Argumentation BVerwG Az. 3 C 35.80VG, BeckRS 1981, 30438319.

[28] Die „Konkretisierung unbestimmter Rechtsbegriffe mit planerisch-politischem Gehalt" spricht nach *Wollenschläger*, Verteilungsverfahren, S. 569 für eine administrative Einschätzungsprärogative, also einen Beurteilungsspielraum.

Grenzüberschreitungen des Beurteilungsspielraums können gleichwohl gerügt werden. Dort wo der „Rahmen der Interpretation" überschritten erscheint bzw. dieser zu überschreiten droht[29], wird die verwaltungseigene Interdependenz schließlich rechtspraktisch relevant. Die Figur des Beurteilungsspielraums wirkt dann auch auf Rechtsschutzersuchen ein[30].

Zu rekapitulieren bleibt aber: Eines (hiervon abzugrenzenden) Ermessens „der ersten Ebene" hat sich die Gemeinde im Übrigen schon durch die Aufstellung der Kriterien und Bewertungsmethoden begeben: An diese Vorgaben ist sie nach der Ausschreibung, auch unter Miteinbezug des Art. 3 Abs. 1 GG, gebunden. Das ist vor allem für den Rechtsschutz relevant[31].

E. Bilanz

Die Gemeinde muss sich schon in der Programmphase zur Konzeptvergabe darüber Gedanken machen, wie sie die später einzureichenden Konzepte in der Entscheidungsfindungsphase bewerten will. Aus einem rechtlichen Blickwinkel können dabei mehrere Methoden zur Bewertung der Einreichungen eingesetzt werden. Im Abgleich mit zulässigen Spielräumen, die selbst im GWB-Vergaberecht bestehen, sind entsprechende Bedenken oftmals im Wege eines Erst-Recht-Schlusses auszuräumen.

Ohnehin möglich ist es, Bewertungsmatrizies aufzustellen, welche die verschiedenen Vergabekriterien vorgeben; wobei diese Kriterien mit einer Gewichtung versehen werden können. Die Bepunktung kann dann anhand eines abstrakt vordefinierten Maßstabs oder anhand eines relativen Vergleichs zwischen den Einreichungen erfolgen. Werden Skalen eingesetzt, so müssen diese differenzierende Bewertungen zulassen.

Richtet man den Blick mit dem Erkenntnisgewinn aus dem GWB-Vergaberecht zurück auf die Konzeptvergabe, so sind neben den Punktebewertungsmodellen allerdings noch andere Bewertungsmethoden rechtlich zulässig: Etwa können Paarvergleiche angestellt oder Rangskalen gebildet werden. Zwar müssen die Einreichungen dann nicht nur „statisch" bewertet werden: Ein Aspekt, der vor allem innovativen Ideen zugutekommen kann. Mit der Anzahl an

---

[29] Liegt ein Beurteilungsspielraum vor, so beschränkt sich die gerichtliche Kontrolle darauf, ob bei der Entscheidung der Verwaltung das anzuwendende Tatbestandsmerkmal oder der gesetzliche Rahmen des Beurteilungsspielraums verkannt wurde, ob die Verwaltung von einem unrichtigen Sachverhalt ausgegangen ist, ob allg. gültige Wertmaßstäbe nicht beachtet wurden, ob sachfremde Erwägungen angestellt wurden oder ob die Verwaltung gegen Verfahrensvorschriften verstoßen hat, statt vieler vgl. nur das BVerwG Az. 1 WB 31/06, BeckRS 2007, 25247 Rn. 44 mit derselben Auflistung.

[30] Zum Rechtsschutz des unterlegenen Bewerbers noch Kap. 13.

[31] Hierzu Kap. 13 C. I.

Bewerbungen und Kriterien steigt allerdings auch der Verwaltungsaufwand, der nötig ist, um die Konzeptvergabe durchzuführen.

Kapitel 8

Programmgestaltung betreffend die Entscheidungsbekanntgabe

Zuletzt sollte die Gemeinde schon in der Programmphase noch diesen abschließenden Aspekt bedenken: Wie gibt sie ihre getroffene Auswahl- bzw. Grundstücksvergabeentscheidung kund? Denn während die Entscheidung, wem das Grundstück zugesprochen werden soll, noch verwaltungsintern erfolgt[1], muss dieses Ergebnis nun auch „in Gestalt einer Vergabeentscheidung im Außenverhältnis" dargestellt werden[2].

Bei Verteilungsverfahren ist das auf zwei Arten möglich:

Zunächst gibt es solche Verfahren, in denen die Umsetzung der vorangegangenen Auswahlentscheidung im Außenverhältnis *einstufig* erfolgt; und sich der Prozess der „eigentlichen Vergabe" damit im Zuteilungsakt erschöpft. Die Auswahlentscheidung als solche wird damit im Außenverhältnis nicht sichtbar gemacht[3].

Weiterhin besteht aber die Möglichkeit, dass das Nachaußentragen der Auswahlentscheidung und die Zuteilung getrennt voneinander *zweistufig* erfolgen: In einem der Zuteilung vorgeschalteten Akt ergeht dann eine „das Auswahlergebnis explizierende Entscheidung"; wobei sich die letztere Entscheidung im verfügenden Teil eines als „Auswahlverwaltungsakt" zu bezeichnenden Verwaltungshandelns wiederfinden kann[4]. Technisch ist dabei *Wollenschläger* zu folgen, wenn er in diesem Auswahlverwaltungsakt einen feststellenden Verwaltungsakt erblickt, mit dem nun festgehalten wird, welcher der Bewerber „das beste Angebot abgegeben hat" bzw. auf wen die Auswahl fiel[5]. Ebenso Rangverhältnisse sollten hier fixiert werden können.

---

[1] Vgl. nur *Ruff* KommJur 2009, S. 201 (204 f.) (vollzugsbedürftiger Beschluss); ebenfalls in diese Richtung das BVerwG Az. VIII C 25.69, BeckRS 1971, 30441427 noch betreffend die preisbegünstigte Veräußerung von Liegenschaften zur Förderung des sozialen Wohnungsbaus. Allg. im Hinblick auf die Auswahlentscheidung *Wollenschläger*, Verteilungsverfahren, S. 571; vgl. ebenso *Rennert* DVBl. 2009, S. 1333 (1335).

[2] *Wollenschläger*, Verteilungsverfahren, S. 570 mit einer dementspr. Bezeichnung der Phase als „Entscheidungsformung".

[3] *Wollenschläger*, Verteilungsverfahren, S. 571 f.

[4] *Wollenschläger*, Verteilungsverfahren, S. 572.

[5] *Wollenschläger*, Verteilungsverfahren, S. 572 f. Hierneben noch das VG München Az. M 1 E 19.5556, BeckRS 2020, 18771, Rn. 30: „Durch den bestandskräftigen Bescheid vom 19. Oktober 2018 wurde im Ergebnis auch mit Bindungswirkung gegenüber dem Gericht

Obwohl im Grundsatz eine Wahlfreiheit hinsichtlich der ein- oder zweistufigen Entscheidungsformung besteht[6], erfolgt der nach außen gerichtete Prozess gerade bei Veräußerungsvorgängen häufig einstufig. Die Auswahlentscheidung wird damit intern getroffen und die Umsetzung erfolgt schlicht mit dem Kaufvertragsschluss[7].

Daneben gibt es aber Veräußerungsverfahren, bei denen Besonderheiten das Verteilungsgeschehen derart überzeichnen, dass von einer zwischengeschalteten ersten Stufe auszugehen ist, während die eigentliche Umsetzung durch den Kaufvertragsschluss erst im Nachhinein auf einer zweiten Stufe erfolgt. Das kann etwa der Fall sein, wenn eine (miteingerechnete) Begünstigung einen Teilgegenstand der Entscheidung bildet und der Entscheidung mithin ein „Subventionscharakter" zukommt[8].

Wenngleich diese Fragen in der Folge vor allem für den Rechtsschutz von Bedeutung sind (und sie deshalb schwerpunktmäßig an anderer Stelle erörtert werden[9]), sei gerade hier auf *drei Gesichtspunkte* hinzuweisen:

Zum einen können nämlich die an die Bewerber gerichteten Entscheidungsmitteilungen (im eben dargestellten Sinne) technisch als Verwaltungsakte im Sinne des Art. 35 Satz 1 BayVwVfG qualifiziert werden, die aber gleichsam keinen Anspruch auf eine Grundstücksübertragung folgen lassen[10].

[...] festgestellt, dass die Antragsteller ‚erste Nachrücker' sind und ihnen die Parzelle Nr. 3 zuzuweisen ist". Dass durch den Zuspruch an den erfolgreichen Bewerber ein Anspruch auf Zuteilung geschaffen wird, scheidet in der vorliegenden Konstellation der Grundstücksveräußerung aus, da der Kaufvertrag die Form der notariellen Beurkundung nach § 311b Abs. 1 Satz 1 BGB zwingend einhalten muss. So ebenfalls (aber über eine Feststellungswirkung eher hinausgehend) deutlich das VG Stuttgart Az. 3 K 2686/13, BeckRS 2013, 197897, Rn. 22 bezogen auf einen „Reservierungszuschlag": „Die Antragsgegnerin [Anm.: also die Gemeinde] regelt mit diesem beabsichtigten Verwaltungsakt zugunsten des Bewerbers, der den Zuschlag erhält, dass sie innerhalb des konkret bestimmten Zeitraums das Grundstück nicht an einen anderen Bewerber veräußert. Diese verwaltungsverfahrensrechtliche Ausgestaltung der Reservierung eines Grundstücks kollidiert auch nicht mit § 311 b BGB, denn eine einseitige Verpflichtung, ein Grundstück – befristet – nicht zu veräußern (negative Verpflichtung), ist nicht formbedürftig".

[6] Vgl. *Stelkens*, in: Stelkens/Bonk/Sachs, VwVfG, § 35 Rn. 110; (wohl hieran) anknüpfend *Wollenschläger*, Verteilungsverfahren, S. 581 m.w.N.

[7] Vgl. *Wollenschläger*, Verteilungsverfahren, S. 572, *ders.* schon (allerdings die Differenzierungen aufzeigend) S. 481; *Stelkens*, in: Stelkens/Bonk/Sachs, VwVfG, § 35 Rn. 127a. Aus der Rspr. statt vieler nur das OVG Münster Az. 8 E 419/10, BeckRS 2010, 49412 (Grundstücksveräußerung).

[8] Vgl. schon OVG Münster NJW 2001, S. 698 (699 f.); im Anschluss bspw. VG Augsburg Az. Au 7 E 11.1149, BeckRS 2012, 57123, Rn. 4.

[9] Siehe hierzu Kap. 13 B.

[10] Bei der zutreffenden Erkenntnis, dass ein VA nach Art. 35 Satz 1 BayVwVfG vorliegt, aber gleichwohl nicht von einem unmittelbaren Rechtsanspruch auf eine Grundstücksüberlassung ausgegangen werden kann, VG München Az. M 9 K 06.4068, BeckRS 2007, 37099, Rn. 20 f. Ebenfalls Teile der restlichen Rspr. sprechen sich dafür aus, dass ein die Auswahl

Zum anderen sprechen sogar verwaltungspraktische Gründe für eine Zweiteilung des Zuteilungsvorgangs: Als Argument zu benennen ist hierbei etwa die *Praktikabilität* für die Gemeindeverwaltung. Durch das bezeichnete Vorgehen ist es der Gemeinde nämlich möglich, das multipolare Konkurrenzverhältnis abzuschichten in mehrere bipolare Zuteilungs- bzw. Nichtzuteilungsverhältnisse zwischen der Gemeinde auf der einen Seite und dem erfolgreichen Bewerber bzw. den erfolglosen Bewerbern auf der anderen Seite[11]. Eine ähnliche Abschichtung kann man ebenfalls für einen diskutierten „einheitlichen Verteilungsverwaltungsakt" annehmen[12]. Hierneben sei als weiterer Grund

---

betreffender VA vorliegt: Bspw. (chron.) BayVGH Az. 4 CE 07.266, BeckRS 2008, 32267, Rn. 9 (VA; allerdings unter der *abzulehnenden* Annahme, dass durch den VA ein Rechtsanspruch auf Überlassung des Grundstücks vermittelt wird); hins. eines „Reservierungszuschlags" VG Stuttgart Az. 3 K 2686/13, BeckRS 2013, 197897, Rn. 22; VG Saarlouis Az. 3 L 768/18, BeckRS 2018, 32425, Rn. 41 m.w.N. („Bei der streitgegenständlichen Entscheidung über die Berücksichtigung bei der Vergabe eines Bauplatzes, die anschließend durch Zuteilung einer Parzelle konkretisiert wird, handelt es sich um einen Verwaltungsakt gemäß § 35 SVwVfG"); VG Augsburg Az. Au 7 K 18.327, BeckRS 2019, 26533, Rn. 19; VG München Az. M 1 E 19.5556, BeckRS 2020, 18771, Rn. 30 (Platzzifferzuteilung mit Rechtsbehelfsbelehrung). Ebenso für die Qualifikation der Grundstückszuteilung im Wege des VAs und dafür, dass diese Zuteilung auf dem Gebiet des öffentlichen Rechts erfolgt, *Schollmeier*, Wohnraum als Verfassungsfrage, S. 375 f., aber leider auch mit der Auffassung, dass der VA einen Anspruch verleihe, den Grundstückskaufvertrag abzuschließen (ebd. S. 376). Aus der Lit. ebenfalls bereits *Grziwotz* VIZ 1997, S. 197 (199); *ders.* KommJur 2007, S. 450 (451); *ders.*, in: Beck'sches Notar- Hdb., § 10 Rn. 18 m.w.N.; letztlich auch *Huber/Wollenschläger*, Einheimischenmodelle, S. 18 Rn. 13 „Die dem Vertragsschluss vorgelagerte Vergabeentscheidung ist wegen ihres Zusammenhangs mit der Bauleitplanung dagegen öffentlich-rechtlicher Natur. Sie stellt eine hoheitliche Entscheidung über eine Vergünstigung dar und ergeht als Verwaltungsakt i. S. d. Art. 35 Satz 1 BayVwVfG".

[11] *Wollenschläger*, Verteilungsverfahren, S. 581 f.

[12] Vgl. zur Diskussion betreffend diesen einheitlichen Verteilungsverwaltungsakt *Wollenschläger*, Verteilungsverfahren, S. 577 ff.; *ders.* zur Bekanntgabe dieses einheitlichen VAs ebd. S. 586 sowie zu den beiden Möglichkeiten der Verfahrensstrukturierung einerseits im multipolaren Verwaltungsverfahren und andererseits in bipolaren Verwaltungsverfahren ebd. S. 598 ff. (m.w.N.), wobei *Wollenschläger* die Auffassung vertritt, dass „die Unterschiede dieser beiden Alternativen [...] angesichts [...] der stets bestehenden materiell-rechtlichen Verklammerung [...] nur im Konstruktiven [liegen]" (S. 600). Im Ergebnis kann damit (so verstanden) auf ein bipolares Verwaltungsverfahren eine bipolare Entscheidungsformung folgen, während auf ein multipolares Verwaltungsverfahren sowohl eine bipolare als auch eine multipolare Entscheidungsformung folgen kann, vgl. im Kontext der Entscheidungsbekanntgabe ebd. S. 586. Letztere Fragen sollen noch für den Rechtsschutz relevant werden, wenn es etwa darum geht, ausgesprochene VAe anzufechten, siehe hierzu noch Kap. 13 B. I.Ü. zum „einheitlichen Verwaltungsakt" auch *Pöcker* NVwZ 2003, S. 688 (689) neben der Darstellung weiterer verwaltungsprozessrechtlicher Ausformungen bei Verteilungsverfahren: „Die verwaltungsverfahrensrechtliche Annahme eines einheitlichen Verteilungsverwaltungsaktes bedeutet, dass über die gesamte Verteilungssituation in einem einheitlichen Verwaltungsverfahren entschieden wird, das mit dem ebenfalls einheitlich über die gesamte Verteilungssituation befindenden Verteilungsverwaltungsakt abgeschlossen

noch die *Stabilisierung* anzuführen, die durch die Zweiteilung des Prozesses unter Einsatz eines das Entscheidungsergebnis feststellenden Verwaltungsakts eintritt[13]. Denn durch die dem Auswahlverwaltungsakt innewohnende Tatbestandswirkung gefestigt, können (vom förmlichen, den Fristen des § 74 Abs. 1, Abs. 2 VwGO unterliegenden Verwaltungsrechtsschutz abgesehen) gegen die Auswahlentscheidung grundsätzlich keine weiteren Einwände erhoben werden[14].

Geht es aber gerade darum, die Verteilungsentscheidung der gerichtlichen Kontrolle zugänglich zu machen, so bietet die beschriebene Zweiteilung praktische und gleichsam erprobte Möglichkeiten besonders zum Primärrechtsschutz. Zuletzt sprechen also auch diese Rechtsschutzargumente dafür, die Verteilungs- bzw. mindestens die Zuteilungsentscheidung mittels eines Verwaltungsakts kundzutun.

In einer kurzen Bilanz zu diesem Kapitel sei demnach auch eine Weichenstellung für die noch folgende Untersuchung vorgenommen: Aufgrund der aufgezeigten Gründe wird insbesondere für den Rechtsschutz zugrunde gelegt, dass die grundstücksvergebende Gemeinde von der Möglichkeit dieser „technischen Zweiteilung" Gebrauch macht und das Verteilungsverfahren mittels eines Auswahlverwaltungsakts beendet. Was besonders die Konzeptvergabe anbelangt, spricht hierfür im Übrigen auch, dass in das Grundstücksmodell regelmäßig ohnehin „Subventionselemente" mitaufgenommen sind. Diese können sich bei entsprechender Marktlage schon im Erlangen eines Grundstücks erschöpfen und erfordern noch nicht mal die Verbilligung bei der Veräußerung.

Festzuhalten bleibt in Rekapitulation der bisherigen Untersuchungsergebnisse der vorangehenden vier Kapitel, die aus der vorausschauenden Perspektive der Programmphase sämtliche Hauptaspekte des zukünftigen Verteilungsverfahrens beleuchteten: Die Konzeptvergabe steht den Gemeinden als ein verwaltungs-, verfassungs- und unionsrechtskonform ausgestaltbares Grundstücksmodell zur Wohnraumschaffung bereit. Dies gilt besonders im Hinblick auf Baugemeinschaftsverfahren und die sonstige Grundstücksvergabe an private Interessenten. Hierbei eröffnet sich ein erheblicher Spielraum der Gemeinde zur Ausgestaltung der Konzeptvergabe. Aus dem bisher eingenommenen Blickwinkel kann sich die Gemeinde selbst bei intensiven Sicherungsabreden und einer vergünstigenden Preisgestaltung in Rechtssicherheit wähnen.

---

wird"; *ders.* (gesondert) zum einheitlichen VA auch nochmal in DÖV 2003, S. 193 ff. Ebenso hierzu *Stelkens*, in: Stelkens/Bonk/Sachs, VwVfG, § 35 Rn. 162a. Von (gerade) „einem Verwaltungsakt" geht i.Ü. auch *Kössinger*, Die Vergabe gemeindlicher Baugrundstücke, S. 246 bei der Vergabe gemeindlicher Baugrundstücke aus.

[13] *Wollenschläger*, Verteilungsverfahren, S. 582. Vgl. hierzu auch den Fall, den das VG München Az. M 1 E 19.5556, BeckRS 2020, 18771, Rn. 30 behandelte (Bestandskrafteintritt).

[14] *Wollenschläger*, Verteilungsverfahren, S. 582.

Teil 3

Realisierung

Mit der vornehmlich öffentlich-rechtlichen Sichtweise der bisherigen Untersuchung ist es für die Konzeptvergabe noch nicht getan: Mehrheitlich zivilrechtlichen Gesichtspunkten unterliegen die nun folgenden drei Kapitel im Realisierungsteil. Diese beschäftigen sich einerseits mit der Übergangsphase der „Anhandgabe" (Kapitel 9) sowie andererseits mit dem Kaufvertrag (Kapitel 10) und Besonderheiten bei der Bestellung eines Erbbaurechts (Kapitel 11). In den letzteren beiden Abschnitten wird es vor allem darum gehen, wie die Gemeinde die bewerberseits in Aussicht gestellte Konzeptumsetzung auch vertraglich sichern kann.

Anschließend werden in Kapitel 12 noch Anforderungen des öffentlichen Baurechts dargelegt, die zur Verwirklichung des erstrebten Bauvorhabens ebenso beachtlich sind.

Kapitel 9

Anhandgabe

Wurde die Auswahlentscheidung über die Grundstückszuteilung getroffen und den Bewerbern bekanntgemacht, soll der Weg zum Kaufvertrag bereitet werden. Bei vielen der praktizierten Konzeptvergaben wird hierzu eine „Anhandgabe" genutzt; deretwegen die Zwischenphase bis zum schlussendlichen Kaufvertragsschluss als „Anhandgabephase" zu bezeichnen ist. Geprägt ist diese Phase durch ein Exklusivitätsverhältnis mit dem im Verteilungsverfahren erfolgreichen Bewerber. Genutzt wird sie, um noch für den zukünftigen Vertragsabschluss wichtige Umstände abzuklären.

Zur Anhandgabe sind regelmäßig gewisse Bindungen zwischen der veräußernden Gemeinde und dem Bewerber einzugehen: Verdichten wird man vor allem Aspekte der Frage des „Ob" des Kaufvertragsschlusses, weil die Frage des „Mit wem" bereits im vorangehenden Verteilungsverfahren geklärt wurde. Die hieraus resultierenden Zusammenhänge sind bereits zivilrechtlicher Art und das spricht auch dafür, die Anhandgabephase nicht mehr dem eigentlichen Verteilungsverfahren zuzurechnen[1]. Bei einer vorzugswürdig zweistufigen Entscheidungsformung (mit einer eigenständig zu betrachtenden, kundgetanen Auswahlentscheidung und einer sich anschließenden Zuteilung mit dem Kaufvertragsschluss[2]) handelt es sich zwar wiederum um einen gewissen „Zwischenschritt". Dieser ist allerdings schon der „zweiten Stufe" zuzurechnen, weil die Anhandgabe den anschließenden Kaufvertrag nur vorbereitet.

Wie eben schon erwähnt, wird die Anhandgabephase überwiegend dazu genutzt, vorvertraglich bedeutsamen Erfordernissen nachzukommen. Für diese kann man auch gewisse „Meilensteine" setzen. Beispielsweise können in dieser Phase Bewerberkonzepte detailliert, Baugenehmigungen beigeholt und soziale Wohnraumförderungen beantragt werden. Auch Fragen der Finanzierung kann der erfolgreiche Bewerber klären. Aus dem rechtlichen Blickwinkel können hiergegen keine Bedenken angeführt werden. Bei all diesen Aspekten handelt

---

[1] Alternativ wäre es auch möglich, den „Auswahlverwaltungsakt" als „Anhandgabeakt" zu betrachten, da durch diesen (wie bereits beschrieben, vgl. Kap. 8) bereits aktiv eine gewisse Exklusivitätsstellung begründet wird, weshalb man ein „An-die-Hand-geben" ebenfalls hierin erblicken könnte. Zur „negativen Verpflichtung", ein Grundstück nicht an einen anderen Bewerber zu veräußern insb. das VG Stuttgart Az. 3 K 2686/13, BeckRS 2013, 197897, Rn. 22. Der gängigen Auffassung dieses als „Anhandgabephase" bezeichneten Verfahrensstadiums entspricht das allerdings nicht.

[2] Vgl. bereits zu den Gründen hierfür Kap. 8.

es sich um (bei der Projektentwicklung gewöhnliche[3]) Erfordernisse, welche die Parteien aus unterschiedlichen Gründen noch vor dem Kaufvertragsabschluss geklärt wissen wollen. Hier kann es aus der Perspektive des Bewerbers um die vorhabenbezogene Umsetzbarkeit oder aus kommunaler Perspektive um die städtebauliche Realisierung oder schlicht die Sicherung der Zahlungsansprüche gehen. Insbesondere da die Teilnahme am Konzeptwettbewerb niederschwellig möglich sein soll[4], bietet es sich an, derartige Teilnahmehindernisse auf die Anhandgabephase auszulagern, die sich dem Verteilungsverfahren erst anschließt.

Ebenfalls ist es rechtlich möglich, dass sich Baugemeinschaften erst noch in dieser fortgeschrittenen Phase vervollständigen. Weder das Verteilungsverfahren noch die Anhandgabephase selbst ist nämlich rechtsformgebunden[5]. Entscheidend ist die exakte Mitgliederformation aber schließlich beim Kaufvertragsschluss und bei der darauffolgenden Grundbucheintragung, weshalb sich die Anhandgabephase als Zeitraum des „letztendlichen Zusammenschlusses" auch anbietet.

Bei alldem zu beachten ist allerdings die erstrebte Verbindlichkeit der Anhandgabeabrede, die in vielen Fällen nur durch die (sogleich noch näher behandelte) Abgabe formgerechter Willenserklärungen erreicht werden kann. Unter Umständen können Anhandgabeabreden nämlich gemäß § 125 Satz 1 BGB aufgrund eines Formmangels nichtig sein, wenn sie nicht notariell beurkundet werden. Nach der wörtlichen Vorgabe des § 311b Abs. 1 Satz 1 BGB bedarf zwar nur ein Vertrag, durch den sich eine Vertragspartei verpflichtet, das Eigentum an einem Grundstück zu übertragen oder zu erwerben, der notariellen Beurkundung. Aber nach Sinn und Zweck der Bestimmung des § 311b Abs. 1 Satz 1 BGB, der es mitunter darum geht, die Entschließungsfreiheit zum Grundstücksgeschäft sicherzustellen[6], sind selbst Vereinbarungen formbedürftig, bei denen Pflichten zur Eigentumsübertragung oder zum Eigentumserwerb nicht unmittelbar verabredet werden. Der Anwendungsbereich geht somit, veranlasst durch diesen Schutzzweck, vielmehr über den eigentlichen Kaufvertragsabschluss hinaus.

---

[3] Vgl. bereits bei gerichtlichen Auseinandersetzungen etwa das OLG Düsseldorf NJW-RR 2013, S. 924 ff. und vorangehend das LG Düsseldorf Az. 3 O 65/10, BeckRS 2012, 211048, Rn. 2 ff. (jeweils mit der Terminologie der „Anhandgabe").

[4] Zu diesem Anliegen bereits oben Kap. 2 E.

[5] Vgl. die weitreichende Beteiligungsfähigkeit im Verwaltungsverfahren nach Art. 11 BayVwVfG, wobei die Folge des Nichtvorliegens einer Vereinigung lediglich die Beteiligung der einzelnen Mitglieder der (nicht vorliegenden) Vereinigung sein kann, vgl. *Geis*, in: Schoch/Schneider, VerwR VwVfG, § 11 Rn. 29 (im Umkehrschluss). Gleichwohl wird die Teilnahme als Zusammenschluss die Durchführung der jeweiligen Verfahrensphase doch vereinfachen.

[6] Zu dieser Erwägung bereits oben Kap. 5 A. VII.

Betrachtet man die gegenseitigen Anliegen, die in die Anhandgabeabreden einziehen können, so sind folgende Vereinbarungen zu unterscheiden und kautelarrechtlich näher zu beurteilen: Vertragsklauseln, durch welche die Gemeinde hinsichtlich des „Ob" des Kaufvertragsschlusses vorgebunden werden soll (A.), und dann Vereinbarungen, die den Interessenten faktisch-mittelbar zum Vertragsabschluss anhalten (B.). Beide Abreden sind (den erfolgten Ausführungen entsprechend) im Ergebnis formbedürftig. Etwas anderes gilt für Absichtserklärungen und reine Vorbereitungsvereinbarungen (C.).

A. Vorbindungsvereinbarungen (zulasten der Gemeinde)

Geht es darum, die Gemeinde an das „Ob" des Kaufvertragsschlusses vorzubinden, so können die Parteien auf einen großen Fundus an möglichen Regelungen zurückgreifen. Mit diesen beschäftigt sich vor allem die notarielle Praxis.

Hierbei sind manche Formen der Vorabbindung[7] aber geeigneter als andere. Etwa scheidet die (mit Bedingungen oder Befristungen verknüpfbare) „Festofferte" (also die Abgabe eines längerfristig bindenden Angebots[8]) aus dem Grund aus, dass in der Verfahrensphase der Anhandgabe regelmäßig noch gewisse Flexibilitätsinteressen bestehen werden[9]. Weiterhin nicht in Frage kommt die Verabredung einer sog. „Angebotsvorhand". Zwar besteht hierbei die Möglichkeit, auch dem zukünftigen Erwerber etwas abzuverlangen, und der Kaufvertrag muss in diesem Stadium noch nicht im Detail geregelt sein.

---

[7] Die in diesem Kontext der Vertragsgestaltung vorzufindenden Begrifflichkeiten sind nicht immer einheitlich: So wird bspw. auch von „Optionsformen" gesprochen, vgl. *Maurer* BWNotZ 2004, S. 57 (62) m.w.N. Auf die gewählte Terminologie kommt es allerdings nicht an, denn einzig relevant ist der von den Vertragsparteien verabredete Inhalt, der unabhängig vom gebildeten Oberbegriff den gesetzlichen Zwängen unterliegt.

[8] *Herrler*, in: Beck'sches Notar-Hdb., § 1 Rn. 938; *Busche*, in: MüKo BGB, Vor § 145 Rn. 74.

[9] Bei einer Festofferte muss allerdings mit § 145 BGB alles derart angeboten werden, dass nur noch ein bloßes „Ja" zur Annahme des gesamten Grundstückskaufvertrags genügt, vgl. nur *Maurer* BWNotZ 2004, S. 57 (59). Die Möglichkeit zu einem „Ja, aber" wird dem potenziellen Grundstückserwerber durch die Festofferte genommen, da eine Annahme unter Erweiterungen, Einschränkungen oder sonstigen Änderungen gem. § 150 Abs. 2 BGB als Ablehnung verbunden mit einem neuen Antrag gilt. Dieser Antrag bedürfte dann wieder der Beurkundung nach § 311b Abs. 1 Satz 1 BGB und außerdem ist die veräußernde Gemeinde in diesem Fall nicht an die Annahme dieses neuen Antrags gebunden, was dem behandelten Bindungszweck eben zuwiderläuft. Aus demselben Vorzeichen der Flexibilität scheidet ebenfalls der Optionsvertrag zur Herstellung der gemeindlichen Bindung aus, bei dem es sich um einen Kaufvertrag handelt, der aber erst aufschiebend bedingt durch die Ausübung des Optionsrechts seitens des Begünstigten wirksam wird (hierzu ebenfalls kurz *Herrler*, in: Beck'sches Notar-Hdb., § 1 Rn. 938).

Gleichwohl geht es der Angebotsvorhand um ein schwebendes Konkurrenzverhältnis zwischen dem vertraglich Bevorrechtigten und einem anderen potenziellen Vertragspartner[10]. Dieses Verhältnis ist aber (etwa durch den Auswahlverwaltungsakt) in der Anhandgabephase schon geklärt.

Am ehesten nachgekommen werden kann dem Anliegen der Parteien, indem
ein möglicherweise auch nur einseitig verpflichtender Vorvertrag eingegangen
wird. Durch einen Vorvertrag legen sich die Vertragsparteien die Verpflichtung zum Abschluss des Kaufvertrags als Hauptvertrag auf, aus dem sich dann
erst die unmittelbaren Verpflichtungen zur Übertragung und zum Erwerb des
Grundstücks ergeben[11]. Handelt es sich um einen nur einseitig bindenden Vorvertrag, so ist nur die eine Seite zum Abschluss des Hauptvertrags verpflichtet[12]. Diese Abrede eines Vorvertrags bietet verschiedene Vorteile: Zunächst
kann durch die Abrede eines „bloßen" Vorvertrags noch die notwendige Flexibilität aufrechterhalten werden. Der Vorvertrag muss im Unterschied zum anschließenden Kaufvertrag noch keine entsprechende Detailschärfe aufweisen[13].
Außerdem können im Vorvertrag hinsichtlich der Verpflichtung der Gemeinde
bestimmte Befristungen und Bedingungen vorgesehen werden[14]. Diese Bedingungen können sich allein auf das bipolare Verhältnis zwischen der Gemeinde
und dem zukünftigen Grundstückserwerber beziehen. Sie lassen es auch zu,
bestimmte „Meilensteine" zu verabreden. Durch die Wahl des einseitig bindenden Vorvertrags wird der erfolgreiche Bewerber dabei noch nicht zum Abschluss des Grundstückskaufvertrags verpflichtet. Darauf geachtet werden
muss aber (wie schon vorangestellt), dass dieser Vorvertrag nach § 311b Abs. 1
Satz 1 BGB der notariellen Beurkundung bedarf[15].

---

[10] Vgl. nur *Busche*, in: MüKo BGB, Vor § 145 Rn. 77 f.; *Herrler*, in: Beck'sches
Notar-Hdb., § 1 Rn. 939; *Wolf* DNotZ 1995, S. 179 (192). Aus demselben Grund scheidet in
der vorliegenden Konstellation auch die Gewährung eines schuldrechtlichen Vorkaufsrechts
nach den §§ 463 ff. BGB oder eines dinglichen Vorkaufsrechts nach den §§ 1094 ff. BGB
aus, die beide nicht die Frage des „Ob" des Kaufvertragsschlusses betreffen.

[11] Vgl. zu dieser Definition nur BGH NJW 1988, S. 1261 f. (1261) oder (anknüpfend)
Wolf DNotZ 1995, S. 179 (181).

[12] Vgl. BGH NJW 1990, S. 1233 f. (1233).

[13] Vgl. nur BGH NJW 1986, S. 1983 (1985); BGH NJW 2001, S. 1285 (1286).

[14] Vgl. *Maurer* BWNotZ 2004, S. 57 (61), der ein fremdes Vertragsmuster (*Götte*,
in: Wurm/Wagner/Zartmann, Das Rechtsformularbuch, 13. Aufl., Kap. 40 VI, Muster 40p)
skizziert.

[15] Ganz h.M.; schon RGZ 107, 39 (40) und im Anschluss der BGH u.a. NJW 1970,
S. 1915 (1916). Aus der Aufsatzliteratur vgl. *Wolf* DNotZ 1995, S. 179 (182) oder zuvor
ausführlich *Ritzinger* NJW 1990, S. 1201 (1203). Aus der Kommentarliteratur nur
Ruhwinkel, in: MüKo BGB, § 311b Rn. 44 und *Schumacher*, in: Staudinger BGB, § 311b
Rn. 98.

B. Mittelbare Vertragszwänge
(zulasten des Grundstücksbewerbers)

Ebenso den erfolgreichen Bewerber isoliert belastende Vereinbarungen bedürfen nach § 311b Abs. 1 Satz 1 BGB der notariellen Beurkundung und bei Nichteinhaltung dieser Form tritt die Nichtigkeitsfolge des § 125 Satz 1 BGB ein. Wie eingangs erwähnt, gilt das Formerfordernis selbst für Abreden, mit denen nur indirekt Zwänge zum Abschluss eines Grundstückskaufvertrags ausgeübt werden[16], oder wenn durch die Abreden schlicht (aber unmittelbar) wirtschaftliche Zwänge zum Kaufvertragsschluss folgen[17].

Gerade dies wird insbesondere für die bewerberseitige Gewährung eines „Bindungsgelds" zu attestieren sein, also wenn die Anhandgabe nicht kostenlos erfolgt; selbst wenn die gezahlte Geldsumme unter Umständen auf den schließlich zu zahlenden Kaufpreis angerechnet werden soll. So wurde bereits für die Verabredung einer (Anzahlungs-)Verfallsklausel[18] oder für die Gewährung einer Reservierungsgebühr[19] entschieden, dass diesbezügliche Abreden der notariellen Beurkundung bedürfen. Auch wenn sich der zukünftige Erwerber zur Erfüllung gewisser, ihn schwerwiegend belastender Meilensteine verpflichtet, kann nichts anderes gelten.

---

[16] Vgl. nur BGH NJW 1979, S. 307 (308); anknüpfend das OLG Düsseldorf NJW 1983, S. 181 (181). Mit demselben Ergebnis, allerdings in seinen Ausführungen etwas zurückhaltender BGH NJW 1990, S. 390 (391). Mit den nachvollziehbaren Erwägungen, dass zumindest in der „Zweierkonstellation" (Abreden zwischen dem potenziellen Veräußerer und dem potenziellen Käufer) ein strengerer Maßstab anzusetzen ist als in „Dreierkonstellationen" (Abreden zwischen einer der potenziellen Vertragsparteien und einem Dritten, etwa einem Makler oder einem Berater), OLG Hamm DNotZ 1992, S. 423 (425 f.).

[17] *Ruhwinkel*, in: MüKo BGB, § 311b Rn. 34, der die Grenze hin zum „mittelbaren Zwang" und damit die Beurkundungspflicht weit verstehen will, ebd. Rn. 35; restriktiver *Schreindorfer*, in: BeckOGK, § 311b BGB Rn. 95, der die Erheblichkeitsschwelle zumindest „nicht zu niedrig angesetzt" sehen will; daneben etwa *Schumacher*, in: Staudinger BGB, § 311b Rn. 104. Ausführlich hierzu auch *Heckschen*, Die Formbedürftigkeit mittelbarer Grundstücksgeschäfte.

[18] BGH NJW 1979, S. 307 (308).

[19] OLG Düsseldorf NJW 1983, S. 181 (181).

C. Absichtserklärungen und reine Vorbereitungsvereinbarungen

Nicht nach § 311b Abs. 1 Satz 1 BGB formbedürftig sind bloße Absichtserklärungen[20] oder sogar reine Vorbereitungsverträge für das erstrebte Grundstücksgeschäft[21].

Die Grenze besonders zwischen den Vorbereitungsverträgen und solchen Verträgen, die bereits einen mittelbaren Zwang zum Grundstücksgeschäft herstellen können, ist anhand der Intensität des erzeugten Zwangs aber als fließend zu beurteilen. Deshalb sollte eine mögliche Formbedürftigkeit nach § 311b Abs. 1 Satz 1 BGB lieber zu früh als zu spät in die rechtlichen Überlegungen zur Gestaltung der Anhandgabe miteinbezogen werden.

Zwar könnte auch der Ersatz von Aufwendungen im Vorfeld des Kaufvertrags unter besonderen Umständen formfrei verabredet werden[22], diese Aufwendungen müsste die Gemeinde allerdings konkret darlegen.

D. Bilanz

Bei der Anhandgabephase handelt es sich um eine zivilrechtlich zu erfassende Zwischenphase, die an die Auswahlentscheidung über die Grundstückszuteilung anknüpft. Genutzt wird die Anhandgabe zur Klärung von für den Kaufvertragsschluss noch wesentlichen Umständen. Etwa können Bewerberkonzepte detailliert, Baugemeinschaften vervollständigt, Baugenehmigungen beigeholt, Förderungsanträge gestellt oder Finanzierungsbestätigungen eingereicht werden.

Abreden zur Anhandgabe können erfolgen, will die Gemeinde das beabsichtigte Vorgehen für diese Phase niederlegen oder werden gegenseitige Zusicherungen erwartet, die das „Ob" des Kaufvertragsschlusses verdichten sollen. Kautelarrechtlich ist dabei vor allem auf die Wahrung von Formvorschriften zu achten.

---

[20] *Ruhwinkel*, in: MüKo BGB, § 311b Rn. 31. Vgl. auch OLG Frankfurt Az. 3 U 61/97, BeckRS 1998, 16154, Rn. 80 ff. Eine (zumindest als solche bezeichnete) Absichtserklärung wurde bei der *Konzeptvergabe* abgegeben, über welche die VK Berlin zu entscheiden hatte, ErbbauZ 2022, S. 75 (76) Rn. 1: „Nach Wertung der Angebote erhält der Bieter mit dem nach Maßgabe der Zuschlagskriterien wirtschaftlichsten Angebot (Bestbieter) eine Absichtserklärung seitens des Erbbaurechtsgebers (Exklusivitätserklärung). In dieser Erklärung wird ihm mitgeteilt, dass die ausschreibende Stelle beabsichtigt, auf Grundlage seines Angebotes den notariellen Erbbaurechtsvertrag mit ihm abzuschließen".

[21] OLG Köln NJW-RR 1994, S. 1108 (1108). Vgl. vorangehend auch BGH NJW 1990, S. 390 (391).

[22] Vgl. zu dieser insb. für Maklerkonstellationen entwickelten Kasuistik *Ruhwinkel*, in: MüKo BGB, § 311b Rn. 35 (m.w.N. zur Rspr.) oder *Schumacher*, in: Staudinger BGB, § 311b Rn. 105.

.

Für erstrebte Vorbindungen der Gemeinde kann ein (unter Umständen nur einseitig verpflichtender) Vorvertrag geschlossen werden, welcher der notariellen Beurkundung nach § 311b Abs. 1 Satz 1 BGB bedarf. Hiermit ist es möglich, notwendige Flexibilitäten aufrechtzuerhalten, während sich die Kommune zum Abschluss des Haupt(kauf)-vertrags bindet. Fristen, Bedingungen und somit „Meilensteine" können in den Vorvertrag inkludiert werden. Dasselbe Formerfordernis gilt auch für solche Vereinbarungen, deretwegen für den Grundstücksbewerber indirekte Zwänge zum Kaufvertragsabschluss folgen oder sogar unmittelbare wirtschaftliche Zwänge zu verzeichnen sind. Wenn der Bewerber zur Zahlung eines Bindungsgelds (also etwa einer entsprechenden Anhandgabegebühr) oder zur fixen Erreichung gewisser Meilensteine verpflichtet wird, muss das berücksichtigt werden. Zwar gilt das Formerfordernis des § 311b Abs. 1 Satz 1 BGB nicht für Absichtserklärungen und reine Vorbereitungsverträge. Doch folgen aus diesen auch nicht die bezeichneten Bindungen.

Kapitel 10

Kaufvertrag

Wenn der beste Bewerber mittels des Konzeptwettbewerbs ausgewählt ist und alle noch zusätzlich erforderlichen Handlungen in der Anhandgabephase vorgenommen wurden, erreicht dieser Bewerber sein Ziel: Durch den Abschluss des Kaufvertrags (§§ 433 ff. BGB), der selbstredend der notariellen Beurkundung nach § 311b Abs. 1 Satz 1 BGB bedarf, wird er zum Erwerber des Grundstücks.

Beschäftigt man sich mit der Konzeptvergabe, so interessiert betreffend den Kaufvertrag zunächst dessen Qualifikation als zivilrechtlicher und sogleich städtebaulicher Vertrag (A.). Zusätzlich zu den gewöhnlichen kaufvertraglichen Regeln (B.) finden sich nämlich diverse Nebenabreden, die der Sicherung der gemeindlichen Zielsetzung (städtebaulicher, aber auch sozialer Art) dienen (C.).

Untersucht wird in diesem Arbeitsabschnitt zu den Nebenabreden schwerpunktmäßig, inwieweit vertragliche Absicherungen rechtlich möglich sind. Wichtig ist das vor allem, da das Ergebnis der aufwändigen Konzeptvergabe schlicht vereitelt werden könnte, wenn die Gemeinde nur auf den guten Willen des Grundstückserwerbers zur Konzeptumsetzung vertraut. Aus diesem Grund hielt ebenso *Temel* dazu an, Methoden der Qualitätssicherung in der Umsetzungsphase zu finden[1]. Eine herausragende rechtliche Rolle spielt an dieser Stelle (besonders vor dem Hintergrund aktueller Rechtsprechung des BGH) die Frage der „Angemessenheit" nach § 11 Abs. 2 Satz 1 BauGB.

Wird ein Anker- und Anliegerverfahren durchgeführt, so bedarf es hierzu schließlich ebenfalls einer vertraglichen Umsetzung (D.).

A. Qualifikation als zivilrechtlicher Vertrag des Städtebaurechts

Bei dem abgeschlossenen Kaufvertrag handelt es sich trotz der starken öffentlich-rechtlichen Einbindung der Konzeptvergabe um einen zivilrechtlichen Kaufvertrag (I.), der aber gleichwohl einen städtebaulichen Vertrag nach § 11 BauGB darstellt (II.).

---

[1] Vgl. bereits Einf. C. I. Konkret *Temel*, Endbericht: Baukultur für das Quartier, S. 4 f.

I. Zivilrechtlicher Kaufvertrag

Das BVerwG arbeitete im Jahr 1993 betreffend das Einheimischenmodell heraus, dass es sich bei einem Kaufvertrag eines Grundstücksmodells trotz der
möglicherweise öffentlich-rechtlichen Motivation um einen zivilrechtlichen
Vertrag handelt. Die Rechtsnatur des Vertrags bestimmt sich nämlich danach,
„ob der Vertragsgegenstand dem öffentlichen oder dem bürgerlichen Recht zuzuordnen ist"[2]. Der Gegenstand des Vertrags eines Grundstücksmodells ist allerdings immer noch ein Sachverhalt, „der die Verschaffung des Eigentums an
einem Grundstück betrifft"[3]. Dieser Vorgang ist in den §§ 433 ff. BGB und
damit im Zivilrecht geregelt. Das offengelegte öffentlich-rechtliche Ziel bleibt
nur ein dem Kaufvertragsschluss vorgelagertes Motiv. Dieses Ziel verleiht dem
Vertrag nicht ein „derartiges Gepräge, daß er unbeschadet seiner sonstigen Regelungen als öffentlichrechtlicher Vertrag anzusehen ist"[4]. Die höchstrichterliche Rechtsprechung folgt dieser überzeugenden Rechtsansicht bis heute[5].

Dass sich eine Divergenz zur öffentlich-rechtlichen Qualifikation des Verteilungsverfahrens ergibt, ist unbeachtlich. Die tatsächliche Zuteilung des Verteilungsgegenstands im zivilrechtlichen Vertragsverhältnis (auf der „zweiten
Stufe") ist vom Auswahlprozess samt der Entscheidung (der „ersten Stufe")
nämlich unabhängig[6]. Diese Überlegung bildet die Grundlage der rechtsweg-
entscheidenden „Zweistufentheorie"[7].

II. Städtebaulicher Kaufvertrag

Doch wenn es um die Vertragstypologie geht, hat es für die Konzeptvergabe
mit der zivilrechtlichen Qualifikation des Kaufvertrags noch kein Bewenden.
Denn wie bereits eingangs benannt, handelt es sich bei diesem Kaufvertrag
weiterhin um einen städtebaulichen Vertrag, der in § 11 BauGB kodifiziert ist.
Nach einem weiten Begriffsverständnis handelt es sich dabei um einen Vertrag,
der eigens zur Durchführung, zur Begleitung oder im unmittelbaren Kontext
städtebaulicher Maßnahmen mit der Gemeinde geschlossen wird oder der zumindest städtebauthematische Vertragsabreden enthält[8].

---

[2] BVerwG NJW 1993, S. 2695 (2696); ebenso schon der GmS-OBG NJW 1986, S. 2359
(2359), auf dessen Entscheidung das BVerwG Bezug nahm.

[3] BVerwG NJW 1993, S. 2695 (2696).

[4] BVerwG NJW 1993, S. 2695 (2696).

[5] Vgl. nur BGH NJW 2003, S. 888 (889) oder BGH NJW 2012, S. 3654 (3654 f.) Rn. 6
ff. auch im Hinblick auf den Schwerpunkt des Vertragsgegenstands bei Grundstücksgeschäften.

[6] Siehe bereits oben bei der Behandlung der nach außen gerichteten Vergabeentscheidung
Kap. 8.

[7] Hierzu noch ausführlich Kap. 13 A. II.

[8] Siehe hierzu bereits Kap. 2 D. III. Der BGH lässt zur Qualifikation schon eine im Kaufvertrag auferlegte Baupflicht genügen, vgl. NJW 2018, S. 3012 (3013) Rn. 9: „Der notarielle

Im untersuchten Kaufvertrag finden sich (noch genauer zu beurteilende) Vertragsabreden, mit denen die Ziele gesichert werden sollen, die auch der Konzeptvergabe zugrunde liegen. Hierbei handelt es sich (allen voran, wenn die Konzeptvergabe Wohnraum schaffen soll) um gemeindliche Ziele städtebaulicher Art. Einmal mehr sind hier § 1 Abs. 5 Satz 1, Abs. 6 BauGB und § 11 Abs. 1 Satz 2 Nr. 2 BauGB als Anknüpfungspunkte im Städtebaurecht anzuführen.

Dass es sich beim städtebaulichen Vertrag auch um einen zivilrechtlichen Vertrag handelt, ist rechtlich nicht weiter bedenkenswert. Denn zwar regelt § 11 BauGB die Zulässigkeit städtebaulicher Absprachen im Allgemeinen, die Rechtsnatur der getroffenen Abreden lässt die Bestimmung aber offen[9].

Mit der (oben als „additiv" bezeichneten) Qualifikation als städtebaulicher Vertrag folgen allerdings auch besondere Anforderungen an die Vertragsregelungen, die sich in § 11 Abs. 2, Abs. 3 BauGB wiederfinden. Das Schriftformerfordernis des § 11 Abs. 3 BauGB wird jedenfalls miterfüllt, da der Kaufvertrag nach § 311b Abs. 1 Satz 1 BGB notariell zu beurkunden ist.

B. Kaufvertraglicher Regelungsinhalt

Im zwischen der Gemeinde und dem Erwerber geschlossenen Vertrag finden sich zunächst „klassisch kaufvertragliche" Abreden.

Neben dem schuldrechtlichen „do ut des" des § 433 Abs. 1, Abs. 2 BGB ist in der Kaufvertragsurkunde für gewöhnlich auch die Auflassung enthalten, die § 925 Abs. 1 Satz 1 BGB zum Eigentumserwerb vorsieht. Durch das Trennungsprinzip losgelöst erfolgt dann die Eintragung des Erwerbers im Grundbuch. Organisiert sich eine Baugemeinschaft in der Rechtsform der GbR[10], sind nach § 47 Abs. 2 Satz 1 GBO neben der GbR als Rechtsinhaberin auch deren Gesellschafter im Grundbuch einzutragen[11].

Kaufvertrag [...] ist ein städtebaulicher Vertrag i.S.d. § 11 I 2 Nr. 2 BauGB. Der für einen städtebaulichen Vertrag erforderliche Zusammenhang mit der gemeindlichen Bauleitplanung ergibt sich daraus, dass die beklagte Gemeinde dem Kl. und seiner damaligen Ehefrau die Grundstücke als Bauplatz verkauft und ihnen [...] eine binnen einer bestimmten Frist zu erfüllende Verpflichtung zum Bau eines Wohnhauses [...] auferlegt hat [...], um das Bauland zeitnah einer durch die Bauleitplanung zugelassenen Bebauung zuzuführen".

[9] H.M. Vgl. nur BVerwG NJW 1993, S. 2695 (2696). Aus der Lit. etwa *Schwab*, Städtebauliche Verträge, S. 2 Rn. 3.

[10] Einer häufig gewählten Rechtsform der Baugemeinschaften, vgl. *Müller*, Baugemeinschaften als städtebauliches Entwicklungsinstrument, S. 31.

[11] Im Vorfeld der Gesetzesänderung (und mithin historisch) noch BGH NJW 2009, S. 594 (595 f.) mit seinerzeitiger Kritik etwa von *Baur/Stürner*, Sachenrecht, § 15 Rn. 45a bei der Behandlung von Baugemeinschaften.

Hierneben kann der Vertrag etwa Gewährleistungsbestimmungen enthalten und es kommen noch spezielle Abreden in Betracht, die sich anbieten, da es sich um ein kommunales Grundstücksgeschäft handelt[12].

C. Nebenabreden zur Sicherung kommunaler Zielverwirklichung

Neben den dargelegten, typischen Regelungsinhalten eines Kaufvertrags finden sich in den Grundstückskaufverträgen bei der Konzeptvergabe (wie eingangs charakteristisch herausgebildet[13]) Abreden, die der Sicherstellung der kommunalen Ziele dienen.

Die Anliegen der Gemeinden sind nach hier vertretener Meinung allerdings nicht durch Primärverpflichtungen abzusichern. Dies würde die Konzeptvergabe (zumindest in der Zivilgesellschaft) nicht attraktiver machen und hätte Auswirkungen auf die Anwendbarkeit des GWB-Vergaberechts. Genügen sollen vielmehr Gebote, denen eine solche Rechtsqualität nicht zukommt[14]: Im vorliegenden Kontext sind das Konzeptrealisierungsgebote (I.), Baugebote (II.) und (Selbst-)Nutzungsgebote (III.). Es eröffnet sich den Kommunen dabei eine ganze Bandbreite an Möglichkeiten, wie mit Verstößen gegen diese Gebote umgegangen werden kann, auch wenn es sich um keine strengen Leistungspflichten handelt. Eben hierzu werden nämlich (bereits erwähnte) Nachzahlungspflichten, Rückabwicklungsrechte und Vertragsstrafen vorgesehen.

Bei den Sicherungsabreden stellt sich immer die (schon vom BGH aufgegriffene) Frage der rechtlichen Zulässigkeit der Vertragsklausel. Diese Zulässigkeit bemisst sich in erster Linie anhand des § 11 Abs. 2 BauGB (IV.), der

---

[12] Bspw. sind Klauseln im erschließungs- und erschließungsbeitragsrechtlichen Zusammenhang zu nennen, vgl. etwa *Leidner* MittBayNot 2021, S. 108 (112 ff.) zur Ablösung von Erschließungsbeiträgen.

[13] Siehe hierzu bereits Kap. 2 C. XII. Den im Kaufvertrag niedergelegten Konzeptinhalten folgten hiernach Umsetzungs-, Bau- und Selbstnutzungsgebote, die mit Vertragsstrafen, Nachzahlungspflichten und Rückabwicklungsrechten versehen wurden. In einem Fall wurde ein Nachrückverfahren durchgeführt, das für den vertragl. Belasteten allerdings mit der Rückabwicklung korrespondiert und deshalb nicht gesondert dargestellt werden muss.

[14] Nach Ansicht des BGH soll es sich bei den Geboten um Obliegenheiten handeln, vgl. ausdrücklich zur Auslegungsfrage NJW 2010, S. 3505 (3505) Rn. 11: „Unter Berücksichtigung der Rechtsnatur des Vertrags und der bei einem Verstoß gegen die Verpflichtung eintretenden Rechtsfolgen hätte sich dem BerGer. dabei aufdrängen müssen, dass die Selbstnutzungsverpflichtung eine der Bedingungen für die Gewährung der in der Kaufpreisverbilligung liegenden Subvention beschreibt und deshalb keine Primärverpflichtung, sondern lediglich eine Obliegenheit der Käufer begründet". Konkret lag der Auslegung des BGH dabei die folgende Klausel zugrunde: „Der Käufer – und seine evtl. Rechtsnachfolger – sind ferner verpflichtet: das auf dem erworbenen Grundstück zu errichtende Wohnhaus mindestens zwanzig Jahre ab Bezugsfertigkeit selbst zu bewohnen [...]", vgl. LG Darmstadt Az. 8 O 90/07, BeckRS 2010, 12914.

zum einen das Angemessenheitsgebot (§ 11 Abs. 2 Satz 1 BauGB) und zum anderen das Koppelungsverbot (§ 11 Abs. 2 Satz 2 BauGB) enthält. Umstritten ist, ob weiterhin eine AGB-Kontrolle anhand der §§ 305 ff. BGB durchgeführt werden muss. Vorzugswürdig ist das allerdings (V.).

I. Konzeptrealisierungsgebot

Sicherungsabreden sind für die Konzeptvergabe zunächst nötig, da der Erwerber mit dem Grundstückseigentum nach § 903 Satz 1 BGB das Recht erwirbt, mit der Sache nach seinem eigenen Belieben zu verfahren, soweit dem nicht gesetzliche Bestimmungen oder Rechte Dritter entgegenstehen. Damit könnte der Grundstückserwerber im ganz eigenen Belieben und auch entgegen seinem eingereichten Konzept[15] mit dem Grundstück verfahren und so die Ziele der Konzeptvergabe vereiteln. Hierneben kann die Sicherung auch aus haushalts-rechtlichen Gesichtspunkten angezeigt sein; denn erfolgt eine Grundstücks-veräußerung mit Kaufpreisnachlässen, handelt es sich um eine haushaltsrecht-liche Ausnahme, welche die Sicherung der sie legitimierenden, öffentlichen Zwecke gebietet[16]. Diesen Sicherungsbedürfnissen wird ein vertragliches „Konzeptrealisierungsgebot" am besten gerecht: Dem Grundstückserwerber wird auferlegt, das eingereichte Konzept auch umzusetzen. Gibt die Gemeinde bau- und nutzungsbezogene Vergabekriterien vor und folgt hierauf die Kon-zepteinreichung des obsiegenden Bewerbers, kann das Konzeptrealisierungs-gebot noch in eine baubezogene und eine nutzungsbezogene Komponente un-terteilt werden.

II. Baugebot

Eine Spekulation des Erwerbers mit dem unbebauten Grundstück würde den Zielen der Gemeinde widersprechen, die Baulandsituation neu auszurichten und auf den örtlichen Wohnraumbedarf zu reagieren. Der Erwerber würde das Baurecht nur „horten"[17]. Zur Abwendung dieser Spekulationsgefahr, die immer dann im Raum steht, wenn der Bodenmarkt angespannt ist und Baulandpreis-steigerungen binnen kurzer Zeit möglich sind, werden „Baugebote" mit in das Vertragswerk aufgenommen[18]. Diese halten den Erwerber zu einer zügigen Verwirklichung seines Bauvorhabens an.

---

[15] Den Konkurrenten ggü. werden diese Abweichungen schließlich auch gleichheitsrecht-lich relevant, vgl. *Grziwotz* NJW 1997, S. 327 (327 f.); *ders.* VIZ 1997, S. 197 (199); *ders.*, in: Beck'sches Notar-Hdb., § 10 Rn. 18.

[16] Vgl. etwa BGH DNotZ 2019, S. 433 (434) Rn. 12. Siehe hierzu schon oben Kap. 5 A. VI. 2. b.

[17] *Grziwotz* VIZ 1997, S. 197 (198) mit dem Hinweis, dass dem ein Baugebot entgegen-treten kann.

[18] Siehe bereits Kap. 2 C. XII.

III. (Selbst-)Nutzungsgebot

Hierneben kann der Zweck der zielgruppenorientierten Konzeptvergabe noch vereitelt werden, wenn das Grundstück zwar an einen privilegierten Bewerber vergeben wurde, dieser das Grundstück aber nicht nutzt. Auch könnte er es (bei finanziellen Anreizen) weiterveräußern oder sonst einem Dritten überlassen. Dieser Gefahr begegnet die Kommune durch (Selbst-)Nutzungsgebote[19], die regelmäßig mit Weitergabeverboten verknüpft werden. Auseinandergetrennt kann dabei von einem Selbstnutzungsgebot gesprochen werden, wenn es der Gemeinde vor allem um die personelle Eigennutzung des Erwerbers geht, von einem Nutzungsgebot hingegen, wenn schlicht die anhaltende, bestimmte Nutzung in der Dauer gesichert werden soll. Wegen der inhaltlichen Nähe beider Gebote zueinander werden diese im Folgenden zumeist gemeinsam behandelt.

IV. Rechtsprüfung anhand § 11 Abs. 2 BauGB

Stellt man sich bei der Vertragsgestaltung die Frage der Zulässigkeit einer Abrede, mit der kommunale Ziele abgesichert werden, hat man zunächst § 11 Abs. 2 BauGB ins Auge zu fassen. Einerseits enthält die Norm in Satz 1 das Angemessenheitsgebot (1.) und andererseits in Satz 2 das Koppelungsverbot (2.).

1. Angemessenheitsgebot

Das in § 11 Abs. 2 Satz 1 BauGB enthaltene Gebot schreibt textlich nicht mehr vor, als dass die vereinbarten Leistungen den gesamten Umständen nach angemessen sein müssen. Hierbei eröffnet sich (wie bei allen unbestimmten Rechtsbegriffen) ein großer argumentativer Spielraum, der für die Kommunalpraxis Schwierigkeiten birgt[20].

Gleichwohl verwendet sowohl das BVerwG als auch der BGH eine Formel, die einen rechtlich handhabbaren Umgang mit der Angemessenheitsprüfung bei städtebaulichen Verträgen ermöglicht: Das Gebot der Angemessenheit verlangt hiernach, „dass bei wirtschaftlicher Betrachtung des Gesamtvorgangs die Gegenleistung des Vertragspartners der Behörde nicht außer Verhältnis zu dem wirtschaftlichen Wert der von der Behörde zu erbringenden Leistung stehen darf und dass auch sonst keine Anhaltspunkte dafür gegeben sind, dass die Gegenleistung eine unzumutbare Belastung bedeutet"[21]. Dass dabei nur auf eine wirtschaftliche Abwägung abgestellt werden kann, muss allerdings bezweifelt

---

[19] Siehe bereits Kap. 2 C. XII.

[20] Vor diesem Hintergrund etwa *Bunzel* ZfBR 2021, S. 222 ff. oder Jahre vorangehend noch *Stüer/König* ZfBR 2000, S. 528 (532 ff.).

[21] BVerwG NVwZ 2006, S. 336 (337) Rn. 22; anknüpfend an BVerwG NJW 1973, S. 1895 (1898); fortgesetzt bis heute, vgl. BVerwG NVwZ 2021, S. 1713 (1714) Rn. 25. Ebenso der BGH NJW 2003, S. 888 (890); fortgesetzt bis heute, vgl. BGH NJW 2019, S. 2602 (2603) Rn. 8.

werden. Zwar wurzelt die Formel in einem Sachverhalt, bei dem sich eine wirtschaftliche Betrachtung angeboten hat[22]. Allerdings sind besonders beim Abschluss städtebaulicher Verträge mit Privatpersonen persönliche Belastungen denkbar, die sich nicht in ein wirtschaftliches Gewicht umsetzen lassen. Der letzte Teil der Formel, der auf sonstige unzumutbare Belastungen abstellt, indiziert das bereits. Und auch weil von einem lediglich deklaratorisch in § 11 Abs. 2 Satz 1 BauGB kodifizierten (und ohnehin grundlegend im Rechtsstaatsprinzip verhafteten[23]) Verhältnismäßigkeitserfordernis auszugehen ist[24], kann sich die Prüfung nicht vor nicht wirtschaftlich bewertbaren Abwägungsposten verschließen.

Geht es wie bei der Konzeptvergabe um ein Grundstücksmodell, wird häufig die Belastung des Vertragspartners durch die Sicherungsabrede den Anstoß zur Angemessenheitsprüfung nach § 11 Abs. 2 Satz 1 BauGB liefern. Die Belastung wird dann mit den Begünstigungen abgewogen, die der Grundstückserwerber von der Gemeinde erhält. Da die dargestellte Rechtsprechungsformel (wie aufgezeigt) nicht alle Fallgestaltungen abzudecken imstande ist, bietet es sich dabei zur praktischen, öffentlich-rechtlichen Klauselprüfung an, eine gesamte (vierstufige) Verhältnismäßigkeitsprüfung durchzuführen (a)), deren Schwerpunkt die Angemessenheitsprüfung einnehmen wird (b)). In dieser Weise verfährt im Ergebnis dann doch auch der BGH[25] sowie im Grundsatz das BVerwG[26]. Ebenfalls in der Literatur sind ähnliche Prüfungsansätze vorzufinden[27].

Nach dieser (noch genauer auszubreitenden) dogmatischen Vorarbeit sind Klauseln in den Blick zu nehmen, die Konzeptrealisierungsgebote (c)), Baugebote (d)) und (Selbst-)Nutzungsgebote (e)) vorgeben. Für die letzteren beiden Gebote werden auf der Grundlage rechtswissenschaftlicher Vorarbeiten

---

[22] Vgl. soweit ersichtlich BVerwG NJW 1973, S. 1895 ff. (rekurrierend allerdings auf BGH NJW 1958, S. 379 (380), wobei sich dieses Urteil noch vorrangig um eine Koppelungsfrage drehte).

[23] *Maurer*, Staatsrecht I, § 8 Rn. 55.

[24] Vgl. nur BGH NJW 2003, S. 888 (889): „Es handelt sich bei § 11 BauGB nicht um originär neues Recht, sondern lediglich um eine Klarstellung und Absicherung der bisher schon geltenden Rechtslage"; ebenfalls aus der jüngeren Rspr. BGH NJW 2015, S. 3436 (3438) Rn. 17: „Ob § 11 BauGB einschlägig ist, kann im Ergebnis allerdings dahinstehen, da das Gebot zur angemessenen Vertragsgestaltung auf dem allgemeinen verfassungsrechtlichen Grundsatz der Verhältnismäßigkeit beruht und daher auch ohne ausdrückliche gesetzliche Regelung für das gesamte Handeln der öffentlichen Körperschaften im Rechtsverkehr mit Privaten bestimmend ist". Dbzgl. auch *Niemeyer* MittBayNot 2016, S. 120 (124) („deklaratorische Natur"). Siehe hierzu noch im Folgenden Kap. 10 C. V. 1. b.

[25] BGH NJW 2019, 2016 Rn. 20 f.; BGH NJW 2018, S. 3012 (3013) Rn. 13; BGH NJW 2015, S. 3169 (3170) Rn. 12.

[26] Vgl. BVerwG NJW-RR 2006, 1452 (1453) Rn. 12.

[27] So etwa *Leidner* MittBayNot 2021, S. 108 (109).

Gestaltungsdirektiven aufgezeigt. Gleiches gilt auch für die Möglichkeiten der Sanktionierung (f)).

a) Einleitend: Verhältnismäßigkeitsprüfung

Im Sinne der Verhältnismäßigkeit muss die vom Vertragspartner der Kommune hinzunehmende Belastung zunächst einem legitimen Zweck dienen, wobei § 11 Abs. 1 Satz 2 BauGB schon etliche Anhaltspunkte bereithält. Weiterhin soll die auferlegte Bürde geeignet sein, diesen Zweck zu erreichen; wobei es schon genügt, wenn die Belastung hierzu förderlich ist. Die Belastung muss erforderlich sein, darf also nicht über das hinausgehen, was zur Zweckerreichung nötig ist. Als Vergleichsmaßstab ist eine „gleich wirksame" Belastung anzusetzen[28]. Zuletzt muss die Belastung (wie es im Wortlaut des § 11 Abs. 2 Satz 1 BauGB schon vorgesehen ist) noch angemessen, also im engeren Sinne verhältnismäßig sein.

Bezogen auf die im Bestreben der Wohnraumschaffung durchgeführte Konzeptvergabe können die Sicherstellungsklauseln diesen Anforderungen nacheinander gerecht werden. Sie dienen dem legitimen Zweck, der schon der Konzeptvergabe zugrunde lag, der sich in den Vergabekriterien widerspiegelte und der nun eben auch noch abgesichert werden muss. Hinzu kommen dann die Anliegen, es zu verhindern, dass mit Grundstücken spekuliert wird und dass zielgruppenbezogene Konzeptvergaben vereitelt werden. Die Sicherungsklauseln eignen sich auch, diesen Zwecken nachzukommen. Gehen sie nicht kategorisch über das ins Auge gefasste Ziel hinaus, sind die auferlegten Bindungen erforderlich, wobei sich die Rechtfertigungslast auf dieser Prüfungsstufe bereits erhöht. Den Beurteilungsschwerpunkt stellt allerdings die Abwägung in der Angemessenheitskontrolle dar (b)), die deshalb eine gesonderte Behandlung verdient.

b) Einleitend: Beurteilungsschwerpunkt der Angemessenheit

Wie eben beschrieben, wird die Beurteilung der Angemessenheit regelmäßig den Schwerpunkt der Vertragskontrolle ausmachen. Mit der dargelegten Prüfungsformel ist im Ergebnis abzuwägen zwischen Belastungen und eingeräumten Begünstigungen.

Behandelt der BGH (mit der sonstigen Rechtsprechung) Grundstücksmodelle in anderen Gestaltungen, so setzt er regelmäßig Vergünstigungen beim Grundstückskaufpreis ins Verhältnis mit den eingegangenen Bindungen (bzw. mit dem durch sie angestrebten Zweck[29]) und wägt dann zwischen diesen

---

[28] Ähnlich schon *Grziwotz* VIZ 1997, S. 197 (199), ohne das allerdings „Erforderlichkeit" zu nennen.

[29] BGH NJW-RR 2006, S. 1452 (1453).

Posten ab[30]. Da die Waagschale aber nicht auf wirtschaftliche Gesichtspunkte begrenzt sein sollte[31], sind letztlich alle im Kontext des städtebaulichen Vertrags für- und widerstreitenden Aspekte miteinzubeziehen.

Beurteilt man also die Angemessenheit von kaufvertraglichen Sicherungsabreden bei der Konzeptvergabe, so sind auf der einen Seite die vom Vertragspartner der Kommune konkret eingegangenen Belastungen relevant. Und auf der anderen Seite steht die Leistung der Gemeinde, die dem Vertragspartner zuteilwird.

Wenn die bisherige Judikatur hierbei (wie so oft) *allein* auf die bezeichnete, mögliche Grundstücksvergünstigung abstellt, so lässt dies allerdings den wesentlichen Posten außen vor, dass dem Bewerber überhaupt ein Grundstück zur Bebauung, zur Nutzung und zum Eigentumserwerb angeboten wird. Vielerorts handelt es sich bei den angebotenen Grundstücken nämlich um schon derart gefragte Objekte, dass bereits das Erlangen eines Grundstücks einen bemerklichen und damit abwägungserheblichen Gewinn, einen „Glücksfall"[32] darstellt. Für diesen Aspekt streitet die natürliche Begrenztheit der Ressource „Boden", wobei sich der Nachfragedruck durch Innenentwicklungstendenzen häufig noch erhöht. Bei einem möglichen Preisnachlass kann es sich (also oftmals nur) um einen zusätzlich relevanten Abwägungsposten handeln. Die Höhe der Vergünstigung entscheidet damit nur darüber mit, wie groß die geschaffene Begünstigung ist und in welchem Maß sie in die Abwägung eingestellt wird.

Die Bürde des Grundstückserwerbers erleichtert es allerdings, dass die Gemeinde bei der Ausübung der ihr eingeräumten Rechte (für den Fall des Verstoßes gegen eins der oben genannten Gebote) eine Ausübungskontrolle

---

[30] In diesem Kontext chron.: BGH NJW 2003, S. 888 (890): „eine Kontrolle des vertraglichen Austauschverhältnisses" (zu diesem Kontrollgesichtspunkt noch unten Kap. 10 C. V. 2. und hierbei Fn. 118); BGH MittBayNot 2006, S. 324 (326): „Da die durch das Wiederkaufsrecht bewirkte Bindung des Käufers der Preis für den verbilligten Erwerb des Grundstücks ist [...], steigt die zulässige Bindungsdauer mit dem Umfang der Verbilligung"; BGH NJW 2010, S. 3505 (3506) Rn. 16; BGH NJW 2015, S. 3169 (3170) Rn. 16; erst neuerdings wieder BGH NJW 2019, S. 2602 (2603) Rn. 12 und ebd. Rn. 20: „Eine solche Frist dient dem von der Stadt verfolgten Zweck [...] und stellt zugleich eine adäquate Gegenleistung des Kl. für den verbilligten Erwerb des Grundstücks dar". Die Instanzrechtsprechung geht hierbei entspr. ähnlich vor: Vgl. OLG Hamm Az. 22 W 92/11, BeckRS 2013, 11150: „[...] wobei die zulässige Bindungsfrist insbesondere davon abhängig ist, um welchen Prozentsatz der vereinbarte Kaufpreis unter dem Verkehrswert des Grundstücks lag [...]".

[31] Hierzu bereits eben Kap. 10 C. IV. 1. In diese Richtung auch *Grziwotz*, in: Beck'sches Notar-Hdb., § 10 Rn. 8: „Die Prüfung der Angemessenheit geht weiter als die Frage der Gleichwertigkeit von Leistung und Gegenleistung".

[32] *Grziwotz* NotBZ 2020, S. 321 (327); bereits vorangehend *ders.* MittBayNot 2019, S. 81 (84): „Bereits der Erwerb eines Bauplatzes zum Eigentum schafft für den Käufer [...] einen erheblichen Vorteil [...]".

durchführen muss[33]. Das kann bereits aus der verwaltungsrechtlichen Maxime hergeleitet werden, dass die Behörde stets ermessensgerecht zu handeln hat, unabhängig davon, ob deren Tätigwerden unmittelbar durch Art. 40 BayVwVfG erfasst ist oder nicht. Die Rechtskontrolle erfolgt also zweistufig, wobei auf der ersten Stufe die vertragliche Sicherungsabrede und auf der zweiten Stufe dann die Ausübung des eingeräumten Rechts selbst der Überprüfung unterworfen wird[34]. Jeweils hat die Behörde vor der Ausübung zu beurteilen, ob sie von ihrem Recht (vor allem unter dem Vorzeichen der Einzelfallgerechtigkeit) auch Gebrauch machen soll. Ob eine Mitaufnahme von sinnentsprechenden Härtefall- oder Abwendungsklauseln in den Vertrag zwingend notwendig ist, wird beizeiten bestritten[35]. Aus Transparenzgesichtspunkten kann hierzu aber geraten werden.

Selbst wenn der Prüfungsvorgang nun strukturiert und inhaltlich aufbereitet ist, bleibt festzuhalten, dass sich die eigentliche Beurteilung an den einzelnen Vertragsklauseln auszurichten hat. Bei der Konzeptvergabe sind das, wie benannt, vor allem Klauseln, die Konzeptrealisierungsgebote (c)), Baugebote (d)) und (Selbst-)Nutzungsgebote (e)) vorgeben. Hinsichtlich der letzteren beiden Gebote kann man sich an einer mittlerweile gefestigten Kasuistik und an daran anknüpfenden Literaturansichten orientieren, die sich zu verwandten Grundstücksmodellen entwickelten[36]. Dasselbe gilt auch für die vertraglichen Sanktionen, die an Verstöße gegen obige Konditionen anknüpfen (f)).

---

[33] Vgl. nur BGH NJW 2003, S. 888 (892); BGH MittBayNot 2006, S. 324 (325); BGH NJW-RR 2006, S. 1452 (1452 f.) Rn. 9 ff.; BGH NJW-RR 2007, S. 962 (964) Rn. 16 (betreffend die Kontrolle der Rechtsausübung, die natürlich auch „Ausübungskontrolle" genannt werden kann); BGH NJW 2010, S. 3505 (3506) Rn. 18. Auch *Huber/Wollenschläger*, Einheimischenmodelle, S. 54 Rn. 128 fassen diese Ausübungskontrolle (der zweiten Stufe) als Entlastung der vorgelagerten Vertragsinhaltskontrolle (der ersten Stufe) auf. Hierneben *Grziwotz*, in: Beck'sches Notar- Hdb., § 10 Rn. 6a.

[34] So auch *Huber/Wollenschläger*, Einheimischenmodelle, S. 54 Rn. 127 im Rekurs auf die BGH-Rspr.

[35] Vgl. nur BGH NJW 2010, S. 3505 (3506) Rn. 18: „Die Selbstnutzungsverpflichtung ist [...] auch nicht deshalb unangemessen, weil der Vertrag keine Härteklausel enthält. Einer solchen Klausel bedarf es nicht, weil die Bekl. ohnehin verpflichtet ist, ihre Rechte so auszuüben, dass im Einzelfall keine unzumutbaren Härten für ihren Vertragspartner entstehen".

[36] Dieselbe Auffassung, dass die vorhandene Rspr. auf weitere städtebauliche Grundstücksmodelle übertragbar ist, vertritt (zumindest i.w.S.) etwa auch *Hausmann* NJW 2010, S. 3508 (3508) (bezogen auf ein BGH-Urteil zum Einheimischenmodell): „Daher spricht viel dafür, diese Entscheidung zu Langzeitbindungen und Nachzahlungsklauseln [...] nicht nur auf Einheimischenmodelle zu beschränken, sondern auch auf andere städtebauliche Verträge anzuwenden. Städtebauliche Verträge können unterschiedliche planungspolitische Zwecke verfolgen, so dass auch zur Erreichung anderer öffentlicher Zwecke Langzeitbindungen und Nachzahlungsklauseln gerechtfertigt sein können."; vgl. bereits *Grziwotz* VIZ 1997, S. 197 (199) dazu, dass Sicherungsabreden bei verschiedenen gemeindlichen Grundstücksverkäufen zum Einsatz kommen.

c) Konzeptrealisierungsgebote

Zunächst ist also zu überprüfen, ob es dem Verhältnismäßigkeitsgebot genügt, wenn dem Grundstückserwerber im Kaufvertrag aufgegeben wird, sein eingereichtes Konzept auch zu realisieren. Hierbei handelt es sich gewissermaßen um das „Dass" bzw. das „Dass so" der Konzeptverwirklichung[37].

Einem legitimen Zweck dient dieses konzeptbezogene Realisierungsgebot, denn ohne ein solches würde die Vereitelung der Konzeptvergabe drohen. Das kaufvertragliche Gebot ist geeignet, diesen Zweck zu fördern, und erforderlich, da gleich wirksame, aber mildere Mittel zur Sicherstellung der konkreten Konzeptqualität nicht ersichtlich sind. An dieser Stelle kommen übrigens auch wieder die (im Bauplanungsrecht auftretenden) Vorteile des städtebaulichen Vertrags nach § 11 BauGB zum Tragen, da vertragliche Verpflichtungen über die Festsetzungsmöglichkeiten nach § 9 Abs. 1 Nr. 7 und 8 BauGB hinaus begründet werden können. So sind eben beispielsweise Verpflichtungen zur Wohnraumversorgung von Bevölkerungsgruppen mit besonderem Bedarf begründbar[38]. Im Bebauungsplan ist das häufig nicht in der gleichen, effektiven und ausdifferenzierbaren Weise möglich[39]. Den Prüfungsschwerpunkt stellt also auch hier die folgende Angemessenheitsprüfung dar.

Hierbei sind die eingegangenen Belastungen sowie die dem Grundstückserwerber durch die Kommune gewährten Vorteile gegenüberzustellen und vollumfänglich miteinander abzuwägen: Belastet wird der Käufer des Grundstücks dadurch, dass er sein eingereichtes Konzept auch umsetzen muss. Auf der anderen Seite teilt die Gemeinde dem Erwerber das Grundstück vor seinen Konkurrenten und den sonstigen Interessenten zu. Im Anschluss kann der Bewerber das von ihm gerade gewünschte Bauvorhaben verwirklichen und dieses nach seinen (vorab festgelegten) Vorstellungen nutzen. Unter Umständen erhält der Käufer auch noch einen Nachlass beim Grundstückskaufpreis.

Betrachtet man nur diese Faktoren, stehen die eingegangenen Bürden zu den gewährten Vorteilen nicht außer Verhältnis; dem Erwerber werden auch keine sonstigen unzumutbaren Belastungen auferlegt. Hierfür spricht besonders, dass es sich um des Grundstückskäufers eigenes Konzept handelt, an dessen Realisierung er nunmehr gebunden wird: Der Erwerber entwickelte das Konzept selbst und er wusste schon bei der Bewerbung, dass er sich dieses für den Fall

---

[37] Während die Aspekte unten (Baugebote und (Selbst-)Nutzungsgebote) *vor allem* das „Wie" der Realisierung, vornehmlich in *Zügigkeit* und *Dauerhaftigkeit*, betreffen sollen. Eine andere Struktur der Abreden wäre selbstredend auch denkbar. Auf die rechtliche Zulässigkeit hat das aber keinen Einfluss.

[38] *Reidt*, in: Battis/Krautzberger/Löhr, BauGB, § 11 Rn. 50.

[39] Vgl. nur *Huber/Wollenschläger*, Einheimischenmodelle, S. 23 Rn. 26 f. noch zum Anliegen der Deckung des Wohnbedarfs Ortsansässiger zu sozialverträglichen Konditionen; ebenso schon *Grziwotz* VIZ 1997, S. 197 (200). Zu allerdings neueren Tendenzen (und dabei insb. zum sektoralen Bebauungsplan zur Wohnraumversorgung gemäß § 9 Abs. 2d BauGB) noch Kap. 12 B. III. 2.

des Grundstückserwerbs auferlegen würde. Auch entschied er sich aus freien Stücken, an der Konzeptvergabe überhaupt teilzunehmen. Weiterhin stand es ihm (natürlich abhängig von den eingesetzten Vergabekriterien) offen, beispielsweise ein der Nutzungsdiversität empfänglicheres Konzept zu entwickeln, das Mischnutzungen oder zeitlich gestaffelte Nutzungsformen ermöglicht. Alle diese Gründe lassen die Bürde des Erwerbers in der Relation zu den im Gegenzug eingeräumten Vorteilen nicht schwer wiegen. Das Durchgreifen des Schutzgedankens des § 11 Abs. 2 Satz 1 BauGB ist deshalb nicht interessengerecht.

d) Gestaltungsdirektiven für Baugebote

Das Baugebot regelt, dass der Grundstückserwerber binnen einer nur kurzen Zeit mit dem Bau beginnen muss oder er das Bauwerk ganz oder zumindest in Teilen binnen einer bestimmten Frist fertigzustellen hat[40]. Hiermit soll abgesichert werden, dass das Grundstück schon bald der Bebauung und der anschließenden Nutzung zugeführt wird, für die sich die Gemeinde auf den Konzeptwettbewerb hin entschieden hat. Weiterhin gilt es, Spekulationen mit dem erworbenen Grundstück zu verhindern, die besonders im noch unbebauten Zustand zu befürchten sind.

Während die Verabredung eines Baugebots schon im Allgemeinen gebilligt wird, liegt etliche Kasuistik zur Frage vor, welche Frist hierzu eingeräumt werden kann und wann eine solche nicht mehr angemessen ist[41]; eine kürzere Frist kommt dabei einer schwereren Belastung gleich. Obwohl die Entscheidungen verschiedene Anknüpfungspunkte finden und sich die Fristbestimmung teils auch am AGB-Recht zu messen hatte, ergeben sich im Ergebnis keine Abweichungen zur Behandlung der Frage unter dem § 11 Abs. 2 Satz 1 BauGB.

Wesentlich entscheidend bei dieser Frist ist der Fristbeginn[42], wobei Umstände des „baulichen Einzelfalls" nicht ausgeblendet werden dürfen[43]. In einer Gesamtbeurteilung auch hinsichtlich der Fristlänge sind mithin die benötigten Zeiträume zur Planerstellung, zum Baugenehmigungsverfahren, zur Aufstellung einer sicheren Finanzierung sowie zur Durchführung des Baus

---

[40] Unterschieden werden kann damit in „Baubeginnfristen" und „Baufertigstellungsfristen", wobei sich diese Untersuchung vor allem mit den letzteren *Baufertigstellungsfristen* befasst.

[41] Einen Überblick über die Kasuistik betreffend „die Baupflicht" verschaffen auch *Huber/Wollenschläger*, Einheimischenmodelle, S. 56 Rn. 134 ff. (insb. Fn. 168); *Owusu*, Die Absicherung von Verpflichtungen in städtebaulichen Verträgen gemäß § 11 BauGB, S. 345 f.

[42] *Huber/Wollenschläger*, Einheimischenmodelle, S. 56 Rn. 135.

[43] Bei überzeugender Darstellung *Owusu*, Die Absicherung von Verpflichtungen in städtebaulichen Verträgen gemäß § 11 BauGB, S. 344 f.

mitzuberücksichtigen[44]. Selbstverständlich muss auch beurteilt werden, welches Bauvorhaben durchgeführt werden soll: Ein Einfamilienhaus oder ein Wohnkomplex? Und an wen sich die Grundstücksvergabe richtet: An private Bauherren oder etablierte Immobilienentwickler[45]?

Während die Rechtsprechung betreffend die Fristlänge (zur Fertigstellung) übereinstimmt, dass ein Zeitraum von drei Jahren zur Einhaltung des Baugebots für „kleinere Privatbauvorhaben" genügt[46], herrscht in den Instanzen Uneinigkeit darüber, ob das auch noch gilt, wenn diese Frist auf zwei Jahre heruntergesetzt wird. Während etwa das LG Karlsruhe eine zweijährige Frist zur bezugsfertigen Errichtung eines Hauses ab Erschließung für ausreichend erachtete[47], genügte dieser Zeitraum dem LG Ravensburg nicht; zumal die dem Gericht vorliegende Regelung auch keine Fristverlängerungsmöglichkeit selbst für ein „*begründetes Ansuchen des Käufers*" enthielt[48].

Die Literatur teilt diese Erwägungen im Wesentlichen. Nach *Grziwotz* sollte ein Zeitraum von zwei bis drei Jahren ab baurechtlicher Nutzungsmöglichkeit nicht unterschritten werden[49]. Nach *Jachmann* ergeben sich Bedenken unter Berücksichtigung der verschiedenen Faktoren allenfalls bei Fristen unter zwei Jahren[50] und auch *Rastätter* tendiert zu einer möglichen Frist von zwei Jahren; wobei zwei bis drei Jahre üblich sein[51]. *Freuen* hält eine Zweijahresfrist unter Berücksichtigung der Einzelfallumstände als „unterste Frist" für unbedenklich[52].

---

[44] *Jachmann* MittBayNot 1994, S. 93 (108) m.V.a. *Grziwotz*, Baulanderschließung, S. 213.

[45] Zu diesen Einzelfallaspekten (wie erwähnt) auch *Owusu*, Die Absicherung von Verpflichtungen in städtebaulichen Verträgen gemäß § 11 BauGB, S. 345.

[46] Das OLG Karlsruhe entschied mithin, dass ein Zeitraum von drei Jahren ab Auflassungserklärung zur Bebauung mit einem den Bauvorschriften entspr. Gebäude nicht zu beanstanden ist, NJW-RR 1992, S. 18 (19). In einem darauffolgenden Urteil hielt dieses Gericht auch die Frist von zweieinhalb Jahren ab Kaufvertragsabschluss für die Errichtung eines Wohngebäudes für grds. zulässig, NVwZ-RR 2006, S. 529 (529), wobei es sich hier um eine *Baubeginnfrist* handelte. Auch nach Ansicht des OLG Koblenz genügen drei Jahre als Frist für die Bebauung, DNotI-Report 1998, S. 25 (Report). Dem LG Traunstein lag eine (zulässigerweise) differenzierende Fristenregelung zur Entscheidung vor, nach der binnen drei Jahren ab Beurkundung des Kaufvertrags der Rohbau für das zu errichtende Wohnhaus erstellt werden musste und nach fünf Jahren die Bezugsfertigkeit zu erreichen war: Das Gericht billigte diese Regelung, NVwZ 1999, S. 1026 (1026 f.).

[47] LG Karlsruhe DNotZ 1998, S. 483 (484 f.).

[48] LG Ravensburg BWNotZ 1998, S. 44 (46).

[49] U.a. *Grziwotz* DNotZ 1999, S. 646 (649); bis heute, vgl. *ders.*, in: Beck'sches Notar-Hdb., § 10 Rn. 18 („mindestens drei Jahre" zur Realisierung des Bauvorhabens).

[50] *Jachmann* MittBayNot 1994, S. 93 (108).

[51] *Rastätter* DNotZ 2000, S. 17 (28 f.). Hins. der zwei bis fünf Jahre auch bereits *Jachmann* MittBayNot 1994, S. 93 ff. in Fn. 14.

[52] *Freuen* MittRhNotK 1996, S. 301 (310).

Der Fristbeginn sollte dabei möglichst mit dem Zeitpunkt der Bebaubarkeit zusammenfallen oder diese Bebaubarkeit zumindest voraussetzen[53]. Wählt die Gemeinde das Datum des Kaufvertragsschlusses, so hat sie hierauf (falls das nötig sein sollte) zumindest mit Fristaufschlägen zu reagieren. Jedenfalls bei einer vorangehenden Anhandgabe ist es allerdings regelmäßig nicht problematisch, den Fristbeginn auf diesen Zeitpunkt des Kaufvertragsschlusses zu legen. Etwa die öffentlich-rechtliche Bebaubarkeit kann dann schließlich bereits im Vorfeld, also in der Anhandgabephase, geklärt werden.

Die Fristdauer ist nach hier vertretener Ansicht selbst bei kleineren Bauvorhaben mindestens auf drei Jahre festzusetzen. Sollte es sich um ein größeres Vorhaben handeln, bieten sich auch noch weitgehendere Fristen zur baulichen Realisierung an. Zwar ermöglicht der Fertigteil- und Modularbau immer schnellere Bauausführungen. Dennoch ist der klassische Individual- und Massivbau für die private Bauherrenschaft immer noch attraktiv und dieser nimmt üblicherweise mehr Zeit in Anspruch, besonders wenn (wie bei der Konzeptvergabe) einzigartige Gebäude entstehen sollen. Auch kommt es immer häufiger zu Liefer- und damit Bauzeitverzögerungen. Handwerksbetriebe sind vielerorts über Monate hinaus ausgebucht.

e) Gestaltungsdirektiven für (Selbst-)Nutzungsgebote

Ebenso zu oftmals vereinbarten Nutzungsgeboten liegt eine differenzierende Rechtsprechung bzw. Rechtsprechungslinie des BGH vor, die sich zur Selbstnutzung bei Einheimischenmodellen herausbildete und sich noch heute weiterentwickelt[54].

Mittlerweile kann aus ihr eine zeitliche Staffelung der Zulässigkeit von vertraglichen Bindungsfristen abgeleitet werden, die man auch für die Konzeptvergabe heranziehen kann. Es gibt keine Gründe, weshalb bei der Konzeptvergabe von vornherein andere Maßstäbe und mithin andere Fristen gelten sollten[55]. Das betrifft besonders solche Fälle, in denen bewerberbezogene Vergabekriterien eingesetzt werden und dem Erwerber die Selbstnutzung auferlegt wird. Denn das Selbstnutzungsgebot dient der personellen sowie

---

[53] Vgl. schon *Grziwotz* DVBl. 1991, S. 1348 (1348); bis heute, vgl. *ders.*, in: Beck'sches Notar-Hdb., § 10 Rn. 18; *Rastätter* DNotZ 2000, S. 17 (28): „Fristbeginn sollte frühestens der Zeitpunkt sein, in welchem das Grundstück bebaut werden kann, was nicht unbedingt schon bei der Beurkundung des Kaufvertrages der Fall sein muss".

[54] Zuletzt etwa BGH NJW 2019, S. 2602 ff. Einen Überblick über die Kasuistik verschaffen auch *Huber/Wollenschläger*, Einheimischenmodelle, S. 57 ff. Rn. 139 ff. (bis zur Rspr. des Jahres 2007) und *Owusu*, Die Absicherung von Verpflichtungen in städtebaulichen Verträgen gemäß § 11 BauGB, S. 347 ff. (bis zur Rspr. des Jahres 2012). Zur Thematik auch *Weber*, Zur Laufzeit von Einheimischenmodellen, ZNotP 2015, S. 496 ff.

[55] Auch der BGH nutzt zur Behandlung verschiedener Grundstücksmodelle immer dieselben Begründungsschienen. Verallgemeinernd auch *Grziwotz*, in: Beck'sches Notar-Hdb., § 10 Rn. 17 ff.

nutzungsbezogenen Absicherung beim zielgerichteten Grundstücksverkauf: Häufig wird dem Käufer aufgegeben, das Grundstück selbst oder entsprechend den vorab geregelten Bedingungen zu nutzen und dieses nicht bzw. nur unter Gemeindezustimmung weiterzugeben (wobei es sich um ein verknüpftes „Weitergabeverbot" handelt).

Dass ein Kaufpreisnachlass haushaltsrechtlich eine vertragliche Sicherung des städtebaulichen oder sozialen Ziels der Kommune erfordert, wurde vom BGH bereits bestätigt[56] und ist auch sonst allgemein anerkannt[57]. Somit steht in Verbilligungsfällen im Grunde lediglich die Frage nach der Bindungsdauer im Raum.

Bei diesen Grundstücksveräußerungen mit Kaufpreisnachlässen stellt sich die beschriebene Staffelung[58] folgendermaßen dar: Zumindest die Literatur fordert eine *Mindestbindungsfrist* von zehn Jahren, wenn ein Nachlass beim Grundstückskaufpreis erfolgt[59]. Vorzugswürdig ist es aber, die Frist nicht allzu statisch zu beurteilen, zumal § 11 Abs. 2 Satz 1 BauGB zu einer Gesamtbetrachtung aller Umstände anhält. Gewisse Indizwirkungen verleihen Rechtsvorschriften wie der § 23 Abs. 1 Satz 1 Nr. 1 EStG aber allemal[60]. Die *Zulässigkeit der maximalen Länge* einer vertraglichen Bindungsdauer richtet sich nach dem eingeräumten Kaufpreisnachlass. Bei preislichen Vergünstigungen von bis zu etwa 20 Prozent werden Bindungsdauern von 15 bis 20 Jahren als angemessen erachtet[61]. Diese Skala nach oben erweiternd, wurde in einer neueren BGH-Entscheidung aus dem Jahr 2019 bei einem Preisnachlass von 20 Prozent sogar eine Bindungsfrist von 20 Jahren im Wege der ergänzenden

---

[56] Vgl. nur BGH NJW-RR 2007, S. 962 (963) Rn. 11.

[57] Siehe hierzu bereits oben Kap. 5 A. VI. 2. b.

[58] Vgl. zu dieser Einteilung auch *Leidner* MittBayNot 2020, S. 82 (82 f.) und hiervor noch *Grziwotz* MittBayNot 2016, S. 188 (188).

[59] *Owusu*, Die Absicherung von Verpflichtungen in städtebaulichen Verträgen gemäß § 11 BauGB, S. 347 f. m.w.N.

[60] Diese Bestimmung sieht die einkommensteuerrechtliche Spekulationsfrist von zehn Jahren bei privaten Grundstücksverkäufen vor. Hierzu auch etwa *Leidner* DNotZ 2019, S. 83 (90), allerdings nicht zur Frage der Mindestfrist.

[61] Vgl. hierzu höchstrichterlich nur (chron.): BGH NJW 2003, S. 888 (891) (zehn Jahre „Bindungsdauer" für den konkreten Fall gebilligt, allerdings könne auch eine Bindung von 15 Jahren regelm. wirksam vereinbart werden); BGH MittBayNot 2006, S. 324 (326) (eine Frist von 20 Jahren sei unbedenklich, insb. bei einer Reduktion des Kaufpreises um 30 Prozent); BGH NJW-RR 2007, S. 962 (962 f.) („zehn Jahre Wartefrist" sowohl vor dem Maßstab des § 11 Abs. 2 Satz 1 BauGB als auch vor dem Maßstab der heutigen §§ 305 ff. BGB angemessen). Aus der obergerichtlichen Rspr. bspw. OLG Oldenburg Az. 2 U 128/99, BeckRS 1999, 17280, Rn. 31 (eine Frist von bis zu 20 Jahren ist angesichts der gewährten finanziellen Begünstigung noch zumutbar); OLG Hamm Az. 22 W 92/11, BeckRS 2013, 11150 (zumindest für einen der regelm. Geltungsdauer eines Bebauungsplans entspr. Zeitraum von etwa 15 Jahren kann eine Bindung wirksam vereinbart werden).

Vertragsauslegung als „materiell ausgewogen" bezeichnet[62]. Die Rechtfertigungslast steigt, wenn die Bindung über diesen Zeitraum von 20 Jahren hinausreicht: Eine darüberliegende Frist von bis zu 30 Jahren wird nur noch im Ausnahmefall als zulässig erachtet. So entschied der BGH in der eben genannten Entscheidung (was die ergänzende Vertragsauslegung aufgrund der entstandenen Vertragslücke erst notwendig machte), dass eine 30 Jahre andauernde Bindungsfrist selbst bei einer Vergünstigung von 29 Prozent nicht mehr als angemessen angesehen werden könnte[63]. Eine Bindungsfrist von 30 Jahren könne nur dann als angemessen gelten, „wenn dem Erwerber ein besonders hoher Preisnachlass gewährt wurde oder sonst außergewöhnliche Umstände vorliegen, die eine derart lange Bindung des Erwerbers rechtfertigen"[64]. Gerade in diesem Sinne könne eine Bindungsfrist von 30 Jahren nur etwa bei einem Kaufpreisnachlass von beispielsweise 70 Prozent (oder mehr) als noch gerechtfertigt angesehen werden[65], wobei dieser Zeitraum von 30 Jahren dann als oberste Grenze des städtebauvertraglich Regelbaren erachtet wird[66].

Doch auch wenn kein Kaufpreisnachlass erfolgt, ist eine Bindung möglich. Der BGH billigte einmal die Bindungsfrist von fünf Jahren[67] und wandte sich ein andermal nicht gegen einen Zeitraum von acht Jahren, sondern nur gegen die mit einem Verstoß hiergegen einhergehende pauschale Sanktionierung[68].

Die Literatur begleitet diese Rechtsprechung. Eine Bindung für die kommenden 30 Jahre wird (bei Eigentumsveräußerungen) als absolute Höchstfrist

---

[62] BGH NJW 2019, S. 2602 (2604) Rn. 20: „Vor diesem Hintergrund stellt – ausgehend von dem seitens des Kl. behaupteten Preisnachlass von 20 % – im vorliegenden Fall eine Ausübungsfrist für das Wiederkaufsrecht von 20 Jahren eine ausgewogene Regelung dar. Eine solche Frist dient dem von der Stadt verfolgten Zweck der effektiven Sicherung der Vermeidung von Grundstücksspekulationen und stellt zugleich eine adäquate Gegenleistung des Kl. für den verbilligten Erwerb des Grundstücks dar". Im gerichtlich vorliegenden Sachverhalt war streitig, ob eine Verbilligung von 20 Prozent oder sogar von 29 Prozent gewährt wurde: Für eine Gewährung eines Preisnachlasses von 29 Prozent müssen die genannten Erwägungen aber erst recht gelten.

[63] BGH NJW 2019, S. 2602 (2603) Rn. 11 ff.

[64] BGH NJW 2019, S. 2602 (2603) Rn. 15.

[65] BGH MittBayNot 2006, S. 324 (326). In einer anderen Entscheidung des BGH hieß es (bei einer gebilligten 20-jährigen Bindung infolge eines Kaufpreisnachlasses von 50 Prozent), dass die zulässige Bindungsdauer mit dem Verbilligungsumfang eben steige, „so dass im Einzelfall auch eine Frist von mehr als 20 Jahren angemessen sein kann", NJW 2010, S. 3505 (3506) Rn. 16. In Anknüpfung an diese Rspr. vgl. BGH NJW 2015, S. 3169 (3170 f.) Rn. 14 ff.

[66] Vgl. BGH NJW 2019, S. 2602 (2603) Rn. 15 (eine Bindung von 30 Jahren wird „als in aller Regel unverhältnismäßig angesehen"); zuvor BGH NJW 2015, S. 3169 (3170) Rn. 13; zuvor BGH MittBayNot 2012, S. 123 (124); zuvor BGH NJW-RR 2006, S. 1452 (1453) Rn. 16.

[67] BGH NVwZ 2018, S. 1414 (1414) (Weiterveräußerungsverbot).

[68] BGH NJW 2018, S. 3012 (3013) Rn. 8 ff. und insb. Rn. 11 ff.

angesehen[69]; andere Stimmen lassen hierzu auch schon 20 Jahre genügen[70]. Bei Marktwertverkäufen werden vertragliche Bindungsfristen von zehn Jahren als zulässig erachtet[71].

Dieser Rechtsprechungslinie kann man sich unter dem immerwährenden Vorbehalt der einzelfallbezogenen Gesamtabwägung anschließen. Die Gesichtspunkte der kommunalen Sicherungsanliegen sind ebenfalls auf die Situation bei der Konzeptvergabe zu übertragen. Nur kann es hier beispielsweise noch um Sicherungen von Nutzerstrukturen gehen, die den Grundstückserwerber allerdings nicht mehr belasten als das (sehr persönliche) Gebot zur Selbstnutzung des errichteten Gebäudes. Aus diesem Grund wurden Selbstnutzungs- und Nutzungsgebote schließlich auch zusammen untersucht. Für verbundene Weitergabeverbote soll ebenfalls nichts anderes gelten.

Um langfristigere Sicherungen durchzusetzen, bietet sich allerdings (auch aufgrund wiederholter Hinweise des BGH[72]) die Bestellung eines Erbbaurechts an[73].

f) Gestaltungsdirektiven für die Sanktionierung

Etwa lange Selbstnutzungsbindungen belasten den Grundstückskäufer nur marginal, wenn die Sanktionen nur mild ausfallen, die ihn beim Vertragsverstoß treffen. Hingegen können den Erwerber gravierende Sanktionen stark belasten, selbst wenn nur kurze Bindungsfristen vereinbart sind. Für das vorab behandelte Konzeptrealisierungsgebot und das Baugebot gilt das (beim Letzteren im zeitlich umgekehrten Verhältnis) entsprechend. Es lässt sich damit festhalten, dass die zur Angemessenheitsprüfung relevante „Schwere" der Vereinbarung zur Konzeptrealisierung, zur Bebauung oder zur Nutzung immer in Relation zur hiermit einhergehenden vertraglichen Sanktion (also der vertraglichen Rechtsfolge) steht, die für einen Verstoß vorgesehen ist[74].

---

[69] Vgl. *Huber/Wollenschläger*, Einheimischenmodelle, S. 57 Rn. 139 m.w.N. („absolute Grenze").

[70] Vgl. nur *Grziwotz* VIZ 1997, S. 197 (200) („wenn nicht außergewöhnliche Umstände vorliegen"); nochmals restriktiver dann *ders.* DNotZ 1999, S. 647 (650); auch noch anschließend *ders.* NVwZ 2002, S. 391 (393). Heute allerdings *ders.*, in: Beck'sches Notar-Hdb., § 10 Rn. 18.

[71] *Leidner* MittBayNot 2020, S. 82 (83) m.w.N.

[72] BGH DNotZ 2019, S. 433 (435) Rn. 14 („Dauerhafte Nutzungsbeschränkungen lassen sich nur erreichen, wenn der öffentliche Zweck nicht mit dem Instrument des Grundstücksverkaufs, sondern mit dem dazu bestimmten Instrument der Ausgabe eines Erbbaurechts verfolgt wird"); hiervor BGH NVwZ 2018, S. 1414 (1416) Rn. 28, aber auch BGH NJW 2015, S. 3436 (3437 f.) Rn. 13 ff. bei Behandlung eines Erbbaurechts.

[73] Siehe hierzu noch Kap. 11 D. III. 1.

[74] Vgl. ausdrücklich dazu, dass auch sanktionsbezogene Aspekte in die Angemessenheitsprüfung miteinziehen müssen BGH NJW 2010, S. 3505 (3507) Rn. 20: „Nicht nur die Bindungen, die dem Käufer zum Erreichen der Zwecke [...] auferlegt werden, sondern auch die

Allein ein Zustimmungserfordernis für die Weitergabe des Grundstücks (mittels Veräußerung oder Besitzüberlassung[75]) stellt dabei keine Sanktion dar. Dieses Zustimmungserfordernis ist mehr der Ebene der Gebote und Verbote zuzurechnen: Es dient als milderes Mittel gegenüber einem unbedingt durchgreifenden Verbot und wurde deshalb schon in Abhandlung der (Selbst-)Nutzungsgebote mitbeleuchtet.

Hinsichtlich der eigentlichen Sanktionen kann zwischen Rückabwicklungsrechten (aa)), Nachzahlungspflichten (bb)) und Vertragsstrafen (cc)) unterschieden werden.

aa) Rückabwicklungsrechte

Bei der Konzeptvergabe werden regelmäßig Rückabwicklungsklauseln verwendet[76]. Mitunter ermöglicht man es hierdurch, Verstöße gegen die oben genannten Gebote und Verbote zu sanktionieren und das Grundstück wieder zur Gemeinde zurückzuholen.

Die „Rückabwicklung" lässt sich vertraglich in verschiedener Art und Weise niederlegen. Die Kautelarpraxis wählt hierzu auch bei anderen Grundstücksmodellen regelmäßig Wiederkaufsrechte zugunsten der veräußernden Gemeinde[77] und zieht diese Wiederkaufsrechte den Rücktrittsrechten vor: Eine Konstruktion, die auch für die Konzeptvergabe gewählt werden soll. Gegen das Rücktrittsrecht zur Rückabwicklung spricht nämlich, dass das Grundstück dem Erwerber vor der Rechtsausübung vollumfänglich „gehören" soll. Dem würde es widersprechen, wenn im Sanktionsfall dann doch eine umfassende Rückabwicklung anhand der §§ 346 ff. BGB durchgeführt werden müsste, mit der auch ein Ausgleich der gezogenen Nutzungen gegen Erstattung zumindest der notwendigen Verwendungen erfolgt[78]. Ebenso ist das Wiederkaufsrecht im Hinblick auf die notwendige Ausübungskontrolle vorzuziehen. Während nämlich beim Rücktritt der bestehende Vertrag nach § 346 Abs. 1 BGB in ein gesetzlich ausgestaltetes Rückgewährschuldverhältnis umgewandelt wird, bekommt die Gemeinde mit dem Wiederkaufsrecht ein gewissermaßen disponibleres Recht an die Hand.

---

bei Nichteinhaltung dieser Bindungen vereinbarten Rechte des Verkäufers sind unter Berücksichtigung von Sinn und Zweck [...] auf ihre Angemessenheit zu prüfen".

[75] Unter einer solchen Aufteilung *Huber/Wollenschläger*, Einheimischenmodelle, S. 60 Rn. 147 f.

[76] S.o. bereits i.R.d. Charakterisierung, Kap. 2 C. XII.

[77] *Grziwotz* VIZ 1997, S. 197 (200) bezeichnet das Wiederkaufsrecht bei der Veräußerung gemeindeeigener Grundstücke als das „klassische Sicherungsmittel" für die verabredeten Bau- und Nutzungsgebote; *ders.* auch zur dbzgl. möglichen Rückauflassungsvormerkung, in: Beck'sches Notar-Hdb., § 10 Rn. 19.

[78] Wörtl. *Schall*, in: BeckOGK, § 346 BGB Rn. 66.

Die Verabredung des Wiederkaufsrechts an sich zieht keine Bedenken nach sich[79]. So ist im öffentlichen Recht anerkannt, dass eine zweckwidrig verwendete Begünstigung zurückgeholt werden kann (vgl. nur Art. 49 Abs. 2a Satz 1 Nr. 1 BayVwVfG).

Fraglich ist schließlich nur die Ausgestaltung des Wiederkaufsrechts. Es entspricht dabei der vorherrschenden Rechtsansicht, dass der Wiederkaufspreis dem ursprünglichen Kaufpreis entsprechen darf[80]. Das stimmt mit der Wertung des Art. 49a Abs. 2 Satz 1 BayVwVfG überein und lässt eine allmähliche Wertsteigerung des Grundstücks in vollem Ausmaß der Gemeinde zukommen[81]. Für zwischenzeitlich auf dem Grundstück errichtete Gebäude hat die Gemeinde eine hinreichende Ablösesumme zu zahlen. Hierbei ist es unproblematisch, sich am Verkehrswert der Gebäude zu orientieren[82]; doch auch Abschläge vom Gebäudewert werden teils als gerechtfertigt erachtet[83].

bb) Nachzahlungspflichten

Es kann sich anbieten, als vertragliche Alternative zum Wiederkaufsrecht (oder statt eines Wiederkaufsrechts) eine Nachzahlungsklausel in den Kaufvertrag mitaufzunehmen. Denn soll das Grundstück an die Gemeinde zurückfallen, so lastet diese sich auch Verwertungsrisiken und neue Vergabemühen auf.

Hierbei ist zwischen zwei verschiedenen Nachzahlungsklauseln zu unterscheiden: Bei *Aufzahlungsklauseln* handelt es sich um Abreden, nach denen im Sicherungsfall der Differenzbetrag zwischen dem einstigen Verkehrswert und dem einstigen reduzierten Kaufpreis nachgefordert wird[84]. Bei einer *Mehrerlösklausel* wird die Begleichung der Differenz zwischen dem einstigen

---

[79] St. Rspr. (mind. zu verbilligten Grundstücksveräußerungen): Bspw. BGH NJW 2015, S. 3169 (3170) Rn. 10; BGH NJW 2019, S. 2602 (2603) Rn. 10.

[80] Vgl. BGH NJW 2003, S. 888 (891); BGH MittBayNot 2006, S. 324 (325).

[81] Vgl. nur knapp zur verwaltungsverfahrensrechtlichen Bestimmung *Grziwotz* DNotZ 2006, S. 512 (514), aber in Anknüpfung hieran *Huber/Wollenschläger*, Einheimischenmodelle, S. 61 f. Rn. 152. *Dies.* behandeln (m.w.N.) ebenfalls, ob der Wiederkaufspreis „dynamisiert" werden muss, sprechen sich aber mit besseren Gründen hiergegen aus, ebd. S. 63 f. Rn. 155 ff.

[82] Ebenfalls § 459 Satz 1 BGB geht von dieser Folge aus; etwa Zinsen und Auslagen müssen allerdings nicht mitumfasst sein und auch der Berücksichtigung von Geldwertveränderungen bedarf es nicht, vgl. *Grziwotz*, in: Beck'sches Notar-Hdb., § 10 Rn. 19.

[83] Vgl. *Huber/Wollenschläger*, Einheimischenmodelle, S. 65 Rn. 164 m.w.N. Zurecht gegen einen 50-prozentigen Abschlag vom Verkehrswert positioniert sich allerdings das LG Karlsruhe DNotZ 1998, S. 483 (485 f.); krit. (m.w.N.) auch *Grziwotz*, in: Beck'sches Notar-Hdb., § 10 Rn. 19 („wohl unzulässig").

[84] *Leidner* DNotZ 2019, S. 83 (83); unter der abweichenden Begrifflichkeit der „Nachforderungsklausel" *Huber/Wollenschläger*, Einheimischenmodelle, S. 67 Rn. 172.

Kaufpreis und einem Weiterverkaufspreis oder dem aktuellen Verkehrswert verlangt[85].

Beide Varianten der vertraglichen Nachzahlungsansprüche sind höchstgerichtlich anerkannt[86] und finden in der Literatur Zuspruch[87]. Dies betrifft also auch die Mehrerlösklausel, die dazu dient, mögliche Wertsteigerungen des Grundstücks zugunsten der Allgemeinheit abzuschöpfen. Da die Mehrerlösklausel bei der Weitergabesanktionierung einem gewissen Manipulationsrisiko ausgesetzt ist, wenn als zweiter Berechnungsrelationspunkt der zwischen dem Erstkäufer und einem Drittkäufer ausgehandelte Kaufpreis festgelegt wird (Gefahr nicht nur der Unterverbriefung[88]), kann im Alternativitätsverhältnis auch der aktuelle Verkehrswert angesetzt werden. Finanziell betrachtet ergibt sich dann dieselbe Lage wie beim zulässigen Wiederkaufsrecht[89].

Nicht zulässig sind allerdings pauschal kalkulierte, einseitig wirkende Aufschlagsklauseln[90]. Bereits des Öfteren wurde betont, dass eine unangemessene Vertragsgestaltung vorliegen kann, wenn Klauseln nur einseitig zugunsten der Kommune wirken[91].

---

[85] *Leidner* DNotZ 2019, S. 83 (83); *Huber/Wollenschläger*, Einheimischenmodelle, S. 67 Rn. 172.

[86] Hierzu nur BGH NJW 2003, S. 888 (891) (neben Aufzahlungsklauseln sind Mehrerlösklauseln akzeptabel); BGH NJW 2010, S. 3505 (3507) Rn. 21; BGH NVwZ 2018, S. 1414 (1416) Rn. 29 ff. (Mehrerlösklausel); BGH NJW 2018, S. 3012 (3013) Rn. 11 (Mehrerlösklausel).

[87] Vgl. nur *Leidner* DNotZ 2019, S. 83 (88), der Nachzahlungsklauseln beim Verkauf kommunaler Grundstücke vor dem Hintergrund der BGH-Rspr. ausführlich behandelt.

[88] Dies betreffend *Huber/Wollenschläger*, Einheimischenmodelle, S. 68 Rn. 176.

[89] Vgl. nur *Rastätter* DNotZ 2000, S. 17 (42 f.) bezugnehmend u.a. auf das LG Traunstein MittBayNot 1998, S. 465.

[90] Konkret BGH NJW 2018, S. 3012 (3013) Rn. 12 f.; anknüpfend hieran etwa *Leidner* DNotZ 2019, S. 83 (88).

[91] BGH NJW 2010, S. 3505 (3507) Rn. 21: „Eine Nachzahlungsklausel, die neben der Kaufpreisverbilligung auch künftige Bodenwertsteigerung einbezieht, ist jedoch nur angemessen, wenn sie die Möglichkeit stagnierender oder sinkender Bodenpreise berücksichtigt und die Nachzahlung auf den tatsächlich eingetretenen Vorteil begrenzt"; BGH NJW 2018, S. 3012 (3013) Rn. 11. Hierzu auch *Grziwotz* MittBayNot 2007, S. 308 (309); *ders.* MittBayNot 2019, S. 83 (84).

cc) Vertragsstrafen

Mit derselben Begründung, mit der man auch pauschalen Aufschlagsklauseln eine unangemessene Vertragsgestaltung attestiert[92], wird man eine Unangemessenheit wohl regelmäßig auch bei Vertragsstrafen annehmen können[93].

Vertragsstrafen sind aber zunächst geeignet[94], mit der Grundstücksveräußerung verbundene kommunale Ziele zu sichern: Ihnen kommt schließlich gerade eine Druckfunktion zu. Den vertraglich belasteten Erwerber könnten sie entweder zur Konzeptrealisierung, zur zeitigen Bauverwirklichung oder zur zielgerechten Nutzung anhalten[95]. Auch an der Erforderlichkeitshürde scheitern sie nicht. Vertragsstrafen sind „starke Schwerter" mit intensiver Wirkung[96] und es ist nicht ersichtlich, dass dieselbe von ihnen ausgehende Wirkung auch mit milderen Mitteln erreicht werden kann. Bei der Angemessenheitsprüfung muss man gleichwohl differenzieren. Vertragsstrafen bei städtebaulichen Verträgen als generell unangemessen zu bezeichnen, würde zu weit gehen. Ansonsten liegt es in den kommenden Jahren insbesondere an der Gerichts- und Notarpraxis, in Anbetracht verschiedener Veräußerungssituationen (und bei Berücksichtigung der zu sanktionierenden Vertragsverstöße) anhand „Zweck und Mittel" verhältnismäßige Ausgestaltungen auszumachen. Der BGH hat mit seinem

---

[92] Unter die Kategorie der Vertragsstrafen fallen Nachzahlungsklauseln (Aufzahlungs- und Mehrerlösklauseln) i.Ü. nicht, vgl. BGH NJW 2010, S. 3505 (3507) Rn. 20: keine Vertragsstrafe, „sondern bedeutet den Widerruf der in der Kaufpreisverbilligung liegenden und an bestimmte Bedingungen geknüpften Subvention" (Aufzahlungsklausel); BGH NJW 2018, S. 3012 (3013) Rn. 11: „Sie stellt keine Vertragsstrafe dar, sondern bedeutet den Widerruf der in der Kaufpreisverbilligung liegenden, an bestimmte Bedingungen geknüpften Subvention" (Aufzahlungs- mit Überleitung zur Mehrerlösklausel); hierzu auch *Leidner* DNotZ 2019, S. 83 (89); *Grziwotz* MittBayNot 2019, S. 83 (85); *ders.,* in: Beck'sches Notar-Hdb., § 10 Rn. 20. A.A. allerdings für Mehrerlösklauseln noch das OLG München MittBayNot 1994, S. 464 (465).

[93] Str., vgl. *Grziwotz,* in: Beck'sches Notar-Hdb., § 10 Rn. 20 (auch im Hinblick auf deren Formularmäßigkeit); tendenziell offen ggü. einer Vertragsstrafenabrede allerdings *ders.* NotBZ 2020, S. 321 (328) auch mit Hinweisen zur Kritik; geht man bei den Bau- und Nutzungsgeboten bzw. Weitergabeverboten von Obliegenheiten aus, so handelt es sich bei den Vertragsstrafen um sog. „selbstständige Vertragsstrafeversprechen", vgl. ebd. S. 328. Ebenso mit Tendenzen zur Anerkennung von Vertragsstrafen bei kommunalen Grundstücksverkäufen *Leidner* MittBayNot 2021, S. 108 (110 f.).

[94] Hiervon abweichend spricht der BGH einer pauschalierten Aufschlagsklausel schon die Eignung ab, „die angestrebte Selbstnutzung durch den Käufer zu erreichen", NJW 2018, S. 3012 (3013) Rn. 14.

[95] Ebenfalls *Leidner* MittBayNot 2021, S. 108 (109 f.) zu den vom BGH behandelten, pauschalierten Aufzahlungsklauseln.

[96] Berechtigt erörtert *Grziwotz* MittBayNot 2019, S. 81 (85 f.) deshalb die Zulässigkeit von Vertragsstrafen zur Sicherung städtebaulicher Zwecke am Maßstab des § 11 Abs. 2 Satz 1 BauGB und am Maßstab des AGB-Rechts: Schließlich kommt der Vertragsgestaltung zur Sicherung kommunaler Zielvorstellungen vor dem Hintergrund zunehmender Bodenknappheit eine herausragende Bedeutung zu.

Prüfungsergebnis zu pauschalen Aufschlagsklauseln erste Orientierungspunkte gesetzt[97].

Die Frage, ob man Vertragsstrafen bei der Konzeptvergabe aus kommunalpolitischer Hinsicht für sinnvoll hält, steht dabei nochmals auf einem anderen Blatt. Solche Vertragsstrafen werden regelmäßig abschreckend wirken. Attraktiver machen sie die Teilnahme an der Konzeptvergabe für private Interessenten und Baugemeinschaften nicht.

2. Koppelungsverbot

Das Koppelungsverbot findet sich für den städtebaulichen Vertrag in § 11 Abs. 2 Satz 2 BauGB[98]. Gleichwohl nimmt dieses Verbot (von Zwischenerwerbskonstellationen abgesehen) bei städtebaulichen Grundstücksmodellen keine ausschlaggebende Rolle ein.

Das liegt daran, dass kein gesetzlicher Anspruch auf das von der Gemeinde hingegebene, möglicherweise sogar preisreduzierte Grundstück existiert. Darüber hinaus besteht eine direkte sachliche Relation zwischen der städtebaulichen Grundstücksvergabe und der Belastung des Vertragspartners durch das Konzeptrealisierungsgebot, das Baugebot und das Nutzungsgebot mit dem verknüpften Weitergabeverbot[99].

V. AGB-Kontrolle

Weiterhin könnten die Nebenabreden zur Sicherung kommunaler Anliegen bei der Konzeptvergabe der AGB-Kontrolle der §§ 305 ff. BGB unterliegen. Die Qualifikation von Klauseln bei der Konzeptvergabe als „AGB-Formularklauseln" ist dabei zunächst möglich[100]: Denn etabliert sich die Konzeptvergabe als Grundstücksmodell, so werden von der Gemeinde wiederkehrend dieselben Verträge bzw. Vertragsklauseln benutzt[101]. Auch kann es angezeigt sein, die Vertragsbedingungen in der Ausschreibung vorzustellen, um den

---

[97] S.o. Kap. 10 C. IV. 1. e) (konkret BGH NJW 2018, S. 3012 [3013] Rn. 12 f.).

[98] Hierzu im Allgemeinen *Breuer* NVwZ 2017, S. 112 ff.

[99] Zum Erfordernis des „sachlichen Zusammenhangs" („Ursächlichkeit") auch *Reidt*, in: Battis/Krautzberger/Löhr, BauGB, § 11 Rn. 74.

[100] Allgemeine Geschäftsbedingungen („AGBs") sind nach § 305 Abs. 1 Satz 1 BGB alle für eine Vielzahl von Verträgen vorformulierten Vertragsbedingungen, die eine Vertragspartei der anderen Vertragspartei bei Abschluss eines Vertrags stellt.

[101] Ggf. auch durch Gleichheitsrechte wie Art. 3 Abs. 1 GG veranlasst, vgl. *Reidt*, in: Battis/Krautzberger/Löhr, BauGB, § 11 Rn. 80; vgl. ebenfalls BGH NJW 2003, S. 888 (890) m.w.N. Geht man von einem Verbrauchervertrag aus, so gilt ohnehin § 310 Abs. 3 Nr. 2 BGB.

Verteilungsgegenstand im Detail zu präsentieren. Eine notarielle Form nach § 311b Abs. 1 Satz 1 BGB ändert an der Qualifikation als Formularklausel nichts[102].

Im Folgenden wird zunächst die (diskutierte) Anwendbarkeit der AGB-Kontrolle der §§ 305 ff. BGB auf städtebauliche Verträge herausgearbeitet; zumindest soweit Verbraucher an den Verträgen beteiligt sind (1.). Hiernach wird geklärt, ob sich die behandelten Nebenabreden bei der Konzeptvergabe an den Anforderungen des AGB-Rechts messen können (2.).

1. Anwendbarkeit des AGB-Rechts

Umstritten ist[103], ob die AGB-Kontrolle der §§ 305 ff. BGB auf städtebauliche Verträge nach § 11 BauGB Anwendung finden soll: Eine Streitfrage, die damit auch den städtebaulichen Kaufvertrag der Konzeptvergabe betrifft. Der BGH hielt diese Frage bislang ausdrücklich offen[104]. Er prüft das Angemessenheitserfordernis des § 11 Abs. 2 Satz 1 BauGB und das AGB-Recht wiederholt nebeneinander, gelangt dabei zu keinen unterschiedlichen Ergebnissen und vermeidet somit einen Streitentscheid[105].

Auszuklammern sind aus der Diskussion zwar städtebauliche „Altverträge", die vor dem 01.01.1995 (und damit vor Ablauf der Frist zur Umsetzung der Gemeinschaftsrichtlinie 93/13/EWG über missbräuchliche Klauseln in Verbraucherverträgen[106]) geschlossen wurden. Zu solchen „Altverträgen" hat der BGH bereits entschieden, dass § 11 Abs. 2 Satz 1 BGB „nach Sinn und Zweck der konkurrierenden Normen und den sie tragenden Wertungen des Gesetzgebers" eine erschöpfende Regelung darstelle, „neben der das Recht der Allgemeinen Geschäftsbedingungen keine Anwendung finden kann"[107]. Da die Konzeptvergabe allerdings heute neu entworfen werden soll, hilft diese Erkenntnis nicht weiter.

---

[102] Dafür sprechen unionsrechtliche Gründe: Denn die Qualifikation als allg. Geschäftsbedingung soll nicht von mitgliedstaatlichen Formvorschriften abhängen. Ebenfalls hierzu *Fornasier*, in: MüKo BGB, § 305 Rn. 1.

[103] Hierzu im Allgemeinen *Grziwotz* NVwZ 2002, S. 391 ff. und *Reidt* BauR 2004, S. 941 ff. Befürwortend etwa *Rastätter* DNotZ 2000, S. 17 (24); *Grziwotz* NVwZ 2002, S. 391 (394); tendenziell ablehnend *Burgi* EurUP 2020, S. 250 (256) (ebenso dem Tagungsbericht von *Gansmeier* MittBayNot 2020, S. 396 [397] entnommen). Weitere Nachw. (insb. zur möglichen Spezialität von § 11 Abs. 2 Satz 1 BauGB) bei *Huber/Wollenschläger*, Einheimischenmodelle, S. 74 Fn. 259 ff.

[104] Zuletzt BGH NJW 2018, S. 3012 (3013) Rn. 8; hiervor (grdl. und mit entspr. Weichenstellung für die Anwendung des AGB-Kontrollmaßstabs) BGH NJW 2003, S. 888 (890); BGH NJW-RR 2007, S. 962 (962); BGH NJW 2010, S. 3505 (3505) Rn. 9; BGH NJW 2015, S. 3169 (3170) Rn. 9.

[105] Dazu auch noch unten Kap. 10 C. V. 2.

[106] ABl. 1993 L 95 S. 29.

[107] BGH NJW 2003, S. 888 (890).

Bei allen „neuen" städtebaulichen Verträgen muss es sich um Verbraucherverträge handeln (a)), bevor überhaupt in der Sache über die Anwendbarkeit der AGB-Kontrolle diskutiert werden kann (b)).

a) Verbrauchervertrag als Diskussionsvoraussetzung

Gleich vorweg ist darauf hinzuweisen, dass die eigentliche Streitfrage nur lauten kann, ob die AGB-Kontrolle auf städtebauliche Verbraucherverträge anzuwenden ist[108]. Denn die Richtlinie 93/13/EWG soll lediglich missbräuchlichen Klauseln in Verbraucherverträgen begegnen. Zur unionsrechtskonformen Auslegung wird man also nur gezwungen, wenn diese Verbraucherverträge betroffen sind[109]. Für alle sonstigen Verträge kann es bei der bisherigen höchstrichterlichen Rechtsauffassung bleiben.

Liegt also ein Verbrauchervertrag vor? Nach § 310 Abs. 3 BGB ist das ein Vertrag zwischen einem Unternehmer nach § 14 BGB und einem Verbraucher nach § 13 BGB.

Juristische Personen des öffentlichen Rechts können an sich unproblematisch als Unternehmer qualifiziert werden, wenn die notwendigen Voraussetzungen vorliegen. Dies legt schon Art. 2 lit. c) Richtlinie 93/13/EWG nahe. Erforderlich ist, dass die Gemeinde bei Abschluss des Rechtsgeschäfts in Ausübung ihrer gewerblichen oder selbständigen beruflichen Tätigkeit handelt: Bei Grundstücksverkäufen ist dabei auf den Einzelfall abzustellen[110]. Wenn die Gemeinde allerdings aktiv und konstant Liegenschaftspolitik betreibt und hierzu Grundstücke veräußert, ist eine „Gewerbsmäßigkeit" anzunehmen; denn eine Gewinnerzielungsabsicht ist nicht erforderlich[111].

Besonders bei den Baugemeinschaften (als Zusammenschlüsse privater Bauherren) wird es sich in der Regel um Verbraucher nach § 13 BGB handeln, da diese den Kaufvertrag mit der Kommune eben nicht zu Zwecken abschließen, die überwiegend ihrer gewerblichen oder ihrer selbständigen beruflichen Tätigkeit zugerechnet werden können. Hierzu liegt mittlerweile auch schon instanzgerichtliche Rechtsprechung vor[112].

---

[108] Dass sich das oben benannte Offenhalten der Rspr. nur auf städtebauliche Verträge mit Verbrauchern bezieht, stellte der BGH bereits klar, NVwZ 2018, S. 1414 (1414). Zur gespaltenen Auslegung tendiert auch *Reidt*, in: Battis/Krautzberger/Löhr, BauGB, § 11 Rn. 81, der bei einer Konzeptvergabe allerdings regelm. von keiner „Unternehmereigenschaft" (§ 14 BGB) der Gemeinde ausgehen würde. Auch nach *Grziwotz* soll das AGB-Recht „zumindest im Umfang der Richtlinie 93/13/EWG" anzuwenden sein, in: Beck'sches Notar-Hdb., § 10 Rn. 9 (m.w.N.). Auch *Weiß* BayGT 2021, S. 12 (15) (zur *Konzeptvergabe*).

[109] *Köhler*, BGB Allgemeiner Teil, § 16 Rn. 2a.

[110] *Meier/Schmitz* NJW 2019, S. 2345 (2347): Entscheidend sei ein dauerhaftes und planmäßiges Agieren am Markt.

[111] BGH NJW 2018, S. 146 (149) Rn. 40; BGH NJW 2006, S. 2250 (2251) Rn. 14 ff.

[112] OLG Hamburg BeckRS 2018, 47036, Rn. 127: „Die Klägerin ist eine Gesellschaft bürgerlichen Rechts, die sich nach dem Gesellschaftsvertrag zur Vorbereitung und

b) Diskussion

Gegen die Anwendung der AGB-Kontrolle wird vor allem das Argument angeführt, das schon für die Rechtslage vor 1995 genutzt wurde: § 11 Abs. 2 Satz 1 BauGB soll einen abschließenden Charakter haben[113].

Hiergegen kann aber eingewandt werden, dass die Richtlinie 93/13/EWG eine ausreichende Rechtswirkung im Zivilrechtsverkehr beanspruchen muss. Der EuGH äußert sich diesbezüglich, dass „die vollständige Anwendung der Richtlinie durch die nationalen Behörden gewährleistet" werden muss. Außerdem müsse die sich aus der Richtlinie „ergebende Rechtslage hinreichend bestimmt und klar" sein[114]. Das ist (auch nach hier vertretener Ansicht) nicht gewährleistet, wenn sich im Mitgliedstaat nur eine Generalklausel findet. Als eine solche zählt § 11 Abs. 2 Satz 1 BauGB aber allemal[115]. Neben dem abschließenden Vorrang des § 11 Abs. 2 Satz 1 BauGB scheidet damit auch der Miteinschluss der §§ 305 ff. BGB in den § 11 Abs. 2 Satz 1 BauGB[116] als zweite „schlanke Lösung" aus. Dass es sich beim Angemessenheitserfordernis des § 11 Abs. 2 Satz 1 BauGB nur um eine deklaratorische Kodifikation des ohnehin immer geltenden Verhältnismäßigkeitsprinzips handelt[117], spricht ebenfalls dafür, dass die Regelung nicht vorrangig und abschließend ist. Zuletzt sind „städtebauliche Verträge" in § 310 Abs. 4 Satz 1 BGB nicht aufgeführt.

Ausführung eines gemeinschaftlichen Bauvorhabens zusammengeschlossen hat, das ganz überwiegend dem Wohnen dient [...]. Auch eine GbR kann Verbraucher i.S.v. § 13 BGB sein, wenn sie ein Rechtsgeschäft zu Zwecken abschließt, die überwiegend weder ihrer gewerblichen noch ihrer selbständigen beruflichen Tätigkeit dient [...]. Das ist hier der Fall. Die Gesellschafter wohnen überwiegend selbst in dem Objekt, im Übrigen gehört auch die Vermietung und die private Vermögensverwaltung ohne planmäßigen Geschäftsbetrieb grundsätzlich zur privaten Sphäre [...]".

[113] Vgl. etwa *Burgi* (dem Tagungsbericht von *Gansmeier* MittBayNot 2020, S. 396 [397] entnommen). Dieselbe Rechtsansicht (Vorrang des § 11 BauGB; abschließender Charakter der Norm) vertritt *ders.* auch im zeitnah erschienenen Aufsatz EurUP 2020, S. 250 (256). Voranstehend wird hierbei allerdings davon ausgegangen, dass die kooperativ-städtebaulich handelnde Gemeinde nicht als „Unternehmer" i.S.d. § 14 BGB zu qualifizieren sei und es deshalb keiner unionsrechtskonformen Auslegung bedürfe.

[114] Schon EuGH C-144/99, EuZW 2001, S. 437 (438) Rn. 17.

[115] *Huber/Wollenschläger*, Einheimischenmodelle, S. 75 Rn. 197 auch zur Thematik allgemein.

[116] *Vierling*, Die Abschöpfung des Planungsgewinns durch städtebauliche Verträge, S. 159 ff. nach *Huber/Wollenschläger*, Einheimischenmodelle, S. 74 Rn. 194 (Fn. 262).

[117] Sodass sogar die Qualifikation als städtebaulicher Vertrag dahinstehen kann, vgl. nochmals ausdrücklich BGH MittBayNot 2006, S. 324 (324 f.): Diese Frage kann offenbleiben, „weil das in § 11 Abs. 2 BauGB normierte Gebot der angemessenen Vertragsgestaltung [...] auf dem allgemeinen, verfassungsrechtlich verankerten Grundsatz der Verhältnismäßigkeit beruht und damit auch ohne ausdrückliche gesetzliche Regelung für das gesamte Handeln der Verwaltung bestimmt ist [...]".

2. Anforderungen des AGB-Rechts

Im Ergebnis bedürfte die Streitfrage der Anwendbarkeit der §§ 305 ff. BGB auch hier keiner endgültigen Entscheidung. Zwar können sich durchaus unterschiedliche Anforderungen aus den erörterten Kontrollmaßstäben ergeben[118] und auch die Rechtsfolgen für gesetzeswidrige Vertragsabreden können voneinander abweichen[119]. Dennoch sind die Abreden zur Sicherung der kommunalen Ziele (Konzeptrealisierungsgebot, Baugebot, Selbstnutzungsgebot mit Weitergabeverbot) im Einklang mit dem AGB-Recht regelbar.

Die besonderen Klauselverbote der §§ 308 f. BGB, die zumindest im Unternehmer-Verbraucher-Verhältnis anzuwenden sind (vgl. § 310 Abs. 1 Satz 1 BGB), liefern vertragsinhaltliche Vorgaben (a))[120]. Zusätzlich sieht § 307 Abs. 1 Satz 1 BGB eine Generalklausel vor (b)).

a) Besondere Klauselverbote der §§ 308 f. BGB

Zur Annahme der AGB-Konformität kommt man bezüglich der (vorab zu prüfenden) §§ 308 f. BGB, unterzieht man nur das Konzeptrealisierungsgebot, das

---

[118] Die beiden inhaltlichen Kontrollmaßstäbe unterscheiden sich etwa darin, dass bei der Überprüfung anhand § 11 Abs. 2 Satz 1 BauGB eine Beurteilung des Äquivalenzverhältnisses der Leistungen erfolgen kann und eine Gesamtwürdigung des Vertragskonstrukts (auch in Anbetracht eines umfassenden Miteinbezugs außenliegender Umstände) vorgenommen wird, wobei Kompensationen regelungsübergreifend möglich sind. Bei der Kontrolle anhand des AGB-Rechts können hingegen im Grundsatz nur einzelne Klauseln auf ihre Rechtmäßigkeit hin überprüft werden, was Kompensationen höchstens hins. sog. konnexer bzw. wechselbezüglicher Klauseln ermöglicht; vgl. nur BGH NJW 2003, S. 888 (890 f.). Aus der Lit. auch *Niemeyer* MittBayNot 2016, S. 120 (124); *Leidner* DNotZ 2019, S. 83 (86); *Grziwotz*, in: Beck'sches Notar-Hdb., § 10 Rn. 8; *Reidt*, in: Battis/Krautzberger/Löhr, BauGB, § 11 Rn. 75, 82.

[119] Die Rechtsfolgen weichen vor allem in der Weise voneinander ab, dass im Fall einer gesetzeswidrigen Individualvertragsgestaltung nach § 139 BGB im Grundsatz der ganze Vertrag nichtig ist, wenn nicht angenommen werden kann, dass dieser auch ohne den gesetzeswidrigen und damit nichtigen Teil vorgenommen worden wäre, was mit einer sog. salvatorischen Klausel häufig auszuschließen ist. Bei einer unwirksamen AGB-Klausel ist der Restvertrag grds. beizubehalten, während sich der Vertragsinhalt anteilig für die erfolgreich angegriffene Klausel nach den gesetzlichen Vorschriften richtet; vgl. nur *Reidt*, in: Battis/Krautzberger/Löhr, BauGB, § 11 Rn. 82 oder *Huber/Wollenschläger*, Einheimischenmodelle, S. 77 Rn. 204. Aber auch BGH NJW 2010, S. 3505 (3507) Rn. 22 ff. oder BGH NJW 2019, S. 2602 (2603 f.) Rn. 18 ff. mit dem Bekenntnis, dass das AGB-rechtliche Verbot der geltungserhaltenden Reduktion nicht ausnahmslos gilt und Vertragslücken in besonderen Einzelfällen insb. mittels der ergänzenden Vertragsauslegung geschlossen werden können.

[120] Mit tendenziell eher formalen Teilanforderungen beschäftigt sich die Entscheidung des BGH NVwZ 2018, S. 1414 ff., wobei das Gericht hierbei betreffend eine Mehrerlösklausel herausarbeitet, dass diese weder i.S.d. § 305c Abs. 1 BGB „überraschend" (ebd. S. 1415 Rn. 13) noch i.S.d. § 307 Abs. 1 Satz 2 BGB intransparent ist (ebd. S. 1415 Rn. 15 f.).

Baugebot und das Selbstnutzungsgebot mit dem Weitergabeverbot samt den anknüpfenden Sanktionen der rechtlichen Beurteilung. Überhaupt erwägenswert sind dabei allein die in § 309 Nr. 5, Nr. 6 BGB (aa)) und die in § 308 Nr. 1 Hs. 1, Nr. 3, Nr. 4, Nr. 7 BGB (bb)) enthaltenen Klauselverbote.

aa) Klauselverbote ohne Wertungsmöglichkeit nach § 309 BGB

Die Bestimmung des § 309 BGB sieht Klauselverbote ohne Wertungsmöglichkeit vor.

Verabredete Nachzahlungspflichten könnten hierbei an § 309 Nr. 5 BGB zu messen sein, der die Pauschalierung von Schadensersatzansprüchen betrifft. Wesensmäßig beziehen sich Nachzahlungspflichten aber nicht auf Abrechnungen etwaiger Schäden: Zurecht hat der BGH die Einschlägigkeit des Klauselverbots deshalb bereits abgelehnt, da es sich bei den Nachzahlungspflichten um Kaufpreisregelungen handelt und diese nur die „Verpflichtung zur Nachzahlung des gewährten Preisnachlasses" vorsehen[121].

Weiterhin verbietet § 309 Nr. 6 BGB Vertragsstrafen für bestimmte Konstellationen. Wie oben aber bereits in Übereinstimmung mit dem BGH dargelegt, handelt es sich bei Nachzahlungspflichten schon um keine Vertragsstrafen[122]. Für Vertragsstrafen in Anknüpfung an die oben genannten Gebote fehlt die tatbestandliche Einschlägigkeit des besonderen Klauselverbots.

bb) Klauselverbote mit Wertungsmöglichkeit nach § 308 BGB

Zu beurteilen sind Klauselverbote mit Wertungsmöglichkeit, die § 308 BGB vorsieht.

Anhand des § 308 Nr. 1 Hs. 1 BGB könnte sich ein Wiederkaufsrecht messen lassen. Hiernach ist eine Bestimmung unangemessen, durch die sich der Verwender unangemessen lange oder nicht hinreichend bestimmte Fristen für die Annahme oder Ablehnung eines Angebots oder die Erbringung einer Leistung vorbehält. Zu qualifizieren ist der Wiederkauf grundsätzlich allerdings als ein aufschiebend bedingter Kaufvertrag, der bereits geschlossen wurde und dann erst mit Eintritt der Bedingung wirksam wird[123].

Ebenfalls nur Wiederkaufsrechte könnten am Klauselverbot des § 308 Nr. 3 BGB zu messen sein. Dieser verbietet die Vereinbarung eines Rechts des Verwenders, sich ohne sachlich gerechtfertigten und im Vertrag angegebenen Grund von seiner Leistungspflicht zu lösen. Doch einerseits folgt auf die Ausübung des Wiederkaufsrechts keine Lösung von „erstvertraglichen"

---

[121] BGH NJW-RR 2007, S. 962 (963) Rn. 13.
[122] Siehe hierzu schon Fn. 92.
[123] Hierzu schon RGZ 69, 282 (282 f.) oder bspw. BGH NJW 2000, S. 1332 (1332). Daneben etwa *Westermann*, in: MüKo BGB, § 456 Rn. 3 m.w.N.

Leistungspflichten und andererseits existieren gerade die oben ausgeführten, gewichtigen Sanktionsgründe[124].

Nachzahlungspflichten verstoßen nicht gegen § 308 Nr. 4 BGB. Hiernach ist (vorbehaltlich einer Zumutbarkeitsbewertung) eine Vertragsklausel unwirksam, die dem Verwender ein Recht einräumt, die versprochene Leistung zu ändern oder von ihr abzuweichen. Hiervon erfasst sind nur die vom Verwender in Aussicht gestellten Leistungen[125]. Die Nachzahlungspflicht betrifft aber nur die vom Grundstückserwerber als Vertragspartner zu gewährende Leistung.

Da konkret weder Rücktritts- noch Kündigungsrechte im Raum stehen, kommt auch § 308 Nr. 7 lit. a) BGB nicht zum Zug. Mit den geregelten Wiederkaufsrechten entschließt sich der Klauselverwender gerade gegen derartige Rückabwicklungen.

b) Generalklausel des § 307 Abs. 1 Satz 1 BGB

AGB-Bestimmungen sind nach § 307 Abs. 1 Satz 1 BGB unwirksam, wenn sie den Vertragspartner des Verwenders entgegen den Geboten von Treu und Glauben unangemessen benachteiligen[126], wobei diese Generalklausel in § 307 Abs. 1 Satz 2, Abs. 2 BGB konkretere Ausformungen erhält.

Orientiert man sich aber an der hierzu vorliegenden Judikatur, wird eine Unangemessenheit der städtebaulichen Sicherungsabreden am Maßstab des § 307 Abs. 1 Satz 1 BGB nicht festzustellen sein. Denn der BGH führte bereits des Öfteren eine Prüfung am Maßstab des § 11 Abs. 2 Satz 1 BauGB und gleichzeitig am Maßstab des § 307 Abs. 1 Satz 1 BGB (bzw. am Maßstab deren Vorgängerbestimmungen) durch[127]. Hierbei kam er (obwohl das aufgrund der

---

[124] Vgl. zum Einheimischenmodell auch *Huber/Wollenschläger*, Einheimischenmodelle, S. 78 Rn. 207 m.V.a. OLG Koblenz DNotI-Report 1998, S. 25 (25).

[125] *Wurmnest*, in: MüKo BGB, § 308 Nr. 4 Rn. 5.

[126] Die terminologische Ähnlichkeit der Gesetzesvorgabe zum städtebaurechtlichen Angemessenheitsgebot kann damit nicht von der Hand gewiesen werden. Nach st. Rspr. des BGH (vgl. etwa NVwZ 2018, S. 1414 [1416] Rn. 26) ist von einer unangemessenen Benachteiligung nach § 307 Abs. 1 Satz 1 BGB auszugehen, „wenn der Verwender durch einseitige Vertragsgestaltung missbräuchlich eigene Interessen auf Kosten seines Vertragspartners durchzusetzen versucht, ohne von vornherein auch dessen Belange hinreichend zu berücksichtigen und ihm einen angemessenen Ausgleich zuzugestehen". Hierbei bedarf es einer „umfassenden Würdigung, in die die Art des konkreten Vertrags, die typischen Interessen beider Parteien, die Anschauungen der beteiligten Verkehrskreise und die sich aus der Gesamtheit der Rechtsordnung ergebenden Bewertungskriterien einzubeziehen sind". Dies lässt die Berücksichtigung typischer Kommunalinteressen, wie das Interesse an der Verhinderung von Grundstücksspekulationen, zu (vgl. ebd. S. 1416 Rn. 29); hierzu auch bereits BGH NJW 2003, S. 888 (890).

[127] Vgl. (antichron.) BGH NJW 2019, S. 2602 (2602) Rn. 6 (dann auch zum allg. gehaltenen Prüfungsergebnis, nachdem eine unangemessene Vertragsabrede festgestellt wurde: „Eine Vertragsgestaltung, die das Angemessenheitsgebot missachtet, führt zur Nichtigkeit der vertraglichen Regelung nach § 134 BGB bzw. zur Unwirksamkeit der Klausel nach § 9

Unterschiedlichkeit der Kontrollmaßstäbe im Hinblick auf die Tatbestände und die Rechtsfolgen nicht zwangsläufig der Fall sein muss[128]) in keiner seiner Entscheidungen zu unterschiedlichen Ergebnissen[129].

Gleiches wird man auch für die bei der Konzeptvergabe zu verwendenden Klauseln zur Konzeptrealisierung, zur zeitigen Bauausführung und zur (Selbst-)Nutzung annehmen dürfen. Abreden, die zwar der einen, aber nicht der anderen Angemessenheitsanforderung entsprechen, drängen sich im behandelten Kontext nicht auf; und im Hinblick auf § 11 Abs. 2 Satz 1 BauGB wurden die erwähnten Klauseln oben schon als angemessen erachtet.

D. Nebenabreden zur Anker- und Anliegernutzung

Häufig wird es notwendig, Gemeinschaftsanlagen zu erstellen, wenn zur Baugebietsentwicklung gleich mehrere Grundstücke verkauft werden. Bei einer solchen Gemeinschaftsanlage kann es sich um den gemeinsamen Hof oder um die gemeinsame Tiefgarage handeln. Mehrere vertragliche Gestaltungsmöglichkeiten bieten sich hierfür an. Die Gemeinde sollte diese Gesamtbebauung von vornherein im Blick haben.

Zur Errichtung gemeinschaftlicher Anlagen können in den Kaufverträgen vornehmlich Erstellungsgebote mitaufgenommen werden[130]. Etwa kann vorgesehen sein, dass die Grundstückserwerber der Herstellung der Gemeinschaftsanlage gemeinsam nachkommen müssen. Die Einzelheiten bleiben in diesem Fall dem Innenverhältnis der Erwerber überlassen[131].

I AGBG", ebd. S. 2603 Rn. 16); BGH NJW 2010, S. 3505 (3505) Rn. 9 sowie ganz konkret im Hinblick auf die Rechtsprüfung ebd. S. 3506 Rn. 14: „Beschränkungen, die die öffentliche Hand dem Subventionsempfänger auferlegt, halten der Inhaltskontrolle am Maßstab des § 307 I 1 BGB stand und entsprechen dem Gebot angemessener Vertragsgestaltung i.S. des § 11 II 1 BauGB, wenn [...]". Zwar verneinte der BGH NJW 2003, S. 888 (890) die Anwendbarkeit der AGBKontrolle auf die konkrete Vertragskonstellation: Dennoch sein aber die Wertungen des heutigen § 307 Abs. 1, Abs. 2 BGB i.R.d. Prüfung nach § 11 Abs. 2 Satz 1 BGB zu berücksichtigen.

[128] Vgl. nur BGH NJW 2003, S. 888 (890) und schon soeben Fn. 118 f.

[129] Aus diesem Grund konnte der Gerichtshof die Abgrenzungsfrage nun auch offenlassen: Dieser „pragmatischen" Handhabe ebenfalls zustimmend *Hausmann* NJW 2010, S. 3508 (3508).

[130] Vgl. *Grziwotz* Beck'sches Notar-Hdb., § 10 Rn. 17.

[131] Eine entspr. Abrede, bei der sich Umsetzungsprobleme ergaben, lag dem BGH bereits zur Entscheidung vor, NZBau 2008, S. 381 (381): „In den Verträgen waren jeweils gleichlautend eine Bebauungsverpflichtung und die Verpflichtung enthalten, sich am Bau der Stellplatzanlage auf dem vierten Grundstück zu beteiligen, dieses anteilig zu erwerben und die für Errichtung, Betrieb und Unterhaltung der Anlage anfallenden Kosten anteilig zu tragen. Die Gemeinschaft sollte unauflöslich sein, ihre Einzelheiten unter den Erwerbern geregelt werden".

Weiterhin ist es (mitunter zur Prävention von Konflikten in diesem Innenverhältnis) möglich, ein Anker- und Anliegerverfahren durchzuführen. Hierbei werden die Gemeinschaftsanlagen allein durch einen oder mehrere „Ankernutzer" erstellt. Im Anschluss können aber auch die anderen Grundstückserwerber (die „Anlieger") die Gemeinschaftsanlagen nutzen. Häufig werden Grundstücke hierzu zeitlich vorgelagert an die Ankernutzer vergeben, um mit ihnen die Errichtung der Gemeinschaftsanlagen vorzubereiten[132]. Hiernach werden die restlichen Grundstücke an die Anlieger verteilt, die sich mit ihren Bewerbungen teils schon an der Gemeinschaftsanlage orientieren können.

E. Bilanz

Im Anschluss an die Auswahl des besten Konzepts wird mit dem obsiegenden Bewerber ein Kaufvertrag geschlossen. Hierbei handelt es sich um einen zivilrechtlichen Vertrag, denn öffentlich-rechtliche Anliegen bilden für die Vertragsqualifikation nur unbeachtliche Motive. Entscheidend ist für diese Beurteilung allein der Vertragsgegenstand, der sich in den §§ 433 ff. BGB wiederfindet. Der Kaufvertrag ist daneben aber auch ein städtebaulicher Vertrag im Sinne des § 11 BauGB, da er Abreden enthält, mit denen die städtebaulichen Ziele gesichert werden sollen, die der Konzeptvergabe zugrunde liegen.

Das Konzeptrealisierungsgebot gibt dem Grundstückserwerber auf, sein vormals eingereichtes Konzept zu verwirklichen. Baugebote halten den Erwerber zur zügigen Bautätigkeit an und wirken Baulandspekulationen entgegen. Mit (Selbst-)Nutzungsgeboten, die regelmäßig mit Weitergabeverboten verknüpft sind, reagiert die Gemeinde insbesondere auf die Gefahr, dass eine zielgruppenorientierte Konzeptvergabe vereitelt wird.

Bei den Grundstücksmodellen liefert häufig die Belastung des Vertragspartners durch die Sicherungsabrede den Anstoß zur Angemessenheitsprüfung nach § 11 Abs. 2 Satz 1 BauGB. Im Ergebnis hat dabei, konkret durch § 11 Abs. 2 Satz 1 BauGB initiiert, eine vierstufige Verhältnismäßigkeitsprüfung stattzufinden. Die Sicherstellungsklauseln der Konzeptvergabe können diesen Anforderungen dabei gerecht werden.

Die Belastungen, die durch das Konzeptrealisierungsgebot folgen, wiegen im Vergleich zu den Vorteilen des Grundstückserwerbers bei der

---

[132] Dementspr. sollten auch hier Realisierungs- und Baugebote in den Kaufvertrag mitaufgenommen werden. Zur Erstellung von Parkplätzen in Relation zum „unmittelbaren wirtschaftlichen Interesse" (ausführlich hierzu Kap. 5 A. I. 7. c) ee) (1)) das OLG Düsseldorf NZBau 2010, S. 580 (581): „Parkplätze bieten einem öffentlichen Auftraggeber nur dann einen unmittelbaren wirtschaftlichen Vorteil, wenn sie von ihm selbst (etwa als Behördenparkplatz) oder auf Grund eines Rechtstitels von der Öffentlichkeit genutzt werden sollen". Nur in diesen Fällen wird man von einer öffentlichen Zweckbestimmung ausgehen können, wie sie auch die zweite Fallgruppe des EuGH verlangt, ebd. S. 581.

Konzeptvergabe nicht schwer. Dies liegt vor allem daran, dass der Erwerber sein selbst entwickeltes Konzept umsetzen muss. Diskutiert wird bei Baugeboten die Frist, binnen der das Bauwerk zu errichten ist. Mit der höchstrichterlichen Rechtsprechung kann man sich hierbei an einer Mindestfrist von drei Jahren orientieren, soweit Einzelfallumstände keine längere Frist erfordern. Zu den Bindungsfristen der (Selbst-)Nutzungsgebote liegt mittlerweile eine differenzierende Rechtsprechung des BGH vor. Auch bei Grundstücksvergünstigungen wird eine 30-jährige Bindung als oberste Grenze des städtebauvertraglich Regelbaren angesehen. Aber selbst wenn keine Verbilligung gewährt wird, ist eine Bindung an die Nutzung möglich. Zur Sanktionierung der Vertragsverstöße sollten Wiederkaufsrechte und Nachzahlungspflichten in den Vertrag mitaufgenommen werden.

Bei den dargestellten Klauseln handelt es sich sodann um Formularklauseln im Sinne des AGB-Rechts. Umstritten ist aber, ob die AGB-Kontrolle der §§ 305 ff. BGB auf städtebauliche Verträge nach § 11 BauGB anzuwenden ist, wobei sich die Diskussion nur bei städtebaulichen Verbraucherverträgen abspielt. Doch insbesondere Verträge mit Baugemeinschaften stellen solche Verbraucherverträge dar. Zwar sprechen an sich die besseren Gründe für eine Anwendung der AGB-Kontrolle im genannten Kontext, die Abreden zur Sicherung kommunaler Ziele sind aber gleichwohl im Einklang mit den §§ 305 ff. BGB regelbar. Erwägenswerte Kontrollmaßstäbe stehen den aufgezeigten Abreden nicht grundlegend entgegen.

Zur Errichtung gemeinschaftlicher Anlagen bietet sich das Anker- und Anliegerverfahren an. Hierzu sind entsprechende Regelungen (besonders Erstellungsgebote) ins Vertragswerk mitaufzunehmen.

Kapitel 11

Besonderheiten bei der Bestellung eines Erbbaurechts

Das mittlerweile etwas über 100 Jahre alte Erbbaurecht erfreut sich aktuell einer „Renaissance"[1]. Während alte Erbbaurechte auslaufen, bestellen viele Gemeinden im neuen Bewusstsein einer nachhaltigen Liegenschaftspolitik vermehrt Erbbaurechte, statt ihre Grundstücke ganz aus der Hand zu geben[2]. Sogar die Baulandkommission rät zum verstärkten Einsatz des Erbbaurechts zur Schaffung bezahlbaren Wohnraums[3].

Begleitet werden diese Bewegungen am kommunalen Bodenmarkt durch einen wiedererstarkenden Diskurs in der Rechtswissenschaft und mehrere neuliche Äußerungen des BGH, die das Erbbaurecht in rechtlicher Hinsicht für die Gemeinden anpreisen[4].

Und auch in einer sich etablierenden „Spielart" der Konzeptvergabe veräußert die Gemeinde lediglich Erbbaurechte und behält sich ihres Eigentums. Diese Alternative gilt als besonders geeignet, um gemeindliche Ziele umzusetzen. Sie wird den Kommunen deshalb zur Gestaltung des behandelten Grundstücksmodells empfohlen; wobei der miteinhergehende rechtliche Bearbeitungsbedarf von *Temel* unterstrichen wird[5]. Technisch handelt es sich hierbei um den Austausch des Verteilungsgegenstands; wobei die Gemeinde in der

---

[1] Mit dieser Wortwahl etwa *Schreinert* notar, S. 363 (363); *Rapp* DNotZ 2021, S. 80 (80). Der „Renaissance-Frage" des Erbbaurechts bei der Vergabe kommunaler Wohnbaugrundstücke konkret nachgehend auch *Köster* KommJur 2018, S. 201 ff.

[2] Nur *Barthauer/Simo* ErbbauZ 2020, S. 70 (70). Hierzu aber auch die Befragung des GEWOS Instituts für Stadt-, Regional- und Wohnforschung GmbH, abgedruckt in *Deutscher Verband für Wohnungswesen, Städtebau und Raumordnung e. V.*, Erbbaurechte – ein Beitrag zur Bereitstellung von Wohnbauland für den bezahlbaren Wohnungsbau?, S. 16. Einige Gemeinden erstreben gar eine beinahe ausschließliche Vergabe von Erbbaurechten. Hierzu zählen: München (zumindest für den konzeptionellen Mietwohnungsbau), ebd. S. 20, Hamburg, ebd. S. 20 (vgl. auch die Ausführungen von *Opitz*, ebd. S. 21), und Frankfurt a.M., ebd. S. 20 (vgl. auch die Ausführungen von *Strack*, ebd. S. 23).

[3] Vgl. *Baulandkommission*, Empfehlungen auf Grundlage der Beratungen vom 02.07.2019, S. 5, https://www.bmi.bund.de/SharedDocs/downloads/DE/veroeffentlichungen/nachrichten/Handlungsempfehlungen-Baulandkommission.pdf?__blob=publicationFile&v=1 (Stand: 01.11.2023).

[4] Vgl. nochmals BGH NJW 2015, S. 3436 (3437 f.) Rn. 13 ff., aber auch BGH NVwZ 2018, S. 1414 (1416) Rn. 28 und danach BGH DNotZ 2019, S. 433 (435) Rn. 14.

[5] Hierzu schon oben Einf. C. I. (*Temel*, Baukultur für das Quartier, S. 114).

Ausgangsposition wiederum über das Grundstück (oder das Erbbaurecht) verfügen muss.

Nachdem in diesem Untersuchungsabschnitt die wesentlichen Grundlagen des Erbbaurechts dargestellt wurden (A.), folgt eine Erörterung der Vorteile der Ausgabe solcher Rechte: Einerseits für die Gemeinden (B.), andererseits aber auch für die Grundstücksinteressenten (C.). Hiernach wird beurteilt, welche Gestaltungsvorzüge das Erbbaurecht gerade für die Sicherungsanliegen bei der Konzeptvergabe bereithält (D.), aber auch, inwieweit der Austausch des Verteilungsgegenstands rechtliche Einflüsse auf die Verfahrensgestaltung der Konzeptvergabe mit sich bringt (E.).

A. Grundlagen des Erbbaurechts

Bereits die Motivation des historischen Zivilgesetzgebers war es, durch das Erbbaurecht den Wohnungsbau zu fördern und ein Mittel gegen eine sich abzeichnende Bodenspekulation zu schaffen[6]. Seit jeher kommen die Gemeinden dabei (neben Stiftungen und Kirchen) als typische Erbbaurechtsgeber in Betracht[7].

Der Wesensinhalt des Erbbaurechts ist schon ausweislich der Legaldefinition des § 1 Abs. 1 ErbbauRG das (veräußerliche und vererbliche) Recht, auf (oder unter) dem Grundstück „ein Bauwerk zu haben". Für den Rechtserwerber soll das nicht nur zur Bebaubarkeit und Nutzbarkeit des Grundstücks, sondern nach § 12 Abs. 1 Satz 1, Abs. 2 ErbbauRG sogar zum Eigentum am errichteten Gebäude führen. Regelmäßig ist das Erbbaurecht allerdings zeitlich begrenzt; und bei dessen Ablauf fällt auch das Gebäudeeigentum wieder dem Grundstückseigentümer zu (§ 12 Abs. 3 ErbbauRG).

Konstruktiv ist das Gebäudeeigentum des Erbbauberechtigten bei Überwindung der §§ 93, 94 Abs. 1 BGB ermöglicht, da mit dem Erbbaurecht eine „neue, zweite Ebene" geschaffen wird, die als Grundstück zu behandeln ist (§ 11 Abs. 1 Satz 1 ErbbauRG), weshalb das Erbbaurecht auch als „grundstücksgleiches Recht" bezeichnet wird[8]. Hierzu (und weil es sich um ein beschränkt

---

[6] Vgl. hierzu *Lux* JW 1919, S. 360 (361 f.) (Wohnungsreform mit sozialpolitischen Zwecken); *Winkler/Schlögel*, Hdb. Erbbaurecht, § 1 Rn. 3, Rn. 5 f. Das Erbbaurecht hielt mit den §§ 1012 ff. BGB a.F. bereits Einzug in die Urfassung des BGB. Nachdem die wenigen Gesetzesvorgaben aber schließlich als unzureichend empfunden wurden (und sich etliche Rechtsfragen stellten, vgl. ebd. § 1 Rn. 3), gliederte man das „Erbbaurecht-Recht" im Jahr 1919 aus dem BGB heraus und kodifizierte es neu in der ErbbauVO (RGBl. 1919 S. 72). Eine lediglich Umbenennung zum „ErbbauRG" erfolgte schließlich im Jahr 2007 (BGBl. 2007 I S. 2614).

[7] *Winkler/Schlögel*, Hdb. Erbbaurecht, § 1 Rn. 16.

[8] *Rapp*, in: Staudinger BGB, § 11 ErbbauRG Rn. 1 oder *Toussaint*, in: BeckOGK, § 1 ErbbauRG Rn. 73: „Das Erbbaurecht hat mithin eine rechtliche ‚Doppelnatur', indem es

dingliches Recht handelt) wird das Erbbaurecht in der Abteilung II des Grundbuchs (nach § 10 Abs. 1 Satz 1 ErbbauRG grundsätzlich erstrangig) eingetragen und zusätzlich wird für das Erbbaurecht ein weiteres Erbbaugrundbuch angelegt (§§ 14 ff. ErbbauRG). Auf dieser Basis kann das Gesetz schließlich in § 12 Abs. 1 Satz 1 ErbbauRG anordnen, dass das auf Grund des Erbbaurechts errichtete Bauwerk als wesentlicher Bestandteil des Erbbaurechts gilt; und somit ist das Gebäudeeigentum vom Grundstückseigentum losgelöst.

Der (dem Eigentum nach § 903 Satz 1 BGB innewohnenden) Freiheit des Erbbauberechtigten können aber Grenzen gesetzt werden, indem das konkrete Erbbaurecht (als Besonderheit gegenüber anderen dinglichen Rechten) nach § 2 ErbbauRG inhaltlich weitgehend selbst ausgestaltet und mit „eigenem Inhalt" geschaffen werden kann[9]. Dingliche Vereinbarungen können vor allem in den enumerativ aufgelisteten Bereichen des § 2 Nr. 1 bis Nr. 7 ErbbauRG getroffen werden; wegen des sachenrechtlichen Typenzwangs allerdings nicht über das Gesetz hinaus[10]. Nachdem § 1 Abs. 4 Satz 1 ErbbauRG nicht nur ein auflösend bedingtes Erbbaurecht, sondern mittelbar auch ein vertragliches Rücktrittsrecht ausschließt[11], sieht § 2 Nr. 4 ErbbauRG die Abredemöglichkeit eines sog. „Heimfalls" vor. Geregelt werden kann hiernach die (dingliche) Verpflichtung des Erbbauberechtigten, das Erbbaurecht beim Eintreten „bestimmter Voraussetzungen" auf den Grundstückseigentümer zu übertragen. Da den Parteien bei der Aufstellung dieser „bestimmten Voraussetzungen" ein weiter Spielraum verbleibt, wird der Heimfall auch bei der hier behandelten Konzeptvergabe eine Rolle spielen. Hierneben können weitere Sanktionen für mögliche Verstöße gegen Vertragsgebote verabredet werden: Auch die Verpflichtung des Erbbauberechtigten zur Zahlung von Vertragsstrafen (§ 2 Nr. 5 ErbbauRG) ist regelbar. Zuletzt sei noch die Möglichkeit benannt, es zum dinglichen Inhalt des Erbbaurechts zu machen, dass die Veräußerung des Erbbaurechts der Zustimmung des Grundstückseigentümers bedarf (§ 5 Abs. 1 ErbbauRG).

Der große Vorteil dieser „verdinglichten Absprachen" gegenüber (hierneben möglichen) schuldrechtlichen Vereinbarungen ist, dass sich die Verdinglichung über die Relativität der Schuldverhältnisse hinwegsetzt. Während beim veräußerungsbedingten Wechsel des Erbbauberechtigten der Ersteher nämlich die schuldrechtlichen Absprachen vertraglich übernehmen muss, damit diese auch für ihn gelten, ist das nicht erforderlich, wenn die Vereinbarungen selbst zum Inhalt des Erbbaurechts gehören: Die dinglichen Rechtswirkungen treten

---

einerseits Recht an einem Grundstück ist, andererseits selbst kraft rechtlicher Fiktion Grundstück ‚im Rechtssinne' ist".

[9] Vgl. allein den Wtl. des § 2 ErbbauRG: „Zum Inhalt des Erbbaurechts gehören auch (...)".

[10] *Winkler/Schlögel*, Hdb. Erbbaurecht, § 4 Rn. 14; *Heinemann*, in: MüKo BGB, § 2 ErbbauRG Rn. 1.

[11] Vgl. nur BGH DNotZ 1988, S. 161 (166).

dann zwischen dem jeweiligen Grundstückseigentümer und dem jeweiligen Erbbauberechtigten ein.

Als Gegenleistung für die Bestellung des Erbbaurechts wird regelmäßig (aber nicht zwangsläufig[12]) ein Erbbauzins vereinbart. Es handelt sich dabei um eine Verpflichtung zu wiederkehrenden Leistungen, die wie eine Reallast (zugunsten des Grundstückseigentümers und als Belastung des Erbbaurechts) behandelt wird (§ 9 Abs. 1 Satz 1 ErbbauRG). Im Grunde ist das der Kaufpreis, da der Ersterwerb des Erbbaurechts (das Verpflichtungsgeschäft für dessen Bestellung) ein Rechtskauf ist[13].

Auf dieses schuldrechtliche Grundgeschäft ist nach § 11 Abs. 2 ErbbauRG im Übrigen die Formvorschrift des § 311b Abs. 1 BGB entsprechend anzuwenden. Eine dingliche Auflassung (gemäß § 925 Abs. 1 Satz 1 BGB) ist nach § 11 Abs. 1 Satz 1 ErbbauRG aber nicht notwendig.

B. Vorteile für die Gemeinde

Für die Gemeinde bietet die Konzeptvergabe von Erbbaurechten mehrere Vorteile, die auch sonst im Zeichen einer nachhaltigen Liegenschaftspolitik stehen.

Hier ist zunächst zu nennen, dass das Grundstückseigentum durchgängig bei der Gemeinde verbleibt, sie dieses also niemals aus der Hand gibt. Das Erbbaurecht erlischt mit dem Ende des Zeitraums, für den dieses in der Regel bestellt wurde. Mit dem dabei einhergehenden Erwerb des auf dem Grundstück befindlichen Gebäudes (§ 12 Abs. 3 ErbbauRG) erlangt die Gemeinde die vollständige Verfügungsmacht über ihre Liegenschaft (mit den schon eingangs bezeichneten Vorteilen[14]) zurück: Erneut kann die Gemeinde das Grundstück zur Verwirklichung ihrer dann aktuellen Ziele einsetzen.

Weil die Gemeinde Grundstückseigentümerin geblieben ist, kommen Wertsteigerungen dieser und nicht dem Erbbauberechtigten zugute. Spekulationen werden somit vermieden[15]. Darüber hinaus kann die Gemeinde mit den

---

[12] Ebenso ist es möglich, das Erbbaurecht durch eine Einmalleistung abzugelten oder dieses unentgeltlich zu bestellen, vgl. nur *Heinemann*, in: MüKo BGB, § 9 ErbbauRG Rn. 1.

[13] Vgl. *Winkler/Schlögel*, Hdb. Erbbaurecht, § 5 Rn. 6.

[14] Bereits Kap. 3: Auch die Konzeptvergabe ist grds. nur aufgrund des Grundstückseigentums möglich.

[15] Hierzu auch *v. Reichenberg*, in: Beck'sches Notar-Hdb., § 4 Rn. 7; *Heinemann*, in: MüKo BGB, Vor § 1 ErbbauRG Rn. 6; *Deutscher Verband für Wohnungswesen, Städtebau und Raumordnung e) V.*, Erbbaurechte – ein Beitrag zur Bereitstellung von Wohnbauland für den bezahlbaren Wohnungsbau?, S. 33.

Erbbauzinsen konstant und sicher Einnahmen verzeichnen, ohne sich selbst wirtschaftlich anzustrengen[16].

Besonders nützlich sind für die öffentliche Hand allerdings die Steuerungs-möglichkeiten, welche die §§ 1 ff. ErbbauRG für das Erbbaurecht bereithalten. Werden diese Regelungspotenziale gewandt ausgenutzt, kann ein gezielter Einfluss auf die Wohnungsmarkt- und Stadtentwicklung genommen werden. Wie es sogleich gesondert ausgeführt wird (D.), kann das auch für die Siche-rungsanliegen der Konzeptvergabe von Vorteil sein. Doch hierneben profitie-ren ebenfalls die Grundstücksinteressenten vom angebotenen Erbbaurecht (C.).

C. Vorteile für die Grundstücksinteressenten

Auch für die Grundstücksinteressenten kann das Erbbaurechtsmodell vorteil-haft sein.

Zunächst verschafft das Erbbaurecht dem Erwerber nämlich für eine be-stimmte Zeit „echtes" Eigentum am errichteten Gebäude: Wirtschaftlich sowie rechtlich wird eine grundstückseigentümerähnliche Stellung eingenommen[17]. Damit gehen auch Sicherheiten für den Wohnraumsuchenden einher. So ist er, anders als der Wohnraummieter, etwa keinen Eigenbedarfs- oder Modernisie-rungskündigungen ausgesetzt.

Da das Erbbaurecht wie ein Grundstück behandelt wird, kann dieses auch belastet werden (vgl. allein § 5 Abs. 2 ErbbauRG). Schon dem Erbbaurechts-wesen entsprechen dessen Veräußerlichkeit und Vererblichkeit (vgl. nur § 1 Abs. 1 ErbbauRG).

Weiterhin erspart sich der Erbbauberechtigte im Vergleich zum Eigen-tumserwerber den oftmals sehr hohen Grundstückskaufpreis. Zwar minderte die Niedrigzinspolitik der EZB diesen Vorteil über mehrere Jahre hinweg, da vergleichsweise günstige Kredite aufgenommen werden konnten[18]. Doch mit der mehrfachen Erhöhung des Leitzinses in den Krisenjahren 2022 und 2023 auf aktuell 4,5 Prozent sind nun auch diese Zeiten vorerst vorbei. Wird der Erbbauzins entsprechend niedrig angesetzt, kann der Erbbaurechtserwerb des-halb auch zukünftig finanziell erschwinglicher sein[19]. Zumindest müssen

---

[16] Hierzu ebenfalls *Heinemann*, in: MüKo BGB, Vor § 1 ErbbauRG Rn. 6; *Deutscher Verband für Wohnungswesen, Städtebau und Raumordnung e. V.*, Erbbaurechte – ein Beitrag zur Bereitstellung von Wohnbauland für den bezahlbaren Wohnungsbau?, S. 33.

[17] Hierzu ebenfalls *Winkler/Schlögel*, Hdb. Erbbaurecht, § 1 Rn. 12 m.w.N.

[18] Vgl. *Barthauer/Simo* ErbbauZ 2020, S. 70 (74). Mit ähnlichen Erwägungen *Deutscher Verband für Wohnungswesen, Städtebau und Raumordnung e. V.*, Erbbaurechte – ein Beitrag zur Bereitstellung von Wohnbauland für den bezahlbaren Wohnungsbau?, S. 28.

[19] Dazu auch *Winkler/Schlögel*, Hdb. Erbbaurecht, § 1 Rn. 12; *Deutscher Verband für Wohnungswesen, Städtebau und Raumordnung e. V.*, Erbbaurechte – ein Beitrag zur Bereitstellung von Wohnbauland für den bezahlbaren Wohnungsbau?, S. 33, 39.

hierzu keine derart hohen Eigenbeteiligungen vorgehalten werden. Bei privaten Grundstücksinteressenten mit niedrigem oder mittlerem Einkommen wird dies oftmals einen Unterschied ausmachen[20]. Die aufgewendeten Bauwerkskosten sind dabei im Übrigen nicht „verschenkt", immerhin wird sich der Erbbauberechtigte das Gebäude zum Ende des Erbbaurechts in der Regel (etwa nach den §§ 27 Abs. 1 Satz 1, 32 Abs. 1 Satz 1 ErbbauRG) entschädigen lassen.

D. Sicherungsanliegen bei der Konzeptvergabe

Das Erbbaurecht kann bei der Konzeptvergabe auch als Gestaltungsinstrument zur Sicherung oben herausgearbeiteter Anliegen eingesetzt werden[21]. Entsprechend ausformbare Vertragsabreden sind im Folgenden näher zu beleuchten[22].

Rekapitulierend ist wesentlich auf die folgenden drei Anliegen zu achten: Der Grundstückserwerber soll das Konzept realisieren, mit dem er sich noch zuvor im Konzeptwettbewerb auszeichnete. Mit den Bauarbeiten ist möglichst zeitig zu beginnen bzw. sind beabsichtigte Bauwerke zeitnah fertigzustellen, damit sich die Konzeptvergabe auch akut auf den Wohnraummarkt auswirken kann[23]. Zuletzt soll der Grundstückserwerber das Grundstück über einen längeren Zeitraum hinweg in der zugesicherten Weise nutzen. Dabei darf er die gemeindlichen Vergabeziele nicht dadurch unterlaufen, dass er das Erbbaurecht an einen Dritten weiterreicht.

Mit der inhaltlichen Gestaltung des Erbbaurechts kann allen genannten Anliegen nachgekommen werden[24]: Einbeziehen kann man das Konzept-

---

[20] Ebenfalls *Deutscher Verband für Wohnungswesen, Städtebau und Raumordnung e. V.*, Erbbaurechte – ein Beitrag zur Bereitstellung von Wohnbauland für den bezahlbaren Wohnungsbau?, S. 39.

[21] Siehe vorangehend zu diesen Anliegen Kap. 10 C.

[22] Immerhin erklärt doch auch *Temel* die Qualitätssicherung bei der Konzeptvergabe zu einem rechtlich untersuchungswürdigen Aspekt, Endbericht: Baukultur für das Quartier, S. 4 f.; hierzu i.Ü. auch bereits oben Einf. C. I.

[23] Grundstücksspekulationen werden bei der Erbbaurechtsbestellung hingegen schon dadurch vermieden, dass das Erbbaurecht nach dem verabredeten Zeitraum wieder an den Grundstückseigentümer zurückfällt, vgl. eben schon Kap. 11 A.

[24] Vgl. auch den Erbbaurechtsvertragsentwurf in der Entscheidung der VK Berlin ErbbauZ 2022, S. 23 (24) Rn. 4. So heißt es dort bspw.: „Der Erbbauberechtigte ist verpflichtet, das Bauvorhaben im Sinne des Bebauungskonzeptes, des Nutzungskonzeptes und des Energiestandards innerhalb einer bestimmten Frist fertigzustellen (Realisierungszeitraum)" oder „Der Erbbauberechtigte hat das in dem Konzept beschrieben Vorhaben wie folgt umzusetzen: - Die für die Wohnnutzung vorgesehenen Einheiten über die Dauer des Erbbaurechtes an seine Mitglieder zu Wohnzwecken zu vermieten/ selbst zu nutzen - Ggf. für gewerbliche Nutzung vorgesehene Einheiten über die Dauer des Erbbaurechts entsprechend des Nutzungskonzepts zu vermieten/ selbst zu nutzen". Der Erbbaurechtsvertragsentwurf (*Konzeptvergabe*) im Beschluss der VK Berlin ErbbauZ 2022, S. 75 (78) Rn. 4 sah ähnliches vor:

realisierungsgebot (I.), das Baugebot (II.) und das (Selbst-)Nutzungsgebot (III.) sowie die Sanktionen (IV.).

I. Konzeptrealisierungsgebot

Das Konzeptrealisierungsgebot legt dem Erbbaurechtserwerber auf, das Grundstück entsprechend seinem Bewerberkonzept zu bebauen und dieses der konzeptgemäßen Nutzung zuzuführen. Sowohl die bau- (1.) als auch die nutzungsbezogene Komponente (2.) dieses Gebots kann dabei mit dem Erbbaurecht gesichert werden.

1. Baubezogene Komponente des Konzeptrealisierungsgebots

Wird die Erbbaurechtsvergabe gewählt, bedarf es zur Sicherung der baulichen Errichtung keiner schuld- und städtebaurechtlichen Vertragsabrede. Vielmehr kann die Bauwerkserrichtung unmittelbar nach § 2 Nr. 1 Var. 1 ErbbauRG „zum Inhalt des Erbbaurechts" gemacht werden. Um nämlich regelmäßigen Interessen des Grundstückseigentümers nachzukommen, kann dinglich festgelegt werden, dass der Erbbaurechtserwerber das Grundstück auch bebauen muss („Zum Inhalt des Erbbaurechts gehören auch Vereinbarungen des Grundstückseigentümers und des Erbbauberechtigten über die Errichtung des Bauwerks").

Die Frage, inwieweit die Art und Weise der Bebauung bestimmt sein muss[25], wird sich hier nicht stellen, denn regelmäßig werden die Konzepteinreichungen

---

„Der Erbbauberechtigte ist verpflichtet, auf dem Erbbaugrundstücks das beantragte Vorhaben zu errichten", „Erfüllt der Erbbauberechtigte die Verpflichtung zur Einreichung des Bauantrags aus Abs. 1 nicht oder beginnt der Erbbauberechtigte nach Bestandskraft der Genehmigung nicht innerhalb der in Abs. 1 genannten Frist mit den Baumaßnahmen […] ist der Grundstückseigentümer zum Rücktritt von diesem Vertrag berechtigt", „Der Erbbauberechtigte ist verpflichtet, sowohl das auf dem Erbbaugrundstück bereits vorhandene Gebäude als auch die neu zu errichtenden baulichen Anlagen in dem vom abgestimmten Bebauungs- und Nutzungskonzept (vgl. Anlage X) vorgesehenen Umfang für soziale, kulturelle und sportliche Zwecke zu nutzen", „Der jeweilige Erbbauberechtigte hat das Erbbaurecht auf Verlangen des Grundstückseigentümers auf diesen oder auf einen von diesem bezeichneten Dritten zu übertragen, 1.wenn er seine Verpflichtungen zur Errichtung und Erhaltung der baulichen Anlagen nicht erfüllt oder […] 3.wenn die vereinbarte Nutzung auf dem Erbbaugrundstück ohne vorherige schriftliche Zustimmung des Grundstückseigentümers eingestellt, räumlich wesentlich eingeschränkt oder ganz oder teilweise geändert wird oder [...]" oder „Verletzt der Erbbauberechtigte schuldhaft eine seiner Verpflichtungen […] so ist der Grundstückseigentümer berechtigt, […] von ihm, unbeschadet der Geltendmachung des Heimfallanspruchs, eine Vertragsstrafe […] zu verlangen".

[25] Letztlich erfordert § 1 ErbbauRG zur Rechtswirksamkeit ein gewisses Bestimmtheitsmaß: Nach einem vermittelnden Standpunkt, den *Winkler/Schlögel* vertreten, ist es *dort* nur erforderlich, dass „deutlich ist, wie die Grundstücksbebauung ungefähr beschaffen sein muss, sowie ob es sich um ein einziges Bauwerk oder um mehrere handeln soll", Hdb. Erbbaurecht, § 4 Rn. 41.

bereits solche Konkretisierungen des zu errichtenden Bauwerks enthalten, die den Bestimmtheitsanforderungen genügen. Anderenfalls können diese noch in der Anhandgabephase erarbeitet werden. Einzelheiten oder Modalitäten zur Bauwerkserstellung sind dabei ohne weitere Probleme festsetzbar[26]. „Definitiv" kann die Bebauung durch die „Beifügung eines Bauplans und einer Baubeschreibung bestimmt werden"[27]. Ebenfalls ist es möglich, bauliche Veränderungen am zukünftigen Gebäude zu untersagen oder diese von der Zustimmung des Grundstückseigentümers abhängig zu machen, um die Vereitelung der Bauabreden schon im Vorfeld zu unterbinden[28].

2. Nutzungsbezogene Komponente des Konzeptrealisierungsgebots

Zur Sicherung der konzeptgemäßen Grundstücksnutzung kann man sich ebenfalls der Gestaltbarkeit des Erbbaurechtsinhalts bedienen; § 2 Nr. 1 Var. 3 ErbbauRG lässt nämlich auch Vereinbarungen zur Verwendung des Bauwerks zu („Zum Inhalt des Erbbaurechts gehören auch Vereinbarungen des Grundstückseigentümers und des Erbbauberechtigten über die Verwendung des Bauwerks").

Der Verwendungsbegriff nach § 2 Nr. 1 Var. 3 ErbbauRG ist weit auszulegen und das macht Vereinbarungen möglich, welche „die tatsächliche Nutzungsart des Bauwerks betreffen"[29]. Als zulässig werden allgemeine Vereinbarungen über die Verwendungsart angesehen, etwa betreffend die Nutzung des Bauwerks nur zu Wohnzwecken. Und auch soziale Zielvorstellungen des Erbbaurechtsgebers können inkludiert werden. Hierzu zählt die Verwendung des Gebäudes für sozial bzw. finanziell minderbemittelte Personen, für kinderreiche Familien, für Ortsansässige oder für Personen mit Fluchthintergrund[30]. Die Vermietung nur zu festgesetzten Mietpreisen ist regelbar[31]. Es kann dem Erbbauberechtigten zudem zur Vorgabe gemacht werden, das Vertragsobjekt selbst zu Dauerwohnzwecken zu benutzen; dort also den Hauptwohnsitz zu nehmen[32].

---

[26] *Winkler/Schlögel*, Hdb. Erbbaurecht, § 4 Rn. 42.

[27] Mit diesen Worten *Heinemann*, in: MüKo BGB, § 2 ErbbauRG Rn. 10; *Winkler/Schlögel*, Hdb. Erbbaurecht, § 4 Rn. 42.

[28] Hierzu schon BGH NJW 1967, S. 2351 (2351); BayObLG NJW-RR 1987, S. 459 (460). Fortführend aus der neueren Rspr. etwa OLG Saarbrücken Az. 5 W 83/19, BeckRS 2020, 3169, Rn. 9.

[29] Aus der Rspr.: BayObLG NJW-RR 2002, S. 885 (886); OLG Schleswig Az. 2 U 2/14, BeckRS 2014, 12046, Rn. 32. Sonst etwa *Winkler/Schlögel*, Hdb. Erbbaurecht, § 4 Rn. 55.

[30] BayObLG NJW-RR 2002, S. 885 (886); *Winkler/Schlögel*, Hdb. Erbbaurecht, § 4 Rn. 55 f.

[31] Schon *Winkler* NJW 1992, S. 2514 (2519); weiterhin *Winkler/Schlögel*, Hdb. Erbbaurecht, § 4 Rn. 56.

[32] Vgl. im Entscheidungssachverhalt BGH NJW 2015, S. 3436 (3437); hieran anknüpfend auch *Winkler/Schlögel*, Hdb. Erbbaurecht, § 4 Rn. 56.

II. Baugebot

Ein Baugebot mit dem Inhalt, das Bauwerk möglichst schnell errichten zu müssen, lässt sich ebenso problemlos im Erbbaurecht festsetzen. Denn § 2 Nr. 1 Var. 1 ErbbauRG ermöglicht nicht nur Vorgaben zur Art und Weise der Bauwerkserrichtung, sondern es können hierzu auch Fristen vereinbart werden[33]. Da sich der städtebauliche Erbbaurechtsvertrag allerdings wieder an § 11 Abs. 2 Satz 1 BauGB zu messen hat, müssen bereits herausgearbeitete Mindestfristen auch an dieser Stelle gewahrt werden[34].

III. (Selbst-)Nutzungsgebot mit Weitergabeverbot

Das (Selbst-)Nutzungsgebot soll den Erwerber in zeitlicher Hinsicht dazu anhalten, das Grundstück entsprechend lange in der zugesicherten Weise zu nutzen. Flankiert wird dieses Gebot auch in anderen Grundstücksmodellen häufig durch das Verbot, das Grundstück an einen Dritten weiterzugeben. Das Erbbaurecht kann diesen beiden Handlungsvorgaben, sowohl dem (Selbst-)Nutzungsgebot (1.) als auch dem Weitergabeverbot (2.), inhaltlich gerecht werden.

1. (Selbst-)Nutzungsgebot

Während oben zur Konzeptrealisierung schon ausgeführt wurde, dass sich verschiedene Bauwerksverwendungen zum Inhalt des Erbbaurechts machen lassen, wozu auch die Selbstnutzung zählt[35], kann ebenfalls der zeitlichen Komponente gerade beim Erbbaurecht nachgekommen werden. Denn eine Verwendungsvereinbarung nach § 2 Nr. 1 Var. 3 ErbbauRG gilt als Erbbaurechtsinhalt für die gesamte Rechtsdauer.

Und während man sich oben bei den Eigentumsveräußerungen noch mit der Frage der Rechtfertigung eines (Selbst-)Nutzungsgebots „in der Länge" auseinandersetzte, wobei eine Dauer von 30 Jahren als „Höchstmaß" bezeichnet werden konnte[36], stellen sich solche Fragen bei der Erbbaurechtsbestellung nicht. Zwar sind Bestimmungen städtebaulicher Erbbaurechtsverträge

---

[33] *Heinemann*, in: MüKo BGB, § 2 ErbbauRG Rn. 9; *Winkler/Schlögel*, Hdb. Erbbaurecht, § 4 Rn. 39.

[34] Siehe hierzu schon Kap. 10 C. IV. 1. d.

[35] Nochmals BGH NJW 2015, S. 3436 (3437) Rn. 11: „Pflicht zur Selbstnutzung" (und ein Verstoß hiergegen durch eine Vermietung an Dritte) bei der Vertragsklausel: „§ 5. Verwendung des Bauwerks. 1. Der Berechtigte ist verpflichtet, das Bauwerk unter Ausschluss jeder anderen Verwendung wie folgt zu verwenden: Wohngebäude für den Wohnungserbbauberechtigten und die evtl. in seinem Haushalt lebenden Familienangehörigen und/oder Lebenspartner/in zu Dauerwohnzwecken (räumlicher Schwerpunkt der gesamten Lebensverhältnisse = Hauptwohnsitz im Sinne des Landesmeldegesetzes)"; eben schon Kap. 11 D. I. 2.

[36] Siehe hierzu schon Kap. 10 C. IV. 1. e.

ebenfalls an § 11 Abs. 2 Satz 1 BauGB zu messen[37]; trotzdem sind hier dauerhafte Nutzungsbeschränkungen möglich. Begründen lässt sich das damit, dass
jegliche Nutzungsvorgabe nach § 2 Nr. 1 Var. 3 ErbbauRG dem konkreten
Erbbaurecht schon von Grund auf anhaftet, dieses Erbbaurecht also zu keiner
Stelle im Rechtsumfang „beschnitten" wird. Der Erwerber erhält damit nur ein
im externen Vergleich nicht derart ansprechendes Recht; zumindest aber kein
Grundstückseigentum, das wegen der zusätzlichen Nutzungsklausel nicht das
hergibt, was § 903 Satz 1 BGB eigentlich für das Eigentum verspricht[38]. Im
Ergebnis vertritt der BGH diese Rechtsansicht zuletzt in mehreren Entschei-
dungen[39] und führt im Urteil vom 26.06.2015 wörtlich aus[40]:

„Verwendungsbeschränkungen und an deren Verletzung anknüpfende Heimfallrechte in
Verträgen über von öffentlichen Körperschaften ausgegebene Erbbaurechte sind jedoch anders zu beurteilen. [...] Eine Vereinbarung gem. § 2 Nr. 1 ErbbauRG, nach der der Erbbauberechtigte das gekaufte oder von ihm errichtete Bauwerk für die gesamte Zeit, in der das
Erbbaurecht besteht, selbst zu Wohnzwecken zu nutzen hat, steht nicht in einem unangemessenen Verhältnis zu dem Wert der von dem Grundstückseigentümer mit der Bestellung des
Erbbaurechts erbrachten Leistung. [...] Verwendungsbeschränkungen in Erbbaurechtsverträgen liegt zu Grunde, dass der Grundstückseigentümer das Eigentum an dem Grundstück
nicht übertragen, sondern es behalten und durch die Ausgabe von Erbbaurechten auf dessen
weitere Nutzung Einfluss nehmen will. Die Sicherung dieses Zwecks für die gesamte Laufzeit des Erbbaurechts ist als legitim angesehen und zu dessen Sicherung die Vorschrift des
§ 2 Nr. 1 ErbbauRG (früher ErbbauVO) geschaffen worden, nach der die Verwendungsbeschränkung als Inhalt des dinglichen Rechts vereinbart werden kann. [...] Eine Befristung
der Bindung des Erbbauberechtigten auf 30 Jahre liefe dem Zweck eines Erbbaurechts zu-
wider".

---

[37] BGH NJW 2015, S. 3436 (3437) Rn. 15 f. mit dem (oben bereits erwähnten) Hinweis,
dass es auf die Qualifikation als städtebaulicher Vertrag i.S.d. § 11 BauGB im Ergebnis auch
nicht ankommt, da die öffentliche Hand immer verhältnismäßig handeln muss (ebd. S. 3438
Rn. 17). Städtebaurechtliche Angemessenheitserwägungen nur kurz in der Beurteilung des
Erbbaurechtsvertrags anhand § 307 Abs. 2 Nr. 1 BGB abhandelnd OLG München
MittBayNot 2022, S. 31 (36 f.) Rn. 59 ff. Zu dieser Vorgehensweise der „gemeinsamen
Behandlung der Kontrollmaßstäbe" schon oben Kap. 10 C. V. 1. (zur BGH-Rspr.).
[38] Allerdings doch von einer „besonderen Belastung" spricht der BGH NJW 2015,
S. 3436 (3439) Rn. 27. Demnach befindet sich diese Rspr. *nicht ganz* auf der Linie mit der
hier vertretenen Überlegung.
[39] Eben im Ergebnis BGH NJW 2015, S. 3436 (3438) Rn. 21 ff.; BGH NVwZ 2018,
S. 1414 (1416) Rn. 28 (hins. der Partizipation an Bodenwertsteigerungen); BGH DNotZ
2019, S. 433 (435) Rn. 14.
[40] BGH NJW 2015, S. 3436 (3438) Rn. 21 ff. mit einer noch ausführlicheren, hier nicht
vollständig abgebildeten Begründung. Das Argument, „dass die Verwendungsbeschränkung
in den Erbbaurechtsverträgen nicht – jedenfalls nicht primär – städtebaulichen oder subven-
tionsrechtlichen Zwecken [...] dient", verfängt sichtlich nicht, da die Belastung mit dem
Erbbaurecht schließlich auch aus städtebaulichen Zwecken erfolgen kann.

Die Rechtsansicht, dass eine Nutzungsbeschränkung bei der Erbbaurechtsvergabe dauerhaft möglich ist, bekräftigt das BGH-Urteil vom 21.09.2018 auch noch einmal[41]:

„Der Verkauf des Grundstücks als solcher stellt keinen unbefristet fortbestehenden Vorteil dar; hat sich die öffentliche Hand zu einem Verkauf entschlossen, muss sie es hinnehmen, dass ihr Einfluss auf die Nutzung des Grundstücks zeitlich begrenzt ist. Dauerhafte Nutzungsbeschränkungen lassen sich nur erreichen, wenn der öffentliche Zweck nicht mit dem Instrument des Grundstücksverkaufs, sondern mit dem dazu bestimmten Instrument der Ausgabe eines Erbbaurechts verfolgt wird".

Auch einer AGB-Rechtsprüfung müssen sich derartige Erbbaurechtsvereinbarungen nicht scheuen. Denn zwar ist es durchaus möglich, die dinglichen Abreden als Formularklauseln im Sinne des § 305 Abs. 1 Satz 1 BGB zu werten[42]. Gleichwohl stehen den Bestimmungen aber weder besondere Klauselverbote entgegen, noch ist von einer unangemessenen Benachteiligung des Vertragspartners nach § 307 Abs. 1 Satz 1 BGB auszugehen[43].

2. Weitergabeverbot

Kommt es der Gemeinde gerade auf die persönliche (und nicht auf die verwendungstypische) Nutzung an, so kann dieses Anliegen vereitelt werden, wenn das Erbbaurecht an einen Dritten weiterveräußert wird. Regelmäßig sollte bei der Konzeptvergabe demnach auch ein Weitergabeverbot ins Vertragskonstrukt mitaufgenommen werden.

Weil das Erbbaurecht aber seinem Wesen nach veräußerlich ist (§ 1 Abs. 1 ErbbauRG), kann zumindest eine dingliche Unveräußerlichkeit nicht geregelt werden[44]. Da Erbbaurechtsgeber trotzdem oftmals an der Verwendung des Grundstücks und der Person des Erbbauberechtigten interessiert sind, hält § 5 Abs. 1 ErbbauRG eine gesetzliche Kompensation parat: Es kann inhaltlich vereinbart werden, dass der Erbbauberechtigte zur Veräußerung des Erbbaurechts der Zustimmung des Grundstückseigentümers bedarf. Auf diese Zustimmung

---

[41] BGH DNotZ 2019, S. 433 (435) Rn. 14.

[42] Vgl. hierzu nur *Winkler/Schlögel*, Hdb. Erbbaurecht, § 4 Rn. 21. Aus der Rspr. neuerdings ebenfalls OLG München MittBayNot 2022, S. 31 (36) Rn. 51 (zu einem Zustimmungsvorbehalt für Erbbaurechtsveräußerungen): „Nachdem das Erbbaugrundstück in einem Gebiet liegt, in dem an einer Vielzahl von Grundstücken im gleichen Zeitraum an verschiedene Personen Erbbaurechte vergeben wurden [...], sind in der für diese Erbbaurechtsbestellungen vorformulierten Verträgen Allgemeine Geschäftsbedingungen im Sinne von § 305 BGB zu sehen".

[43] Vgl. BGH NJW 2015, S. 3436 (3439) zu einer entspr. Klauselprüfung (Verwendungsbeschränkung und Heimfallrecht).

[44] *Wicke*, in: Grüneberg BGB, § 1 ErbbauRG Rn. 9 (Unveräußerlichkeit nicht als Rechtsinhalt). Demgegenüber soll ein schuldrechtliches Veräußerungsverbot ebenso wie ein hieran anknüpfender Heimfallanspruch möglich sein, vgl. ebd. § 6 ErbbauRG Rn. 2. Sogleich auch noch zur Verfügungsbeschränkung nach § 5 ErbbauRG.

kann zwar nach § 7 Abs. 1 Satz 1 ErbbauRG ein Anspruch bestehen[45]; für einen Verstoß sieht § 6 Abs. 1 ErbbauRG aber eine rigide (und vom Grundsatz des § 137 Satz 1 BGB abweichende[46]) Rechtsfolge vor. Denn hiernach ist sowohl das Verfügungs- als auch das Verpflichtungsgeschäft unwirksam, solange der Grundstückseigentümer die erforderliche Zustimmung nicht erteilt.

Zwar ist nicht unumstritten, ob eine Vermietungsbeschränkung als Verwendungsvereinbarung nach § 2 Nr. 1 Var. 3 ErbbauRG zulässig ist. Wenn oben allerdings die Hauptsitznahme des Erbbauberechtigten (positiv) als Verwendung im Sinne des § 2 Nr. 1 Var. 3 ErbbauRG geregelt werden konnte, dann wird stimmiger Weise eine (negative) Beschränkung der Vermietung (sowie auch ein diesbezüglicher Zustimmungsvorbehalt) ebenfalls nur zulässig sein[47].

IV. Sanktionierung

Für mögliche Zuwiderhandlungen hält das ErbbauRG ein Sanktionsregime parat, das teils verdinglicht werden kann. Eine flankierende, schuldrechtliche Absprache macht das oftmals hinfällig. Zunächst ist dabei der Heimfallanspruch zu benennen (1.). Hierneben sind Vertragsstrafen regelbar (2.). Zum Inhalt des Erbbaurechts gemachte Gebote können aber auch als primäre Leistungspflichten qualifiziert werden (3.).

---

[45] Gesetzlich: Wenn anzunehmen ist, dass durch die Veräußerung der mit der Bestellung des Erbbaurechts verfolgte Zweck nicht wesentlich beeinträchtigt oder gefährdet wird, und dass die Persönlichkeit des Erwerbers Gewähr für eine ordnungsmäßige Erfüllung der sich aus dem Erbbaurechtsinhalt ergebenden Verpflichtungen bietet. Falls sich aus dem Erbbaurechtsvertrag aber ergibt, dass dieses nicht für den „freien Markt" bestimmt ist, so kann der Grundstückseigentümer seine Zustimmung insb. verweigern, wenn der Erbbauberechtigte das dingliche Recht unlauter zu Spekulationszwecken benutzt bzw. dieses hierzu ausnutzt, vgl. OLG Schleswig Az. 2 U 10/19, BeckRS 2020, 24507, Rn. 72. Eine Klausel, nach der „die Zustimmung insbesondere verweigert werden darf, wenn der Kaufpreis den Verkehrswert des Gebäudes erheblich übersteigt", ist vor dem Hintergrund des Schutzes vor einer spekulativen Erbbaurechtsausnutzung ebenfalls möglich, vgl. OLG München MittBayNot 2022, S. 31 (37) Rn. 61 (m.w.N.).

[46] Vgl. nur *Wicke*, in: Grüneberg BGB, § 5 ErbbauRG Rn. 1. Zum Meinungsspektrum bzgl. der Rechtsnatur des Zustimmungsvorbehalts (mit a.A. „Fungibilitätseinschränkung") *Winkler/Schlögel*, Hdb. Erbbaurecht, § 4 Rn. 174. Hierzu letztlich ebenfalls BGH NJW 2017, S. 3514 (3514 f.) Rn. 9 ff.

[47] BGH NJW 2015, S. 3436 (3437) Rn. 11: „Der Bekl. verstößt gegen die Pflicht zur Selbstnutzung, weil er in dem Reihenhaus nicht wohnt, sondern es durch Vermietung an Dritte nutzt". Außerdem ebd. S. 3437 Rn. 14. Zur hier vertretenen Rechtsansicht auch *Wicke*, in: Grüneberg BGB, § 2 ErbbauRG Rn. 3. A.A. statt mehrerer BayObLG NJW-RR 2002, S. 885 (886); ebenfalls *Grziwotz* NotBZ 2018, S. 401 (405) regelt die Zustimmungsbedürftigkeit zur Vermietung nur in einer flankierenden, schuldrechtlichen Absprache, belegt dieses Erfordernis dann aber mit einem Heimfallanspruch (§ 2 Nr. 4 ErbbauRG, hierzu sogleich Kap. 11 D. IV. 1.) für den Fall, dass sich der Erbbauberechtigte hierüber hinwegsetzt; weiterhin *Winkler/Schlögel*, Hdb. Erbbaurecht, § 4 Rn. 58 m.w.N. zu den vertretenen Rechtsansichten.

1. Heimfallanspruch

Mit dinglicher Wirkung kann zunächst der bereits erwähnte Heimfallanspruch nach § 2 Nr. 4 ErbbauRG zum Inhalt des Erbbaurechts gemacht werden. Verabredet ist hiermit die Verpflichtung des Erbbauberechtigten, das Erbbaurecht beim Eintreten „bestimmter Voraussetzungen" auf den Grundstückseigentümer zu übertragen. Oben behandelte Wiederkaufsrechte (oder andere Rückgewährgestaltungen) macht dieser Heimfallanspruch damit überflüssig.

Es ist nämlich unbedenklich, Verletzungen der oben angeführten Gebote, die nach § 2 Nr. 1 ErbbauRG zum erbbaurechtlichen Inhalt gemacht werden konnten, als Heimfallgründe zu bestimmen. Nach dem ErbbauRG kann „grundsätzlich jedes Ereignis als den Heimfallanspruch auslösend vereinbart werden"[48] und insoweit besteht Vertragsfreiheit[49]. Die Angemessenheit der Vertragsgestaltung stellt dies in der Regel nicht in Frage[50]; auch da der Grundstückseigentümer noch (bis zum Ablauf der Verjährungsfrist nach § 4 ErbbauRG) über die Ausübung des Rechts entscheiden kann[51].

Die Norm des § 6 Abs. 2 ErbbauRG sieht (neben § 9 Abs. 4 ErbbauRG) allerdings eine Ausnahme vom Grundsatz dieser freien Bestimmbarkeit vor. Nicht anknüpfen darf der Heimfallanspruch an die Verletzung des vereinbarten Zustimmungsvorbehalts nach § 5 Abs. 1 ErbbauRG[52]. Gegen die Verletzung dieses Vorbehalts ist die Gemeinde aber schon hinreichend nach § 6 Abs. 1 ErbbauRG abgesichert.

2. Vertragsstrafe

Gemäß § 2 Nr. 5 ErbbauRG kann ebenfalls die Verpflichtung des Erbbauberechtigten zur Zahlung einer Vertragsstrafe zum Rechtsinhalt gemacht werden. Mit dieser wird der Erbbauberechtigte zur Erfüllung einer dinglichen oder flankierend schuldrechtlichen Vereinbarung angehalten[53].

Hierbei ist aber daran zu erinnern, dass die öffentliche Hand stets an den Verhältnismäßigkeitsgrundsatz und den abgeleiteten Grundsatz der

---

[48] BGH NJW-RR 2003, S. 1524 (1524); BGH NJW 2015, S. 3436 (3437) Rn. 14. Ebenso nur bspw. *Winkler/Schlögel*, Hdb. Erbbaurecht, § 4 Rn. 78; *v. Reichenberg* MittBayNot 2021, S. 219 (220).

[49] *Winkler* NJW 1992, S. 2514 (2519); *Heinemann*, in: MüKo BGB, § 2 ErbbauRG Rn. 27.

[50] Vgl. nur BGH NJW 2015, S. 3436 (3438) Rn. 18 (Ergebnisobersatz), wobei der Heimfallanspruch im gerichtsvorliegenden Fall an die Verletzung des (oben unter Kap. 11 D. III. 1. behandelten) Selbstnutzungsgebots geknüpft wurde.

[51] Siehe zur Ausübungskontrolle bereits Kap. 10 C. IV. 1. b.

[52] Mit Nichtigkeitsfolge, vgl. BayObLG NJW-RR 1991, S. 718 (719). Allerdings ist das str.: Die a.A. vertritt eine freiwillige Erfüllbarkeit, so bspw. *Wicke*, in: Grüneberg BGB § 6 Rn. 2; *Heinemann*, in: MüKo BGB, § 6 ErbbauRG Rn. 8 (m.w.N.).

[53] Vgl. *Wicke*, in: Grüneberg BGB, § 2 ErbbauRG Rn. 6.

angemessenen Vertragsgestaltung nach § 11 Abs. 2 Satz 1 BauGB gebunden ist. Und weil die dinglichen Vertragsstrafen den schon oben behandelten Vertragsstrafen in ihrer Intensität nicht nachstehen, kann insoweit auf bereits erfolgte Ausführungen rekurriert werden[54]. Überprüft man die Verhältnismäßigkeit, sind Vertragsstrafen zwar geeignet, die aufgestellten Gebote abzusichern. Im Vergleich zu anderen Mitteln sind sie ihrer Intensität wegen teils auch noch erforderlich. Spätestens auf Angemessenheitsebene ist dann aber das konkrete Ziel der schwerwiegenden Wirkung der Vertragsstrafe, auch im Hinblick auf deren Höhe und Verwirkungserfordernisse, gegenüberzustellen.

3. Primäre Leistungspflicht

Beurteilt man die aufgestellten Gebote nach § 2 Nr. 1 ErbbauRG als primäre Leistungspflichten, aus denen sich also gegensätzlich Ansprüche auf die positive Vertragserfüllung ergeben[55], handelt es sich nicht um nur vereinbarte Sanktionen, die auf Zuwiderhandlungen gegen Gebote folgen. Vielmehr werden die aufgestellten Gebote in diesem Schritt schuldrechtlich qualifiziert.

Solche Vertragspflichten können im dinglichen Inhalt eines Erbbaurechts zwar als durchaus zulässig erachtet werden. Zwangsläufig primäre Leistungspflichten anzunehmen, würde allerdings zu weit gehen. Hiergegen spricht einerseits der weitumfassende Wortlaut des § 2 Nr. 1 ErbbauRG und andererseits hält § 2 Nr. 4, Nr. 5 ErbbauRG Möglichkeiten zur kleinteiligen Sanktionsregelung vor. Wenn man aufgestellte Gebote nun zwingend als primäre Leistungspflichten qualifizieren müsste, so wäre dieses Regelungsregime systemwidrig in den Hintergrund gedrängt. Bei der Klauselformulierung ist auf diese (durch Vertragsauslegung zu lösende) Qualifikationsfrage zu achten[56]; auch da sich primäre Leistungspflichten auf das Verteilungsverfahren auswirken können (E.).

---

[54] Siehe schon oben Kap. 10 C. IV. 1. f) cc)

[55] In diese Richtung *Winkler/Schlögel*, Hdb. Erbbaurecht, § 4 Rn. 61: „Wird gegen eine Vereinbarung nach § 2 Nr. 1 ErbbauRG verstoßen, so hat der Grundstückseigentümer einen Anspruch auf Vertragserfüllung"; ebenso *Toussaint*, in: BeckOGK, § 2 ErbbauRG Rn. 35 „Aus einer nach § 2 getroffenen Vereinbarung ergeben sich zunächst (Einzel-)Ansprüche auf Erfüllung" – dieser Anspruch kann etwa gerichtet sein „darauf, dass bestimmte Handlungen vorgenommen [werden] (zB Bauwerkserrichtung bei nach § 2 Nr. 1 übernommener Errichtungsverpflichtung iSd § 2 Nr. 1)".

[56] Bereits unter Kap. 10 C. dazu, dass primäre Leistungspflichten die Konzeptvergabe voraussichtlich nicht attraktiver machen.

E. Auswirkungen auf das Verteilungsverfahren

Bei der hier behandelten „Spielart" der Konzeptvergabe wird im Grunde nur der Verteilungsgegenstand ausgetauscht: Statt des Grundstückseigentums wird das Erbbaurecht vergeben. Fraglich ist, wie sich dieser Umstand auf die weiteren rechtlichen Rahmenbedingungen der Konzeptvergabe auswirken kann.

Weder auf das öffentliche Baurecht[57] noch auf den Rechtsschutz des unterlegenen Bewerbers[58] hat dieser Wechsel Einfluss. Und keine Unterschiede ergeben sich auch hinsichtlich der (bei der Konzeptvergabe so wichtigen) Vergabekriterien, wenn nur ein Erbbaurecht am Grundstück vergeben wird[59]. Auswirkungen kann die Wahl des Erbbaurechts aber auf das Verteilungsverfahren haben. Und entsprechend häufig wird die Erbbaurechtsbestellung im Kontext der Helmut-Müller-Rechtsprechung des EuGH genannt: Mehrere Autoren gehen nämlich davon aus, dass wegen der Erbbaurechtsvergabe eine Baukonzession im Sinne des § 105 Abs. 1 Nr. 1 GWB vorliegen kann[60].

Zunächst ist also zu erörtern, ob das GWB-Vergaberecht anzuwenden ist, wenn statt des Grundstückseigentums ein Erbbaurecht vergeben wird (I.). Keine Abweichungen ergeben sich allerdings hinsichtlich des Haushaltsvergaberechts (II.), des unionalen Beihilfenrechts (III.) sowie des grundfreiheitlichen (IV.) und des grundrechtlichen Verteilungsregimes (V.). Ebenfalls aus dem haushaltsrechtlichen Verschleuderungsverbot folgen keine divergierenden Anforderungen, wenn ein Erbbaurecht bestellt wird (VI.). Gleiches gilt auch für die Rechtsfigur der c.i.c. (VII.).

I. GWB-Vergaberecht

Vorrangig hat man sich zu fragen, ob das GWB-Vergaberecht wegen der Bestellung des Erbbaurechts anzuwenden ist. Hierbei kann nicht nur ein öffentlicher Bauauftrag nach § 103 Abs. 3 GWB vorliegen. Denn auch eine ebenfalls

---

[57] Hierzu noch ausführlich Kap. 12.

[58] Auch hierzu noch ausführlich Kap. 13.

[59] Vorangehend Kap. 6.

[60] Die meisten Ausführungen halten sich dabei vage: Vgl. nur bspw. *Gartz* NZBau 2010, S. 293 (297): „Auch in den Fällen, in denen der öffentliche Auftraggeber Eigentümer des betroffenen Grundstücks bleibt, kommen je nach Einzelfall Baukonzessionen in Betracht (etwa bei der Vermietung/Verpachtung oder der Einräumung von Erbbaurechten)"; *Vetter/Bergmann* NVwZ 2010, S. 569 (569): „Baukonzessionen sind ferner bei Erbbaurechtsverträgen denkbar"; *Hanke* ZfBR 2010, S. 562 (566): „Danach geht eine Baukonzession regelmäßig nur noch mit einer Grundstückverpachtung oder der Bestellung eines Erbbaurechts einher". Beachtlich ist im Zusammenhang dieser Forschungsarbeit nun i.Ü. auch die neuere Abhandlung von *Tomerius* ZfBR 2023, S. 140 ff., die sich explizit mit der kommunalen Erbbaurechtsvergabe unter den Anforderungen des Vergabe-, Beihilfen- und Gemeindehaushaltsrechts beschäftigt. Nicht nur die Frage, ob Baukonzessionen vorliegen könnten, wird behandelt (S. 142). Auch die Konzeptvergabe kommt zur Sprache (S. 141).

ausschreibungspflichtige Baukonzession nach § 105 Abs. 1 Nr. 1 GWB ist zu erwägen. Zwischen beiden Vorgängen ist abzugrenzen (1.), obwohl bei der Konzeptvergabe letztlich regelmäßig nicht Aspekte der Gegenleistungsseite, sondern Elemente der vertraglichen Leistungsseite über die Anwendung des GWB-Vergaberechts entscheiden werden (2.).

1. Abgrenzung der Baukonzession zum öffentlichen Bauauftrag

Geht es um Erbbaurechtsbestellungen an kommunalen Grundstücken, wird häufig erwähnt, dass hiermit eine Baukonzession vorliegen könnte. Und nachdem bei der Erbbaurechtsvergabe nun auch keine Anwendungshindernisse für die Baukonzession nach § 105 Abs. 1 Nr. 1 GWB bestehen (a)), kann im engeren Sinne beurteilt werden, ob eine solche Konzession oder ein öffentlicher Bauauftrag vorliegen wird (b)).

a) Keine Anwendungshindernisse für die Baukonzession

Die Erwägungen zur Baukonzession sind nicht neu: Schon das OLG Düsseldorf begründete seine Ahlhorn-Rechtsprechung seinerzeit mit dem Vorliegen einer Baukonzession, wobei im Gerichtssachverhalt das Eigentum am Grundstück zu erwerben war[61]. Dieser Qualifikation als Baukonzession widersprach der EuGH in seiner Helmut-Müller-Rechtsprechung allerdings aus zwei Gründen: Einerseits könne bei erfolgter Eigentumsübertragung keine baukonzessionstypische „Übertragung eines Rechts zur Nutzung" vom Konzessionsgeber an den Konzessionär vorliegen. Denn das Recht des Vertragspartners zur Nutzung ergibt sich dann schon originär aus seinem Eigentum[62]. Andererseits sprächen zumindest gewichtige Gründe dafür, dass eine unbefristete Konzessionserteilung unionswidrig ist[63].

Beide Gründe können allerdings bei der Erbbaurechtsbestellung nicht mehr vollwertig angeführt werden, sodass die Baukonzession nach § 105 Abs. 1 Nr. 1 GWB wieder zurück ins Spiel zu bringen ist: Denn zunächst erlangt der Erbbaurechtserwerber nicht das umfassende Eigentumsrecht, aus dessen originären Nutzungsrechten der EuGH noch Gründe zur Ablehnung der Baukonzession herleitete. Gewissermaßen kann man beim Erbbaurecht immer noch davon sprechen, dass sowohl das Gebäudeeigentum als auch die damit einhergehenden Nutzungsrechte vom Grundstückseigentümer „abgeleitet" sind[64].

---

[61] OLG Düsseldorf NZBau 2007, S. 530 (532).

[62] EuGH C-451/08, NZBau 2010, S. 321 (325) Rn. 72 ff. (Helmut Müller). Bereits Kap. 5 A. I. 7. d) aa)

[63] EuGH C-451/08, NZBau 2010, S. 321 (325) Rn. 79 (Helmut Müller).

[64] *Mainka* VergR 2020, 133 ff. widmet sich dieser Rechtsansicht in einem gesamten Aufsatz: Hierbei insb. ebd. S. 136 dazu, dass die Befugnisse des Erbbauberechtigten vom Eigentümer abgeleitet und inhaltlich begrenzt wären. A.A. allerdings (*Mainka* vorangehend) *Losch* VergR 2013, S. 839 (850) sowie *Summa* in mehreren Veröffentlichungen, vgl.

Weiterhin werden Erbbaurechte in der Regel nur für einen gewissen Zeitraum bestellt, wobei das dingliche Recht dann mit dem Ende der Dauer erlischt.

b) Abgrenzung im engeren Sinne

Wenn nun also diese Anwendungshemmnisse für die Baukonzession nach § 105 Abs. 1 Nr. 1 GWB beiseitegeräumt sind, hat man sich der eigentlichen Abgrenzungsfrage zu widmen: Soll durch das bestellte Erbbaurecht eine Baukonzession begründet werden oder liegt womöglich doch ein „klassischer" öffentlicher Bauauftrag nach § 103 Abs. 3 GWB vor? Rekapitulierend[65] handelt es sich bei Baukonzessionen nach § 105 Abs. 1 Nr. 1 GWB um entgeltliche Verträge, mit denen Unternehmen mit der Erbringung von Bauleistungen betraut (also beauftragt) werden und bei welchen die Gegenleistung entweder allein im Recht zur Bauwerksnutzung oder in diesem Recht zuzüglich einer Zahlung besteht. Weil dieses (die Gegenleistung darstellende) „Recht zur Nutzung des Bauwerks" auch zivilrechtlich eingeräumt werden kann[66], ist das Erbbaurecht als ein solches Nutzungs- bzw. Nutzungsvermittlungsrecht in Betracht zu ziehen.

Abgrenzungsschwierigkeiten ergeben sich allerdings, weil oben bereits von einem sehr weiten Gegenleistungsbegriff für den entgeltlichen öffentlichen Bauauftrag nach § 103 Abs. 3 GWB ausgegangen wurde[67]: Als Gegenleistung dienen kann jede geldwerte Leistung[68]. Weiterhin ist die Entgeltlichkeit im Gesamtvertragskonstrukt mit sämtlichen auszutauschenden Leistungen begründbar, sodass man selbst bei einer Marktwertveräußerung die Übertragung des Grundstückseigentums als Gegenleistung auffassen kann[69]. Stimmiger Weise gibt es dann auch wenig Gründe, eine Gegenleistung bei der Bestellung eines (geldwerten) Erbbaurechts abzulehnen.

Für die behandelte Abgrenzung zwischen dem öffentlichen Bauauftrag und der Baukonzession sieht das Gesetz in § 105 Abs. 2 Satz 1 GWB selbst ein (in Satz 2 und Satz 3 ausdifferenziertes) Abgrenzungskriterium vor, das auf die

---

Vergabe News 2013, S. 26 ff.; *Summa* VPR 2015, 147 Rn. 12 (m.w.N. zur Gegenauffassung auch in der Rspr., VK Südbayern Az. Z3-3-3194-1-29-05/10, BeckRS 2010, 37327, Rn. 76, Rn. 94 ff. und OLG München NZBau 2012, S. 456 [457]). *Ders.* nochmals auf den Berliner Konzessionsrechtstagen am 28./29.04.2016 (Vortrag „Baukonzessionen in der Vergaberechtsprechung"), vgl. dessen Vortragsfolien 19 ff., https://konzessionsrechtstage.de/images /Impressionen/Su mma_Berliner%20Konzessionsrechtstage.pdf (Stand: 06.11.2022).

[65] Zur Baukonzession auch schon oben Kap. 5 A. I. 7. d) aa).

[66] Hier nur *Wollenschläger*, in: Burgi/Dreher/Opitz Bd. 1, § 105 GWB Rn. 68 (m.w.N.).

[67] Siehe bereits Kap. 5 A. I. 7. d.

[68] *Hüttinger*, in: Burgi/Dreher/Opitz Bd. 1, § 103 Abs. 1 GWB Rn. 96.

[69] Siehe hierzu bereits oben Kap. 5 A. I. 7. d) cc); insb. unter Bezug auf die Altpapier-Rspr. des BGH.

Rechtsprechung des EuGH zurückzuführen ist[70]: Bei der Baukonzessionsvergabe geht das *Betriebsrisiko* für die Nutzung des Bauwerks auf den Konzessionsnehmer über; wobei der BGH bei der Beurteilung mit einer Gesamtbetrachtung aller Umstände ansetzt[71].

Hierauf kann zwar etwa bei gewerblichen Weiter- oder Zurückvermietungen abgestellt werden, also in Fällen, in denen sich der Konzessionär tatsächlich über Mieteinnahmen refinanziert. Geht es allerdings um die Selbstnutzung des Gebäudes, das auf die Konzeptvergabe hin realisiert werden soll[72], vermag das Kriterium des „Betriebsrisikos" *nicht ganz zu passen* und bei der Abgrenzung zwischen beiden Vergabevarianten wird es auf eine (vom BGH eben auch mitgetragene) Einzelfallbetrachtung ankommen. Das OLG München macht es sich dabei ohnehin einfacher. Für die Baukonzession käme es nämlich nicht zuletzt darauf an, dass es sich beim Vertragsverhältnis „auch vom Gehalt her und nicht nur formal" um eine Baukonzession handelt[73].

Nichtsdestotrotz kann die *Abgrenzungsfrage zum Gegenleistungselement* an dieser Stelle im Ergebnis *offenbleiben*[74]. Denn zwei gesetzte Prämissen sprechen dafür, dass die grundsätzliche Entscheidung über das „Ob" der GWB-Vergaberechtspflicht vorrangig am Leistungselement des Vertragsverhältnisses zu treffen ist: Erstens ist als einklagbare Hauptpflicht auch bei der Baukonzession eine Verpflichtung zur Erbringung einer Bauleistung zu fordern. Denn bei der Baukonzession ändert sich schließlich nur die Gegenleistung. Und

---

[70] EuGH C-458/03, NZBau 2005, S. 644 (647) Rn. 40 (Parking Brixen); *Wollenschläger*, in: Burgi/Dreher/Opitz Bd. 1, § 105 GWB Rn. 83. Auch in der Helmut-Müller-Rspr. spricht der EuGH davon, dass es zum Wesen der Konzession gehöre, dass das Betriebsrisiko vom Konzessionsnehmer selbst getragen wird, EuGH C-451/08, NZBau 2010, S. 321 (326) Rn. 75 (Helmut Müller).

[71] Vgl. BGH NZBau 2011, S. 175 (180) Rn. 35 (allerdings zur Dienstleistungskonzession); hieran anknüpfend *Ganske*, in: Kapellmann/Messerschmidt, VOB-Kommentar, § 23 VOB/A Rn. 49. Die Bestimmungen des § 105 Abs. 2 Satz 2, Satz 3 GWB dürfen dabei nicht außenvorbleiben: Sie können allerdings ebenfalls in diesem Sinne ausgelegt werden.

[72] Geht es allein um die Selbstnutzung des Wohnraums (etwa) durch eine Baugemeinschaft, handelt es sich um nichts Weiteres als einen gemeinschaftlichen Eigenheimbau, weshalb die auftragsvergaberechtliche Unternehmenseigenschaft ohnehin schon zu verneinen ist (vgl. hierzu bereits oben Kap. 5 A. I. 7. b.).

[73] OLG München NZBau 2012, S. 456 (457) mit anschließenden Ausführungen; vorangehend i.Ü. bereits eine Baukonzession für einen ähnlichen Fall annehmend: VK Südbayern Az. Z3-3-3194-1-29-05/10 2010, 37327, Rn. 76, Rn. 94 ff. (in „Konzeptvergabenähe").

[74] Im Ergebnis verfährt die VK Berlin bei der Behandlung der *Erbbaurechts-Konzeptvergabe* in gleicher Weise, ErbbauZ 2022, S. 75 (85) Rn. 63, wobei die Kontrollinstanz auch ihre mangelnde Tatsachenkenntnis zur Begründung der ausbleibenden Einordnung anführt: „Angesichts der vorliegend nur beschränkten Erkenntnisse der Vergabekammer insbesondere zur Refinanzierung des Erbbaurechtsnehmers, des wirtschaftlichen Wertes des Erbbaurechts etc. bleibt im Ergebnis offen, um welche Art von Auftragsverhältnis – öffentlicher Auftrag oder Konzession – es sich hier konkret handelt. Dies ist aber unschädlich, da dies für die weitere rechtliche Bewertung nicht streitentscheidend ist".

zweitens sollte das GWB-Vergaberecht als solches zur niederschwelligen Konzeptvergabe vermieden werden; also unabhängig davon, ob nun ein öffentlicher Bauauftrag oder eine Baukonzession vorliegt.

2. Bauleistung als Leistungselement

Nachdem sowohl hinsichtlich der Qualifikation der Gemeinde als öffentlicher Auftraggeber nach § 99 Nr. 1 Alt. 1 GWB[75] als auch hinsichtlich der ebenso in § 105 Abs. 1 GWB vorgesehenen Qualifikation der Vertragspartner als Unternehmen (oder eben „Nicht-Unternehmen")[76] nach oben verwiesen werden kann, entscheidet sich die Frage der Anwendbarkeit des GWB-Vergaberechts auf die Erbbaurechts-Konzeptvergabe am Leistungselement: Der geforderten Bauleistung.

Ebenfalls der Ausschlusstatbestand des § 107 Abs. 1 Nr. 2 GWB ist nicht anzuwenden, wenn die Kommune dem erfolgreichen Bewerber ein Erbbaurecht bestellt. Weil die Norm eng auszulegen ist, wird sie durch ein „Zurückfallen" des Gebäudes an den Grundstückseigentümer (durch Zeitablauf oder Heimfall) noch nicht erfüllt.

Oben genannte Anforderungen an das Leistungselement der Bauleistung sind auch hier anzusetzen: Es muss eine Bauleistung im unmittelbaren wirtschaftlichen Interesse vorliegen (a)), vertragsrechtlich ist diese Leistung als einklagbare Bauverpflichtung auszugestalten (b)) und zuletzt muss die Leistung gemäß der vom öffentlichen Auftraggeber genannten Erfordernisse erfolgen (c)). Der Schwellenwert für die Baukonzession liegt nach § 106 Abs. 2 Nr. 4 GWB und den Art. 8 Abs. 1, Art. 9 Abs. 1 UAbs. 1 Richtlinie 2014/23/EU sowie der aktuellen Neufestsetzung[77] ebenfalls bei 5.382.000 Euro, wobei sich die Berechnung des geschätzten Vertragswerts nach § 2 KonzVgV richtet.

a) Bauleistung im unmittelbaren wirtschaftlichen Interesse

Zunächst liegt auch bei der Erbbaurechts-Konzeptvergabe eine Bauleistung vor. Mit Konzeptrealisierungs- und Baugeboten wird sichergestellt, dass der Erbbaurechtserwerber das Grundstück bebaut; was im Gemeindeinteresse nach § 2 Nr. 1 Var. 1 ErbbauRG sogar Einzug in den Erbbaurechtsinhalt nehmen kann. Weiterhin muss allerdings auch bei der Erbbaurechtsbestellung ein „unmittelbares wirtschaftliches Interesse" an der Bauleistung bestehen[78].

---

[75] Siehe hierzu schon Kap. 5 A. I. 7. a.

[76] Dies wird auf Baugemeinschaften regelm. zutreffen: Siehe bereits Kap. 5 A. I. 7. b.

[77] Vgl. Delegierte Verordnung (EU) 2021/1951 der Kommission vom 10. November 2021 zur Änderung der Richtlinie 2014/23/EU des Europäischen Parlaments und des Rates im Hinblick auf die Schwellenwerte für Konzessionen, ABl. L 398 S. 21; explizit Art. 1.

[78] Neben den anderen Voraussetzungen, vgl. Kap. 5 A. I. 7. c) ee) Ebenfalls (so verstanden) *Wollenschläger*, in: Burgi/Dreher/Opitz Bd. 1, § 105 GWB Rn. 57 ff. dazu, dass ein „unmittelbares wirtschaftliches Interesse" auch bei Baukonzessionen notwendig ist;

Ebenso die Erbbaurechtsvergabe der Gemeinde erfolgt dabei in „Ausübung ihrer städtebaulichen Regelungszuständigkeit": Denn auch (und besonders) mit dem Erbbaurecht bleibt das Grundstücksmodell der Konzeptvergabe ein städtebauliches Handlungsinstrument. Beschränkt sich die Gemeinde hierauf, ohne strenge Vereinbarungen vorzusehen, so „genügt" dieses Tätigwerden in städtebaulicher Regelungszuständigkeit mit dem EuGH „noch nicht"[79], um von einem unmittelbaren wirtschaftlichen Interesse der Gemeinde ausgehen zu können. Überholt wird diese Feststellung aber mit der Annahme einer Fallgruppe der Helmut-Müller-Rechtsprechung. In Betracht zu ziehen sind: Der Erwerb des Eigentums (erste Fallgruppe; aa)) oder eines anderen Rechtstitels durch die Gemeinde (zweite Fallgruppe; bb)). Hierneben ist auch noch die finanzielle Beteiligung an der Bauwerkserstellung zu diskutieren (vierte Fallgruppe; cc)).

aa) Eigentumserwerb (Erste Fallgruppe)

Bei (obigen) Eigentumsveräußerungen kam die erste Fallgruppe der Helmut-Müller-Rechtsprechung[80] bisher noch nicht in Betracht[81]. Schließlich erwarb in solchen Fällen der Konzeptvergabe eben nicht die Gemeinde, sondern gerade der Grundstücksinteressent als Vertragspartner der Gemeinde das Eigentum am zu errichtenden Bauwerk (vgl. §§ 873 Abs. 1, 925 Abs. 1 Satz 1 und 946 BGB).

Abweichend könnte das allerdings bei der Bestellung eines Erbbaurechts sein, wenn man eine zeitliche Gesamtbetrachtung anstellt. Zwar wird nach den §§ 11 Abs. 1 Satz 1, 12 Abs. 1 ErbbauRG und § 946 BGB zunächst auch der Erbbauberechtigte Eigentümer des „auf seinem Erbbaurecht" errichteten Bauwerks[82]. Gleichwohl wird das Bauwerkseigentum aber nicht beim Erbbauberechtigten bleiben. Denn in aller Regel erwirbt der Grundstückseigentümer das Eigentum am Bauwerk in der Zukunft wieder zurück; sowohl im Fall des erbbaurechtlichen Zeitablaufs (§ 12 Abs. 3 ErbbauRG) als auch im Fall der Erfüllung des Heimfallanspruchs (mit § 12 Abs. 1 Satz 1 ErbbauRG).

Fraglich ist dann aber, ob schon (und allein) dieses „zukünftige Zurückfallen" des Bauwerkseigentums zur Annahme der ersten Fallgruppe der Helmut-

---

weitumfassender allerdings die (vor dem Hintergrund der Helmut-Müller-Rspr. abzulehnende) Ausführung *dess.* ebd. Rn. 39 (m.w.N.): „Ebenso wenig ist erforderlich, dass dem Konzessionsgeber die vertragsgegenständliche Bau- oder Dienstleistung unmittelbar zugutekommt, er also deren Empfänger ist; es genügt – in Einklang mit der Definition der Konzession in § 105 Abs. 1 GWB – auch ein mittelbarer Nutzen durch die Leistung an Dritte".

[79] EuGH C-451/08, NZBau 2010, S. 321 (325) Rn. 58 (Helmut Müller).

[80] EuGH C-451/08, NZBau 2010, S. 321 (324) Rn. 50 (Helmut Müller).

[81] Siehe Kap. 5 A. I. 7. c) ee (1) (a).

[82] Zwar erwägt auch *Greim* ZfBR 2011, S. 126 (127) die Einschlägigkeit der ersten Fallgruppe der Helmut-Müller-Rspr. bei der Erbbaurechtsbestellung, allerdings geht aus deren Ausführungen leider nicht deutlich hervor, in welcher Weise der Eigentumserwerb bei der Gemeinde eintreten soll.

Müller-Rechtsprechung ausreichen kann[83]. Unter dem Vorzeichen, dass durch den Eigentumserwerb am Bauwerk (als erster Fallgruppe) nur ein „unmittelbares" wirtschaftliches Interesse des öffentlichen Auftraggebers sichtbar gemacht werden soll, ist hiervon nicht auszugehen. Denn der Umstand, dass in ferner Zukunft die dingliche Belastung des Grundstücks endet oder das Erbbaurecht auf den Grundstückseigentümer übergeht, was die mittelbare, sachenrechtliche Folge auch des Übergangs des Bauwerkseigentums mit sich bringt, lässt noch nicht auf ein unmittelbares wirtschaftliches Interesse schließen[84]. Dass das Bauwerk nach jahre- oder jahrzehntelanger Fremdnutzung deutlich abgenutzt sein kann, soll zur Begründung ebenfalls hinzugezogen werden. Umgehungskonstellationen, etwa bei außergewöhnlich kurzen Erbbaurechtsbestellungen[85], sind dabei natürlich gesondert zu beurteilen.

bb) Rechtstitel (Zweite Fallgruppe)

Allerdings mag für die Erbbaurechtsbestellung die zweite Fallgruppe der Helmut-Müller-Rechtsprechung[86] in Betracht kommen. Der EuGH geht hiernach vom unmittelbaren wirtschaftlichen Interesse des öffentlichen Auftraggebers an der Bauleistung bzw. dem erschaffenen Bauwerk aus, wenn dem öffentlichen Auftraggeber ein Rechtstitel zukommt, der ihm die Verfügbarkeit der auftragsgegenständlichen Bauwerke im Hinblick auf ihre öffentliche Zweckbestimmung sicherstellt. Dabei würde es allerdings zu kurz greifen, das Erbbaurecht schon als ein (die Verfügbarkeit der öffentlichen Zweckbestimmung sicherstellendes) „dingliches Recht" aufzufassen, das an sich unbestritten als „Rechtstitel" begriffen werden könnte[87]: Denn der Rechtsinhaber des dinglichen Erbbaurechts ist der Erbbauberechtigte[88]; für die Gemeinde ist das Erbbaurecht vorrangig eine Belastung. Einer Prüfung als „Rechtstitel" im oben erwähnten Sinne können allerdings die Sicherungen unterzogen werden, die

---

[83] Zum (abgelehnten) Ausnahmetatbestand des § 107 Abs. 1 Nr. 2 GWB bereits oben Kap. 5 A. I. 7. f)

[84] Mit ähnlichen Erwägungen *Summa* auf den Berliner Konzessionsrechtstagen am 28./29.04.2016 (Vortrag „Baukonzessionen in der Vergaberechtsprechung"), vgl. Vortragsfolie 22, https://konzessionsrechtsta ge.de/images/Impressionen/Summa_Berliner%20Konz essionsrechtstage.pdf (Stand: 06.11.2022).

[85] Auch hierzu bereits *Summa* auf den Berliner Konzessionsrechtstagen am 28./29.04.2016 (Vortrag „Baukonzessionen in der Vergaberechtsprechung"), vgl. Vortragsfolie 22, https://konzessionsrechtstage. de/images/Impressionen/Summa_Berliner%20Konzessionsrechtstage.pdf (Stand: 06.11.2022): „Umgehungsgeschäft" bzw. „getarnter Bauauftrag". Vgl. etwa *Winkler/Schlögel*, Hdb. Erbbaurecht, § 2 Rn. 141 zur Möglichkeit, das Erbbaurecht nur „auf kürzeste Dauer" zu bestellen.

[86] EuGH C-451/08, NZBau 2010, S. 321 (324) Rn. 51 (Helmut Müller).

[87] Siehe bereits Kap. 5 A. I. 7. c) ee) (1) (b).

[88] Für den Erbbauberechtigten ist das Erbbaurecht ein „subjektiv persönliches Recht", vgl. *Winkler/Schlögel*, Hdb. Erbbaurecht, § 2 Rn. 121.

dem Grundstückseigentümer aus der Erbbaurechtsvereinbarung nach § 2 Nr. 1 ErbbauRG zukommen. Denn schließlich genügen als Rechtstitel auch schon schuldrechtliche Abreden, denen die Ansprüche aus dem Erbbaurechtsinhalt nicht nachstehen[89].

Hierbei ist aber zu differenzieren: Die meisten erbbaurechtlichen Abreden können keine solchen „Rechtstitel" sein. Sind etwa allein die Konzeptinhalte festgelegt (und möglicherweise auch als Bestimmungen nach § 1 Abs. 1 Erb-bauRG mitaufgenommen[90]), ist hiervon nicht auszugehen. Nur mit diesen Fest-legungen kann die Gemeinde die Verfügbarkeit des erschaffenen Bauwerks im Hinblick auf seine öffentliche Zweckbestimmung nämlich noch nicht sicher-stellen. Gleiches gilt auch, wenn nach § 2 Nr. 1 Var. 3 ErbbauRG Konzeptrea-lisierungs- oder Nutzungsgebote vorgesehen sind, Zuwiderhandlungen aller-dings nicht mit Sanktionen bewehrt werden. Reine Baugebote nach § 2 Nr. 1 Var. 1 ErbbauRG scheiden dabei schon von vornherein als „Rechtstitel" im behandelten Sinne aus, da sie sich nur auf die Bauwerkserrichtung, nicht aber auf die zukünftige Nutzung des Bauwerks (also auch nicht auf eine mögliche öffentliche Zweckbestimmung) beziehen. Selbstnutzungsgebote im Sinne von „Eigenheimverwendungsgeboten" nach § 2 Nr. 1 Var. 3 ErbbauRG kommen ebenfalls nicht als „Rechtstitel" in Frage, denn eine „öffentliche Zweckbestim-mung" der Bauwerke existiert auch in diesen Fällen nicht. Es handelt sich dann vielmehr um „Einzelwohnstätte"; wie der EuGH sie auch in seiner Mailänder-Scala-Rechtsprechung schon nannte[91].

Nur darüber hinausreichende, die „öffentliche Zweckbestimmung" betref-fende Verwendungsvereinbarungen nach § 2 Nr. 1 Var. 3 ErbbauRG kommen damit als „Rechtstitel" in Betracht[92]. Ob sie sich in Konzeptrealisierungs- oder Nutzungsgeboten wiederfinden, ist dabei irrelevant. Gleichwohl ist auch hier nochmals anhand der verknüpften Sanktionen zu unterscheiden. Werden Ver-tragsstrafen nach § 2 Nr. 5 ErbbauRG vereinbart, die an eine vertrags- und damit erbbaurechtswidrige Verwendung des Bauwerks anknüpfen, können diese als „Rechtstitel" aufgefasst werden. Die spürbare Druckwirkung einer (entsprechend hohen) Vertragsstrafe eignet sich nämlich, die Verfügbarkeit des erschaffenen Bauwerks im Hinblick auf seine öffentliche Zweckbestimmung zu sichern. Anders bestellt ist es aber um die Vergaberechtsrelevanz von

---

[89] „Dingliche" Wirkung erfährt dabei weder der aus der Vereinbarung losgelöste Ver-tragsstrafenanspruch, BGH NJW 2016, S. 3167 (3167) Rn. 8, noch der eingetretene Heim-fallanspruch, ebd. S. 3168 Rn. 17. Wird eine flankierende schuldrechtliche Vereinbarung getroffen, die neben dem Erbbaurecht möglich ist, so hat die Rechtsprüfung in den oben aufgezeigten Bahnen (Kap. 10 C.) zu erfolgen.

[90] Das Erbbaurecht muss (hinreichend bestimmt) auf ein Bauwerk bezogen sein, vgl. *Heinemann*, in: MüKo BGB, § 1 ErbbauRG Rn. 10.

[91] EuGH C-399/98, NZBau 2001, S. 512 (515) Rn. 67 (Mailänder Scala).

[92] Zum schwer zugänglichen Begriff der „öffentlichen Zweckbestimmung" Kap. 5 A. I. 7. c) gg) (1) (a).

Heimfallvereinbarungen nach § 2 Nr. 4 ErbbauRG, mit denen eine absprache-widrige Verwendung sanktioniert werden soll. Der Heimfallanspruch verlangt die Übertragung des Erbbaurechts an den Grundstückseigentümer. In seiner Rechtswirkung weicht er damit nicht entscheidend von kaufvertraglichen Rückabwicklungsabreden ab: Und diesen wurde oben bereits die Eignung ab-gesprochen, die Verfügbarkeit der Bauwerke im Hinblick auf ihre öffentliche Zweckbestimmung sicherzustellen. Ebenso hier führt das Sanktionsmittel al-lein zur Wiederherstellung eines „status quo ante". Die Schwelle zur Qualifi-kation als „sicherstellender Rechtstitel" kann allenfalls dann überschritten sein, wenn keine hinreichende Gebäudevergütung nach § 32 Abs. 1 Satz 1 Erb-bauRG für den Heimfallanspruch vorgesehen ist, also finanzielle (und unaus-geglichene) Nachteile mit dem Heimfall einhergehen.

cc) Finanzielle Beteiligung (Vierte Fallgruppe)

Weiterhin muss noch die vierte, indizielle Fallgruppe zum unmittelbaren wirt-schaftlichen Interesse in Erwägung gezogen werden; also die finanzielle Betei-ligung des öffentlichen Auftraggebers an der Bauwerkserstellung[93].

Zu beurteilen ist dabei allein die vergünstigte Bestellung eines Erbbau-rechts: Und ebenfalls hier sollen preisliche Nachlässe bei der Erbbaurechtsbe-stellung zur Annahme der Fallgruppe führen, weil sie das unmittelbare wirt-schaftliche Interesse des öffentlichen Auftraggebers an der Bauleistung indi-zieren. Vorauszusetzen ist allerdings, dass die Ermäßigung mit der Bauleistung hinreichend verknüpft ist, sodass von einer „finanziellen Beteiligung an der Erstellung des Bauwerks" gesprochen werden kann.

b) Einklagbare Bauverpflichtung

Auch bei der Erbbaurechts-Konzeptvergabe muss eine einklagbare Bauver-pflichtung vorzufinden sein, da sich die Anforderungen an die Leistungsseite gleichen, die sowohl beim öffentlichen Bauauftrag nach § 103 Abs. 3 GWB als auch bei der Baukonzession nach § 105 Abs. 1 Nr. 1 GWB gefordert sind[94]. Persönlich aufgefasst kann die Bauverpflichtung dabei von direkter oder indi-rekter Art sein. Intensitätsbezogen sind sowohl unmittelbare als auch mittel-bare Bauverpflichtungen möglich.

---

[93] EuGH C-451/08, NZBau 2010, S. 321 (324) Rn. 52 (Helmut Müller).

[94] Die VK Berlin ErbbauZ 2022, S. (85) Rn. 62 geht hiervon zur behandelten *Konzept-vergabe* i.Ü. mit den folgenden Ausführungen aus: „Abgesichert wird diese Einwirkung des Antragsgegners auf die Art und Planung des Bauwerks durch entsprechende vertragliche Abreden im Erbbaurechtsvertrag, insbesondere durch die Verpflichtungen zum Bau und zur Nutzung entsprechend des vorgelegten Konzepts in §§ 5, 7 Abs. 1 des Vertrages, die wiede-rum im Fall der Missachtung mit Vertragsstrafen sanktioniert und mit Rücktrittsmöglichkei-ten belegt werden. Damit handelt es sich im Ergebnis um eine eindeutig einklagbare Bau-verpflichtung".

Bei der Erbbaurechtsvariante der Konzeptvergabe entscheidet hierüber auf ein Neues die dingliche Rechtsgestaltung nach § 2 Nr. 1 Var. 1 ErbbauRG: Denn wird im Wege des § 2 Nr. 1 Var. 1 ErbbauRG ein Baugebot aufgestellt, so ist es (nach herrschender Meinung) möglich, in dieser erbbaurechtlichen Inhaltsregelung eine primäre Leistungspflicht niederzulegen[95]. Es handelt sich dann um eine unmittelbare Bauverpflichtung. Wird der Verstoß gegen ein Baugebot mit einer spürbaren Vertragsstrafe nach § 2 Nr. 5 ErbbauRG versehen, so ist aufgrund der drängenden Wirkung hierneben von einer mittelbaren Bauverpflichtung auszugehen.

Nach hier vertretener Meinung ist es aber ebenfalls möglich, ein Baugebot „sanktionslos" zu regeln. Um eine Bauverpflichtung im Sinne der EuGH-Rechtsprechung handelt es sich dann nicht. Gleiches gilt auch für Heimfallansprüche nach § 2 Nr. 4 ErbbauRG, denen nichts an der Herstellung eines baulichen „status ad quem" liegt.

Zusätzlich zur Bauverpflichtung ist auch noch deren Einklagbarkeit zu fordern[96]. Regelt man das Baugebot als primäre Leistungspflicht, kann diese Leistung vor den ordentlichen Gerichten eingeklagt werden. Dasselbe gilt für eine verwirkte, an eine unterlassene Bauleistung anknüpfende Vertragsstrafe nach § 2 Nr. 5 ErbbauRG.

c) Genannte Erfordernisse des öffentlichen Auftraggebers

Hinsichtlich der Voraussetzung des „Erbringens der Bauleistung gemäß der vom öffentlichen Auftraggeber genannten Erfordernisse" (kodifiziert in § 103 Abs. 3 Satz 2 GWB, aber mit entsprechender Geltung für die Baukonzession) ergeben sich keine Abweichungen zur oben schon behandelten Eigentumsveräußerung.

Zwar lassen sich diese Erfordernisse des öffentlichen Auftraggebers bei der Erbbaurechtsbestellung (wie oben aufgezeigt) im Detail niederlegen; diesbezügliche Bauvorgaben können sogar zum dinglichen Inhalt des Erbbaurechts gemacht werden. Entscheidend bleibt aber (mit dem 9. Erwägungsgrund der Richtlinie 2014/24/EU, § 103 Abs. 3 Satz 2 ErbbauRG und der Helmut-Müller-Rechtsprechung[97]) die vorangehende Einflussnahme auf diese schließlich geregelte Bauausführung[98].

---

[95] Siehe hierzu schon oben Kap. 11 D. IV. 3.; insb. *Toussaint*, in: BeckOGK, § 2 ErbbauRG Rn. 35

[96] Einklagbar sein müssen dabei die „Verpflichtungen, die sich aus dem Auftrag ergeben", wobei der EuGH im Ausführungskontext nur die Einklagbarkeit der Bauverpflichtung selbst meinen kann, vgl. EuGH C-451/08, NZBau 2010, S. 321 (325) Rn. 62 f. (Helmut Müller).

[97] Mit diesem Erfordernis EuGH C-451/08, NZBau 2010, S. 321 (325) Rn. 67 (Helmut Müller).

[98] Entspr. rekurriert die VK Berlin ErbbauZ 2022, S. 75 (85) Rn. 62 bei Annahme des entscheidenden Einflusses auf Art und Planung der Bauleistung auch auf „die Ausgestaltung

II. Haushaltsvergaberecht

Die Kriterien der Helmut-Müller-Rechtsprechung stecken auch den äußersten Rahmen des haushaltsrechtlichen Bauauftragsbegriffs ab: Jede Vertragskonstellation, die schon nicht unter den unionalen Begriff des öffentlichen Bauauftrags fällt, lässt damit auch im Haushaltsvergaberecht keinen Bauauftrag folgen.

Drei Kriterien sind also wieder relevant, wenn es um die Leistungsseite des Bauauftrags geht: Hat die Gemeinde ein unmittelbares wirtschaftliches Interesse an der Bauleistung? Folgt aus dem Vertrag eine einklagbare Bauverpflichtung? Wird das Bauvorhaben gemäß der auftraggeberseitig genannten Erfordernisse realisiert? Hierzu kann auf die vorangehenden Ausführungen verwiesen werden.

Eine Baukonzession ist dabei auch im Haushaltsvergaberecht möglich, wie es sich etwa aus Nr. 1.2.7 Satz 1 Spiegelstrich 2 der Bekanntmachung des Bayerischen Staatsministeriums des Innern und für Integration über die Vergabe von Aufträgen im kommunalen Bereich vom 31.07.2018[99] oder aus § 23 VOB/A ergibt.

III. Unionales Beihilfenrecht

Werden Erbbaurechte mit der Konzeptvergabe an Unternehmen im Sinne des Art. 107 Abs. 1 AEUV, also nicht nur an private Bauherren oder Baugemeinschaften[100], vergeben, muss darauf geachtet werden, dass das unionale Beihilfenrecht der Art. 107 ff. AEUV gewahrt wird: Denn da es auf die Höhe der Begünstigung grundsätzlich nicht ankommt[101], kann schon ein vergünstigter Erbbauzins zu einer Beihilfe führen.

Da das Erfordernis des „bedingungsfreien Ausschreibungsverfahrens" der Konzeptvergabe widerspricht[102], kommt dieses preiswettbewerbliche Verfahren nicht zur Marktwertermittlung in Betracht. Folglich ist als Alternative hierzu beispielsweise ein Marktwertgutachten einzuholen. Andererseits können (wie oben schon beschrieben) im Einzelfall beihilfenrechtliche Ausnahmen erwogen werden. Besonders gilt das für die De-Minimis-Beihilfen, da die

---

des Vergabeverfahrens sowie die vorgesehenen vertraglichen Vereinbarungen": Dem „Exposé" ließen sich hinreichend konkrete Vorgaben entnehmen.

[99] Bekanntmachung des Bayerischen Staatsministeriums des Innern und für Integration über die Vergabe von Aufträgen im kommunalen Bereich vom 31. Juli 2018, AllMBl. S. 547, zuletzt durch Bekanntmachung vom 6. September 2022 geändert, BayMBl. Nr. 523. Hierzu schon oben Kap. 11 E. II.

[100] Diese unterfallen dem beihilfenrechtlichen Unternehmensbegriff nach Art. 107 Abs. 1 AEUV nicht, siehe Kap. 5 A. III. 2. Zur *Konzeptvergabe* u.a. schon *Weiß* BayGT 2021, S. 12 (15).

[101] Bereits oben Kap. 5 A. III. 1.

[102] Siehe hierzu schon Kap. 5 A. III. 1. a.

Gemeinde hier von der Streckung der Begünstigung über die Erbbaurechtslaufzeit profitieren kann[103].

IV. Grundfreiheitliches Verteilungsregime

Bezüglich des grundfreiheitlichen Verteilungsregimes ergeben sich mit dem Austausch des Verteilungsgegenstands in der Erbbaurechts-Konzeptvergabe keine Abweichungen.

Um zur Anwendbarkeit des unionsprimärrechtlichen Verteilungsregimes zu gelangen, ist sachlich wiederum zumindest die Kapitalverkehrsfreiheit nach Art. 63 Abs. 1 AEUV ins Feld zu führen: Diese erfasst als mögliche Immobilieninvestitionen nämlich auch Erbbaurechte[104]. Soll ein Erbbaurecht längerfristig an einem begehrten Grundstück bestellt werden, ist mit dem wertmäßigen Gewicht ebenfalls die erforderliche Binnenmarktrelevanz anzunehmen.

Die Anforderungen an das Verteilungsverfahren sind bei der Erbbaurechtsvergabe dann im Übrigen dieselben[105]: Transparenz, Bekanntmachung (bzw. Ausschreibung) und Gleichbehandlung; samt den hieraus abgeleiteten Konkretisierungen.

V. Grundgesetzliches Verteilungsregime

Auch aus dem grundgesetzlichen Verteilungsregime ergeben sich keine abweichenden Anforderungen, wenn nach der Konzeptvergabe ein Erbbaurecht bestellt wird.

Ebenso dann erschöpfen sich die bundesverfassungsrechtlichen Determinanten wesentlich im allgemeinen Gleichheitssatz des Art. 3 Abs. 1 GG. An diesen ist die Gemeinde nach Art. 1 Abs. 3 GG auch gebunden, wenn die Konzeptvergabe in einem zivilrechtlichen Erbbaurechtserwerb mündet. Abzuleiten sind hieraus (wie oben auch in den Einzelheiten dargestellt[106]) Erfordernisse zur Konzeptualisierung des Verteilungsverfahrens, zur Transparenz sowie zu einer adäquaten Bekanntmachung. Ebenso muss sich die Konzeptvergabe am Grundsatz der Chancengleichheit messen lassen.

---

[103] Vgl. aus der Gerichtspraxis OVG Berlin-Brandenburg Az. OVG 6 S 16.12, BeckRS 2012, 53438 (vergünstigte Grundstücksmiete).

[104] Vgl. nur *Stefánsson* EuR 2016, S. 706 (712), rückblickend allerdings noch zur Rechtslage vor Inkrafttreten des Vertrags von Maastricht und unter Bezug auf die RL 88/361/EWG; ebenso *Ukrow/Ress*, in: Grabitz/Hilf/Nettesheim, Recht der EU, Art. 63 AEUV Rn. 162. Zur „Fortgeltung des Hinweischarakters" der RL 88/361/EWG im Hinblick auf deren in Anlage I genannten Nomenklatur (st. Rspr.) nur EuGH C-222/97, BeckRS 1999, 75206, Rn. 21.

[105] Hierzu bereits Kap. 5 A. IV. 4.

[106] Vorangehend zur Grundeigentumsveräußerung Kap. 5 A. V. 3. c.

VI. Haushaltsrecht („Verschleuderungsverbot")

Das haushaltsrechtliche Vermögenswirtschaftsrecht (Art. 74 ff. GO) kann auf die Erbbaurechtsvariante der Konzeptvergabe einwirken; vor allem wenn die Kommune das Erbbaurecht zu vergünstigten Konditionen vergeben will.

Denn wie oben schon ausgeführt, enthält das Gemeinderecht in Art. 75 Abs. 2 Satz 1 GO eine besondere Bestimmung „für die Überlassung der Nutzung eines Vermögensgegenstands", wozu auch die Erbbaurechtsbestellung zu zählen ist[107]. Hiernach gilt für diese Überlassung Art. 75 Abs. 1 GO entsprechend, was in der Regel auch eine unterwertige Nutzungsüberlassung verbietet (Art. 75 Abs. 2 Satz 1, Abs. 1 Satz 2 GO).

Für Nutzungsüberlassungen sind in Art. 75 Abs. 2 Satz 2 GO allerdings Ausnahmetatbestände vorgesehen[108]: Insbesondere zulässig ist hiernach die vergünstigte Vermietung kommunaler Gebäude zur Sicherung eines preiswerten Wohnens. Und wenn schon oben die Unterwertveräußerung mit sozialen Gesichtspunkten der Wohnraumversorgung gerechtfertigt werden konnte[109], muss das zumindest auch für die „bloße" Erbbaurechtsbestellung als Nutzungsüberlassung gelten[110].

Geht es um den Umfang der finanziellen Begünstigung durch den verbilligten Erbbauzins, sollte sich die Gemeinde wieder am Zweck des Preisnachlasses orientieren. Die inhaltliche Gestaltbarkeit des Erbbaurechts nach § 2 ErbbauRG bietet außerdem genügende Sicherungsmöglichkeiten.

VII. Rechtsfigur der culpa in contrahendo

Ebenfalls aus der Rechtsfigur der culpa in contrahendo, also aus den §§ 241 Abs. 2, 311 Abs. 2 BGB, ergeben sich keine abweichenden Erfordernisse an das Verteilungsverfahren, wenn am Grundstück ein Erbbaurecht bestellt wird.

Bereits oben wurde der pauschale Einfluss der §§ 241 Abs. 2, 311 Abs. 2 BGB auf Grundstücksveräußerungsverfahren verneint. Ein Durchgreifen der Normen war allenfalls noch für Fälle schwerer, in der Regel sogar vorsätzlicher

---

[107] Vgl. nur BayObLG VerwRspr 1979, S. 76 (77). Aus der Lit. ebenfalls *Mayer* MittBayNot 1996, S. 251 (258); *Schlögel* MittBayNot 2017, S. 309 (309 f.) zumindest betreffend ein unbebautes Grundstück; so auch Prandl/Zimmermann, Kommunalrecht in Bayern, Art. 75 GO Rn. 4. Würde man die Erbbaurechtsbestellung als Veräußerung verstehen, hätte das auf das Ergebnis der rechtlichen Beurteilung allerdings keine Auswirkungen, vgl. die Ausführungen oben Kap. 5 A. VI.

[108] Der Landesgesetzgeber will mit dem (sogleich genannten) ersten Ausnahmetatbestand gerade darauf hinwirken, dass sich die Gemeinden nicht an ohnehin unerwünschten Preisentwicklungen beteiligen, vgl. Prandl/Zimmermann, Kommunalrecht in Bayern, Art. 75 GO Rn. 10.

[109] Siehe hierzu schon Kap. 5 A. VI. 2. a.

[110] Vgl. mit einer entspr. Parallelwürdigung auch *Mayer* MittBayNot 1996, S. 251 (259).

Pflichtverletzungen bei der Vertragsanbahnung offenzuhalten[111]. Begründet wurde das mit der vorwirkenden Schutzfunktion des § 311b Abs. 1 Satz 1 BGB. Da dieses Formerfordernis aber nach § 11 Abs. 2 ErbbauRG auch bei der Erbbaurechtsbestellung gilt, sind dieselben Gründe hier ebenso anzuführen.

F. Bilanz

Das Erbbaurecht erfreut sich einer „Renaissance": Viele Gemeinden fühlen sich dem nachhaltigen Städtebau verpflichtet und geben ihre Grundstücke nicht mehr gänzlich aus der Hand. Trotzdem erwirbt der Erbbauberechtigte das Recht, auf dem vergebenen Grundstück „ein Bauwerk zu haben"; und mittels eines rechtstechnischen Kunstgriffs durch § 12 Abs. 1 Satz 1, Abs. 2 ErbbauRG erhält er sogar das Gebäudeeigentum.

Besonders für die Konzeptvergabe ist das Erbbaurecht dabei vorteilhaft. Denn nachgekommen werden kann herausgearbeiteten Sicherungsanliegen mit dem gestaltbaren Erbbaurechtsinhalt. Integrationsfähig sind das Konzeptrealisierungsgebot, das Baugebot und auch das (Selbst-)Nutzungsgebot. So kann die konkrete Bauwerkserrichtung nach § 2 Nr. 1 Var. 1 ErbbauRG zum Inhalt des Erbbaurechts gemacht werden. Das Gebot, zeitig zu bauen, kann durch Fristen mitaufgenommen werden. Auch für die künftige Bauwerksverwendung sind Vereinbarungen nach § 2 Nr. 1 Var. 3 ErbbauRG möglich, was besonders dann relevant wird, wenn mit der Konzeptvergabe Grundstücke an einen privilegierten Personenkreis vergeben werden. (Selbst-)Nutzungsgebote sind dabei über die gesamte Erbbaurechtsdauer im Einklang mit dem Angemessenheitserfordernis des § 11 Abs. 2 Satz 1 BauGB regelbar. Der BGH hat das schon klargestellt. Nach § 5 Abs. 1 ErbbauRG kann weiterhin inhaltlich vereinbart werden, dass der Erbbauberechtigte zur Veräußerung des Erbbaurechts der Zustimmung des Grundstückseigentümers bedarf. Für Zuwiderhandlungen gegen aufgestellte Gebote und Verbote können im Erbbaurecht besonders Heimfallansprüche (§ 2 Nr. 4 ErbbauRG) geregelt werden. Besser zu verzichten ist auf Vertragsstrafen (§ 2 Nr. 5 ErbbauRG) und auf primäre Leistungspflichten, wenn die Grundstücksvergabe für private Bauherren attraktiv sein soll.

Der Austausch des Verteilungsgegenstands kann sich dabei auf die rechtlichen Rahmenbedingungen der Konzeptvergabe auswirken: Besonders auf die Anwendbarkeit des GWB-Vergaberechts. Beide Gründe, die bei einer Eigentumsveräußerung gegen eine Baukonzession sprechen, können bei der Erbbaurechtsbestellung nämlich nicht durchgreifen. Für die Selbstnutzung, bei der die Abgrenzung zum öffentlichen Bauauftrag nach § 103 Abs. 3 GWB anhand des Betriebsrisikos keine Früchte tragen kann, bleibt das bauauftragliche

---

[111] Siehe schon Kap. 5 A. VII.

Leistungselement gleichwohl entscheidender: Denn (konkret) hier interessiert die Frage, ob das GWB-Vergaberecht als solches anzuwenden ist.

Die Anforderungen an das Leistungselement aus der Helmut-Müller-Rechtsprechung sind auch hier zwingend: Ganz abhängig von der Ausgestaltung der konkreten Erbbaurechtsabreden können diese erfüllt werden. So kann eine vertragsstrafenbewehrte Verwendungsvereinbarung gemäß § 2 Nr. 1 Var. 3, Nr. 5 ErbbauRG etwa das konstitutive „unmittelbare wirtschaftliche Interesse" an der Bauleistung vermitteln. Aus Heimfallansprüchen (§ 2 Nr. 4 ErbbauRG) können Bauverpflichtungen nicht folgen.

Keine sich unterscheidenden Anforderungen ergeben sich für die Erbbaurechts-Konzeptvergabe aus den anderen Verteilungsregimen.

Kapitel 12

Anforderungen des öffentlichen Baurechts

Das öffentliche Baurecht tritt „flankierend" als weitere Rechtsordnung hinzu, die bei der Konzeptvergabe zu beachten ist. Dieses öffentliche Baurecht hält Regelungen vor, welche die Zulässigkeit des zu realisierenden Bauvorhabens aus einer weiteren, genuin öffentlich-rechtlichen Perspektive betreffen.

Unterteilt werden kann dabei in bauordnungs- (A.) und bauplanungsrechtliche (B.) Erfordernisse, von denen die Letzteren schwerpunktmäßig zu beleuchten sind. Ein besonderes Augenmerk ist dabei auf die bereits von *Temel* aufgeworfene Frage zu richten, inwieweit sich die kooperative Stadt- und Baurechtsentwicklung mit der Konzeptvergabe vereinbaren lässt: Schließlich würde ein gewisser Widerspruch dahingehend bestehen, dass es sich bei der Konzeptvergabe um ein „konkurrierende[s] Verfahren" handelt, es andererseits aber oft notwendig ist, „Nutzungen und Planung[en] kooperativ zu entwickeln". Aber auch davon unabhängig spricht sich *Temel* für eine rechtliche Behandlung des Planungsrechts aus[1].

A. Integration bauordnungsrechtlicher Erfordernisse

Bei dem nach der Konzeptvergabe zu realisierenden Gebäude handelt es sich um eine bauliche Anlage nach Art. 2 Abs. 1 Satz 1 BayBO. An deren Errichtung stellt das landesrechtliche Bauordnungsrecht etliche Anforderungen: Diese können teils auch in die Konzeptvergabe „mitaufgenommen" werden.

Das betrifft zunächst formelle Aspekte: So ist etwa nach Art. 64 Abs. 1 Satz 1 BayBO ein Bauantrag zu stellen und nach Art. 66 Abs. 1 Satz 1 BayBO ist eine Nachbarbeteiligung durchzuführen. Beides kann allerdings erst dann erfolgen, wenn sich die grundstücksbetreffende Bebauung herausgebildet hat. Hierzu bietet sich bei der Konzeptvergabe also die Anhandgabephase an, in der ohnehin noch ausstehende Fragen zur baulichen Realisierung geklärt werden[2].

Daneben hält das Bauordnungsrecht auch materielle Erfordernisse vor. Das betrifft nur beispielsweise (und soweit nicht anders überlagert) die Herstellung von Stellplätzen (Art. 47 Abs. 1 Satz 1, Satz 2 BayBO) oder Aspekte des

---

[1] *Temel*, Endbericht: Baukultur für das Quartier, S. 4 f.; hierzu i.Ü. auch bereits oben Einf. C. I.

[2] Siehe hierzu bereits Kap. 2 C. XI. und Kap. 9 mit der entspr. rechtlichen Würdigung.

Brandschutzes (Art. 12 BayBO), der Rettungswege (Art. 5 BayBO, Art. 31 ff. BayBO) und der Abstandsflächen (Art. 6 Abs. 1 Satz 1 BayBO). Für die Konzeptvergabe ist dabei zu unterscheiden, und zwar im Hinblick auf die angestrebte Niederschwelligkeit: Während etwa die Einhaltung von Stellplatzanforderungen und Abstandsflächen noch von den Konzepteinreichungen verlangt werden könnte, hat die zuständige Bauaufsichtsbehörde beispielsweise Brandschutzkonzepte erst nachgelagert abzufragen. Je nach den Umständen bietet es sich für die Gemeinde an, bestimmte gesetzliche Maßgaben an die Gebäudeerrichtung bereits vorab zu klären und diese in der Ausschreibung mit bekanntzumachen.

B. Integration bauplanungsrechtlicher Erfordernisse

Im (bisherigen) Regelfall soll ein Gebäude auf dem mit der Konzeptvergabe veräußerten Grundstück entstehen. Und falls ein bereits bebautes Grundstück veräußert wird, soll das bestehende Bauwerk in seiner baulichen Gestalt verändert werden; oder diesem Bauwerk soll eine andere Nutzung zukommen. In all diesen Fällen handelt es sich zumindest um Vorhaben nach § 29 Abs. 1 BauGB, für welche dementsprechend die bauplanungsrechtlichen §§ 30 ff. BauGB gelten.

Da ein Außenbereichsvorhaben nach § 35 Abs. 1 BauGB schon ausscheidet, wenn die Konzeptvergabe allein auf die Schaffung von Wohnraum zielt, verbleiben wesentlich noch vier bauplanungsrechtliche Maßstäbe, an denen sich das Bauvorhaben auszurichten haben könnte: Diese ergeben sich aus § 34 BauGB, der den unbeplanten Innenbereich regelt, sowie aus § 30 BauGB, der sich in Abs. 1 auf den qualifizierten Bebauungsplan, in Abs. 2 auf den vorhabenbezogenen Bebauungsplan und in Abs. 3 auf den einfachen Bebauungsplan bezieht.

Generalisierend kann dabei in drei Fallgestaltungen unterteilt werden: Solche, in denen sich das Bauvorhaben statisch anhand § 34 BauGB beurteilen lässt (I.), solche, in denen das konkrete Vorhaben eines Bewerbers noch der Aufstellung oder Änderung eines Bebauungsplans bedarf, weil die Konzepteinreichung das vorhandene Baurecht überschreitet (II.), und solche, in denen das gewünschte Bauvorhaben bereits mit den Festsetzungen eines Bebauungsplans übereinstimmt (III.).

Wegen des „Verbots planersetzender Verträge"[3] kann der städtebauliche Kaufvertrag der Konzeptvergabe (§ 11 BauGB) im Übrigen nicht ausreichen, um das erstrebte Baurecht zu schaffen.

---

[3] Hier nur VGH Mannheim NVwZ-RR 2017, S. 957 (959) Rn. 31; *Grziwotz*, in: Beck'sches Notar-Hdb., § 10 Rn. 7a.

I. Konzeptrealisierung im unbeplanten Innenbereich

Zunächst darzustellen ist die tendenziell seltene Fallkonstellation, in der das Bauvorhaben einer Konzeptvergabe allein anhand § 34 BauGB zu bemessen ist. Nur in Betracht kommt das, wenn die Konzeptvergabe ein Grundstück im unbeplanten Innenbereich betrifft und die Bewerberkonzepte den Anforderungen dieses städtebaulichen Geltungsbereichs genügen können.

Konkret ist ein Vorhaben „innerhalb im Zusammenhang bebauter Ortsteile" zulässig, wenn es sich nach Art und Maß der baulichen Nutzung, der Bauweise und der Grundstücksfläche, die überbaut werden soll, in die Eigenart der näheren Umgebung einfügt und die Erschließung gesichert ist (§ 34 Abs. 1 Satz 1 BauGB). Dabei müssen Anforderungen an gesunde Wohn- und Arbeitsverhältnisse gewahrt bleiben und das Ortsbild darf nicht beeinträchtigt werden (§ 34 Abs. 1 Satz 2 BauGB). Des Weiteren dürfen infolge des Vorhabens keine schädlichen Auswirkungen auf zentrale Versorgungsbereiche in der Gemeinde oder in anderen Gemeinden zu erwarten sein (§ 34 Abs. 3 BauGB). Während all diese Vorgaben kumulativ erfüllt sein müssen, hebt sich das vierteilige Einfügungserfordernis für gewöhnlich von den anderen Kriterien ab und stellt den Prüfungsschwerpunkt dar. Liegt ein „faktisches Baugebiet" der BauNVO vor[4], beurteilt sich die Zulässigkeit des Vorhabens nach seiner Art allein anhand diesbezüglicher Vorgaben der BauNVO (vgl. § 34 Abs. 2 BauGB).

Das Einfügungserfordernis unterliegt dem Einzelfall, wie es der unbestimmte Wortlaut dem Gesetzesanwender schon nahelegt. Für den Bewerber der Konzeptvergabe wird es sich demnach um ein schwieriges Unterfangen handeln, wenn er abschätzen muss, ob sich seine bau- und nutzungsbetreffende Wunschvorstellung in die Eigenart der näheren Umgebung einfügt; oder ob möglicherweise sogar ein „faktisches Baugebiet" vorliegt und sich die Baurechtsprüfung mithin auch nach der BauNVO richtet. Praktisch kommt eine Konzeptvergabe im unbeplanten Innenbereich des § 34 BauGB demnach überhaupt nur in Betracht, wenn man den Grundstücksinteressenten diese Einschätzungen zumuten kann. Noch der Fall sein könnte das, wenn es darum geht, nicht allzu große Baulücken zu schließen.

Um den potenziellen Bewerbern mehr Sicherheit zu geben, bietet sich für die Gemeinde aber Folgendes an: Sie selbst stellt eine Bauvoranfrage[5].

---

[4] Hierzu erst neulich der Rechtsprechungsbericht: *Berkemann* ZfBR 2021, S. 611 ff. und S. 699 ff.

[5] Berechtigt zur Bauvoranfrage und ebenso zum Bauantrag ist auch der Eigentümer, der zur Veräußerung die Bebaubarkeit des Grundstücks festgestellt haben will und der das Grundstück dann „mit dem Vorbescheid" verkaufen möchte, da für die Berechtigung jeweils das Vorliegen sachlicher Gründe genügt, vgl. *Gaßner/Reuber*, in: Busse/Kraus, BayBO, Art. 64 Rn. 19. Hierbei ist es sogar möglich, dass mehrere Anfragen bzgl. mehrerer alternativer Bauvorhaben gestellt werden, vgl. ebd., aber auch BayVGH Az. 2 BV 02.690, BeckRS 2003, 30733.

Hiernach teilt sie den Interessenten das Ergebnis des Vorbescheids (Art. 71 Satz 1 BayBO; als einen vorweggenommenen, feststellenden Teil der Baugenehmigung[6]) mit und macht diesen zur Grundlage der Einreichungen.

II. Baurechtsübersteigende Konzeptbewerbungen

Problematisch wird es, wenn abzusehen ist, dass die Konzepteinreichungen den vorgegebenen planungsrechtlichen Rahmen nicht einhalten werden. Vor allem kann das der Fall sein, wenn sich die Bauvorhaben nicht in die Eigenart der näheren Umgebung des unbeplanten Innenbereichs einfügen (§ 34 BauGB), wenn die Vorhaben im Außenbereich liegen (§ 35 BauGB) oder wenn zwar ein Bebauungsplan für das Grundstück besteht, aber dessen Festsetzungen überschritten werden. In diesen Konstellationen bietet es sich an, Baurecht mit der Bauleitplanung zu schaffen: Entweder durch die Aufstellung oder die Änderung eines Bebauungsplans (§ 1 Abs. 3, Abs. 8 BauGB).

Zwei prozedurale Möglichkeiten kommen dazu in Betracht: Zum einen kann man erwägen, das Baurecht parallel zur Konzeptvergabe zu schaffen (1.). Zum anderen ist es vorstellbar, die Bauleitplanung erst im Anschluss an die Konzeptvergabe, also mithin nachgelagert, zu betreiben (2.). Beide Vorgehensweisen werden praktisch aber nur mit Schwierigkeiten zu bewerkstelligen sein.

1. Parallele Baurechtsschaffung

Ist die Entscheidung zur Grundstücksveräußerung im Wege der Konzeptvergabe erstmal getroffen, wird die Gemeinde oftmals feststellen: Die an sich erwünschte Bebauung kann die vorhandenen bauplanungsrechtlichen Vorgaben nicht einhalten. Ein extensiverer bauleitplanungsrechtlicher Rahmen soll daher geschaffen werden. Es drängt sich damit die Frage auf, ob sich das Konzeptvergabeverfahren und das zu betreibende Bauleitplanungsverfahren miteinander kombinieren, gegenseitig integrieren oder auch nur parallel nebeneinander durchführen lassen[7]. Das Bauleitplanungsverfahren startet dann in einer „Idealvorstellung" etwa mit der Bekanntgabe der Grundstücksveräußerung, profitiert konsekutiv von den Entwicklungen im Konzeptvergabeverfahren und endet (durch Ausfertigung und Bekanntmachung des Bebauungsplans nach § 10 Abs. 1, Abs. 3 Satz 1, Satz 3 BauGB und Art. 26 Abs. 2 Satz 1 GO) mit der zugleich kommunizierten Entscheidung über die Grundstücksvergabe.

---

[6] OVG Greifswald Az. 3 L 231/99, BeckRS 2008, 39150; *Decker*, in: Busse/Kraus, BayBO, Art. 71 BayBO Rn. 21.

[7] Bei anderen gemeindlichen Grundstücksverkäufen erfolgt die Bauleitplanung auch gleichzeitig mit der Vermarktung, vgl. die Sachverhaltsschilderung des VG Stuttgart Az. 3 K 2686/13, BeckRS 2013, 197897, Rn. 2. Der „große Unterschied" bei der Konzeptvergabe liegt allerdings darin, dass die Bewerberkonzepte hier individuell entwickelt werden und oftmals gerade voneinander abweichen sollen.

Diese Vorgehensweise ist allerdings in rechtlicher und praktischer Hinsicht mit Schwierigkeiten behaftet, die unabhängig davon auftreten, ob das Baurecht mit einem „gewöhnlichen" Bebauungsplan oder mit einem vorhabenbezogenen Bebauungsplan nach § 12 BauGB geschaffen wird. Denn während man erste potenzielle Spannungen der Verfahrenskombination bei den frühzeitigen Beteiligungen diskutieren kann (a)), ergeben sich handfeste Konflikte zumindest bei den formellen Beteiligungen (b)).

a) Frühzeitige Beteiligungen

In einer anfänglichen Phase der Bauleitplanung kommt es zur frühen Öffentlichkeitsbeteiligung nach § 3 Abs. 1 Satz 1 BauGB und zur frühen Beteiligung der Träger öffentlicher Belange nach § 4 Abs. 1 Satz 1 BauGB und § 3 Abs. 1 Satz 1 Hs. 1 BauGB. Und zu fragen hat man sich an dieser Stelle: Bereitet es Konflikte, wenn der Gemeinde zu diesem Zeitpunkt zwar mehrere potenzielle Bebauungskonzepte vorliegen, sie sich aber noch auf kein bestimmtes Konzept festgelegt hat? Oder ist es problematisch, wenn die Gemeinde bislang nur allgemeine Vorstellungen zur Grundstücksbebauung hegt?

Das ist beides nicht der Fall. Denn die Gegenstände der frühen Beteiligungen sind gerade die nur allgemeinen Ziele und Zwecke der Planung[8]. Zwar müssen diese Gegenstände bereits entsprechend dem Unterrichtungs- und Anhörungszweck konkretisiert sein, wodurch die Planungsidee samt deren Auswirkungen diskussionsfähig wird[9]. Doch ist es für die frühe Beteiligung wesentlich, dass Planungsalternativen einbezogen werden, wie das § 3 Abs. 1 Satz 1 BauGB im Wortlaut vorsieht. Ob sich diese Planungen in den Grundzügen oder ihren Einzelheiten unterscheiden, ist dabei irrelevant[10].

Konkret bedeutet das für die Parallelführung der Verfahren: In diesem vorgezogenen bauleitplanerischen Stadium muss noch keins der Konzepte eine eindeutige, unabänderliche Vorrangstellung erhalten. Noch nicht mal müssen

---

[8] Zu ähnl. Erg. kommt *Keller* (mit komparabler Prüfung) bzgl. der parallelen Durchführung eines Bauleitplanverfahrens bei GWB-Ausschreibungspflicht und Wahl des Verhandlungsverfahrens (§ 119 Abs. 5 GWB), vgl. *Keller*, Kooperativer Städtebau und Kartellvergaberecht, S. 267 f. Wesentlich für *Keller* ist, dass die Gemeinde bereits durch die Vorgabe der funktionalen Leistungsbeschreibung bauleitplanungsrelevante Gesichtspunkte erarbeitet hat. Kritischer ist *Keller* ggü. der Durchführung des wettbewerblichen Dialogs (§ 119 Abs. 6 Satz 1 GWB) auch hins. der Wahrung der Vertraulichkeit, vgl. ebd. S. 268 f.

[9] Vgl. *Krautzberger*, in: EZBK, BauGB, § 3 Rn. 15a; *Battis*, in: Battis/Krautzberger/Löhr, BauGB, § 3 Rn. 7 f. Vgl. auch *Gatz*, in: Berliner Kommentar BauGB, § 3 Rn. 8 („Planungskonzept", nicht aber verfestigte Planung erforderlich). Vgl. zu § 4 Abs. 1 BauGB i.w.S. auch *Krautzberger*, in: EZBK, BauGB, § 4 BauGB Rn. 36; *Gaentzsch*, in: Berliner Kommentar BauGB, § 4 BauGB Rn. 10.

[10] Vgl. *Gatz*, in: Berliner Kommentar BauGB, § 3 BauGB Rn. 9; *Krautzberger*, in: EZBK, BauGB, § 3 BauGB Rn. 15c.

die eingereichten Konzepte (abgesehen von der grundsätzlichen Zielsetzung der Wohnraumschaffung) auf einen einheitlichen Nenner zu bringen sein.

b) Formelle Beteiligungen

Schließlich folgen aber verfahrensmäßige Probleme, wenn es im Bauleitplanungsverfahren zu den formellen Beteiligungen kommen soll, aber der Gemeinde noch keine Konzepte vorliegen oder sie die Auswahlentscheidung noch nicht getroffen hat.

Denn das förmliche Beteiligungsverfahren nach § 3 Abs. 2 BauGB erfordert bereits einen auslegungsreifen Entwurf eines Bauleitplans inklusive einer Entwurfsbegründung[11]. Und ebenfalls bei der förmlichen Behördenbeteiligung nach § 4 Abs. 2 BauGB ist ein abstimmungsfähiger Plan(vor)entwurf notwendig, zumindest aber ein solches planerisches Konzept, das Auseinandersetzungen und Äußerungen hierzu in der „erforderlichen Konkretheit und Eindeutigkeit" ermöglicht[12].

Diese Erfordernisse können also nicht mehr eingehalten werden, wenn die Gemeinde nur ihre allgemeinen Planungsabsichten oder verschiedene Bebauungs- und Nutzungsvorschläge der Bewerber auslegt und weitergibt. Schließlich müsste die Gemeinde auch noch jeweils Begründungen und Umweltberichte erstellen[13]. Besonders gilt diese Problematik bestehender Divergenzen der Entwürfe im Übrigen, wenn ein vorhabenbezogener Bebauungsplan nach § 12 BauGB entwickelt werden soll[14].

Will man das Konzeptvergabeverfahren und das Bauleitplanungsverfahren also miteinander verknüpft durchführen, so ergibt sich zumindest an dieser Stelle zunächst ein unüberwindbares Hindernis. Gelöst werden könnte dieses Problem etwa dadurch, dass man einem der Bewerber bereits in der eigentlichen Auswahlphase eine gewisse Präferenzstellung einräumt, man sich auf dessen Bewerbungskonzept konzentriert und man dessen planerische Lösungsvorstellungen weiterentwickelt. Unweigerlich erfolgen würde hierdurch

---

[11] Vgl. *Krautzberger*, in: EZBK, BauGB, § 3 BauGB Rn. 8c, Rn. 31. Bei der Aufstellung eines Angebotsbebauungsplans ist i.Ü. keine Auslegung der ergänzenden städtebaulichen Verträge nach § 11 BauGB erforderlich, vgl. OVG Münster Az. 7 D 62/19.NE, BeckRS 2021, 19732, Rn. 37; *Schink*, in: BeckOK BauGB, § 3 BauGB Rn. 58.

[12] *Krautzberger*, in: EZBK, BauGB, § 4 BauGB Rn. 38.

[13] *Keller* schlägt für seinen behandelten Fall des Verhandlungsverfahrens (wohl) die Auslegung eines (spätestens nach der letzten Verhandlungsrunde entwickelten) Bebauungsplans vor, der alle Letztangebote der Bieter bauplanungsrechtlich zulassen könnte, vgl. *Keller*, Kooperativer Städtebau und Kartellvergaberecht, S. 271 f. Kritischer ist *Keller* allerdings ggü. der Parallelität des Bauleitplanverfahrens zum wettbewerblichen Dialog wegen möglicher starker Divergenzen und vor dem Hintergrund des Gebots der Vertraulichkeit, vgl. ebd. S. 272.

[14] Vgl. *Keller*, Kooperativer Städtebau und Kartellvergaberecht, S. 272 f. für dessen Fallkonstellationen.

allerdings eine zeitliche Streckung des Verteilungsverfahrens mit zu missbilligenden Ungewissheiten für die anderen Grundstücksbewerber. Auch gleichheitsrechtliche Risiken könnte dieses Vorgehen aufwerfen, womit Verstöße gegen die unionalen Grundfreiheiten und gegen den allgemeinen Gleichheitssatz des Art. 3 Abs. 1 GG im Raum stehen[15]. Zuletzt wären auch noch Sinn und Zweck wesentlicher Phasen des Bauleitplanungsverfahrens in Abrede gestellt, wenn man sich im Planungsverfahren zu sehr an den im parallelen Konzeptvergabeverfahren aufgestellten Vergabekriterien orientiert; oder man sich an diesen orientieren muss, weil das die aufgezeigten Rechtsvorgaben verlangen[16]. Aus diesen Gründen ist die Einräumung einer Vorrangstellung zur Baurechtsentwicklung mitten im Auswahlverfahren zu missbilligen. Allenfalls kommt hierfür noch die Anhandgabephase in Betracht[17].

2. Nachgelagerte Baurechtsschaffung

Eine weitere Möglichkeit bestünde darin, das Bauleitplanungsverfahren der schon erfolgten Konzeptvergabe „nachzulagern": Diese Staffelung würde die oben genannten Probleme der parallelen Verfahrensführung dadurch hinter sich lassen, dass die Gemeinde bereits das überzeugendste Bebauungs- und Nutzungskonzept ausgewählt hat. Dieses könnte der anschließenden Baurechtsentwicklung zugrundegelegt werden.

Gleichwohl treten auch bei einer solchen Hintereinanderreihung der Verfahren (zunächst Konzeptvergabe, dann Bauleitplanungsverfahren) rechtliche Probleme auf, die sich vor allem aus § 1 Abs. 3 Satz 2 Hs. 2 BauGB und aus § 1 Abs. 7 BauGB ergeben: Widerstreiten werden das Interesse, das erfolgreiche Bebauungs- und Nutzungskonzept zu realisieren, und das Interesse, der Kommune bei der Bauleitplanung einen Gestaltungsspielraum zu belassen.

Zu unterscheiden ist hierbei zwischen der Konstellation, in der die Bebauungsplanung erst nach dem Kaufvertragsschluss erfolgen soll (a)), und der Konstellation, bei der die Baurechtsschaffung in die Anhandgabephase zu integrieren ist (b)).

---

[15] Gleichwohl sind Stufungen im Verteilungsverfahren nicht untersagt, vgl. hierzu schon Kap. 5 B. III.

[16] Vgl. nochmals EuGH C-6/05, NZBau 2007, S. 597 (600) Rn. 53 f. (Medipac-Kazantzidis). Etwas großzügiger *Keller* bei der Frage der (zu einer Umorientierung zwingenden) Beeinflussung eines Verhandlungsverfahrens oder eines wettbewerblichen Dialogs durch die Ergebnisse der frühen Beteiligungsphasen nach § 3 Abs. 1 BauGB und § 4 Abs. 1 BauGB, Kooperativer Städtebau und Kartellvergaberecht, S. 269 f. Ebenso hins. der Ergebnisse der förmlichen Beteiligungsphasen nach § 3 Abs. 2 BauGB und § 4 Abs. 2 BauGB, vgl. ebd. S. 273 f.

[17] Diese Integrationsoption wird allerdings sogleich bei der „nachgelagerten Baurechtsschaffung" behandelt, Kap. 12 B. II. 2. b.

a) Baurechtsschaffung nach dem Kaufvertragsschluss

Zunächst ist es denkbar, die Bauleitplanung erst dann durchzuführen, wenn der Grundstückskaufvertrag zur Konzeptvergabe bereits geschlossen ist. Allerdings ergeben sich hier einige Probleme: Ein vertraglicher Anspruch auf die Bauleitplanung kann dem Grundstückserwerber nämlich nicht eingeräumt werden (aa)) und die Gemeinde hätte sich an das Abwägungsgebot zu halten, obwohl der städtebauliche Kaufvertrag für ein bestimmtes Gebäude bereits unterzeichnet ist (bb)). Resultieren dann aber aus der Bauleitplanung neue Anforderungen, so konfligiert das womöglich mit dem Gebot, sich verteilungsrechtlich vor Manipulationen des Verteilungsergebnisses zu bewahren (cc)).

aa) Ausschluss vertraglicher Bauleitplanungsansprüche

Obsiegt ein Bewerber mit seinem Bebauungs- und Nutzungskonzept in der Konzeptvergabe, wird er regelmäßig zwei zusammenhängende Interessen haben: Er möchte sein Vorhaben umsetzen und (soll das Baurecht erst nach der Konzeptvergabe geschaffen werden) hierzu eine entsprechende Bebauungsplanung erhalten. Gleichwohl besteht auf die Aufstellung des Bauleitplans nach § 1 Abs. 3 Satz 2 Hs. 1 BauGB kein Anspruch. Und um die Gemeinde von äußeren Zwängen freizuhalten[18], kann ein solcher Anspruch auch nicht nach § 1 Abs. 3 Satz 2 Hs. 2 BauGB durch Vertrag begründet werden. Für den Grundstückserwerber ist das allerdings ein unbefriedigendes Ergebnis.

Trotzdem relativiert sich der Konflikt dadurch, dass das Verdikt der verbotenen Planbindungsverträge heute nicht mehr derart streng gehandhabt wird. Zwar ging der BGH (mit dem BVerwG) betreffend die intensive Einwirkung des heutigen § 1 Abs. 3 Satz 2 Hs. 2 BauGB auf Vertragsgestaltungen noch lange davon aus, dass bereits „vertragliche Zusagen einer Gemeinde, einen inhaltlich näher bestimmten Bebauungsplan aufzustellen oder doch zumindest die Aufstellung in Übereinstimmung mit dem Vertragspartner zu fördern, der Wirksamkeit entbehren"[19]. Doch lockerte der Gerichtshof seine Rechtsprechung inzwischen etwas auf: So kann ein Grundstückskaufvertrag, bei dem eine Gemeinde als Verkäuferin auftritt, nach einem neueren Urteil unter eine aufschiebende Bedingung der gemeindlichen Bauleitplanung gestellt werden. Das geht für die Kommune mit der vertraglichen Treuepflicht einher, sich um den Eintritt der Bedingung zu bemühen; was faktisch doch wieder bedeutet, dass sie es auf sich nimmt, „die Bebaubarkeit des Grundstücks zu fördern"[20]. Für den Fall der Nichtaufstellung eines Bebauungsplans sind nach der

---

[18] BVerwG Az. 4 BN 14/04, BeckRS 2004, 23728; *Decker*, in: Berliner Kommentar BauGB, § 1 Rn. 73.

[19] BGH NJW 1990, S. 245 (245) m.V.a. seine bisherige Rspr. sowie diese des BVerwG, bspw. BVerwG NJW 1980, S. 2538 (2539). Ebenso noch OLG Düsseldorf MittBayNot 2017, S. 527 (528) Rn. 24 bei „Außerachtlassung" der mittlerweile ergangenen BGH-Rspr.

[20] BGH NVwZ 2016, S. 404 (406) Rn. 16.

Rechtsansicht des BGH sogar Risikoübernahmevereinbarungen zulässig, die Zahlungsansprüche zulasten der Gemeinde auslösen können[21].

Hiernach wäre es in der Konstellation der nachgelagerten Baurechtsschaffung also möglich, den Kaufvertrag mit dem erfolgreichen Grundstücksbewerber unter eine aufschiebende Bedingung zu stellen, dass das gewählte Bebauungs- und Nutzungskonzept auch planerisch ermöglicht wird. Daneben könnten die finanziellen Folgen für den Fall des Ausbleibens der Planung vertraglich niedergelegt werden. Beides wird dem Interesse des Grundstückserwerbers gerecht, der ohnehin „in Vorleistung" getreten ist.

bb) Wahrung des Abwägungsgebots

Doch mit dem Ausschluss eines vertraglichen Anspruchs auf die Aufstellung von Bauleitplänen ist es noch nicht getan: Denn schließlich muss die Kommune nach der Konzeptvergabe auch noch dem Abwägungsgebot nach § 1 Abs. 7 BauGB gerecht werden. Hiernach sind bei der Aufstellung der Bauleitpläne die öffentlichen und privaten Belange gegeneinander und untereinander gerecht abzuwägen. Das Abwägungsgebot nach § 1 Abs. 7 BauGB liefert dabei den Zentralbegriff des bauleitplanerischen Handelns. Dieses bildet den „eigentlichen Kern" der Planungsentscheidung[22], dessen Ziel es ist, „die unterschiedlichen öffentlichen und privaten Ansprüche an die Bodennutzung dergestalt in Einklang zu bringen, dass allen Bedürfnissen in angemessener Weise Rechnung getragen wird"[23]. Das Abwägungsgebot wurzelt noch dazu im Rechtsstaatsprinzip, weshalb die Gemeinde bei planerischen Entscheidungen immer an dieses gebunden ist[24].

Dass sich die Gemeinde des Abwägungsgebots („sind abzuwägen") damit nicht vollständig entledigen darf, liegt auf der Hand. Gleichwohl gibt es viele Ausprägungen, wie sich eine Gemeinde der Abwägung doch unzulässig verschließen kann: Eine davon stellt das Eingehen von Vorbindungen dar. Der Kommune ist es nämlich untersagt, nach „bereits vollendeten Tatsachen" zu planen; sie muss vielmehr für die Abwägung offenbleiben und hat naheliegende, sich aufdrängende Alternativen zu berücksichtigen[25]. Wird das nicht

---

[21] Vgl. BGH NJW 1980, S. 826 (827 f.) bei einer Rechtsprüfung anhand § 1 Abs. 7 BauGB; hieran anknüpfend *Grziwotz*, in: Beck'sches Notar-Hdb., § 10 Rn. 7 („Bauplanungsgarantien").

[22] *Dirnberger*, in: BeckOK BauGB, § 1 BauGB Rn. 132; *Söfker*, in: EZBK, BauGB, § 1 BauGB Rn. 180; *Reidt*, in: Bracher/Reidt/Schiller, Bauplanungsrecht, Rn. 11.168.

[23] *Reidt*, in: Bracher/Reidt/Schiller, Bauplanungsrecht, Rn. 11.168.

[24] Hierzu bereits BVerwG NJW 1969, S. 1868 (1869); vgl. auch anknüpfend *Reidt*, in: Bracher/Reidt/Schiller, Bauplanungsrecht, Rn. 11.172; *Söfker*, in: EZBK, BauGB, § 1 Rn. 179; *Dirnberger*, in: BeckOK BauGB, § 1 Rn. 132.

[25] *Decker*, in: Berliner Kommentar BauGB, § 1 Rn. 285.

beachtet, so führt die Vorbindung im schlimmsten Fall zu einem Abwägungs-
ausfall, der gerichtlich anzugreifen ist[26].

Gleichwohl hat die Rechtsprechung auch bereits die Grenzen dieses materiellen Abwägungsgebots des § 1 Abs. 7 BauGB gelockert. Der Baurechtsschaffung könnte das zugutekommen, wenn sie nach der Konzeptvergabe erfolgen
soll. So erkannten die Gerichte bereits, dass gewisse Vorbindungen insbesondere bei größeren Planungs- und Bauvorhaben unvermeidbar sind. Das
BVerwG führt hierzu wörtlich aus:

„Dem Planverfahren vorgeschaltete Besprechungen, Abstimmungen, Zusagen, Verträge
u. a.m. können geradezu unerläßlich sein, um überhaupt sachgerecht planen und eine angemessene, effektive Realisierung dieser Planung gewährleisten zu können. Das alles pauschal
als gesetzwidrig abtun zu wollen, ginge an der Realität der Planungsvorgänge vorbei"[27].

Und noch in derselben Entscheidung nannte das Gericht drei Voraussetzungen, mit denen eine Vorbindung gerechtfertigt werden kann: Erstens muss die
Vorwegnahme der Entscheidung sachlich gerechtfertigt sein, zweitens muss
bei der Vorwegnahme die planungsrechtliche Zuständigkeitsordnung gewahrt
bleiben und drittens darf die vorgezogene Entscheidung nicht inhaltlich zu beanstanden sein[28]. Doch für die behandelte Konstellation (Bauleitplanung nach
Konzeptvergabe) lohnt auch ein Blick auf die weitere Rechtsprechung: So stellt
es zum einen nämlich keinen Verstoß dar, wenn der Bauleitplanung ein städtebaulicher Wettbewerb vorangeht und sich die gemeindliche Planung dann an
diesem orientiert bzw. sie das Wettbewerbsergebnis zur Grundlage nimmt[29].
Und zum anderen ist es noch nicht mal hinderlich, wenn die gemeindliche Bauleitplanung auf ein konkret erwartetes Vorhaben ausgerichtet ist. Das gilt selbst
dann, wenn die Planung auf dem Entwurf des Bauherrn oder Investors basiert[30].

---

[26] Grdl. zur gerichtlichen Überprüfbarkeit der Abwägung BVerwG VerwRspr 1970,
S. 571 (576). Zur Relevanz der Vorbindungen hier nur *Decker*, in: Berliner Kommentar
BauGB, § 1 BauGB Rn. 285.

[27] BVerwG NJW 1975, S. 70 (73); zur wesentlichen Erörterung der Problematik ebd.
S. 72 f.

[28] Gekürzt nach BVerwG NJW 1975, S. 70 (73).

[29] OVG Berlin NVwZ-RR 1996, S. 189 (190) m.w.N. Aus der bayerischen Rspr.:
BayVGH Az. 2 N 97.906, BeckRS 2001, 25666, Rn. 31 f.; BayVGH Az. 2 NE 11.2623,
BeckRS 2012, 46147, Rn. 20; BayVGH Az. 2 N 11.1018, BeckRS 2013, 48104, Rn. 64.

[30] BVerwG NJW 1988, S. 351 (352); im Anschluss der BayVGH Az. 2 N 11.1018,
BeckRS 2013, 48104 Rn. 65: „Im Übrigen ist es grundsätzlich unerheblich, von welcher
Seite Planungsanstöße und - vorstellungen kommen. Sie können nicht nur von der planenden
Gemeinde ausgehen. Sie kann einen Bebauungsplan vielmehr auch auf der Grundlage eines
vom künftigen Bauherrn bzw. Investor vorgelegten Projektentwurfs abwägungsfehlerfrei
aufstellen [...]. Ausschlaggebend ist, dass die Antragsgegnerin [Anm.: als Gemeinde] letzt-
lich eine ihr zurechenbare, eigene planerische Entscheidung getroffen hat, die inhaltlich den
Anforderungen des Abwägungsgebots genügt".

Diese Aspekte verdeutlichen, dass grundsätzlich Möglichkeiten bereitstünden, das individuelle Bebauungs- und Nutzungskonzept des obsiegenden Bewerbers zur Grundlage der Bauleitplanung zu nehmen. Sollen planerische Festlegungen vorweg erfolgen, ist auf die Einhaltung der vorgegebenen Rechtsprechungskriterien zu achten.

cc) Verteilungsrechtliches Manipulationsverbot

Gewährt man dem Bauleitplanungsrecht einen gewissen (weil gesetzlichen) Geltungs- oder Einflussvorsprung, hat das zur Folge, dass sich das vorangehende Verteilungsergebnis und mithin das bereits ausgewählte Konzept am nachträglich zu schaffenden Bodenrecht zu orientieren hat. Gegebenenfalls ist das im städtebaulichen Vertrag verfestigte Konzept sogar anzupassen. Das muss dann allerdings im gegenseitigen Einklang mit verteilungsrechtlichen Vorgaben erfolgen: Denn es droht die Vereitelung des im Verteilungsverfahren erzielten Ergebnisses.

Probleme stellen sich allerdings nur dann, wenn die Bauleitplanung das eingegangene „städtebauvertragliche Korsett" nochmals verengt; nicht also, wenn die Bauleitplanung bodenrechtlich mehr zulässt. Denn wirkt die Vertragsabsprache ohnehin strenger, muss sie nicht angepasst werden[31]. Ebenfalls brauchen verteilungsrechtliche Anforderungen an die Anpassung etwaiger Vergabeergebnisse nicht diskutiert zu werden, wenn das Konzept in seiner Gesamtheit nicht mehr realisiert werden kann; denn eine Rückabwicklung liegt in diesem Fall (wohl auch im Interesse des Erwerbers) näher als eine Anpassung des städtebaulichen Vertrags[32]. Relevant werden die durchschlagenden Erfordernisse an die Vertragsanpassung also nur dann, wenn vom Erwerber aufgrund der Bauleitplanung ein (gewisses) „Plus" oder ein (gewisses) „Aliud" verlangt wird.

Welche Vorgaben hier zu beachten sind, gibt weder das grundfreiheitliche noch das grundrechtliche Verteilungsregime konkret vor: Doch erneut können über das GWB-Vergaberecht Rückschlüsse auf die Rechtskonformität im Verteilungsprimärrecht gezogen werden. Schließlich sollte das GWB-Vergaberecht mit dem unionalen Verteilungs- bzw. Vergabeprimärrecht im Einklang stehen.

Grundsätzlich gilt in förmlichen GWB-Vergabeverfahren ein Nachverhandlungsverbot. Hiernach darf der öffentliche Auftraggeber nicht mit Bietern über

---

[31] Ebenfalls (mit derselben bildlichen Wortwahl) *Keller*, Kooperativer Städtebau und Kartellvergaberecht, S. 277.

[32] Vgl. ebenfalls *Keller*, Kooperativer Städtebau und Kartellvergaberecht, S. 275 (für den Fall des Scheiterns des Planungsverfahrens).

Angebots- oder Preisänderungen verhandeln[33]: Denn Verbesserungen der Position eines Bieters tangieren den auftragsvergaberechtlichen Gleichbehandlungs- und den Transparenzgrundsatz[34]; zwei Maxime, die ebenfalls im Verteilungsprimärrecht anzuerkennen sind[35].

Dieses Nachverhandlungsgebot gilt dabei grundsätzlich nur bis zum Zuschlag; wobei sich die Erwägungen zur Wahrung des Gleichbehandlungs- und des Transparenzgrundsatzes noch fortsetzen und sich auch auf den bereits geschlossenen Vertrag auswirken[36]. Dass schon vergebene Aufträge und damit bestehende Verträge nach der Durchführung des Vergabeverfahrens nicht einfach abgeändert werden dürfen, ergibt sich für das GWB-Vergaberecht mittlerweile ausdifferenziert nach § 132 GWB[37]. Bewahren sollen die nur begrenzten Vertragsänderungsmöglichkeiten vor der Gefahr der Umgehung des GWB-Vergaberechts, also vor der (hier einleitend angesprochenen) Befürchtung der Manipulation des Vergabeergebnisses im Nachhinein[38]. Obwohl die Konzeptvergabe in vielen Fällen außerhalb des GWB-Vergaberechts ablaufen wird[39], kann der eben genannte Zweck (nachträgliche Manipulationen des Vergabeergebnisses zu verhindern) auch auf das unionale Verteilungsprimärrecht übertragen werden. Denn wie schon genannt (und hier schließt sich der Kreis): Die zugrundeliegenden Grundsätze gelten schließlich auch dort[40].

---

[33] Vgl. hierzu etwa (betreffend § 15 Abs. 1 Nr. 1 VOB/A-EU) nur *Lausen*, in: Burgi/Dreher Bd. 2, § 15 VOB/A-EU Rn. 51 ff. Hiermit einleitend ebenfalls *Keller*, Kooperativer Städtebau und Kartellvergaberecht, S. 275 f.

[34] Vgl. *Pünder/Klafki*, in: Pünder/Schellenberg, Vergaberecht, § 15 VgV Rn. 30 m.w.N.; *Lausen*, in: Burgi/Dreher Bd. 2, § 15 VOB/A-EU Rn. 52.

[35] Siehe hierzu bereits Kap. 5 A. V. 4.

[36] Vgl. EuGH C-454/06, NZBau 2008, S. 518 (520) Rn. 32 ff. (pressetext); *Kling*, in: Immenga/Mestmäcker, Wettbewerbsrecht Bd. 4, § 132 GWB Rn. 4.

[37] Eine Bestimmung, die etwa der Umsetzung der Vorgaben des Art. 72 RL 2014/24/EU dient, wobei sich die letztere Unionsnorm wiederum an der Rspr. des EuGH orientiert, *Kling*, in: Immenga/Mestmäcker, Wettbewerbsrecht Bd. 4, § 132 GWB Rn. 1. In lediglich knapper Anknüpfung an diese Norm bei der Behandlung einer „GWB-Konzeptvergabe", allerdings unter anderen Vorzeichen als denen der flankierenden Bauleitplanung, die VK Berlin ErbbauZ 2022, S. 75 (88) Rn. 88: „Es liegt in der Natur des Konzeptverfahrens, dass Nachschärfungen des Konzeptes bei der Auftragsabwicklung vorgenommen werden. Dem sind vergaberechtlich etwa dort Grenzen gesetzt, wo der Auftragsgegenstand eine wesentliche Änderung im Sinne von § 132 GWB erführe, indem der vom Konzept gesteckte Rahmen klar verlassen würde".

[38] *Kling*, in: Immenga/Mestmsäcker, Wettbewerbsrecht Bd. 4, § 132 GWB Rn. 14 („andernfalls gegebene Einladung zu der Umgehung des Vergaberechts").

[39] Siehe hierzu schon Kap. 5 A. I. 7.

[40] Vgl. auch EuGH C-91/08, NZBau 2010, S. 382 (385) Rn. 37 f. (Wall-AG) zur Übertragung seiner Rspr. (EuGH C-454/06, NZBau 2008, S. 518 (520) Rn. 32 ff. [pressetext]) auf die Änderung eines Dienstleistungskonzessionsvertrags; ebenso zu dieser Schlussfolgerung *Greb/Stenzel* NZBau 2012, S. 404 (407). Gleichgerichtete Erwägungen zum Manipulationsverbot wird man nun ebenfalls aus den *grundgesetzlichen* Vorgaben herleiten können,

Bei der Bestimmung, wann von einer (manipulations-)relevanten Vertragsänderung ausgegangen werden kann, muss man sich aber nicht am ausdifferen-
zierten § 132 GWB und auch nicht an Art. 72 Richtlinie 2014/24/EU orientieren[41]. Vielmehr darf man sich mit der weiter angelegten Frage auseinandersetzen, ob eine „wesentliche Vertragsänderung" vorliegt; und zur Vereinfachung
kann man die hierzu aufgestellten Vorgaben des EuGH in ihrem Aussagegehalt
heranziehen. Nach der unionalen Rechtsprechung bilden sich nämlich drei
Fallgruppen ab, wann eine solche wesentliche Vertragsänderung vorliegen
kann: Zunächst, wenn Bedingungen eingeführt werden, die im ursprünglichen
Verteilungsverfahren die Zulassung anderer Bewerber oder die Auswahl anderer Einreichungen erlaubt hätten[42]. Weiterhin, wenn der Vertrag im großen
Umfang auf ursprünglich nicht vorgesehene Leistungen erweitert wird[43]. Und
zuletzt, wenn das wirtschaftliche Gleichgewicht des Vertrags in einer im ursprünglichen Vertrag nicht vorgesehenen Weise zu Gunsten des Auftragnehmers geändert wird[44].

Zurückgeführt auf bauleitplanerische Zusammenhänge bei der zeitlich vorangehenden Konzeptvergabe hat man somit (mindestens im Wege einer Evi-
denzkontrolle) die Frage aufzuwerfen, ob keiner der anderen Interessenten mit
der Erfüllung des vom Bebauungsplan verlangten „Plus" oder „Aliud" hätte
besser umgehen können[45].

b) Baurechtsschaffung in der Anhandgabephase

Erwägenswert bleibt noch, die Anhandgabephase der Konzeptvergabe zur
(mehr oder weniger kooperativen) Baurechtsschaffung zu nutzen. Wie oben
bereits dargestellt[46], überzeugt diese Zwischenphase gerade dadurch, dass sie
ausstehende Klärungen ermöglicht, wobei notwendige Flexibilitäten stellenweise aufrechterhalten werden können.

Eine Exklusivitätsstellung ist dem im Konzeptwettbewerb obsiegenden Bewerber in der Anhandgabephase ohnehin eingeräumt. Denkbar wäre es also,

---

insb. aus den Gleichbehandlungs- und Transparenzgrundsätzen, siehe hierzu bereits Kap. 5
A. V. 3. c.

[41] Krit. zur gesetzlichen Gestaltung *Kling*, in: Immenga/Mestmsäcker, Wettbewerbsrecht
Bd. 4, § 132 GWB Rn. 9: „Gleichwohl ist zu kritisieren, dass derartig extensive Normen
oftmals mehr Auslegungsprobleme schaffen als dass sie zur Lösung von praktischen Problemen maßgeblich beitragen".

[42] EuGH C-454/06, NZBau 2008, S. 518 (520) Rn. 35 (pressetext); übernommen für das
Primärvergaberecht in EuGH C-91/08, NZBau 2010, S. 382 (385) Rn. 38 (Wall-AG).

[43] EuGH C-454/06, NZBau 2008, S. 518 (520) Rn. 36 (pressetext).

[44] EuGH C-454/06, NZBau 2008, S. 518 (520) Rn. 37 (pressetext).

[45] Mit ähnlichen (auftragsvergabebezogenen) Erwägungen auch *Keller*, Kooperativer
Städtebau und Kartellvergaberecht, S. 278 („Theoretisch denkbar [...]", „[...] aber äußerst
unwahrscheinlich.").

[46] Siehe hierzu Kap. 2 C. XI. und Kap. 9.

die Bauleitplanung auf der Grundlage seines Konzeptentwurfs gemäß der §§ 2 ff. BauGB zu betreiben, ohne dass sich die Gemeinde dabei vor möglichen Entwicklungen im Planungsfortgang verschließt. Ebenso könnte die Baurechtsschaffung mittels eines vorhabenbezogenen Bebauungsplans nach § 12 BauGB erwogen werden[47]; als Vorhabenträger würde dann der präferierte Bewerber auftreten.

Den bauleitplanungsrechtlichen Erfordernissen könnte ein solches Vorgehen entsprechen. Scheitert die Bebauungsplanung oder entspricht sie nicht den Vorstellungen des Bewerbers, ist es in der Anhandgabephase noch möglich, vom Kaufvertragsabschluss abzusehen. Vor dem Hintergrund des § 1 Abs. 3 Satz 2 Hs. 2 BauGB, der Risikoübernahmevereinbarungen zulässt, wird man in einem Anhandgabevertrag Regelungen für diesen Fall vorsehen können. Das Abwägungsgebot des § 1 Abs. 7 BauGB schließt die Bauleitplanung auf der Grundlage eines Bauherrenentwurfs nicht aus. Wichtig ist vor allem, dass sich die Gemeinde der Abwägung nicht entledigt und vorgesehene Spielräume nicht verschlossen werden. Will die Gemeinde bestimmte Vorbindungen eingehen, sollte sie die vom BVerwG genannten Vorgaben einhalten: Die sachliche Rechtfertigung wird sich regelmäßig anhand des erzielten Bauvorhabens ermitteln lassen. Das für die Bebauungsplanung zuständige Kommunalgremium kann auch in die wesentlichen Konzeptvergabeentscheidungen miteinbezogen werden, namentlich vor allem in die Kriterienaufstellung und in die Auswahlentscheidung. Oftmals wird die Konzeptvergabe in Anbetracht der Ziele und Zwecke des Bauleitplanungsrechts inhaltlich nicht zu beanstanden sein, wenn Wohnraum geschaffen werden soll.

Auch aus einem verteilungsrechtlichen Blickwinkel wird die Baurechtsentwicklung in der Anhandgabephase für keine gravierenden Bedenken sorgen[48]. Das ist zumindest dann der Fall, wenn genügende Vorsorgemaßnahmen gegen die aufgezeigten Manipulationsgefahren getroffen werden. Ob, wann und wie man einen Verteilungsprozess in sich abstuft, hält das unionale Primärrecht im Übrigen genauso wie das Verfassungsrecht grundsätzlich offen: Soweit die sonstigen, schon oben herausgearbeiteten Anforderungen eingehalten sind.

---

[47] An die Festsetzungen des § 9 BauGB ist die Gemeinde beim vorhabenbezogenen Bebauungsplan ebenso wenig wie an die der BauNVO gebunden, vgl. § 12 Abs. 3 Satz 2 Hs. 1 BauGB und hierzu erst neulich *Däuper/Braun* KommJur 2022, S. 165 (166).

[48] Das Verbot der Bewerberreduzierung auf einen „preferred bidder" kommt im allg. Verteilungsprimärrecht schon deshalb nicht in Betracht, da dieses auch für die Innovationspartnerschaft nicht zu gelten scheint und hiergegen keine primärrechtlichen Einwände ersichtlich sind, vgl. die Aussparung des Art. 31 Abs. 5 RL 2014/24/EU bei Art. 66 Satz 1 RL 2014/24/EU und die fehlende Äußerung zum Umsetzungswillen hins. des Art. 66 Satz 2 RL 2014/24/EU für den Fall der Innovationspartnerschaft in BT-Drs. 18/7318, 163 im Vgl. zu S. 161 für das Verhandlungsverfahren und S. 162 für den wettbewerblichen Dialog. Ebenso unter Bezugnahme auf die VgV-Bestimmungen *Pünder/Klafki*, in: Pünder/Schellenberg, Vergaberecht, § 19 Rn. 13.

III. Konzeptrealisierung im Bebauungsplanbereich

Will die Gemeinde eine bauplanungsrechtliche Grundlage für die Konzeptrealisierung schaffen, so betreibt sie die Bauleitplanung bestenfalls vor der Konzeptvergabe[49]. Hierdurch werden nicht nur die oben genannten Rechtsprobleme vermieden, sondern es sprechen auch noch weitere, praktische Gründe für diese Reihenfolge (1.). Mittels der bauleitplanerischen Festsetzungen lässt sich ein Rahmen für die Konzepterstellung schaffen (2.). Der städtebauliche Kaufvertrag der Konzeptvergabe dient in diesem Fall als Realisierungs- bzw. Planverwirklichungsvertrag (3.).

1. Praktische Gründe für diese Verfahrensreihung

Mehrere Gründe sprechen dafür, die Konzeptvergabe erst nach der Bauleitplanung durchzuführen: So kann sich die Gemeinde ihrer städtebaulichen Vorstellungen in der Bauleitplanung erst bewusst machen, bevor es schließlich an die Veräußerung ihrer planbetroffenen Grundstücke geht. Hierbei durchläuft die Gemeinde ein dazu geschaffenes, gesetzlich vorgeschriebenes Verfahrensprogramm. Vorab gesetzte Ziele und getroffene Vorentscheidungen werden sich positiv auf die Gestaltung der Konzeptvergabe auswirken; das gilt vor allem für die Aufstellung der Vergabekriterien.

Scheitert die Bauleitplanung aber, so besiegelt das nicht gleichzeitig das Schicksal des Grundstücksverkaufs: Denn mit diesem hat die Gemeinde noch nicht begonnen. Anders wäre es aber, wenn die Konzeptvergabe schon im Gang oder sogar schon beendet ist. Auch für die Bewerber bedeutet die abgeschlossene Bauleitplanung deshalb mehr persönliche und finanzielle Planungssicherheit.

Die vorgezogene Bauleitplanung ermöglicht insgesamt ein transparenteres und zügigeres Auswahlverfahren zur Grundstücksveräußerung, weil nicht mehr auf die Baurechtsschaffung zugewartet werden muss. Letztlich erzielt man mit dieser Staffelung eine Niederschwelligkeit im Grundstücksmodell, die als Zielvorgabe zur Ausgestaltung der (vor allem baugemeinschaftsbezogenen) Konzeptvergabe gilt. So nimmt man den Interessenten bei der Konzepterstellung einige Planungsleistungen ab und reduziert individuelle Gestaltungsfreiheiten auf den festgelegten Rahmen des Bebauungsplans. Für private Baugruppen könnte eine Bewerbung damit selbst ohne eine professionelle Begleitung durch Architektur- und Stadtplanungsbüros möglich sein. Auch die Gefahr

---

[49] Ebenfalls im Sachverhalt, welcher der Entscheidung der VK Berlin zugrunde lag, wurde die *Konzeptvergabe* auf der Grundlage eines Bebauungsplans durchgeführt, vgl. ErbbauZ 2022, S. 23 (24) Rn. 4, Rn. 6. Im Bereich eines qualifizierten Bebauungsplans lag auch das Grundstück, über dessen Vergabe die VK Berlin ein weiteres Mal zu befinden hatte, ErbbauZ 2022, S. 75 (76) Rn. 1.

baugemeinschaftsinterner Zerwürfnisse reduziert sich, wenn man die Summe an zu diskutierenden Entscheidungsthemen vorab verringert.

2. Bebauungsplanerische Festsetzungsmöglichkeiten

Die verbindliche Bauleitplanung legt nach der Maßgabe des § 30 BauGB fest, was bauplanungsrechtlich zulässig ist. Dementsprechend sollten die Bebauungspläne auch so aufgestellt werden, dass sie der Konzeptvergabe als fruchtbarer Boden dienen können: Hinsichtlich Art und Maß der baulichen Nutzung sowie hinsichtlich der überbaubaren Grundstücksflächen gilt es, einen „Rahmen" zu schaffen, innerhalb dessen die Bewerber später mit ihren Bewerbungen kreativ werden.

Will die Gemeinde Wohnraum entwickeln, so ist ein Baugebiet der §§ 2 ff. BauNVO zu wählen, das die Wohnnutzung, also vorrangig „Wohngebäude" (und allenfalls noch „Wohnungen")[50], allgemein zulässt: Hierzu zählen etwa reine Wohngebiete nach § 3 BauNVO, allgemeine Wohngebiete nach § 4 BauNVO, Dorfgebiete nach § 5 BauNVO oder Mischgebiete nach § 6 BauNVO. Zukünftig an Relevanz gewinnen wird auch das Urbane Gebiet nach § 6a BauNVO. Dieses dient nach seiner allgemeinen Zweckbestimmung (§ 6a Abs. 1 Satz 1 BauNVO) dem Wohnen sowie der Unterbringung von Gewerbebetrieben und sozialen, kulturellen und anderen Einrichtungen, welche die Wohnnutzung nicht wesentlich stören. Mit dem noch relativ neuen Baugebiet soll den Gemeinden ein Instrument zur Verfügung stehen, „mit dem sie planerisch die nutzungsgemischte Stadt der kurzen Wege verwirklichen können"[51].

Bezogen auf das Maß der baulichen Nutzung lässt sich mit einem Orientierungswert für die Obergrenze der Grundflächenzahl (GRZ) von 0,8 und einem Orientierungswert für die Obergrenze der Geschossflächenzahl (GFZ) von 3,0 im Urbanen Gebiet eine entsprechend hohe bauliche Dichte herstellen[52]. Beides gibt § 17 Satz 1 BauNVO vor.

Betreffend die überbaubare Grundstücksfläche: Sind städtebaulich keine Baulinien (§ 23 Abs. 2 BauNVO) angezeigt, lässt sich eine individuelle architektonische Gestaltung dadurch erreichen, dass Baugrenzen (§ 23 Abs. 3 BauNVO) vorgegeben werden. Diese bieten dem künftigen Bauherrn mehr Freiheiten.

Allgemein ist zur Schaffung von Wohnraum noch auf die besonderen Festsetzungsmöglichkeiten nach § 9 BauGB hinzuweisen, die man in der

---

[50] Nicht erforderlich ist, dass „Wohngebäude" allein zu Wohnzwecken genutzt werden, vgl. *Söfker*, in: EZBK, BauBG, § 5 BauNVO Rn. 22, Rn. 34 (auch hins. „sonstiger Wohngebäude"); zur Differenzierung zum Wohnungsbegriff der BauNVO vgl. etwa *Söfker*, in: EZBK, BauGB, § 7 BauNVO Rn. 39.

[51] BT-Drs. 18/10942, 32 und 56.

[52] Das ist auch gesetzgeberisch erstrebt, vgl. BT-Drs. 18/10942, 32 und 58: „Kurze Wege erfordern eine größere bauliche Dichte"; *Franßen* ZUR 2017, S. 532 (533).

Bebauungsplanung einsetzen kann. Das betrifft zunächst § 9 Abs. 1 Nr. 7 BauGB, nach welchem Flächen festgesetzt werden können, auf denen ganz oder teilweise nur Wohngebäude, die mit Mitteln der sozialen Wohnraumförderung gefördert werden könnten, errichtet werden dürfen. Allerdings reicht es wegen des Wortlauts „gefördert werden könnten" aus, dass das Bauwerk den entsprechenden förderrechtlichen Anforderungen genügt; nicht erforderlich ist, dass es tatsächlich zur sozialen Wohnraumförderung kommt[53]. Weiterhin können nach § 9 Abs. 1 Nr. 8 BauGB einzelne Flächen festgesetzt werden, auf denen ganz oder teilweise nur Wohngebäude errichtet werden dürfen, die für Personengruppen mit besonderem Wohnbedarf bestimmt sind. Vorauszusetzen ist dabei allerdings, dass die „Personengruppe mit besonderem Wohnbedarf" genau bezeichnet wird[54].

Ebenfalls ist in diesem Kontext noch auf den sektoralen „Bebauungsplan zur Wohnraumversorgung" nach § 9 Abs. 2d Satz 1 BauGB aufmerksam zu machen, der allein im Zusammenhang bebauter (aber unbeplanter) Ortsteile (§ 34 BauGB) aufgestellt werden kann. Nach dieser Vorgabe können (abgesehen von § 9 Abs. 2d Satz 2 BauGB) Festsetzungen zur Nutzungsart erfolgen[55]: Während mit § 9 Abs. 2d Satz 1 Nr. 1 BauGB Flächen bestimmt werden können, auf denen Wohngebäude errichtet werden dürfen, sieht § 9 Abs. 2d Satz 1 Nr. 2 BauGB (ähnlich wie schon § 9 Abs. 1 Nr. 7 BauGB) Festsetzungsmöglichkeiten für die bauliche Wohnungsgestaltung vor, die mit der sozialen Wohnraumförderung verknüpft ist. Und schließlich enthält § 9 Abs. 2d Satz 1 Nr. 3 BauGB derzeit (2022) ein Novum: Erfolgt eine entsprechende Festsetzung im Bebauungsplan, ist ein Bauvorhaben nur dann materiell baurechtmäßig, wenn sich der Bauherr hinsichtlich einzelner oder aller Wohnungen dazu verpflichtet, die geltenden Förderbedingungen der sozialen Wohnraumförderung, insbesondere die Miet- und Belegungsbindung, einzuhalten und wenn die Einhaltung dieser Verpflichtung in geeigneter Weise sichergestellt wird.

---

[53] *Mitschang/Reidt*, in: Battis/Krautzberger/Löhr, BauGB, § 9 BauGB Rn. 46; *Spieß*, in: Jäde/Dirnberger, BauGB BauNVO, § 9 BauGB Rn. 35 spricht dabei von einer „abstrakte[n] Förderfähigkeit". Diese nur begrenzte Wirkung ist i.Ü. ein Grund dafür, dass Gemeinden mit entspr. Handlungswillen häufig auf das Instrument des städtebaulichen Vertrags zurückgreifen. Vgl. auch *Weiß* BayGT 2021, S. 12 (12 f.).

[54] *Söfker*, in: EZBK, BauGB, § 9 BauGB Rn. 84; *Mitschang/Reidt*, in: Battis/Krautzberger/Löhr, BauGB, § 9 BauGB Rn. 48: In Betracht zu ziehen sind hierbei Senioren, Studierende oder Menschen mit Behinderungen. Allg. ein geringes Einkommen soll hingegen nicht ausreichen, vgl. BVerwG NVwZ 1993, S. 562 (564) oder *Söfker*, in: EZBK, BauGB, § 9 BauGB, Rn. 82 („kein Instrument der Lösung von allgemeinen, sozialpolitisch relevanten Wohnungsproblemen"). Die Meinungen, ob etwa kinderreiche Familien unter die Personengruppen nach § 9 Abs. 1 Nr. 8 BauGB zu fassen sind, gehen auseinander: Vgl. (ablehnend) *Mitschang/Reidt*, in: Battis/Krautzberger/Löhr, BauGB, § 9 BauGB Rn. 48 und (großzügiger) *Söfker*, in: EZBK, BauGB, § 9 BauGB Rn. 82.

[55] Vgl. *Mitschang/Reidt*, in: Battis/Krautzberger/Löhr, BauGB, § 9 BauGB Rn. 210k.

3. Konzeptvergabe zur Planverwirklichung

Nach alldem bleibt es also dabei, dass die Konzeptvergabe bestenfalls auf der Grundlage eines bestehenden Bebauungsplans durchgeführt wird. Die Konzeptvergabe selbst kann dann, wie auch die sich anschließenden Bauvorhaben, im bauleitplanerischen Ordnungsrahmen erwachsen.

Doch mit der Aufstellung der besonderen Veräußerungskriterien, aber auch mit der Einreichung der hieran entwickelten und im Anschluss gesicherten Bewerberkonzepte, lässt sich eine noch detailliertere sowie intensivere Abstimmung der Plangebietsbebauung erreichen. Die Konzeptvergabe ist damit als „Realisierungsinstrument" aufzufassen. Der städtebauliche Kaufvertrag wird seiner Rolle als „Realisierungsvertrag"[56] (bzw. „Planverwirklichungsvertrag"[57]) im Sinne des § 11 Abs. 1 Satz 2 Nr. 2 BauGB gerecht. Denn er ist ein Vertrag, welcher der Realisierung (bzw. Verwirklichung) der mit der Bauleitplanung verfolgten Ziele dient[58].

C. Bilanz

Da die Konzeptvergabe zur Realisierung eines Bauvorhabens leiten soll, tritt das öffentliche Baurecht als flankierende Rechtsdeterminante des Grundstücksmodells hinzu.

Für bauordnungsrechtliche Erfordernisse ist bestenfalls die Anhandgabephase zu nutzen; das gilt etwa für die Nachbarbeteiligung gemäß Art. 66 Abs. 1 Satz 1 BayBO oder den nach Art. 64 Abs. 1 Satz 1 BayBO zu stellenden Bauantrag.

---

[56] Mit dieser Terminologie etwa *Stüer*, Hdb. des Bau- und Fachplanungsrechts, Rn. 2234 ff. („Baurealisierungsverträge", insb. mit dem vertraglichen Gebot [„Verpflichtung"] zur Vorhabendurchführung, Rn. 2235). *Reidt*, in: Battis/Krautzberger/Löhr, BauGB, § 11 BauGB Rn. 45 betitelt diese Verträge als „Planungsverträge", wobei dieser noch von „festsetzungsergänzenden Vereinbarungen" spricht, wenn Planfestsetzungen nach § 9 Abs. 1 BauGB nicht möglich oder rechtl. zweifelhaft sind, Vorgaben aber auf vertraglicher Weise ergänzt werden sollen.

[57] Mit dieser Begrifflichkeit *Krautzberger*, in: EZBK, Baugesetzbuch, § 11 BauGB Rn. 138, der auf die ebenfalls noch gebräuchliche Bezeichnung als „Zielbindungsverträge" hinweist, ebd. Rn. 128.

[58] *Grziwotz*, in: Beck'sches Notar-Hdb., § 10 Rn. 17. In diesem Kontext (Konzeptvergabe zur Planverwirklichung) mag auch die folgende (treffende) Aussage von *Weiß* zur *Konzeptvergabe* gestellt werden: „Konzeptvergabe ist die Fortsetzung der Bauleitplanung mit den Mitteln des Konzeptwettbewerbs. Sie baut auf den Möglichkeiten auf, die der städtebauliche Vertrag bietet, und nutzt zusätzlich das Innovations- und Steuerungspotenzial eines an Qualitätskriterien orientierten wettbewerblichen Auswahlverfahrens", u.a. BayGT 2021, S. 12 (13). *Ders.* konkret „Realisierungsverträge", ebd. S. 13, 16.

Differenzierter zu beurteilen sind die Anforderungen des Bauplanungs-rechts. Im unbeplanten Innenbereich des § 34 BauGB kommt eine Konzept-vergabe nur in Betracht, wenn man es den Grundstücksinteressenten zumuten kann, die Tatbestandsvoraussetzungen samt deren Erfüllung einzuschätzen. Allerdings kann die Gemeinde einen Vorbescheid (Art. 71 Satz 1 BayBO) zur Grundlage der Einreichungen machen.

Ist vorauszusehen, dass die Konzepteinreichungen den aktuellen bauplanungsrechtlichen Rahmen nicht einhalten werden, kommen zur nötigen Baurechtsschaffung zwei prozedurale Möglichkeiten in Betracht: Man kann erwägen, das Bauleitplanungsverfahren parallel zur Konzeptvergabe durchzuführen. Alternativ lagert man die Planung der Konzeptvergabe nach. Resümierend lässt sich aber festhalten, dass beide Vorgehensweisen rechtliche wie praktische Schwierigkeiten mit sich bringen.

Besonders wenn es um den Entwurf eines niederschwelligen, auch verwaltungspraktisch einfach zu bewältigenden Grundstücksmodells geht, sollte die Gemeinde die zu veräußernden Grundstücke vorzugswürdigerweise vorab be- oder überplanen. Im Bauleitplanungsverfahren kann die Gemeinde städtebauliche Vorstellungen zunächst ausloten: Oftmals wird das auch die spätere Konzeptvergabe befruchten. Für die Bewerber erzeugt diese Reihung der Verfahren mehr Planungssicherheit, wobei der Aufwand bei der Konzepterstellung tendenziell verringert wird. Die Bebauungspläne sollten hierbei derart aufgestellt werden, dass sie der Konzeptvergabe und der entsprechenden Vorhabenrealisierung als zuträgliche Fundamente dienen können. Das Urbane Gebiet nach § 6a BauNVO ermöglicht Nutzungsmischungen, kurze Wege und eine große bauliche Dichte, wobei Wohngebäude allgemein zulässig sind.

Erfolgt die Konzeptvergabe erst nach der Baurechtsschaffung, ist sie als Realisierungsinstrument zu begreifen: Der städtebauliche Kaufvertrag ist dann ein Realisierungs- bzw. Planverwirklichungsvertrag im Sinne des § 11 Abs. 1 Satz 2 Nr. 2 BauGB.

Teil 4

Rechtsschutz

Kapitel 13

Rechtsschutz des unterlegenen Bewerbers

Wird ein Grundstück von einer Gemeinde vergeben, so erfolgt das in einer nachfragebedingten Konkurrenzsituation. Bei der Konzeptvergabe wird diese Konkurrenzsituation gerade genutzt, damit sich die für das Grundstück bestmögliche Bebauung und Nutzung im komparativen Verfahren herausbildet. Doch wo es unter den Konkurrenten einen „Gewinner" gibt, dort wird es auch einen „Verlierer" geben, der mit der Verteilungsentscheidung tendenziell nicht zufrieden ist. Dies ist das typische Ergebnis eines wettbewerblichen Verfahrens und demnach auch zu akzeptieren: Soweit denn das Grundstücksvergabeverfahren rechtmäßig abgelaufen ist.

Sowohl die Rechtsschutzgarantie des Art. 19 Abs. 4 GG (die der Erkenntnis Rechnung trägt, „dass Rechte erst dann effektiv sind, wenn sie im Konfliktfall auch durchgesetzt werden können"[1])[2] als auch die Vorgaben des unionalen Primärrechts erfordern effektive Möglichkeiten zum Rechtsschutz des unterlegenen Bewerbers[3]. Mit diesem Rechtsschutz beschäftigt sich das folgende, letzte Kapitel. Hierbei wird der Primärrechtsschutz behandelt, der auf das schon

---

[1] *Huber*, in: v. Mangoldt/Klein/Starck, GG, Art. 19 Rn. 333 m.w.N.

[2] Vgl. zum weitumfassend verstandenen Schutzbereich des Art. 19 Abs. 4 GG bereits oben Fn. 65 (Einf.). Weil hier nun allerdings ein öffentlich-rechtliches Handeln angenommen wird (sogleich Kap. 13 A. III. 3.), erscheint es darüber hinaus möglich, die Rspr. des BVerfG NJW 2006, S. 3701 (3702) Rn. 50 ff. („kein Art. 19 Abs. 4 GG, da allein Marktteilnehmer") als schon thematisch überschritten anzusehen („mehr als ein Marktteilnehmer"). Dass Art. 19 Abs. 4 GG in Konkurrenten(streit)konstellationen (unabhängig von dessen Schlagkraft) durchaus zum Zug kommen kann, darf etwa den einleitenden Ausführungen der Entsch. BVerfG NVwZ 2009, S. 977 (977) entnommen werden. Zu diesem „zweiten" Bedeutungsgehalt der Rechtsschutzgarantie bei Verteilungsverfahren auch *Wollenschläger*, Verteilungsverfahren, S. 87 ff. Zum „ersten" dbzgl. Bedeutungsgehalt schon oben i.R.d. Programmphase Kap. 5 A. V. 2.

[3] Zum Grundsatz des effektiven gerichtlichen Rechtsschutzes auf unionaler Ebene nur EuGH C-432/05, EuZW 2007, S. 247 (249) Rn. 37 ff. (Unibet).

zuvor anvisierte Erlangen des Grundstücks abzielt[4] und für dessen Vorrang vor dem Sekundärrechtsschutz verfassungsrechtliche Gründe streiten[5].

Vor dem Hintergrund mehrerer rechtlicher Unklarheiten fragt es sich vor allem, vor welcher Gerichtsbarkeit (A.) und mit welchen Rechtsbehelfen (B.) sich der unterlegene Bewerber zur Wehr setzen kann. Rechtsbehelfsbefugt muss er weiterhin sein (C.). Ist die Klage begründet, so ist im Hauptsacheausspruch zu tenorieren (D.). Doch kann es Konstellationen geben, in denen einstweiliger Rechtsschutz ersucht werden muss (E.).

A. Verwaltungsrechtsweg

Zunächst stellt sich für den in der Konzeptvergabe unterlegenen Bewerber die Frage des statthaften Rechtswegs: Bewegt sich doch das Grundstücksmodell zwischen dem öffentlichen Recht und dem Zivilrecht. Die Vergabekammern, deren Zuständigkeit sich für die Vergaberechtskontrolle bayerischer Gemeinden in sachlicher Hinsicht nach § 156 Abs. 1 Alt. 2 GWB in Verbindung mit § 1 Abs. 1, Abs. 2 BayNpV und in örtlicher Hinsicht nach § 2 Abs. 2 BayNpV bestimmt, sind zumindest nicht zuständig, soweit kein öffentlicher Bauauftrag nach § 103 Abs. 1, Abs. 3 GWB gegeben ist[6].

Während man sich zur Rechtswegabgrenzung gesetzesmäßig mit der Frage beschäftigen muss, ob eine „öffentlich-rechtliche Streitigkeit" nach § 40 Abs. 1

---

[4] Hierum wird es dem unterlegenen Bewerber in erster Linie gehen, vgl. schon *Eggers/Malmendier* NJW 2003, S. 780 (785); ebenso *Hertwig* NZBau 2011, S. 9 (10). Zur Frage, ob Grundstücksvergaberichtlinien der Normenkontrollklage unterliegen (kurz, weil im Ergebnis offenhaltend) VG Sigmaringen Az. 7 K 3840/20, BeckRS 2020, 38807, Rn. 23. Eine andere Rechtsschutzkonstellation betrifft auch die aktuelle Entscheidung des VG Sigmaringen Az. 14 K 4018/21, BeckRS 2022, 3911: Hier geht es um die einstweilige Untersagung einer Bauplatzvergabe bzw. des anschließenden Grundstücksverkaufs.

[5] Vgl. *Wollenschläger*, Verteilungsverfahren, S. 89 (m.w.N. auch der Rspr.): „Einer Kompensation von Rechtseinbußen durch die Zuerkennung von Schadensersatz geht die Korrektur rechtswidriger und Einzelne in ihren Rechten verletzender Verteilungsentscheidungen vor". In diesem Kontext allerdings auch die vielbeachtete Entscheidung des BVerfG NJW 2006, S. 3701 (3703 f.) Rn. 72 ff.

[6] Vgl. in diesem Sinne VK Baden-Württemberg Az. 1 VK 67/10, BeckRS 2015, 55874; VK Baden-Württemberg Az. 1 VK 65/14, BeckRS 2015, 55881. Aus Bayern v.a. das OLG München NZBau 2012, S. 134 (135), welches die Rechtsauffassung der VK Südbayern Beschl. v. 29.07.2011, Az. Z3-3-3194-1-18-05/11, Rn. 63, Rn. 66 (Juris) im Instanzenzug ablehnte. Letztere ging noch von einem öffentlichen Bauauftrag aus, was sich auf die Rechtswegzuständigkeit auswirkte: Denn liegt oberhalb der Schwellenwerte ein öffentlicher Bauauftrag vor, sind die in der BayNpV bestimmten Kontrollinstanzen zuständig. Der Rechtsschutz bei der Unterschwellenvergabe ist vor den ordentlichen Gerichten zu suchen, vgl. hierzu u.a. BVerwG NJW 2007, S. 2275 (2276) Rn. 5. Krit. allerdings *Burgi* NVwZ 2007, S. 737 (739 ff.).

Satz 1 VwGO vorliegt (I.), gelangt man in den relevanten Mischkonstellationen zur Zweistufentheorie (II.). Grundstücksmodelle und hierunter auch die Konzeptvergabe können dabei Anwendungsfälle dieser Theorie darstellen (III.).

I. Öffentlich-rechtliche Streitigkeit

Die Abgrenzungsfrage, ob der Rechtsschutz hinsichtlich der potenziell zu missbilligenden Verteilungsentscheidung im Zivil- oder im Verwaltungsprozess zu ersuchen ist, richtet sich (wie sonst auch) nach den grundlegenden Anforderungen des § 40 Abs. 1 Satz 1 VwGO[7]. Hierbei gilt es vor allem, die Frage zu beantworten, ob eine „öffentlich-rechtliche Streitigkeit" gegeben ist[8].

Wann aber eine solche öffentlich-rechtliche Streitigkeit vorliegt, lässt sich nicht einfach beantworten: Schon von Grund auf zirkelschlussanfällig wird hierzu gefragt, ob das Rechtsverhältnis, aus dem der Klageanspruch hergeleitet wird, öffentlich-rechtlicher oder zivilrechtlicher Natur ist[9]. Zur Beantwortung dieser Frage entwickelte die Rechtswissenschaft seit jeher verschiedene Formeln[10], wobei sich inzwischen eine (weniger formalistische) „Kombinationsbeurteilung" (gründend zumindest auf der Subordinations- und der Sonderrechtstheorie) durchgesetzt hat[11]. Hiernach ist also zu fragen, ob die Beteiligten zueinander in einem hoheitlichen Über- und Unterordnungsverhältnis stehen und ob sich der Träger hoheitlicher Gewalt der besonderen Rechtssätze des öffentlichen Rechts bedient[12].

II. Zweistufentheorie

Geht dem zivilrechtlichen, endproduzierten Rechtsverhältnis[13] eine Auswahlentscheidung voran und wird eine solche eigenständige Vorentscheidung nicht

---

[7] Nach § 13 GVG gehören die „bürgerlichen Rechtsstreitigkeiten" vor die ordentlichen Gerichte.

[8] Schließlich ist die Streitigkeit (mangels der sog. doppelten Verfassungsunmittelbarkeit) weder verfassungsrechtlicher Art, noch liegen auf- oder abdrängende Sonderzuweisungen vor. Das VG Sigmaringen Az. 4 K 4006/21, BeckRS 2022, 18530, Rn. 24 f. geht für die *Konzeptvergabe* nun explizit von einer öffentlich-rechtlichen Streitigkeit aus.

[9] Ganz h.M.: Hierzu nur GmS-OGB NJW 1986, S. 2359 (2359); BVerwG NJW 2007, S. 2275 (2276) Rn. 4; BGH NJW 2012, S. 3654 (3654) Rn. 5.

[10] Hierzu nur *Hufen*, Verwaltungsprozessrecht, § 11 Rn. 15 ff.; *Schenke*, Verwaltungsprozessrecht, § 3 Rn. 115 ff.

[11] Dieses methodische Vorgehen rät bspw. auch *Hufen*, Verwaltungsprozessrecht, § 11 Rn. 18 an, wobei dieser gar die „modifizierte Interessentheorie", die „modifizierte Subordinationstheorie" und die „Zuordnung zum Sonderrecht" miteinander verbindet. In diese Richtung ebenfalls *Schenke*, Verwaltungsprozessrecht, § 3 Rn. 121 (Subordinationstheorie und Interessentheorie ergänzen in Zweifelsfällen die modifizierte Subjektstheorie).

[12] GmS-OGB NJW 1986, S. 2359 (2359).

[13] Vorliegend handelt es sich um den zivilrechtlichen Grundstückskaufvertrag: Kap. 10 A. I.

nur konstruiert[14], bietet sich zur Beurteilung dieser schwierigen Abgrenzungs-
fälle (zur eben dargestellten „öffentlich-rechtlichen Streitigkeit") weiterhin die
Würdigung anhand der sog. Zweistufentheorie an[15]. Nach dieser Theorie kann
zwischen einer Grundentscheidung (hinsichtlich des „Ob" bzw. des „mit
Wem") und einem Abwicklungsverhältnis unterschieden werden. Zwar ist die
Theorie schon immer Kritik ausgesetzt[16] und es wurden beizeiten mehrere Al-
ternativvorschläge entwickelt[17]. Dennoch darf sie wegen ihrer deskriptiv nach-
ziehbaren Grundannahme der Zweistufigkeit des Geschehens weiterhin als
zeitgemäßes Instrument zur Rechtswegabgrenzung gelten. Diese Theorie ermöglicht es, öffentlich-rechtlich geprägte Streitigkeiten eben auch vor den
Verwaltungsgerichten auszutragen[18]. Die Beurteilung anhand der beiden Stufen bildet in allen Rechtsgebieten vorzufindende Einteilungsstrukturen (in
„Ob" und „Wie") ab, bietet eine pragmatische (und rechtsschutzeffektive[19])
Handhabe und bereitet dabei noch Anknüpfungspotenzial für die Kasuistik.

---

[14] Sodass das alleinige Verfolgen eines öffentlichen Zwecks (bei fehlender Abstufung)
durch die öffentliche Hand auch noch nicht genügen wird, vgl. BVerwG NJW 2007, S. 2275
(2277) Rn. 8; ebenso im Kontext der Grundstücksveräußerungen OVG Bremen DVBl. 2019,
S. 584 (586) in Anknüpfung an BGH NJW 2012, S. 3654 (3654 f.) Rn. 7 f., wobei es hier
allerdings um die zivilrechtliche Qualifikation des Kaufvertrags ging. Deutlich zum Erfordernis der auch tats. bestehenden *Abstufung* bspw. *Wollenschläger*, Verteilungsverfahren,
S. 481 m.w.N.; auch *Weißenberger* GewArch 2009, S. 465 (471) („nur insoweit anwendbar,
als sich die Verwaltung auch für ein zweistufiges Vorgehen [...] entscheidet"). Auch nach
dem hiesigen Verständnis ist die „Zweistufentheorie" daher eher die Beschreibung einer bereits im gestuften Sachverhalt angelegten Rechtsbeurteilung. Ähnlich *Burgi* NVwZ 2007,
S. 737 (740 f.).

[15] In der Literatur zuerst *Ipsen* DVBl. 1956, S. 461 ff., S. 498 ff., S. 602 ff. mit weiteren
Veröffentlichungen. Umfassend hierzu etwa *Tanneberg*, Die Zweistufentheorie oder
Weißenberger GewArch 2009, S. 417 ff. (Teil 1) und S. 465 ff. (Teil 2).

[16] Bereits etwa bei *Maunz* BayVBl. 1962, S. 1 (3); *Bethge* JR 1972, S. 139 ff. („Abschied
von der Zweistufentheorie"). Das klassische Argument zur Kritik ist dabei die (vermeintliche) Aufspaltung eines einheitlichen Lebensvorgangs in zwei Teile, vgl. nur BVerwG NJW
2007, S. 2275 (2278) Rn. 15; hierauf zurecht krit. allerdings *Burgi* NVwZ 2007, S. 737 (740
f.), die Zweistufentheorie verteidigend.

[17] *Ehlers/Schneider*, in: Schoch/Schneider, VerwR VwGO, § 40 Rn. 265 mit der Darstellung der „Zweiebenentheorie" (bei Verweis auf *Stelkens*, Verwaltungsprivatrecht) oder eben
Stelkens, in: Stelkens/Bonk/Sachs, VwVfG, § 35 Rn. 109 nach dem einer „modernen Version
der Zweistufentheorie" nichts im Wege steht.

[18] Ebenso *Weißenberger* GewArch 2009, S. 465 (471): Dabei ist „das Bestreben, öffentlich-rechtlich geprägte Streitigkeiten vor den Verwaltungsgerichten zu entscheiden, keineswegs obsolet" und die sachnähere Verwaltungsgerichtsbarkeit ist für Entscheidungen in öffentlich-rechtlich geprägten Sachverhalten gerade prädestiniert, ebd. S. 470.

[19] *Weißenberger* GewArch 2009, S. 465 (470).

III. Konzeptvergabe als Anwendungsfall der Zweistufentheorie?

Während reine Veräußerungsvorgänge oftmals „stufenlos" und damit den Zivilgerichten überlassen sind[20], ist es richtig[21], dass die Vergabe von Grundstücken durch die öffentliche Hand bei einem Nachfrageüberhang einen Anwendungsfall der Zweistufentheorie darstellen kann[22]. Denn die Grundanforderung für die Zweistufentheorie wird in dieser Konstellation gegeben sein: Es liegt eine Zweistufung vor. Das gilt besonders für die Konzeptvergabe, bei der die Auswahl des besten Bewerbers doch die wesentliche Rolle spielt[23]. Auf „der ersten Stufe der Konzeptvergabe" wird ermittelt, welchem Bewerber das Grundstück aufgrund seines überzeugendsten Konzepts und der bewerberbezogenen Kriterienerfüllung zugesprochen werden soll. Entsprechend den obigen Ausführungen geht das vorprogrammierte Verteilungsverfahren dann in der Verteilungsentscheidung auf.

Da sich aber auch rein privatrechtliche Verteilungsvorgänge in Entscheidungsphasen hinsichtlich des „Ob" und hinsichtlich des „Mit wem" abschichten lassen, dreht sich die eigentliche Abgrenzungsfrage darum, welchem Rechtsregime die Entscheidung auf der „ersten Stufe" zuzuordnen ist. Mithin ist zu fragen, ob gerade die Auswahl- bzw. eben Verteilungsentscheidung dem Zivilrecht oder dem öffentlichen Recht zugerechnet werden kann[24]. Konkret hat man sich in diesen Fällen auch mit der Zuordnung des rechtlichen Auswahlprogramms zu beschäftigen. Hiermit im Ergebnis gleichlaufend sind die Forderungen mancher Gerichte, wonach eine „nach dem öffentlichen Recht zu beurteilende Auswahlentscheidung" vorgeschaltet sein muss[25]. Ebenfalls

---

[20] Vgl. nur *Stelkens*, in: Stelkens/Bonk/Sachs, VwVfG, § 35 Rn. 127a. Bzgl. Grundstücksgeschäften auch VG München Az. M 11 E 14.3905, BeckRS 2015, 42989; VG Ansbach Az. AN 17 E 21.526, BeckRS 2021, 10598, Rn. 10 ff.

[21] Abzulehnen ist dagegen die Ansicht, dass die „Zuordnung des Vertrags als privat- oder öffentlich-rechtlich über den Rechtsweg [entscheidet]": So aber *Michael*, in: Rottke/Goepfert/Hamberger, Immobilienwirtschaftslehre Recht, S. 401 (410). Die Rechtsform des Verwaltungshandelns kann zutreffenderweise „aufgrund der Formenwahlfreiheit der Verwaltung kein geeignetes Kriterium für die Rechtswegabgrenzung" sein, *Weißenberger* GewArch 2009, S. 465 (471). Nach *Burgi* statt „Formenwahlfreiheit" besser „Regimewahlkompetenz", u.a. NVwZ 2007, S. 737 (740).

[22] Hierzu statt vieler (und noch bei Außerachtlassung der folgenden Einzelaspekte) *Schollmeier*, Wohnraum als Verfassungsfrage, S. 375; *Huber/Wollenschläger*, Einheimischenmodelle, S. 18 Rn. 11. Die Zweistufigkeit bei der Vergabe gemeindeeigener Grundstücke ebenfalls benennend *Grziwotz*, in: Beck'sches Notar-Hdb., § 10 Rn. 18. („wohl noch hM").

[23] Deshalb nun auch konkret für die *Konzeptvergabe* befürwortend VG Sigmaringen Az. 4 K 4006/21, BeckRS 2022, 18530, Rn. 24 f. Vgl. ebenso die Fn. 8 und 39.

[24] Vgl. *Burgi* NVwZ 2007, S. 737 (740), der eine solche Beurteilung (in Kritik der Entscheidung des BVerwG NJW 2007, S. 2275 [2278] Rn. 15) ebenfalls nahelegt.

[25] Etwa OVG Bremen DVBl. 2019, S. 584 (586); VGH Mannheim NJW 2018, S. 2583 (2584) Rn. 24. Die Bindung an öffentlich-rechtliche Vorgaben hins. der kommunalen

Wollenschläger äußert sich in dieser Weise und verlangt ein „spezifisch öffentlich-rechtliches Gepräge" des Auswahlvorgangs[26].

Für diese Untersuchung ist demnach hauptsächlich zu beurteilen, ob „die erste Stufe der Konzeptvergabe" öffentlich-rechtlich zu qualifizieren ist. Davon, dass eine erste Stufe „stets" dem öffentlichen Recht zuzuordnen ist, kann in der hier vertretenen Deutung der Zweistufentheorie nicht gesprochen werden[27]. So existieren auch mehrere erststufige Veräußerungsentscheidungen der öffentlichen Hand, die zivilrechtlich zu bewerten sind (1.). Daneben sollen Grundstücksmodelle hinsichtlich ihrer Grundentscheidungen aber vermehrt öffentlich-rechtlich aufgefasst werden (2.). Die Auswahlstufe der Konzeptvergabe reiht sich in diesen Kontext ein (3.).

1. Zivilrechtliche Grundentscheidungen bei Grundstücksverkäufen

Wie bereits vorangestellt, gibt es Konstellationen, in denen die öffentliche Hand Vermögensgegenstände in Auswahlverfahren veräußert, aber die vorangesetzte Entscheidungsstufe zivilrechtlich zu beurteilen ist: Doch wann liegen solche Fälle vor?

Als rein privatrechtlich bezeichnet werden kann eine Auswahlentscheidung etwa, wenn sie sich allein an den Gegebenheiten des freien Markts ausrichtet. Lässt sich die öffentliche Hand etwa von Markterwägungen wie der Gewinnoptimierung leiten, unterscheidet sie sich nicht grundlegend von anderen Marktteilnehmern[28].

Auch die alleinige Bindung an den allgemeinen Gleichheitssatz des Art. 3 Abs. 1 GG soll zur öffentlich-rechtlichen Qualifikation noch nicht genügen[29]. Denn wie bereits herausgearbeitet, ist die öffentliche Hand immerwährend an diese Grundanforderung gebunden und sie kann sich der Bindung nicht mit den

---

Vergabeentscheidung ins Bild rückend VGH Kassel ZfBR 2006, S. 806 (808) m.w.N. Ebenfalls deutlich das VG Sigmaringen Az. 3 K 7459/18, BeckRS 2019, 15651, Rn. 3: „Ob das mit dem Antrag verfolgte Begehren dem öffentlichen oder dem bürgerlichen Recht zuzuordnen ist, richtet sich daher maßgeblich nach der rechtlichen Qualifikation des von der Antragsgegnerin durchgeführten Vergabeverfahrens und der dadurch hergestellten rechtlichen Beziehung zwischen ihr und den Antragstellern".

[26] Mit diesen Worten etwa *Wollenschläger*, Verteilungsverfahren, S. 481 f. (u.a. unter Verweis auf *Eggers/Malmendier* NJW 2003, S. 780 [786]).

[27] Demnach genügt allein ein zum Grundstückserwerb veranstaltetes Bieterverfahren noch nicht für den Verwaltungsrechtsweg, vgl. *Philipp/Vetter/Kriesel*, LKV 2020, S. 539 (549).

[28] Vgl. insoweit, also mit dieser „Marktteilnehmer"-Betrachtung, auch das BVerwG NJW 2007, S. 2275 (2276) Rn. 6. Vgl. bezogen auf Grundstücksgeschäfte bereits *Eggers/Malmendier* NJW 2003, S. 780 (786) (bei reiner Liquiditätsverschaffung). Der Rechtsschutz ist dann über das Regime der culpa in contrahendo (§§ 241 Abs. 2, 311 Abs. 2 BGB) zu bestreiten, vgl. VGH Mannheim NJW 2018, S. 2583 (2584) Rn. 23 (m.w.N.).

[29] BVerwG NJW 2007, S. 2275 (2277) Rn. 10.

Mitteln des Zivilrechts entledigen[30]. Verträte man hier ein anderes Ergebnis, könnte die erste Stufe niemals dem Zivilrecht zugeordnet werden, und die Stufung allein entschiede dann über die Frage der Rechtswegzuständigkeit[31]. Dasselbe Argument muss im Übrigen auch gelten, wenn es um die Frage geht, inwieweit die Entscheidung durch Grundanforderungen des europäischen Unionsrechts geprägt ist[32].

2. Öffentlich-rechtliche Grundentscheidungen bei Grundstücksmodellen

Wann ist bei Grundstücksmodellen dann also von der Zuordnung des Auswahlprogramms zum öffentlichen Recht auszugehen, wobei die eben genannten Anforderungen überstiegen werden müssen?

Modellbezogen wird eine öffentlich-rechtliche Qualifikation der Grundentscheidungen etwa bei Veräußerungen nach (dem ehemaligen) § 89 II. WoBauG[33] oder bei Einheimischenmodellen angenommen[34].

Hierneben aber erfolgt die Abgrenzung nicht mehr (bzw. noch weniger) einheitlich: Teils wird die Zuordnung zum öffentlichen Recht bei Grundstücksvergaben abgelehnt, in vielen Fällen wird sie allerdings angenommen. Während die städtebauliche Einbindung der Grundstücksvergabe oftmals nicht ausschlaggebend sein soll, wird eine Zuordnung zum öffentlichen Recht mit bemerkenswerter Übereinstimmung zumindest dann angenommen, wenn es um Subventionen bei den Grundstücksvergaben geht, die vielfach durch Kaufpreisnachlässe erfolgen[35]. Die Subventionstätigkeit der öffentlichen Hand wird

---

[30] Hierzu BVerfG NJW 2006, S. 3701 (3703) Rn. 64. Ebenfalls bereits oben Kap. 5 A. V. 3. c.

[31] Vgl. hierzu auch *Wollenschläger*, Verteilungsverfahren, S. 481 (Fiskalgeltung der Grundrechte, Rechtsstaatsprinzip, Grundfreiheiten) insb. m.w.N. zu anderen Auffassungen (Fn. 76).

[32] BVerwG NJW 2007, S. 2275 (2277) Rn. 10; *Wollenschläger*, Verteilungsverfahren, S. 481.

[33] Ausführlich *Kössinger*, Die Vergabe gemeindlicher Baugrundstücke, S. 53 ff., 66 ff, 244 f. Allerdings a.A. BVerwG Az. VIII C 25.69, BeckRS 1971, 30441427.

[34] Beispiele aus der Rspr. (antichron.): Erst neulich das VG Sigmaringen Az. 14 K 4018/21, BeckRS 2022, 3911 Rn. 4, allerdings zu einem anderen Rechtsschutzbegehren; vorangehend (ausführlich) VG Sigmaringen Az. 7 K 3840/20, BeckRS 2020, 38807, Rn. 18 ff. (kommunale Grundstücksvergabe bei Förderung der einheimischen Bevölkerung); VG München Az. M 1 E 19.5556, BeckRS 2020, 18771, Rn. 19; VG München Az. M 11 E 19.5841, BeckRS 2020, 2576, Rn. 15; VG Augsburg Az. Au 7 K 18.327, BeckRS 2019, 26533, Rn. 17; VG Saarlouis Az. 3 L 768/18, BeckRS 2018, 32425, Rn. 33; VG München Az. M 1 K 16.1554, BeckRS 2016, 50182; VG München Az. M 11 E 15.1923, BeckRS 2015, 51784. Hingegen a.A. VG Hannover ZfBR 2021, S. 307 (310).

[35] Vgl. schon OVG Münster NJW 2001, S. 698 (699): „In der Rechtsprechung ist aber anerkannt, dass einer privatrechtlichen ‚Abwicklungsstufe‘ einer Grundstücksveräußerung und -übertragung die Stufe einer öffentlich-rechtlichen Entscheidung vorausgeht, wenn Träger öffentlicher Verwaltung mit ihrer im Privatrecht abzuwickelnden Entscheidung

nun eben klassischerweise als öffentlich-rechtliches Handeln begriffen: Das wirkt sich auf die Grundentscheidung aus.

3. Öffentlich-rechtliche Grundentscheidungen bei Konzeptvergaben

Die oben angeführten Erwägungen lassen sich auch auf die Frage übertragen, ob die Grundauswahlentscheidung der Konzeptvergabe dem öffentlichen Recht zuzuordnen ist.

Immer dann also, wenn der Konzeptvergabe ein (etwa bestimmte Personengruppen begünstigendes) Subventionselement zukommt und diesbezügliche Verteilungsfragen in das Entscheidungsprogramm Einzug erhalten, kann von einer öffentlich-rechtlichen Zuordnung der Auswahlentscheidung gesprochen werden. Dies wird besonders, aber nicht ausschließlich, der Fall sein, wenn das Grundstück unter seinem Marktwert veräußert wird. Der Annahme folgend, dass am angespannten Immobilien- und Baulandmarkt bereits das Erlangen des Grundstücks an sich einen (allenfalls nicht wirschaftlich ermessbaren) „Gewinn" darstellt, gelten dieselben Gründe auch, wenn manchen Bewerbern das begehrte Grundstück zum Marktpreis bevorzugt angeboten wird[36]. Hiervon ist beim Einsatz von bewerberbezogenen Vergabekriterien und auch bei der bevorzugten Grundstücksvergabe an Baugemeinschaften auszugehen.

Schwierige Abgrenzungsfragen kommen auf, wenn bei der Grundstücksvergabe allein die Faktoren „Bebauung und Nutzung" entscheidend sein sollen[37]: Zu beantworten ist aber auch dann wieder, ob das in die Auswahl-

---

hoheitliche Zwecke verfolgen". Und weiter: „Beim Handeln eines Trägers öffentlicher Verwaltung, bei dem eindeutig öffentlich-rechtliche Zwecke wie zum Beispiel die Subventionierung ortsansässiger Gewerbetreibender, die Wohnungsbauförderung von Gemeindebürgern, die Verbesserung der Gemeindeinfrastruktur oder sonst die Förderung bestimmter Personengruppen im Vordergrund stehen, hat jedenfalls die auf der Grundlage von § 2 i.V. mit § 90 I NWGO erfolgende (Auswahl-) Entscheidung über die Zuteilung der zu veräußernden gemeindeeigenen Grundstücke und damit die Auswahl unter den Bewerbern öffentlich-rechtlichen Charakter". Betreffend das Vorliegen einer Begünstigung bestimmter Bewerber kann dies auch schon aus der (im Ergebnis anderslautenden) Entscheidung des BVerwG Az. VIII C 25.69, BeckRS 1971, 30441427 herausgelesen werden. Neueren Datums aus der Rspr.: VG Augsburg Az. Au 7 E 11.1149, BeckRS 2012, 57123, Rn. 4; auf ein Subventionselement zielt auch das VG München Az. M 11 E 14.3905, BeckRS 2015, 42989 wesentlich ab, wobei das Gericht den Verwaltungsrechtsweg (wegen des Fehlens dieses Elements) auch ablehnte; vgl. ebenso (keine vorliegende Subventionierung) VG Ansbach Az. AN 17 E 21.526, BeckRS 2021, 10598, Rn. 12 f. Aus der Lit. mit Verweis auf die Entscheidungen der Rspr. i.Ü. *Hufen*, Verwaltungsprozessrecht, § 11 Rn. 36 (es ginge „um die Verfolgung eines öffentlichen Zwecks mit ‚Subventionskern' und es ist deshalb richtiger, die Vergabeentscheidung dem Öffentlichen Recht zuzuordnen").

[36] Zumindest im Ergebnis auch *Reiling* KommJur 2022, S. 161 (163) für den Fall der nicht preislich subventionierten Grundstücksvergabe, die Ortsansässige bevorzugt.

[37] Eine öffentlich-rechtliche Streitigkeit lehnt daher das VG Karlsruhe Az. 11 K 5949/19, BeckRS 2019, 28857, Rn. 17 ff. bei einem *konzeptvergabeförmig* ausgestalteten

entscheidung leitende Auswahlprogramm dem öffentlichen Recht zuzuordnen ist. Das könnte etwa mit dem Argument bezweifelt werden, dass sich die Gemeinde das qualitätsorientierte Auswahlprogramm aus freien Stücken selbst auferlegt. Gleichwohl sprechen drei hervorzuhebende Gründe für die öffentlich-rechtliche Einordnung auch der vorgezogenen Grundentscheidung, die „nur" die Auswahl der besten Bebauung und Nutzung betrifft.

Zunächst trägt die Programmierung und Handhabe der Konzeptvergabe mittels Verwaltungsvorschriften dazu bei[38], deren Auswahlentscheidung in ein öffentlich-rechtliches Licht zu rücken[39]. Zwar handelt es sich bei Verwaltungsvorschriften grundsätzlich um allein kommunales Innenrecht: Doch wird dieses Innenrecht über die nach Art. 3 Abs. 1 GG eintretende Selbstbindung mittelbar „nach außen gekehrt"[40]. Eben solchen Bindungen unterliegt eine Privatperson hingegen nicht.

Weiterhin lässt sich die öffentlich-rechtliche Qualifikation der Auswahlentscheidung damit begründen, dass man die Konzeptvergabe als das begreift, was sie ist: Ein städtebauliches Grundstücksmodell. Dabei kann nicht in Frage stehen, dass das Städtebaurecht, welches dem Bodenrecht zuzuordnen ist, öffentlich-rechtlich beurteilt wird. Und oben wurde bereits herausgearbeitet, dass sich die in § 1 Abs. 5, Abs. 6 BauGB ausgedrückten städtebaulichen Ziele mit den gemeindlichen Zielen bei der Konzeptvergabe decken. Ganz konkret schlagen sich diese Ziele in der Kriterienaufstellung und damit in der Formung des Auswahlprogramms nieder. Es kann deshalb auch nichts an der öffentlich-rechtlichen Qualifikation ändern, wenn die Gemeinde statt beispielsweise der

---

Bieterauswahlverfahren ab (40 Prozent städtebaulich-architektonisches Konzept; 30 Prozent Nutzungskonzept und Vermarktung sowie 30 Prozent Realisierungskonzept und Kaufpreisangebot): Es lägen „keine Anhaltspunkte für dessen öffentlich-rechtliche Prägung" vor (Rn. 16). Das darzulegende städtebaulich-architektonische Konzept für die Bebauung und die Nutzung bestünde „im Wesentlichen nur in Gestalt von nicht bindenden allgemeinen Erwartungen und Wünschen" der Gemeinde (Rn. 17) und das städtebaulich-architektonische Konzept sei schließlich auch „nur ein Auswahlkriterium unter mehreren", insb. neben dem Kaufpreis (Rn. 18). Das Gericht im Wortlaut: „Damit liegt es bereits ausweislich der eigenen Entscheidungskriterien der Antragsgegnerin fern, dass der mit dem Verkauf möglicherweise mittelbar verfolgte Zweck der Aufwertung des Orts- und Stadtbildes derart im Vordergrund steht, dass die grundsätzlich zivilrechtliche Rechtsnatur des vorvertraglichen Rechtsverhältnisses öffentlich-rechtlich überlagert würde".

[38] Hierzu bereits oben Kap. 4 B.

[39] Wesentlich stellt hierauf auch das VG Sigmaringen Az. 4 K 4006/21, BeckRS 2022, 18530, Rn. 25 bei der Behandlung der Rechtswegfrage zur *Konzeptvergabe* ab.

[40] Vgl. nur zu diesem Bild *Michl* JA 2015, S. 202 (207). Ebenfalls noch im Anschluss Kap. 13 C. I. Mit der Wirkung der Selbstbindung der Verwaltung argumentiert letztlich auch *Reiling* KommJur 2022, S. 161 (163) und kommt deshalb zum Schluss: „Die Eröffnung des Verwaltungsrechtswegs lässt sich bei der nicht vergünstigten Bauplatzvergabe somit bejahen, wenn die Gemeinde ein Verteilungsregime entwickelt und dieses auch befolgt". I.w.S. widerstreitend BVerwG NJW 2007, S. 2275 (2278) Rn. 14.

unbestreitbar öffentlich-rechtlichen Bauleitplanung Vertragsinstrumente benutzt, um dieselben städtebaulichen Ziele zu erreichen.

Das pragmatische Anliegen, Grundstücksmodelle möglichst einheitlich zu
beurteilen, streitet noch zuletzt für eine Zuordnung der Auswahlfindung zum
öffentlichen Recht. Es würde nämlich nicht zur Rechtsklarheit beitragen, wenn
man hinsichtlich der Konzeptvergabe auch noch danach aufteilen müsste, inwieweit die Grundstücksveräußerung mit oder ohne Subventionselementen erfolgt.

Dass ein effektives Primärrechtsschutzregime auch im Verwaltungsrechtsweg vorzufinden ist, unterstreicht das gefundene Ergebnis noch: Die VwGO
hält wirkungsvolle und erprobte Rechtsbehelfe zum Begehren des unterlegenen
Bewerbers parat, den Verteilungsgegenstand zu erlangen (B.).

B. Statthafter Rechtsbehelf

Der unterlegene Bewerber muss sich nach Art. 19 Abs. 4 GG[41] mit den Mitteln
des Verwaltungsprozessrechts zur Wehr setzen können. Richtigerweise bemisst sich der statthafte Rechtsbehelf daher gemäß der §§ 86 Abs. 3, 88 VwGO
nach dem Interesse des Rechtsschutzsuchenden: In der hier untersuchten Konstellation geht es dem unterlegenen Bewerber darum, bei der Grundstückszuteilung vor einem anderen Bewerber zum Zug zu kommen, wobei der letztere
Konkurrent das Grundstück gemäß der (schon kundgetanen[42]) gemeindlichen
Auswahlentscheidung erhalten soll. Es handelt sich dementsprechend um die
Konstellation einer sog. Konkurrentenverdrängungs- oder Mitbewerberklage[43].

---

[41] Zum weitumfassend verstandenen Schutzbereich des Art. 19 Abs. 4 GG sei hier ein
letztes Mal auf die obigen Ausführungen insb. in Fn. 65 (Einf.), aber auch in den Fn. 447
(Kap. 5) und Fn. 2 verwiesen.

[42] Hiervor käme allenfalls eine vorbeugende Unterlassungsklage in Betracht, die allerdings nur unter erschwerten Bedingungen möglich ist, vgl. an dieser Stelle allein BVerwG
NVwZ 2009, S. 525 (528) Rn. 26 zum nur ausnahmsweise vorbeugenden Rechtsschutz und
dessen hohen Anforderungen in einem grds. erst nachgängigen Verwaltungsrechtsschutzsys-
tem.

[43] Zu unterscheiden sind hiervon: Zum einen die *positive Konkurrentenklage* (bzw. Kon-
kurrentengleichstellungsklage), bei der es nur um das positive Erlangen derselben Vergünstigung geht, die dem Konkurrenten auch zukommt (und welche aufgrund der Begrenztheit
der Grundstücke nicht in Frage kommt). Zum anderen die *negative Konkurrentenklage* (bzw.
Konkurrentenabwehrklage), bei der es um die Beseitigung der Vergünstigung geht, die einem Konkurrenten zukommt (und die hier nicht in Frage kommt, da sie dem geschilderten
Rechtsschutzziel des unterlegenen Bewerbers nicht entspricht), vgl. nur *Pietzcker/Marsch*,
in: Schoch/Schneider, VerwR VwGO, § 42 Abs. 1 Rn. 141 oder *Rennert* DVBl. 2009,
S. 1333 (1333). Ausführlich zu den verschiedenen Klagebegehren in Konkurrenten-
situationen v.a. *Huber*, Konkurrenzschutz im VerwR, S. 79 ff.

Unter der Prämisse, dass die (der Auswahlentscheidung nachgelagerte) Entscheidungsformung verwaltungsaktlich nach Art. 35 Satz 1 BayVwVfG erfolgte[44], muss zur Auswahl des gerade richtigen Rechtsbehelfs zwischen der bipolaren (I.) und einer ebenfalls möglichen multipolaren Entscheidungsformung (II.) unterschieden werden. Es stellt sich dabei besonders die Frage, wie mit der schon vorliegenden Grundstückszuteilung an den dritten Bewerber zu verfahren ist.

Falls sich die Gemeinde zur Entscheidungsformung keines einzigen Verwaltungsakts gemäß Art. 35 Satz 1 BayVwVfG bedient, sondern hierzu etwa schlichte Mitteilungen erfolgen, hat das auch Auswirkungen auf die verwaltungsprozessual statthaften Rechtsbehelfe: Als Hauptsacherechtsbehelf kommt dann allein die allgemeine Leistungsklage in Betracht[45], die in § 43 Abs. 2 Satz 1 VwGO erwähnt ist und die mit einer Unterlassungsklage verbunden werden könnte. Ausweislich § 43 Abs. 2 Satz 1 VwGO ist die Feststellungsklage hiergegenüber subsidiär.

I. Bipolare Entscheidungsformung

Teilt die Gemeinde dem erfolgreichen Bewerber im Anschluss an die Auswahlentscheidung der Konzeptvergabe mittels eines Verwaltungsakts mit, dass ihm ein Grundstück zukommen soll (Zuteilungsakt), und vermittelt sie den unterlegenen Bewerbern in gleicher Weise und unabhängig davon, dass diese kein Grundstück oder nur Nachrückeplätze erhalten (Ablehnungsakte), kann von einer „bipolaren Entscheidungsformung beziehungsweise -struktur" gesprochen werden[46]. Diese Entscheidungsstruktur ist sowohl aus einem bipolaren als auch aus einem multipolaren Verwaltungsverfahren heraus möglich; die Bekanntgabe des erfolgreichen Bewerbers an die unterlegenen Bewerber kann in beiden Fällen erfolgen[47].

Wird das im Wege der Konzeptvergabe angebotene Grundstück also mit einem Verwaltungsakt „vorverteilt", steht zum Erreichen des Rechtsschutzziels des unterlegenen Bewerbers (also des Ziels der Zuteilung des Grundstücks) außer Frage, dass eine Verpflichtungsklage nach § 42 Abs. 1 Alt. 2 VwGO als

---

[44] Hierzu bereits Kap. 8.

[45] Allerdings ebenfalls nur gerichtet auf das „Verschaffen der Vorrangstellung im Konkurrenzverhältnis": Denn einer Direktklage auf Übergabe und Übereignung des Grundstücks steht § 311b Abs. 1 Satz 1 BGB entgegen. An der Anwendung der (hier herangezogenen) Zweistufentheorie soll sich durch die Wahl des verwaltungsaktlosen Vorgehens i.Ü. nichts ändern (auch wenn das im Theoriekontext teils vorgebracht wird).

[46] Zu dieser Begrifflichkeit *Wollenschläger*, Verteilungsverfahren, S. 635 ff. (aber auch zuvor S. 598 ff.). Ebenfalls bereits oben Kap. 8 (insb. Fn. 12). Im entspr. zweiseitigen Verhältnis erfolgen auch die Ausführungen von *Rennert* DVBl. 2009, S. 1333 (1335).

[47] Vgl. *Wollenschläger*, Verteilungsverfahren, S. 586 f.

Versagungsgegenklage erhoben werden muss[48]. Nur hierdurch kann der bisher unterbliebene, begünstigende Zuteilungsverwaltungsakt erstritten werden.

Die eigentliche rechtswissenschaftliche Diskussion dreht sich dann allerdings um die Frage, ob der unterlegene Bewerber daneben auch noch die bereits zugunsten eines konkurrierenden Bewerbers ausgesprochene Begünstigung beseitigen muss[49]: Vorliegend ist das die Zuteilung des Grundstücks an einen Konkurrenten. Da es sich bei dieser Zuteilung um einen Verwaltungsakt nach Art. 35 Satz 1 BayVwVfG handelt, müsste dieser Verwaltungsakt mittels einer Drittanfechtungsklage nach § 42 Abs. 1 Alt. 1 VwGO angegriffen werden.

Eine Position stellt sich bei dieser Frage auf den Standpunkt, dass die Verpflichtungsklage dem Rechtsschutzziel genügt und eine Kombination mit einer Anfechtungsklage nicht notwendig ist[50]. Begründungsansätze knüpfen hierbei auf verschiedenen Stufen der Zulässigkeitsprüfung an: Bezweifelt wird etwa die nach § 42 Abs. 2 VwGO auch für die Drittanfechtungsklage erforderliche Klagebefugnis. Ebenso wird vorgebracht, dass es der Anfechtung nicht

---

[48] Vgl. zur Grundstücksvergabe nur VG München Az. M 1 K 16.1554, BeckRS 2016, 50182; ebenso VG Augsburg Az. Au 7 K 18.327, BeckRS 2019, 26533, Rn. 19: „Das gemäß § 88 VwGO auszulegende und allein maßgebliche Begehren der Klägerin ist auf Zuweisung eines Grundstücks nach bereits erfolgtem Abschluss des entsprechenden Vergabeverfahrens gerichtet. Statthafte Klageart wäre daher grundsätzlich die Verpflichtungsklage nach § 42 Abs. 1 Alt. 2 VwGO". Allg. hierzu (Verpflichtungsklage im Konkurrentenstreit) etwa *Rennert* DVBl. 2009, S. 1333 (1336); aus der Kommentarliteratur *Pietzcker/Marsch*, in: Schoch/Schneider, VerwR VwGO, § 42 Abs. 1 Rn. 141. Wegen des Formerfordernisses nach § 311b Abs. 1 Satz 1 BGB kann der Anspruch auf den Kaufvertragsabschluss nicht direkt geltend gemacht werden: Insoweit ist das prozessual durchsetzbare Klageziel auf die Zuweisung eines Grundstücks (d.h. auf das Erlangen einer Vorrangstellung im Konkurrenzverhältnis) begrenzt (vgl. schon soeben in Fn. 45).

[49] Hierbei kann es (abhängig von den jeweiligen Gegebenheiten des Falls) um die Beseitigung eines VAs oder mehrerer VAe gehen, denen der unterlegene Bewerber die Vorrangstellung abspricht. Dass eine pauschale Anfechtbarkeit aller übrigen Zuteilungsakte nicht ohne Weiteres zu rechtfertigen ist, bemerkt auch *Pöcker* NVwZ 2003, S. 688 (689).

[50] Vgl. ausführlich nur *Schenke* NVwZ 1993, S. 718 (721 ff.); *ders.* noch heute, Verwaltungsprozessrecht, Rn. 297 f., allerdings mit dem Hinweis (Rn. 298), dass bei dem unterlegenen Bewerber mitgeteilter Zuteilung (in Verwaltungsaktsform) etwas anderes gelte, da in diesem Fall die drohende Bestandskraft abgewehrt werden müsse; zu dieser Tendenz auch *Rennert* DVBl. 2009, S. 1333 (1340); *Wysk*, in: Wysk, VwGO, § 42 VwGO Rn. 93 („Der abgelehnte Bewerber darf zwar eine Kombination mit der Anfechtungsklage [‚Verdrängungsklage'] gegen die Zulassung von Konkurrenten wählen [...] eine Notwendigkeit dazu besteht aber nicht"). Weitere Nachw. für diese Auffassung bei *Weckmann*, Die Rolle staatlicher Auswahlentscheidungen im Rechtsschutzsystem der „Konkurrentenverdrängungsklage", S. 205 (Fn. 919).

bedürfe, da die Behörde die verwaltungsaktliche Zuteilung auch nach den Art. 48 ff. BayVwVfG zurücknehmen könne[51].

Nach anderer, überzeugender Auffassung muss neben einer Verpflichtungsklage auch eine Anfechtungsklage gegen den konkurrentenbegünstigenden Zuteilungsverwaltungsakt erhoben werden: Erst hiermit wird dann erneut die Kapazität hinsichtlich des zu verteilenden Guts geschaffen[52]. Nach § 42 Abs. 1 Alt. 1 VwGO ist die Anfechtungsklage eine Gestaltungsklage mit kassatorischer Wirkung: Sie liefert deshalb ein taugliches Mittel, um auf die festgestellte, materielle Ebene durchzudringen[53]. Wird dem unterlegenen Bewerber die Zuteilung an den Konkurrenten nämlich bekanntgemacht, so gilt es in erster Linie, die eintretende Bestandskraft zu verhindern[54]. Nicht außer Acht gelassen werden darf dabei das (technische) Wesen des „Zuteilungsverwaltungsakts" als ein das Konkurrenzverhältnis feststellender Verwaltungsakt. Weiter kann nicht davon gesprochen werden, dass der isolierten Verpflichtungsklage ein effektiverer Rechtsschutz folge. Die (argumentativ vorgebrachte) verwaltungsverfahrensrechtliche Rücknahme der Zuteilungsakte wäre nämlich in das Ermessen der erlassenden Behörde gestellt[55]. Und da es sich bei der Rücknahme eines Zuteilungsverwaltungsakts für den hierdurch zunächst begünstigten Bewerber wiederum um einen belastenden Verwaltungsakt (Art. 35 Satz 1 BayVwVfG) handelt, könnte dieser erneut mit einer weiteren Anfechtungsklage nach § 42 Abs. 1 Alt. 1 VwGO angegriffen werden. Damit droht nicht nur eine zeitliche Streckung des Streitgeschehens, sondern es wären auch divergierende

---

[51] Vgl. auch *Rennert* DVBl. 2009, S. 1333 (1340). Zur Möglichkeit der Selbstkorrektur (oder gänzlichen Wiederholung des Verteilungsverfahrens) auch BVerwG NJW 1989, S. 1749 (1749).

[52] Aus der Lit. nur *Wollenschläger*, Verteilungsverfahren, S. 635 m.w.N. Bspw. auch *Seiler/Vollmöller* DVBl. 2003, S. 235 (236); *Lindner* GewArch 2016, S. 135 (136 f.); (aus der Kommentarliteratur) *Pietzcker/Marsch*, in: Schoch/Schneider, VerwR VwGO, § 42 Abs. 1 Rn. 145. Weitere Nachw. für diese Auffassung bei *Weckmann*, Die Rolle staatlicher Auswahlentscheidungen im Rechtsschutzsystem der „Konkurrentenverdrängungsklage", S. 204 (Fn. 911). Aus der Rspr. nur BayVGH NJW 1984, S. 680 (681) („neben der Verpflichtungsklage [...] gleichsam logisch vorrangig Anfechtungsklage"); neueren Datums OVG Lüneburg GewA 2010, S. 245 (245). Das BVerwG hat sich (soweit ersichtlich) bisher noch nicht klar positioniert, vgl. BVerwG NVwZ 2009, S. 525 (526 ff.) Rn. 15 ff.: Der Diskussion bewusst, verlangt dieses aber zumindest eine besondere Prüfung des Rechtsschutzbedürfnisses für die Anfechtungsklage, vgl. ebd. S. 527 f. Rn. 22, und tendiert demnach eher zur hier im Grundsatz nicht vertretenen Rechtsauffassung, dass eine isolierte Verpflichtungsklage genügt. Die Kombination wird allerdings schon längere Zeit akzeptiert, vgl. nur BVerwG NVwZ 1984, 507 (507) oder (ausdrücklicher) BVerwG NJW 1989, S. 1749 (1750).

[53] Vgl. BayVGH NJW 1984, S. 680 (681).

[54] Mit diesem Eingeständnis selbst *Schenke*, Verwaltungsprozessrecht, Rn. 298; *Wollenschläger*, Verteilungsverfahren, S. 640 f.

[55] *Pietzcker/Marsch*, in: Schoch/Schneider, VerwR VwGO, § 42 Abs. 1 Rn. 145; mit diesen Bedenken ebenfalls *Wollenschläger*, Verteilungsverfahren, S. 638.

Gerichtsentscheidungen nicht auszuschließen[56]. Dass in besonderen Fällen Schwierigkeiten bei der Erhebung von zusätzlichen Drittanfechtungsklagen aufkommen können[57], ist dabei gar nicht zu bestreiten. Doch kann diesem Umstand mit prozesspraktischen Erwägungen begegnet werden: So ist eine Anfechtung im Lichte des Art. 19 Abs. 4 GG zumindest dann entbehrlich, wenn die Beseitigung der Zuteilungsakte für den Rechtsschutzsuchenden entweder quantitativ oder qualitativ unzumutbar ist[58].

Entsprechende Ableitungen sind demnach auch auf Rechtsschutzersuchen bei der Konzeptvergabe zu übertragen: Wird dem unterlegenen Bewerber die Grundstückszuteilung bekanntgemacht, muss er mittels einer (zusätzlich zur Verpflichtungsklage zu erhebenden) Anfechtungsklage zunächst mindestens einen feststellenden Zuteilungsverwaltungsakt beseitigen, um dessen Bestandskraft zu verhindern und „Platz" für die eigene Grundstückszuteilung zu schaffen. Aufgrund quantitativer und qualitativer Unzumutbarkeiten kann von diesem Grundsatz eine Ausnahme gemacht werden.

II. Multipolare Entscheidungsformung

Erfolgen Grundstückszuteilung und -versagung in einem (zumindest theoretisch möglichen) „einheitlichen Verwaltungsakt", vereinfacht sich die Rechtsschutzdebatte, wobei auch für diese Konstellation verschiedene Ansichten vertreten werden. Bei der „multipolaren Entscheidungsformung" wird mit nur einem Verteilungsverwaltungsakt gegenüber allen Bewerbern eine einheitliche Auswahlregelung getroffen[59].

Während für den unterlegenen Bewerber auch hier die Notwendigkeit einer (möglicherweise im Teilaufhebungsantrag begrenzten) Anfechtungsklage erwogen wird[60], erscheint es bei ernstgenommener Einheitlichkeit des Verwaltungsakts überzeugender, die kassierende Wirkung einer isoliert möglichen

---

[56] OVG Lüneburg GewA 2010, S. 245 (245) und im Anschluss *Wollenschläger*, Verteilungsverfahren, S. 641 (Gefahr einer der Verfahrens- und Prozessökonomie widersprechenden Verfahrensverdopplung). Stellt man die Rechtskrafterstreckung (§ 121 Nr. 1 Alt. 1 VwGO) im eigentlichen Klageverfahren über die Beiladung (§§ 63 Nr. 3, 65 Abs. 1, Abs. 2 VwGO) des zunächst begünstigten Konkurrenten her, so fallen die Vorteile einer „prozessualen Einfachheit" der isolierten Verpflichtungsklage ggü. der mit der Anfechtungsklage kombinierten Verpflichtungsklage nicht mehr ins Gewicht, ebd. S. 641.

[57] Hierzu auch *Pietzcker/Marsch*, in: Schoch/Schneider, VerwR VwGO, § 42 Abs. 1 Rn. 145. Vgl. bereits BVerwG NJW 1989, S. 1749 (1750).

[58] BayVGH GewA 2015, S. 460 (460 f.) Rn. 24 f.

[59] Vgl. (so verstanden) *Wollenschläger*, Verteilungsverfahren, S. 642. Hierzu (ebd.) i.w.S. noch S. 575 ff., 586 f., 598 ff. Allerdings räumt *ders.* etwa auf S. 580 ein, dass es sich beim „einheitlichen Verwaltungsakt" um ein in der Praxis kaum zu erblickendes Konstrukt handelt. Siehe zu weiteren Nachweisen i.Ü. schon zuvor Fn. 12 (Kap. 8).

[60] Mit dieser Auffassung *Pöcker* NVwZ 2003, S. 688 (689).

Versagungsgegenklage zur Bestandskraftverhinderung genügen zu lassen[61]: Die Verpflichtungsklage kann damit „unter Aufhebung des Zuteilungs- und Versagungsbescheids" beantragt werden.

C. Rechtsbehelfsbefugnis

Nach § 42 Abs. 2 VwGO ist die Klage nur zulässig, wenn der Kläger geltend macht, durch den Verwaltungsakt oder seine Ablehnung oder Unterlassung in seinen Rechten verletzt zu sein. Mit diesem Erfordernis der Klagebefugnis hat sich der Gesetzgeber für ein System des subjektiven Individualrechtsschutzes entschieden. Hieran hat sich sowohl die Verpflichtungsklage (I.) als auch die Anfechtungsklage (II.) des in der Konzeptvergabe unterlegenen Bewerbers zu messen.

I. Verpflichtungsklage

Bei Annahme einer verwaltungsaktlichen Entscheidungsformung ist unter allen Umständen eine Verpflichtungsklage zu erheben: Denn erstrebt wird vorrangig die Zuteilung des Grundstücks an den unterlegenen Bewerber selbst. Für die Klagebefugnis müsste es damit „möglich erscheinen, dass der Kläger einen Anspruch auf den Erlass des von ihm begehrten VAs oder auf eine entsprechende Verbescheidung hat"[62].

Aus dem Gesetzesrecht ergibt sich dieser Anspruch in der vorliegenden Konstellation der Konzeptvergabe allerdings nicht. Ob und an wen die Gemeinde ihr Vermögen veräußert, obliegt grundsätzlich ganz allein ihr selbst[63]. Sogar aus etwaig aufgestellten Konzeptvergaberichtlinien lässt sich kein Anspruch auf die Zuteilung des erstrebten Grundstücks herleiten[64]. Den Verwaltungsvorschriften kommt im Grundsatz allein eine Innenwirkung innerhalb der Verwaltung zu, weshalb sie im Verhältnis zum Bürger keine subjektiven Rechte begründen können[65].

Ein anderes Bild ergibt sich allerdings, wenn man sich nicht mehr unmittelbar auf die Konzeptvergaberichtlinie selbst bezieht, sondern über den allgemeinen Gleichheitssatz des Art. 3 Abs. 1 GG an die praktische Handhabe der

---

[61] *Wollenschläger*, Verteilungsverfahren, S. 642.

[62] *Sodan/Ziekow*, Grundkurs Öffentliches Recht, § 99 Rn. 5.

[63] Teils wird dies als Ausfluss der in Art. 28 Abs. 2 GG und in Art. 11 Abs. 2 BV verbürgten kommunalen Selbstverwaltungsgarantie erachtet, vgl. VG Sigmaringen Az. 7 K 3840/20, BeckRS 2020, 38807 ff., Rn. 34 (zum baden-württembergischen Landesrecht).

[64] Der Einsatz von (ermessensleitenden) Verwaltungsvorschriften kann dabei gerade zu einer gleichheitssatz*gemäßen* Verwaltungspraxis führen, vgl. nur BVerwG Az. 2 C 5/79, BeckRS 1981, 2517, Rn. 16. Zur „Programmpflicht" bereits oben Kap. 5 A. V. 3. C.

[65] *Maurer/Waldhoff*, Allgemeines VerwR, § 24 Rn. 22, Rn. 37 ff.

Verwaltungsvorschrift anknüpft[66]. Mit einem „Transmissionsriemengedanken" kann der Verwaltungsvorschrift damit nämlich im Ergebnis eine sog. „mittelbare Außenwirkung" zukommen[67]: Wenn eine Gemeinde Konzeptvergaberichtlinien erlässt und zum Einsatz bringt, begründet sie hierdurch eine Verwaltungspraxis, die zu ihrer eigenen Selbstbindung führt. In der letztendlichen Folge darf die Gemeinde bei der Anwendung der Verwaltungsvorschrift nicht mehr ohne Weiteres von dieser abweichen; und die angebotenen Grundstücke dürfen nur entsprechend der Richtlinie vergeben werden. Rückt die Gemeinde dann doch von der Richtlinienanwendung ab, ohne dass ein Ausnahmefall dies rechtfertigen würde, kann der hierdurch belastete Bürger die Verletzung des Art. 3 Abs. 1 GG geltend machen[68]. Dem unterlegenen Bewerber kann insoweit aufgrund der (mit der Beachtenspflicht des Art. 3 Abs. 1 GG belegten) Handhabe der Konzeptvergaberichtlinie ein Anspruch auf die Grundstückszuteilung oder doch zumindest auf eine ermessensfehlerfreie Zuteilungsentscheidung zustehen[69]. Für die Klagebefugnis nach § 42 Abs. 2 VwGO genügt bereits dessen Geltendmachung.

Kommt es erstmalig zur gemeindlichen Konzeptvergabe oder wird eine Konzeptvergaberichtlinie gerade auf einen bestimmten Grundstücksverkauf „maßgeschneidert", so kann von einer gängigen Kommunalpraxis noch nicht die Rede sein. Gleichwohl ist in solchen Fällen von einer sog. „antizipierten Verwaltungspraxis" auszugehen[70]. Hiernach bindet sich die Gemeinde schon

---

[66] Ebenfalls die Rspr. zu anderen Grundstücksvergaben, vgl. (chron.) VG München Az. M 1 K 16.1554, BeckRS 2016, 50182; VG München Az. M 1 E 16.3167, BeckRS 2016, 50177; VG Sigmaringen Az. 7 K 3840/20, BeckRS 2020, 38807, Rn. 22 (Antragsbefugnis) und dann i.R.d. Begründetheit Rn. 34 zum Anordnungsanspruch; VG Saarlouis Az. 3 L 1535/20, BeckRS 2021, 8674, Rn. 15.

[67] Vgl. nur *Wollenschläger*, in: v. Mangoldt/Klein/Starck, GG, Art. 3 Rn. 193 und *ders.* NVwZ 2016, S. 1535 (1536) in einem die Auftragsvergabe betreffenden Kontext. Grdl. auch die st. Rspr. des BVerfG: So nur NJW 2006, S. 3701 (3703) Rn. 64 f.: „Eine Abweichung von solchen Vorgaben kann eine Verletzung des Art. 3 I GG bedeuten. Insofern verfügt jeder Mitbewerber über ein subjektives Recht, für das effektiver Rechtsschutz gewährleistet werden muss". Ebenfalls i.Ü. *Wilke* ZfBR 2004, S. 141 (147) m.w.N.

[68] Unerheblich ist dabei, ob die Verletzung des Art. 3 Abs. 1 GG den Verfahrensablauf oder die „kriteriengetragene" (materielle) Auswahlentscheidung betrifft, vgl. *Rennert* DVBl. 2009, S. 1333 (1338). Bereits oben zur doppelseitigen Wirkung des Art. 3 Abs. 1 GG mit Einflüssen auf die Kriterien und das Verfahren: Kap. 5 A. V. 3. c) und Kap. 6 A. II. 1.

[69] *Wollenschläger*, in: v. Mangoldt/Klein/Starck, GG, Art. 3 Rn. 194 (gleichwohl ohne in diesem Fall ein Konkurrenzverhältnis zu thematisieren): „Erfüllt der Anspruchsteller die nach der Verwaltungspraxis bestehenden Voraussetzungen, ohne begünstigt worden zu sein, begründet der Grundsatz der Selbstbindung der Verwaltung einen Leistungsanspruch". Hierneben aktuell das VG Sigmaringen Az. 14 K 4018/21, BeckRS 2022, 3911, Rn. 8 zu einem vergabeleitliniengeprägten Grundstücksmodell: „zumindest einen Anspruch auf eine ermessensfehlerfreie Entscheidung".

[70] Vgl. nur BVerwG VerwRspr 1978, S. 297 (300 f.); BVerwG Az. 2 C 5/79, BeckRS 1981, 2517, Rn. 16; BVerwG Az. 2 C 42.79, BeckRS 1981, 31271948.

selbst an die Verwaltungsvorschriften, wenn diese erstmals zum Einsatz kommen[71].

Neben einem Verstoß gegen Art. 3 Abs. 1 GG kann der Kläger auch einen Verstoß gegen die unionalen Grundfreiheiten geltend machen. Diese sind unmittelbar geltende, subjektive Rechte[72] und können demnach für die Klagebefugnis nach § 42 Abs. 2 VwGO angeführt werden[73]. Wenn man allerdings von einer unionsrechtskonformen Ausgestaltung der Konzeptvergabe hinsichtlich des Verfahrens und der Kriterien ausgeht[74], so kommt eine Rüge allenfalls im Hinblick auf eine grundfreiheitswidrige, zuteilungsvereitelnde Handhabe des aufgestellten Verteilungsprogramms in Betracht.

II. Anfechtungsklage

Wie oben bereits dargelegt, ist zur Konkurrentenverdrängungsklage bei einer Entscheidungsformung mittels Zuteilungs- und Versagungsverwaltungsakten mit der Verpflichtungsklage kombiniert auch eine Anfechtungsklage zu erheben. Ebenfalls für diese muss eine Klagebefugnis nach § 42 Abs. 2 VwGO vorliegen: Der unterlegene Bewerber muss also geltend machen, durch den drittbegünstigenden Zuteilungsverwaltungsakt in seinen Rechten verletzt zu sein.

Hierbei sollte in der behandelten, durch Verwaltungsvorschriften ausgestalteten Bewerberauswahlsituation auf die potenzielle Verletzung des allgemeinen Gleichheitssatzes des Art. 3 Abs. 1 GG abgestellt werden können[75]. Der Zuteilungsverwaltungsakt kann die Verletzung schließlich verfestigen, selbst wenn der eigentliche Fehler in der noch internen Auswahlentscheidung liegen mag.

---

[71] Vgl. nur *Sachs*, in: Stelkens/Bonk/Sachs, VwVfG, § 40 Rn. 112; *Seckelmann*, in: Terwiesche/Prechtel, Hdb. VerwR, Kap. 14 Rn. 84.

[72] *Ehlers*, in: Ehlers, Europäische Grundrechte und Grundfreiheiten, § 7 Rn. 10; auch *Sauer* JuS 2017, S. 310 (311).

[73] Hier nur *Rozek* JURA 2021, S. 30 (37) und aus der Lehrbuchliteratur *Hufen*, Verwaltungsprozessrecht, § 14 Rn. 80. Ebenfalls aus Art. 108 Abs. 3 Satz 3 AEUV kann sich i.Ü. eine Klagebefugnis ergeben, vgl. BVerwG EuZW 2011, S. 269 (270) Rn. 13 und BVerwG EuZW 2017, S. 355 (356) Rn. 13 sowie auch *Schmidt-Kötters*, in: BeckOK VwGO, § 42 VwGO Rn. 207.

[74] Entspr. den oben behandelten Vorgaben, siehe insb. Kap. 5 A. IV. 4. und Kap. 6 A. I. 2.

[75] Zur Klagebefugnis bei der Konkurrentenverdrängungsklage auch *Schmidt-Kötters*, in: BeckOK VwGO, § 42 Rn. 208. *Quaas*, in: Quaas/Zuck/Clemens, Medizinrecht, Rn. 665 hält Art. 3 Abs. 1 GG in anderem Kontext (krankenhausrechtliche Konkurrentenverdrängungsklage) für „fraglos einschlägig". Sogar *Rennert* DVBl. 2009, S. 1333 (1338 f.) *könnte* (trotz seiner in die entgegengesetzte Richtung weisenden Kritik) so verstanden werden, wenn von einer Bekanntgabe der Zuteilungen an die unterlegenen Bewerber ausgegangen wird.

D. Tenorierungsmöglichkeiten

Wie schon erwähnt, kommt der Gemeinde bei der Veräußerung ihrer Grundstücke ein enormer Spielraum zu. Wählt die Gemeinde ein Auswahlverfahren, das in einer verwaltungsaktlichen Zuteilungsbekanntgabe mündet, so kann auch rechtstechnisch von einem „Ermessen" nach Art. 40 BayVwVfG oder § 114 Satz 1 VwGO gesprochen werden.

Zwar bindet sich die Gemeinde hinsichtlich des Ermessens durch den Einsatz der Konzeptvergaberichtlinien. Gleichwohl entledigt sie sich ihres Ermessens nicht vollständig; und vor dem Hintergrund der Gewaltenteilung kommt der Kommune die Interpretationshoheit hinsichtlich ihrer Richtlinien zu[76]. Ebenfalls verbleibt ein gemeindliches Ermessen bei Fragen, die nicht durch die Verwaltungsvorschrift betroffen sind, sowie dort, wo die Richtlinie mögliche Anwendungsspielräume offenhält.

Dementsprechend selten werden Fälle der „Ermessensreduktion auf Null" vorliegen. Für einen Verpflichtungstenor nach § 113 Abs. 5 Satz 1 VwGO wäre das aber notwendig („Spruchreife")[77]. Ganz regelmäßig wird das Verwaltungsgericht somit allein ein Bescheidungsurteil im Sinne des § 113 Abs. 5 Satz 2 VwGO aussprechen können: Ein solches Urteil verpflichtet die beklagte Gemeinde, unter Beachtung der Rechtsauffassung des Gerichts neu über die Grundstücksverteilung zu entscheiden. Praxisüblich ausgesprochen werden kann im Tenor der Verpflichtungsklage ebenfalls die Aufhebung des Versagungsbescheids, der an den unterlegenen Bewerber gerichtet war[78].

Mit der Konkurrentenverdrängungsklage ist auch über die Drittanfechtungsklage zu urteilen. Ergibt sich eine rechtswidrige und den Kläger in seinen Rechten verletzende Zuteilung an den zunächst Begünstigten, so spricht das Gericht gemäß § 113 Abs. 1 Satz 1 VwGO die unmittelbare Aufhebung des Verwaltungsakts aus.

---

[76] Vgl. BVerwG NVwZ 2003, S. 1384 (1384); hierneben BayVGH Az. 4 CE 07.266, BeckRS 2008, 32267, Rn. 11; BayVGH Az. 4 ZB 07.3484, BeckRS 2009, 43046, Rn. 8.

[77] Vgl. nur *Hufen*, Verwaltungsprozessrecht, § 26 Rn. 20; *Kintz*, Öffentliches Recht im Assessorexamen, Rn. 62, Rn. 371. Spruchreife bedeutet nach *Hufen*, Verwaltungsprozessrecht, § 26 Rn. 16, „dass alle tatsächlichen und rechtlichen Voraussetzungen für eine abschließende gerichtliche Entscheidung über das Klagebegehren gegeben sind".

[78] *Hufen*, Verwaltungsprozessrecht, § 38 Rn. 38.

E. Einstweiliger Rechtsschutz

Wenn das Grundstück veräußert ist, bevor über den Konkurrentenstreit in der Hauptsache entschieden wurde, dann kam der Rechtsschutz zu spät[79]. Um der Garantie des Art. 19 Abs. 4 GG gerecht zu werden, sind für den Verwaltungsprozess aber einstweilige Rechtsbehelfe in den §§ 80 und 123 VwGO vorgesehen.

Welcher Eilrechtsbehelf statthaft ist, richtet sich prinzipiell ganz nach der Statthaftigkeit des Hauptsacherechtsbehelfs. Sind für die Konkurrentenverdrängungsklage die Anfechtungs- und die Verpflichtungsklage zu verbinden, so stellt sich also die Frage, ob dieser Weg auch für den Eilrechtsschutz nachzuzeichnen ist: Hat der unterlegene Bewerber den einstweiligen Rechtsschutz sowohl über § 80 VwGO als auch über § 123 VwGO zu suchen[80]?

Auch wenn das für Konkurrentenstreitigkeiten durchaus erwägenswert ist, bei denen die erstrebte Zuteilung alsbald „einen Empfänger finden sollte" (beispielsweise wegen der Terminierung eines Jahrmarkts)[81], muss man dieser Ansicht für die Konzeptvergabe nicht folgen. Begründen lässt sich das vor allem damit, dass einer Anfechtungsklage bereits nach § 80 Abs. 1 Satz 1 VwGO aufschiebende Wirkung zukommt[82]. Mit § 80 Abs. 1 Satz 2 VwGO ist geklärt, dass dies ebenfalls bei feststellenden Verwaltungsakten sowie bei Verwaltungsakten mit Doppelwirkung gilt. Soweit kein Fall vorliegt, in dem diese

---

[79] Vgl. insoweit die Ausführungen des VG München Az. M 1 E 19.5556, BeckRS 2020, 18771, Rn. 22.

[80] In den meisten Fällen, in denen einstweiliger Rechtsschutz bei anderweitigen Grundstücksvergaben ersucht wurde, hatten die unterlegenen Bewerber den Weg (lediglich) über § 123 Abs. 1 VwGO gesucht, was die Gerichte auch billigten, vgl. (chron.) VG München Az. M 11 E 15.1923, BeckRS 2015, 51784; VG Sigmaringen Az. 3 K 7459/18, BeckRS 2019, 15651, Rn. 7 (Sicherungsanordnung); VG München Az. M 1 E 19.5556, BeckRS 2020, 18771, Rn. 20 (Sicherungsanordnung zur Erhaltung des „status quo") (Tenorierung: „Die Antragsgegnerin wird verpflichtet, bis zur Entscheidung in der Hauptsache alle Maßnahmen zu unterlassen, die auf die Vergabe des Grundstücks Parzelle Nr. 3 im Rahmen des Einheimischenmodells ‚... ...' gerichtet sind"); VG Sigmaringen Az. 7 K 3840/20, BeckRS 2020, 38807, Rn. 21; VG Saarlouis Az. 3 L 1535/20, BeckRS 2021, 8674, Rn. 1, Rn. 3, Rn. 8 (Tenorierung: „Dem Antragsgegner wird untersagt, die Grundstücke 1 bis 7 im Baugebiet ‚H. straße' zu vergeben und rechtswirksam zu veräußern"). Schließlich entschied das VG Sigmaringen auch zur (verwaltungsaktlosen) *Konzeptvergabe* über einen Antrag nach § 123 Abs. 1 Satz 1 VwGO, Az. 4 K 4006/21, BeckRS 2022, 18530.

[81] Vgl. hierzu *Schoch*, in: Schoch/Schneider, VerwR VwGO, § 80 Rn. 48a, Rn. 74 ff.

[82] Von einer entspr., die Umsetzung des Zuteilungsverwaltungsakts hindernden Wirkung (der mit § 80 Abs. 1 Satz 1 VwGO eintretenden aufschiebenden Wirkung) geht i.Ü. auch *Kössinger*, Die Vergabe gemeindlicher Baugrundstücke, S. 259 f. aus.

aufschiebende Wirkung nicht eintritt, genügt also bereits die Klageerhebung[83]: Der gemeindliche Veräußerungsprozess kann hiermit zum zeitweiligen Stillstand gebracht werden. Sollte es dann aber doch zur faktischen Vollziehung des Zuteilungsakts kommen, so könnte der unterlegene Bewerber analog § 80 Abs. 5 VwGO die aufschiebende Wirkung der Anfechtungsklage nach § 80 Abs. 1 Satz 1 VwGO feststellen lassen[84]. Oftmals sollte das ausreichen, um die missbilligte Veräußerung des Grundstücks bis zur Hauptsacheentscheidung zu verhindern.

Der Rechtsschutz über § 123 Abs. 1 Satz 1 VwGO kann aber schließlich dann erwogen werden, wenn eine Anfechtungsklage nicht betrieben werden kann[85] oder wenn es zur Grundstücksveräußerung an einen „dritten", nicht durch den Verwaltungsakt begünstigten Bewerber kommen soll[86]. Weiterhin ist Rechtsschutz über § 123 Abs. 1 Satz 1 VwGO auch dann zu suchen, wenn die Auswahlentscheidung nicht mittels Verteilungsverwaltungsakten in die Außenwelt tritt. In diesen Fällen kommt allein die Beantragung einer Sicherungsanordnung in Betracht: Denn es geht um die Erhaltung des „status quo" bis zur Gerichtsentscheidung in der Hauptsache.

F. Bilanz

Beschäftigt man sich mit dem Rechtsschutzersuchen des in der Konzeptvergabe unterlegenen Bewerbers, so stellen sich zum Konkurrentenstreit mehrere Fragen.

Ob eine öffentlich-rechtliche Streitigkeit nach § 40 Abs. 1 Satz 1 VwGO vorliegt, lässt sich am besten bei Zuhilfenahme der Zweistufentheorie ermitteln: Die notwendige „(Zwei-)Stufung" wird durch den vorgeschalteten Auswahlprozess offenkundig und der städtebauliche Kaufvertrag folgt erst im Abwicklungsverhältnis. Relevant für die Rechtswegabgrenzung ist mithin vor allem, ob „die erste Stufe der Konzeptvergabe" dem öffentlichen Recht oder dem Zivilrecht zuzuordnen ist. Unabhängig davon, ob Subventionselemente

---

[83] Geht es um die Anordnung oder Wiederherstellung der aufschiebenden Wirkung, so ist den Verfahren nach §§ 80 Abs. 5, 80a VwGO gem. § 123 Abs. 5 VwGO der Vorrang einzuräumen.

[84] Vgl. nur *Schoch*, in: Schoch/Schneider, VerwR VwGO, § 80 Rn. 356 m.w.N. Aus der Rspr. bspw. BVerwG Az. 6 VR 3.19, BeckRS 2019, 20202, Rn. 8; BVerwG Az. 1 C 36/82, BeckRS 1983, 05905.

[85] Etwa aus den o.g. Gründen der quantitativen oder qualitativen Unzumutbarkeit, vgl. Kap. 13 B. I.

[86] Bzw. „vierten Bewerber", vgl. *Kössinger*, Die Vergabe gemeindlicher Baugrundstücke, S. 277 f., der die „offenen Flanken der Suspensivwirkung nach § 80 Abs. 1 VwGO" ebenfalls darstellt (S. 276 ff.).

miteingeschlossen sind oder nur städtebauliche Ziele verfolgt werden, lässt sich das häufig annehmen.

Das Rechtsschutzbegehren des unterlegenen Bewerbers geht dahin, bei der Grundstückszuteilung selbst zum Zug zu kommen, obwohl die Gemeinde das Grundstück bereits einem Konkurrenten zugesprochen hat. Zu bestreiten ist damit eine Konkurrentenverdrängungs- oder Mitbewerberklage. Geht man von einer bipolaren Entscheidungsformung aus, bei der zumindest die Zuteilung als Verwaltungsakt nach Art. 35 Satz 1 BayVwVfG erfolgt, muss neben einer Verpflichtungsklage auch eine Anfechtungsklage gegen den konkurrentenbegünstigenden Zuteilungsverwaltungsakt erhoben werden.

Die nach § 42 Abs. 2 VwGO erforderliche Klagebefugnis kann vorliegen, wenn man über den allgemeinen Gleichheitssatz des Art. 3 Abs. 1 GG an den praktischen Einsatz der Konzeptvergaberichtlinien anknüpft. Hiermit vermag der Verwaltungsvorschrift eine mittelbare Außenwirkung zuzukommen: Weicht die Gemeinde ungerechtfertigt von der Richtlinie ab, lässt sich eine Rechtsverletzung rügen.

Regelmäßig wird das Verwaltungsgericht auf die Verpflichtungsklage nur ein Bescheidungsurteil im Sinne des § 113 Abs. 5 Satz 2 VwGO aussprechen können, wobei die Aufhebung eines Versagungsbescheids im Tenor mitaufzunehmen ist. Die Aufhebung des Zuteilungsverwaltungsakts folgt der begründeten Anfechtungsklage.

Der einstweilige Rechtsschutz soll die missbilligte Veräußerung des Grundstücks bis zur Hauptsacheentscheidung verhindern. Oftmals wird es hierzu bereits genügen, dass der Anfechtungsklage des unterlegenen Bewerbers nach § 80 Abs. 1 Satz 1 VwGO eine aufschiebende Wirkung zukommt, die sich feststellen lässt. Greift das nicht durch (und geht es nicht um die Anordnung oder die Wiederherstellung einer aufschiebenden Wirkung), kann in weiteren Fällen auch eine Sicherungsanordnung nach § 123 Abs. 1 Satz 1 VwGO anzustreben sein.

Zusammenfassung in Leitsätzen

Die Konzeptvergabe kann nicht nur Innovation stiften: Als solche ist die Konzeptvergabe schon innovativ. Schöpfermut haben ihre kommunalen Wegbereiter bewiesen. Denn die städtebauliche Zielverfolgung durch eine derartige Grundstücksvergabe sieht das Gesetz im Grunde nicht vor. Misst man der Öffnungsklausel des § 11 Abs. 4 BauGB aber den gesetzgeberischen Auftrag bei, die kreative Rechtsgestaltung im Rahmen der Gesetze auszuschöpfen[1], so stellt die Konzeptvergabe heute ein hieraus hervorgegangenes, neues Gestaltungsmittel des städtebaurechtlichen Werkzeugkastens dar. Ohne Weiteres kann sie sich auf Augenhöhe neben andere Grundstücksmodelle reihen, die teils schon Eingang ins Gesetz fanden[2].

Diese Untersuchung fühlte sich dabei von Anfang an dem arbeitsteilig-kooperativen Grundverhältnis von Verwaltungsrechtswissenschaft und Verwaltungsrechtspraxis[3] verbunden: Im besten Fall können die erarbeiteten Forschungsergebnisse dazu dienen, Hemmnisse zum Einsatz der Konzeptvergabe zu verringern und das Grundstücksmodell zur Erreichung städtebaulicher Ziele zu etablieren. Erfreulich wäre es, wenn sich die (nicht nur bayerischen) Gemeinden von der Wissenschaft bei der Bewältigung der „Herkulesaufgabe Wohnraumschaffung" unterstützt fühlen.

Etliche Rechtsansichten zur Konzeptvergabe konnten in dieser Arbeit bestätigt werden. Keine Abweichungen offenbaren sich im Vergleich zu den bereits geschilderten Sachverhalts- bzw. Geschehensabbildungen.

Gleichwohl war es in dieser Untersuchung erstmals möglich, den wesentlichen Rechtsrahmen der Wohnraum-Konzeptvergabe im Detail zu erarbeiten. Und bei Einbeziehung all der dargelegten Einflüsse des Rechts ließ sich die oben aufgeworfene Forschungsfrage in Abgleich mit dem schon zu Tage tretenden Konzeptvergabegeschehen wie folgt beantworten: Das untersuchte

---

[1] In diesem Sinne *Michael*, in: Rottke/Goepfert/Hamberger, Immobilienwirtschaftslehre Recht, S. 401 (409): „Indem der Gesetzgeber doppelt bekräftigt, dass die Entwicklung weiterer Typen in der Praxis möglich ist, bringt er zum Ausdruck, dass die kreative Rechtsgestaltung im Rahmen der Gesetze in diesem Bereich sogar gewünscht ist". Siehe hierzu bereits Kap. 2 D. III.

[2] Das gilt etwa für das Einheimischenmodell, das in § 11 Abs. 1 Satz 2 Nr. 2 Var. 5 BauGB wiederzufinden ist.

[3] Vgl. *Schoch*, in: Burgi (Hrsg.), Zur Lage der Verwaltungsrechtswissenschaft, S. 11 ff. Auch *Kahl*, Wissenschaft, Praxis und Dogmatik im VerwR, S. 16 ff. („Das arbeitsteilig-kooperative Grundverhältnis von Verwaltungsrechtswissenschaft und Verwaltungsrechtspraxis in der Gegenwart"), allerdings auch mit krit. Würdigung, ebd. S. 23 ff.

Grundstücksmodell kann auch unter Wahrung aller rechtlichen Rahmenbedingungen als ein wirksames städtebauliches Instrument zum Einsatz kommen.
Das gilt sowohl für das Verfahren der Konzeptvergabe als auch für die Vielzahl
der eingesetzten Vergabekriterien. Ebenso existieren gangbare Wege, sowohl
die Anhandgabe als auch die im Kaufvertrag niederzulegende Konzeptsicherung vertraglich umzusetzen.

Allein manche der aus der Praxis aufgegriffenen Vergabekriterien müssen
bisweilen die Europarechtswidrigkeit fürchten. Doch versetzt man sich in die
Lage einer Kommune, die gerade erst „ihre Konzeptvergabe" entwirft, bleibt
eben nochmals zu verzeichnen: Hält sie sich an die herausgebildeten Anforderungen, so muss sie den Griff zur Konzeptvergabe nicht mehr scheuen. Das gilt
besonders für die hier schwerpunktmäßig behandelten Fälle, in denen an Baugemeinschaften vergeben und Wohnraum geschaffen werden soll.

Geht es darum, bestimmte Vergabe- und Verfahrensweisen für eine (im Hinblick auf ihre Zielsetzungen) möglichst fruchtbare Konzeptvergabe auszuwählen, ist festzustellen: In erster Linie sind an dieser Stelle nicht die Mittel des
Rechts gefragt. Zwar bietet etwa das Erbbaurecht neben Möglichkeiten der
dinglichen Absicherung der Konzeptrealisierung erhoffte Potenziale für eine
nachhaltige Stadtentwicklung. Doch sind es vielfach weiterhin die Kommunen
selbst, die darüber entscheiden müssen, welche der rechtmäßigen Verfahrensmodi und welche der rechtmäßigen Vergabekriterien für welche konkrete Maßnahmenrichtung inwieweit gewinnbringend sind. Hierfür bleibt allein folgende
Erkenntnis interessant: Allemal besteht ein diesbezüglich genügender Spielraum, der innovativ ausgefüllt werden kann und Weiterentwicklungen des
Grundstücksmodells zulässt.

Da die anzusetzenden Rechtsvorgaben wegen der vielschichtigen Anknüpfungspunkte des Grundstücksmodells nicht pauschal in einem Schritt abzubilden sind (wie dasselbe auch für die Beantwortung der zugrunde gelegten Forschungsfragen galt), wird in dieser Zusammenfassung der wesentlichen Ergebnisse nochmals vorrangig anhand der obigen Untersuchungsabschnitte unterteilt.

Impulse zur Wohnraumschaffung

1. Nur vereinzelte Handlungsimpulse können aus dem Unions- und Verfassungsrecht hergeleitet werden, wenn es um das kommunale Betätigungsfeld
„Wohnraumschaffung" geht. Während sich das unionale Primärrecht nur stellenweise mit Wohnraumthematiken befasst, wird vor allem das Bundes- und
das Landesverfassungsrecht für die Gemeinden handlungsbestimmend sein.
Fest in den Griff genommen sind die Kommunen hierdurch aber ebenfalls
nicht. Auf der Bundesebene ist es vor allem das in Art. 20 Abs. 1 GG verbürgte
Sozialstaatsprinzip, das die Gemeinden dazu anhalten kann, bei Missständen

der Wohnraumversorgung tätig zu werden. Zumindest wird ein Handeln auf dieser Grundlage oftmals gerechtfertigt sein. Die Mütter und Väter der Bayerischen Verfassung nahmen sich der gesellschaftlichen Wohnraumfragen gezielter an, und so finden sich in den Art. 83 Abs. 1, 106 Abs. 1, 106 Abs. 2, 125, 161 BV mehrere Äußerungen in dieser Hinsicht. Gleichwohl bleibt die ganz überwiegende Gesetzesauslegung hinter den teils nur programmatisch verstandenen Verfassungspassagen zurück.

Charakterisierung

2. „Die eine Konzeptvergabe" existiert nicht. Vielmehr muss „die Konzeptvergabe" als Bezeichnung einer kommunalen Grundstücksveräußerungsvariante verstanden werden, die sich kontinuierlich fortentwickelt. Dass die Gemeinden „ihre Konzeptvergaben" unterschiedlich ausgestalten, machte das Unterfangen beschwerlicher, diese immer qualitätsorientierten Grundstücksvergaben übergreifend und abstrakt zu behandeln.

3. Die von *Weiß* gelieferte Beschreibung der Konzeptvergabe als die „Vergabe von Grundstücken im Wege des Konzeptwettbewerbs" konnte sich in dieser Arbeit bestätigen. Das Wesenselement der Konzeptvergabe besteht darin, dass in einer Grundstücksausschreibung Vergabekriterien vorgegeben werden, deren Erfüllung schlussendlich über den Verteilungszuspruch entscheiden wird. Das bewerberseits eingereichte „Konzept" kann (mit den Vorstellungen zur künftigen Grundstücksbebauung und -nutzung) als Gesamtpaket begriffen werden, mit dem den oftmals differierenden Vergabekriterien nachgekommen werden soll.

4. Anzuführen ist allerdings, dass sich die genannten Vergabekriterien zwar immer auch, nicht aber zwangsläufig nur auf die zukünftige Bebauung und Nutzung des Grundstücks beziehen müssen. Erkenntlich ist nämlich, dass vor allem zur Wohnraumschaffung ebenso bewerberbezogene Vergabekriterien in den Kriterienkanon miteinzuziehen, um die Zielgruppenorientierung der Grundstücksvergabe sicherzustellen.

5. Auch andere Verfahrensdetails konnten aus den von *Temel* in seiner BBSR-Studie dargestellten Konzeptvergaben im Wege der verallgemeinernden Ableitung herausgebildet werden. An obiger Stelle erfolgten daher Erläuterungen beispielsweise zum Veräußerungsgegenstand, zur Beteiligung auf der Veräußererseite, zum Verfahrensablauf, zu den Vergabekriterien, zu den eingesetzten Bewertungsmethoden oder zum Zuschnitt des Bewerberkreises. Aus der Charakterisierung herausgegriffen werden kann etwa, dass der erfolgreiche Grundstücksbewerber mit der veräußernden Gemeinde nach dem Auswahlprozess regelmäßig in eine Zwischenphase tritt, die man als Anhandgabephase bezeichnet. Diese wird genutzt, um noch Umstände abzuklären, ohne die es nicht zum schlussendlichen Grundstücksverkauf kommen soll. Aus einem

vertragsrechtlichen Blickwinkel ist weiterhin die Sicherung der Konzeptrealisierung interessant. Diese muss mitunter aus Rechtsgründen erfolgen, damit
das Verfahrensergebnis nicht vereitelt wird. Allerdings ziehen entsprechende
Abreden Rechtsfolgen nach sich, die in mehreren Rechtsmaterien zu verzeichnen sind.

6. Modifikationen an der Konzeptvergabe kann die Gemeinde vornehmen,
wenn es ihr um die Wohnraumschaffung geht. So kann sich das (untechnische)
Veräußerungsangebot etwa allein an Privatinteressenten oder Zusammenschlüsse solcher, mithin Baugemeinschaften, richten. Auch bei den Vergabekriterien sind einige Stellschrauben auszumachen, welche zu der Wohnraumversorgung dienlichen Ergebnissen leiten können. Der thematische Zuschnitt
dieser Untersuchung bewegte sich gerade in diesem Bereich.

7. Die Konzeptvergabe lässt sich schließlich auch rechtlich einordnen. Aus
einem verwaltungsrechtlichen Blickwinkel beinhaltet die Konzeptvergabe ein
Verteilungsverfahren, zu dem besonders *Wollenschläger* dogmatische Vorarbeit leistete. Auch die benannte Qualifikation resultiert aus dem Abgleich mit
dessen Definition hierzu: So wählt die Gemeinde mit der Konzeptvergabe doch
in einem (im weiteren Sinne begriffenen) Verwaltungsverfahren einen oder
mehrere Bewerber anhand bestimmter Kriterien zur bestmöglichen städtebaulichen Zielerreichung aus, wobei die Berücksichtigung aller Bewerber ausgeschlossen ist. Zivilrechtlich ist die Konzeptvergabe als ein Veräußerungsvorgang zu beurteilen. Und aus der Kombination beider Aspekte sowie dem Miteinbezug der bereits unter Ziffer 5 bezeichneten Realisierungsklauseln folgt,
dass es sich weiterhin um ein städtebauliches Grundstücks- bzw. Grundstücksveräußerungsmodell handelt. Beendet wird die Konzeptvergabe mit dem Abschluss eines städtebaulichen Vertrags nach § 11 BauGB.

8. Geht es um Zielvorgaben, die an einen zukünftigen Konzeptvergabeent-
wurf herangetragen werden, so ist nochmals auf die Äußerungen *Temels* zu
rekurrieren: Das Verfahren zur Konzeptvergabe ist vor allem möglichst niederschwellig zu halten. Mehrere Kommunen reduzieren ihre Verfahrensanforderungen beim Grundstücksmodell ohnehin schon. Außerdem spricht sich *Temel*
im weiteren Sinne etwa für zielgruppenorientierte Konzeptvergaben, persönliche Bewerbungspräsentationen, Bewertungen durch Fachgremien oder Erb-
baurechtsoptionen aus.

Kommunales Grundstückseigentum als Ausgangsposition

9. Damit die Gemeinde überhaupt in der Lage ist, eine Konzeptvergabe
durchführen zu können, bedarf es grundsätzlich zunächst des Eigentums am zu
veräußernden Grundstück. Erst dieses verschafft der Kommune die notwendige
Verfügungs- und Verhandlungsmacht: Also den „langen Hebel", weil sie ein
handelbares Marktgut in den Händen hält, für das ein Nachfrageüberhang

besteht. Falls die Kommune nicht schon von Anfang an Eigentümerin des Grundstücks ist, kann sie die Liegenschaft noch erwerben, und zwar auch konkret, um in der näheren Zukunft eine Konzeptvergabe durchzuführen. Zu anderen Grundstücksveräußerungen entwickelte kooperative Zwischenerwerbsmodelle bieten sich teils ebenso für die Konzeptvergabe an.

10. Eine besondere Möglichkeit der (temporären) Grundstücksbeschaffung mag für die Gemeinden in der Ausübung städtebaulicher Vorkaufsrechte liegen, die sich in den §§ 24, 25 BauGB finden. Besonders spannend ist hierbei, dass es gesetzlich durchaus nicht ausgeschlossen ist, die Konzeptvergabe als eine „städtebauliche Maßnahme" im Sinne des § 25 Abs. 1 Satz 1 Nr. 2 BauGB zu begreifen.

Grundstücksverteilung

11. Im grundsätzlichen Ermessen einer Gemeinde steht zunächst die Frage, ob sie ihr Grundstück veräußern soll. In Bayern kann diese Erkenntnis mit den Verfassungsbestimmungen Art. 28 Abs. 2 GG sowie Art. 11 Abs. 2 BV begründet werden. Wenn der Entschluss hierzu getroffen ist, geht es der Gemeinde in der Programm- und Konzeptphase darum, ein Verteilungsverfahren nach Maßgabe von Gesetz und Recht zu entwerfen. Für die vorliegende Arbeit wurde dieser Blickwinkel eingenommen.

12. Stellt die Gemeinde verfahrensprägende Konzeptvergaberichtlinien auf, sind diese als Verwaltungsvorschriften, also als verwaltungsinterne Regelungen zu qualifizieren. An den Vorrang des Gesetzes müssen sie sich gleichwohl halten. Außenwirkung kann den Vorschriften über Art. 3 Abs. 1 GG und die Selbstbindung der Verwaltung zukommen (vgl. Ziffer 50).

Programmgestaltung: Konzeptvergabeverfahren

13. Bereits ihres Wesens wegen durchläuft die Konzeptvergabe mehrere Verfahrensphasen, die in der Verteilungsentscheidung münden, mit der das zu veräußernde Grundstück einem Bewerber zugesprochen wird. Die rechtlichen Rahmenbedingungen des Verfahrens (also der „Prozedur") der Konzeptvergabe herauszuarbeiten, war ein Hauptanliegen dieser Untersuchung, wobei an einige Vorarbeiten angeknüpft werden konnte. Mehrere Rechtsregime sollten als Verteilungsdeterminanten ausscheiden. Und in mancherlei Hinsicht war eine „Weichenstellung" notwendig, die eine Gemeinde durch den Entwurf ihres eigenen Grundstücksmodells ebenfalls nachvollziehen kann.

14. Am brisantesten (weil am folgenschwersten) war die Frage, ob das GWB-Vergaberecht auf die Konzeptvergabe anzuwenden ist. Und Tatsache:

Das ist möglich. Weil die Vergaberechtsfrage von der Ausgestaltung der einzelnen Konzeptvergabe abhängt, ist das aber nicht zwingend. Der zur demnach erforderlichen Richtungsentscheidung relevante Impuls war dabei am Augenmerk dieser Untersuchung auszumachen: So sollte es an erster (gleichwohl aber nicht an einziger) Stelle um die Grundstücksveräußerung an Baugemeinschaften zur Selbstnutzung gehen. Will man aber Privatpersonen zum Eigenheimbau ansprechen, so ist das GWB-Vergaberegime nach hier vertretener Ansicht eher fehlplatziert.

15. Bloße Grundstücksverkäufe unterliegen nicht der GWB-Vergaberechtspflicht. Das entspricht der vollkommen einhelligen Meinung. Berechtigte Vergaberechtsfragen können schließlich nur folgen, wenn es in irgendeiner Weise um eine mögliche „Einkapselung" eines öffentlichen Bauauftrags geht. Und gerade das könnte bei der Konzeptvergabe anzunehmen sein: Denn hier wird die veräußernde Gemeinde häufig in die vertragliche Position versetzt, die Realisierung des überzeugendsten Konzepts sicherzustellen. Doch kommt dieser Aspekt schon einem „Einkauf", einer „Beschaffung" gleich? Zu klären ist das grundsätzlich anhand § 103 Abs. 3 Satz 2 GWB.

16. Die Voraussetzungen für die GWB-Anwendungspflicht erschöpfen sich allerdings nicht im Vorliegen eines öffentlichen Bauauftrags. Konkret anhand des Wortlauts des § 99 Nr. 1 Alt. 1 GWB lässt sich etwa beantworten, dass es sich bei einer Gemeinde um einen öffentlichen Auftraggeber handelt. Ebenfalls lässt sich unter Bezugnahme auf den Begriff des „Wirtschaftsteilnehmers" nach Art. 2 Abs. 1 Nr. 5, Nr. 10 Richtlinie 2014/24/EU vertreten, dass es sich bei einer aus Privatpersonen bestehenden Baugemeinschaft nicht um ein nach § 103 Abs. 1 GWB erforderliches Unternehmen handeln kann. Für gewinnorientierte, etablierte Akteure des Wohnungsmarkts wird das allerdings zutreffen. Selbst bei Genossenschaften kann es der Fall sein.

17. Am kompliziertesten gestaltet sich die Beurteilung der Leistungsseite des öffentlichen Bauauftrags nach § 103 Abs. 3 Satz 2 GWB. Vergewissert man sich in methodischer Hinsicht allerdings der anzusetzenden richtlinienkonformen Auslegung sowie des Umstands, dass der EuGH bereits Aussagen zum zugrundeliegenden Art. 2 Abs. 1 Nr. 6 Richtlinie 2014/24/EU (bzw. zu dessen Vorgängerbestimmung) traf, so erfolgt die substantiierteste Rechtsprüfung bis dato mittels der Anforderungen, die der EuGH in seiner Helmut-Müller-Rechtsprechung aufstellte. Von diesen Anforderungen wich der Gerichtshof nicht mehr ab. Auch die Rechtsprechung und die Literatur stellen die Urteilsvorgaben nicht erkenntlich in Frage, wenngleich Kritik nicht ausbleibt.

18. Mit dem EuGH sind für den öffentlichen Bauauftrag nach Art. 2 Abs. 1 Nr. 6 lit. c) Richtlinie 2014/24/EU erforderlich: Ein unmittelbares wirtschaftliches Interesse des öffentlichen Auftraggebers an der Bauleistung, eine einklagbare Bauverpflichtung und die Vorgabe von bauleistungsbezogenen Erfordernissen. Da der deutsche Gesetzgeber durch die Neukodifizierung des § 103 Abs. 3 Satz 2 GWB den Einklang mit diesen richterlichen Erfordernissen

herstellen wollte, ist die textlich nur wenig geglückte Bestimmung in dreifacher Weise modifiziert und über den Wortlaut hinaus auszulegen. Für das unmittelbare wirtschaftliche Interesse (des öffentlichen Auftraggebers an der Bauleistung), das als Definitionsversuch für ein Beschaffungselement begriffen werden muss, gibt der EuGH fünf Fallgruppen vor, die auch für das im GWB vorzufindende „unmittelbare wirtschaftliche Zugutekommen" gelten müssen. Relevant ist für die Konzeptvergabe in der Eigentumsvariante nur die zweite und die vierte Fallgruppe. Beide wurden bereits der umfangreichen Urteilsauslegung zugeführt.

19. Das Innehalten eines Rechtstitels, der die Verfügbarkeit der auftragsgegenständlichen Bauwerke im Hinblick auf ihre öffentliche Zweckbestimmung sicherstellt, verlangt die zweite Fallgruppe. Doch kann hier weiter ausdifferenziert werden. Das Merkmal des „Rechtstitels" ist weit zu verstehen. Neben dinglichen Rechten müssen auch schuldrechtliche Absprachen erfasst sein. Die Sicherstellung im Hinblick auf die Zweckbestimmung des Bauwerks kann vorliegen, wenn der öffentliche Auftraggeber den Grundstückserwerber zukünftig zur entsprechenden Nutzung anhalten kann. Wann der EuGH dabei von einer „öffentlichen" Zweckbestimmung ausgehen wird, ist ungeklärt und lässt sich mangels weiterführender Erläuterungen im Grunde auch nur mutmaßen. Zumindest wenn es um den Eigenheimbau geht, also um die Errichtung von „Einzelwohnstätten", kann dieses Kriterium aber rechtssicher abgelehnt werden. Für die Konzeptvergabe ist das in folgender Weise von Bedeutung: Weil Kommunen das Anliegen verfolgen, durch vertragliche Abreden auf die zukünftige Nutzung des Bauwerks Einfluss zu nehmen, können sie mit einer entsprechenden Vertragsgestaltung ein „unmittelbares wirtschaftliches Interesse" begründen. Wird bei der Konzeptvergabe ein Grundstück mit Kaufpreisermäßigungen veräußert, kann das hierneben zur Annahme der vierten Fallgruppe des Helmut-Müller-Urteils führen, der indizielle Bedeutung zukommt. Denn von einer finanziellen Beteiligung an der Bauwerkserstellung ist auszugehen, wenn die Verbilligung noch mit der Bauleistungserbringung verknüpft wird.

20. Hinsichtlich der einklagbaren Bauverpflichtung sind folgende Aspekte zu benennen: Einerseits ist es unerheblich, ob der Vertragspartner der Gemeinde die Bauleistung selbst durchführen muss (direkte Bauverpflichtung) oder ob er sie durchführen zu lassen hat (indirekte Bauverpflichtung). Betreffend die Intensität kann es sich um eine primäre Bauleistungspflicht handeln (unmittelbare Bauverpflichtung). Hierneben ist eine Klausel nicht abweichend zu behandeln, die den Vertragspartner aktiv zur Vornahme der Bauerrichtung (also zur Herstellung eines „baulichen status ad quem") zwingt bzw. veranlasst (mittelbare Bauverpflichtung). Grob gesagt fallen Vertragsstrafen häufig unter letztere Kategorie, reine Rückabwicklungsmöglichkeiten hingegen nicht. Für die im Anschluss an die Konzeptvergabe einzugehenden Abreden ist das bedeutsam.

21. Zum Prüfungspunkt der auftraggeberseitigen Nennung von bauleistungsbezogenen Erfordernissen kann auf mehrere Äußerungen des EuGH abgestellt werden. Die auftragsvergebende Stelle muss hiernach die Merkmale der Bauleistung definieren oder zumindest muss diese Stelle einen entscheidenden Einfluss auf ihre Konzeption ausüben. Erzeugt die Gemeinde bei der Konzeptvergabe durch die vorgegebenen Vergabekriterien einen Wettbewerb betreffend die Grundstücksbebauung und wählt dann das beste der eingegangenen Konzepte aus, genügt das bereits.

22. Hinsichtlich der Gegenleistungsseite, deren Notwendigkeit aus dem Entgeltlichkeitserfordernis des § 103 Abs. 1 GWB herrührt, kann sich die Prüfungsintensität nun verringern. Denn nach der hier vertretenen, auf der Altpapier-Entscheidung des BGH gründenden Rechtsansicht kann die Gegenleistung im vergaberechtlich zu erfassenden Gesamtvertragskonstrukt schon in der Grundstücksübertragung selbst liegen.

23. Will man beurteilen, ob ein Bauauftrag, der in einer Grundstücksveräußerung eingekapselt wurde, den nach § 106 Abs. 1 Satz 1 GWB relevanten Schwellenwert erreicht, müsste eigentlich auf den geschätzten Auftrags- oder Vertragswert abgestellt werden. Doch wegen der benannten „Einkapselung" im Grundstückskaufvertrag ist es alles andere als einfach, diese vertikale Kombination der Vertragsbestandteile zu „entdröseln". Am überzeugendsten ist es für einfach gelagerte Fälle, die Erstehungskosten für das Grundstück dem Wert entgegenzurechnen, den der Erwerber bei einer Veräußerung für das bebaute Grundstück erzielen könnte.

24. Weil auch der Ausnahmetatbestand des § 107 Abs. 1 Nr. 2 GWB nicht durchgreift, bestätigt sich aus dem Abriss der vorgenannten Ziffern, dass kommunale Grundstücksmodelle mit baulicher Ausrichtung weiterhin am Grenzbereich des richtlinienbasierten GWB-Vergaberechts angesiedelt sind. In einem Drahtseilakt kann die Gemeinde mit ihren Vertragsvorgaben über dessen Einschlägigkeit entscheiden. Die Grundstücksvergabe an Baugemeinschaften zur Selbstnutzung spielt sich dagegen häufig außerhalb des Auftragsvergaberechts ab. Das ist weder unbillig noch systembrüchig.

25. Doch auch abseits des GWB-Vergaberechts existieren Rechtsregime, welche die Verteilungsprozedur der Konzeptvergabe prägen. Das gilt aber nicht für das Haushaltsvergaberecht, dessen sachlicher Anwendungsbereich zumindest nicht weiter reichen wird als der des GWB-Vergaberechts. Weiterhin besteht kein haushaltsrechtlicher Ausdehnungsbedarf, da Art. 75 Abs. 1 GO Regelungen zur Vermögensveräußerung enthält.

26. Ebenso das unionsprimärrechtliche Beihilfenrecht der Art. 107 ff. AEUV wirkt als keine zwingende Determinante in verfahrensmäßiger Hinsicht. Vielmehr hat dieses Einflüsse auf die Preisgestaltung, da eine Kommune Grundstücke nicht ohne Weiteres mit Kaufpreisnachlässen an Unternehmen veräußern darf. Schließlich kann es sich in derartigen Fällen um Beihilfen handeln, für die Art. 108 Abs. 3 Satz 1, Satz 2 AEUV das Notifizierungsverfahren

bei der Europäischen Kommission vorsieht. Allein zur Marktpreisermittlung könnte man erwägen, mit der Konzeptvergabe ein unional akzeptiertes Bietverfahren durchzuführen. Doch das scheidet anhand der Anforderungen aus, die an dieses Bietverfahren gestellt werden: Von der erforderlichen „Bedingungsfreiheit" ist bei der Konzeptvergabe nicht zu sprechen. Beihilfenrechtlich sind Preisreduktionen möglich, wenn hiermit nur Privatpersonen gefördert werden sollen oder sich eine Ausnahme finden lässt.

27. Das erste verfahrensprägende Verteilungsregime ist in den unionalen Grundfreiheiten auszumachen: So geht es auch bei der Konzeptvergabe um die Verteilung von Marktchancen im binnenmarktrelevanten Umfang. Schließlich abgeleitet aus den Gewährleistungen, die zumindest die Kapitalverkehrsfreiheit des Art. 63 Abs. 1 AEUV für öffentliche Grundstücksveräußerungen bereithält, folgen mancherlei Anforderungen an das Verteilungsverfahren hinsichtlich der Begründung, der Dokumentation, der Bekanntmachung sowie der Gleichbehandlung der Grundstücksinteressenten in sämtlichen Verfahrensphasen. Die Gemeinde muss sich an aufgestellte Ausschreibungsmerkmale gebunden fühlen. Mehrstufige Auswahlverfahren sind nicht untersagt.

28. Auch aus den Grundrechten lässt sich eine Rahmenordnung herleiten, an der sich Verteilungsverfahren ausrichten müssen. Denn hier ist vor allem die verfahrensüberspannende Interpretation des Art. 3 Abs. 1 GG erkenntnisreich, an den die Gemeinde auch gebunden ist, wenn sie einen zivilrechtlichen Kaufvertrag abschließen wird. Im Überblick folgen aus dem allgemeinen Gleichheitssatz für die prozedurale Ausgestaltung ein Konzepterfordernis, ein Transparenzerfordernis sowie ein Erfordernis der adäquaten Bekanntmachung. Hierneben muss sich die Konzeptvergabe auch verfahrensmäßig am Grundsatz der Chancengleichheit ausrichten.

29. Nicht zwangsläufig verfahrensprägend ist für die Konzeptvergabe das vermögenswirtschaftsrechtliche „Verschleuderungsverbot" des Art. 75 Abs. 1 Satz 2 GO. Zwar folgt aus der Norm die grundsätzliche Notwendigkeit der Verkehrswertermittlung im Voraus der Veräußerung. Gleichwohl bestehen hierfür mehrere Möglichkeiten und eine Ausschreibung ist nicht zwingend nötig. Etwa die Wertbestimmung durch einen Sachverständigen bietet sich an, da bei der Konzeptvergabe nicht zum Höchstpreis veräußert wird. Und weil das Verbot des Art. 75 Abs. 1 Satz 2 GO noch dazu nur „in der Regel" gilt, lassen sich für die wohnraumorientierte Konzeptvergabe mehrere Ausnahmen finden, die Ermäßigungen beim Grundstückskaufpreis zulassen.

30. Keine prozeduralen Anforderungen lassen sich für die Konzeptvergabe aus dem schadensersatzrechtlichen Zusammenspiel der §§ 241 Abs. 2, 311 Abs. 2 BGB herleiten. Wegen der Vorwirkung des § 311b Abs. 1 Satz 1 BGB sind bei Grundstücksgeschäften zu hohe Hürden anzulegen.

31. In Abgleich der verfahrensmäßigen Anforderungen (aus den Grundfreiheiten und aus dem Grundgesetz) mit dem charakteristisch erschlossenen Verfahrenshergang ergibt sich das Folgende: Ein Konzeptvergabeverfahren kann

sich rechtmäßig in die erarbeiteten Rahmenordnungen einfügen. Die Ausschreibung ist ohnehin ein Wesensmerkmal der Konzeptvergabe. Dem Konzepterfordernis des Art. 3 Abs. 1 GG kommt die vorherige Verfahrensprogrammierung nach. Weiterhin ist es möglich, das Grundstücksmodell transparent zu gestalten und am Grundsatz der Gleichbehandlung orientiert auszurichten. Prozedurale Spezifika wie Verfahrensstufungen und Fristsetzungen werden durch die genannten Rahmenordnungen ebenso wenig verboten wie Konkretisierungen der Konzepte durch persönliche Präsentationen. Gesichtspunkte einer verwaltungsinternen Opportunität prägen die Frage, wie das Konzeptvergabeverfahren möglichst „ertragreich" ablaufen kann.

32. Auch organisatorische Aspekte und besonders innergemeindliche Kompetenzen hat eine Gemeinde beim Entwurf der Konzeptvergabe zu berücksichtigen. Die Entscheidung über die Grundstücksvergabe auf ein externes Fachgremium auszulagern, ist kommunalrechtlich unzulässig und würde zu einem schweren Verfahrensfehler führen. Die Zweiteilung des Art. 29 GO ist nämlich abschließend: Einzelfallabhängig werden gemeindliche Entscheidungen durch den Bürgermeister oder den Gemeinderat getroffen, weshalb ein Fachgremium nur als beratender und vorbereitender Beirat eingesetzt werden kann.

Programmgestaltung: Vergabekriterien

33. Inhaltliche Ziele lassen sich bei der Konzeptvergabe durch die Vergabekriterien verfolgen. Ausgerichtet an diesen Kriterien reichen die Bewerber ihre Konzepte ein und der qualitätsstiftende Wettbewerb entsteht.

34. Als rechtliche Determinanten der Kriterienaufstellung lassen sich wieder die Grundfreiheiten anführen. Erfolgt die Konzeptvergabe auf der Grundlage objektiver, transparenter, nichtdiskriminierender, angemessener und im Voraus bekannter Kriterien, können keine rechtlichen Bedenken vorgebracht werden. Zumindest sind diese Erfordernisse der Rechtsprechung des EuGH zu entnehmen. Mögliche Grundfreiheitsbeeinträchtigungen lassen sich zuletzt auch rechtfertigen: Für bloße Beschränkungen und mittelbare Diskriminierungen genügt es im Wesentlichen, wenn ungeschriebene zwingende Gründe des Allgemeininteresses durchgreifen und in verhältnismäßigem Umfang verfolgt werden. Raumplanerische und sozialpolitische Ziele kommen für die Konzeptvergabe besonders in Frage. Auch spricht viel dafür, die „Behebung eines akuten Mangels an bezahlbarem Wohnraum" als Rechtfertigungsgrund anzuerkennen.

35. Als weitere rechtliche Determinante der Kriterienaufstellung bei der Konzeptvergabe lässt sich der allgemeine Gleichheitssatz des Art. 3 Abs. 1 GG nennen. Weil dieser allein die grundlose Ungleichbehandlung von wesentlich Gleichem verbietet, richtet sich der Betrachtungsschwerpunkt hierbei auf eine Begründungs- und damit Rechtfertigungsprüfung. Positiv gewendet müssen

Vergabekriterien ausgerichtet an einer Sachgerechtigkeit entwickelt werden, die sich aus dem Verteilungszweck ergibt. Weiterhin ist auf eine bestimmte Formulierung zu achten.

36. Wirft man einen Blick auf die bei der Wohnraum-Konzeptvergabe eingesetzten Vergabekriterien, so ergeben sich im Allgemeinen wenige Hindernisse hinsichtlich Teilpreiskriterien oder Kriterien, die an die zukünftige Bebauung und Nutzung des veräußerten Grundstücks anknüpfen. Bewerberbezogene Kriterien zur „Ortsansässigkeit" sind unionsrechtlich zweifelhaft, geht hiermit doch zumindest eine mittelbare Diskriminierung einher. In Ordnung ist es allerdings, wenn eine Gemeinde angemessenen Wohnraum für einkommensschwächere und weniger begüterte Personen der örtlichen Bevölkerung herstellen will. Sowohl unions- als auch bundesverfassungsrechtlich gerechtfertigt sein kann die Privilegierung von Privatpersonen und Baugemeinschaften bei der Grundstücksvergabe. Eine gezielte Familien-, Kinder- und Inklusionsförderung ist bei der Konzeptvergabe ebenfalls möglich. Auch dürfen genossenschaftlich organisierte Bewerber bevorzugt werden. Transparenz- und Bestimmtheitsanforderungen machen allgemein gehaltene Vergabekriterien angreifbar.

37. Weil sich die Kriterienaufstellung vor allem im Wege und Nachgang eines politischen Willensfindungsprozesses abzeichnet, obliegt es der Gemeinde in erster Linie selbst, rechtliche Spielräume bei der Konzeptvergabe auszufüllen. Von rechtswissenschaftlicher Seite gilt es daher nicht, neben Rechtssicherheitsaspekten noch ein „Besser oder Schlechter" aufzuzeigen. Man kann mit dem Hinweis verbleiben, dass kreative Ideen mit entsprechend abgefassten Vergabekriterien begünstigt werden können.

Programmgestaltung: Bewertungsmethoden

38. Sollen auf die Grundstücksausschreibung Bewerbungen folgen, welche die vorgegebenen Kriterien umsetzen möchten, muss sich die Gemeinde auch Gedanken darüber machen, wie sie diese Einreichungen bewertet: Immerhin sind die Bewerbungen gegenseitig in Relation zu setzen, um zur Auswahl des besten Konzepts zu gelangen. Um rechtliche Bedenken auszuräumen, lohnt an dieser Stelle ein Blick ins GWB-Vergaberecht. Denn was im oberschwelligen Auftragsvergaberecht zulässig ist, das wird faktisch auch in Verteilungsverfahren erlaubt sein, die nur grundfreiheitlich und grundrechtlich geprägt sind. Und tatsächlich ergibt sich aus dieser Sichtung: Zweifelsohne ist es möglich, Bewertungsmatrizies aufzustellen. Auch sonst sind diverse Bewertungs- und Relationsmethoden rechtlich zu billigen. Gilt es, die Erfüllung quantitativer Vergabekriterien zu überprüfen, kommt es auf die Richtigkeit der Berechnung an. Hinsichtlich der qualitativen Kriterien steht der Gemeinde ein Beurteilungsspielraum zu.

Programmgestaltung: Entscheidungsbekanntgabe

39. Hat die Gemeinde die verwaltungsinterne Entscheidung getroffen, an wen sie ihr Grundstück veräußern will, so muss sie darüber befinden, wie diese Entscheidung im Außenverhältnis darzustellen ist. Häufig wird bei der Konzeptvergabe dabei eine das Auswahlergebnis explizierende Entscheidungsbekanntgabe erfolgen. Und selbst wenn es nicht zwangsläufig nötig ist, streiten mehrere Gründe dafür, den Grundstückszuspruch in der Form eines Verwaltungsakts nach Art. 35 Satz 1 BayVwVfG kundzutun. Insbesondere kommt der verwaltungsaktlichen Darstellungsform nämlich eine stabilisierende Wirkung zu. Qualifiziert werden kann der Auswahlverwaltungsakt dann als ein feststellender Verwaltungsakt.

Anhandgabephase

40. Bei der Anhandgabe handelt es sich um eine (zivilrechtlich einzuordnende) Zwischenphase: Sie knüpft an die getroffene Auswahlentscheidung an und bereitet den schlussendlich abzuschließenden Kaufvertrag vor. Werden gegenseitige Zusicherungen erwartet, um das „Ob" des Kaufvertragsschlusses zu verdichten, können sogar Abreden zur Anhandgabe erfolgen. Allerdings hat hier kautelarrechtliche Vorsicht zu walten, besonders vor dem Hintergrund des Formerfordernisses nach § 311b Abs. 1 Satz 1 BGB.

Kaufvertrag

41. Spätestens wenn alle notwendigen Erfordernisse in der Anhandgabephase geklärt sind, wird der Kaufvertrag zum Grundstückserwerb geschlossen. Dieser Vertrag ist zivilrechtlicher Art und richtet sich nach den §§ 433 ff. BGB. Öffentlich-rechtliche Anliegen bleiben für die Qualifikationsfrage allein vorgelagerte Motive. Gleichwohl ist der Kaufvertrag auch ein städtebaulicher Vertrag im Sinne des § 11 BauGB (vgl. schon Ziffer 7). Immerhin finden sich im Vertragswerk Klauseln, mit denen die städtebaulichen Ziele gesichert werden sollen, die der Konzeptvergabe zugrunde liegen.

42. Diese Sicherungsabreden können für die Konzeptvergabe als Konzeptrealisierungsgebote, Baugebote und (Selbst-)Nutzungsgebote in Erscheinung treten: Das Konzeptrealisierungsgebot legt dem Grundstückserwerber auf, sein eingereichtes Konzept zu verwirklichen. Baugebote halten den Erwerber zur zügigen Bautätigkeit an und wirken hierdurch Baulandspekulationen entgegen. Mit (Selbst-)Nutzungsgeboten, die mit Weitergabeverboten verknüpft werden

können, erstrebt es die Gemeinde insbesondere zu unterbinden, dass eine zielgruppenorientierte Konzeptvergabe vereitelt wird.

43. Eine privatautonome Vertragsgestaltung ist bei diesen Abreden nicht möglich. Bei Grundstücksmodellen liefert die Belastung des Vertragspartners durch die Sicherungsabreden regelmäßig den Anstoß zur Angemessenheitsprüfung nach § 11 Abs. 2 Satz 1 BauGB. Im Ergebnis hat deshalb eine vierstufige Verhältnismäßigkeitsprüfung stattzufinden. Die Sicherstellungsklauseln der hier behandelten Konzeptvergabe können diesen Anforderungen aber häufig gerecht werden: Allerdings nur bis zu einem gewissen Maß, wobei es in dieser Arbeit galt, Grenzlinien möglichst rechtssicher auszumachen. Im Wesentlichen sind dabei die Bürden des Grundstückserwerbers mit den ihm zukommenden Vorteilen abzuwägen.

44. All die dargestellten Klauseln sind als Formularklauseln im Sinne des AGB-Rechts zu qualifizieren. Und die besseren Gründe streiten ferner dafür, den zusätzlichen Kontrollmaßstab der §§ 305 ff. BGB auf städtebauliche Verbraucherverträge nach § 11 BauGB und § 310 Abs. 3 BGB anzulegen. Gleichwohl sind die Abreden zur Sicherung städtebaulicher Ziele der Konzeptvergabe hiernach zu billigen.

Erbbaurecht

45. Herausragende Potenziale für die Konzeptvergabe bietet die Erbbaurechtsbestellung. Denn das „grundstücksgleiche Recht" bietet nicht nur Vorteile in finanzieller und in liegenschaftspolitischer Hinsicht. Besonders Sicherungsanliegen zum Nachgang der Konzeptvergabe können bei der Erbbaurechtsbestellung berücksichtigt werden und sogar in den Rechtsinhalt einziehen. Das gilt für das Konzeptrealisierungsgebot, das Baugebot und auch das (Selbst-)Nutzungsgebot. Für all diese Erfordernisse hält § 2 Nr. 1 ErbbauRG Möglichkeiten parat, dingliche Vereinbarungen zu treffen. Geht es um Sanktionen für mögliche Rechtsverstöße, sieht § 2 Nr. 4 ErbbauRG regelbare Heimfallansprüche vor und ermöglicht § 2 Nr. 5 ErbbauRG Vertragsstrafen. Der zweckvereitelnden Weiterveräußerung des Erbbaurechts kann ein Zustimmungsvorbehalt im Sinne des § 5 Abs. 1 ErbbauRG entgegenstehen. Für diese genannten Rechtsklauseln gelten aber wiederum die Anforderungen nach § 11 Abs. 2 Satz 1 BauGB.

46. Auswirkungen kann der Austausch des Verteilungsgegenstands auf die verfahrensmäßigen Erfordernisse haben, die an das Konzeptvergabeverfahren anzusetzen sind. Das gilt besonders für die Frage, ob das GWB-Vergaberecht Anwendung finden muss. Doch unabhängig von der eröffneten Möglichkeit, dass für die Erbbaurechts-Konzeptvergabe eine Baukonzession nach § 105 Abs. 1 Nr. 1 GWB vorliegen könnte, stellen sich hier vor allem wieder Fragen zur Helmut-Müller-Rechtsprechung des EuGH, weil die Urteilsgründe zur

Leistungsseite zwangsläufig Beachtung finden müssen. In erster Linie ist zur GWB-Thematik folglich wieder die Vertragsgestaltung zu beurteilen, wobei Abreden beim Erbbaurecht mitunter dinglich erfolgen. Keine sich unterscheidenden Anforderungen ergeben sich für die Erbbaurechtsvariante hingegen aus dem Haushaltsvergaberecht, aus dem unionalen Beihilfenrecht sowie aus dem grundfreiheitlichen oder dem grundrechtlichen Verteilungsregime. Gleiches gilt auch für das haushaltsrechtliche Verschleuderungsverbot sowie die Rechtsfigur der culpa in contrahendo gemäß der §§ 241 Abs. 2, 311 Abs. 2 BGB.

Anforderungen des öffentlichen Baurechts

47. Weil es bei der Konzeptvergabe um die Errichtung, Änderung oder Nutzungsänderung eines Gebäudes geht, muss sich das erstrebte Vorhaben auch an den Anforderungen des öffentlichen Baurechts messen lassen. Während bauordnungsrechtliche Aspekte teils in die Anhandgabephase mitaufgenommen werden können, ist in bauplanungsrechtlicher Hinsicht zwischen drei verschiedenen Situationen zu unterscheiden.

48. Im unbeplanten Innenbereich des § 34 BauGB kommt eine Konzeptvergabe nur in Betracht, wenn es für die Grundstücksinteressenten zumutbar ist, die anzulegenden Tatbestandsvoraussetzungen samt deren Erfüllbarkeit einzuschätzen. Die Konzeptvergabe kann aber auf der Grundlage eines Vorbescheids (Art. 71 Satz 1 BayBO) erfolgen. Noch problematischer wird es, wenn vorauszusehen ist, dass die einzureichenden Konzepte den vorgegebenen bauplanungsrechtlichen Rahmen nicht einhalten werden. Man kann dann erwägen, ein Bauleitplanungsverfahren parallel zur Konzeptvergabe zu betreiben. Alternativ lagert man die Bauleitplanung der Konzeptvergabe nach. Beide Vorgehensweisen bringen rechtliche wie praktische Schwierigkeiten mit sich. Etwa darf das eingereichte Konzept planerisch nicht unbesehen übernommen werden. Nach der hier vertretenen Ansicht ist es vorzugswürdig, das mit der Konzeptvergabe zu veräußernde Grundstück vorab zu beplanen bzw. zu überplanen. Besonders muss das gelten, wenn es um den Entwurf eines niederschwelligen, auch verwaltungspraktisch einfach zu bewältigenden Grundstücksmodells geht. Die Gemeinde kann sich im Bauleitplanungsverfahren ihrer bodenbezogenen Vorstellungen bewusst werden. Ebenso ist es hierdurch möglich, eine bauplanungsrechtliche Rahmenordnung aufzustellen, an der sich die Konzepteinreichungen der Bewerber konkret ausrichten können. Das Urbane Gebiet nach § 6a BauNVO sollte hier besonders ertragreich sein. Bei dieser Nacheinanderreihung der Verfahren ist der städtebauliche Grundstückskaufvertrag dann ein Realisierungs- bzw. Planverwirklichungsvertrag im Sinne des § 11 Abs. 1 Satz 2 Nr. 2 BauGB.

Rechtsschutz

49. Bei der Beschäftigung mit dem Rechtsschutz des unterlegenen Bewerbers kommen mehrere Fragen auf. Zuvorderst ist zu klären, ob der Verwaltungsrechtsweg nach § 40 Abs. 1 Satz 1 VwGO eröffnet ist, mithin ob betreffend die Konkurrenzsituation eine öffentlich-rechtliche Streitigkeit vorliegt. Dies lässt sich mit der Zweistufentheorie beantworten, da von einer Zweistufigkeit (Auswahlentscheidung und Abwicklungsverhältnis) auszugehen ist (vgl. auch schon Ziffer 39). Bei der Konzeptvergabe ist die erste Stufe der Auswahl sodann öffentlich-rechtlich zu deuten: Unabhängig davon, ob ein Subventionselement in die Konzeptvergabe mitaufgenommen ist oder ob das Grundstücksmodell allein städtebaulichen Charakter hat.

50. Weil das Rechtsschutzbegehren des unterlegenen Bewerbers auf das Erlangen des einem anderen (mittels Verwaltungsakt, Art. 35 Satz 1 BayVwVfG) zugesprochenen Grundstücks zielt, ist in dieser rechtlich umstrittenen Konstellation des Konkurrentenrechtsstreits eine Verpflichtungsklage nach § 42 Abs. 1 Alt. 2 VwGO nebst einer Drittanfechtungsklage nach § 42 Abs. 1 Alt. 1 VwGO zu erheben. Mangels einer explizit anspruchsbegründenden Norm kann die Klagebefugnis gemäß § 42 Abs. 2 VwGO über die Selbstbindung der Verwaltung begründet werden. Eine Verletzung der Konzeptvergaberichtlinien (Verwaltungsvorschriften, vgl. Ziffer 12) kann nämlich einer Verletzung des Art. 3 Abs. 1 GG gleichkommen.

Literaturverzeichnis

Accentro Real Estate AG/Institut der deutschen Wirtschaft Köln e.V. (IW), Wohnkostenreport. Eine deutschlandweite Analyse von Mieten und Wohnnutzerkosten, Köln 2022, online anzufordern über https://accentro.de/wohnkostenreport (Stand: 01.11.2023).

Adrian, Luise/Bunzel, Arno/Michalski, Daniela/Pätzold, Ricarda, Aktive Bodenpolitik: Fundament der Stadtentwicklung. Bodenpolitische Strategien und Instrumente im Lichte der kommunalen Praxis, Berlin 2021.

Altrock, Uwe, Kassel – von der Suche nach angemessenen Antworten auf einen unvermuteten Nachfrageboom, in: Rink, Dieter/Egner, Björn (Hrsg.), Lokale Wohnungspolitik. Beispiele aus deutschen Städten, Baden-Baden 2020, S. 253 ff.

Architekten und Stadtplanerkammer Hessen/Hessischer Städtetag, Orientierungshilfe zur Vergabe öffentlicher Grundstücke nach Konzeptqualität, 2017.

Architektenkammer Rheinland-Pfalz/Städtetag Rheinland-Pfalz/Gemeinde- und Städtebund Rheinland-Pfalz/Landkreistag Rheinland-Pfalz, Mehr Konzept – Orientierungshilfe zur Vergabe öffentlicher Grundstücke nach Konzeptqualität, 2019.

Arndt, Malte, Tagungsbericht Städtebau und Recht, NVwZ 2020, S. 37 ff.

Bachof, Otto, Beurteilungsspielraum, Ermessen und unbestimmter Rechtsbegriff im Verwaltungsrecht, JZ 1955, S. 97 ff.

Bank, Wilfied J., Muss die Veräußerung von gemeindeeigenen Grundstücken an einen privaten Investor zum Zwecke der Bebauung öffentlich ausgeschrieben werden?, BauR 2012, S. 174 ff.

Barthauer, Matthias/Simo, Honoré Achille, Erbbaurecht im Wohnungsmarkt – Medizin mit Nebenwirkungen?, ErbbauZ 2020, S. 70 ff.

Bartlik, Martin, Der Erwerb von Gemeindegrundstücken, ZfBR 2009, S. 650 ff.

Bartosch, Andreas, Sozialer Wohnungsbau und europäische Beihilfenkontrolle, EuZW 2007, S. 559 ff.

Battis, Ulrich, Die Neue Leipzig Charta, DVBl. 2022, S. 193 ff.

Battis, Ulrich/Eder, Niklas, Der Krebsgang der Föderalismusreform, NVwZ 2019, S. 592 ff.

Battis/Krautzberger/Löhr, BauGB, Kommentar, fortgeführt v. Battis, Ulrich/Mitschang, Stephan/Reidt, Olaf, 15. Aufl. München 2022 (zit.: *Bearbeiter* in: Battis/Krautzberger/Löhr, BauGB).

Baulandkommission (Kommission „Nachhaltige Baulandmobilisierung und Bodenpolitik"), Empfehlungen auf Grundlage der Beratungen vom vom 02.07.2019, https://www.bmi.bund.de/SharedDocs/downloads/DE/veroeffentlichungen/nachrichten/Handlungsempfehlungen-Baulandkommission.pdf?__blob=publicationFile&v=1 (Stand: 01.11.2023).

dies., Bericht des Bundesministeriums des Innern, für Bau und Heimat, zur Zwischenbilanzkonferenz am 28. September 2020, https://www.bmwsb.bund.de/SharedDocs/downloads/Webs/BMWSB/DE/veroeffentlichungen/bauen/blk-bericht-20200924.pdf?__blob=publicationFile&v=2 (Stand: 01.11.2023).

Baumgart, Sabine, Die nachhaltige Stadt der Zukunft – Welche Neuregelungen empfehlen sich zu Verkehr, Umweltschutz und Wohnen?, Gutachten Teil E zum 73. Deutschen Juristentag (Hamburg 2020/Bonn 2022), München 2020, mit aktualisierendem Ergänzungsband (München 2022).

Baur, Jürgen F./Stürner, Rolf, Sachenrecht, 18. Aufl. München 2009.

Bayerischer Landesbeauftragter für den Datenschutz, Transparenz bei Grundstücksverkäufen bayerischer Gemeinden (Arbeitspapier), 2020, https://www.datenschutz-bayern.de/datenschutzreform2018/AP_Grundstuecksverkaeufe.pdf (Stand: 01.11.2023).

Bayerisches Staatsministerium des Innern, Anwendung des Vergaberechts bei kommunalen Grundstücksgeschäften. Handreichung des Bayerischen Staatsministeriums des Innern vom 20.12.2010 zur Prüfung des Auftragsbegriffes nach § 99 Abs. 3 bzw. Abs. 6 GWB unter Berücksichtigung des Urteils des EuGH vom 25.03.2010, C-451/08, München 2010, https://www.stmi.bayern.de/assets/stmi/buw/bauthemen/iiz5_vergabe_kommunal_rs_20101220.pdf (Stand: 01.11.2023).

dass. (Bayerisches Staatsministerium des Innern, für Sport und Integration), Schreiben vom 28.11.2019 zu den rechtlichen Voraussetzungen von kommunalen und staatlichen Konzeptvergaben, Zeichen B3-1514-7-5, abgedruckt in BayFSt 2020, 123 = S. 395 ff.

Bayerisches Staatsministerium für Wohnen, Bau und Verkehr, Zukunftsweisender Städtebau. Integriert, flexibel, bürgernah, München 2021.

Beck'scher Online-Kommentar zum Baugesetzbuch, hrsg. v. Spannowsky, Willy/Uechtritz, Michael, Stand: 01.01.2022, München (zit.: *Bearbeiter* in: BeckOK BauGB).

Beck'scher Online-Kommentar zum Grundgesetz, hrsg. v. Epping, Volker/Hillgruber, Christian, Stand: 15.02.2022, München (zit.: *Bearbeiter* in: BeckOK Grundgesetz).

Beck'scher Online-Kommentar zum Kommunalrecht in Bayern, hrsg. v. Dietlein, Johannes/Suerbaum, Joachim, Stand: 01.05.2022, München (zit.: *Bearbeiter* in: BeckOK Kommunalrecht Bayern).

Beck'scher Online-Kommentar zur Verwaltungsgerichtsordnung, hrsg. v. Posser, Herbert/Wolff, Heinrich Amadeus, Stand: 01.01.2022, München (zit.: *Bearbeiter* in: BeckOK VwGO).

Beck'scher Vergaberechtskommentar, Band 1. Gesetz gegen Wettbewerbsbeschränkungen. Wettbewerbsregistergesetz, hrsg. v. Burgi, Martin/Dreher, Meinrad/Opitz, Marc, 4. Aufl. München 2022 (zit.: *Bearbeiter* in: Burgi/Dreher/Opitz).

Beck'scher Vergaberechtskommentar, Band 2. VgV, SektVO, KonzVgV, VOB/A-EU, VS-VgV, VS-VOB/A, hrsg. v. Burgi, Martin/Dreher, Meinrad, 3. Aufl. München 2019 (zit.: *Bearbeiter* in: Burgi/Dreher).

Beck'sches Notar-Handbuch, hrsg. v. Heckschen, Heribert/Herrler, Sebastian/Münch, Christof, 7. Aufl. München 2019.

beck-online.GROSSKOMMENTAR zum Zivilrecht, hrsg. v. Gsell, Beate/Krüger, Wolfgang/Lorenz, Stephan/Reymann, Christoph (als Gesamtherausgeberschaft für das Zivilrecht), Stand: 01.06.2022, München (zit.: *Bearbeiter* in: BeckOGK).

Beeck, Sonja, Konzeptverfahren – ein Weg zu passgenauen Stadtbausteinen, Forum Wohnen und Stadtentwicklung (FWS) 2021, S. 194 ff.

Berger, Henning, Die Ausschreibungspflicht bei der Veräußerung von Unternehmensanteilen durch kommunale Körperschaften, ZfBR 2002, S. 134 ff.

Berkemann, Jörg, Faktisches Baugebiet – Ein Rechtsprechungsbericht (Teil I), ZfBR 2021, S. 611 ff.

ders., Faktisches Baugebiet – Ein Rechtsprechungsbericht (Teil II), ZfBR 2021, S. 699 ff.

Berliner Kommentar zum Baugesetzbuch, hrsg. v. Driehaus, Hans-Joachim/Paetow, Stefan, Werkstand: 56. EL August 2022 (in der 3. Aufl.), Köln (zit.: *Bearbeiter* in: Berliner Kommentar BauGB).

Bethge, Herbert, Abschied von der Zweistufentheorie, JR 1972, S. 139 ff.

Beuthien, Volker, Entfernen sich zu viele Genossenschaften von ihrer Leitidee?, ZRP 2019, S. 108 ff.

BIM Berliner Immobilienmanagement GmbH, Konzeptverfahren kurz und knapp, Berlin, https://www.bim-berlin.de/fileadmin/Bilder_BIM_Website/3_Immobilien/Verkauf/Konzeptverfahren/BIM_Broschuere_Konzeptverfahren_low_Doppelseiten.pdf (Stand: 01.11.2023).

Bleutge, Rolf, Zum Grunderwerb der Gemeinde beim Einheimischenmodell, MittBayNot 1996, S. 149 ff.

Böcker, Maike/Brüggemann, Henning/Christ, Michaela/Knak, Alexandra/Lage, Jonas/Sommer, Bernd, Wie wird weniger genug? Suffizienz als Strategie für eine nachhaltige Stadtentwicklung, München 2020 (zit.: *Böcker et al.*, Wie wird weniger genug?).

Bracher, Christian-Dietrich/Reidt, Olaf/Schiller, Gernot, Bauplanungsrecht, 9. Aufl. Köln 2022.

Brakalova, Maria, Keine Pflicht zu Vergabeverfahren bei kommunalen Bauaufträgen, EuZW 2010, S. 336 ff.

Brambring, Jens/Vogt, Matthias, Ausschreibungspflicht kommunaler Grundstückskaufverträge, NJW 2008, S. 1855 ff.

Bremke, Tim, Wettbewerbliche Ausschreibung kommunaler Investorenprojekte, Frankfurt am Main 2015 (zugl. Diss. Bielefeld 2016).

Breuer, Rüdiger, Das rechtsstaatliche Koppelungsverbot, NVwZ 2017, S. 112 ff.

Bulla, Simon, Die Ausschreibungspflicht von Grundstücksgeschäften der öffentlichen Hand, in: Baurecht – eine anspruchsvolle Realwissenschaft. Festschrift für Dieter Kainz, hrsg. v. Motzke, Gerd/Englert, Klaus/Neumeister, Achim, Köln 2019, S. 81 ff.

Bundesinstitut für Bau-, Stadt und Raumforschung (BBSR), Neue Leipzig-Charta. Die transformative Kraft der Städte für das Gemeinwohl, https://www.bbsr.bund.de/BBSR /DE/veroeffentlichungen/sonderveroeffentlichungen/2021/neue-leipzig-charta-pocket - dl.pdf?__blob=publicationFile&v=3 (Stand: 01.11.2023).

dass., Die Wohnraumoffensive und ihr Umsetzungsstand. Bezahlbares Wohnen und Bauen – Bilanz der Wohnraumoffensive am 23. Februar 2021, 4. Aufl. Berlin 2021.

dass., Deutschlandatlas Baulandpreise, https://www.deutschlandatlas.bund.de/DE/Karte n/Wie-wir-wohnen/043-Baulandpreise.html#_gtp9kdla7 (Stand: 01.11.2023).

Bundesministerium für Umwelt, Naturschutz, Bau und Reaktorsicherheit, Leipzig Charta zur nachhaltigen europäischen Stadt. Angenommen anlässlich des Informellen Ministertreffens zur Stadtentwicklung und zum territorialen Zusammenhalt in Leipzig am 24./25. Mai 2007, https://www.bmuv.de/fileadmin/Daten_BMU/Download_PDF/Nationale_Sta dtentwicklung/leipzig_charta_de_bf.pdf (Stand: 01.11.2023).

Bunzel, Arno, Die Dauer der Bindungen im sozialen Wohnungsbau bei städtebaulichen Verträgen und Vergabe kommunaler Grundstücke, ZfBR 2019, S. 640 ff.

ders., Wege zur Beurteilung der Angemessenheit beim Abschluss städtebaulicher Verträge, ZfBR 2021, S. 222 ff.

Burgi, Martin, Funktionale Privatisierung und Verwaltungshilfe. Staatsaufgabendogmatik, Phänomenologie, Verfassungsrecht, Tübingen 1999 (zugl. Habil. Konstanz 1998).

ders., Die Legitimität von Einheimischenprivilegierungen im globalen Dorf, JZ 1999, S. 873 ff.

ders., Die Vergabe von Dienstleistungskonzessionen: Verfahren, Vergabekriterien, Rechtsschutz, NZBau 2005, S. 610 ff.

ders., Entscheidungsanmerkung zum Urteil des EuGH vom 27.10.2005 (Rs. C-234/03), JZ 2006, S. 305 ff.

ders., Die künftige Bedeutung der Freiheitsgrundrechte für staatliche Verteilungsentscheidungen, WiVerw 2007, S. 173 ff.

ders., Von der Zweistufenlehre zur Dreiteilung des Rechtsschutzes im Vergaberecht, NVwZ 2007, S. 737 ff.

ders., Die Bedeutung der allgemeinen Vergabegrundsätze Wettbewerb, Transparenz und Gleichbehandlung, NZBau 2008, S. 29 ff.

ders., BauGB-Verträge und Vergaberecht, NVwZ 2008, S. 929 ff.

ders., Kommunalrecht, 6. Aufl. München 2019.

ders., Eigentumsordnung und Wohnungsnot: Spielräume für eine wohnraumbezogene Bodenpolitik, NVwZ 2020, S. 257 ff.

ders., Vertragliche Instrumente gemeindlicher Wohnungspolitik, EurUP 2020, S. 250 ff.

ders., Vergaberecht. Systematische Darstellung für Praxis und Ausbildung, 3. Aufl. München 2021.

ders., Rechtsregime, in: Voßkuhle, Andreas/Eifert, Martin/Möllers, Christoph (Hrsg.), Grundlagen des Verwaltungsrechts, Band I, 3. Aufl. München 2022, § 18 (S. 1313 ff.).

Busse/Kraus, Bayerische Bauordnung. Kommentar, hrsg. v. Kraus, Stefan, Werkstand: 146. EL Mai 2022, München (zit.: *Bearbeiter* in: Busse/Kraus, BayBO).

Calliess, Christian/Ruffert, Matthias, EUV/AEUV. Das Verfassungsrecht der Europäischen Union mit Europäischer Grundrechtecharta. Kommentar, 6. Aufl. München 2022 (zit.: *Bearbeiter* in: Calliess/Ruffert, EUV/AEUV).

Cremer, Constance, Grundstücksvergabe für gemeinschaftliches Wohnen in Berlin, in: FORUM Gemeinschaftliches Wohnen e.V. (Hrsg.), Grundstücksvergabe für gemeinschaftliches Wohnen. Konzeptverfahren zur Förderung des sozialen Zusammenhalts, bezahlbaren Wohnraums und lebendiger Quartiere, Hannover 2016, S. 50 ff.

Däuper, Olaf/Braun, Frederik, KommJur 2022, Städtebauliche Gestaltungsoptionen für eine nachhaltige Quartiersentwicklung, S. 165 ff.

Deling, Jasmin, Kriterien der „Binnenmarktrelevanz" und ihre Konsequenzen unterhalb der Schwellenwerte. Teil I: Die „Binnenmarktrelevanz" im Unionsrecht – Auswirkungen auf die vergaberechtliche Praxis, NZBau 2011, S. 725 ff.

dies., Kriterien der „Binnenmarktrelevanz" und ihre Konsequenzen unterhalb der Schwellenwerte. Teil II: Handlungs- und Prüferfordernisse auf Grund der „Unterschwellenmitteilung" sowie auf Grund richterrechtlicher Rechtsfortbildung für die vergaberechtliche Praxis, NZBau 2012, S. 17 ff.

Derksen, Roland, Der unionsrechtliche Rahmen für die Wohnungswirtschaft als Daseinsvorsorge, EuZW 2022, S. 157 ff.

Derleder, Peter, Die Notwendigkeit eines Grundrechts auf Wohnen, WuM 2009, S. 615 ff.

Detterbeck, Steffen, Allgemeines Verwaltungsrecht. Mit Verwaltungsprozessrecht, 20. Aufl. München 2022.

Deutscher Verband für Wohnungswesen, Städtebau und Raumordnung e. V., Erbbaurechte – ein Beitrag zur Bereitstellung von Wohnbauland für den bezahlbaren Wohnungsbau? Ergebnisdokumentation zum ExWoSt-Projekt Fachdialog Erbbaurecht, Berlin 2019.

Deutscher Städte und Gemeindebund (DStGB)/REDEKER SELLNER DAHS Rechtsanwälte Partnerschaftsgesellschaft mbB, Dokumentation Nr. 167. Das neue Baulandmobilisierungsgesetz, https://www.dstgb.de/publikationen/dokumentationen/nr-167-das-neuebaulandmobilisierungsgesetz/doku-baulandmobilisierung-web.pdf?cid=nuv (Stand: 01.11.2023).

Dietlein, Johannes, Anteils- und Grundstücksveräußerungen als Herausforderung für das Vergaberecht, NZBau 2004, S. 472 ff.

Doerfert, Carsten, Daseinsvorsorge – eine juristische Entdeckung und ihre heutige Bedeutung, JA 2006, S. 316 ff.

Donhauser, Christoph, Neue Akzentuierungen bei der Vergabe von Standplätzen auf gemeindlichen Volksfesten und Märkten, NVwZ 2010, S. 931 ff.

Drasdo, Michael, Genossenschaftliches Wohnen. Wohnraumüberlassung an der Schnittstelle von Miete und Gesellschaftsrecht, NZM 2012, S. 585 ff.

Dreher, Meinrad, Public Private Partnerships und Kartellvergaberecht. Gemischtwirtschaftliche Gesellschaften, In-house-Vergabe, Betreibermodell und Beleihung Privater, NZBau 2002, S. 245 ff.

Dreier, Horst, Grundgesetz Kommentar, Band I Präambel Artikel 1 bis 19, 3. Aufl. Tübingen 2013 (zit.: *Bearbeiter* in: Dreier, GG).

Dreier, Horst, Grundgesetz Kommentar, Band II Artikel 20 bis 82, 3. Aufl. Tübingen 2015 (zit.: *Bearbeiter* in: Dreier, GG).

Dullien, Sebastian/Krebs, Tom, Wege aus der Wohnungskrise? Vorschlag für eine Bundesinitiative „Zukunft Wohnen", IKM Report 156, Düsseldorf 2020.

Dürig/Herzog/Scholz, Grundgesetz Kommentar, Band I: Texte. Art. 1 bis 5, hrsg. v. Herdegen, Matthias/Scholz, Ruppert/Klein, Hans H. ua., Werkstand: 97. EL Januar 2022, München (zit.: *Bearbeiter* in: Dürig/Herzog/Scholz, GG).

Dürig/Herzog/Scholz, Grundgesetz Kommentar, Band II: Art. 6 bis 16a, hrsg. v. Herdegen, Matthias/Scholz, Ruppert/Klein, Hans H. ua., Werkstand: 97. EL Januar 2021, München (zit.: *Bearbeiter* in: Dürig/Herzog/Scholz, GG).

Eggers, Carsten R./Malmendier, Bertrand, Strukturierte Bieterverfahren der öffentlichen Hand. Rechtliche Grundlagen, Vorgaben an Verfahren und Zuschlag, Rechtsschutz, NJW 2003, S. 780 ff.

Ehemann, Eva-Maria Isabell, Umweltgerechtigkeit. Ein Leitkonzept sozio-ökologisch gerechter Entscheidungsfindung, Tübingen 2020 (zugl. Diss. München 2018).

Ehlers, Dirk (Hrsg.), Europäische Grundrechte und Grundfreiheiten, 4. Aufl. Berlin 2014.

Eisenreich, Klaus/Barth, Karl-Heinz, Vergaberechtspflichtigkeit von Grundstücksverkäufen der öffentlichen Hand, NVwZ 2008, S. 635 ff.

Ernst/Zinkahn/Bielenberg/Krautzberger, Baugesetzbuch, Kommentar, hrsg. v. Külpmann, Christoph, Werkstand: 144. EL Oktober 2021, München (zit.: *Bearbeiter* in: EZBK, BauGB).

Forsthoff, Ernst, Lehrbuch des Verwaltungsrechts. 1. Allgemeiner Teil, 10. Aufl. München 1973.

Forum Baulandmanagement NRW (Hrsg.), Der kommunale Zwischenerwerb als Weg des Baulandmanagements. Arbeitshilfe, bearb. v. Dransfeld, Egbert/Hemprich, Christian, Dortmund 2019.

FORUM Gemeinschaftliches Wohnen e.V., Grundstücksvergabe für gemeinschaftliches Wohnen. Konzeptverfahren zur Förderung des sozialen Zusammenhalts, bezahlbaren Wohnraums und lebendiger Quartiere, Hannover 2016, https://verein.fgw-ev.de/media/forum_konzeptverfahren_1.pdf (Stand: 01.11.2023) (zit.: *Bearbeiter* in: FORUM Gemeinschaftliches Wohnen e.V., Grundstücksvergabe für gemeinschaftliches Wohnen).

Frankfurter Kommentar zu EUV, GRC und AEUV, Band 1: EUV und GRC, hrsg. v. Pechstein, Matthias/Nowak, Carsten/Häde, Ulrich, Tübingen 2017 (zit.: *Bearbeiter* in: Frankfurter Kommentar EUV/GRC/AEUV).

Franßen, Yvonne, „Urbane Gebiete" und Auswirkungen auf Stadtentwicklung und Umwelt, ZUR 2017, S. 532 ff.

Frenz, Walter, Handbuch Europarecht. Band 3: Beihilfe- und Vergaberecht, Berlin Heidelberg 2007.

ders., Handbuch Europarecht. Band 3: Beihilferecht, 2. Aufl. Berlin 2021.

Freuen, Christian, Grundstückskauf von Kommunen, MittRhNotK 1996, S. 301 ff.

Gabriel, Marc, Die Kommissionsmitteilung zur öffentlichen Auftragsvergabe außerhalb der EG-Vergaberichtlinien, NVwZ 2006, S. 1262 ff.

Gabriel, Marc/Krohn, Wolfram/Neun, Andreas (Hrsg.), Handbuch Vergaberecht. GWB, VgV, SektVO, VSVgV, KonzVgV, VOB/A, UVgO, VO(EG) 1370/2007, SGB V, AEUV, 3. Aufl. München 2021.

Gansmeier, Johannes, Vertragliche Instrumente gegen die Wohnungsnot. Tagung der Forschungsstelle für Notarrecht am 5.2.2020, MittBayNot 2020, S. 396 ff.

Gartz, Benjamin, „Ahlhorn" und (k)ein Ende?, NZBau 2008, S. 473 ff.

ders., Das Ende der „Ahlhorn"-Rechtsprechung, NZBau 2010, S. 293 ff.

Gauggel, Thomas/Gütschow, Matthias, Offene Konzeptvergabe in der Stadtentwicklung, QUARTIER 2019 (Heft 3), S. 52 ff.

GENESIS-Online (Bayern) (Bayerisches Landesamt für Statistik), Bauland: Gemeinden, Veräußerungsfälle, veräußerte Fläche, Kaufpreis, durchschnittliche Kaufwerte (EUR/qm), Baulandarten, Jahr (ab 2010), Zeichen 61511-111r, https://www.statistikdaten.bayern.de/genesis//online?operation=table&code=61511-111r&bypass=true&level-lin dex=0&levelid=1660210773280#abreadcrumb (Stand: 01.11.2023).

Gennies, Mona, Konzeptverfahren als Instrument einer gemeinwohlorientierten Stadtentwicklung, Berlin 2021 (teilw. zugl. Masterarbeit Berlin 2019).

Geuer, Ermano, Verstößt die Möglichkeit der Nutzungsbeschränkung bei öffentlichen Einrichtungen auf Gemeindeangehörige nach Art. 21 Abs. 1 GO gegen die Grundfreiheiten der Europäischen Union?, BayVBl. 2011, S. 752 ff.

Göppert, Annette, Entscheidungsanmerkung zum Urteil des EuGH vom 08.05.2013 (Rs. C-197/11, C-203/11), BayVBl. 2014, S. 204 ff.

GSK Stockmann, GSK Update 13.06.2019. Wohnungsbau – Juristischer Werkzeugkasten für die öffentliche Hand, https://www.gsk.de/de/gsk-update-wohnungsbau-juristischer-werkzeugkasten-fuer-die-oeffentliche-hand (Stand: 01.11.2023).

Grabitz/Hilf/Nettesheim, Das Recht der Europäischen Union, hrsg. v. Nettesheim, Martin, Werkstand: 75. EL Januar 2022, München (zit.: *Bearbeiter* in: Grabitz/Hilf/Nettesheim, Recht der EU).

Greb, Klaus/Rolshoven, Michael, Die „Ahlhorn"-Linie – Grundstücksverkauf, Planungs- und Vergaberecht, NZBau 2008, S. 163 ff.

Greb, Klaus/Stenzel, Sonja, Die nachträgliche Vertragsanpassung als vergaberechtsrelevanter Vorgang, NZBau 2012, S. 404 ff.

Greim, Jeanine, Ausschreibungspflichten beim kooperativen Städtebau nach dem „Helmut Müller"-Urteil des EuGH, ZfBR 2011, S. 126 ff.

von der Groeben/Schwarze/Hatje, Europäisches Unionsrecht. Vertrag über die Europäische Union – Vertrag über die Arbeitsweise der Europäischen Union – Charta der Grundrechte der Europäischen Union, Kommentar, Band 1: Art. 1 bis 55 EUV. Art. 1 bis 54 GRC. Art. 1 bis 66 AEUV, hrsg. v. Schwarze, Jürgen/Hatje, Armin, 7. Aufl. Baden-Baden 2015 (zit.: *Bearbeiter* in: von der Groeben/Schwarze/Hatje, Europäisches Unionsrecht).

von der Groeben/Schwarze/Hatje, Europäisches Unionsrecht. Vertrag über die Europäische Union – Vertrag über die Arbeitsweise der Europäischen Union – Charta der Grundrechte der Europäischen Union, Kommentar, Band 3: Art. 106 bis 173 AEUV, hrsg. v. Schwarze, Jürgen/Hatje, Armin, 7. Aufl. Baden-Baden 2015 (zit.: *Bearbeiter* in: von der Groeben/Schwarze/Hatje, Europäisches Unionsrecht).

von der Groeben/Schwarze/Hatje, Europäisches Unionsrecht. Vertrag über die Europäische Union – Vertrag über die Arbeitsweise der Europäischen Union – Charta der Grundrechte der Europäischen Union, Kommentar, Band 4: Art. 174 bis 358 AEUV, hrsg. v. Schwarze, Jürgen/Hatje, Armin, 7. Aufl. Baden-Baden 2015 (zit.: *Bearbeiter* in: von der Groeben/Schwarze/Hatje, Europäisches Unionsrecht).

Gröpl, Christoph, Bundeshaushaltsordnung Landeshaushaltsordnungen. Staatliches Haushaltsrecht, Kommentar, 2. Aufl. München 2019 (zit.: *Bearbeiter* in: Gröpl, BHO/LHO).

Grüneberg, Bürgerliches Gesetzbuch, Kommentar, bearb. v. Ellenberger, Jürgen/Götz, Isabell/Grüneberg, Christian u.a., 81. Aufl. München 2022.

Grziwotz, Herbert, Zur Zulässigkeit und Absicherung vertraglicher Baugebote und Veräußerungsverbote, DVBl. 1991, S. 1348 ff.

ders., Baulanderschließung, München 1993.

ders., Sicherungsprobleme für Investoren bei städtebaulichen Verträgen, VIZ 1997, S. 197 ff.

ders., Städtebauliche Verträge vor den Zivilgerichten, NJW 1997, S. 327 f.

ders., Entscheidungsanmerkung zum Urteil des BayVGH vom 22.12.1998 (Az. 1 B 94.3288), DNotZ 1999, S. 646 ff.

ders., Städtebauliche Verträge und AGB-Recht, NVwZ 2002, S. 391 ff.

ders., Entscheidungsanmerkung zum Urteil des OLG Karlsruhe vom 12.01.2006 (Az. 9 U 125/05), DNotZ 2006, S. 512 ff.

ders., Entscheidungsanmerkung zum Urteil des BGH vom 13.10.2006 (Az. V ZR 33/06), MittBayNot 2007, S. 308 ff.

ders., Risiken für Einheimischenmodelle und Gestaltungsvorschläge, KommJur 2007, S. 450 ff.

ders., Anmerkung zur Entscheidung des BayVerfGH 23.01.2007 (Az. Vf. 42-VI-06), MittBayNot 2008, S. 414.

ders., Entscheidungsanmerkung zum Urteil des EuGH vom 08.05.2013 (Rs. C-197/11 und C-203/11), DNotZ 2013, S. 843 ff.

ders., Vereinbarungen über Abgaben und eine Kaufpreisermäßigung bei kommunalen Grundstücksgeschäften, DNotZ 2015, S. 246 ff.

ders., Entscheidungsanmerkung zum Urteil des BGH vom 26.06.2015 (Az. V ZR 271/14), MittBayNot 2016, S. 188 ff.

ders., (Neue) Familienförderung und Baupflichten bei gemeindlichen Immobilienverkäufen, NotBZ 2018, S. 401 ff.

ders., Entscheidungsanmerkung zum Urteil des BGH vom 20.04.2018 (Az. V ZR 169/17), MittBayNot 2019, S. 83 ff.

ders., Vertragliche Instrumente gegen die Wohnungsnot, NotBZ 2020, S. 321 ff.

Gusy, Christoph, Der Gleichheitssatz, NJW 1988, S. 2505 ff.

Haak, Sandra, Jenseits von „Ahlhorn" – die vergaberechtliche Beurteilung kommunaler Grundstücksgeschäfte, VergabeR 2011, S. 351 ff.

Hagenbruch, Tim, Das Verhältnis von Beihilfen- und Vergaberecht. Unter besonderer Berücksichtigung der Dienstleistungen von allgemeinem wirtschaftlichem Interesse, Baden-Baden 2020 (zugl. Diss. Heidelberg 2019).

Hakenberg, Waltraud, Europarecht, 9. Aufl. München 2021.

Hamdorf, Matthias, Die Verteilungsentscheidung. Transparenz und Diskriminierungsfreiheit bei der Zuteilung knapper Güter, Frankfurt am Main 2012 (zugl. Diss. Frankfurt am Main 2011).

Hanke, Stefanie, Wann ist ein Grundstücksgeschäft der öffentlichen Hand ausschreibungspflichtig? Zugl. Entscheidungsanmerkung zum Urteil des EuGH vom 25.03.2010 (Rs. C-451/08), ZfBR 2010, S. 562 ff.

Hansen, Angela, Grundstücksvergabe für gemeinschaftliches Wohnen in Hamburg, in: FORUM Gemeinschaftliches Wohnen e.V. (Hrsg.), Grundstücksvergabe für gemeinschaftliches Wohnen. Konzeptverfahren zur Förderung des sozialen Zusammenhalts, bezahlbaren Wohnraums und lebendiger Quartiere, Hannover 2016, S. 19 ff.

Harms, Andreas/Schmidt-Wottrich, Jörg, Ausschreibungspflichten bei kommunalen Grundstücksverkäufen und städtebaulichen Verträgen, LKV 2011, S. 537 ff.

Harms, Sophie, Unionsrechtliche Vorgaben für den Rechtsschutz im Vergabeverfahren unterhalb der EU-Schwellenwerte, Baden-Baden 2013 (zugl. Diss. Hamburg 2012).

Hausmann, Christian, Entscheidungsanmerkung zum Urteil des BGH vom 16.04.2012 (Az. V ZR 175/09), NJW 2010, S. 3508.

Heckschen, Rudolf Heribert, Die Formbedürftigkeit mittelbarer Grundstücksgeschäfte, Baden-Baden 1987 (zugl. Diss. Berlin 1987).

Heinz, Werner/Belina, Bernd, Die kommunale Bodenfrage. Hintergrund und Lösungsstrategien, hrsg. v. d. Rosa-Luxemburg-Stiftung, Berlin 2019.

Heinze, Rolf G., Rückkehr des Staates? Politische Handlungsmöglichkeiten in unsicheren Zeiten, Wiesbaden 2009.

Heinzmann, Friedrich, Die freie Bauherrengemeinschaft. Praktische Überlegungen aus juristischer Sicht und Vertragsmuster, 5. Aufl. Tübingen, Berlin 2015.

Hengstermann, Andreas, Von der passiven Bodennutzungsplanung zur aktiven Bodenpolitik. Die Wirksamkeit von bodenpolitischen Instrumenten anhand von Lebensmittel-Discountern, Wiesbaden 2019 (zugl. Diss. Bern 2018).

Herdegen, Matthias, Europarecht, 23. Aufl. München 2022.

Hertwig, Stefan, Vergaberecht und staatliche (Grundstücks-)Verkäufe, NZBau 2011, S. 9 ff.

ders., Entscheidungsanmerkung zum Beschluss des OLG München vom 27.09.2011 (Az. Verg 15/11), VergabeR 2012, S. 64 f.

Hertwig, Stefan/Öynhausen, Regina, Grundstücksgeschäfte der öffentlichen Hände im Blickwinkel des Vergaberechts, KommJur 2008, S. 121 ff.

Hessisches Ministerium für Umwelt, Klimaschutz, Landwirtschaft und Verbraucherschutz, Grundstücksvergabe nach der Qualität von Konzepten. Verfahren und Praxisbeispiele, Wiebaden 2017.

Hilberth, Iris, Suchst du noch oder wohnst du schon?, in: Süddeutsche Zeitung vom 24.11.2017, Nr. 270, Seite R11 (Landkreis München).

Hintzsche, Burkhard, Kommunale Wohnungspolitik, in: Wollmann, Hellmut/Roth, Roland (Hrsg.), Kommunalpolitik. Politisches Handeln in den Gemeinden, 2. Aufl. Wiesbaden 1999, S. 801 ff.

Höfler, Heiko, Transparenz bei der Vergabe öffentlicher Aufträge, NZBau 2010, S. 73 ff.

Holm, Andrej, >Neue Gemeinnützigkeit< und soziale Wohnungsversorgung, in: Schönig, Barbara/Kadi, Justin/Schipper, Sebastian (Hrsg.), Wohnraum für alle?! Perspektiven auf Planung, Politik und Architektur, Bielefeld 2017, S. 135 ff.

Holm, Andrej/Regnault, Valentin/Sprengholz, Maximilian/Stephan, Meret, Muster sozialer Ungleichheit der Wohnversorgung in deutschen Großstädten. Working Paper Forschungsförderung, No. 222, Düsseldorf 2021.

Horn, Lutz, Ausschreibungspflichten bei Grundstücksgeschäften der öffentlichen Hand, VergabeR 2008, S. 158 ff.

Huber, Peter M., Konkurrenzschutz im Verwaltungsrecht. Schutzanspruch und Rechtsschutz bei Lenkungs- und Verteilungsentscheidungen der öffentlichen Verwaltung, Tübingen 1991 (zugl. Habil. München 1991).

Huber, Peter M./Wollenschläger, Ferdinand, Einheimischenmodelle. Städtebauliche Zielverwirklichung an der Schnittstelle von europäischem und nationalem, öffentlichem und privatem Recht, Berlin 2008.

Huerkamp, Florian, Gleichbehandlung und Transparenz als gemeinschaftsrechtliche Prinzipien der staatlichen Auftragsvergabe, Tübingen 2010 (zugl. Diss. Regensburg 2009).

Hufen, Friedhelm, Verwaltungsprozessrecht, 12. Aufl. München 2021.

Immenga/Mestmäcker, Wettbewerbsrecht, Bd. 4 Vergaberecht. Kommentar zum Europäischen und Deutschen Kartellrecht, hrsg. v. Körber, Torsten/Schweitzer, Heike/Zimmer, Daniel, 6. Aufl. München 2021 (zit.: *Bearbeiter* in: Immenga/Mestmäcker, Wettbewerbsrecht).

Immenga/Mestmäcker, Wettbewerbsrecht, Bd. 5 Beihilfenrecht. Kommentar zum Europäischen und Deutschen Kartellrecht, hrsg. v. Körber, Torsten/Schweitzer, Heike/Zimmer, Daniel, 6. Aufl. München 2022 (zit.: *Bearbeiter* in: Immenga/Mestmäcker, Wettbewerbsrecht).

Ipsen, Hans Peter, Öffentliche Subventionierung Privater, DVBl. 1956, S. 461 ff. (Teil 1), S. 498 ff. (Teil 2) und S. 602 ff. (Teil 3).

Jachmann, Monika, Rechtliche Qualifikation und Zulässigkeit von Einheimischen-Modellen als Beispiel für Verwaltungshandeln durch Vertrag. Zugl. Entscheidungsanmerkung zum Urteil des BVerwG vom 11.02.1993 (Az. 4 C 18.91), MittBayNot 1994, S. 93 ff.

Jacobs, Tobias, Zwischen Markt und Steuerung – Wohnungspolitik in Jena, in: *Rink, Dieter/Egner, Björn* (Hrsg.), Lokale Wohnungspolitik. Beispiele aus deutschen Städten, Baden-Baden 2020, S. 291 ff.

Jäde/Dirnberger, Baugesetzbuch, Baunutzungsverordnung, Kommentar, fortgeführt. v. Dirnberger, Franz/ Decker, Andreas/Busse, Jürgen/Spieß, Gerhard/Széchényi, Attila, 10. Aufl. Stuttgart 2022 (zit.: *Bearbeiter* in: Jäde/Dirnberger, BauGB BauNVO).

Jarass Cohen, Nina, Vergaberecht und städtebauliche Kooperation. Ein Anwendungsfall der Urban Governance, Berlin 2013 (zugl. Diss. München 2012).

Jarass, Hans D., Charta der Grundrechte der EU, Kommentar, 4. Aufl. München 2021 (zit.: *Jarass* GRCh).

Jarass/Pieroth, Grundgesetz für die Bundesrepublik Deutschland, Kommentar, bearb. v. Jarass, Hans D./Kment, Martin, 17. Aufl. München 2022 (zit.: *Bearbeiter* in: Jarass/Pieroth, GG).

Jasper, Ute/Seidl, Jan, Neue Dissonanzen beim Verkauf kommunaler Grundstücke, NZBau 2008, S. 427 ff.

Jenn, Matthias, War es das mit dem Thema Ahlhorn? Zugl. Entscheidungsanmerkung zum Urteil des EuGH vom 25.03.2010 (Rs. C-451/08), ZfIR 2010, S. 405 ff.

Jennert, Carsten/Pauka, Marc, EU-Beihilfenrechtliche Risiken in der kommunalen Praxis. Einführung und Darstellung typischer Sachverhalte im kommunalen Alltag mit Bezug zum Europäischen Beihilferecht (Teil 1), KommJur 2009, S. 321 ff.

Kahl, Wolfgang, Wissenschaft, Praxis und Dogmatik im Verwaltungsrecht, Tübingen 2020.

Kapellmann, Klaus D./Messerschmidt, Burkhard, VOB. Teile A und B. Vergabe- und Vertragsordnung für Bauleistungen mit Vergabeverordnung (VgV), Kommentar, 7. Aufl. München 2020 (zit.: *Bearbeiter* in: Kapellmann/Messerschmidt, VOB-Kommentar).

Katz, *Alfred*, Öffentlichkeit versus Nichtöffentlichkeit von Gemeinderatssitzungen. Am Beispiel von Grundstücksangelegenheiten, NVwZ 2020, S. 1076 ff.

Keinert, *Steffen/Büsching*, *Andreas*, Handbuch Baugemeinschaften. Der Wegweiser in das Zuhause der Zukunft, Taunusstein 2012.

Keller, *Stephan*, Kooperativer Städtebau und Kartellvergaberecht. Künftiger Rechtsrahmen der Auswahl städtebaulicher Kooperationspartner: Anwendbarkeit, Verfahren und Kriterien, Baden-Baden 2010 (zugl. Diss. Bochum 2010).

Kersten, *Jens*, Die Entwicklung des Konzepts der Daseinsvorsorge im Werk von Ernst Forsthoff, Der Staat 44 (2005), S. 543 ff.

ders., Daseinsvorsorge, in: Görres-Gesellschaft/Verlag Herder (Hrsg.), Staatslexikon. Recht, Wirtschaft, Gesellschaft, Erster Band. ABC-Waffen bis Ehrenamt, 8. Aufl. Freiburg 2017.

Keßler, *Jürgen/Dahlke*, *Ann*, Sozialer Wohnungsbau, in: Krautscheid, Andreas (Hrsg.), Die Daseinsvorsorge im Spannungsfeld von europäischem Wettbewerb und Gemeinwohl. Eine sektorspezifische Betrachtung, Wiesbaden 2009, S. 275 ff.

Kingreen, *Thorsten/Poscher*, *Ralf*, Grundrechte. Staatsrecht II, 36. Aufl. Heidelberg 2020.

Kintz, *Roland*, Öffentliches Recht im Assessorexamen. Klausurtypen, wiederkehrende Probleme und Formulierungshilfen, 11. Aufl. München 2021.

Klein, *Sven*, Deutsche Einheimischenmodelle – Europäische Kommission gibt »grünes Licht« zu neuen Leitlinien, KommP BY 2017, S. 170 ff.

Kloepfer, *Michael/Durner*, *Wolfgang*, Umweltschutzrecht, 3. Aufl. München 2020.

Kment, *Martin*, Wohnungsnot und Verfassungsrecht, NJW 2018, S. 3692 ff.

ders., Die nachhaltige Stadt der Zukunft – Welche Neuregelungen empfehlen sich zu Verkehr, Umweltschutz und Wohnen?, Gutachten Teil D zum 73. Deutschen Juristentag (Hamburg 2020/Bonn 2022), München 2020, mit aktualisierendem Ergänzungsband (München 2022).

Kniesel, *Michael*, Veranstaltung traditioneller Märkte durch Kommunen, GewArch 2013, S. 270 ff.

Koch, *Katharina/Nguyen*, *Alexander*, Schutz vor mittelbarer Diskriminierung – Gleiches Recht für alle? Das Verbot der mittelbaren Diskriminierung in der höchstrichterlichen Rechtsprechung, EuR 2010, S. 364 ff.

Koenig, *Christian/Kühling*, *Jürgen*, Grundstücksveräußerungen der öffentlichen Hand, planerischer Wandel und EG-Beihilfenrecht, NZBau 2001, S. 409 ff.

Köhler, *Helmut*, BGB Allgemeiner Teil. Ein Studienbuch, 46. Aufl. München 2022.

Kolck, *Gregor/Lehmann*, *Karen/Strohmeier*, *Simone*, Volkswirtschaftslehre, München 2001.

Komorowski, *Alexis v.*, Der allgemeine Daseinsvorsorgevorbehalt des Art. 106 Abs. 2 AEUV, EuR 2015, S. 310 ff.

Kompetenzzentrum der Initiative „Kostengünstig qualitätsbewusst Bauen" im Bundesinstitut für Bau-, Stadt- und Raumforschung, Baugemeinschaften. Bauen und Wohnen in der Gemeinschaft, Berlin 2009.

Körber, *Torsten*, Grundfreiheiten und Privatrecht, Tübingen 2004 (zugl. Habil. Göttingen 2004).

Kössinger, *Reinhard*, Die Vergabe gemeindlicher Baugrundstücke, München Florenz 1987, (zugl. Diss. München 1986).

Köster, *Bernd*, Möglichkeiten der kommunalen Förderung des sozialen Wohnungsbaus im allgemeinen Städtebaurecht, KommJur 2016, S. 81 ff.

ders., Die (Wieder-)Entdeckung des Baugebots nach § 176 BauGB, BauR 2019, S. 1378 ff.

ders., Die Vergabe von Erbbaurechten an kommunalen Wohnbaugrundstücken vor dem Hintergrund der Wohnungsmarktkrise, KommJur 2018, S. 201 ff.

Krohn, Wolfram, „Flugplatz Ahlhorn": Ausschreibungspflicht für Grundstücksgeschäfte der öffentlichen Hand? Zugl. Entscheidungsanmerkung zum Beschluss des OLG Düsseldorf vom 13.06.2007 (Az. VII-Verg 2/07), ZfBR 2008, S. 27 ff.

Kröninger, Holger, Ausschreibungspflicht städtebaulicher Verträge: Die Reaktion des Gesetzgebers, LKRZ 2008, S. 330 ff.

Kühling, Jürgen, Künftige vergaberechtliche Anforderungen an kommunale Immobiliengeschäfte. Konsequenzen aus dem EuGH-Urteil im Fall Müller, NVwZ 2010, S. 1257 ff.

Kuhnert, Jan/Leps, Olof, Neue Wohnungsgemeinnützigkeit. Wege zu langfristig preiswertem und zukunftsgerechtem Wohnraum, Wiesbaden 2017.

Kümmerle, Saskia, Einheimischenprivilegierung im Grundstücksverkehr und sozialer Wohnungsbau: Kommunale Gestaltungsmöglichkeiten aus europarechtlicher Sicht. Anmerkung zu den Schlussanträgen des GA Mazák in den verb. Rs. C-197/11 und C-203/11 Libert, GPR 2013, S. 4 ff.

Kupfer, Dominik, Die Verteilung knapper Ressourcen im Wirtschaftsverwaltungsrecht, Baden-Baden 2005 (zugl. Diss. Freiburg im Breisgau 2004).

Lamm, Regina, Ende der Ausschreibungspflicht für Grundstückskaufverträge der öffentlichen Hände?, KommJur 2010, S. 161 ff.

Landeshauptstadt München, Referat für Stadtplanung und Bauordnung, Wohnungspolitisches Handlungsprogramm „Wohnen in München VI" 2017–2021, https://www.muenchen.de/rathaus/dam/jcr:006dc878-e452-4033-b962-1b8dee336f53/Handlungsprogramm_WiM%20VI_Web.pdf (Stand: 01.11.2023).

Landeshauptstadt Stuttgart, Wohnen in Stuttgart, http://www.stuttgart.de/medien/ibs/INT_Wohnen-in-Stuttgart.pdf (Stand: 01.11.2023).

Leidner, Tobias, Nachzahlungsklauseln beim Verkauf kommunaler Grundstücke. Zugl. Entscheidungsanmerkung zu den Urteilen des BGH vom 16.03.2018 (Az. V ZR 306/16) und vom 20.04.2018 (Az. V ZR 169/17), DNotZ 2019, S. 83 ff.

ders., Entscheidungsanmerkung zum Urteil des BGH vom 15.02.2019 (Az. V ZR 77/18), MittBayNot 2020, S. 82 ff.

ders., Praxisupdate Öffentliches Recht, MittBayNot 2021, S. 108 ff.

Leisner, Walter Georg, Existenzsicherung im Öffentlichen Recht. Minimum – Grundlagen – Förderung, Tübingen 2007.

ders., Daseinsvorsorge: Begriff, Bedeutung, Grenzen. Von existenziellen Leistungen zu infrastruktureller Gewährleistung, WiVerw 2011, S. 55 ff.

Lieb, Nicole, Beschaffungsdienstleister im Vergabeverfahren. Rechtliche Herausforderungen angesichts von Privatisierung und Professionalisierung, Baden-Baden 2022 (zugl. Diss. München 2021).

Lichtenberg, Cilia, Das Erbbaurecht als Beitrag zu mehr bezahlbarem Wohnraum, in: Schönig, Barbara/Vollmer, Lisa (Hrsg.), Wohnungsfragen ohne Ende?! Ressourcen für eine soziale Wohnraumversorgung, Bielefeld 2020, S. 69 ff.

Lindner, Josef Franz, Zur Drittanfechtungsklage im Gewerberecht, GewArch 2016, S. 135 ff.

Lindner, Josef Franz/Möstl, Markus/Wolff, Heinrich Amadeus, Verfassung des Freistaates Bayern, Kommentar, 2. Aufl. München 2017.

Losch, Alexandra, Vergaberecht im Städtebau: Gestaltungsspielräume ausschreibungspflichtiger Projekte, VergR 2013, S. 839 ff.

Lüttmann, Sarah, Beschaffung als Anwendungsvoraussetzung des deutschen und europäischen Vergaberechts, Baden-Baden 2018 (zugl. Diss. Osnabrück 2018).

Lützenkirchen, Klaus, Das Kündigungsrecht der Wohnungsgenossenschaft nach § 564b Abs. 1 BGB, WuM 1994, S. 5 ff.

Lux, *Walter*, Erbbaurechtsgesetz und Wohnungsreform, JW 1919, S. 360 ff.

Mäding, *Heinrich*, Liegenschaftspolitik, in: *Wollmann*, *Hellmut/Roth*, *Roland* (Hrsg.), Kommunalpolitik. Politisches Handeln in den Gemeinden, 2. Aufl. Wiesbaden 1999, S. 530 ff.

Mainka, *Patrick*, Die Baukonzession und das Erbbaurecht – Problem oder Lösung?, VergR 2020, S. 133 ff.

Malaviya, *Nina*, Verteilungsentscheidungen und Verteilungsverfahren. Zur staatlichen Güterverteilung in Konkurrenzsituationen, Tübingen 2009 (zugl. Diss. Frankfurt am Main 2009).

v. Mangoldt/Klein/Starck, Grundgesetz, Band 1 Präambel u. Art. 1–19, hrsg. v. Huber, Peter M./Voßkuhle, Andreas, 7. Aufl. München 2018 (zit.: *Bearbeiter* in: v. Mangoldt/Klein/Starck, GG).

v. Mangoldt/Klein/Starck, Grundgesetz, Band 2 Artikel 20–82, hrsg. v. Huber, Peter M./Voßkuhle, Andreas, 7. Aufl. München 2018 (zit.: *Bearbeiter* in: v. Mangoldt/Klein/Starck, GG).

Martini, *Mario*, Der Markt als Instrument hoheitlicher Verteilungslenkung. Möglichkeiten und Grenzen einer marktgesteuerten staatlichen Verwaltung des Mangels, Tübingen 2008.

Maunz, *Theodor*, Die staatliche Verwaltung der Zuschüsse und Subventionen, BayVBl. 1962, S. 1 ff.

Maurer, *Frank*, Vorrechte in der vertragsrechtlichen Praxis, BWNotZ 2004, S. 57 ff.

Maurer, *Hartmut*, Staatsrecht I. Grundlagen, Verfassungsorgane, Staatsfunktionen, 6. Aufl. München 2010.

Maurer, *Hartmut/Waldhoff*, *Christian*, Allgemeines Verwaltungsrecht, 20. Aufl. München 2020.

May, *Friedrich/Ullrich*, *Sven/Steiger*, *Karolina*, Gemeinsam bauen. Baugruppen, Baugemeinschaften, Wege und Erfahrungen, Berlin 2017.

Mayer, *Jörg*, Gemeindegeschenke? Probleme des Art. 75 BayGO aus der Sicht der notariellen Praxis, MittBayNot 1996, S. 251 ff.

Meier, *Patrick/Schmitz*, *Eric*, Verbraucher und Unternehmer – ein Dualismus?, NJW 2019, S. 2345 ff.

Menzl, *Marcus*, Gemeinsam zum Eigentum – Baugemeinschaften und Genossenschaften, in: Depenheuer, Otto/Hertzsch, Eckhart/Voigtländer, Michael (Hrsg.), Wohneigentum für breite Schichten der Bevölkerung, Berlin 2020, S. 287 ff.

Meyer, *Jürgen/Hölscheidt*, *Sven* (Hrsg.), Charta der Grundrechte der Europäischen Union, 5. Aufl. Baden-Baden 2019 (zit.: *Bearbeiter* in: Meyer/Hölscheidt, GRCh).

Michl, *Fabian*, »Mia san mia« – Einheimischenmodell auf Bayerisch, JA 2015, S. 202 ff.

Mießner, *Michael*, Neoliberale Wohnungspolitik mit wohlfahrtsstaatlichen Versatzstücken. Das Beispiel der Universitätsstadt Göttingen, in: Rink, Dieter/Egner, Björn (Hrsg.), Lokale Wohnungspolitik. Beispiele aus deutschen Städten, Baden-Baden 2020, S. 273 ff.

Milstein, *Alexander*, Daseinsvorsorge, in: Blotevogel, Hans Heinrich (Hrsg.), Handwörterbuch der Stadt- und Raumentwicklung, Hannover 2018, S. 361 ff.

Müller, *Hannes*, Baugemeinschaften als städtebauliches Entwicklungsinstrument. Ein möglicher Beitrag nachhaltiger Quartiersentwicklung, Wiesbaden 2015.

Müller, *Ines*, Die Wohnungspolitik als Aspekt öffentlicher Daseinsvorsorge, in: Häußler, Angela/Küster, Christine/Ohrem, Sandra/Wagenknecht, Inga (Hrsg.), Care und die Wissenschaft vom Haushalt. Aktuelle Perspektiven der Haushaltswissenschaft, Wiesbaden 2017, S. 177 ff.

v. Münch/Kunig, Grundgesetz-Kommentar, Band 1: Präambel bis Art. 69, hrsg. v. Kämmerer, Jörn Axel/Kotzur, Markus, 7. Aufl. München 2021 (zit.: *Bearbeiter* in: v. Münch/Kunig, GG).

v. Münch/Kunig, Grundgesetz-Kommentar, Band 2: Art. 70 bis 146, hrsg. v. Kämmerer, Jörn Axel/Kotzur, Markus, 7. Aufl. München 2021 (zit.: *Bearbeiter* in: v. Münch/Kunig, GG).

Münchener Kommentar zum Bürgerlichen Gesetzbuch, Band 2: Schuldrecht – Allgemeiner Teil I, hrsg. v. Säcker, Franz Jürgen/Rixecker, Roland/Oetker, Hartmut/Limperg, Bettina, 9. Aufl. München 2022 (zit.: *Bearbeiter* in: MüKo BGB).

Münchener Kommentar zum Bürgerlichen Gesetzbuch, Band 3: Schuldrecht – Allgemeiner Teil II, hrsg. v. Säcker, Franz Jürgen/Rixecker, Roland/Oetker, Hartmut/Limperg, Bettina, 9. Aufl. München 2022 (zit.: *Bearbeiter* in: MüKo BGB).

Münchener Kommentar zum Bürgerlichen Gesetzbuch, Band 4: Schuldrecht, Besonderer Teil I §§ 433–534, Finanzierungsleasing, CISG, hrsg. v. Säcker, Franz Jürgen/Rixecker, Roland/Oetker, Hartmut/Limperg, Bettina, 8. Aufl. München 2019 (zit.: *Bearbeiter* in: MüKo BGB).

Münchener Kommentar zum Bürgerlichen Gesetzbuch, Band 8: Sachenrecht, hrsg. v. Säcker, Franz Jürgen/Rixecker, Roland/Oetker, Hartmut/Limperg, Bettina, 8. Aufl. München 2020 (zit.: *Bearbeiter* in: MüKo BGB).

Münchner Initiative für ein soziales Bodenrecht, Münchner Ratschlag zur Bodenpolitik 22. und 23. Juni 2018. Kommunaler Impuls zu einer gemeinwohlorientierten Bodenpolitik. Handlungsmöglichkeiten der Städte für soziale Wohnungsversorgung und lebenswerte Städte erweitern!, München 2018 (zit.: *Münchner Initiative für ein soziales Bodenrecht*, Kommunaler Impuls zu einer gemeinwohlorientierten Bodenpolitik).

Niemeyer, *Carl Michael*, Zur Abgrenzung der städtebaulichen Angemessenheitskontrolle von der AGB-Inhaltskontrolle. Zugl. Entscheidungsanmerkung zu den Urteilen des BGH vom 26.06.2015 (Az. V ZR 144/14 und V ZR 271/14), MittBayNot 2016, S. 120 ff.

Osseforth, *Tobias/Lampert*, *Stephen*, Vergaberechtlicher Rechtsrahmen für Konzeptverfahren, Forum Wohnen und Stadtentwicklung (FWS) 2021, S. 190 ff.

Otting, *Olaf*, Städtebauliche Verträge und der EuGH – Was bleibt von „Ahlhorn"?, NJW 2010, S. 2167 ff.

ders., Vergaberecht und Städtebau, VergR 2013, 343 ff.

Owusu, *Franziska*, Die Absicherung von Verpflichtungen in städtebaulichen Verträgen gemäß § 11 BauGB, Berlin 2017 (zugl. Diss. Berlin 2016).

Peters, *Gertrudis*, Konzeptvergabe – Baustein einer sozial gerechten Stadtentwicklung, in: *Etezadzadeh*, *Chirine* (Hrsg.), Smart City – Made in Germany. Die Smart-City-Bewegung als Treiber einer gesellschaftlichen Transformation, Wiesbaden 2020, S. 415 ff.

Philipp, *Ortwin/Vetter*, *Stefan/Kriesel*, *Julia*, Veräußerung von Grundstücken durch die öffentliche Hand, LKV 2020, S. 539 ff.

Pietzcker, *Jost*, Grundstücksverkäufe, städtebauliche Verträge und Vergaberecht, NZBau 2008, S. 293 ff.

Pöcker, *Markus*, Das Verfahrensrecht wirtschaftsverwaltungsrechtlicher Verteilungsentscheidungen: Der einheitliche Verteilungsverwaltungsakt, DÖV 2003, S. 193 ff.

ders., Rechtsschutzfragen bei Verteilungsentscheidungen der öffentlichen Hand, NVwZ 2003, S. 688 ff.

Pollmann, *Tobias*, Der verfassungsrechtliche Gleichbehandlungsgrundsatz im öffentlichen Vergaberecht, Berlin 2009 (zugl. Diss. Leipzig 2008).

Portz, *Norbert*, Einheimischenmodelle auf dem Prüfstand der EU-Kommission, KommJur 2010, S. 366 ff.

Prandl/Zimmermann, Kommunalrecht in Bayern. Kommentar zur Gemeindeordnung, Verwaltungsgemeinschaftsordnung, Landkreisordnung und Bezirksordnung mit ergänzenden Vorschriften, fortgeführt v. Büchner, Hermann/Pahlke, Michael, Werkstand: 146. AL Juni 2021, Kronach (zit.: Prandl/Zimmermann, Kommunalrecht in Bayern).

Prieß, Hans-Joachim, Was heißt und welchem Zweck dient das „grenzüberschreitende Interesse"?, NZBau 2015, S. 57 ff.

Prieß, Hans-Joachim/Gabriel, Marc, M&A-Verfahrensrecht – EG-rechtliche Verfahrensvorgaben bei staatlichen Beteiligungsveräußerungen, NZBau 2007, S. 617 ff.

Prieß, Hans-Joachim/Simonis, Matthias, Die künftige Relevanz des Primärvergabe- und Beihilfenrechts. Ein Zwischenruf, NZBau 2015, S. 731 ff.

Pünder, Hermann/Schellenberg, Martin, Vergaberecht. GWB – VgV – VSVgV – SektVO – VOL/A – VOB/A – VOF – Haushaltsrecht – Öffentliches Preisrecht. Handkommentar, 3. Aufl. Baden-Baden 2019 (zit.: Bearbeiter in: Pünder/Schellenberg, Vergaberecht).

Püttner, Günter (Hrsg.), Handbuch der kommunalen Wissenschaft und Praxis, Band 6 Kommunale Finanzen, 2. Aufl. Berlin Heidelberg 1985.

Quaas/Zuck/Clemens, Medizinrecht. Öffentliches Medizinrecht, Pflegeversicherungsrecht, Arzthaftpflichtrecht, Arztstrafrecht, hrsg. v. Quaas, Michael/Zuck, Rüdiger/Clemens, Thomas/Gokel, Julia Maria, 4. Aufl. München 2018.

Raabe, Marius, Von Ahlhorn nach Wildeshausen – und weiter? Vergaberecht und Städtebau nach der „Helmut Müller"-Entscheidung des EuGH, NordÖR 2010, S. 273 ff.

Rapp, Manfred, Praktische Fragen des Erbbaurechts (Buchbesprechung), DNotZ 2021, S. 80 ff.

Rastätter, Jürgen, Probleme beim Grundstückskauf von Kommunen, DNotZ 2000, S. 17 ff.

Regler, Rainer, Entscheidungsanmerkung zum Urteil des BGH vom 22.02.2008 (Az. V ZR 56/07), MittBayNot 2008, S. 477 ff.

v. Reichenberg, Luitpold Graf Wolffskeel, Praxisupdate Erbbaurecht, MittBayNot 2021, S. 219 ff.

Reidt, Olaf, Das Recht der Allgemeinen Geschäftsbedingungen bei städtebaulichen Verträgen, BauR 2004, S. 941 ff.

Reidt, Olaf/Stickler, Thomas/Glahs, Heike, Vergaberecht. Kommentar, 4. Aufl. Köln 2018 (zit.: *Bearbeiter* in: Reidt/Stickler/Glahs, Vergaberecht).

ders., Grundstücksveräußerungen der öffentlichen Hand und städtebauliche Verträge als ausschreibungspflichtige Baukonzession?, BauR 2007, S. 1664 ff.

Reiling, Katharina, Einheimischenmodell reloaded: Rechtsfragen der nicht subventionierten kommunalen Bauplatzvergabe. Zugl. Anmerkung zum Beschluss des VG Sigmaringen vom 21.12.2020 (Az. 7 K 3840/20) (Teil 1), KommJur 2022, S. 161 ff.

dies., Einheimischenmodell reloaded: Rechtsfragen der nicht subventionierten kommunalen Bauplatzvergabe. Zugl. Anmerkung zum Beschluss des VG Sigmaringen vom 21.12.2020 (Az. 7 K 3840/20) (Teil 2), KommJur 2022, S. 206 ff.

Reimer, Franz, Juristische Methodenlehre, 2. Aufl. Baden-Baden 2020.

Remmert, Barbara, Entscheidungsanmerkung zum Urteil des EuGH vom 25.03.2010 (Rs. C-451/08), JZ 2010, S. 512 ff.

Rennert, Klaus, Konkurrentenklagen bei begrenztem Kontingent, DVBl. 2009, S. 1333 ff.

Reus, Andreas/Mühlhausen, Peter/Stöhr, Andreas, Haushalts- und Beihilferecht der EU. Verfahren, Ausführung, Kontrolle. München 2017.

Ringwald, Roman, Daseinsvorsorge als Rechtsbegriff. Forsthoff, Grundgesetz und Grundversorgung, Frankfurt am Main 2008 (zugl. Diss. Mainz 2007).

Rink, Dieter, Leipzig: Wohnungspolitik in einem Wohnungsmarkt mit Extremen, in: Rink, Dieter/Egner, Björn (Hrsg.), Lokale Wohnungspolitik. Beispiele aus deutschen Städten, Baden-Baden 2020, S. 177 ff.

Ritzinger, Horst, Der Vorvertrag in der notariellen Praxis, NJW 1990, S. 1201 ff.

Roeßing, Andrea, Einheimischenprivilegierungen und EG-Recht, Berlin 2008 (zugl. Diss. Gießen 2007).

Röhl, Hans Christian, Ausgewählte Verwaltungsverfahren, in: Hoffmann-Riem, Wolfgang/Schmidt-Aßmann, Eberhard/Voßkuhle, Andreas (Hrsg.), Grundlagen des Verwaltungsrechts, Band II: Informationsordnung, Verwaltungsverfahren, Handlungsformen, 2. Aufl. München 2012, § 30 (S. 731 ff.).

Rosenkötter, Annette/Fritz, Aline, Investorenauswahlverfahren im Fokus des Vergaberecht, NZBau 2007, S. 559 ff.

Rößler, Stefanie/Mathey, Juliane, Brachfläche, Konversionsfläche, in: Blotevogel, Hans Heinrich (Hrsg.), Handwörterbuch der Stadt- und Raumentwicklung, Hannover 2018, S. 293 ff.

Rottke, Nico B./Goepfert, Alexander/Hamberger, Karl (Hrsg.), Immobilienwirtschaftslehre Recht, Wiesbaden 2016.

Rottmann, Oliver/Grüttner, André/Gramlich, Ludwig, Zukunftsorientierte Daseinsvorsorge, Wirtschaftsdienst 99 (2019), S. 789 ff.

Röwekamp, Hendrik/Kus, Alexander/Portz, Norbert/Prieß, Hans-Joachim, Kommentar zum GWB-Vergaberecht, 5. Aufl. Köln 2020 (zit.: *Bearbeiter* in: RKPP, GWB-Vergaberecht).

Rozek, Jochen, Die Klagebefugnis (§ 42 II VwGO), JURA 2021, S. 30 ff.

Ruff, Erwin, Der Beschluss des Gemeinderats über kommunale Grundstücksgeschäfte, KommJur 2009, S. 201 ff.

Ruffert, Matthias, Die Grundfreiheiten im Recht der Europäischen Union, JuS 2009, S. 97 ff.

Ruffert, Matthias/Grischek, Friederike/Schramm, Moritz, Europarecht im Examen – Die Grundrechte, JuS 2020, S. 1022 ff.

Ruthig, Josef/Storr, Stefan, Öffentliches Wirtschaftsrecht, 5. Aufl. Heidelberg 2020.

Sachs, Michael, Grundgesetz Kommentar, 9. Aufl. München 2021 (zit.: *Bearbeiter* in: Sachs, GG).

Sachverständigenkommission Staatszielbestimmungen, Gesetzgebungsaufträge, Staatszielbestimmungen, Gesetzgebungsaufträge. Bericht der Sachverständigenkommission, Bonn 1983.

Sauer, Heiko, Die Grundfreiheiten des Unionsrechts. Eine Handreichung für die Fallbearbeitung 2017, S. 310 ff.

Schaller, Natalie, Grundstücksvergabe mit Konzept, GuG 2021, S. 84 ff.

Scharen, Uwe, Vergaberecht und Bauen auf erworbenem öffentlichen Grund nach Wünschen der öffentlichen Hand, ZWeR 2011, S. 422 ff.

Schenke, Wolf-Rüdiger, Rechtsprobleme des Konkurrentenrechtsschutzes im Wirtschaftsverwaltungsrecht, NVwZ 1993, S. 718 ff.

ders., Verwaltungsprozessrecht, 17. Aufl. Heidelberg 2021.

Schieder, Klaus, Bad Heilbrunn bekommt ein neues Zentrum, in: Süddeutsche Zeitung vom 21.07.2022, Nr. 166, Seite R9 (Landkreis Bad Tölz – Wolfratshausen).

Schlögel, Jürgen, Entscheidungsanmerkung zum Urteil des BGH vom 22.01.2016 (Az. V ZR 27/14), MittBayNot 2017, S. 309 ff.

Schmidt, Thorsten Ingo, Daseinsvorsorge aus rechtswissenschaftlicher Perspektive, in: Klie, Thomas/Klie, Anna Wiebke (Hrsg.), Engagement und Zivilgesellschaft. Expertisen und Debatten zum Zweiten Engagementbericht, Wiesbaden 2018, S. 269 ff.

Schmidt-Aßmann, *Eberhard*, Das allgemeine Verwaltungsrecht als Ordnungsidee. Grundlagen und Aufgaben der verwaltungsrechtlichen Systembildung, 2. Aufl. Heidelberg 2006.

ders., Der Verfahrensgedanke im deutschen und im europäischen Verwaltungsrecht, in: Hoffmann-Riem, Wolfgang/Schmidt-Aßmann, Eberhard/Voßkuhle, Andreas (Hrsg.), Grundlagen des Verwaltungsrechts, Band II: Informationsordnung, Verwaltungsverfahren, Handlungsformen, 2. Aufl. München 2012, § 27 (S. 495 ff.).

Schmidt-Aßmann, *Eberhard/Kaufhold*, *Ann-Katrin*, Der Verfahrensgedanke im deutschen und im europäischen Verwaltungsrecht, in: Voßkuhle, Andreas/Eifert, Martin/Möllers, Christoph (Hrsg.), Grundlagen des Verwaltungsrechts, Band II, 3. Aufl. München 2022, § 27 (S. 3 ff.).

Schoch, *Friedrich*, Verwaltungsrechtswissenschaft zwischen Theorie und Praxis, in: Burgi, Martin (Hrsg.), Zur Lage der Verwaltungsrechtswissenschaft, Berlin 2017, S. 11 ff.

Schoch, *Friedrich/Schneider*, *Jens-Peter*, Verwaltungsrecht, Band I Verwaltungsgerichtsordnung, Kommentar, Werkstad: 42. EL Februar 2022, München (zit.: Bearbeiter in: Schoch/Schneider, Verwaltungsrecht VwGO).

Schoch, *Friedrich/Schneider*, *Jens-Peter*, Verwaltungsrecht, Band II Verwaltungsverfahrensgesetz, Kommentar, Werkstand: 1. EL August 2021, München (zit.: Bearbeiter in: Schoch/Schneider, Verwaltungsrecht VwVfG).

Schollmeier, *Jana*, Die Gewährleistung von angemessenem und bezahlbarem Wohnraum als Verfassungsfrage, Baden-Baden 2020 (zug. Diss. Trier 2020) (zit.: *Schollmeier*, Wohnraum als Verfassungsfrage).

Schönig, *Barbara*, Sozialer Wohnungsbau in Deutschland – Vom Wohnungsbau für alle zum Ausnahmesegment, BÜRGER & STAAT, S. 166 ff.

Schotten, *Thomas*, Die Vergabepflicht bei Grundstücksverkäufen der öffentlichen Hand – eine europarechtliche Notwendigkeit, NZBau 2008, S. 741 ff.

Schreinert, *Ingo*, Aktuelles zum Erbbaurecht, notar 2019, S. 363 ff.

Schroeder, *Werner*, Grundkurs Europarecht, 7. Aufl. München 2021.

Schröer, *Thomas/Kullick*, *Christian*, Gewerbliche Untervermietung als „Zweckentfremdung" von Wohnraum, NZBau 2013, S. 624 ff.

Schultz, *Christian*, Ausschreibungspflicht für kommunale Grundstücksverträge – Neue Rechtsprechung zum Dauerbrenner kommunaler Grundstücksverkäufe, NZBau 2009, S. 18 ff.

Schulze, *Reiner/Janssen*, *André/Kadelbach*, *Stefan* (Hrsg.), Europarecht. Handbuch für die deutsche Rechtspraxis, 4. Aufl. Baden-Baden 2020 (zit.: *Bearbeiter* in: Schulze/Janssen/Kadelbach, Europarecht).

Schwab, *Karl*, Städtebauliche Verträge, München 2017.

Seiler, *Christoph/Vollmöller*, *Thomas*, Die Konkurrentenklage im Krankenhausrecht, DVBl. 2003, S. 235 ff.

Siegel, *Thorsten*, Das Haushaltsvergaberecht. Systematisierung eines verkannten Rechtsgebiets, VerwArch 2016, S. 1 ff.

ders., Zweckentfremdung im Baurecht, LKV 2019, S. 339 ff.

Simons, *Harald/Weiden*, *Lukas*, Schwarmverhalten, Reurbanisierung und Suburbanisierung, Informationen zur Raumentwicklung 2016, S. 263 ff.

Skok, *Heike/Stupka*, *Christian*, Grundstücksvergabe für gemeinschaftliches Wohnen in München, in: FORUM Gemeinschaftliches Wohnen e.V. (Hrsg.), Grundstücksvergabe für gemeinschaftliches Wohnen. Konzeptverfahren zur Förderung des sozialen Zusammenhalts, bezahlbaren Wohnraums und lebendiger Quartiere, Hannover 2016, S. 37 ff.

Sodan, Helge/Ziekow, Jan, Grundkurs Öffentliches Recht. Staats- und Verwaltungsrecht, 9. Aufl. München 2020.

Soehlke, Cord, Grundstücksvergabe für gemeinschaftliches Wohnen in Tübingen, in: FORUM Gemeinschaftliches Wohnen e.V. (Hrsg.), Grundstücksvergabe für gemeinschaftliches Wohnen. Konzeptverfahren zur Förderung des sozialen Zusammenhalts, bezahlbaren Wohnraums und lebendiger Quartiere, Hannover 2016, S. 3 ff.

Sommermann, Karl-Peter, Staatsziele und Staatszielbestimmungen, Tübingen 1997.

Stadt Köln, Amt für Stadtentwicklung und Statistik, Stadtentwicklung Köln Stadtentwicklungskonzept Wohnen, https://www.stadt-koeln.de/mediaasset/content/pdf15/stadtentwicklungskonzept_wohnen_2015.pdf (Stand: 01.11.2023).

Stadt Leipzig, Integriertes Stadtentwicklungskonzept Leipzig 2030, http://static.leipzig.de/fileadmin/mediendatenbank/leipzig-de/Stadt/02.6_Dez6_Stadtentwicklung_Bau/61_Stadtplanungsamt/Stadtentwicklung/Stadtentwicklungskonzept/INSEK_2030/Brosch%C3%BCrenteile/Leipzig-2030_Fachkonzept-Wohnen.pdf (Stand: 01.11.2023).

Statista, Wohneigentumsquote in ausgewählten europäischen Ländern im Jahr 2020, https://de.statista.com/statistik/daten/studie/155734/umfrage/wohneigentumsquoten-in-europa/ (Stand: 01.11.2023).

Statistisches Bundesamt, Baupreisindizes: Deutschland, Berichtsmonat im Quartal, Messzahlen mit/ohne Umsatzsteuer, Gebäudearten, Bauarbeiten (Hochbau), Werte bis ins Quartal 2023/2, abrufbar unter https://www-genesis.destatis.de/genesis/online (Stand: 01.11.2023).

Statistisches Bundesamt, Eingangsseite Bau- und Immobilienpreisindex, https://www.destatis.de/DE/Themen/Wirtschaft/Preise/Baupreise-Immobilienpreisindex/_inhalt.html (Stand: 01.11.2023).

Staudinger, Kommentar zum Bürgerlichen Gesetzbuch mit Einführungsgesetz und Nebengesetzen, Buch 2 – Recht der Schuldverhältnisse: §§ 311, 311a–c, Neubearbeitung 2018, Berlin (zit.: *Bearbeiter* in: Staudinger BGB).

Staudinger, Kommentar zum Bürgerlichen Gesetzbuch mit Einführungsgesetz und Nebengesetzen, Buch 3 – Sachenrecht: ErbbauRG, Neubearbeitung 2021, Berlin (zit.: *Bearbeiter* in: Staudinger BGB).

Staudinger, Kommentar zum Bürgerlichen Gesetzbuch mit Einführungsgesetz und Nebengesetzen, Buch 6 – Einführungsgesetz zum Bürgerlichen Gesetzbuche: Art 1, 2, 50–218 EGBGB (Inkrafttreten, Verhältnis zu anderen Vorschriften, Übergangsvorschriften, Neubearbeitung 2018, Berlin (zit.: *Bearbeiter* in: Staudinger BGB).

Stefánsson, Stefán Már, Die Kapitalverkehrsfreiheit in der Europäischen Union und im Europäischen Wirtschaftsraum, EuR 2016, S. 706 ff.

Stein, Roland M./Rummel, Leonard v., Grenzüberschreitendes Interesse bei Unterschwellenvergaben, NZBau 2018, S. 589 ff.

Stein, Roland M./Wolters, Christopher, Gesteigerte Bewertungsanforderungen infolge der „Schulnoten-Rechtsprechung", NZBau 2020, S. 339 ff.

Stelkens, Ulrich, Verwaltungsprivatrecht. Zur Privatrechtsbindung der Verwaltung, deren Reichweite und Konsequenzen, 2. Aufl. Berlin 2020 (zugl. Habil. Saarbrücken 2003).

Stelkens/Bonk/Sachs, Verwaltungsverfahrensgesetz. Kommentar, hrsg. v. Sachs, Michael/Schmitz, Heribert, 9. Aufl. München 2018 (zit.: *Bearbeiter* in: Stelkens/Bonk/Sachs, VwVfG).

Stellhorn, *Holger*, Verstoßen Einheimischenmodelle gegen europäische Grundfreiheiten? Stand und Bewertung des aktuellen Vertragsverletzungsverfahrens, BayVBl. 2016, S. 77 ff.

Stollmann, *Frank/Beaucamp*, *Guy*, Öffentliches Baurecht, 12. Aufl. München 2020.

Streinz, *Rudolf* (Hrsg.), EUV/AEUV. Vertrag über die Europäische Union, Vertrag über die Arbeitsweise der Europäischen Union, Charta der Grundrechte der Europäischen Union, Kommentar, 3. Aufl. München 2018 (zit.: *Bearbeiter* in: Streinz, EUV/AEUV).

Streinz, *Rudolf*, Europarecht, 11. Aufl. Heidelberg 2019.

Stüer, *Bernhard*, Handbuch des Bau- und Fachplanungsrechts. Planung – Genehmigung – Rechtsschutz, 5. Aufl. München 2015.

Stüer, *Bernhard/König*, *Claas-Dietrich*, Städtebauliche Verträge – Strikter Gesetzesvollzug oder grenzenlose Vertragsfreiheit?, ZfBR 2000, S. 528 ff.

Summa, *Hermann*, § 124 Abs. 2 GWB – oder wie das OLG Düsseldorf Verfahrensbeteiligte ihrem gesetzlichen Richter entzieht, ZfBR 2008, S. 350 ff.

ders., Erbbaurecht und Baukonzession – ein Denkfehler?, Vergabe News 2013, S. 26 ff.

ders., Die Konzession im Sinne des Vergaberechts – ein geheimnisvolles Wesen?, VPR 2015, 147.

ders., Baukonzessionen in der Vergaberechtsprechung, Vortragsfolien zum Vortrag „Baukonzessionen in der Vergaberechtsprechung" auf den Berliner Konzessionsrechtstagen am 28./29.04.2016, https://konzessionsrechtstage.de/images/Impressionen/Summa_Berliner%20Konzessionsrechtstage.pdf (Stand: 06.11.2022).

Tanneberg, *Birga*, Die Zweistufentheorie, Berlin 2011 (zugl. Diss. Hamburg 2010).

Temel, *Robert*, Baukultur für das Quartier. Prozesskultur durch Konzeptvergabe. Endbericht (Az. SWD-10.06.03.17.107), 2019, https://www.bbsr.bund.de/BBSR/DE/forschung/programme/refo/staedtebau/2017/baukultur-quartier/Endbericht.pdf?__blob=publicationFile&v=1 (Stand: 01.11.2023) (zit.: *Temel*, Endbericht: Baukultur für das Quartier).

ders., Baukultur für das Quartier. Prozesskultur durch Konzeptvergabe, hrsg. v. Bundesinstitut für Bau-, Stadt und Raumforschung, Bonn 2020.

Terwiesche, *Michael/Prechtel*, *Ulf* (Hrsg.), Handbuch Verwaltungsrecht, 4. Aufl. Hürth 2020.

Thiel, *Fabian*, „Der Staat verschenkt nichts" – Haushaltsrechtliche und fachplanerische Restriktionen bei aufgegebener Eisenbahnbetriebsbezogenheit von Grundstücken, ZfBR 2019, S. 245 ff.

Thym, *Daniel*, Die Reichweite der EU-Grundrechte-Charta – Zu viel Grundrechtsschutz?, NVwZ 2013, S. 889 ff.

Tomerius, *Stephan*, Kommunale Flächenentwicklung in öffentlich-privater Partnerschaft und Vergaberecht: Entwicklungslinien in Literatur und Rechtsprechung zwei Jahre nach dem EuGH-Urteil „Helmut Müller", ZfBR 2012, S. 332 ff.

Tomerius, *Stephan/Gottwald*, *Katja*, Stochern im vergaberechtlichen Nebel – „Binnenmarktrelevanz" von öffentlichen Aufträgen aus Sicht der kommunalen Vergabepraxis, LKV 2019, S. 289 ff.

Traub, *Holger*, Der Ausverkauf kommunalen Wohneigentums. Ein Verstoß gegen staatliche Gewährleistungsverantwortung? Hamburg 2015 (zugl. Diss. Tübingen 2015).

Tschäpe, *Philipp/Grothmann*, *Torsten*, Entwarnung für Projektentwickler bei städtebaulichen Verträgen, ZfBR 2011, S. 442 ff.

Unterabteilung Europa Fachbereich Europa Deutscher Bundestag, Konzeptvergabe und EU-Beihilferecht (Az. PE 6 - 3000 - 102/19), 2019, www.bundestag.de/resource/blob/676596/01e17273c50b3099e1a64a386e866485/PE-6-102-19-pdf-data.pdf (Stand: 01.11.2023).

Vetter, Andrea/Bergmann, Tina, Investorenwettbewerbe und Vergaberecht - Eine kritische Auseinandersetzung mit der Ahlhorn-Entscheidung des OLG Düsseldorf, NVwZ 2008, S. 133 ff.

dies., Entscheidungsanmerkung zum Urteil des EuGH vom 25.03.2010 (Rs. C-451/08), NVwZ 2010, S. 569 ff.

Vierling, Markus, Die Abschöpfung des Planungsgewinns durch städtebauliche Verträge, Hamburg 2006.

Voßkuhle, Andreas, Strukturen und Bauformen neuer Verwaltungsverfahren, in: Hoffmann-Riem, Wolfgang/Schmidt-Aßmann, Eberhard (Hrsg.), Verwaltungsverfahren und Verwaltungsverfahrensgesetz, Baden-Baden 2002, S. 277 ff.

Wagner, Volkmar/Steinkemper, Ursula, Zum Zusammenspiel von Kartellvergaberecht und Haushaltsvergaberecht. Insbesondere: Die subsidiäre Anwendbarkeit des Haushalts-Vergaberechts auf Vergaben oberhalb der Schwellenwerte, NZBau 2006, S. 550 ff.

Weber, Johannes, Zur Laufzeit von Einheimischenmodellen. Zugl. Entscheidungsanmerkung zu den Urteilen des BGH vom 26.06.2015 (Az. V ZR 271/14 und V ZR 144/14), ZNotP 2015, S. 496 ff.

Weckmann, Moritz, Die Rolle staatlicher Auswahlentscheidungen im Rechtsschutzsystem der „Konkurrentenverdrängungsklage", Baden-Baden 2019 (zugl. Diss. Frankfurt (Oder) 2019).

Weigelt, Thomas, Die wachsende Stadt als Herausforderung füur das Recht. Rechtliche Instrumente zum Erhalt und zur Schaffung heterogener Bevölkerungsstrukturen in der Innenstadt, Tübingen 2016 (zugl. Diss. Hamburg 2015).

Weiß, Holger, Die Konzeptvergabe von Grundstücken als städtebauliches Instrument zur Schaffung von Wohnraum, in: Brandl, Uwe/Dirnberger, Franz/Simon, Matthias/Miosga, Manfred (Hrsg.), Wohnen im ländlichen Raum – Wohnen für alle. Bedarfsgerechte und (flächen-)nachhaltige Planungs- und Umsetzungsstrategien für den Wohnbedarf der Zukunft – Ein Handlungsleitfaden für das Rathaus, Heidelberg 2019, S. 263 ff.

ders., Konzeptvergabe als städtebauliches Gestaltungsinstrument, Bayerischer Gemeindetag 2021, S. 12 ff.

Weiß, Holger/Reuße, Bastian, Rechtliche Rahmenbedingungen der Konzeptvergabe, QUARTIER 2019 (Heft 4), S. 52 ff.

Weiß, Wolfgang, Öffentliche Daseinsvorsorge und soziale Dienstleistungen: Europarechtliche Perspektiven, EuR 2013, S. 669 ff.

Weißenberger, Christian, Die Zweistufentheorie im Wirtschaftsverwaltungsrecht – Teil 1, GewArch 2009, S. 417 ff.

ders., Die Zweistufentheorie im Wirtschaftsverwaltungsrecht – Teil 2, GewArch 2009, S. 465 ff.

Wilke, Reinhard, Vergaberechtliche Aspekte städtebaulicher Verträge, ZfBR 2004, S. 141 ff.

Winkler, Karl, Das Erbbaurecht, NJW 1992, S. 2514 ff.

Winkler, Karl/Schlögel, Jürgen, Handbuch Erbbaurecht, 7. Aufl. München 2021.

Wissenschaftliche Dienste Deutscher Bundestag, Recht auf Wohnen. Ausgestaltung und Rechtswirkung in den Verfassungen der Bundesländer und der EU-Mitgliedstaaten (Az. WD 3 - 3000 - 120/19), 2019, https://www.bundestag.de/resource/blob/651544/50f 6cb8ef28a8b472f0fa00add53d78a/WD-3-120-19-pdf-data.pdf (Stand: 01.11.2023).

dies., Haushaltsrechtliche Aspekte der Konzeptvergabe öffentlicher Grundstücke (Az. WD 4 - 3000 - 146/19), 2019, https://www.bundestag.de/resource/blob/673618/58846 3250875 3c6f29219d4a741c6bbf/WD-4-146-19-pdf-data.pdf (Stand: 01.11.2023).

dies., Vergaberechtliche Beurteilung von Konzeptverfahren (Az. WD 7 - 3000 - 176/19), 2019, https://www.bundestag.de/resource/blob/675304/0b008f38d439b0f7c04cd85c3 c9 80731/WD-7-176-19-pdf-data.pdf (Stand: 01.11.2023).

dies., Grundzüge des Vergaberechts (Az. WD 7 - 3000 - 107/21), 2021, https://www.bundestag.de/resource/blob/870486/297a8185a47e1f1b909834015e45baf8/Grundzuege-des -Vergaberechts-data.pdf (Stand: 01.11.2023).

Wolf, Manfield, Rechtsgeschäfte im Vorfeld von Grundstücksübertragungen und ihre eingeschränkte Beurkundungsbedürftigkeit, DNotZ 1995, S. 179 ff.

Wollenschläger, Ferdinand, Das EU-Vergaberegime für Aufträge unterhalb der Schwellenwerte, NVwZ 2007, S. 388 ff.

ders., Kommunalabgabenrecht unter europäischem Einfluss: Die Zweitwohnungsteuer auf dem Prüfstand des Gemeinschaftsrechts, NVwZ 2008, S. 506 ff.

ders., Verteilungsverfahren. Die staatliche Verteilung knapper Güter: Verfassungs- und unionsrechtlicher Rahmen, Verfahren im Fachrecht, bereichsspezifische verwaltungsrechtliche Typen- und Systembildung, Tübingen 2012 (zugl. Habil. München 2010).

Wonneberger, Eva, Neue Wohnformen. Neue Lust am Gemeinsinn?, 2. Aufl. Wiesbaden 2015.

Wysk, Peter, Verwaltungsgerichtsordnung, Kommentar, 3. Aufl. München 2020 (zit.: *Bearbeiter* in: Wysk, VwGO).

Ziekow, Jan, Städtebauliche Verträge zwischen Bauauftrag und Baukonzession, DVBl. 2008, S. 137 ff.

Zöll, Bodo, Zivilrechtliche Folgen der Veräußerung von Grundstücken durch die öffentliche Hand ohne notwendige europaweite Ausschreibung, NZM 2008, S. 345 ff.

Sachregister